AF453024

ESSAI HISTORIQUE

SUR LA

MUSIQUE CLASSIQUE DES CHINOIS

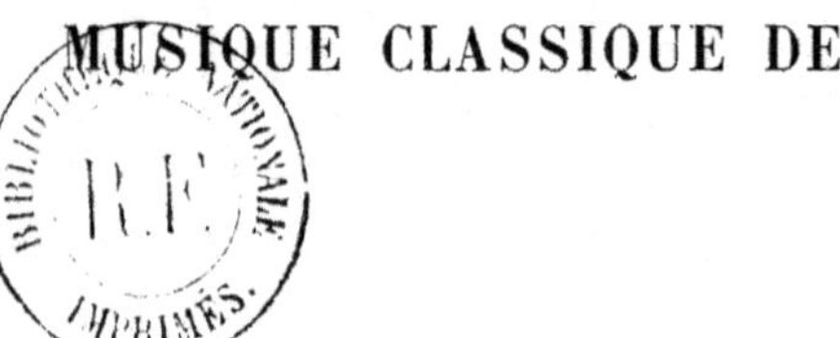

sur la

MUSIQUE CLASSIQUE DES CHINOIS

avec un

APPENDICE RELATIF A LA MUSIQUE CORÉENNE

THÈSE POUR LE DOCTORAT

PRÉSENTÉE A LA FACULTÉ DES LETTRES DE LYON

par

MAURICE COURANT

SECRÉTAIRE-INTERPRÈTE DU MINISTÈRE DES AFFAIRES ÉTRANGÈRES
POUR LES LANGUES CHINOISE ET JAPONAISE
PROFESSEUR PRÈS LA CHAMBRE DE COMMERCE DE LYON
MAITRE DE CONFÉRENCES A LA FACULTÉ DES LETTRES DE LYON

(Extrait de l'*Encyclopédie de la Musique et Dictionnaire du Conservatoire*. [En préparation.])

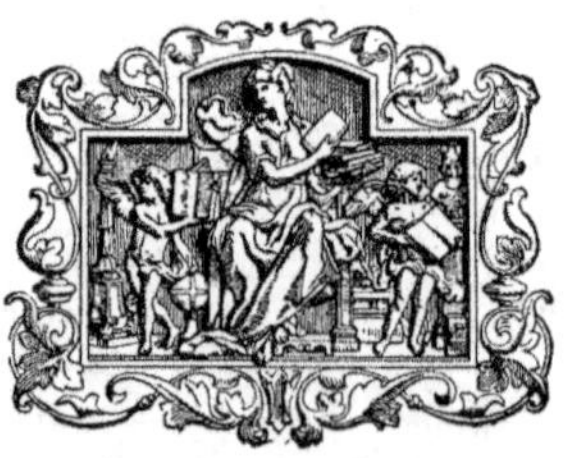

PARIS

LIBRAIRIE CH. DELAGRAVE

15, RUE SOUFFLOT, 15

CHINE ET CORÉE

ESSAI HISTORIQUE

SUR LA MUSIQUE CLASSIQUE DES CHINOIS

AVEC UN APPENDICE RELATIF A LA MUSIQUE CORÉENNE

Par Maurice COURANT

SECRÉTAIRE INTERPRÈTE DU MINISTÈRE DES AFFAIRES ÉTRANGÈRES
POUR LES LANGUES CHINOISE ET JAPONAISE
PROFESSEUR PRÈS LA CHAMBRE DE COMMERCE DE LYON
MAITRE DE CONFÉRENCES A LA FACULTÉ DES LETTRES DE LYON

INTRODUCTION — TABLE DES MATIÈRES

La musique, je veux dire la poésie chantée, soutenue par les instruments et accompagnée par les danses, a pendant de longs siècles joué un premier rôle dans la vie chinoise : elle élevait les enfants des patriciens, elle figurait dans les palais et dans les temples. Pour être déchue de ce haut rang, elle n'occupe pas moins une large place dans la Chine actuelle, soit sous des formes savantes provenant peut-être de l'antiquité, conservées à travers les âges, classiques enfin (*yă yŏ*), soit dans les bonzeries et dans les théâtres où elle est revêtue d'aspects partiellement nouveaux et populaires. Elle a été cultivée avec zèle par des virtuoses et par des lettrés, par des sages, par des guerriers et par des empereurs qui en ont fait un art délicat et puissant, une science souvent subtile ; tandis qu'elle affinait le peuple dans les limites de l'Empire, elle échangeait avec l'étranger ses harmonies de sons et de danses, dans un de ces trocs séculaires en quoi se résume une bonne moitié de la culture humaine : elle mérite donc d'être étudiée, et son histoire est un chapitre de l'histoire de la civilisation.

De ce chapitre je tente d'écrire seulement une partie, n'ignorant pas les lacunes de mon information : sur la musique bouddhiste et sur la musique populaire, sur le théâtre, j'ai trop peu de documents pour essayer de formuler des idées. La musique de khin, ancienne, essentiellement raffinée, a d'abord été signalée à mon attention par mon maître, Gabriel Devéria, dont je suis heureux de saluer ici la mémoire ; c'est du même instrument que je me suis occupé en Chine, pendant les courts loisirs que j'ai pu dérober à des devoirs absorbants ; partant de ce point, j'ai été naturellement amené à quelques recherches sur les théories des Chinois, et le temps m'a manqué pour prendre une connaissance suffisante de la musique populaire : cette dernière recherche d'ailleurs devrait être poursuivie séparément dans les divers groupes de provinces et dépasserait la force d'un seul homme. Rentré en France, je ne pensais plus à utiliser des observations qui me semblaient trop incomplètes, quand les trésors de la Bibliothèque Nationale m'ont fourni un nouveau filon : c'est donc l'histoire de la théorie musicale et de la musique savante ou classique que je présente au lecteur. Pour insuffisant que soit cet Essai, il établit quelques faits et dégage quelques principes qui n'avaient pas encore été aperçus : j'espère donc que mon travail ne semblera pas inutile et que, dans l'aire ainsi délimitée, de jeunes musiciens sinologues viendront un jour creuser plus avant.

Instruments, système général de la musique, rhythme et danse, emploi des chœurs et des danses dans les sacrifices et dans les banquets, valeur psychique et politique de la musique : toutes ces questions sont traitées ou indiquées par les ouvrages chinois énumérés dans le premier appendice et qui permettent d'acquérir une idée assez nette de la musique chinoise depuis deux mille ans, d'avoir même quelques notions sur sa condition antique. Mais les détails précis du rhythme et de la danse datent du xvie siècle (nos 75 et sq.), et les plus anciens airs notés, à deux ou trois exceptions près, se trouvent dans des ouvrages de la même époque (nos 97, 98), encore que mélodies, danses et rhythmes soient donnés comme plus anciens. Thâng Yì-ming, auteur d'un traité de khin (no 103), déclare expressément que pour cet instrument il n'a pu voir aucun recueil antérieur au milieu du xvie siècle. Nous réussirons peut-être à apercevoir le reflet, à imaginer l'écho des chœurs de danse de l'âge des Thâng ou des époques antiques, mais nous ne les verrons ni ne les entendrons : tout cela a péri sans retour, et la notation précise, si elle a existé, n'en est pas descendue jusqu'à nous.

Si les ouvrages sur la théorie musicale sont nombreux, ceux qui traitent de la technique sont beaucoup plus rares. Pour ne considérer que ces derniers, des titres ou sous-titres, tels que « liste de chants » et quelques autres, ceux par exemple des n⁰ˢ 91, 92, 93, 94 (les deux derniers sont déjà mentionnés dans le *Thâng choŭ*), pourraient faire illusion, semblant indiquer des recueils d'airs : mais les termes sont ambigus, *tyào, yŏ foŭ* et autres expressions analogues s'appliquant aussi bien aux poésies qu'aux mélodies; en fait, les quatre ouvrages cités ne parlent que de poèmes destinés à être chantés, la musique en est absente. Nous pouvons douter qu'il en fût autrement dans la plupart des traités portant des titres de ce genre et dont nous avons seulement l'indication. Il est à remarquer, d'ailleurs, que les livres musicaux ont péri en grand nombre; bornant toujours notre examen aux traités techniques au moins d'apparence, nous trouvons que, en dehors des n⁰ˢ 93 et 94, le Catalogue Impérial cite seulement trois ouvrages antérieurs aux Mǐng; deux sont de la dynastie des Yuên, un de la dynastie des Sóng[1]. Le *Thâng choŭ* (liv. 57, f. 9 v⁰), le *Kyeoŭ thâng choŭ* (liv. 46, f. 10 v⁰), le *Swéi choŭ* (liv. 32, f. 13 v⁰) mentionnent environ quarante ouvrages qui paraissent être des traités musicaux techniques; mais la plus récente de ces histoires dynastiques ne rappelle pas plus d'une quinzaine des ouvrages cités par les deux autres; il semble donc que le reste avait disparu. Quant aux trois traités de khin présentés aux empereurs Hán au I⁰ʳ siècle A. C. (*Hán choŭ*, liv. 30, f. 5 r⁰), ils ne se trouvent plus dans le *Swéi choŭ*.

Enfin la notation musicale ne paraît pas remonter plus haut que les Thâng; le Catalogue Impérial (liv. 38, préambule, f. 1 r⁰) dit, il est vrai, que « les principes de la musique étaient contenus dans les rituels, les chants dans les recueils poétiques, la partie musicale et chorégraphique se transmettait chez les musiciens officiels »; il ajoute que, so us les Hán, la famille Tchí rassembla les registres subsistants, *yí phoŭ*. Cette expression indique des documents écrits, mais je ne la crois pas juste : le *Hán choŭ* (liv. 22, f. 8 v⁰) rappelle le même fait sans mentionner les registres et indique plutôt une transmission traditionnelle (voir p. 80).

Ces diverses considérations expliquent la perte définitive de la vieille musique chinoise; seulement par l'étude critique des airs notés qui sont conservés depuis le XVI⁰ siècle, on pourrait tenter de démêler ce qui s'y trouve d'antique; mais je me bornerai à indiquer en passant les raisons pour et contre la conservation fidèle de quelques vieux airs.

Employant les documents caractérisés plus haut, j'ai arrêté ainsi qu'il suit les divisions de cet Essai :

1. *Khín chì*, historique du khin avec des indications sur la technique, et peut-être des mélodies, par Tchoŭ Tchhâng-wĕn, fin du XI⁰ siècle (Cat. Imp., liv. 113, f. 33). — *Sĕ phoŭ*, traité de sĕ, par Hyông Phĕng-lâi, docteur en 1274, fonctionnaire sous les Yuĕn; ce traité paraît plein de précision pour la technique et contient sans doute des mélodies (Cat. Imp., liv. 38, f. 9). — *Chào woŭ kyeoŭ tchhĕng yŏ poŭ*, recueil sur les chants et les danses, par Yŭ Tsái qui vivait au début du XIV⁰ siècle (Cat. Imp., liv. 38, f. 12).

Les livres 199 et 200 du Catalogue Impérial indiquent plusieurs traités de rhythmique qui, entre autres sujets, traitent aussi des rapports du rhythme poétique avec le rhythme musical, de la notation musicale, de la convenance des divers chants avec les divers modes; je ne trouve pas

THÉORIE MUSICALE

CHAPITRE PREMIER

Le hwâng-tchŏng.

La musique est fondée sur les *lyŭ* **163**[2] ou tuyaux sonores, au nombre de douze, ayant les uns avec les autres des relations définies; le premier, le *hwâng-tchŏng*, étant connu, les onze suivants en résultent. Il y a donc lieu tout d'abord de déterminer le hwâng-tchŏng.

Six lyŭ portent spécialement le nom de *lyŭ*, règles, ou *tchŏng*, moyens, médians; ce sont ceux de rang impair dans la série, ils dépendent du principe mâle, *yâng;* les six autres, de rang pair et dépendant du principe femelle, *yīn*, sont appelés *lyŭ*, aides, plus anciennement *thông*, compagnons, ou *kyĕn*, intermédiaires.

d'indication certaine que ces ouvrages renferment des airs notés, bien que la présence de tels exemples soit vraisemblable. Voici les titres de quelques-uns : *Yŏ foŭ tchì mí*, difficultés de la rhythmique, par Chèn Yi-foŭ, vivant en 1242, 1243 (Cat. Imp., liv. 199, f. 33). — *Yŏ foŭ tchì mí* (voir n⁰ 71.). — *Tsheŭ lyŭ*, règles de la poétique des chants tsheŭ, publié en 1687, par Wán Chóu (Cat. Imp., liv. 199, f. 38.) — *Khín tíng tsheŭ phoŭ*, traité sur les chants tsheŭ (Cat. Imp., liv. 199, f. 37); *Khín tíng khyŭ phoŭ*, traité sur les chants khyŭ (Cat. Imp., liv. 199, f. 41), publications officielles de 1715.

2. Chaque numéro en caractères gras est affecté à un seul et même instrument de musique.

NOMS DES lyŭ.	NOMS ALTERNATIFS	LUNES CORRESPONDANTES	CARACTÈRES CYCLIQUES
1° 黃[1] 鐘 *hwǎng-tchōng.*		11ᵉ lune.	子 *tseŭ.*
2° 大 呂 *tá-lyŭ.*		12ᵉ lune.	丑 *tchheoŭ.*
3° 太 簇 *thái-tsheoŭ.*		1ʳᵉ lune.	寅 *yĭn.*
4° 夾 鐘 *kyǎ-tchōng.*	圜 鐘 ou 員 鐘 *yuĕn-tchōng.*	2ᵉ lune.	卯 *mào.*
5° 姑 洗 *koŭ-syèn.*		3ᵉ lune.	辰 *tchhĕn.*
6° 仲 呂 *tchóng-lyŭ.*	中 呂 *tchóng-lyŭ* ou 小 呂 *syào-lyŭ.*	4ᵉ lune.	巳 *seŭ.*
7° 蕤 賓 *jwēi-pĭn.*		5ᵉ lune.	午 *woŭ.*
8° 林 鐘 *lĭn-tchōng.*	函 鐘 *hǎn-tchōng.*	6ᵉ lune.	未 *wĕi.*
9° 夷 則 *yi-tsĕ.*		7ᵉ lune.	申 *chĕn.*
10° 南 呂 *nǎn-lyŭ.*		8ᵉ lune.	酉 *yeoŭ.*
11° 無 射 *woŭ-yĭ.*	凶 射 *woŭ-yĭ.*	9ᵉ lune.	戌 *syŭ.*
12° 應 鐘 *ying-tchōng.*		10ᵉ lune.	亥 *hái.*

Ces noms portent l'empreinte des considérations philosophiques que la musique a toujours inspirées aux Chinois. *Hwǎng-tchōng* signifie la cloche jaune; le mot cloche, médiocrement approprié pour désigner un tube, est imposé par des raisons de tradition; jaune est la couleur attribuée à l'élément terre et convient au hwǎng-tchōng, lyŭ de la onzième lune où se place le solstice d'hiver : en effet, au solstice d'hiver l'influx yàng, màle, chaud, est caché dans la terre. C'est à Toù Yeoŭ[2] que j'emprunte ce commentaire du mot jaune, aussi bien que les explications qui suivent; Seŭ-mà Tshyĕn, Pān Koŭ en donnent d'autres qui, avec des différences, présentent un même caractère cosmogonique. « 3° *thái-tsheoŭ : thái* veut dire grand; *tsheoŭ,* arriver, pulluler, indique qu'à la première lune tous les êtres naissent sous l'influx yàng. 5° *koŭ-syèn : koŭ,* desséché ou ancien, *syèn,* laver, frais; à la troisième lune, tous les êtres se renouvellent. 7° *jwēi-pīn : jwēi,* végétation luxuriante, *pīn,* traiter en hôte, l'influx yàng commençant à faire place à l'influx yĭn (5ᵉ lune). 9° *yi-tsĕ : yi,* blesser, *tsĕ,* règle, châtiment; à la septième lune, les êtres commencent à sentir la rigueur de l'automne. 11° *woŭ-yĭ : woŭ,* privation, *yĭ,* élan, production; à l'approche de l'hiver, la nature se renferme et se concentre. »

Parmi les tuyaux femelles, trois (2°, 6°, 10°) sont appelés *lyŭ,* aides; trois (4°, 8°, 12°) sont *tchōng,* cloches. *Tá-lyŭ* est le plus grand des lyŭ (*tá,* grand); *tchóng-lyŭ* est le lyŭ moyen (*tchóng,* moyen, ou *syào,* inférieur); *nǎn-lyŭ* (*nǎn = jĕn,* supporter) correspond à la 8ᵉ lune, où les végétaux sont moins luxuriants et semblent accablés. *Lĭn-tchōng,* lyŭ de la 6ᵉ lune, rappelle l'état florissant des forêts, *lĭn; kyǎ-tchōng* signifie

probablement la cloche resserrée, et *ying-tchōng* la cloche qui répond. Mais *kyǎ* a été interprété dans le sens de aider, et mis en rapport avec le Ciel; de là le synonyme *yuĕn-tchōng* (*yuĕn,* rond). Dans le nom alternatif *hǎn-tchōng, hǎn,* envelopper, fait allusion à l'action céleste[3].

Les tuyaux ont d'abord été faits de bambou, disent Tshái Yuèn-ting et le prince Tsái-yŭ[4], puis de métal ou de pierre; sous l'empereur Tchāng, des Hán (75-88), un lyŭ de jade blanc fut déterré auprès du temple de Chwén; sous l'empereur Woŭ, des Tsín (281), des lyŭ de jade furent trouvés dans le célèbre tombeau de Kĭ; on rencontre la mention d'autres anciens lyŭ de jade. Sous les Hán, et peut-être auparavant, on fabriquait des lyŭ en cuivre. Ces tuyaux ont une extrémité fermée[5]; ils sont tout unis et cylindriques; toutefois une petite fente carrée, dite *chǎn kheoŭ,* de 1 ligne 76 (voir syào **77**), est pratiquée pour faciliter le souffle; la dimension en est la même pour tous les lyŭ; la mesure du tuyau est prise de bout en bout, comme si la fente n'existait pas. D'après le commentateur Tchéng Hyuèn (127-200), les lyŭ ont uniformément 9 lignes de circonférence interne, tandis qu'un autre lettré, Méng Khāng (iiiᵉ siècle), s'exprime ainsi : « le hwǎng-tchōng a 9 lignes de circonférence, le lĭn-tchōng a 6 lignes de circonférence, le thái-tsheoŭ a 8 lignes de circonférence. » En général, les auteurs sous les Thāng et les Sóng, et parmi eux Tshái Yuènting, ont admis pour les lyŭ une section égale; seul, sous les Sóng, Hoŭ Yuén[6] a combattu cette opinion[7]. Le prince Tsái-yŭ procéda par expérimentation[8]; il reconnut d'abord qu'un tuyau de hwǎng-tchōng coupé par le milieu ne donne pas le hwǎng-tchōng supérieur, mais fournit un son trop bas; il continue : « que l'on

---

1. Les caractères chinois figurant dans l'*Encyclopédie* nous ont été gracieusement communiqués par l'Imprimerie Nationale.
2. N° 54 (Y. l. t., liv. 51, f. 3, etc.).
3. N° 24, liv. 5, f. 4 v°.
4. N° 70 (Y. l. t., liv. 53, f. 3, etc.). — N° 75, liv. 1, f. 17, etc.
5. On verra plus loin que le *hwǎng-tchōng₁*, base de l'échelle chinoise, donne sensiblement la note mi_3, le *hw.-tch.—₁* donne alors mi_2, le *hw.-tch.₋₂* donne mi_1; l'échelle triple des lyŭ graves, moyens, aigus est donc comprise entre mi_2 et mi_4, ce qui répond au registre ordinaire de la voix humaine. L'octave basse du khin 112, que les théoriciens rapprochent des lyŭ graves (*a*), s'étend de si_1 à si_2, ce qui place le *hw.-tch.₁* à mi_3. D'autre part, le hwǎng-tchōng-tchhi 203 décrit plus loin donne mi_4, non pas le son fondamental, mais la première octave de ce son. Enfin le prince Tsái-yŭ, étudiant le son produit par les lyŭ, indique des tuyaux ouverts, difficilement admissibles pour le registre voulu et pour la longueur reconnue; il expose la difficulté de tirer des lyŭ un son bien net : le souffle ne doit être ni trop faible ni trop fort, les lèvres doivent être approchées de l'orifice sans l'obturer. En effet ces diverses

circonstances sont de nature à modifier le son. Enfin l'auteur dit : « Que celui qui souffle dans les lyŭ ait grand soin de ne jamais en boucher l'extrémité inférieure; car en bouchant l'extrémité inférieure on n'a pas le son primitif du lyŭ. C'est pourquoi le *Hán tchí* s'exprime ainsi : on coupe [le bambou] dans l'intervalle de deux nœuds et on y souffle. Cela prouve clairement que l'extrémité inférieure n'est pas bouchée. » (N° 75, liv. 1, f. 19.) Je ne vois pas pour le moment comment concilier ces faits et ces assertions; mais j'admets avec la plupart des auteurs que les lyŭ sont des tuyaux bouchés.

(*a*) « Le corps du khin est divisé en trois sections : du ton 1 au ton 4, c'est la section supérieure, qui a 4 pouces 1/2 et ressemble au tuyau hw.-tch. fils. Du ton 4 au ton 7, c'est la section moyenne, qui a 9 pouces et ressemble au hw.-tch. vrai. Du ton 7 jusqu'à l'extrémité, c'est la section inférieure, qui a 18 pouces et ressemble au hw.-tch. double. » (N° 75, liv. 1, f. 36 r°.)

6. Membre de la commission musicale en 1034, mort vers 1050 soixante-sept ans. (N° 53, liv. 164, f. 4).
7. N° 75, liv. 1, f. 13, etc.
8. N° 85 (Y. l. t., liv. 62, f. 1 v°).

fabrique encore le tuyau tá-lyù en deux exemplaires semblables, de même circonférence et de même diamètre que le hwâng-tchŏng; que l'on coupe l'un des exemplaires en deux moitiés et que l'on fasse souffler par deux musiciens dans le tuyau complet et dans le demi-tuyau : il n'y aura pas accord, et au contraire le demi-tuyau tá-lyù sera d'accord avec le tuyau entier hwâng-tchŏng, ou l'écart sera peu considérable. Aussi l'on dit que les demi-lyŭ sont tous d'un lyŭ au-dessous des lyŭ entiers correspondants. » Pour que le lyŭ de demi-longueur donne l'octave du lyŭ entier, il faut en effet que la section soit plus petite. A la suite de ces expériences et par divers calculs, le prince fixa la section des lyŭ exacts. Nous indiquerons plus loin les diamètres établis de la sorte; l'étude des diamètres ou des sections, plus complexe que celle des longueurs, a moins attiré les musicologues chinois.

« Le hwâng-tchŏng a 9 pouces de long, 9 lignes de circonférence interne; son volume est représenté par 810[1]. » Tshái Yuên-tíng remarque ensuite quelques concordances. Le son fondamental est l'expression de l'influx yàng à son début; or les nombres impairs 1, 3, 5, 7, 9 sont yàng et 9 est la perfection du yàng; si le hwâng-tchŏng mesure d'une part 9 pouces, d'autre part 9 lignes, ce n'est pas une coïncidence, c'est l'expression même d'une loi. Le hwâng-tchŏng servira donc de base non seulement à la musique, mais aux poids et mesures; si ces rapports fixés par le Ciel sont exactement observés, les rites et les mesures sont conformes à la nature, le gouvernement sera bon et l'État prospère. Pour suivre l'indication providentielle, on applique en général au hwâng-tchŏng et aux autres lyŭ l'ancien système de mesures attribué à Hwâng tí, l'un des souverains mythiques; le pied et ses sous-multiples sont divisés en 9; les 9 pouces du hwâng-tchŏng forment alors 1 pied et sont divisés en $9 \times 9 = 81$ lignes. Mais ce système n'est pas toujours suivi; sous les premiers Hán, Seŭ-mà Tshyên accepte le nombre 81 avec la division décimale; il dit que le hwâng-tchŏng a 8 pouces 1/10[2]. Plus tard Lyeoû Hīn, qui à la fin de l'ère ancienne et au début de l'ère chrétienne prit une grande part à la restauration des livres classiques, ensuite Tchéng Hyuên divisent le pouce en 10 lignes et trouvent 90 au lieu de 81[3]. Tshái Yuên-tíng, lui aussi, qui annonce employer le pouce de 9 lignes, n'est pas conséquent en suivant Lyeoû Hīn pour le nombre 810 répondant au volume : il y admet le facteur 10.

La détermination du hwâng-tchŏng est de première importance en raison des croyances rappelées plus haut, elle domine l'histoire de la musique en Chine. Pendant plus de dix siècles, les dynasties voulant assurer le bon gouvernement, et par là se perpétuer sur le trône, ont cherché le hwâng-tchŏng exact : le nombre des réformes, la chute des dynasties successives montrent que le problème est ardu. Dans les troubles qui ont si souvent suspendu ou terminé l'existence des gouvernements', il est arrivé tantôt que les lyŭ ont été détruits, tantôt que la théorie a été oubliée ou obscurcie; dès la pacification, l'un des premiers soins des ministres était de rechercher le

système correct, de remplacer les tuyaux disparus, de régler en conséquence les orchestres reconstitués.

Dans les dernières années du IIIe siècle (206 A. C.), la dynastie des Hán s'éleva et mit fin à une longue période de guerres intérieures, interrompues seulement pendant quelques années (221-210) sous Chī hwâng-tí, l'unificateur de l'Empire, l'ennemi de la tradition des lettrés. Après ces troubles et cette révolution, que subsistait-il de la musique ancienne? « A l'avènement des Hán, il y avait parmi les familles de musiciens la famille Tchí qui, connaissant les sons et les lyŭ de la musique rituelle, était de génération en génération parmi les musiciens officiels; ils étaient seulement capables de régler les sons et les danses, ils n'étaient pas capables d'en expliquer le sens[4] ». La tradition musicale se rétablissait donc au moins pour la technique, et c'est ce qui importe le plus; c'était probablement celle du pays de Loù, patrie de Confucius, indirectement celle des rois Tcheoû, puisque la famille Tchí était originaire de Loù[5]. L'historien déplore, dans la phrase précédente, la perte de la musique et des rites anciens dans l'âge qui suivit Confucius : le *laudator temporis acti* est essentiellement chinois, et l'auteur songe ici surtout au côté philosophique de la musique, au sens exprimé par les airs et par les danses; mais à qui connaît la persistance des habitudes chinoises, la transmission jusqu'aux Tchí des formules anciennes ne paraîtra pas invraisemblable. Si la famille Tchí connaissait le système des lyŭ, ce qui n'est pas prouvé, nous ignorons si les tuyaux précédemment employés subsistaient : s'ils étaient perdus, rien de plus naturel qu'un abaissement du diapason. La hauteur absolue du hwâng-tchŏng préoccupa-t-elle Tchāng Tshāng, Lì Yên-nyên et Seŭ-mà Syáng-joû[6], que les premiers Hán chargèrent de composer les hymnes et les airs de leur dynastie? Les histoires dynastiques sont muettes.

Peu après parurent successivement deux hommes, King Fàng et Lyeoû Hīn, dont l'autorité est souvent invoquée par les musiciens ultérieurs. Le premier[7] avait approfondi avec Tsyāo Yên-cheoû le *Yǐ kīng*, livre de cosmogonie et de prédictions; il était versé aussi dans l'astrologie et dans l'acoustique, les sciences naturelles se rattachant à l'étude de ce livre canonique. D'après son maître, il exposa la théorie de la progression des lyŭ en ne la limitant pas au douzième tuyau, selon la coutume, mais en la poursuivant jusqu'au soixantième : il appuyait son système sur l'analogie des huit *kwá* ou trigrammes mystiques du *Yǐ kīng*, qui en s'unissant deux à deux forment soixante-quatre combinaisons distinctes; de même les douze lyŭ primitifs, multipliés par 5, nombre des éléments, forment en tout soixante lyŭ. La production des lyŭ fera l'objet d'un autre chapitre. Pour faire entendre le son des soixante lyŭ, les tubes de bambou n'étaient pas assez précis[8]; King Fàng construisit le *tchwén* 204 sur le modèle du sĕ 116, perfectionnant ainsi le *kyŭn* 205 antique[9]; il lui donna treize cordes de 9 pieds de long, correspondant aux 9 pouces du hwâng-tchŏng; sous la corde médiane, vraisemblablement accordée avec le hwâng-tchŏng, était marquée la division par pouces et

---

1. N° 70 (Y. l. t., liv. 52, f. 4).

2. N° 34, liv. 25, f. 8 v°.

3. N° 36, liv. 21 *a*), f. 2 v°.

4. N° 36, liv. 22, f. 8 v°.

5. D'après Foŭ Khyên, lettré, commentateur du *Tsŏ tchwán*, vivant en 189 P. C. (*Heoŭ hán choŭ*, n° 38, liv. 69 *b*), f. 8 v°).

6. Tchāng Tshāng, marquis en 202, grand conseiller en 166, lettré et mathématicien (N° 36, liv. 42, f. 1.). — Lì Yên-nyên, d'une famille de jongleurs, poète et musicien, seconde moitié du IIe s. A. C. (N° 34, liv. 125, ff. 3, 4. — N° 36, liv. 93, f. 3.). — Seŭ-mà Syáng-joû, poète, IIe s. A. C. (N° 34, liv. 117. — N° 36, liv. 57.)

7. Son vrai nom était Lì; secrétaire en 45 A. C., il jouit de la faveur de Yuên ti et mourut à quarante et un ans (N° 36, liv. 75, ff. 4 à 8; liv. 88, f. 7). Sur Tsyāo Yên-cheoŭ, voir n° 36, liv. 75, f. 4 v°.

8. N° 38, liv. 1, ff. 1, 2. — N° 41, liv. 16, ff. 7, 8.

9. Le *kyŭn*, employé sous les Tcheoû pour reconnaître le son des cloches, se composait de cordes montées sur une table d'harmonie en bois, longue de 7 pieds (N° 75, liv. 1, f. 22 v°. — N° 27, liv. 41).

lignes; l'épaisseur des cordes, la place des chevalets mobiles ne sont pas indiquées; ces détails incomplets laissent reconnaître un instrument de démonstration délicat. Le système de Kīng Fàng, adopté officiellement dès l'abord, fut ensuite abandonné comme trop compliqué, ainsi que le constate un décret de Tchāng tí (84 P. C.); cent ans plus tard (177), l'empereur Lìng se fit représenter le vieil instrument, personne ne sut l'accorder[1]. Les essais de Kāo Lyŭ[2] dans les dernières années du ve siècle, de Tchhèn Tchóng-joù[3] sous l'empereur Hyáo-mìng (515-528), eurent peu de succès. Wàng Phŏ[4] en 958 construisit encore un tchwèn pour étudier les questions de transposition; il lui donna les mêmes dimensions et accorda toutes les cordes sur le hwàng-tchŏng, les chevalets mobiles permettant de tirer des cordes 2 à 13 le son des autres lyŭ; un extrait du rapport de Wàng Phŏ indique la distance de chaque chevalet au point d'origine[5]; ces longueurs seront interprétées plus loin. Au xvie siècle, le prince Tsái-yŭ, corrigeant le texte du *Syŭ hàn choù* (n° 38), construisit sur le modèle du khín 112, et non

204. Tchwèn du prince Tsái-yŭ. (N° 75, liv. 1, f. 28 r°).

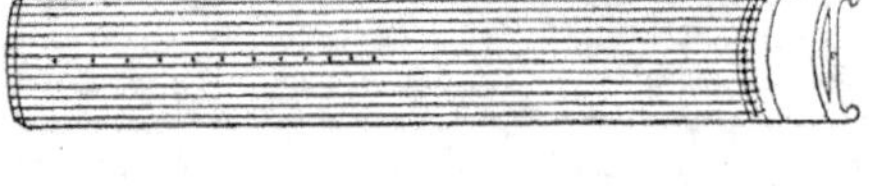
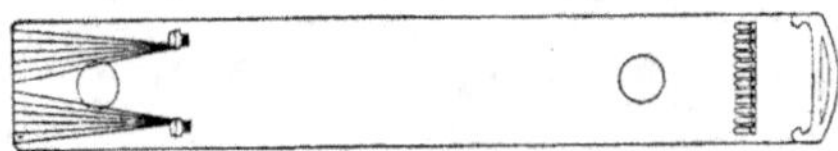

Fɪɢ. 151 et 152.

plus du s° **116**, un tchwèn à douze cordes; il y adapta non des chevalets mobiles, mais des *hwei* ou tons fixes, au nombre de douze; les cordes résonnant à vide donnèrent les sons des douze lyŭ; les hwei furent disposés de sorte qu'en pressant la 1re corde au 1er ton (milieu de la corde) on obtint l'octave du hwàng-tchŏng et qu'on obtint toujours la même note en pressant la 2e corde au 2e ton, la 3e corde au 3° ton, etc.; sur les deux bords, une double graduation en pieds et pouces, subdivisés d'une part d'après la base 9, d'autre part d'après la base 10, facilitait la lecture des longueurs[6]. L'auteur a omis de dire comment il a fixé la place des hwei, mais il est permis de croire qu'il a déterminé des distances proportionnelles aux longueurs des lyŭ tempérés, telles qu'il les a établies d'autre part. Ces divers tchwèn, tous instruments de démonstration, diffèrent les uns des autres : singulière fortune d'un nom qui surnage, tandis que l'objet disparu n'est reconstitué qu'approximativement.

Lyeoù Hīn, plus jeune que Kīng Fàng, était versé dans la connaissance des lyŭ, c'est-à-dire de la musique et du calendrier; à ce titre, en 5 P. C., sous le principat de Wàng Màng, il fut appelé à réviser le système des poids et mesures. L'historien Pān Koù, qui résume les travaux de la commission où Lyeoù Hīn eut le principal rôle[7], donne les définitions suivantes : « la longueur du hwàng-tchŏng se mesure avec des grains de millet, *panicum miliaceum*, de moyenne taille, avec la largeur du grain; 90 lignes sont la longueur du hwàng-tchŏng, 1 grain fait 1 ligne, 10 lignes font 1 pouce, 10 pouces font 1 pied... Pour le *yò*, [capacité du] hwàng-tchŏng,... 1,200 grains de millet de moyenne taille remplissent le *yò*... 10 *yò* font 1 *hò*, 10 *hò* font 1 *chŏng*, 10 *chŏng* font 1 boisseau... Pour le poids du hwàng-tchŏng, 1,200 grains, capacité de 1 *yò*, pèsent 12 *choù*..., 24 *choù* font 1 *lyàng* (taël), 16 *lyàng* font 1 *kīn* (catty, livre)[8]. » Telle est la base que les théoriciens de la musique ont depuis lors discutée et sur laquelle ils ont construit. En effet, comme le dit Tshái Yuèn-tíng[9], les Hàn étaient peu éloignés de l'antiquité et Wàng Màng « ne pouvait oser s'écarter des mesures antiques »; de plus, les étalons anciens retrouvés en diverses occasions confirment l'exactitude du pied de Lyeoù Hīn. Tshái lui attribue, en pied des Tcheoù, 1,045, *alias* 1,0307, mais il ajoute que ce léger excès proviendrait non des calculs de Lyeoù Hīn, mais d'une erreur commise vers la fin du iie siècle.

Dans l'incendie de Lò-yàng par Tòng Tchŏ (190), tout l'orchestre périt; Toù Khwèi[10], pour l'empereur des Wéi, en entreprit la réfection. « Khwèi s'entendait mieux que personne aux cloches et aux lyŭ ainsi qu'aux autres instruments; il était moins versé dans le chant et dans la danse. A cette époque, il y avait Téng Tsíng et Yin Tshì qui savaient déclamer la musique classique ou semi-rituelle; le maître de chant Yin Hoù savait chanter les hymnes du temple des Ancêtres et des grands sacrifices de la campagne; les maîtres de danse Fòng Soù, Foù Yàng-hyáo, connaissaient toutes les danses des générations précédentes. Khwèi les dirigea, étudia dans les classiques, rechercha les traditions, réunit et fabriqua les instruments : c'est de lui que date la restauration de la musique ancienne. Dans les années Hwàng-tchhoū (220-226), il fut chef de la musique impériale. » C'est lui qui fixa le pied de 1,045, ensuite attribué à Lyeoù Hīn. Le diapason était ainsi trop bas, mais on ne s'en aperçut pas immédiatement. En 274, une nouvelle dynastie, celle des Tsin, ayant pacifié l'Empire, le chef du Secrétariat, Syùn Hyŭ[11], fit tirer des magasins impériaux vingt-cinq lyŭ, les uns en cuivre, les autres en bambou; il reconnut que trois d'entre eux correspondaient aux lyŭ de Toù Khwèi; les autres, d'après l'inscription qu'ils portaient, étaient des « lyŭ de flûte ». Lyé Hwò, vieil officier musicien, conta qu'au temps de Míng tí (226-239) des Wéi, il avait été chargé de confectionner ces lyŭ à l'unisson des notes de la flûte; dans l'orchestre complet, les cloches et les lithophones, instruments à son fixe, donnent le son fondamental; dans le petit orchestre qui n'a ni cloche ni lithophone, la flûte donne le son fondamental. Lyé Hwò avait fabriqué ces lyŭ spéciaux d'après l'audition des flûtes usitées (flûtes de 4 pieds 2, de 3p 2, de 2p 9). Le son des lyŭ de flûte différant de celui des lyŭ classiques, Lyé Hwò expliqua que, au

---

1. N° 39, liv. 11, f. 5 v°, etc. — N° 41, liv. 16, ff. 8, 9.

2. Fonctionnaire déjà en 448, conseiller écouté à la fin du siècle, mort en 502. (N° 40, liv. 54, f. 1 et sq.)

3. N° 75, liv. 1, f. 24.

4. Docteur en 948-950, mort en 959 (N° 47, liv. 128, f. 1. — *Woù tái chì*, par Ngeoù-yàng Syeoù (Cat. 181-182), édition de Tchhèn Chì-sì, xviie siècle, réimprimée à Edo, 1772, grand in-8°; liv. 31, f. 1 et sq.).

5. N° 47, liv. 145, f. 3.

6. N° 75, liv. 1, ff. 27 à 35.

7. N° 36, liv. 21 a), ff. 1, 7, 8.

8. Avant Lyeoù Hīn, on trouve des définitions fondées sur d'autres objets naturels : le pouce est la distance du pouls à l'articulation du poignet, le pied est l'empan d'un adulte. D'après le *Sineu tseū sweu chou* (Y. l. t., liv. 54, f. 13), 100.000 épaisseurs d'un fil de ver à soie valent 1 pouce.

9. N° 70 (Y. l. t., liv. 54, f. 15).

10. Officier musicien sous les Hàn; se retira pour cause de maladie en 188 et échappa aux troubles; il suivit ensuite la fortune des Hàn de Choù, puis des Wéi (N° 37, section des Wéi, liv. 29, f. 10 et sq.).

11. Fonctionnaire des Wéi, puis adhérent de Wou ti des Tsin et grand dignitaire; l'un des rédacteurs du code, éditeur des *Tchoù chou ki nyèn* retrouvés à cette époque; mort en 289 (N° 41, liv. 39, f. 10, etc.).

moins depuis les Hán, les flûtistes apprenaient les airs par imitation, que les luthiers n'avaient d'autre procédé pour fabriquer les flûtes, dont les experts précisaient ensuite le son ; les flûtistes n'avaient donc aucune connaissance des lyŭ, de là les divergences observées [1]. Au cours de ces études, Syŭn Hyŭ constata la longueur excessive du pied de Toù Khwèi et fixa un pied nouveau par la méthode des grains et par comparaison avec des lyŭ et des cloches antiques [2]. Seul Yuèn Hyèn [3] déclara le nouveau pied trop court, le nouveau diapason trop haut, et par suite la musique plaintive et de mauvais augure ; quelques années plus tard, on trouva en terre un pied antique en jade qui mesurait 1,007 : Yuèn Hyèn avait fait preuve d'une oreille prodigieusement juste en distinguant sans point de comparaison une différence de son répondant à une longueur de 0,007. Syŭn Hyŭ mourut avant d'avoir achevé ses travaux de réfection, et son fils Fàn fut chargé (293) de poursuivre son œuvre : de nouveaux troubles politiques empêchèrent Syŭn Fàn de la mener à bien [4].

La période qui débute alors est une des plus sombres de l'histoire de Chine ; pendant que la dynastie des Tsin se déchire elle-même, l'Empire est envahi ; des chefs, chinois et barbares, se partagent le nord et l'ouest, prennent le titre de roi, celui d'empereur, fondent des États pour la plupart éphémères ; les vrais souverains chinois continuent au sud du Kyàng leurs querelles de famille. Au milieu du fracas des armes, les rites et la musique sont négligés ; il est rarement question de vérifier les lyŭ, que personne ne sait plus calculer ; mais le respect de la tradition musicale persiste latent et, les uns après les autres, les vainqueurs mettent au premier rang du butin les orchestres, hommes et instruments, pris aux vaincus ; les musiciens impériaux, avec les lyŭ et les carillons, sont promenés de la Chine propre aux confins, où ils se mêlent aux musiciens barbares.

« Pendant les troubles [5] des années Yòng-kyā (307-312), les musiciens officiels et les instruments tombèrent tous aux mains de Lyeoù Tshōng [6] et de Chî Lē [7] ». Les empereurs régnant à Kyén-khāng [8] à partir de 317 tentèrent avec peu de succès de reconstituer leur orchestre. « Dans les années Hyèn-hwò (326-334), Tchhèng ti rétablit le bureau de la Musique et rassembla ce qui subsistait en désordre [9] ; toutefois il

n'y eut ni les instruments de métal ni ceux de pierre (les carillons)... Quand Moú-yòng Tsyún [10] soumit Jeàn Min [11], pendant la guerre les musiciens de Yé [12] vinrent en grand nombre. En 355, quand Syé Chàng [13] administra Cheoú-yàng [14], il recueillit les musiciens pour compléter la musique impériale... Wâng Mèng [15] ayant soumis les Moú-yòng de Yé, l'orchestre qu'il captura, entra encore à l'ouest des passes. Dans la période Thái-yuèn (376-396), Foù Kyén [16] fut battu et ses musiciens furent pris ; on leur fit étudier la musique ancienne. Enfin, les quatre sections de l'orchestre furent au complet. » Dès lors les Tsin, et après eux les dynasties chinoises qui traînèrent leur décadence à Kyén-khāng (420-589), conservèrent tant bien que mal la tradition musicale reconquise ; mais on ne trouve dans les historiens de l'époque aucune mention du système des lyŭ, imparfaitement compris.

Pendant ce temps, d'autres Tongouses Syēn-pī, les Toba [17], sous le nom de dynastie des Wéi, se taillaient un empire au nord du Hwàng-hô et du Wéi ; aussitôt fixés sur le sol chinois, ils accueillirent des mandarins et des lettrés qui leur montraient à administrer leurs sujets, eux-mêmes formaient la caste militaire. La musique devint pour eux un objet d'étude comme elle était chez les Tsin : un décret de 398 [18] prescrivit au ministre Téng Yuēn [19] de fixer les lyŭ, de régler les airs et les danses. En qualité de barbares, les Toba n'avaient pas pour la musique classique le respect superstitieux de leurs contemporains chinois ; ils accueillaient donc les musiciens, les instruments, les airs de tous les peuples qu'ils soumettaient. « L'empereur Táo-woù en 396 [20] écrasa Moú-yòng Pào [21] à Tchōng-chān [22] ; il prit les instruments de musique des Tsin ; mais on n'en savait pas l'usage et on les négligea. Au début de la période Thyēn-hing (398), le ministre Téng Yuēn demanda au Trône de fixer la musique du temple des Ancêtres et d'établir l'orchestre du Palais ; les cloches ni les flûtes, non plus que les hymnes, n'existant, on employa sans distinction les chants dits *pó-lò-hwéi*, d'origine syēn-pī [23]. Quand Thái-woù ti pacifia l'ouest du Fleuve (439), il obtint les musiciens de Tsyū-khyù Mòng-swén [24] ; dans les rites majeurs il les employa mélangés. L'origine de ces airs doit être la musique des barbares Hoù et Jông [25], adoptée par Lyù Kwāng [26] quand il alla soumettre les territoires d'oc-

---

1. N° 39, liv. 11, ff. 8 à 10.
2. N° 39, liv. 11, f. 12 r°.
3. Fonctionnaire sous les Wéi et les Tsin (III° s.); habile exécutant sur la guitare (N° 41, liv. 19, f. 4 v°).
4. N° 39, liv. 19, f. 6 v°. — N° 41, liv. 22, f. 20 r°; liv. 16, f. 20 v°.
5. N° 41, liv. 23, f. 1.
6. Lyeoù Tshōng (règne 310-318), descendant de Mê-tou, ce khān des Huns qui reçut en mariage une fille de la maison impériale (198 A. C.); d'où le nom de Lyeoù pour la famille; les Lyeoù établis au Chān-si actuel au IV° siècle; titre de roi (304), d'empereur (308) de Hán, ou de Tshyēn-tchāo; éteints par Chî Lē (329) (N° 40, liv. 95, f. 3, etc. — N° 41, liv. 101, 102).
7. Chî Lē, d'une tribu hunnique habitant la région de Chāng-tàng (Chān-si), au lieu dit Kye-chi, et nommée par suite Kye-hoù; roi de Heoú-tchāo (319) au Tchi-li actuel, empereur (330), mort en 333; sa famille régna jusqu'en 351 (N° 40, liv. 95, f. 5, etc. — N° 41, liv. 104 à 107).
8. Aujourd'hui Nanking.
9. N° 39, liv. 19, f. 6. — N° 41, liv. 23, ff. 1, 2.
10. Les Moú-yòng étaient des Syēn-pī, peut-être apparentés aux Huns : ils occupaient le nord-est du Tchi-li actuel. Hwèi se nomma tá-cheān-yù ou grand khān (307); son fils Hwàng, roi de Yēn (336); Tsyún, fils et successeur de Hwàng (348); royaume anéanti (370) (N° 41, liv. 108 à 110. — N° 40, liv. 95, f. 14, etc.).
11. Élevé dans la famille de Chî Hoù, second successeur de Chî Lē, mit à mort le roi (350); empereur de Wéi (350); anéanti par Moú-yòng Tsyún (352) (N° 41, liv. 107, f. 14, etc.).
12. Capitale depuis 335; aujourd'hui Lin-tchāng au Hô-nàn.
13. Fonctionnaire au service des Tsin, se distingua dans les guerres contre les Tshin (N° 41, liv. 79, f. 1, etc.).

14. Au Chān-si.
15. Chinois (325-375), au service de Foù Kyén (N° 41, liv. 114, f. 24, etc.).
16. La famille Foù était du Tangout; Foù Hòng, général de Chî Hoù, se proclama roi de Tshin (350); son petit-fils Kyén (357-385) porta la dynastie à l'apogée et en vit la chute; capitale Tchhàng-ngān, aujourd'hui Si-ngān, au Chéàn-si (N° 40, liv. 95, f. 24, etc. — N° 41, liv. 112 à 114).
17. Tōng-hoù. Tongouses, nom générique des barbares du nord-est. Les Thò-pó ou Toba, installés à Tái (Tá-thòng au Chān-si) en 261, royaume de Tái (315), royaume de Wéi (386-550 et 556). Voir n° 40.
18. N° 40, liv. 109, f. 2.
19. *Alias* Téng Yēn-hài, d'une famille de Khyāng (Tibétains?), au service de Moú-yòng Tchhwéi; Yuēn fut mandarin sous Táo-woù ti (386-409) des Wéi (N° 40, liv. 24, f. 19, etc. — N° 44, liv. 21, f. 22, etc.).
20. N° 42, liv. 14, f. 1.
21. Moú-yòng Tchhwéi, fils de Hwàng, fonda le royaume de Heoú-yēn (384); Pao, son fils, lui succéda (396-398); royaume éteint en 409 (N° 40, liv. 95, f. 21. — N° 41, liv. 123 et 124).
22. Ting-tcheoù (Tchi-li).
23. Voir chap. XIII, p. 194.
24. D'une famille hunnique; Mòng-swén au service de Lyù Kwāng, puis de Twán Yé révolté contre Lyù Kwāng; il renversa ce dernier et régna (401-433), royaume de Pei-lyàng, au Kān-soù, éteint en 439 (N° 41, liv. 120. — N° 40, liv. 99, f. 8, etc.).
25. Désignations vagues des barbares du nord et de l'ouest.
26. De race hunnique; il commandait au Lyàng-tcheoù (Kān-soù) pour Foù Kyén; après la mort de celui-ci, il ne se soumit pas à son meurtrier Yào Tchhàng et fonda l'État de Heoú-lyàng (386); sa famille régna jusqu'en 403 (N° 41, liv. 122).

cident à la fin du règne de Foù Kyĕn. En imitant cette musique, on la modifia encore, la mêlant aux airs de Tshin : c'est ce qu'on appelle la musique de Tshin et de Hán... On y mêla aussi les chants des Lyàng occidentaux[1] : c'est ce qu'on nomme la vieille musique de Lö-yàng[2]. »

Les expéditions qui occupèrent les empereurs Toba pendant les trois quarts du v° siècle, ne furent pas favorables à la haute culture. L'empereur Hyáo-wèn, dans les années Thái-hwò (477-499), affirma à plusieurs reprises l'importance de la musique qui « remue le Ciel et la Terre, émeut les esprits, accorde les deux principes cosmogoniques, pénètre les hommes et les mânes[3] »; mais il trouva difficilement des musiciens. Les théoriciens lui manquèrent moins, et Kāo Lyù, puis Kŏng-swèn Tchhŏng[4] furent chargés de rétablir l'orchestre régulier; le premier mourut (499) ne laissant, semble-t-il, pas autre chose que des rapports; son successeur (années Yòng-phíng, 508-511) mesura à nouveau le pied au moyen des grains de millet et le compara à d'antiques poids en bronze trouvés en 503. Peu après, Lyeoù Fāng[5], qui lui fut adjoint, contesta ses calculs. Les instruments construits furent enfin adoptés après de longues discussions qui portèrent sur la façon d'employer le grain de millet : un décret de 495 avait décidé que la largeur du grain déterminait la ligne : cette décision était-elle correcte? En 531, la question fut reprise; dans les troubles qui régnaient depuis 525, le magasin de la musique avait été incendié; Tchàng-swèn Tchí[6] et Tsoù Yòng[7] eurent mission de reconstituer l'orchestre; en 533 ils annoncèrent l'achèvement de leurs travaux et taxèrent d'erreur les évaluations de Lyeoù Fāng. La nouvelle réforme des lyǔ, confiée en 552 à Soù Tchhŏ[8] par Yù-wèn Thái[9], régent des Wéi occidentaux[10], ne put s'achever par suite des guerres entre les Tcheoù, successeurs (557) des Wéi occidentaux, et les Tshí, qui avaient remplacé à Yĕ les Wéi orientaux (550).

Enfin Yàng Kyĕn[11], ministre des Tcheoù, détrôna son maître et prit le titre de roi, puis s'empara de Kyén-khàng et mit fin à la dynastie des Tchhèn (557-589) : ainsi les Swéi unifiaient l'Empire divisé depuis trois siècles. L'empire du sud, héritier des Tsín et, de plus loin, des Hán, avait gardé les vieilles mélodies avec leurs orchestres; l'empire du nord avait cultivé côte à côte, puis mêlé la musique rituelle et celle des barbares; ces traditions multiples vont, en se fondant, imprimer à la musique officielle et classique, aux orchestres du Palais un caractère composite qui sera souligné plus loin. Il fallut d'abord résoudre à nouveau l'éternelle question des lyǔ. Tsoù Hyáo-swèn[12] fut chargé (589) d'aller interroger Mào Chwàng[13], un vieillard qui avait servi sous les Tchhèn; grâce aux renseignements obtenus, Nyeoù Hòng[14], chef de la cour des Sacrifices, présidant déjà depuis plusieurs années la commission musicale, put bientôt présenter le résultat de ses travaux. Un décret (590) détermina la longueur du pied; quelques considérants sont à remarquer. « Si, pour fixer les cinq degrés de la gamme, on se sert du pied correspondant à l'élément feu, le feu devient important;... avec le pied métal, les armes sont importantes; avec le pied eau, les lyǔ sont d'accord, l'Empire est en paix. Les Wéi, les Tcheoù et les Tshí étaient avides,... ils ont donc usé du pied terre... Que l'on emploie le pied eau,... que l'on fonde et détruise les instruments de métal et de pierre des précédentes dynasties[15]. » Le pied eau alors adopté était très proche de celui qui, au temps de Tshái Yuĕnting, était conservé comme étalon au bureau de la Musique; le hwàng-tchōng établi à l'aide de ce pied correspond au nàn-lyù double établi avec le pied dit pied fer des Sóng, c'est-à-dire à l'octave inférieure de la sixte; la sixte répondant à l'élément eau, ce pied est nommé pied eau[16]. Pendant la grande dynastie des Thàng, la musique prit un essor nouveau, en gardant les principes de Nyeoù Hòng et Tsoù Hyáoswèn; pour la première fois le calme fut troublé à la Capitale par la révolte de Ngàn Loù-chàn[17], qui s'empara de l'orchestre impérial; après le rétablissement de l'ordre, quand l'empereur Soù tsōng prescrivit (758) de restaurer la musique, il se fit présenter les carillons de cloches et de pierres, il les examina en personne; on reconnut que les lyǔ étaient inférieurs de deux lyǔ à ceux des Hán[18]; on fit toutefois peu de corrections aux instruments aussi bien qu'aux chants. La rébellion de Hwàng Tchhào[19] dispersa encore l'orchestre; l'empereur Tchào tsōng à son avènement (889) ordonna une réfection sur laquelle nous n'avons pas de détails[20]. Mais la dynastie des Thàng penchait vers la ruine; les maisons éphémères qui la suivirent, négligèrent la musique, et c'est seulement Chí tsōng des Tcheoù qui chargea (958) le conseiller Teoù Yèn[21] d'étudier une réforme; Teoù adopta les conclusions de Wàng Phò basées sur les mesures antiques et sur la dimension du grain de millet : il fut admis que les lyǔ et les instruments, depuis les der-

---

1. Si-lyàng (400-420), Etat fondé par un Chinois, Lì Kào, révolté contre les Pĕi-lyàng, puis soumis par ces derniers; siège vers Thwèn-hwàng, à l'ouest de Soù-tcheoù actuel (N° 40, liv. 99, f. 7, etc.).

2. Fréquemment capitale de la Chine, à Hô-nàn foù actuel.

3. N° 40, liv. 109, f. 4.

4. Je n'ai pu trouver la vie de ce personnage.

5. Descendant de la dynastie des Hán, précepteur du Prince héritier vers 466, mort en 513 à soixante et un ans (N° 40, liv. 54, f. 5, etc.).

6. *Alias* Tchàng-swèn Ki-kwèi, haut dignitaire d'une famille mandarinale de Wéi, mort en 535 (N° 44, liv. 22, f. 6, etc. — N° 40, liv. 25, f. 3, etc).

7. Lettré et érudit, d'une famille qui du service de Moù-yòng Tchhwèi passa au service de Tào-woù ti; mort peu après 534 (N° 40, liv. 82, f. 2, etc. — N° 44, liv. 47, f. 17, etc.).

8. D'une famille mandarinale datant des Wéi (220-265), fonctionnaire sous Yù-wèn Thái (N° 44, liv. 63, f. 2, etc. — *Tcheoù choù*, livre des Tcheoù, 557-581, par Lìng-hoù Tĕ-fèn (583-666), éd. de Nanking, 1874, grand in-8°; liv. 23, f. 1, etc.). Dans ces passages la mort de Soù Tchhŏ est rapportée à 546.

9. Yù-wèn Thái intronisa à Tchhàng-ngàn (534) l'empereur Hyáo-woù; le chef chinois révolté Kào Hwàn nomma à Yĕ un autre empereur : de là la division en Wéi orientaux et occidentaux. Les Yù-wèn, venus des sources de la Soungari, paraissent vers 319. Kyŏ, fils de Thái, se fit roi de Tcheoù (557), titre d'empereur (559); abdication en faveur de Yàng Kyĕn (581). Voir n° 44 et *Tcheoù choù*.

10. N° 42, liv. 16, f. 5 v°.

11. Kyĕn (540-604), duc héréditaire de Swéi, premier ministre (578), roi de Swéi (581), réunit tout l'Empire (589). Voir n° 42.

12. Fonctionnaire au bureau de la Musique, années Khái-hwàng (581-600), chargé en 624 de la réfection de la musique rituelle (N° 45, liv. 79, f. 1, etc.).

13. Ancien officier musicien, devenu préfet, très âgé en Khái-hwàng. Voir vie de Tsoù Hyáo-swèn, n° 45, liv. 79, f. 1.

14. Déjà fonctionnaire sous les Tcheoù, expert dans les rites et la musique, haut dignitaire sous les Swéi, mort en 610 (N° 44, liv. 72, f. 5, etc. — N° 42, liv. 49, f. 1, etc.).

15. N° 42, liv. 16, ff. 5, 6.

16. N° 70 (Y. l. t., liv. 54, f. 21).

17. Nommé d'abord Yă-lò-chàn; Turk de Ying-tcheoù (Lyào-tōng?), favori de Hyuèn tsōng, se révolta et se proclama empereur de Yèn; assassiné par son propre fils (757) (N° 45, liv. 200 a), f. 1, etc. — N° 46, liv. 225 a), f. 1, etc.).

18. N° 46, liv. 21, f. 4.

19. Marchand de sel du Tshào-tcheoù (au Chān-tōng moderne), chef d'une révolte importante (875); battu et poursuivi, il se tua (884) (N° 45, liv. 200 b), f. 5, etc. — N° 46, liv. 225 c), f. 1, etc.).

20. N° 55, liv. 33, ff. 1 à 3.

21. Docteur en 941, d'une famille lettrée; ses quatre frères furent docteurs comme lui : mort à quarante-deux ans dans les premières années des Sóng (N° 53, liv. 72, f. 17, etc.).

nières années des Thàng, n'étaient pas à la hauteur correcte, et on revint aux mesures exactes des Swéi[1].

Le premier empereur de la dynastie des Sóng qui remplaça les Tcheoŭ (960), trouva le diapason trop élevé, les airs tristes et de mauvais augure[2]; le directeur de la cour des Sacrifices, Hwŏ Hyèn[3], prenant pour base les grains de millet et le pied en pierre du gnomon du bureau d'Astrologie, reconnut que le pied de Wàng Phŏ était trop court de 0,04, d'où la hauteur excessive du diapason; les lyŭ refaits sur la nouvelle mesure (963-967) furent reconnus d'un lyŭ plus bas que les anciens[4]. Jĕn tsōng, empereur mélomane, auteur lui-même d'un traité musical[5], réunit en 1035 deux grandes commissions pour étudier encore le diapason; les membres les plus marquants étaient Tīng Toŭ, Fàn Tchén, Fàng Choŭ[6]; on examina s'il fallait fixer le hwàng-tchōng d'après la longueur définie pied, ou déterminer le pied d'après la longueur du tuyau donnant le hwàng-tchōng, on discuta l'emploi des grains de millet rangés en long ou en travers, on rapprocha les mesures usitées des anciennes mesures subsistantes, pieds en bronze, boisseaux, lyŭ en jade, monnaies antiques, et l'on constata que le pied de Hwŏ Hyèn avait 0,06 de trop; la commission fit exécuter en bronze, d'après le Swéi choŭ, des étalons des anciens pieds et les déposa à la cour des Sacrifices. Mais pour la musique on ne put tomber d'accord; les discussions s'éternisant divisèrent les lettrés et les mandarins presque autant qu'à la même époque l'explication des classiques et les réformes sociales. Quatre règnes furent remplis de ces querelles, pendant lesquelles les Khí-tān et les Joŭ-tchén[7] envahissaient le nord de l'Empire : en 1127, l'Empereur étant fait prisonnier, un successeur lui fut donné au sud du Kyàng, la Chine forma de nouveau deux Etats principaux. Sous les Sóng du sud, la musique occupa peut-être moins l'Empereur et les ministres; mais le goût des questions musicales et les connaissances théoriques, sortant du Palais et des orchestres officiels, s'étaient répandus parmi les lettrés. Ceux-ci, simples particuliers, continuèrent donc les recherches sur le diapason, et c'est à ce mouvement que l'on doit l'important ouvrage de Tshái Yuèn-tíng, les études et notices de Tchoŭ Hí, Tchén Té-syeoŭ, Ngeoŭ-yàng Tchī-syeoŭ[8].

Il sera utile de résumer les conclusions de Tshái Yuèn-tíng relatives à la longueur du pied[9]. Cet auteur énumère une vingtaine de pieds qui ont été en usage avant son époque. Le pied des Tcheoŭ (anéantis en 250 A. C.) est le plus petit, celui des Wéi orientaux est le plus grand, en pied des Tcheoŭ $= 1$ p. $\frac{5\,008}{10\,000}$; Natalis Rondot, dont les travaux font autorité[10], donne comme dimensions extrêmes : pied des Tcheoŭ, $0^m,2044$ v. $0^m,208$; pied des Chàng, $0^m,319375$ v. $0^m,302$; pied des Ming, $0^m,34066$. Le pied des Wéi orientaux diffère donc peu du pied des Chàng[11]. D'après Tshái, le pied a fort peu varié depuis les Hàn jusqu'aux Lyàng (502-557), tout au moins dans le centre et le sud, partie chinoise de l'Empire; le pied des Sóng, le plus long de cette période, avait seulement : pied des Tcheoŭ 1,064; une divergence d'environ 1/20 pour une mesure établie sans procédés rigoureux est peu considérable. Mais à partir du ive siècle, le nord de l'Empire séparé du sud emploie un pied plus grand qui a varié de $0^m,22$ à $0^m,30$ environ. Le pied de $0^m,20$ étant resté en usage pendant de longs siècles, et particulièrement à l'époque où les vraisemblances historiques permettent de placer l'origine du système des lyŭ, on pourrait croire que ce pied a servi de base. Cette conclusion est contraire à la tradition. Au temps de Tshái Yuèn-tíng, le pied musical officiel était le chwéi-tchhŭ, pied eau, de 590, valant : pied des Tcheoŭ 1,286, soit $0^m,2628$; il est généralement admis depuis lors, il était peut-être admis depuis les Swéi que le vrai pied musical divisible en 9 pouces est le pied de Hwàng tí : Natalis Rondot l'identifie au pied des Hyá[12] et l'égale à $0^m,2555$, valeur assez voisine de la précédente.

L'empire des Lyào (Khí-tān), l'empire des Kīn (Joŭ-tchĕn), le royaume de Sī-hyá au Tangout[13], qui, à partir du xe siècle, occupèrent peu à peu la moitié septentrionale de la Chine, tâchèrent d'imiter les rites et la musique des vaincus, eurent même quelque teinture de la théorie musicale. Les Mongols, dynastie des Yuĕn, qui soumirent le Sī-hyá, qui prirent successivement les capitales des Kīn, Yĕn (Péking) en 1215, Pyén (Khāi-fōng) en 1233, qui finalement étendirent leur domination sur tout l'Empire (prise de la capitale des Sóng, aujourd'hui Hàng-tcheoŭ, 1276), suivant la coutume des barbares recueillirent et employèrent les orchestres des Etats détruits. Tchingiz commença avec les musiciens tangoutains; son fils Ogotai (1239) fit rechercher les instruments et les musiciens des Kīn, à Péking seulement on trouva quatre-vingt-douze hommes; on envoya des choristes étudier à Khyŭ-feoŭ, près du tombeau de Confucius (1240). Khoubilai avant son avènement s'était intéressé à la musique; en 1264 il fit rassembler de toutes les provinces les instruments de musique, qui furent trouvés en très grand nombre; en 1282 il fit venir ce qui subsistait de l'orchestre des Sóng et le fit compléter par de nouveaux carillons dont on chercha les pierres sonores dans la rivière Seŭ[14], par des cloches fondues et par divers instruments construits (1286) d'après les lyŭ existants[15]. Pendant cette dynastie et désormais, les

---

1. Nº 47, liv. 145, ff. 1 à 5.
2. Nº 48 (Y. l. t., liv. 51, f. 23, etc.). — Nº 53, liv. 19, f. 2, etc.
3. Fils d'un ministre des Tsìn(936-946), fonctionnaire avant les Sóng et sous les Sóng, mort vers 988 (Nº 48, liv. 439. — Nº 53, liv. 169, ff. 8, 9).
4. Nº 53, liv. 19, f. 33, etc.
5. *Kīng yeoŭ yŏ swéi sīn kīng*, en 6 sections, traitant de la tonique, des degrés, des lyŭ, des mesures et poids, etc. (Nº 53, liv. 19, ff. 3, 4).
6. Tīng Toŭ (990-1053), docteur en 1012, ministre en 1046, auteur de plusieurs ouvrages (Nº 48, liv. 292. — Nº 53, liv. 90, f. 14, etc.). — Fàn Tchén, mandarin sous Jĕn tsōng (1022-1063) et ses successeurs, censeur, mort sous Chén tsōng (1067-1085) à l'âge de 81 ans (Nº 48, liv. 337. — Nº 53, liv. 112, f. 13, etc.). — Fàng Choŭ, docteur, recommandé à la Cour par Sóng Khí (998-1061, lettré célèbre); la biographie de Fàng Choŭ ne se trouve ni dans nº 48, ni dans nº 53.
7. Les Khí-tān, peut-être parents des Syĕn-pī, paraissent vers la haute Soungari en 479; établis sur le Sira mouren; ils commencèrent l'invasion de l'Empire en 907; empire des Lyào (947), anéanti par les Joŭ-tchén (1124); royaume de Si-lyào (Mongolie occidentale et Ili) 1127-1201. Les Joŭ-tchén, de race tongouse, sur la Soungari et l'Amour, mentionnés en 961, soumis aux Khí-tān (991), empire des Kīn (1115), anéanti par les Mongols (1234). Voir nºˢ 49, 50 et autres histoires dynastiques.
8. Nº 53, liv. 19, ff. 12 à 15. Je n'ai rien trouvé sur Ngeoŭ-yàng Tchī-syeoŭ. — Tchén Té-syeoŭ (1178-1235), disciple de Tchou Hí (Nº 48, liv. 437).
9. Nº 70 (Y. l. t., liv. 54, f. 14, etc.).
10. Nº 33.
11. Dynastie antérieure aux Tcheoŭ.
12. Dynastie antérieure à celle des Chàng, vers l'an 2000 A. C.
13. Un peuple de race tibétaine, les Tàng-hyàng, établi aux confins du Seŭ-tchhwàn, du Chén-si et du Kān-soŭ sous des chefs portant le nom de Li, nom impérial décerné par la dynastie des Thàng, formèrent vers 982 le royaume de Si-hyá et l'étendirent sur le Tangout; soumis aux Mongols, 1227 (Devéria, *l'Ecriture du royaume de Si-hia ou Tangout, Mémoires de l'Académie des Inscriptions et Belles-Lettres*, 1ʳᵉ série, tome XI, 1; 1898).
14. Au Yĕn-tcheoŭ foŭ, Chàn-tōng, non loin de Khyŭ-feoŭ.
15. Nº 51, liv. 68, f. 1, etc.

lettrés ont continué d'écrire des travaux sur les lyŭ, plusieurs ouvrages ont été publiés avec l'approbation ou sous l'inspiration impériale; mais on n'a plus vu la Cour prendre à ces questions un intérêt aussi passionné qu'au xie siècle.

Au début de la dynastie chinoise des Mĭng, sur rapport de Lèng Khyĕn[1], le hwàng-tchōng fut établi d'après le *yíng tsào tchhŭ*, pied du ministère des Travaux, égal au pied dit des Chăng, $0^m,319375$: cette longueur qui résulte des figures du *Lyŭ hyŏ sīn chwĕ*[2], est confirmée par Natalis Rondot. Tchoū Tsái-yŭ indique les raisons de ce choix[3] : ce pied ne serait autre que le grand pied des Thăng et aurait été transmis depuis l'artisan mythique Loŭ Păn. Malgré ces lettres de noblesse, ledit pied n'était pas traditionnel pour les lyŭ. Le prince Tsái-yŭ constatait donc que le hwàng-tchōng de son temps était plus bas que celui de Tshái Yuĕn-tíng de cinq lyŭ, soit d'une tierce majeure, ce qui, pour l'ancien hwàng-tchōng, ramène sensiblement au pied des Hyá[4], puisque le rapport des vibrations de la tierce majeure à la fondamentale est $5/4$; toutefois il demandait de relever le hwàng-tchōng seulement de trois lyŭ, ou de la moitié de l'intervalle en question; on obtenait ainsi, disait-il, non pas la fondamentale des Hán, mais vraiment la fondamentale antique. C'est cependant en pied des Hyá mesuré par 81 grains de millet posés en long qu'il a donné pour les tuyaux les dimensions auxquelles je reviendrai plus loin. Sous la dynastie régnante des Tshīng, le relèvement du diapason a été effectué (1713) au delà du nécessaire. En effet, d'après les définitions officielles[5], le hwàng-tchōng mesure les 9/10 du pied antique, tandis qu'on admettait en général qu'il mesurait le pied antique divisé en neuf parties; le pied antique vaut $81/100$ du pied moderne; on a donc pour la longueur du pied fondamental : en pied moderne $0,81 \times 0,9 = 0,729$; en mètre $0,319375 \times 0,729 = 0^m,2328$. Le hwàng-tchōng est ainsi supérieur d'environ six lyŭ à celui des Mĭng; il n'en résulte d'ailleurs pas une modification semblable dans la hauteur des morceaux exécutés. En effet, le carillon de cloches s'étendait sous les Mĭng de *hwàng-tchōng*[1] à *kyă-tchōng*[2], soit, en ramenant aux lyŭ contemporains, environ de *jwĕi-pīn*[1] à *nán-lyŭ*[1]; le carillon employé depuis 1714 s'étend de *yi-tsĕ*[1] à *yíng-tchōng*[1]; il est donc en réalité supérieur de deux ou trois lyŭ seulement à celui des Mĭng; la hauteur des autres instruments est réglée sur celle du carillon[6]. Le *Lyŭ lyŭ tchéng yi*[7] appuie encore d'un autre raisonnement les résultats admis présentement : il remarque que le hwàng-tchōng officiel renferme exactement 1200 grains de millet, le pied répond bien à 81 ou à 100 grains mis en long ou en travers; « la grosseur des grains de millet n'ayant pas changé depuis l'antiquité », on vérifie ainsi que le tuyau actuel est conforme à celui de Lyeoŭ Hin que l'on admet égal à celui des Tcheoŭ. Je doute que l'argument semble convaincant; la longueur reconnue est inférieure à celle que des auteurs anciens ont cru être celle du hwàng-tchōng des Hyá et de Hwàng tí; elle semble également inférieure à celle que rappor-

tait Seŭ-mà Tshyĕn. On peut croire, en effet, que cet historien, qui gardait l'usage du calendrier des Chăng, conservait aussi, pour les matières musicales connexes aux considérations astrologiques, le pied de la même époque : 81 lignes du pied des Chăng font $0^m,2586$, c'est-à-dire à peu près le pied des Hyá. C'est donc toujours à cette mesure que l'on est ramené.

Pour les auteurs chinois, tantôt on appelle hwàng-tchōng le tuyau défini par une certaine longueur : c'est la marche suivie jusqu'ici. Tantôt le hwàng-tchōng est le point de départ de toutes les mesures; mais si nous connaissons le hwàng-tchōng actuel[8] voisin de mi_3, nous savons qu'il a constamment varié : nous n'avons donc pu chercher la solution en ce sens. Nous pouvons maintenant vérifier si le tuyau bouché de $0^m,2328$ donne la note que nous attendons comme fondamentale; nous aurons à interpréter la coïncidence ou la divergence reconnue.

Si, dans la formule acoustique $N = \dfrac{(2n-1)V}{2L}$ (n est le numéro d'ordre de l'harmonique), on fait $n = 1$ et qu'on porte la longueur admise pour le tuyau fondamental, on a $N = \dfrac{330}{2 \times 0,2328} = 708,76$, nombre compris entre 696 (fa_3) et 725 ($fa\sharp_3$). Ce résultat n'a pas une valeur absolue, en raison des perturbations de l'air à l'origine du tuyau et de celles produites par l'approche des lèvres, en raison aussi de la perce du tuyau. M. V. Mahillon, qui a étudié les lyŭ avec sa compétence de musicien et de physicien, constate[9] que trois hwàng-tchōng successifs, le moyen étant le hwàng-tchōng fondamental, les extrêmes donnant les octaves supérieure et inférieure, ont les dimensions suivantes :

	LONGUEUR	PERCE
hwàng-tchōng—1	2 pieds.	5 lignes.
hwàng-tchōng[1]	1 p.	$3^l,53.$
hwàng-tchōng[2]	$0^p,5.$	$2^l,5.$

De là le savant musicologue déduit les lois que je résume ici : 1° la longueur des tuyaux étant en raison inverse du nombre des vibrations, étant donné un tuyau quelconque, pour établir la longueur du tuyau fournissant le demi-ton supérieur, il faut diviser la longueur du tuyau donné par $1,0594631$, c'est-à-dire par $\sqrt[12]{2}$: en effet, après douze divisions successives, répondant aux demi-tons successifs, on trouvera la longueur du tuyau qui fournit l'octave supérieure, comme si l'on avait immédiatement divisé par 2; 2° pour établir le diamètre du tuyau fournissant le demi-ton supérieur, il faut diviser le diamètre du tuyau donné par $1,0292857$, c'est-à-dire par $\sqrt[24]{2}$: si, en effet, le diamètre d'un second tuyau est la moitié du diamètre d'un premier, la section ou grandeur de la perce sera le quart de la section du premier, et le second donnera la seconde octave supérieure du son du premier; après vingt-quatre divisions successives répondant aux demi-tons successifs des deux octaves, on trouvera enfin le diamètre qui est la moitié du premier diamètre et qui

---

1. Je n'ai pas trouvé la vie de ce personnage.

2. N° 75.

3. N° 75, liv. 2, f. 4 et sq., ff. 39, 40, 49. — N° 85 (Y. l. t., liv. 65, f. 8 v°).

4. En prenant pour unité le pied des Hyá, le pied des Chăng est exprimé par 1,25, le pied des Tcheoŭ par 0,8; le pied des Hyá vaut donc $\dfrac{0,319375}{1,25} = 0,2555.$

5. N° 86, 1re partie, I. f. 11. — N° 66, liv. 416, f. 18 r°. — N° 65, liv. 33, f. 1 v°. — N° 67, liv. 27, ff. 1, 2.

6. N° 52, liv. 61, fr 13 et sq. — N° 66, liv. 410, f. 8 v°.

7. N° 86, 1re partie, I, f. 11.

8. Le P. Amiot transcrit le hwàng-tchōng par fa_2, M. van Aalst emploie ut_2; mais ces deux auteurs reconnaissent que leur choix a été guidé par des raisons étrangères à la hauteur réelle du hwàng-tchōng. « J'en ai agi ainsi, dit le P. Amiot, p. 115, parce qu'en prenant fa pour le son générateur, tout le système diatonique des Chinois se trouve rendu par des notes naturelles; ... enfin parce qu'après avoir noté des airs chinois à notre manière en faisant répondre le koung au fa, j'ai toujours satisfait les oreilles chinoises en les exécutant..... » M. van Aalst, p. 13, admet la presque identité du hwàng-tchōng avec $ré_2$.

9. N° 110, 14e année, notices 859-861, p. 188 et suivantes.

caractérise le tuyau fournissant la seconde octave supérieure. « C'est en cette donnée sur la grandeur de la perce, poursuit M. Mahillon, que la théorie chinoise est en avance sur la nôtre, qui ne donne à ce sujet aucun renseignement. Le prince Tsái-yŭ n'explique pas cette théorie, il se contente de poser des chiffres; mais il ne nous a pas été difficile d'en déduire les règles que nous venons d'énoncer, et nous en avons vérifié l'exactitude par la construction des lyŭ auxquels elles se rapportent. » Nous reviendrons plus loin sur la division de l'octave en douze degrés et sur les travaux du prince Tsái-yŭ; pour le moment nous tirerons de ces remarques la seule conclusion que la formule générale est insuffisante, ne tenant pas compte du diamètre : il n'est pas surprenant que le nombre calculé soit seulement approché.

Quand M. Mahillon, d'après les dimensions du P. Amiot et du prince Tsái-yŭ, construisit les trois hwâng-tchŏng, il en tira les sons $mi_{2,3}$, $mi_{3,4}$, $mi_{3,5}$ un peu au-dessus de notre diapason normal ($la_3 = 870$); mais il reconnut depuis lors que les lyŭ sont des tuyaux bouchés, alors qu'il avait construit des tuyaux ouverts; reprenant ses expériences, il trouva enfin mi_2, mi_3, mi_4, notes qui s'écartent peu du fa du P. Amiot, puisque le diapason européen était très bas à l'époque de ce missionnaire. M. Mahillon a encore construit[1] d'après le prince Tsái-yŭ un *hwâng-tchŏng-tchhi* 203, sorte de flûte traversière ayant la

203. Hwâng-tchŏng-tchhi, d'après le prince Tsái-yŭ.
(N° 110, notice 865, p. 196.)

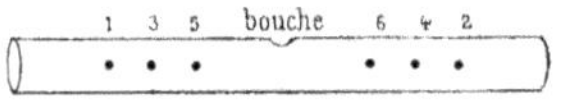

1   3   5   bouche   6   4   2

FIG. 153.

bouche au milieu du tuyau et trois trous de chaque côté de la bouche : les trous latéraux 5 et 6 divisent le tuyau en tiers, les trous 3 et 4 marquent le quart, les trous 1 et 2 le sixième de la longueur totale; les longueur et perce du tuyau, les diamètres des trous sont conformes aux mesures données. Si l'on souffle dans cet instrument en bouchant tous les trous, on entend mi_4; en débouchant les trous successivement dans l'ordre 1, 2, 3, 4, 5, 6, ou 2, 1, 4, 3, 6, 5, on obtient la série fa_4, $fa\sharp_4$, sol_4, $sol\sharp_4$, la_4, $la\sharp_4$. Ce diapason flûte donne donc l'octave supérieure (mi_4) de la fondamentale et les notes comprises entre cette octave et sa quinte; c'est là probablement un instrument de démonstration; les dimensions conformes aux mesures de la période Khái-yuén (713-741) le rapportent au VIIIᵉ siècle. Il est important de constater par expérience qu'à plus de huit siècles de distance le prince Tsái-yŭ a pu retrouver exactement le diapason des Thàng.

L'accord du khin, tel que je l'ai constaté, est plus élevé : la première corde donne approximativement $ré_2$, ce qui met le hwâng-tchŏng à sol_3.

Le diapason a donc beaucoup varié à travers les âges; il n'est pas uniforme aujourd'hui, il l'était encore moins jadis. Chèn Kwŏ[2] constate de son temps l'existence de deux diapasons : celui du Conservatoire, *Kyáo fŭng*[3], supérieur aux lyŭ officiels d'un peu moins de deux lyŭ; celui de la musique septentrionale, conforme aux lyŭ et à la tradition des Thàng; le premier d'ailleurs avait, depuis la fin du Xᵉ siècle, baissé de trois lyŭ. Tchou Hi[4] note que, les musiciens n'ayant plus le soin d'accorder leurs instruments à cordes sur les flûtes, la hauteur des morceaux n'est plus fixe. De même aujourd'hui, les musiciens non officiels se rapportent à l'oreille seule, avec les mêmes inconvénients. L'équivalence du hwâng-tchŏng en note européenne ne peut donc être fixée absolument; il serait, d'autre part, très incommode d'admettre des équivalences diverses pour les divers genres et les diverses époques, la précision que l'on chercherait par là risquerait fort d'être illusoire. Nous conviendrons donc de fixer : $hwâng\text{-}tchŏng_1 = mi_3$; la raison principale de ce choix est la plus longue possession d'état rappelée plus haut.

CHAPITRE II

L'échelle des lyŭ.

Le premier texte précis sur les lyŭ est dans le *Lyŭ chi tchhwĕn tshyeoŭ*[5]; M. Chavannes a cité et commenté ce passage dans l'appendice II, p. 636, du tome III des *Mémoires historiques*[6]. « Le hwâng-tchŏng produit le LÌN-TCHŎNG; le LÌN-TCHŎNG produit le *thái-tsheoŭ*; le *thái-tsheoŭ* produit le NÀN-LYŬ; le NÀN-LYŬ produit le koŭ-syèn; le koŭ-syèn produit le YÍNG-TCHŎNG; le YÍNG-TCHŎNG produit le *jwĕi-pīn*; le *jwĕi-pīn* produit le *tá-lyŭ*; le *tá-lyŭ* produit le YÍ-TSĔ; le YÍ-TSĔ produit le *kyă-tchŏng*; le *kyă-tchŏng* produit le woŭ-YĬ; le woŭ-YĬ produit le tchŏng-lyŭ. Aux trois parties du générateur on ajoute une partie pour faire la génération supérieure; aux trois parties du générateur on retranche une partie pour faire la génération inférieure; le hwâng-tchŏng, le tá-lyŭ, le thái-tsheoŭ, le kyă-tchŏng, le koŭ-syèn, le tchŏng-lyŭ, le jwĕi-pīn appartiennent à la génération supérieure; le LÌN-TCHŎNG, le YÍ-TSĔ, le NÀN-LYŬ, le woŭ-YĬ, le YÍNG-TCHŎNG, appartiennent à la génération inférieure. » La formule que Lyŭ Poŭ-wêi assigne à la production des lyŭ, équivaut en langage moderne à celle-ci : le tuyau qui a pour longueur les 4/3 de la longueur du tuyau générateur, appartient à la génération supérieure et fournit la quarte inférieure, c'est-à-dire l'octave basse de la quinte, du son du tuyau générateur; le tuyau qui a pour longueur les 2/3 de la longueur du tuyau

I. *hwâng-tchŏng.*	II. LÌN-TCHŎNG.	III. *thái-tsheoŭ.*	IV. NÀN-LYŬ.	V. *koŭ-syèn.*	VI. YÍNG-TCHŎNG.
mi_3 810	si_3 540	$fa\sharp_3$ 720	$ut\sharp_4$ 480	$sol\sharp_3$ 640	$ré\sharp_4$ 426,6666
quinte.	8ᵛᵉ b. de la 5ᵗᵉ.	quinte.	8ᵛᵉ b. de la 5ᵗᵉ.	quinte.	8ᵛᵉ b. de la 5ᵗᵉ.

VII. *jwĕi-pīn.*	VIII. *tá-lyŭ.*	IX. YÍ-TSĔ.	X. *kyă-tchŏng.*	XI. woŭ-YĬ.	XII. *tchŏng-lyŭ.*	I. *hwâng-tchŏng.*
$la\sharp_3$ 568,8888	fa_3 758,5166	ut_4 505,6766	sol_3 674,2333	$ré_4$ 449,4866	la_3 599,3133	mi_3 799,0844
8ᵛᵉ b. de la 5ᵗᵉ.	quinte.	8ᵛᵉ b. de la 5ᵗᵉ.	quinte.	8ᵛᵉ b. de la 5ᵗᵉ.	8ᵛᵉ b. de la 5ᵗᵉ.	

---

1. N° 110, 14ᵉ année, notice 865, p. 196.
2. N° 24, liv. 6, f. 2 rᵒ; supplément au liv. 7, ff. 16, 17
3. Sur le Conservatoire, voir chap. XIII, p. 199

4. N° 27, liv. 41.
5. N° 21, section VI *Yin lyŭ*, 2ᵉ partie, f. 3 et sq.
6. N° 35.

générateur, appartient à la génération inférieure et fournit la quinte du son du tuyau générateur. La progression des lyŭ peut se traduire dans le tableau précédent, où les nombres sont proportionnels aux longueurs.

Cette progression est tenue pour fermée, le dernier terme ($\bar{\mathrm{I}}$) reproduisant le premier, sauf une différence qui sera étudiée plus tard; les notes successives forment une marche de douze quintes justes ascendantes et sont abaissées d'une octave chaque fois qu'il est nécessaire pour les ramener dans l'intervalle $hw\breve{a}ng\text{-}tch\bar{o}ng_1$ $hw\breve{a}ng\text{-}tch\bar{o}ng_2$ (mi_3 mi_4). Ainsi $\mathrm{III} = fa\sharp_3$ est l'octave basse de $fa\sharp$, quinte de $si_3 = \mathrm{II}$; cette octave basse de la quinte, en d'autres termes cette quarte inférieure, est, d'après les Chinois, de génération supérieure, le nouveau tuyau étant en effet plus long que son générateur. Les générations supérieure et inférieure, c'est-à-dire les quartes descendantes et les quintes montantes, n'alternent pas régulièrement; les tuyaux VII, VIII, XII, $\bar{\mathrm{I}}$, forment tous avec ceux qui les précèdent directement des quartes descendantes. Pour les tuyaux XII *tchŏng-lyŭ* et $\bar{\mathrm{I}}$ *hwăng-tchŏng*, le fait a été peu remarqué, les théoriciens ayant d'habitude considéré les douze premiers lyŭ seuls. La suite VI *ying-tchŏng* VII *jwĕi-pĭn* VIII *tá-lyŭ* formant deux quartes descendantes successives a, au contraire, été notée d'abord par Lyŭ Poŭ-wĕi, puis par Hwăi-nán tseŭ[1], Seŭ-mà Pyeoŭ, Toŭ Yeoŭ et leurs successeurs, tandis que Seŭ-mà Tshyĕn et Păn Koú indiquent l'abaissement d'une octave régulièrement de deux en deux quintes[2]. Sous cette dernière formule, les six lyŭ du principe *yàng* sont de la génération supérieure, les six lyŭ du principe *yīn* appartiennent à la génération inférieure : mais cette symétrie ne cadre pas avec l'acoustique.

En rangeant les sons non plus dans l'ordre de génération, mais suivant les hauteurs inversement proportionnelles aux longueurs des tuyaux, on obtient dans l'intervalle de l'octave une échelle de douze degrés; le second hwăng-tchŏng doit alors représenter la quinte ascendante (399,5422), et non la quarte basse de tchŏng-lyŭ, il répondra à mi_4. Dans le tableau

	a)	b)	c)	d)	e)	f)
1.	*hwăng-tchŏng*₁	810	81 lignes	810	9 pouces	810
2.	*tá-lyŭ*	758,5166	75 2/3	756,6666	$8\frac{104}{243}$	758,5182
3.	*thăi-tsheoŭ*	720	72	720	8	720
4.	*kyă-tchŏng*	674,2333	67 1/3	673,3333	$7\frac{1075}{2187}$	674,2386
5.	*koŭ-syĕn*	640	64	640	$7\frac{1}{9}$	640
6.	*tchŏng-lyŭ*	599,3133	59 2/3	596,6666	$6\frac{12974}{19683}$	599,3232
7.	*jwĕi-pĭn*	568,8888	56 2/3	566,6666	$6\frac{26}{81}$	568,8888
8.	LĬN-TCHŎNG	540	54	540	6	540
9.	YĬ-TSĔ	505,6766	50 2/3	506,6666	$5\frac{451}{729}$	505,6789
10.	NĂN-LYŬ	480	48	480	$5\frac{1}{3}$	480
11.	woĕ-yĬ	449,4866	44 2/3	446,6666	$4\frac{6524}{6561}$	449,4924
12.	YĬNG-TCHŎNG	426,6666	42 2/3	426,6666	$4\frac{20}{27}$	426,6666
13.	HWĂNG-TCHŎNG₂	399,5422				

ci-contre, la colonne b) donne les longueurs calculées sur la base 810; les colonnes suivantes renferment les chiffres indiqués c) par Seŭ-mà Tshyĕn, e) par Toŭ Yeoŭ avec lesdites mesures réduites à la même unité, d) et f).

Pour les mesures de Seŭ-mà Tshyĕn, j'ai adopté les corrections indiquées par Tshăi Yuĕn-ling et en partie déjà par Seŭ-mà Tchĕng[3] : 2° 75 2/3 pour 75 1/3; 3° 72 pour 70 2/7; 4° 67 1/3 pour 61 1/3; 5° 64 pour 60 4/7; 7° 56 2/3 pour 56 1/3; 8° 54 pour 50 4/7; 9° 50 2/3 pour 54 2/3; 10° 48 pour 40 8/7. Ces erreurs grossières ne peuvent être que des fautes de copie. Dans les mesures de Toŭ Yeoŭ[4], j'ai introduit aussi deux corrections indiquées par le calcul : 4° $\frac{1075}{2187}$ pour $\frac{1079}{2187}$; 12° $\frac{20}{27}$ pour $\frac{20}{21}$. Les mesures de Toŭ Yeoŭ. plus approchées que celles de Seŭ-mà Tshyĕn grâce à l'emploi des fractions à forts dénominateurs, sont difficiles à réaliser en raison de leur précision même.

Le hwăng-tchŏng issu du tchŏng-lyŭ est plus court que le hwăng-tchŏng primitif; en d'autres termes, le $hw\breve{a}ng\text{-}tch\bar{o}ng_2$ est plus élevé que l'octave du *hwăng-*

	ÉCHELLE PAR QUINTES		ÉCHELLE TEMPÉRÉE	
	Longueur des cordes.	Rapport des vibrations.	Longueur des cordes.	Rapport des vibrations.
VIII. *tá-lyŭ*	$\frac{2048}{2187}$	1,0678	$\frac{128}{135}$	1,0547
X. *kyă-tchŏng*	$\frac{16.384}{19.683}$	1,2020	$\frac{1024}{1215}$	1,1865
XII. *tchŏng-lyŭ*	$\frac{131.072}{177.147}$	1,3515	$3/4$	1,3333
XIII. *hwăng-tchŏng*₂	$\frac{262.144}{531.441}$	2,0272	$1/2$	2,0000

$tch\bar{o}ng_1$: la treizième quinte juste, en effet, est plus haute que l'octave du son fondamental, le rapport de cette quinte à cette octave est exprimé par $\frac{524.288}{531.441}$ soit $\frac{2^{18}}{3^{12}}$, et la différence porte le nom de comma pythagoricien. L'échelle des lyŭ, non seulement pour l'octave mais pour tous les degrés, diffère de l'échelle tempérée, l'écart étant sensible surtout pour les quintes élevées. Les exemples ci-dessus sont relatifs aux cordes, ils ne sont donc soumis à aucune correction en raison des diamètres.

Lyŭ Poŭ-wĕi connaît déjà la mesure approchée du hwăng-tchŏng, comme treizième quinte; il conte comment Ling lwĕn, ministre de l'empereur Hwăng tí, inventa les lyŭ[5]. « Il prit des bambous dans la

---

1. Lyoŭ Ngăn (mort en 122 A. C.), membre de la famille impériale, roi de Hwăi-nán, taoïste (N° 36, liv. 44, f. 6, etc.).

2. N° 54 (Y. l. t., liv. 51, ff. 11 r°, 13 v°). — N° 35, tome III, pp. 315, 632. — N° 36, liv. 21 a), f. 7 r°. — N° 38, liv. 1, ff. 7 v°, 12 r°. — N° 34, liv. 25, ff. 8, 9.

3. Auteur des *Sŏ yin*, commentaire des *Chĭ ki*, viii° s.

4. N° 54 (Y. l. t., liv. 51, f. 17 v°).

5. N° 21, section V, *Koŭ yŏ*, 5° partie, f. 9 r° : 取竹於嶰谿之谷。以生空竅厚均者。斷兩節間。其長三寸九分。而吹之以爲黃鍾之宮。

vallée de la rivière Hyài, parce qu'ils y croissent d'un calibre gros et égal; ayant coupé dans l'intervalle de deux nœuds la longueur de trente-neuf lignes, en soufflant dans le tuyau il produisit la prime hwàng-tchŏng » : 39 lignes sont précisément, en donnant 81 lignes au hwàng-tchŏng, la longueur du *hwàng-tchŏng₂* calculé comme treizième quinte; comme octave il mesurerait 40ˡ,5. Bien que Lyù Poŭ-wêi n'indique pas d'autre dimension, la coïncidence est trop précise pour être due au hasard.

Puisque la progression des douze quintes ne ramène pas au point de départ, peut-on se contenter des douze premiers lyŭ? Si l'on étend la progression au delà de la série primitive, les nouveaux lyŭ ne sont pas d'accord avec les premiers, ils donnent des sons vraiment nouveaux, quoique voisins; la seconde série, non plus que la troisième ou la quatrième, n'attein-

humaine et de la corde vibrante. Le conflit de la quinte et de l'octave, l'impossibilité de passer de l'un à l'autre système, n'ont pu échapper longtemps aux musiciens ni aux théoriciens. Ces considérations n'apparaissent avec clarté que dans des ouvrages relatifs à des époques postérieures à celle des Hán; toutefois il est probable que cette difficulté connue de Tsyăo Yèn-cheoŭ et de King Fàng les a conduits à la série de soixante lyŭ qu'ils ont expliquée par des comparaisons de philosophie naturelle. King Fàng avait calculé exactement des nombres proportionnels aux soixante lyŭ et qui ont été conservés par Seŭ-mà Pyeoŭ[1]. Il suffira de donner deux groupes d'exemples, les premiers pour montrer la génération des tuyaux à partir du tchŏng-lyù, les autres pour indiquer la division de l'intervalle entre deux lyŭ primitifs.

La production des lyŭ continue avec les mêmes al-

					Intervalle qui suit chaque lyŭ.
I.	黃	鐘	*hwàng-tchŏng*	177.147	
XI.	無	射	*woŭ-yì*	98.304	8ᵛᵉ basse de la 5ᵗᵉ.
XII.	中	呂	*tchŏng-lyu*	131.072	8ᵛᵉ basse de la 5ᵗᵉ.
XIII.	執	始	*tchi-chi*	174.762 [2/3]	quinte.
XIV.	去	滅	*khyu-myè*	116.508 [4/9]	8ᵛᵉ basse de la 5ᵗᵉ.
XV.	時	息	*chi-sì*	$155.344\left[\dfrac{16}{27}\right]$	quinte.
XVI.	結	躬	*kyè-kŏng*	$103.563\left[\dfrac{5}{81}\right]$	8ᵛᵉ basse de la 5ᵗᵉ.
XVII.	變	虞	*pyèn-yù*	$138.084\left[\dfrac{20}{243}\right]$	quinte.
XVIII.	遲	內	*tchhì-nèi*	$92.056\left[\dfrac{40}{729}\right]$	8ᵛᵉ basse de la 5ᵗᵉ.
XIX.	盛	變	*chéng-pyèn*	$122.741\left[\dfrac{889}{2.187}\right]$	8ᵛᵉ basse de la 5ᵗᵉ.
XX.	分	否	*fèn-phi*	$163.654\quad\left[163.655\dfrac{1.369}{6.561}\right]$	quinte.
XXI.	解	形	*kyùi-hìng*	$109.103\left[\dfrac{9.299}{19.683}\right]$	8ᵛᵉ basse de la 5ᵗᵉ.
XXII.	開	時	*khāi-chi*	$145.471\left[\dfrac{17.513}{59.049}\right]$	quinte.
XXIII.	閉	掩	*pi-yèn*	$96.980\left[\dfrac{153.224}{177.147}\right]$	8ᵛᵉ basse de la 5ᵗᵉ.
XXIV.	南	中	*nàn-tchŏng*	$129.307\left[\dfrac{435.749}{531.441}\right]$	8ᵛᵉ basse de la 5ᵗᵉ.
XXV.	丙	盛	*ping-chéng*	$172.410\left[\dfrac{680.114}{1.594.323}\right]$	quinte, etc.

dra le *hwàng-tchŏng₁*; jamais le treizième tube d'aucune série ne reproduira le tube fondamental, puisque ces treizièmes tubes sont mesurés en fonction du fondamental par les puissances successives de $\dfrac{524.288}{531.441}$ et qu'aucun de ces rapports n'est égal à 1. D'autre part, les lyŭ étant produits par quintes mon-

ternatives de génération supérieure et de génération inférieure[2], les lyŭ XIII, XXV, XXXVII, XLIX prenant place d'après leur nombre proportionnel après le hwàng-tchŏng, et de même XIV, XXVI, XXXVIII, L après le lin-tchŏng, etc. Mais le passage du LIII au LIV devrait être une quinte, d'après les précédents V-VI, XVII-XVIII, XXIX-XXX, XLI-XLII; on trouve au contraire :

LII.	夷	汗	*yi-hàn*	$99.487\left[\dfrac{3.912.181.531.763.287.539}{12.157.665.459.056.928.801}\right]$	8ᵛᵉ basse de la 5ᵗᵉ.
LIII.	依	行	*yi-hing*	$132.583\left[\dfrac{3.491.060.667.996.221.355}{36.472.996.377.170.786.403}\right]$	8ᵛᵉ basse de la 5ᵗᵉ.
LIV.	色	育	*sè-yù*	$176.777\left[\dfrac{50.437.239.049.155.671.823}{109.418.989.131.512.359.209}\right]$	quinte.

tantes (2/3) et par quartes descendantes (4/3), si on applique les deux multiplicateurs au même nombre, on obtient deux produits l'un double de l'autre : *lin-tchŏng₁* 540 × 2/3 = 360 *thài-tsheoŭ₂*; *lin-tchŏng₁* 540 × 4/3 = 720 *thài-tsheoŭ₁*. La notion de l'octave juste est donc supposée par la génération même des lyŭ, si elle n'est déjà révélée par l'observation de la voix

Calculé comme quinte, le lyŭ LIV serait représenté par 88.388; or l'octave du hwàng-tchŏng étant 88.573, le lyŭ LIV serait hors de l'octave *hwàng-tchŏng₁ hwàng-tchŏng₂*. Il en résulte que LIV prend place immédiatement après le hwàng-tchŏng, LV après le lin-tchŏng, et ainsi de suite. Les lyŭ secondaires ne sont pas répartis également entre les lyŭ primitifs :

---

1. N° 38, liv. 1, f. 2 et sq.
2. Dans le tableau précédent, j'ai mis entre crochets les fractions qui complètent les nombres de King Fàng et les corrections à faire au texte; il n'y a que huit corrections pour toute la liste des soixante lyŭ; les autres divergences viennent du fait que le nombre a été forcé quand la fraction complémentaire approche de l'unité.

1. *hwáng-tchōng*	黃鐘		177.147
sè-yù	色育		176.777
tchi-chi	執始		174.762
ping-chêng	丙盛		172.410
fên-tóng	分動		170.089
tchi-mó	質末		167.800
2. *tá-lyù*	大呂	3 lyŭ secondaires.	165.888
3. *thái-tsheoŭ*	太簇	5 lyŭ secondaires.	157.464
4. *kyá-tchōng*	夾鐘	3 lyŭ secondaires.	147.456
5. *koŭ-syèu*	姑洗	5 lyŭ secondaires.	139.968
6. *tchōng-lyŭ*	仲呂	3 lyŭ secondaires.	131.072
7. *jwĕi-pīn*	蕤賓	4 lyŭ secondaires.	124.416
8. *lin-tchōng*	林鐘	5 lyŭ secondaires.	118.098
9. *yi-tsè*	夷則	3 lyŭ secondaires.	110.592
10. *nân-lyŭ*	南呂	5 lyŭ secondaires.	104.976
11. *woŭ-yi*	無射	3 lyŭ secondaires.	98.304
12. *ying-tchōng*	應鐘	4 lyŭ secondaires.	93.312

Il est superflu de dire que les soixante degrés de l'octave sont peu perceptibles et difficilement réalisables; une légère différence de température faisant varier le son d'un intervalle important relativement à celui de deux degrés successifs, jamais cette échelle ne sera juste. Le système de Kīng Fàng semble avoir eu quelque application au moyen du tchwèn 204[1]; celui de Tshyèn Lŏ-tchī[2] au vᵉ siècle, repris sous les Lyàng, était de la théorie pure : les trois cents nouveaux tuyaux, joints aux soixante lyŭ précédents, furent mis en rapport avec les trois cent soixante jours de l'année.

Ces fantaisies furent à peu près oubliées par la suite. Du système de Kīng Fàng, au contraire, on trouve encore quelque chose dans les *pyén lyŭ*, lyŭ modifiés, et dans les sons-fils, les demi-lyŭ de Tshái Yuên-ting; celui-ci d'ailleurs ne fait que reprendre et éclaircir une théorie exposée par Toù Yeoŭ[3]. Les deux auteurs appellent « son-fils » le son d'un tuyau de demi-longueur; mais il y a deux sortes de sons-fils. Le hwáng-tchōng de 9 pouces donnant la fondamentale, le tuyau de 4ᵖ,5 ou *hwáng-tchōng*$_2$ donnera l'octave[4] qui est un son-fils. Le hwáng-tchōng, calculé comme quinte du tchóng-lyù, sera encore un son-fils; mesuré par l'expression $4 + \dfrac{25.948}{59.049}$, il est plus

court et donne un son plus haut que le tuyau de 4ᵖ,5; il n'est autre que la moitié du tchĭ-chĭ de Kīng Fàng. Les tuyaux calculés à la suite sont ceux que j'ai indiqués p. 88 sous les nᵒˢ XIV à XXIV; ils forment une échelle légèrement plus haute que la première (nᵒˢ I à XII); c'est eux que l'on appelle *pyén lyŭ* par opposition aux tuyaux primitifs dits *tchéng lyŭ*, lyŭ vrais. Les uns comme les autres donnent naissance à des demi-lyŭ ou sons-fils; deux octaves renferment donc 48 sons. Seulement les auteurs déclarent que, vu la complication croissante des expressions numériques, il n'y a pas lieu de poursuivre la série au delà du lyŭ XVIII; les lyŭ I à VI ont donc leurs pyén lyŭ, les lyŭ VII à XII en sont privés. Pour des motifs de convenance on écarte encore 14 lyŭ et il reste une série de 28 tuyaux fournissant une échelle facile à tirer du tableau de la section 9 du *Lyŭ lyŭ sīn choŭ*; ces tuyaux sont classés ci-dessous dans l'ordre d'acuité croissante des sons.

1. *hwáng-tchōng*$_1$.	15. *ying-tchōng*$_1$ (*pyén*).
2. *tá-lyù*$_1$.	16. *hwáng-tchōng*$_2$ (*pyén*).
3. *thái-tsheoŭ*$_1$.	17. *tá-lyù*$_2$.
4. *kyá-tchōng*$_1$.	18. *thái-tsheoŭ*$_2$.
5. *koŭ-syèn*$_1$.	19. *thái-tsheoŭ*$_2$ (*pyén*).
6. *tchōng-lyŭ*$_1$.	20. *kyá-tchōng*$_2$.
7. *jwĕi-pīn*$_1$.	21. *koŭ-syèn*$_2$.
8. *lin-tchōng*$_1$.	22. *koŭ-syèn*$_2$ (*pyén*).
9. *lin-tchōng*$_1$ (*pyén*).	23. *tchōng-lyŭ*$_2$.
10. *yi-tsè*$_1$.	24. *jwĕi-pīn*$_2$.
11. *nân-lyŭ*$_1$.	25. *lin-tchōng*$_2$ (*pyén*).
12. *nân-lyŭ*$_1$ (*pyén*).	26. *yi-tsè*$_2$.
13. *woŭ-yi*$_1$.	27. *nân-lyŭ*$_2$ (*pyén*).
14. *ying-tchōng*$_1$.	28. *woŭ-yi*$_2$.

Les pyén lyŭ ainsi choisis prennent place dans les groupes harmoniques suivants, où ils sont toujours issus du tchóng-lyù; les numéros en tête des colonnes marquent le nombre des quintes à partir de tchóng-lyù : en d'autres termes, si l'on diminue de 1 le numéro de la colonne, on a le nombre de pyén lyŭ qui y sont employés.

1)	3)	5)	7)	2)	4)	6)
jwĕi-pīn$_1$.	*yi-tsè*$_1$.	*woŭ-yi*$_1$.	*hwáng-tchōng*$_2$ (*p*).	*tá-lyù*$_2$.	*kyá-tchōng*$_2$.	*tchōng-lyŭ*$_2$.
tá-lyù$_1$.	*kyá-tchōng*$_1$.	*tchōng-lyŭ*$_1$.	*lin-tchōng*$_1$ (*p*).	*yi-tsè*$_1$.	*woŭ-yi*$_1$.	*hwáng-tchōng*$_2$ (*p*).
yi-tsè$_1$.	*woŭ-yi*$_1$.	*hwáng-tchōng*$_2$ (*p*).	*thái-tsheoŭ*$_2$ (*p*).	*kyá-tchōng*$_2$.	*tchōng-lyŭ*$_2$.	*lin-tchōng*$_2$ (*p*).
kyá-tchōng$_1$.	*tchōng-lyŭ*$_1$.	*lin-tchōng*$_1$ (*p*).	*nân-lyŭ*$_1$ (*p*).	*woŭ-yi*$_1$.	*hwáng-tchōng*$_2$ (*p*).	*thái-tsheoŭ*$_2$ (*p*).
woŭ-yi$_1$.	*hwáng-tchōng*$_2$ (*p*).	*thái-tsheoŭ*$_2$ (*p*).	*koŭ-syèn*$_2$ (*p*).	*tchōng-lyŭ*$_2$.	*lin-tchōng*$_2$ (*p*).	*nân-lyŭ*$_2$ (*p*).
tchōng-lyŭ$_1$.	*lin-tchōng*$_1$ (*p*).	*nân-lyŭ*$_1$ (*p*).	*ying-tchōng*$_1$ (*p*).	*hwáng-tchōng*$_2$ (*p*).	*thái-tsheoŭ*$_2$ (*p*).	*koŭ-syèn*$_2$ (*p*).

Si l'on néglige de distinguer les deux octaves, on compte six pyén lyŭ : *hwáng-tchōng p.*, *thái-tsheoŭ p.*, *koŭ-syèn p.*, *lin-tchōng p.*, *nân-lyŭ p.*, *ying-tchōng p.* La pratique est divergente. Depuis le xᵉ siècle, si l'on en croit Tchoŭ Hī, dès le vᵉ d'après Tchoŭ Kyén[5], on n'a gardé que quatre des lyŭ auxiliaires qui sont représentés dans les carillons de cloches et de pierres, ce sont les lyŭ fils de hwáng-tchōng, tá-lyù, thái-tsheoŭ, kyá-tchōng, dits les quatre *tshīng chĭng*, sons aigus[6]. On parle donc parfois des seize lyŭ, en réunissant les quatre sons aigus aux douze sons de l'octave; on les trouve employés encore au xviᵉ siècle d'après le prince héritier de Tchéng (nᵒˢ 74 à 85). L'échelle de seize notes permet la transposition d'un nombre réduit de mélodies rituelles renfermées dans des intervalles peu étendus; Tchoŭ Hī déplorait déjà l'ignorance des musiciens qui avaient oublié les ressources dont ils disposaient à l'époque des Thàng[7]; peu auparavant un

---

1. On sait que Nicolas Mercator et Holder ont établi un système de tempérament de 53 degrés; ils suivaient les traces de Kīng Fàng, s'arrêtant au lyŭ LIII dont j'ai marqué plus haut la particularité.

2. Grand astrologue dans la période Yuên-kyá (424-453) (N° 39, liv. 12, f. 36 r° — N° 42, liv. 16, ff. 3 v° et 9 à 13).

3. N° 54 (Y. l. t., liv. 51. ff. 10 et sq., 19 v°). — N° 70 (Y. l. t., liv. 52, sections 5, 8, 9; liv. 53, section 5). — N° 27, liv. 41.

4. En réalité, si la section est la même, ce ne sera pas exactement l'octave : voir p. 83.

5. Y. l. t., liv. 53, f. 40 r°. — N° 29 (Y. l. t., liv. 69, f. 13 v°).

6. Voir n° 85 (Y. l. t., liv. 69, f. 2 r°). L'épithète *tshīng* désigne plus récemment un degré diésé.

7. N° 62, liv. 53, f. 40 r°. — N° 27, liv. 41.

fonctionnaire des rites, Tchhên Yâng, lettré érudit, auteur d'un traité musical (n° 69), avait même proposé de revenir à l'antiquité en supprimant les quatre sons aigus et les deux pyén ou degrés auxiliaires. Tshái Yuên-ting affirme que les quatre sons aigus sont des pyén lyŭ; Tchoŭ Hī les tient pour des lyŭ vrais, de demi-longueur; il nous est difficile de juger entre eux, les demi-lyŭ, vrais ou modifiés, ne donnant jamais des sons justes en raison du diamètre constant; les lyŭ modifiés semblent toutefois mieux dans l'esprit de la vieille théorie chinoise, hostile au tempérament[1].

Ce n'est pas toutefois que le tempérament n'ait été imaginé bien avant l'époque de Tchoŭ Hī. Tshái Yuên-ting, et plus tard le prince Tsái-yŭ[2] rappellent presque dans les mêmes termes que Hô Tchhêng-thyên et Lyeoŭ Tchŏ[3] repoussaient le système de King Fâng, c'est-à-dire la progression indéfinie des quintes justes; « ils voulaient forcer les nombres correspondant à lin-tchōng et à tous les lyŭ suivants, de sorte que tchóng-lyŭ donnât naissance de nouveau à hwàng-tchōng et que, le cercle étant complet, on se bornât à douze lyŭ[4]. » Le Swéi choŭ[5] confirme ces indications : « Hô Tchhêng-thyên ayant établi de nouveaux nombres proportionnels, il en résulta que du tchóng-lyŭ on tira encore le hwàng-tchōng »; suivent les longueurs de quatre des lyŭ nouveaux, conformes au tableau plus complet donné par le Sóng choŭ[6]. Aucun de ces ouvrages ne dit expressément que les lyŭ nouveaux sont ceux de l'école de Hô Tchhêng-thyên, mais la concordance des époques et l'allure des textes permettent de le supposer. Le tableau suivant donne dans la colonne g) les chiffres du Sóng choŭ, dans la colonne h) les nombres proportionnels calculés sur la base 810, dans la colonne i) les nombres proportionnels d'après la base 100; ces deux dernières colonnes serviront à comparer les longueurs des lyŭ de Hô Tchhêng-thyên avec celles qui ont été données plus haut et celles qui seront données plus loin.

a)	g)	h)	i)
1. hwàng-tchōng₁	9 pouces	810	100
2. tá-lyu	8,49 (très fort)	764,4	94,36
3. thái-tsheoŭ	8,02	721,8	89,11
4. kyà-tchōng	7,58	682,2	84,22
5. koŭ-syèn	7,15 (un peu fort)	643,6	79,45
6. tchóng-lyŭ	6,77	609,3	75,22
7. jwĕi-pīn	6,38 (un peu fort)	574,3	70,89
8. lin-tchōng	6,01	540,9	66,77
9. yi-tsè	5,70 (faible)	512,8	63,31
10. nan-lyŭ	5,36 (un peu fort)	482,5	59,56
11. woŭ-yi	5,095	458,55	56,61
12. ying-tchōng	4,79 (fort)	431,3	53,24
13. hwàng-tchōng₂	4,5	405	50

Cette échelle, à part l'octave, ne contient pas de valeurs acoustiques pures, ainsi que l'établit la comparaison suivante :

	Nouveaux lyŭ.	Valeurs acoustiques.
1. hwàng-tchōng	9	9
5. koŭ-syèn (3ᶜᵉ maj.)	7,15	$9 \times 4/5 = 7,2$
6. tchóng-lyŭ (4ᵗᵉ)	6,77	$9 \times 3/4 = 6,75$
8. lin-tchōng (5ᵗᵉ)	6,01	$9 \times 2/3 = 6$

Le tempérament de Hô Tchhêng-thyên n'est donc

pas l'un des tempéraments inégaux anciennement usités chez nous, pas davantage le tempérament égal que nous employons aujourd'hui. Les Chinois ont sans doute procédé par tâtonnements et, fuyant la hauteur exagérée de l'échelle des quintes, ils ont fixé plusieurs notes trop bas (p. e. 4ᵉ, 5ᵉ, 6ᵉ, 7ᵉ, 9ᵉ, 11ᵉ, 12ᵉ).

Wàng Phŏ employa pour son tchwèn 204 une autre formule de tempérament[7]; les mesures sont cette fois données en pieds.

a)	j)	k)	l)
1. hwàng-tchōng₁	9 pieds	810	100
2. tá-lyu	8,44	757,6	93,77
3. thái-tsheoŭ	8	720	88,88
4. kyà-tchōng	7,51	675,9	83,44
5. koŭ-syèn	7,13	641,7	79,22
6. tchóng-lyŭ	6,68	601,2	74,22
7. jwĕi-pīn	6,33	569,7	70,33
8. lin-tchōng	6	540	66,66
9. yi-tsè	5,63	506,7	62,55
10. nan-lyŭ	5,34	480,6	59,33
11. woŭ-yi	5,01	450,9	55,66
12. ying-tchōng	4,75	427,5	52,77
13. hwàng-tchōng₂	4,5	405	50

Cette échelle, qui admet trois valeurs acoustiques exactes pour la seconde, la quinte, l'octave, et qui constitue par suite un tempérament inégal, corrige l'élévation trop grande de l'échelle pythagoricienne, mais en reste très voisine; elle est sensiblement plus haute que l'échelle précédente, très légèrement plus haute même que l'échelle tempérée également, dont elle diffère surtout pour les lyŭ 2ᵉ, 4ᵉ, 6ᵉ, 7ᵉ, 9ᵉ, 11ᵉ.

Ces essais de tempérament furent oubliés, mal compris; ils eurent pourtant ce résultat de faire mieux sentir aux théoriciens l'importance de l'intervalle d'octave. En effet, la théorie des pyén lyŭ reconnait les lyŭ fils qui donnent l'octave, sauf la correction de diamètre. Ngeoŭ-yâng Tchī-syeoŭ[8], dans la préface de son Lyŭ thōng, explique nettement que la marche des quintes ne suffit pas : la série indéfinie qui en résulte, ne peut être limitée qu'en recourant à l'octave, c'est-à-dire en doublant ou réduisant de moitié la longueur d'un tuyau[9]. Mais c'est seulement le prince Tsái-yŭ qui revint résolument au tempérament[10]; il y fut amené en remarquant que les hwĕi, ou tons marqués sur la table d'harmonie du khin 112, ne répondent nullement aux lyŭ; ils indiquent les divisions simples de la corde et fournissent les valeurs acoustiques de l'octave, de la quinte, de la tierce, etc. « Je réfléchis jour et nuit à cette difficulté, écrit le prince, et un matin je fus tout à coup éclairé; je m'aperçus que les lyŭ anciens ne sont rien de plus que des sons approchés. C'est ce que depuis deux mille ans les théoriciens des lyŭ n'avaient pas vu, alors que seuls les joueurs de khin, par une tradition d'origine inconnue remontant certainement à l'antiquité, fixaient les hwĕi au quart, au tiers, etc., de la longueur. Mais cela n'était pas écrit. » Ce principe de division fournit sans conteste une harmonie plus parfaite que celle des quintes justes; mais le prince ne s'en contenta pas, et il arriva au tempérament égal, par quel raisonnement, par quel procédé de calcul, il l'a malheureusement indiqué trop succinctement[11].

---

1. N° 53, liv. 30, f. 14 v°. — N° 62, liv. 53, f. 38 v°. — N° 27, liv. 41.

2. N° 70 (Y. l. t., liv. 53, f. 30 v°). — N° 75, liv. 1, f. 21 v°.

3. Hô Tchhêng-thyên (370-447), astronome, auteur du calendrier Yuên-kyà (N° 39, liv. 64, f. 8 et sq.; liv. 12, f. 35 et sq. — N° 43, liv. 33, f. 16 et sq.). — Lyeoŭ Tchŏ, historiographe et astronome, mort en 610 à 67 ans (N° 42, liv. 75, f. 10 et sq. — N° 44, liv. 82, f. 15, etc.).

4. 欲增林鍾太簇以下諸律之分。

使至仲呂復生黃鍾。循環無端。止於十二。 (n° 75, loco cit.).

5. N° 42, liv. 16, f. 4 r°.

6. N° 39, liv. 11, f. 6 et sq.

7. N° 47, liv. 145, f. 3 r°.

8. Contemporain de Tshái Yuên-ting, un peu postérieur.

9. N° 53, liv. 19, f. 13 v°.

10. N° 75, liv. 1, section 1, f. 5, etc.

11. La tradition, dit le prince Tsái-yŭ (N° 85, Y. l. t., liv. 62, f. 2, etc.,

Mais les chiffres qu'il a calculés et que déjà le P. Amiot a reproduits dans son ouvrage *De la Musique des Chinois*, etc., p. 105, ne laissent rien à désirer en exactitude ; les longueurs se trouvent avec quatre décimales pour le hwàng-tchŏng = 100 et pour le hwàng-tchŏng = 90, au livre 1er du *Lyŭ hyŏ sĭn chwĕ*, section 3, f. 5 et sq. ; les longueurs sur la base 100 avec les diamètres et circonférences sont données avec deux décimales dans le même ouvrage, même livre, même section, f. 15 et sq. ; les longueurs seules pour les trois octaves, lyŭ doubles, lyŭ vrais, demi-lyŭ, sont avec vingt-deux décimales dans le *Swàn hyŏ sĭn chwĕ* du même auteur, f. 21 et sq., qui donne aussi, f. 42 et sq., les diamètres des lyŭ doubles et des lyŭ vrais[1].

Lyŭ du prince héritier de Tchéng

(1 pied = 10 pouces = 100 lignes).

		Longueur.	Diam. interne.
1.	hwàng-tchŏng —1	200 lignes	5 lignes
2.	tà-lyŭ	188,77	4,85
3.	thài-tsheŏu	178,17	4,71
4.	kyà-tchŏng	168,17	4,58
5.	koŭ-syèn	158,74	4,45
6.	tchŏng-lyŭ	149,83	4,32
7.	jwĕi-pĭn	141,42	4,20
8.	lĭn-tchŏng	133,48	4,08
9.	yî-tsè	125,99	3,96
10.	nàn-lyŭ	118,92	3,85
11.	woù-yĭ	112,24	3,74

		Longueur.	Diam. interne.
12.	ying-tchŏng	105,94	3,63
1.	hwàng-tchŏng 1	100	3,53
2.	tà-lyŭ	94,38	3,43
3.	thài-tsheŏu	89,08	3,33
4.	kyà-tchŏng	84,08	3,24
5.	koŭ-syèn	79,37	3,14
6.	tchŏng-lyŭ	74,91	3,06
7.	jwĕi-pĭn	70,71	2,97
8.	lĭn-tchŏng	66,74	2,88
9.	yî-tsè	62,99	2,80
10.	nàn-lyŭ	59,46	2,72
11.	woù-yĭ	56,12	2,64
12.	ying-tchŏng	52,97	2,57
13.	hwàng-tchŏng 2	50	2,50
14.	tà-lyŭ	47,19	2,42
15.	thài tsheŏu	44,54	2,35
16.	kyà-tchŏng	42,04	2,29
17.	koŭ-syèn	39,68	2,22
18.	tchŏng-lyŭ	37,45	2,16
19.	jwĕi-pĭn	35,35	2,10
20.	lĭn-tchŏng	33,37	2,04
21.	yî-tsè	31,49	1,98
22.	nàn-lyŭ	29,73	1,92
23.	woù-yĭ	28,06	1,87
24.	ying-tchŏng	26,48	1,81

Quel a été l'emploi des longueurs calculées par le prince Tsài-yŭ ? Nul pour toute l'exécution musicale. Le khîn a toujours conservé ses marques traditionnelles. Ni pour les flûtes ni pour les carillons de cloches et de pierres, nous n'avons aucune indication de l'emploi du tempérament. La dynastie actuelle, après

liv. 61, f. 5, etc. — N° 75, liv. 1, sections 4, 5, 6), attribue au hwàng-tchŏng fondamental longueur 1 pied, circonférence interne 1 pouce ; mais il ne faut pas oublier que le pied musical est de 9 pouces, soit 81 lignes ; si l'on prend 90 lignes pour longueur, la circonférence ne peut plus être de 9 lignes ; toutefois cette erreur a été souvent commise. Pour la facilité des calculs, on préférera au nombre 81 le nombre 100 divisé en 10 pouces de 10 lignes ; les proportions du tuyau sont conservées et la circonférence interne est fixée à 100/9, soit 11 lignes 111. En partant de cette donnée, on admet pour les octaves inférieure et supérieure respectivement 200 lignes et 50 lignes. Pour le rapport des longueurs d'un lyŭ au lyŭ immédiatement supérieur, l'auteur prend l'expression $\frac{1.000.000.000}{1.059.463.094}$; il commence même par donner le dénominateur avec quinze chiffres de plus. Ce dénominateur n'est autre que $\sqrt[12]{2}$: en effet, en prenant ce nombre 12 fois comme diviseur de la longueur fondamentale, on aura finalement divisé par $\left(\sqrt[12]{2}\right)^{12} = 2$; on trouve ainsi la longueur du tuyau donnant l'octave. Comment le prince héritier de Tchéng a-t-il calculé ce nombre ? Il ne l'explique pas.

Pour déterminer la section et le diamètre des trois hwàng-tchŏng successifs, il a recours à la construction suivante. Étant données deux

Sections des hwàng-tchŏng successifs.
(N° 85, Y. l. t., liv. 62, f. 3.)

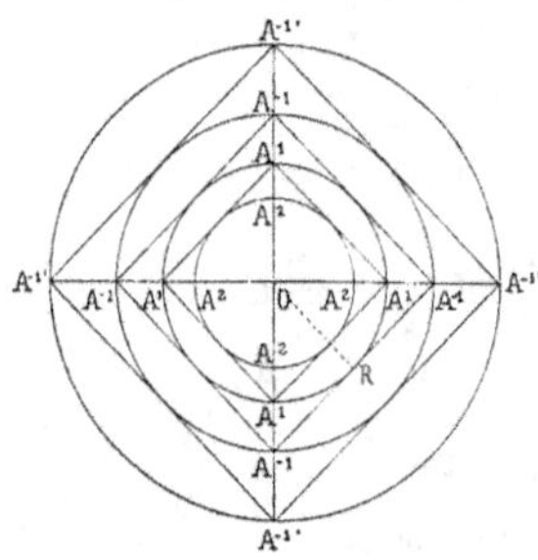

FIG. 154.

droites se coupant à angle droit au point O, on marque sur l'une trois points $A^{-1'}$, A^{-1}, A^{1}. La distance OA^{1} égale l'unité de longueur, soit 1. On construit le carré $A^{1}A^{1}A^{1}A^{1}$, qui a pour diagonale $A^{1}OA^{1} = 2OA^{1} = 2$; le côté de ce carré est mesuré par $\sqrt[2]{1+1} = \sqrt[2]{2}$. Cette longueur est portée sur les diagonales à partir de O et détermine les points A^{-1} ; le côté du nouveau carré est mesuré par $\sqrt[2]{2+2} = 2$. Cette longueur portée sur les diagonales comme précédemment détermine un nouveau carré, $A^{-1'}A^{-1'}A^{-1'}A^{-1'}$. En prenant O pour centre, et pour rayons

successifs OA^{1}, OA^{-1}, $OA^{-1'}$, on trace trois circonférences circonscrites respectivement aux trois carrés $A^{1}A^{1}A^{1}A^{1}$, $A^{-1}A^{-1}A^{-1}A^{-1}$, $A^{-1'}A^{-1'}A^{-1'}A^{-1'}$. On remarquera que la circonférence A^{1} est inscrite dans le carré A^{-1} : en effet, le rayon $OA^{1} = 1$ vaut la moitié du côté du carré A^{-1}, puisque $A^{-1}A^{-1} = 2$; le rayon OA^{-1} par définition vaut $\sqrt[2]{2}$; le triangle ORA^{-1} est rectangle et le côté $A^{-1}A^{-1}$ est tangent en R à la circonférence A^{1}. De même la circonférence A^{-1} est inscrite dans le carré $A^{-1'}$. Enfin dans le carré A^{1} on inscrit une dernière circonférence dont le rayon OA^{2} vaut la moitié du côté $A^{1}A^{1}$, c'est-à-dire $\frac{\sqrt[2]{2}}{2} = \sqrt{\frac{1}{2}}$. La surface des quatre cercles sera exprimée ainsi : cercle A^{2}, $\frac{\pi}{2}$; cercle A^{1}, π ; cercle A^{-1}, 2π ; cercle $A^{-1'}$, 4π ; chaque cercle est donc double du précédent. Le cercle A^{2} est la section du *hwàng-tchŏng 2*, A^{1} est la section du *hwàng-tchŏng 1*, A^{-1} est la section du *hwàng-tchŏng* —1. D'autre part, les circonférences A^{1}, A^{-1}, $A^{-1'}$ sont respectivement les circonférences externes de *hwàng-tchŏng 2*, *hwàng-tchŏng 1*, *hwàng-tchŏng* —1.

Si, en même temps que les sections, les longueurs sont conformes aux mesures indiquées, les trois tuyaux donneront exactement l'octave l'un de l'autre. C'est ce que l'expérience vérifie (voir chapitre I, p. 85).

Le rayon OA^{-1} étant double du rayon OA^{2}, vingt-trois tuyaux devant s'intercaler entre le *hwàng-tchŏng* —1 et le *hwàng-tchŏng*, le rapport des rayons de deux lyŭ, l'un immédiatement supérieur à l'autre, sera $\frac{1}{\sqrt[24]{2}}$; le prince Tsài-yŭ donne à cette expression la valeur sensiblement approchée $\frac{1.000.000.000}{1.029.302.236}$. Je n'ai trouvé nulle part l'indication ni du raisonnement ni du calcul.

Ces deux rapports étant établis, on trouve facilement les longueurs et diamètres des trois séries de lyŭ. Ce faisant, le mathématicien chinois insère dans le raisonnement des intermédiaires superflus à nos yeux, calcul de la circonférence externe, de son diamètre, de sa surface circulaire, calcul du volume. Dans ce problème comme dans tous les autres, il semble moins raisonner directement sur les données que ramener la question à une autre analogue déjà résolue par les anciens, afin d'appliquer les procédés consacrés : ainsi l'étude de la section des lyŭ est envisagée comme un cas du problème classique des champs circulaires concentriques, *hwàn thyèn*. Il n'est donc pas surprenant que certaines parties de la solution n'aient pas de raison d'être dans le cas présent. Le raisonnement n'est d'ailleurs pas toujours aussi serré que nous le souhaiterions, et la trame en est interrompue de place en place par de nouvelles données d'expérience ou de convenance : par exemple, l'identification de la circonférence externe d'un lyŭ, ainsi *hwàng-tchŏng 2* avec la circonférence interne du tuyau donnant l'octave inférieure, ainsi *hwàng-tchŏng 1*. — Tel est en gros le procédé du prince héritier de Tchéng pour établir ses tableaux. L'examen détaillé de ce travail, vieux de plus de trois cents ans, ne manquerait peut-être pas d'intérêt pour un physicien.

1. N° 85 (Y. l. t., liv. 62). — N° 78. — N° 75.

avoir jusqu'en 1712 suivi les précédents des Mîng, a alors fixé les mesures des lyŭ, et par suite des flûtes, sans tenir compte des travaux qui viennent d'être rappelés[1].

Lyŭ des Tshïng.

Diamètre pour tous les lyŭ : 2 lignes 71.

		Longueurs.			Longueurs.
7.	juĕi-pin —₁	102ˡ,40	7. juĕi-pin		51ˡ,20
8.	lin-tchăng	97,20	8. lin-tchăng		48,60
9.	yi-tsĕ	91,02	9. yi-tsĕ		45,51
10.	nàn-lyu	86,40	10. nàn-lyu		43,20
11.	wou-yi	80,90	11. wou-yi		40,45
12.	ying-tchŏng	76,80	12. ying-tchong		38,40
1.	hwăng-tchŏng₁	72,90	13. hwăng-tchŏng₂		36,45
2.	tà-lyu	68,26	14. tà-lyu		34,13
3.	thài-tsheou	64,80	15. thài-tsheou		32,40
4.	kyà-tchŏng	60,68	16. kyà-tchŏng		30,34
5.	koŭ-syen	57,60	17. koŭ-syen		28,80
6.	tchŏng-lyu	53,93	18. tchŏng-lyu		26,96

Les lyŭ moyens, calculés par l'ancien procédé, résultent d'une série de quintes justes ; les lyŭ inférieurs et supérieurs sont en longueur respectivement la moitié ou le double des moyens ; ils sont donc avec ces derniers approximativement dans le rapport d'octave. Le hwăng-tchŏng₂ calculé comme quinte du tchŏng-lyù aurait 35,9 et serait compris entre hwăng-tchŏng₂ et tà-lyù₂ de l'échelle officielle. Si donc on se rapporte uniquement au principe des quintes justes, le hwăng-tchŏng₂ du tableau officiel est trop bas parce qu'il est trop long ; il est encore trop bas parce que son diamètre est trop grand, étant celui du hwăng-tchŏng₁. Si l'on considère la gamme tempérée, il est de longueur correcte, mais de diamètre trop grand : il est donc trop bas, d'un intervalle moins considérable. L'échelle officielle marque un recul sur l'échelle si exacte du prince héritier de Tchéng. On verra à la p. 112 quelles étranges conséquences les théoriciens récents ont tirées de ce désaccord. On doit remarquer aussi la limitation de l'échelle officielle, les sons inférieurs à juĕi-pin —₁ étant trouvés rauques et ceux supérieurs à tchŏng-lyù₂ trop faibles et criards.

CHAPITRE III

Les degrés et la transposition.

Les notes prennent une valeur musicale lorsqu'un certain nombre d'entre elles, choisies pour raison d'affinités perçues, forment une gamme ou échelle mélodique. La série chromatique considérée jusqu'ici n'est donc pas proprement musicale, chaque son étant posé dans un état neutre, dans un équilibre indifférent à l'égard des autres ; aucune interprétation psychologique ne s'ajoute encore au simple fait acoustique. Les lyŭ, matière de la musique, acquièrent un sens quand quelques-uns sont choisis comme degrés d'une gamme. Depuis les plus anciennes origines, les cinq degrés, wou yïn, wou chĕng, de la gamme chinoise sont les suivants ; je les cite d'après Seŭ-mà Tshyĕn, qui le premier en donne une définition précise[2]. « Dimension des lyŭ. $9 \times 9 = 81$, c'est la note kŏng ; les $2/3 = 54$, c'est la note tchi ; les $4/3 = 72$, c'est la note chăng ; les $2/3 = 48$, c'est la note yù ; les $4/3 = 64$, c'est la note kyŏ. » Ces cinq noms ne sont pas expliqués par les commentateurs[3]. Les cinq notes correspondent, d'après Seŭ-mà Tshyĕn, aux cinq lyŭ hwăng-tchŏng, thài-tsheoŭ, koŭ-syĕn, lin-tchŏng, nàn-lyù, les seuls dont la mesure s'exprime en nombres entiers si l'on part de la base 81. Bien que le Choŭ kïng[4] connaisse les cinq degrés et que le Tcheoŭ li[5] en donne les noms, ces anciens textes non plus que les Mémoires historiques n'en révèlent nettement ni l'origine ni l'emploi concurremment avec les lyŭ ; une tradition en fait les notes de la période des Yin, et il n'y a rien à objecter à cette opinion, pourvu qu'on prenne le mot « note » au sens restreint de « degré ». On trouve ainsi au début une gamme pentaphone qui est demeurée la principale pour les théoriciens, mais qui s'est de très bonne heure développée en une gamme heptaphone. C'est en effet à la dynastie des Tcheoŭ arrivant à l'Empire au xie ou au xiie siècle avant l'ère chrétienne, que Toù Yeoŭ et d'autres auteurs[6] attribuent l'adjonction de deux degrés répondant aux lyŭ VI et VII dont les mesures sont encore simples. Ces deux degrés sont mentionnés à la date de 522 où le Tsŏ tchwàn[7] rapporte une conversation entre le prince de Tshi et Yén tseŭ[8] ; celui-ci énumère les cinq degrés, les six lyŭ, « les sept sons », et les commentateurs voient dans les sept sons les cinq degrés principaux et les deux supplémentaires. Les Kwĕ yù[9], citant le musicien Tcheoŭ Kyeoŭ[10], expliquent par les sept degrés qu'ils appellent les sept lyŭ la date de la bataille où le roi Woŭ triompha des Yin ; quelle que soit la valeur de ces considérations astrologiques, elles indiquent que, quatre ou cinq siècles avant l'ère chrétienne, on faisait remonter au début des Tcheoŭ l'existence de la gamme heptaphone. Le prince héritier de Tchéng[11] la croit encore plus ancienne ; il déclare qu'elle était connue dès l'empereur Chwén (xxiiie ou xxie siècle A. C.) : les sept notes étaient alors appelées les sept débuts, tshĭ chi. On trouve cette expression dans un passage du Choŭ kïng cité par le Hàn choŭ[12] : « Le Choŭ kïng dit : « Je désire entendre l'harmonie des six lyŭ, « des cinq degrés, des huit sortes d'instruments, des « sept débuts. » Le texte admis sous les Hàn diffère du texte reçu aujourd'hui dans le Choŭ kïng[13], ce qui n'est pas un motif pour l'écarter. Après cette citation Pàn Koŭ explique les mots tshĭ chi : ce sont le ciel, la terre, les quatre saisons et l'homme. Les sept notes de la gamme sembleraient mieux à leur place dans une énumération dont tous les autres éléments sont musicaux ; mais le Swĕi choŭ[14] explique que les sept débuts répondent aux trois pouvoirs et aux quatre saisons, et réconcilie Pàn Koŭ avec les lettrés de l'époque

---

1. N° 65, liv. 33, f. 1, etc. — N° 66, liv. 410, ff. 12, 15.

2. N° 34, liv. 25, f. 8 r°. — N° 35, tome III, p. 313.

3. Le Eul ya (N° 5, section 7, musique, f. 26 v°. — N° 62, liv. 57, f. 52 v°) indique cinq synonymes inusités et inexpliqués : tchŏng pour kŏng, min pour chăng, king pour kyŏ, thyĕ pour tchi, lyeoù pour yù.

4. N° 1, Yì tsì, 4. — N° 14, pp. 52, 53.

5. N° 6, liv. 22, tà seŭ yŏ ; liv. 23, tà chi. — N° 9, tome II, pp. 29, 32, 49.

6. N° 54 (Y. l. t., liv. 51, f. 8).

7. N° 70 (Y. l. t., liv. 54, f. 1 r°).

8. Yén Yïng, ministre de Tshi, mort en 493 (N° 34, liv. 62, ff. 3, 4).

9. Voir n° 42, liv. 15, f. 5 r° ; plus bas, p. 108, note 7.

10. Contemporain du roi Kïng (544-520).

11. N° 74, ff. 73, 74.

12. N° 36, liv. 21 a), f. 10 v° : 書 曰。予 欲 聞 六 律 五 聲 八 音 七 始 詠。

13. N° 1, Yì tsì : « Je désire entendre les six lyŭ, les cinq degrés, les huit sortes d'instruments. » La mention des sept débuts et de l'harmonie manque également ; la suite du texte présente encore d'autres divergences. Voir dans n° 10, tome III, partie 1, p. 81, le texte, la traduction et la note. — N° 14, pp. 52, 53.

14. N° 42, liv. 14, f. 26 v°

des Ming[1]. La gamme heptaphone, pour ancienne qu'elle soit, n'est pas primitive; une preuve, s'il en est besoin, peut être cherchée dans le fait que seuls les cinq degrés ou degrés principaux, *tchéng*, ont des noms consacrés par un usage antique, les deux notes complémentaires ou auxiliaires, *hwó*, étant d'habitude désignées par rapport aux notes immédiatement supérieures. C'est seulement dans Hwâi-nân tseù, continue le prince de Tchéng, qu'on trouve des mots spéciaux, *hwó*, auxiliaire, pour le degré répondant au *lyŭ* VI, et *myeoù*, différent, pour le degré du *lyŭ* VII. Dans le *Syŭ hân choŭ pä tchi*[2] ces deux mots sont remplacés respectivement par les termes *pyén kŏng*, kŏng modifié, *pyén tchi*, tchì modifié[3], qui ont persisté, bien que le prince de Tchéng ait voulu substituer les mots *hwó*, consonnant, et *tchŏng*, médian.

Ainsi la gamme telle qu'elle existait au moins une dizaine de siècles avant l'ère chrétienne, est la suivante : *kŏng* mi, *chäng* fa♯, *kyŏ* sol♯, *pyén tchi* la♯, *tchì* si, *yŭ* ut♯, *pyén kŏng* ré♯. Les demi-tons sont placés avant la quinte et avant l'octave et comblent le double intervalle de trois *lyŭ* (*kyŏ-tchi*, *yŭ-kŏng*) qui existe dans la gamme pentaphone; la quarte n'est pas représentée. Telle est pendant toute la période historique la gamme principale; telle elle est encore donnée pour les instruments à cordes par le *Tá tshīng hwéi tyèn*[4], qui insère seulement aux places voulues les notes aiguës, *tshīng*, c'est-à-dire élevées d'un demi-ton, afin de marquer la valeur harmonique de chaque *lyŭ*.

1. *kŏng*	*hwăng-tchŏng*[1]	*mi*[3]
2. *kŏng* aigu	*tá-lyŭ*	*fa*
3. *chäng*	*thái-tsheoù*	*fa*♯
4. *chäng* aigu	*kyà-tchŏng*	*sol*
5. *kyŏ*	*koŭ-syén*	*sol*♯
6. *kyŏ* aigu	*tchŏng-lyŭ*	*la*
7. *pyén tchi*	*jwéi-pīn*	*la*♯
8. *tchi*	*lîn-tchŏng*	*si*
9. *tchi* aigu	*yĭ-tsè*	*ut*♯
10. *yŭ*	*nán-lyŭ*	*ut*♯
11. *yŭ* aigu	*woŭ-yĭ*	*ré*
12. *pyén kŏng*	*ying-tchŏng*	*ré*♯
13. *kŏng*	*hwang-tchŏng*[2]	*mi*

Comme les *lyŭ* sont appelés doubles, corrects ou vrais, demis ou fils[3], de même les notes portent les noms de *tchéng* ou correctes pour les degrés normaux de *kŏng* à *pyén kŏng* (1ᵐᵉ à 8ᵛᵉ diminuée); *hyá* ou inférieures pour l'octave basse; *chǎo* ou petites, *tshīng* ou aiguës, *kāo* ou supérieures pour l'octave haute; on dit ainsi *tchény kŏng* = 1ᵐᵉ; *hyá tchi*, octave basse de la 5ᵗᵉ = 4ᵗᵉ inférieure; *chǎo chäng*, octave de la 2ᵈᵉ = 9ᵉ, etc.

Dans les traductions qui précèdent, on a admis l'identité du *kŏng* avec le *hwăng-tchŏng*. Cette identité n'est pas essentielle : le *kŏng* peut répondre à l'un quelconque des *lyŭ*, il sera toujours *kŏng* pourvu que les autres *yīn*, savoir *chäng*, *kyŏ*, etc., conservent avec lui les mêmes rapports; la base de l'échelle en question est variable, seul le rapport des sons est fixe : les sons *kŏng*, *chäng*, *kyŏ*, etc., ne sont donc pas des notes si ce mot implique pour nous une hauteur fixe, mais des degrés conçus en relation avec une fondamentale.

Il faut donc traduire les noms des degrés de la façon suivante pour exprimer en français les rapports indiqués par le chinois : *kŏng* = note fondamentale ou prime; *chäng* = seconde majeure; *kyŏ* = tierce majeure; *pyén tchi* = quinte diminuée; *tchi* = quinte; *yŭ* = sixte majeure; *pyén kŏng* = octave diminuée.

La transposition de la fondamentale accompagnée des autres degrés, pour répondre successivement à différents *lyŭ*[6], est indiquée par les expressions *syuén syäng wéi kŏng, kŏng syäng wéi kŏng, syuén tchwàn syäng kyáo, syuén tyŭ wéi yŭ*, « à tour de rôle devenir fondamentale », dont la première se rencontre déjà, mais sans explication, dans le *Lì yŭn*[7]. Les *Yuĕ ling*[8] mettent en rapport avec les mois et les éléments d'une part les *lyŭ*, d'autre part les cinq degrés, enfin les nombres de 5 à 9; l'élément terre, qui n'a pas de saison correspondante, est cependant relié à un degré, à un *lyŭ*, à un nombre. Ce système musico-philosophique se résume dans le tableau suivant :

Degrés.	*Points cardinaux.*	*Éléments.*	*Saisons.*	*Nombres.*	*Lunes.*	*Lyŭ.*	*Sept notes (sept débuts)*
kyŏ					1ʳᵉ	*thái-tsheoù*	l'homme
id.	est	bois	printemps	8	2ᵉ	*kyà-tchŏng*	
id.					3ⁿ	*koŭ-syén*	le printemps
tchi					4ᵉ	*tchŏng-lyŭ*	
id.	sud	feu	été	7	5ᵉ	*jwéi-pīn*	l'été
id.					6ᵉ	*lîn-tchŏng*	la terre
kŏng	centre	terre		5		*hwăng-tchŏng*	
chäng					7ᵉ	*yĭ-tsè*	
id.	ouest	métal	automne	9	8ᵉ	*nän-lyŭ*	l'automne
id.					9ᵉ	*woŭ-yĭ*	
yŭ					10ᵉ	*ying-tchŏng*	l'hiver
id.	nord	eau	hiver.	6	11ᵉ	*hwang-tchŏng*	le ciel
id.					12ᵉ	*tá-lyŭ*	

Il ressort de là une relation entre les degrés, les mois, les *lyŭ*, mais rien dans le texte ni n'exige ni n'exclut la transposition de la fondamentale d'un *lyŭ* à l'autre. La transposition est, au contraire, impliquée dans une phrase de Hwâi-nân tseù : « un *lyŭ* [correspond à] cinq degrés, les douze *lyŭ* [répondent à] soixante degrés[9]. » Seŭ-mà Tshyèn[10], sans en parler en termes propres, semble y faire allusion dans le tableau où il énumère les *lyŭ* avec leur longueur; à la suite de plusieurs *lyŭ*, il ajoute le nom d'un degré : « *Hwăng-tchŏng*... prime, — *Thái-tsheoù*... tierce majeure (alias seconde majeure), — *Koŭ-syén*... sixte majeure, — *Tchŏng-lyŭ*... quinte, — *Lîn-tchŏng*... tierce majeure, — *Yĭ-tsè*... seconde majeure, — *Nän-lyŭ*... quinte, — *Ying-tchŏng*... sixte majeure. » Ou ces identités sont presque toutes absurdes et le texte est totalement corrompu, ou elles doivent être interprétées comme des exemples de transposition. L'expression en serait concise jusqu'à l'insuffisance; mais un passage numérique placé un peu plus bas et dont une explication plausible a été proposée, est non moins concis et obscur en lui-même; on y reviendra plus loin[11]. Je proposerai donc pour les présentes identités le sens suivant : « *Hwăng-tchŏng* sert de fondamentale. — *Thái-tsheoù*

---

1. Le second des dix-sept hymnes de la danse *Ngän chí* (chap. XIII, p. 187) débute ainsi : 七始華始。蕭倡和聲。; On peut traduire : « Les sept notes, début fleuri : les chanteurs attentifs accordent leurs voix. » Ici comme plus haut les sept notes conviennent mieux que les sept débuts (N° 36, liv. 22, f. 10 v°. — N° 35, tome III, p. 606).

2. N° 38, liv. 1, f. 1 v°.

3. Ces termes sont employés dans le passage relatif aux théories de King Fàng; peut-être ont-ils été introduits par son école.

4. N° 65, liv. 33, f. 7 v°.

5. Voir pp. 89, 91.

6. King Fàng (N° 38, liv. 1, f. 2 r°) voit la transposition dans la phrase 律和聲。 : « les lyŭ règlent les sons » du *Chwén tyén*, 24 (N° 14, p. 29). Il serait plus exact de traduire : « les lyŭ règlent les degrés musicaux »; même ainsi, l'expression de la transposition serait bien peu explicite.

7. N° 8 (section III, 4).

8. N° 8.

9. N° 62, liv. 54, f. 7 r°.

10. N° 34, liv. 25, ff. 8, 9.

11. Voir p. 108.

étant seconde majeure, [alors *hwàng-tchŏng* est prime] (ou si on lit) : *thái-tsheoŭ* est tierce majeure, (on conclura) : [*woŭ-yi* est prime]. — *Koŭ-syĕn* étant sixte majeure, [alors *lin-tchŏng* est prime]. — *Tchŏng-lyŭ* étant quinte, [alors *woŭ-yi* est prime]. — *Lin-tchŏng* étant tierce majeure, [alors *kyà-tchŏng* est prime]. — *Yi-tsè* étant seconde majeure, [alors *jwĕi-pīn* est prime]. — *Nàn-lyŭ* étant quinte, [alors *thái-tsheoŭ* est prime]. — *Ying-tchŏng* étant sixte majeure, [alors *thái-tsheoŭ* est prime]. » On connaîtrait de la sorte six des lyŭ employés comme primes ; ces lyŭ peuvent se répartir en deux séries, une série de quintes, hwàng-tchŏng, lin-tchŏng, thái-tsheoŭ ; une autre série indépendante, où la dernière quinte est remplacée par une quinte augmentée, kya-tchŏng, woŭ-yi, jwĕi-pīn (pour une quinte juste il faudrait tchŏng-lyŭ). On observera aussi que l'emploi comme fondamentales de kya-tchŏng, lin-tchŏng et hwàng-tchŏng est mentionné spécialement par le *Tcheoŭ li* dans un passage qui sera étudié plus loin[1]. D'autre part, les identités *hwàng-tchŏng*, prime ; *thái-tsheoŭ*, tierce majeure ; *tchŏng-lyŭ*, quinte ; *yi-tsè*. seconde ; *ying-tchŏng*, sixte majeure, sont déjà dans les *Yuĕ ling*, où elles n'ont peut-être qu'une valeur cosmologique, ainsi qu'il a été dit.

Kīng Fàng, au contraire, a donné de la transposition une définition précise reproduite par les *Syŭ hán choŭ pà tchi*[2] : il apparaît encore ici comme l'inventeur ou le restaurateur de la théorie musicale. « Pour les degrés musicaux, au solstice d'hiver on prend le hwàng-tchŏng comme prime, le thái-tsheoŭ comme seconde majeure, le koŭ-syĕn comme tierce majeure, le lin-tchŏng comme quinte, le nàn-lyŭ comme sixte majeure, le ying-tchŏng comme octave diminuée, le jwĕi-pīn comme quinte diminuée. Tel est l'état primitif des sons et des influx terrestres, la position principale des cinq degrés musicaux. Ainsi chaque lyŭ séparément étant la perfection d'un jour, les autres se transposent en ordre ; puisque les lyŭ correspondant au jour sont tour à tour la note fondamentale, la seconde et la quinte la suivent en conformité de leur nature. » Tchéng Hyuên, deux cents ans plus tard, dit avec autant de précision, mais en d'autres termes[3] : « le nombre de la fondamentale est 81 : le hwàng-tchŏng étant long de 9 pouces, $9 \times 9 = 81$. Si de la fondamentale on retranche le tiers de ladite fondamentale, on obtient la quinte ; le nombre de la quinte est 54 : le lin-tchŏng étant long de 6 pouces, $6 \times 9 = 54$… Si de la tierce majeure on retire le tiers de ladite tierce, on obtient l'octave diminuée ; si à l'octave diminuée on ajoute le tiers de ladite octave, on obtient la quinte diminuée. En partant de là, on change suivant les mois : c'est ce qu'on appelle transposer en rôle de fondamentale. » La théorie ainsi attestée sous les Hán, quelle était la pratique ? En 77 P. C., Pào Yŭ[4] note dans un rapport que « pour la musique des rites moyens et pour la musique des banquets il y a seulement le thái-tsheoŭ ; dans les deux cas on ne s'accorde pas avec le lyŭ du mois : il est à craindre qu'on ne blesse les influx terrestres. Il conviendrait d'établir les gammes des douze mois pour répondre respectivement à l'influx du mois. S'il est donné aux ducs et aux ministres d'entendre le lyŭ de chaque mois dans les assemblées de la Cour, ils seront capables d'émouvoir le Ciel et de s'accorder aux influx terrestres[5]. » Mais le conseil de Pào Yŭ ne fut pas agréé d'abord, et c'est seulement quelques années plus tard, dans la période Yuén-hwô (84-86), que Mà Fàng[6] fit admettre cette réforme. La transposition d'après le lyŭ de chaque mois était encore dans l'usage officiel en 133, et probablement en 203, malgré l'assertion contraire du *Sweĭ choŭ*[7]. En effet, c'est à cette dernière date que le *Syŭ hàn choŭ pà tchi*[8] donne en note les indications suivantes : « quarante-six jours après le solstice d'hiver, le Fils du Ciel va au-devant du printemps dans la salle orientale, à 8 li de la Capitale ; la salle a 8 pieds de haut, le perron a 3 degrés,… on chante en kyŏ, on danse avec des plumes de faisan dans les mains. » Aux cérémonies analogues qui sont célébrées pour l'été, l'automne et l'hiver, les salles sont situées respectivement au sud à 7 li de la Capitale, à l'ouest à 9 li, au nord à 6 li ; elles ont pour hauteur 7 pieds, 9 pieds, 6 pieds, avec des perrons de 2 degrés, 9 degrés, 6 degrés ; la musique est en tchi, chàng, yù ; les danseurs tiennent des tambours à manche, des boucliers et des haches, des boucliers et des lances ; ils ont comme couleur dominante dans leurs vêtements le rouge, le blanc, le noir (au printemps le bleu). On observera que les éléments de ces cérémonies sont conformes au tableau de la page 93. Le *Wéi choŭ*[9] cite un rapport de 533 qui rappelle que sous les Hán la musique religieuse était, suivant les cérémonies, en hwàng-tchŏng, thái-tsheoŭ, koŭ-syĕn ou jwĕi-pīn.

La transposition à titre d'expression rituelle fut donc usitée à la fin du 1er siècle et pendant au moins une partie du 2e. En 274, Lyŭ Hwŏ en connaît encore la théorie et sait que la note fondamentale peut être hwàng-tchŏng, lin-tchŏng, koŭ-syĕn ; mais à la même date Syŭn Hyŭ doit, dans son rapport, expliquer cette combinaison des lyŭ et des degrés comme si elle était peu connue[10], et dès lors il faut attendre plus de deux cents ans pour trouver, en 502, une nouvelle mention de la transposition d'après les lunaisons, à propos des quatre *thŏng* 206, instruments de démonstration rappelant le tchwèn 204 et inventés par Woŭ tí des Lyàng[11]. A peu près à la même époque[12], les études musicales reprennent dans l'empire du nord avec Lyeoŭ Fàng et Kŏng-swĕn Tchhòng : le lettré Tchhên Tchóng-joŭ leur explique (518) la théorie du tchwèn qu'il connaît d'après la notice de Seŭ-mà Pyeoŭ, et leur démontre l'impossibilité de transposer si l'on se contente des douze lyŭ primitifs ; il s'appuie aussi sur l'accord du khìn, qui admet cinq *tyáo* ou systèmes différents, chacun ayant pour tonique l'un des degrés de l'échelle primitive[13]. C'est sans doute à la suite de

---

1. Voir p. 102, etc.
2. N° 38, liv. 1, f. 1 v°.
3. N° 38, liv. 1, f. 2 r° cite en note ce texte.
4. Je n'ai pas d'autre indication sur ce personnage.
5. N° 42, liv. 15, f. 3 r°. Un texte analogue, un peu plus développé, se trouve, d'après Syŭ Yóng, fonctionnaire lettré + 282 (N° 37, *Woŭ choŭ*, liv. 8, f. 16, etc.), en note au f. 13, liv. 1 du n° 38.
6. Fils du célèbre général Mà Yuén et lui-même général distingué (N° 38, liv. 24, f. 14, etc.).
7. N° 42, liv. 15, f. 3 v°.
8. N° 38, liv. 8, f. 3 r°.
9. N° 40, liv. 109, f. 11 v°.
10. N° 39, liv. 11, ff. 8, 9. — N° 41, liv. 16, ff. 12 v°, 13 v°.
11. N° 42, liv. 13, ff. 3, 4.

12. A partir de la période Tchéng-chi (504-507), Lyeoŭ Fàng et Kŏng-swĕn Tchhòng sont officiellement chargés d'étudier les réformes et consultent le lettré Tchhên Tchóng-joŭ (N° 40, liv. 109, ff. 4 v°, 7 v°, 8 r°).
13. N° 40, liv. 109, f. 9 r° : « de plus, il s'appuie sur le procédé d'accord du khìn selon les cinq systèmes pour régler les instruments de musique. Le système du sĕ prend le kŏng pour tonique ; le système aigu [du khìn] prend le chàng pour tonique ; le système égal [du khìn] prend le kŏng pour tonique. Chacun des cinq systèmes a pour tonique un des cinq degrés. » Pour le khìn et le sĕ, voir chap. X, 112 et 116 ; on remarquera ici et ailleurs que le khìn, instrument délicat et aristocratique, maintient les traditions, qu'il a plus d'une fois fourni des exemples de musique antique à l'interprétation des théoriciens ultérieurs.

ces travaux que Lyeoù Fāng fixa six règles, *kö*, peut-être six modes d'accord, pour diverses sections de la musique impériale; d'après le chef de la musique Tchāng Khyèn-kwëi répondant à une enquête en 531, l'une des règles, celle du hwāng-tchōng, n'était autre qu'une gamme ayant hwāng-tchōng pour tonique et débutant par yi-tsë; les deux règles du koū-syèn et du thái-tsheoù débutaient aussi par yi-tsë[1] : le sens de la transposition est-il alors réellement compris? est-on déjà arrivé à la délicatesse des 84 systèmes[2]? La pratique écarte ce procédé presque totalement, puisque les carillons n'ont alors que 14 pierres sonores ou 14 cloches, tandis que ceux des âges antérieurs, des Hán et des Tcheoù, retrouvés de temps en temps, en avaient 16[3]. D'ailleurs les historiens disent[4] : « sous les Tcheoù et auparavant, on se conforma au principe de transposition; à partir des Tshin, la transposition fut supprimée; sous les Hán orientaux elle fut pratiquée, mais sans continuité; des Hán aux Swëi, pendant dix générations, c'est-à-dire en tout plusieurs siècles, on ne garda que le système du hwāng-tchōng; des douze lyù sept seulement étaient usités; les cinq autres étaient appelés cloches muettes parce que l'on ne s'en servait pas. » Il y a unanimité pour constater que la transposition était en désuétude et avant et après les Hán.

Le *Swëi choù* montre toutefois que des systèmes différents continuaient d'être en usage pour des airs différents : si donc chaque air était joué sous une forme fixe, sans transposition, du moins les diverses échelles ou systèmes subsistaient implicitement. C'est ce qu'on doit conclure des passages suivants[5] : « sous la dynastie des Swëi la musique classique des rites moyens était exécutée seulement avec la fondamentale hwāng-tchōng; pour les sacrifices aux esprits de la nature et aux Ancêtres, ainsi que dans les banquets, on employait un seul système; pour aller recevoir les influx terrestres, on se servait de cinq systèmes. Les anciens musiciens ayant été remplacés et ayant disparu, on ne comprenait plus les autres degrés et les autres lyù; quelques-uns savaient jouer en jwëi-pīn fondamentale; on les rangeait à leur place lors des sacrifices, en fin de compte il n'y avait personne qui s'en aperçût[6]... Autrefois il y avait cinq mélodies, *yín*, en kōng, chāng, kyö, tchì, yù; les Lyāng les faisaient exécuter à l'assemblée plénière du 1er de la 1re lune. A présent on les appelle les cinq mélodies *yīn*; ces airs s'appuient en totalité sur kōng et chāng, sans qu'on les laisse sortir de cet ordre. On

les exécute seulement pour faire descendre les esprits quand on va dans la campagne recevoir les influx terrestres. C'est ce que les *Yuë ling* expriment en disant : à la 1re lune du printemps le son est kyö[7]...Pour la musique orchestrée, *min*, on emploie sept systèmes, on les met en usage pour les sacrifices; tous ces systèmes sont ordonnés d'après la noblesse des degrés et des lyù. » Le *Kyeoù thāng choù*[8] indique ces faits sous une autre forme. « Sous les Swëi... le principe de la transposition... en fin de compte ne fut pas appliqué;... dans la musique des rites moyens, il y avait les quatorze systèmes de l'orchestre aigu, et rien de plus. » Aussi, en travaillant sur ces bases, les commissions officielles n'eurent pas de peine à comprendre la transposition classique et en exposèrent la théorie à l'Empereur; c'est ainsi qu'on lit le passage suivant dans une délibération prise en 589 ou 590[9] par Nyeoù Hòng, Yáo Tchhā, Hyù Cheán-sïn, Lyeoù Tchēn, Yû Chí-ki[10] et autres : « à la 11e lune le hwāng-tchōng est fondamentale, à la 12e lune le tá-lyù est fondamentale, à la 1re lune le thái-tsheoù est fondamentale, et ainsi de suite pour les autres lunes. En tout il y a 12 tuyaux, chacun fournissant 5 degrés, cela fait 60 degrés. Cinq degrés formant un système, par suite il y a 12 systèmes. Cela explique, il me semble, que dans le texte très clair de Tchéng Hyuèn ne soit pas [mentionné] l'emploi de chāng, kyö, tchì, yù pour des systèmes séparés[11]. » Un peu plus tard, vers 605[12], la connaissance des systèmes était assez répandue pour que la cour des Rites pût faire recopier, corriger et orchestrer pour cordes, chant et carillons 104 mélodies anciennes, savoir : « 5 dans le système de hwāng-tchōng fondamentale, 1 en tá-lyù, 25 en thái-tsheoù (seconde), 14 en koū-syèn (tierce), 13 en jwëi-pīn (quinte diminuée), 8 en lin-tchōng (quinte), 25 en nàn-lyù (sixte), 13 en yíng-tchōng (octave diminuée) ». On tentera tout à l'heure de déterminer de façon plus précise le sens des mots *tyáo*, système, et *yün*[13], gamme, qui paraissent maintenant dans l'exposé.

Dans les délibérations qui eurent alors (vers 587) la musique pour objet[14], un rôle important échut à Tchéng Yí, duc de Phéi[15]; son mémoire porte non seulement sur l'ancienne musique, mais sur des faits récents. « Tchéng Yí disait : Si l'on examine les cloches, les lithophones et les lyù du magasin de la musique, partout on trouve les désignations fondamentale, seconde majeure, tierce majeure, quinte, sixte majeure, octave diminuée, quinte diminuée; parmi ces sept degrés il y en a trois qui sont dissonants[16].

---

1. N° 40, liv. 109, f. 10 v°; le *Swëi choù*, n° 42, liv. 13, f. 6 r°, mentionne de même à la date de 427 les règles du hwāng-tchōng, du koū-syèn, du jwëi-pīn et du thái-tsheoù.

2. Voir pp. 98 et 117.

3. N° 40, liv. 109, f. 11 r°.

4. N° 47, liv. 145, f. 2 v°.

5. N° 42, liv. 15, f. 4 v°.

6. N° 42, liv. 15, f. 7 r°.

7. N° 42, liv. 15, f. 2 v°.

8. N° 45, liv. 28, f. 2 r°.

9. N° 42, liv. 15, ff. 3, 4.

10. Yáo Tchhā, †606 à 74 ans; lettré renommé, historien des Lyāng, rassembla les documents pour l'histoire des Tchhēn qui fut rédigée par son fils et par Wéi Tchēng (*Tchhēn choù*, 557-589, par Yáo Seū-lyèn, †643, Catalogue 57, édition de Nanking, 1872, grand in-8°; voir liv. 27, f. 4, etc. — N° 43, liv. 69, f. 9, etc.). — Hyù Cheán-sïn, fonctionnaire lettré sous les Tchhēn et les Swëi, massacré à 61 ans dans les troubles de la fin des Swëi (618) (N° 42, liv. 58, f. 7, etc. — N° 44, liv. 83, f. 18, etc.). — Lyeoù Tchēn, mandarin sous les Lyāng et sous les Tcheoù, haut dignitaire des Swëi, †598 à 72 ans (N° 42, liv. 76, f. 2, etc. — N° 44, liv. 83, ff. 23, 24). — Yû Chi-kī, lettré et calligraphe, haut dignitaire sous Yáng ti, 604-618, périt dans les troubles de 618 (N° 42, liv. 67, f. 1, etc. — N° 44, liv. 83, f. 15, etc.).

11. Les auteurs du rapport citent ici Hwāng Khàn, lettré, ritualiste, fonctionnaire sous les Lyāng, †545 à 58 ans; voir *Lyāng choù*, 502-557, par Yáo Tchhā et Yáo Seū-lyèn, Catalogue 56-57, édition de Nanking, 1874, grand in-8° (*Lyāng choù*, liv. 48, f. 14. — N° 43, liv. 71, f. 11).

12. N° 42, liv. 15, f. 19 r°.

13. 均 doit être ici lu *yün*, et non pas *kyün*; il est pris comme synonyme de 韻 rime, assortir (N° 74, f. 71 v°).

14. N° 42, liv. 14, f. 25, etc.

15. Savant et versé dans la musique; d'une famille mandarinale, fils adoptif d'une princesse de la famille des Tcheoù, marié par Woù ti (560-578) à une princesse impériale; officier distingué, comblé d'honneurs sous les Swëi; †591 à 52 ans (*Tcheoù choù*, liv. 35, f. 2, etc. — N° 42, liv. 38, f. 4, etc. — N° 44, liv. 35, f. 18, etc.).

16. 乖 應 *kwái ying*, violer l'accord, expression rare; un peu plus loin, f. 26 r°, Tchéng Yí dit encore 乖 越 *kwái yuë* dans le sens de violer les principes musicaux; *kwái ying* se trouve aussi n° 65, liv. 33, f. 9 r°. Je pense que Tchéng Yí veut parler des trois derniers degrés, 3ce majeure, 8ve diminuée, 5te diminuée; ces intervalles sont en effet plutôt rares dans la musique chinoise. On remarquera que la 3ce majeure issue d'une série de quintes justes est également dissonante

Toujours on recherchait et on étudiait, sans que personne en fin de compte pût comprendre. Au temps de Woŭ tí (560-578), il y eut un homme de Koutcha nommé Soŭ-tchĭ-phŏ, qui vint en Chine à la suite de l'impératrice turke[1]; il savait jouer de la guitare phĭ-phà des barbares. En écoutant ce qu'il exécutait, [on reconnaissait que] dans l'espace d'une gamme, yŭn, il y avait sept degrés, chĕng. Ayant donc été interrogé, il répondit [ce qui suit] : son père, renommé en Occident comme musicien, avait appris par une tradition transmise de génération en génération qu'il y a sept sortes de systèmes, tyáo[2]; dans ces sept systèmes, si l'on compare les sept degrés, on trouve que mystérieusement ils concordent[3]. Le premier degré s'appelle sŏ-thŏ-li[4], en langue chinoise « son égal », c'est le degré kŏng; le second degré s'appelle kĭ-tchĭ, en chinois « son long », c'est le degré chăng; le troisième degré s'appelle chă-tchĭ, en chinois « son simple et droit », c'est le degré kyŏ; le quatrième degré s'appelle chă-heoŭ-kyă-lăn, en chinois « son consonnant », c'est le degré pyén tchì; le cinquième degré s'appelle chă-lă, en chinois « son consonnant harmonieux », c'est le degré tchì; le sixième degré s'appelle păn-chcăn, en chinois « cinquième son », c'est le degré yŭ; le septième degré s'appelle seŭ-li-chă, en chinois « son du bœuf hoŭ », c'est le degré pyén kŏng. Yĭ ayant joué ces sons ainsi qu'il savait, on obtint pour la première fois l'exactitude des sept degrés. Si l'on passe aux sept systèmes dont on a parlé, il y a encore l'expression « les cinq tán »; les tán font les sept systèmes; si l'on traduit en chinois, tán veut dire yŭn, gamme[5]; ces sons correspondent aussi aux cinq gammes de hwăng-tchŏng, tháï-tsheoŭ, lin-tchŏng, nàn-lyŭ, koŭ-syèn; pour les sept lyŭ en dehors de ces derniers, il n'y a plus de système de sons. »

« Ensuite Yĭ, sur le phĭ-phà qu'il tenait, fit la gamme en substituant les uns aux autres des chevalets mobiles sous les cordes et établit sept gammes diverses en faisant succéder les sons; il les combina de douze manières pour répondre aux 12 lyŭ. [En effet] par lyŭ il y a 7 degrés[6], par degré on établit un système, on obtient donc 7 systèmes : pour les 12 lyŭ cela fait en tout 84 systèmes qui se remplacent à tour de rôle et sont tous consonnants. En poursuivant, il compara lesdits degrés au système de lin-tchŏng fondamentale exécuté par la musique impériale : alors qu'on devrait prendre lin-tchŏng pour prime, on prend hwăng-tchŏng pour 1me; au lieu de nàn-lyŭ pour 2de, on prend tháï-tsheoŭ; au lieu de yíng-tchŏng pour 3ce, on prend koŭ-syèn; donc dans le système en question, les sept degrés et les trois sons principaux sont tous arrêtés[7]. Les 77 degrés répondant à 11 des fondamentales violent donc la règle, aucun ne circule. De plus, dans les carillons il y a huit éléments, et ainsi on joue de la musique à 8 degrés : c'est qu'en dehors des 7 degrés on en établit un de plus que l'on appelle degré répondant (8ve). »

« Yĭ avait donc rédigé plus de vingt pages pour expliquer ses idées; il répandit alors son écrit à la Cour et proposa une délibération en vue de réformer

---

pour nous; la 5te diminuée et la 7me majeure (8ve diminuée) sont toujours dissonantes; au contraire, l'intervalle de 2de n'est pas rare, du moins sur le khin 112.

1. L'impératrice Ngŏ-chi-ná était fille du khàn des Turks, Moŭ-hán kahan Seŭ-kĭn; elle épousa l'Empereur en 568 et mourut en 582 à 32 ans (*Tcheoŭ chou*. liv. 9, ff. 2, 3).

2. Le *tyáo* chinois, ou système, paraît répondre en partie à la mŭrchaná sanscrite; cf. n° 90, p. 59.

3. On verra plus loin (chap. IV) que le *yŭn*, gamme, est l'échelle des sept degrés qui sont dans les rapports définis p. 93; le *tyáo*, système, est une échelle partant d'une note donnée, mais dont les degrés peuvent ne pas être conformes aux intervalles du *yŭn*. A proprement parler, les degrés, *chĕng* ou *yŭn*, de l'énumération chinoise ne se conçoivent que par rapport à la gamme type; si l'on parle des degrés dans les divers systèmes, il est sous-entendu qu'il s'agit des degrés de cette gamme type. Dire que dans divers systèmes les degrés concordent, c'est constater que ces systèmes sont construits avec les sons qui sont degrés de la gamme type, et arriver ainsi à l'idée de la note, élément immuable des modes et des gammes, c'est-à-dire combiner les idées de degré ou de rapport, *yŭn*, et de *lyŭ* ou de hauteur fixe. L'idée de note n'est pas chinoise, du moins pour la théorie; elle l'était moins encore à une époque où la seule théorie cohérente était celle de Kĭng Fàng, distinguant essentiellement des *lyŭ* primitifs le hwăng-tchŏng issu du tchŏng-lyŭ et nommé tchi-chi, ainsi que les onze suivants, puis les séries produites successivement par le même procédé.

4. Les noms des sept notes donnés par Soŭ-tchĭ-phŏ, comme le nom même de ce personnage, appartiennent à une langue étrangère; pour en préparer l'identification, il est bon d'abord d'en restituer la prononciation ancienne. Voici les lectures que je propose en m'appuyant sur la plus ancienne des tables phonétiques du *Khăng hi tseŭ tyèn* et sur les transcriptions coréennes et japonaises; j'indique par *s*) des variantes provenant du *Sóng chi* (N° 48, Y. I. 1., liv. 51, f. 32 v°) et par *l*) une variante donnée par le *Lyáo chi* (N° 49, liv. 54, f. 7 r°).

		Lecture moderne.	Lecture ancienne.
	蘇祇婆	*soŭ-tchĭ-phŏ*.	so-tchi-ba.
1.	婆陁力	*sŏ-thŏ-li*.	sa-da-lik.
1. *l*)	婆陁力	*phŏ-thŏ-li*.	ba-da-lik.
1. *s*)	comme *l*).		
2.	雞識	*ki-tchi*.	ki-tchi.
2. *s*)	稽識	*ki-tchi*.	ki-tchi.
3.	沙識	*chă-tchi*.	cha(sa)-tchi.
4.	沙侯加濫	*chă-heoŭ-kyă-lăn*.	cha(sa)-hou-ka-lam(ram).
5.	沙臘	*chă-lă*.	cha(sa)-lap(rap).

		Lecture moderne.	Lecture ancienne.
6.	般贍	*păn-chcăn*.	pan-jam.
7.	侯利箑	*seŭ-li-chă*	dzi-li(ri)-dzap.
7. *s*)	侯利箑	*heoŭ-li-chă*.	hou-li(ri)-dzap.

Le sixième degré s'appelle pan-jam, c'est-à-dire cinquième son : il y a lieu de reconnaître dans pan-jam le sanscrit pañcama, cinquième, nom de la cinquième des sept notes hindoues (N° 90, p. 55). La finale ridzap de la septième note rappelle ṛsabha, rikhab, taureau, nom de la deuxième note hindoue, et le sens donné par le *Sweĭ chou* n'y contredit pas : l'explication de l'épithète *hoŭ* (le bœuf *hoŭ*) m'échappe; le *Sóng chi* donne 斛律, le *Lyáo chi* donne 斛先 au lieu de 斛牛 : je pense que la leçon du *Sweĭ chou* est correcte. Enfin, pour la quatrième note, la terminaison karam peut être rapprochée de grăma, un groupe, une gamme. Ni la transcription ni le sens donné pour les quatre autres termes n'ont permis des rapprochements avec le sanscrit; il est d'ailleurs douteux qu'aucun de ces noms ait directement passé du sanscrit en chinois. Les expressions chinoises répondant aux 4e et 5e degrés, *ying* et *ying-hwô*, indiquent parfois dans le langage musical l'unisson ou l'octave (*ying*) et un accord consonnant, 5te ou 4te (*hwô*); mais je doute que ces sens soient acceptables ici. Pour le second degré, le texte signifie exactement : « *ki-tchi*, en chinois « son long », c'est le son du *nan-lyŭ* »; mais tout le contexte indique qu'il faut lire le signe unique 商 *chăng* au lieu des deux signes 南 呂; avec un manuscrit un peu cursif, la confusion n'est pas surprenante. Remarquer que la sixième note de l'énumération porte le nom de quinte, ce qui suppose que la gamme étrangère mentionnée commence avec la seconde majeure de la gamme chinoise; cette gamme hindoue sera donc, si l'on adopte les équivalents de la p. 93, fa♯ sol♯ la♯ si ut♯ ré♯ mi fa♯ : ce mode ne correspond à aucun des modes indiqués par Fétis, *Histoire de la musique*, II, p. 206. D'ailleurs si le rapprochement de *seŭ-li-chă* et de ṛsabha est juste, il y a confusion sur l'ordre des notes.

5. Il est assez malaisé de comprendre ce qu'est le tāna, qui répond probablement à *tán*, le texte chinois étant excessivement concis et le texte traduit par M. Grosset (N° 90), bien que plus étendu, manquant de netteté. Probablement l'équivalence tāna = *yŭn* = gamme, n'est pas rigoureusement exacte.

6. Il faut comprendre : chaque lyŭ peut jouer le rôle de chacun des 7 degrés.

7. Par « les trois sons principaux », il faut sans doute entendre les trois sons cités, c'est-à-dire les trois premiers degrés; les degrés sont fixés, arrêtés dans la même position que pour hwăng-tchŏng fondamentale, au lieu de circuler avec le changement des fondamentales, ainsi que la transposition l'exige.

la musique. A cette époque, Soŭ Khwèi[1] aussi était renommé pour sa connaissance de la musique ; il discuta les assertions de Yi, disant : La musique qui se trouve dans le *Hăn chĭ wăi tchwăn*[2] est touchante ; dans les *Yuĕ ling*, il y a la correspondance des 5 degrés [avec les mois] ; de tous côtés il est question de 5, et l'on ne parle pas d'octave diminuée ni de quinte diminuée. D'autre part, le *Tsŏ tchwăn* mentionne les sept sons, les six lyŭ qui se conforment aux 5 degrés[3] ; d'après ce texte, sur chaque fondamentale on doit établir 5 systèmes, et je ne sache pas que l'on y ajoute les deux systèmes de l'octave diminuée et de la quinte diminuée pour avoir sept systèmes. L'origine de ces sept systèmes n'est pas connue. »

Tchéng Yi répondit à cette objection en s'appuyant sur le *Chŏ kĭng* et sur le *Hăn chŏ*, qui admettent les sept notes dès une époque reculée[4]. Il continua en disant[5] : « A présent la musique impériale dans le système de hwăng-tchŏng prend le lin-tchŏng pour initiale du système, ce qui viole le rapport du prince au serviteur[6] ; l'orchestre aigu, dans le système de hwăng-tchŏng fondamentale, fait de syăo-lyŭ la quinte diminuée, ce qui est contraire au principe de la progression par quintes[7]. Je demande que la musique classique [des rites moyens] pour le système de hwăng-tchŏng fondamentale prenne le hwăng-tchŏng comme initiale et que l'orchestre aigu écartant le syăo-lyŭ, revienne au jwèi-pin comme quinte diminuée. » A la même époque, Wăn Păo-tchhăng[8], auteur d'un ouvrage intitulé Vieux chants de Lŏ-yàng, *Lŏ yăng kyeoŭ khyŭ*, et élève de Tsoŭ Hyăo-tchĕng, disait que les ancêtres de ce dernier connaissaient la composition de l'orchestre pour la musique ancienne[9] : les morceaux des Yĭn et des Tcheŏ exigeaient un carillon de huit éléments, dont sept seulement étaient employés. Wăn Păo-tchhăng confirmait donc l'opinion de Tchéng Yi relativement à l'emploi de la gamme heptaphone.

Les opinions de la majorité de la commission furent toutefois contestées par Hŏ Thwŏ[10], bien vu de l'Empereur qui n'entendait rien à la musique. Hŏ Thwŏ affirma que seuls les « trois systèmes[11] » étaient antiques ; il fit écarter tout changement et maintenir le principe du hwăng-tchŏng fondamentale unique : ce qui n'exclut pas l'usage de renversements de la gamme de hwăng-tchŏng. Les arguments présentés par Tchéng Yi et son parti reposaient sur l'étude des livres anciens, sur l'interprétation rationnelle de faits survivants (composition des carillons par exemple) et sur la théorie occidentale, problablement hindoue, qui, telle qu'elle est résumée ici, ressemble étrangement à la théorie chinoise ; ils tendaient à faire reconnaître la légitimité des 7 degrés et à rétablir la transposition à peu près oubliée. Ces théories, trop savantes pour l'époque, ne furent pas encore admises : elles ne reçurent l'adhésion impériale que de la grande dynastie des Thăng.

Le fondateur, Kăo tsoŭ, nomma à la cour des Rites Tsoŭ Hyăo-swĕn, fonctionnaire des Swĕi, qui avait exposé le système des 60 et des 360 lyŭ et avait recommandé la transposition ; toutefois Kăo tsoŭ remit les réformes de ce genre jusqu'après la pacification générale, et ce fut son fils Thăi tsŏng qui approuva (628) les projets de Hyăo-swĕn[12]. « Des cinq degrés primitifs naissent les deux degrés diminués ; le degré qui s'appuie sur la quinte diminuée, c'est la quinte juste, *tchéng tchi* ; le degré qui s'appuie sur l'octave diminuée, c'est l'octave de la prime, *tshĭng kŏng*. Les sept degrés du hwăng-tchŏng au năn-lyŭ[13] servent à tour de rôle de fondamentale ; le tuyau hwăng-tchŏng long de 9 pouces... est le chef des 5 degrés... Le premier degré est kŏng (1re), le second chăng (2de), le troisième kyŏ (3ce), le quatrième pyén tchì (5te diminuée), le cinquième tchi (5te), le sixième yŭ (6te), le septième pyén kŏng (8ve diminuée) : ces degrés du grave à l'aigu forment une gamme, yún. D'une manière générale, les 12 systèmes de kŏng ont tous la fondamentale correcte, ils n'ont pas de son plus grave[14]... Les 12 systèmes de chăng ont un son

---

1. Fils de Soŭ Wĕi (542-629), duc de Phĕi, conseiller écouté du premier empereur Swĕi ; Khwĕi servit lui-même comme officier civil et militaire et mourut vers 615 à 49 ans (N° 42, liv. 41, ff. 9, 10).

2. Édition du *Chĭ kĭng*, de l'école de Hăn Ying, lettré du IIe s. A. C. (N° 60, liv. 16, f. 45).

3. Voir p. 92 ; le présent texte est une allusion, et non une citation exacte.

4. Voir p. 92.

5. N° 42, liv. 14, f. 26 v°.

6. Les cinq degrés de la gamme sont assimilés au prince, aux ministres, au peuple, aux travaux, aux ressources matérielles (*Yŏ kí*, voir n° 8 et n° 15, tome II, p. 48) ; mais le prince étant supérieur aux ministres, il faut que la note correspondante soit plus grave que celle des ministres, il n'est donc pas admissible que le lin-tchŏng soit initiale dans le système de hwăng-tchŏng. Sur ce point Tchéng Yi semble dans l'erreur, puisque le thăi-tsheoŭ (les ministres) serait encore dans ce cas plus aigu que le hwăng-tchŏng. En quittant le point de vue chinois, on pourrait comparer à un mode plagal le système de hwăng-tchŏng lorsqu'il prend lin-tchŏng pour initiale.

7. Syăo-lyŭ, al. tchŏng-lyŭ ; on reviendra sur ce passage, qui donne la plus ancienne indication sur un changement de mode (p. 113).

8. Le père de Păo-tchhăng fut mis à mort parce qu'il méditait de quitter le service des Tshĭ pour celui de l'empire du sud ; l'enfant fut incorporé aux musiciens ; il se fit surtout remarquer lors de la grande enquête de 580, fit adopter le pied cau, expliqua les 84 systèmes ; il vivait encore en 618 (N° 42, liv. 78, f. 15, etc. — N° 44, liv. 90, f. 11, etc.). Sur Tsoŭ Hyăo-tchĕng, je n'ai rien trouvé.

9. N° 42, liv. 14, f. 27 r°.

10. Fils d'un riche marchand du pays de Choŭ, très instruit, versé dans la musique, mandarin des Tcheoŭ et des Swĕi, mort après 586 (N° 42, liv. 75, f. 4, etc.).

11. On retrouvera plus loin cette expression.

12. N° 45, liv. 28, f. 2, etc. — N° 46, liv. 21, ff. 2, 3.

13. Voir p. 93.

14. Dans les systèmes de kŏng, on prend pour fondamentale le lyŭ même qui sert d'initiale et de fondamentale à la gamme ; ainsi dans la gamme type de hwăng-tchŏng (p. 93), le système de kŏng sera justement l'échelle *hwăng-tchŏng thăi-tsheoŭ koŭ-syèn jwèi-pin lin-tchŏng năn-lyŭ ying-tchŏng*. De même la série *tă-lyŭ kyă-tchŏng tchŏng-lyŭ lin-tchŏng yi-tsĕ woŭ-yi hwăng-tchŏng*, est à la fois la gamme de tă-lyŭ et le système de kŏng pour cette même gamme. Même remarque pour les autres gammes. Puisqu'il y a 12 lyŭ, il y a donc 12 systèmes de kŏng répondant chacun à la gamme dont le lyŭ en question est la fondamentale.

Le mode de chăng prend pour initiale la 2de (chăng) de la fondamentale de gamme : il est constitué par les degrés 2de majeure, 3ce majeure, 5te diminuée, 5te, 6te majeure, 8ve diminuée, 8ve, soit, dans les deux gammes citées, par les lyŭ :

gamme de hwăng-tchŏng : *hwăng-tchŏng thăi-tsheoŭ koŭ-syèn tchŏng-lyŭ lin-tchŏng năn-lyŭ woŭ-yi* ;

gamme de tă-lyŭ : *tă-lyŭ kyă-tchŏng tchŏng-lyŭ jwèi-pin yi-tsĕ woŭ-yi ying-tchŏng*.

La fondamentale de mode et de gamme, soit *woŭ-yi*—1, *ying-tchŏng*—1, est laissée au-dessous de l'initiale ; en d'autres termes, le kŏng n'occupe pas sa place correcte, d'initiale il devient finale.

Mode de kyŏ (3ce majeure) :

3ce maj.   5te dim.   5te   6te maj.
g. de hwăng-tchŏng : *hwăng-tchŏng thăi-tsheoŭ kyă-tchŏng tchŏng-lyŭ* 8ve dim. 8ve 9e maj. *lin-tchŏng yi-tsĕ woŭ-yi* ;

3ce maj. 5te dim.   5te   6te maj. 8ve dim.   8ve
g. de tă-lyŭ : *tă-lyŭ kyă-tchŏng koŭ-syèn jwèi-pin yi-tsĕ năn-lyŭ* 9e maj. *ying-tchŏng*.

La fondamentale et la 2de majeure restent au-dessous de l'initiale.

Mode de pyén-tchì (5te diminuée) :

5te dim.   5te   6te maj. 8ve dim. 8ve
g. de hwăng-tchŏng : *hwăng-tchŏng tă-lyŭ kyă-tchŏng tchŏng-lyŭ jwèi-* 9e maj. 10e maj. *pin yi-tsĕ woŭ-yi*

5te dim.   5te   6te maj. 8ve dim.   8ve
g. de tă-lyŭ : *tă-lyŭ thăi-tsheoŭ koŭ-syèn jwèi-pin lin-tchŏng* 9e maj. 10e maj. *năn-lyŭ ying-tchŏng*.

inférieur à l'initiale, c'est la fondamentale. Les 12 systèmes de kyŏ ont deux sons inférieurs à l'initiale : ce sont la fondamentale et la seconde majeure. Les 12 systèmes de tchì ont trois sons inférieurs à l'initiale : ce sont la fondamentale, la seconde et la tierce majeures. Les 12 systèmes de yù ont quatre sons inférieurs à l'initiale : ce sont la fondamentale, la seconde et la tierce majeures, la quinte. Les 12 systèmes de quinte diminuée prennent place entre la tierce majeure et la quinte juste, les 12 systèmes d'octave diminuée prennent place entre la sixte majeure et l'octave. Dans la musique classique ou semi-rituelle, il n'y a pas de système hormis ceux des sept degrés. » Chaque lyŭ est ainsi l'origine d'une échelle de sept degrés conforme à la gamme type et qui est dite yùn, gamme ; mais il joue aussi tour à tour le rôle de chaque degré, il sert donc d'initiale à sept tyáo ou systèmes de sept sons séparés par des intervalles de cinq tons et de deux demi-tons ; la disposition diverse de ces intervalles constitue sept modes ; les deux qui répondent aux degrés complémentaires sont de légitimité contestée. Puisqu'il y a 12 lyŭ et 12 gammes conformes à la gamme type, on trouve donc 84 systèmes, dont 60 pour les modes principaux et 24 pour les modes complémentaires. Cette théorie musicale, exposée brièvement dans le texte traduit aux pages précédentes, se résume dans le tableau suivant, où, à l'imitation de Tshäi Yuĕn-ting, je ne mets que les systèmes principaux ; les chiffres romains répondent au tableau de la p. 117.

Gamme de hwăng-tchŏng.

Modes	hwăng$_1$ mi$_3$	ta fa	thäi fa♯	kyă sol	koū sol♯	tchóng la	jwēi la♯	lin si	yì ut	năn ut♯	woù ré	ying ré♯
1. kŏng I	1me		2de		3ce		5te dim.	5te		6te		8ve dim.
2. chăng LXXII	2de		3ce		5te dim.	5te		6te		8ve dim.	8ve	
3. kyŏ LIX	3ce		5te dim.	5te		6te		8ve dim.	8ve		9e	
4. tchì XXXIX	5te		6te		8ve dim.	8ve		9e		10e		12e dim.
5. yù XXVI	6te		8ve dim.	8ve		9e		10e		12e dim.	12e	

Gamme de tá-lyù.

Modes	tá$_1$ fu$_3$	thäi fa♯	kyă sol	koū sol♯	tchóng la	jwēi la♯	lin si	yì ut	năn ut♯	woù ré	ying ré♯	hwăng$_2$ mi
6. kŏng VIII	1me		2de		3ce		5te dim.	5te		6te		8ve dim.
7. chăng LXXIX	2de		3ce		5te dim.	5te		6te		8ve dim.	8ve	
8. kyŏ LXVI	3ce		5te dim.	5te		6te		8ve dim.	8ve		9e	
9. tchì XLVI	5te		6te		8ve dim.	8ve		9e		10e		12e dim.
10. yù XXXIII	6te		8ve dim.	8ve		9e		10e		12e dim.	12e	

Gamme de thái-tsheoú.

Modes	thäi$_1$ fa♯$_3$	kyă sol	koū sol♯	tchóng la	jwēi la♯	lin si	yì ut	năn ut♯	woù ré	ying ré♯	hwăng$_2$ mi	ta fa
11. kŏng XV	1me		2de		3ce		5te dim.	5te		6te		8ve dim.
12. chăng II	2de		3ce		5te dim.	5te		6te		8ve dim.	8ve	
13. kyŏ LXXIII	3ce		5te dim.	5te		6te		8ve dim.	8ve		9e	
14. tchì LIII	5te		6te		8ve dim.	8ve		9e		10e		12e dim.
15. yù XL	6te		8ve dim.	8ve		9e		10e		12e dim.	12e	

Gamme de kyă-tchŏng.

Modes	kyă$_1$ sol$_3$	koū sol♯	tchóng la	jwēi la♯	lin si	yì ut	năn ut♯	woù ré	ying ré♯	hwăng$_2$ mi	ta fa	thäi fa♯
16. kŏng XXII	1me		2de		3ce		5te dim.	5te		6te		8ve dim.
17. chăng IX	2de		3ce		5te dim.	5te		6te		8ve dim.	8ve	
18. kyŏ LXXX	3ce		5te dim.	5te		6te		8ve dim.	8ve		9e	
19. tchì LX	5te		6te		8ve dim.	8ve		9e		10e		12e dim.
20. yù XLVII	6te		8ve dim.	8ve		9e		10e		12e dim.	12e	

La fondamentale, la 2de et la 3ce majeures restent au-dessous de l'initiale.

Mode de tchì (5te) :

    5te   6te maj.   8ve dim.   8ve

g. de hwăng-tchŏng : *hwăng-tchŏng thái-tsheoú koū-syĕn tchóng-lyù* 9e maj. 10e maj. 12e dim. *lin-tchŏng năn-lyù ying-tchŏng.*

    5te   6te maj.   8ve dim.   8ve   9e maj.

g. de tá-lyù : *tá-lyù kyă-tchŏng tchóng-lyù jwĕi-pin yì-tsĕ* 10e maj. 12e dim. *woù-yì hwăng-tchŏng$_2$.*

La fondamentale, la 2de et la 3ce majeures, la 5te diminuée sont au-dessous de l'initiale.

Mode de yù (6te) :

    6te maj.   8ve dim.   8ve   9e maj.

g. de hwăng-tchŏng : *hwăng-tchŏng thái-tsheoú kyă-tchŏng tchóng-*10e maj. 12e dim. 12e. *lyù lin-tchŏng năn-lyù woù-yì.*

    6te maj.   8ve dim.   8ve   9e maj. 10e maj. 12e dim.

g. de tá-lyù : *tá-lyù kyă-tchŏng koū-syĕn jwĕi-pin yì-tsĕ woù-yì* 12e *ying-tchŏng.*

La fondamentale, la 2de et la 3ce majeures, la 5te diminuée, la 5te restent au-dessous de l'initiale.

Mode de pyĕn kŏng (8ve diminuée) :

    8ve dim.   8ve   9e maj.   10e maj.

g. de hwăng-tchŏng : *hwăng-tchŏng tá-lyù kyă-tchŏng tchóng-lyù lin-*12e dim. 12e 13e maj. *tchŏng yi-tsĕ woù-yì.*

    8ve dim.   8ve   9e maj.   10e maj.   12e dim.

g. de tá-lyù : *tá-lyù thái-tsheoú koū-syĕn jwĕi-pin yi-tsĕ* 12e 13e maj. *năn-lyù ying-tchŏng.*

L'initiale étant l'8ve diminuée, tous les autres degrés lui restent inférieurs.

On établira facilement pour chaque mode les 10 autres gammes construites sur les 10 lyü de thái-tsheoú à ying-tchŏng. Voir le tableau ci-dessus. Remarquer aussi que les modes de 5te diminuée et d'8ve diminuée sont souvent négligés par les théoriciens, ou du moins tenus pour seulement complémentaires.

Voir encore sur cette question : N° 70 (Y. l. t., liv. 52, f. 35, etc.). — N° 54 (Y. l. t., liv. 51, ff. 9 à 15). Cette théorie est expliquée aussi dans un rapport de Wăng Phŏ en date de 959 (N° 47, liv. 145, f. 3 v°). « Parmi les 12 lyü on prend successivement 7 sons (degrés) qui font une gamme ; le son qui est maître de la gamme, c'est le kŏng (fondamentale) ; la quinte, la seconde majeure, la sixte majeure, la tierce majeure, l'octave diminuée, la quinte diminuée sont à la suite. En débutant par le son de la fondamentale et revenant au lyü du son primitif, les sept degrés se répondant tour à tour sans désordre, on forme le système de la fondamentale. Par gamme il y a sept systèmes ; en raison des lyü il y a douze gammes : total, 84 systèmes sur lesquels reposent les mélodies chantées et exécutées. »

Gamme de koŭ-syèn.

Modes	koŭ$_1$ sol♯$_3$	tchóng la	jwēi la♯	lïn si	yî ut$_4$	nàn ut♯	woù ré	yíng ré♯	hwàng$_2$ mi	tà fa	thài fa♯	kyà sol
21. kōng XXIX	1me		2de		3ce		5te dim.	5te		6te		8ve dim.
22. chāng XVI	2de		3ce		5te dim.	5te		6te		8ve dim.	8ve	
23. kyò III	3ce		5te dim.	5te		6te		8ve dim.	8ve		9e	
24. tchi LXVII	5te		6te		8ve dim.	8ve		9e		10e		12e dim.
25. yù LIV	6te		8ve dim.	8ve		9e		10e		12e dim.	12e	

Gamme de tchóng-lyù.

Modes	tchóng$_1$ la$_3$	jwēi la♯	lïn si	yî ut$_4$	nàn ut♯	woù ré	yíng ré♯	hwàng$_2$ mi	tà fa	thài fa♯	kyà sol	koŭ sol♯
26. kōng XXXVI	1me		2de		3ce		5te dim.	5te		6te		8ve dim.
27. chāng XXIII	2de		3ce		5te dim.	5te		6te		8ve dim.	8ve	
28. kyò X	3ce		5te dim.	5te		6te		8ve dim.	8ve		9e	
29. tchi LXXIV	5te		6te		8ve dim.	8ve		9e		10e		12e dim.
30. yu LXI	6te		8ve dim.	8ve		9e		10e		12e dim.	12e	

Gamme de jwēi-pīn.

Modes	jwēi$_1$ la♯$_3$	lïn si	yî ut$_4$	nàn ut♯	woù ré	yíng ré♯	hwàng$_2$ mi	tà fa	thài fa♯	kyà sol	koŭ sol♯	tchóng la
31. kōng XLIII	1me		2de		3ce		5te dim.	5te		6te		8ve dim.
32. chāng XXX	2de		3ce		5te dim.	5te		6te		8ve dim.	8ve	
33. kyò XVII	3ce		5te dim.	5te		6te		8ve dim.	8ve		9e	
34. tchi LXXXI	5te		6te		8ve dim.	8ve		9e		10e		12e dim.
35. yù LXVIII	6te		8ve dim.	8ve		9e		10e		12e dim.	12e	

Gamme de lïn-tchōng.

Modes	lïn$_1$ si$_3$	yî ut$_4$	nàn ut♯	woù ré	yíng ré♯	hwàng$_2$ mi	tà fa	thài fa♯	kyà sol	koŭ sol♯	tchóng la	jwēi la♯
36. kōng L	1me		2de		3ce		5te dim.	5te		6te		8ve dim.
37. chāng XXXVII	2de		3ce		5te dim.	5te		6te		8ve dim.	8ve	
38. kyò XXIV	3ce		5te dim.	5te		6te		8ve dim.	8ve		9e	
39. tchi IV	5te		6te		8ve dim.	8ve		9e		10e		12e dim.
40. yù LXXV	6te		8ve dim.	8ve		9e		10e		12e dim.	12e	

Gamme de yî-tsĕ.

Modes	yî$_1$ ut$_4$	nàn ut♯	woù ré	yíng ré♯	hwàng$_2$ mi	tà fa	thài fa♯	kyà sol	koŭ sol♯	tchóng la	jwēi la♯	lïn si
41. kōng LVII	1me		2de		3ce		5te dim.	5te		6te		8ve dim.
42. chāng XLIV	2de		3ce		5te dim.	5te		6te		8ve dim.	8ve	
43. kyò XXXI	3ce		5te dim.	5te		6te		8ve dim.	8ve		9e	
44. tchi XI	5te		6te		8ve dim.	8ve		9e		10e		12e dim.
45. yu LXXXII	6te		8ve dim.	8ve		9e		10e		12e dim.	12e	

Gamme de nàn-lyù.

Modes	nàn$_1$ ut♯$_4$	woù ré	yíng ré♯	hwàng$_2$ mi	tà fa	thài fa♯	kyà sol	koŭ sol♯	tchóng la	jwēi la♯	lïn si	yî ut$_5$
46. kōng LXIV	1me		2de		3ce		5te dim.	5te		6te		8ve dim.
47. chāng LI	2de		3ce		5te dim.	5te		6te		8ve dim.	8ve	
48. kyò XXXVIII	3ce		5te dim.	5te		6te		8ve dim.	8ve		9e	
49. tchi XVIII	5te		6te		8ve dim.	8ve		9e		10e		12e dim.
50. yu V	6te		8ve dim.	8ve		9e		10e		12e dim.	12e	

Gamme de woù-yi.

Modes	woù$_1$ ré$_4$	yíng ré♯	hwàng$_2$ mi	tà fa	thài fa♯	kyà sol	koŭ sol♯	tchóng la	jwēi la♯	lïn si	yî ut$_5$	nàn ut♯
51. kōng LXXI	1me		2de		3ce		5te dim.	5te		6te		8ve dim.
52. chāng LVIII	2de		3ce		5te dim.	5te		6te		8ve dim.	8ve	
53. kyò XLV	3ce		5te dim.	5te		6te		8ve dim.	8ve		9e	
54. tchi XXV	5te		6te		8ve dim.	8ve		9e		10e		12e dim.
55. yù XII	6te		8ve dim.	8ve		9e		10e		12e dim.	12e	

Gamme de yïng-tchōng.

Modes	yíng$_1$ ré♯$_4$	hwàng$_2$ mi	tà fa	thài fa♯	kyà sol	koŭ sol♯	tchóng la	jwēi la♯	lïn si	yî ut$_5$	nàn ut♯	woù ré
56. kōng LXXVIII	1me		2de		3ce		5te dim.	5te		6te		8ve dim.
57. chāng LXV	2de		3ce		5te dim.	5te		6te		8ve dim.	8ve	
58. kyò LII	3ce		5te dim.	5te		6te		8ve dim.	8ve		9e	
59. tchi XXXII	5te		6te		8ve dim.	8ve		9e		10e		12e dim.
60. yù XIX	6te		8ve dim.	8ve		9e		10e		12e dim.	12e	

Pour désigner un système, on énonce d'abord le lyù qui répond à la prime ou à l'octave, puis le degré où se trouve l'initiale de la gamme, c'est-à-dire le nom du mode. Ainsi « hwàng-tchōng prime » indique que le hwàng-tchōng est la prime du système et que l'initiale de la gamme se trouve au degré prime (système 1) : ici les deux termes de l'énoncé sont identiques. « Woù-yï seconde » veut dire que l'initiale est la seconde de woù-yï; cette condition ne se présente que dans le système 2. « Nàn-lyù sixte » signifie que l'initiale est la sixte de nàn-lyù : nous reconnaissons le système 35 qui dépend de la gamme de jwēi-pīn. On donnera plus loin (p. 117) une liste des 84 modes avec leurs noms usuels.

L'emploi de la transposition fut réglé (628) selon le projet de Tsoù Hyáo-swĕn[1]. « Pour sacrifier à l'autel du Ciel, on prend comme fondamentale le hwàng-tchōng, pour l'autel de la Terre le lïn-tchōng, pour le temple des Ancêtres le thái-tsheoú. Pour les cérémonies dans les cinq banlieues, pour les assemblées de

---

1: Nᵒ 45, liv. 28, f. 2, etc.

félicitation et pour les banquets à la Cour, on prend comme fondamentale le lyù du mois. » A la mort de Hyào-swèn, Tchàng Wèn-cheoù [1], fonctionnaire au bureau de la Musique, persuada l'Empereur de se conformer de plus près aux anciens rituels. Par la suite il y eut des modifications de détail, mais le rituel de Khài-vuèn (années 713-741) revint aux douze hymnes officiels de Tsou Hyào-swèn [2]. « Le premier, l'hymne *Yù hwó* sert à faire descendre les esprits célestes ; quand on sacrifie à l'autel du Ciel, quand on prie pour les grains et pour la pluie, quand on fait des offrandes au soleil et à la lune, quand on fait le sacrifice *fōng* au Ciel, ou quand on sacrifie à l'Empereur suprême, dans toutes ces occasions on prend comme fondamentale le yuèn-tchōng pour trois strophes, comme tierce majeure le hwàng-tchōng, comme quinte le thái-tsheoù, comme sixte majeure le koū-syèn, chacun pour une strophe ; on exécute la danse civile en six figures... Quand on va au-devant des influx naturels dans les cinq banlieues, pour l'Empereur jaune le hwàng-tchōng sert de fondamentale, pour l'Empereur rouge on prend le hàn-tchōng comme quinte, pour l'Empereur blanc le thái-tsheoù est seconde majeure, pour l'Empereur noir le nàn-lyù est sixte majeure, pour l'Empereur vert le koū-syèn est tierce majeure ; dans tous ces cas on exécute la danse civile en six figures [3].

« Le second hymne, dit *Chwén hwó* [5], sert à faire paraître les esprits terrestres ; quand on sacrifie à l'autel de la Terre, quand on prie les dieux des moissons, quand on fait le sacrifice *chein*, dans tous ces cas on prend le hàn-tchōng comme fondamentale, le thái-tsheoù comme tierce, le koū-syèn comme quinte, le nàn-lyù comme sixte, chacun pour deux strophes ; on exécute la danse civile en huit figures. Quand on sacrifie aux montagnes et aux fleuves, on prend le jwēi-pīn comme fondamentale pour trois strophes.

« Le troisième hymne, dit *Yŏng hwó* [6], sert à faire venir les mânes des hommes ; dans les diverses offrandes de nourriture présentées aux mânes [impériaux], quand on fait l'annonce d'un événement au temple des Ancêtres [impériaux], toujours on prend le hwàng-tchōng comme fondamentale pour trois strophes, le tà-lyù comme tierce, le thái-tsheoù comme quinte, le ying-tchōng comme sixte, chacun pour deux strophes ; on exécute la danse civile en neuf figures. Quand on présente les offrandes aux Premiers Laboureurs, quand le Prince impérial fait les libations aux Anciens Mai-

tres, dans ces occasions on prend le koū-syèn comme fondamentale, on exécute la danse civile en trois figures. Pour reconduire les mânes, on emploie l'hymne approprié à chacun avec une figure de danse. Pour le sacrifice collectif [7] offert à tous les esprits de nature céleste, terrestre et humaine, on emploie le hwàng-tchōng avec l'hymne *Yù hwó*, le jwéi-pīn, le koū-syèn, le thái-tsheoù avec l'hymne *Chwén hwó*, le woū-yi, le yi-tsé avec l'hymne *Yŏng hwó*, soit six gammes; pour toutes une figure de danse. Pour faire descendre et reconduire les esprits, on emploie le *Yù hwó*.

« Le quatrième hymne est l'hymne *Soū hwó* [8], que l'on exécute pour les offrandes de jade et de soie aux esprits célestes avec le tà-lyù comme fondamentale, aux esprits terrestres avec la fondamentale ying-tchōng, aux Ancêtres avec la fondamentale yuèn-tchōng. Au sacrifice aux Anciens Laboureurs, pour l'offrande on prend le nàn-lyù comme fondamentale. Pour les offrandes aux montagnes et aux fleuves, on prend le hàn-tchōng comme fondamentale. Le cinquième hymne s'appelle *Yŏng hwó* ; dans tous les sacrifices à l'offrande des plateaux de viandes, pour les esprits célestes on prend le hwàng-tchōng, pour les esprits terrestres on prend le thái-tsheoù, pour les mânes des hommes on prend le woū-yi. De plus, il en est de même quand on enlève les vases de bois et, dans tous les sacrifices, pour l'hymne d'accueil aux esprits après l'offrande des plateaux. Le sixième hymne, *Cheoū hwó*, est employé quand on présente le breuvage sacré ; on prend le hwàng-tchōng comme fondamentale.

« Le septième hymne, *Thái hwó* [9], sert de règle aux actes de l'Empereur ; on prend aussi le hwàng-tchōng comme fondamentale. Dans tous les sacrifices, quand le Fils du Ciel franchit la porte, s'assied sur le trône, monte et descend les degrés, jusqu'au moment où il retourne à ses appartements provisoires, chaque fois qu'il se meut, l'hymne est exécuté ; quand il s'arrête, la musique cesse. A la Cour, quand le Fils du Ciel est sur le point de sortir du harem, on frappe la cloche du hwàng-tchōng, les cinq cloches de droite répondent, on joue l'hymne ; les rites finis, quand le Fils du Ciel se lève et rentre, on frappe la cloche du jwēi-pīn, les cinq cloches de gauche répondent, on joue l'hymne : dans ces deux cas, le hwàng-tchōng est fondamentale. Le huitième hymne, *Choū hwó*, sert pour

---

1. Sorti d'une famille mandarinale, nommé à la cour des Rites par Thài tsōng, il composa des divertissements pour les banquets et mourut vers 670 (Nº 45, liv. 85, f. 5. — Nº 46, liv. 113, f. 5, etc.).

2. Nº 46, liv. 21, f. 6, etc.

3. Je ne donne du long texte visé qu'un résumé, et non une traduction intégrale. Tout ce passage établira que les mots *tseoù* pour la musique, *tchhèng* pour la danse, indiquent des reprises qui se répondent suivant des règles. — *Yù hwó*, joie et concorde. — En réduisant les indications données en notes européennes, on trouve :

		Fondamentales.	
3 strophes 1me = *kyà*	*kyà* = *sol*
1 str.	3ce = *hwàng*	*yi* = *ut*
1 str.	5te = *thái*	*lin* = *si*
1 str.	6te = *koū*	*lin* = *si*

Le choix des diverses fondamentales s'appuie sur un texte du *Tcheoū li* qui sera étudié plus loin.

4.   Fondamentales.

1me = *hwàng*	*hwàng* = *mi*
5te = *lin*	*hwàng* = *mi*
2de = *thái*	*hwàng* = *mi*
6te = *nàn*	*hwàng* = *mi*
3ce = *koū*	*hwàng* = *mi*

Ici la transposition n'est qu'apparente : l'échelle unique est désignée par des expressions différentes choisies en raison de la correspondance entre les cinq degrés et les cinq régions de l'espace (p. 93), ces régions étant sous la domination des cinq Empereurs célestes.

5.   Fondamentales.

2 strophes 1me = *lin*	*lin*	= *si*
2 strophes 3ce = *thái*	*woū*	= *ré*
2 strophes 5te = *koū*	*nàn*	= *ut* ♯
2 strophes 6te = *nàn*	*hwàng* = *mi*

Le texte porte « trois » strophes pour chaque fondamentale, mais la correction est évidente : le choix de ces fondamentales remonte encore au *Tcheoū li*. — Fondamentale *jwei-pīn* = *la* ♯. — *Chwén hwó*, obéissance et concorde.

6. *Yŏng hwó*, perpétuité et concorde. — Encore conformément au *Tcheoū li*, on a :

		Fondamentales.	
3 strophes 1me = *hwàng*	*hwàng* = *mi*
2 str.	3ce = *tà*	*nàn*	= *ut* ♯
2 str.	5te = *thái*	*lin*	= *si*
2 str.	6te = *ying*	*thái*	= *fa* ♯

Autre fondamentale *koū-syèn* = *sol* ♯.

7. Les fondamentales sont sans doute encore désignées ici : *hwàng* = *mi*, *jwéi* = *la* ♯, *koū* = *sol* ♯, *thái* = *fa* ♯, *woū* = *ré*, *yi* = *ut*.

8. *Soū hwó*, respect et concorde. — On a comme fondamentales : *tà* = *fa*, *ying* = *ré* ♯, *kyà* = *sol*, *nàn* = *ut* ♯, *lin* = *si*. — *Yŏng hwó*, bienveillance et concorde. — Fondamentales : *hwàng* = *mi*, *thái* = *fa* ♯, *woū* = *ré*. — *Cheoū hwó*, longévité et concorde. — Fondamentale : *hwàng* = *mi*.

9. *Thái hwó*, grandeur et concorde. — *Choū hwó*, expansion et concorde. — Avec l'hymne 8 la fondamentale est encore le hwàng-tchōng ; mais on préfère parler de la 2de qui convient aux ministres, tandis que la fondamentale exprime la majesté du Souverain.

l'entrée et la sortie des deux chœurs de danse, et de même pour l'entrée et la sortie du Prince héritier, des princes, ducs, Impératrices, grands conseillers, etc. : on prend toujours le thái-tsheoŭ comme seconde.

« Le neuvième hymne, *Tchāo hwŏ*[1], sert quand on présente le vin à l'Empereur et au Prince héritier. Le dixième hymne, *Hyeoŭ hwŏ*, sert quand l'Empereur mange, quand il salue les trois plus hauts dignitaires, et aussi quand le Prince héritier mange ; dans ces diverses occasions on emploie la gamme du lyŭ du mois.

« L'hymne onzième, *Tchéng hwŏ*[2], est pour les mouvements de l'Impératrice recevant l'investiture.

« Le douzième hymne, *Tchhéng hwŏ*[3], sert aux assemblées que le Prince héritier tient dans son palais, pour tous les mouvements du prince. S'il sort en char, on frappe la cloche du hwăng-tchōng et on joue le *Thái hwŏ* ; quand il passe la porte Thái-ki, on joue le *Tshái tsheŭ* ; quand il arrive à la porte Kyă-tĕ, on cesse. Pour son retour il en est de même. »

Le *Kyeoŭ thăng choŭ*[4] et le *Thăng hwéi yáo*[5] donnent avec moins de détails des indications concordantes en grande partie, divergentes sur quelques points ; il n'y a pas lieu d'instituer une comparaison peu instructive en somme et pour laquelle les documents de contrôle seraient fort rares. Quel principe règle le choix des fondamentales? Dans les banquets (9e et 10e hymnes), on emploie le lyŭ du mois ; aux actes de l'Empereur, des princes, correspond le hwăng-tchōng (6e, 7e, 8e hymnes), c'est-à-dire l'élément terre, et c'est par la vertu de l'élément terre que règne la dynastie des Thăng. Le même lyŭ sert de fondamentale pour les cérémonies en l'honneur des divinités des cinq régions, c'est-à-dire des influx terrestres ; il est d'ailleurs désigné dans chaque cas de manière appropriée à chaque divinité[6]. Je ne perçois pas d'autres rapprochements, car les sacrifices aux esprits des trois ordres comportent assez de fondamentales pour effacer tout rapport précis. Il y a surtout des raisons de tradition : Tchăng Wĕn-cheoŭ et Tsoŭ Hyáo-swĕn se sont appuyés pour le choix de leurs gammes sur des textes du *Tcheoŭ li* qu'ils ont appliqués et étendus.

Il est donc temps d'examiner ces textes qui ont fait loi à l'époque des Thăng et qui étaient déjà invoqués par les musicologues depuis plusieurs siècles. Il semble qu'alors le *Tcheoŭ li* avait autorité comme décrivant l'état de la musique religieuse sous la dynastie révérée des Tcheoŭ ; à la perfection de la musique antique qu'avait connue et pratiquée Confucius, était rapportée la longue durée de cette dynastie[7]. « Dans le *Tcheoŭ li*, pour les trois sortes de grands sacrifices, il n'y a pas de mode de chăng. Tchéng Hyuèn a dit : S'il n'y a pas de mode de chăng, c'est que le sacrifice met au premier rang la soumission et que le degré chăng est ferme et rigide. A mon humble avis, cette idée n'est pas juste. Mais le degré chăng est le son du métal[8]. La maison des Tcheoŭ ayant la vertu du bois, le métal pouvant vaincre le bois, les auteurs ont écarté le métal... On voit donc que si, d'après les règles des Tcheoŭ, on n'use pas du degré chăng, ce n'est pas à cause de sa dureté qu'il manque, mais ce serait pour soutenir la vertu du bois et par crainte de l'élément métal. C'est ainsi que leur royaume prospère a duré de façon miraculeuse, que l'héritage laissé à leurs descendants a brillé et fleuri à travers trente générations, pendant huit siècles : effet mystérieux de l'exclusion du métal. » Ainsi s'exprime Tcháo Chényèn[9] en 720, et il ajoute non sans logique[10] : « la présente dynastie impériale des Thăng est souveraine par la terre, elle diffère donc de la maison des Tcheoŭ... Il y a donc lieu pour les trois grands sacrifices d'ajouter le mode de chăng et d'écarter le mode de kyŏ. » En effet le métal qui répond à chăng n'est pas hostile à l'élément terre, qui nourrit de sa substance le bois corrélatif du degré kyŏ : les Thăng doivent donc redouter l'élément bois et le degré kyŏ.

A l'époque susdite personne ne doutait de l'authenticité du *Tcheoŭ li* ; cet ouvrage, comme tant d'autres classiques, après la proscription édictée par Chi hwăng-ti (213 A. C.), a été retrouvé en divers manuscrits plus ou moins incomplets. « Wĕn, marquis de Wéi[11], aimait particulièrement les antiquités. Sous Hyáo-wĕn ti (180-157), un de ses musiciens, maître Teoŭ, fit hommage de cet écrit : c'était le chapitre *tă seŭ yŏ* de la section *tă tsŏng pŏ* du *Tcheoŭ kwăn*[12]. A l'époque de Woŭ ti (141-87), Hyén, roi de Hŏ-kyĕn[13], qui aimait la sagesse, en collaboration avec maître Máo et d'autres, lit des extraits du *Tcheoŭ kwăn* et des sages et en forma le *Yŏ ki*[14]. » A partir de cette date, le *Tcheoŭ li* fut presque complètement retrouvé, conservé, commenté, édité ; le premier éditeur fut Lyeoŭ Hin. Ce personnage ayant prêté aux réformes de Wăng Măng l'appui de son autorité archéologique et philologique, a été accusé d'avoir falsifié, voire supposé, le texte du *Tcheoŭ li* ; mais Tchoŭ Hi et les auteurs ultérieurs ont combattu cette opinion ; il reste seulement établi que l'ouvrage en question renferme dans ses cinq premières sections un petit nombre d'interpolations[15]. Les passages musicaux en sont-ils exempts? Peut-être, puisqu'ils n'ont servi d'argument aux théoriciens que postérieurement aux Hán, et puisque les réformes musicales de Kīng Făng et de Lyeoŭ Hin portaient sur d'autres points ; toutefois ils restent exposés au doute, et on devra rechercher si les idées qu'ils expriment

---

1. *Tchāo hwŏ*, éclat et concorde. — *Hyeoŭ hwŏ*, prospérité et concorde.

2. *Tchéng hwŏ*, rectitude et concorde.

3. *Tchhéng hwŏ*, aide et concorde. — *Tshái tsheŭ*, cueillir le chardon étoilé ; ce chant ne fait pas partie des douze hymnes ; il renferme une allusion a *Syáo yă, Pĕ chăn, Tchhoŭ tsheŭ* (N° 13, p. 276), où il est question des cérémonies célébrées par un haut dignitaire en l'honneur de ses ancêtres. Le *Kyeoŭ thăng choŭ* indique quelques autres chants ; deux (liv. 28, f. 3 v°) sont exécutés avec la fondamentale *koŭ syèn* = sol ♯, l'un, le *Tcheoŭ yŭ* (*Kwŏ fŏng, Chăo năn*; N° 13, p. 28) quand l'Empereur tire à l'arc ; l'autre, le *Li cheoŭ*, quand le Prince héritier tire à l'arc. Ces deux odes sont déjà mentionnées par Seŭ-mă Tshyĕn (N° 35, tome III, p. 283) à propos du tir à l'arc, par le *Tcheoŭ li* (N° 9, tome II, p. 60) dans les mêmes circonstances, par le *Ché yi* (N° 15, tome II, p. 669) ; l'ode *Tcheoŭ yŭ* a encore place dans le *Chī kīng*, l'ode *Li cheoŭ* était déjà perdue à l'époque des Hán. — Pour les hymnes officiels, Tsoŭ Hyáo-swĕn avait choisi le titre de *hwŏ*, accord, harmonie, puisque « la musique exprime l'accord du Ciel et de la Terre » et « produit l'harmonie des hommes et des esprits » (N° 46, liv. 21, f. 6 v° ; voir chap. XV, pp. 205, 206, etc.).

4. N° 45, liv. 28, f. 2, etc.

5. N° 55, liv. 32, f. 11, etc.

6. Voir p. 100, note 4.

7. N° 55, liv. 32, f. 18 ; voir aussi sur ce point n° 27, liv. 41.

8. Voir p. 93.

9. Je n'ai rien trouvé sur ce personnage.

10. N° 55, liv. 32, f. 18.

11. Le marquis Wĕn, de Wéi (424-387), cité par Seŭ-mă Tshyĕn dans son livre sur la musique (N° 34, liv. 24. — N° 35, tome III, pp. 272, 274, 275) ; bien qu'une note du *Hán choŭ* attribue 180 ans au musicien Teoŭ, il est difficile que ce personnage ait vécu sous le marquis Wĕn et sous l'empereur Hyáo-wĕn.

12. Chap. Directeur de la Musique, de la section Ministre des Rites (N° 9, tome II, p. 27, etc., liv. 22).

13. Lyeoŭ Tĕ, fils de l'empereur King (157-141), roi de Hŏ-kyĕn (155), mort en 130, favorisa puissamment la recherche des anciens textes. Il fut le patron de Máo Tchhăng, qui avec son maître Máo Héng fixa le texte encore admis du *Chī kīng* (N° 35, tome III, p. 94. — N° 10, tome IV prolegomena, p. 11. — N° 36, liv. 88, f. 15; liv. 53, f. 1. — N° 34, liv. 59, f. 1).

14. Voir n° 8 ; mais le texte que nous possédons est celui de Lyeoŭ Hyáng, moins complet selon les vraisemblances que celui dont il est question ici. Toute cette citation vient de n° 36, liv. 30, f. 5 v°.

15. Voir n° 9, introduction, p. XIV, etc.

sont admissibles pour les derniers siècles des Tcheoŭ, car il est difficile de faire remonter ce rituel sous sa forme actuelle au début de la dynastie, bien qu'une tradition l'attribue à l'antique Tcheoŭ kŏng[1].

« Par les six tons parfaits, lyŭ, par les six tons imparfaits, thŏng, par les cinq degrés, chĕng, par les huit sortes de sons, yīn, par les six danses, woù, ils opèrent la grande concordance des mélodies pour présenter les offrandes aux esprits des trois ordres, pour unir les royaumes et principautés, pour harmoniser les populations, pour apaiser les visiteurs étrangers, pour réjouir les hommes éloignés, pour mettre en action toutes les créatures qui se meuvent[2] ». « Le grand instructeur est préposé aux six tons parfaits et aux six tons imparfaits pour combiner les tons du principe mâle et les tons du principe femelle. Les premiers sont les tons hwăng-tchōng, thái-tsheoŭ, koŭ-syĕn, jwĕi-pīn, yi-tsĕ, woŭ-yì. Les seconds sont les tons tá-lyŭ, yíng-tchōng, nân-lyŭ, hân-tchōng, syáo-lyŭ, kyă-tchōng. Il les règle par les cinq degrés kŏng, chăng, kyŏ, tchı, yŭ. Il les développe par les sons des huit matières, le métal, la pierre, la terre, la peau, la soie, le bois, la gourde, le bambou[3]. » La division des tuyaux sonores en deux séries de six, les uns rattachés au principe yáng, les autres au principe yīn[4], est conforme aux vieilles idées cosmologiques; mais elle ne répond pas à un principe acoustique et reste sans lien avec les rapports des tuyaux, puisque l'alternance des générations supérieures et inférieures n'est pas régulière[5]. Toutefois, non sans ingéniosité, le prince de Tchéng tire de la formule du Tcheoŭ li une loi d'harmonie[6]. « Chaque fois qu'un lyŭ mâle produit un tuyau femelle, le tuyau mâle est l'époux, le tuyau femelle est l'épouse. Chaque fois qu'un lyŭ femelle produit un tuyau mâle, le tuyau femelle est la mère, le tuyau mâle est le fils. » Le lyŭ mâle est consonnant, hò, avec

Succession harmonique des lyŭ mâles (secteurs blancs) et des lyŭ femelles (secteurs noirs) (N° 77)[7].

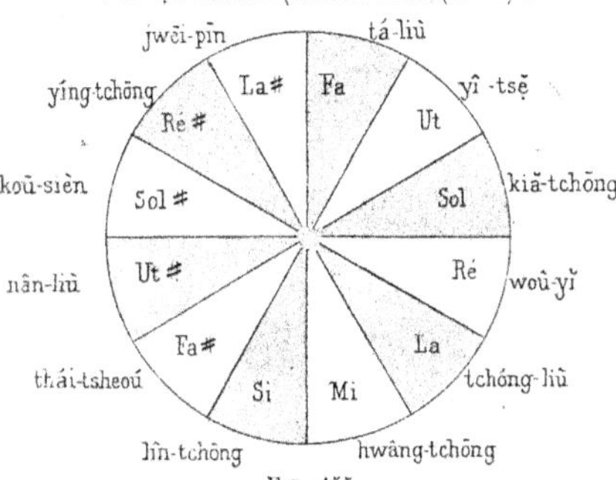

FIG. 155.

sa mère (5ᵗᵉ inférieure) et avec son épouse (5ᵗᵉ supérieure), le lyŭ femelle avec son mari (5ᵗᵉ inférieure) et avec son fils (5ᵗᵉ supérieure) : dans la figure ci-

dessus, due au prince Tsái-yŭ, un lyŭ quelconque est consonnant avec celui qui le précède et avec celui qui le suit. Pour désigner la transposition de la fondamentale, la phrase : « il règle les tons par les cinq degrés », est au moins aussi claire que le passage de Seŭ-mà Tshyĕn cité p. 93. D'ailleurs le mot wén rendu par régler veut dire avant tout une figure, un ornement figuré : wén, figurer, est une métaphore expressive pour marquer l'organisation que les degrés surajoutent à la série chromatique indéfinie des lyŭ.

« Ils classent[8] les différentes sortes de mélodies pour les sacrifices spéciaux offerts aux trois ordres d'esprits. On joue avec les instruments sur le ton hwăng-tchōng (mi), on chante sur le ton tá-lyŭ (fa), on exécute la danse Yŭn mén pour les sacrifices aux esprits célestes. On joue en thái-tsheoŭ (fa♯), on chante en yíng-tchōng (ré♯), on exécute la danse Hyĕn tchhì pour les sacrifices aux esprits terrestres. On joue en koŭ-syĕn (sol♯), on chante en nân-lyŭ (ut♯), on exécute la danse Thái cháo pour les sacrifices aux quatre objets lointains[9]. On joue en jwĕi-pīn (la♯), on chante en hân-tchōng (si), on exécute la danse Thái hyá pour les sacrifices aux montagnes et aux rivières. On joue en yi-tsĕ (ut), on chante en syáo-lyŭ (la), on exécute la danse Thái hoù pour les sacrifices à l'Ancienne Mère[10]. On joue en woŭ-yi (ré), on chante en kyă-tchōng (sol), on exécute la danse Thái woŭ pour les sacrifices aux Premiers Ancêtres[11]. »

L'expression tseoŭ, que j'ai traduite par jouer, indique que l'on touche d'un instrument ou de plusieurs instruments sans chanter; au contraire kŏ signifie le chant avec accompagnement : on comprend donc que, pour les sacrifices du premier ordre, par exemple, on puisse jouer en mi et chanter en fa, puisqu'il ne s'agit pas d'accords plaqués. Toutefois la succession de mélodies en mi et fa, en la♯ et si, voire en fa♯ et ré♯, en ut et la n'a rien de naturel. Pour les six mélodies, la partie instrumentale répond aux 6 lyŭ mâles énumérés en ordre direct, la partie vocale aux 6 lyŭ femelles en ordre inverse. Les anciens commentaires

Succession cosmographique des lyŭ, les chiffres répondent aux caractères cycliques, p. 79 (N° 77).

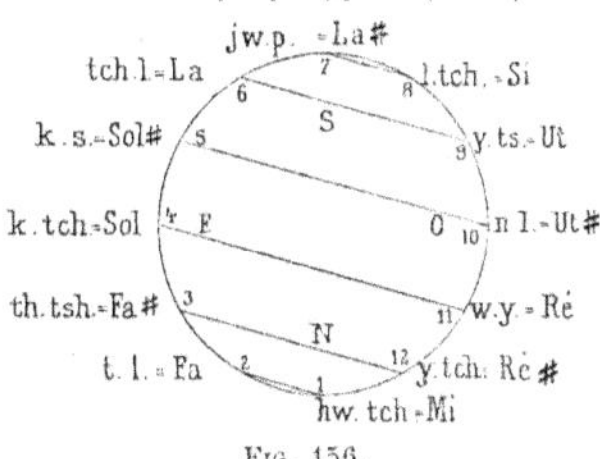

FIG. 156.

n'indiquent pas de raison satisfaisante pour cette disposition gardée intacte par le rituel des Thăng[12]. Le prince Tsái-yŭ remarque[13] que la loi de ces rapports est de nature cosmographique, ainsi qu'il apparaît dans la figure ci-jointe, où les lyŭ rapprochés des

---

1. Tán, frère de Woŭ wăng, conseiller de son frère et de son neveu, législateur des Tcheoŭ, marquis de Loŭ, mort en 1108 ou 1044.

2. N° 6, tá seŭ yò, liv. 22; voir n° 9, tome II, p. 29; je modifie les termes de la traduction pour les mettre d'accord avec les expressions que j'ai adoptées.

3. N° 6, tá chì. liv. 23. — N° 9, tome II, p. 49.

4. Voir p. 78; voir aussi Yuè ling (N° 8).

5. Voir p. 87.

6. N° 77, ff. 11, 35, 36; voir aussi n° 74, f. 71 v°.

7. On observera que la transcription des mots chinois employée dans les figures et exemples musicaux diffère légèrement de celle qui est suivie dans le texte. Ainsi dans cette dernière y est toujours mis à la place de i précédant une voyelle.

8. N° 6, tá seŭ yò, liv. 22. — N° 9, tome II, p. 30.

9. Les quatre objets lointains, seŭ wáng, sont les cinq montagnes sacrées, les quatre montagnes frontières, les quatre mers, les quatre fleuves; on y comprend souvent les esprits du vent, des nuages, du tonnerre, de la pluie.

10. L'expression syĕn pì désigne Kyăng-yuĕn, qui conçut miraculeusement Heoŭ-tsĭ, l'ancêtre des Tcheoŭ.

11. Les premiers ancêtres sont Heoŭ-tsĭ et ses descendants, y compris les rois Wĕn et Woŭ.

12. N° 45, liv. 28, f. 3 v°.

13. N° 77, ff. 8, 9, 10.

directions célestes appropriées sont rangés sur la circonférence de l'horizon; il admet que ce principe cosmographique a été substitué à un principe musical par les lettrés qui, n'entendant pas le second, étaient au contraire familiers avec les spéculations cosmologiques. Il propose donc de lire (je mets entre crochets les mots corrigés) :

Sacrifices.	Instruments.	Chant.
1re classe............	*hwang-tchŏng*	[*tchŏng*]-*lyŭ*
2e classe........,....	*thái-tsheoŭ*	[*lin*]-*tchŏng*
3e classe............	*koŭ-syén*	*nán-lyŭ*
4e classe............	*jwēi-pīn*	[*yĭng*]-*tchŏng*
5e classe............	*yĭ-tsĕ*	[*tá*]-*lyŭ*
6e classe............	*woŭ-yĭ*	*kyŭ-tchŏng*

Par l'interversion de quatre caractères, les lyŭ mâles

continuant de répondre aux six classes de sacrifices, le chant se trouve partout, à l'égard de la partie instrumentale, à la distance d'une quarte, intervalle particulièrement apprécié[1]. Cette correction n'est donc pas sans vraisemblance musicale, mais aucun texte ancien ne l'autorise. Le prince appuie encore son opinion sur la musique de son temps, qui, dit-il, diffère de la musique antique, mais en a conservé quelques traditions : il est, en effet, légitime de rechercher dans les mélodies usitées au XVIe siècle, mais datant du XIVe, les traces au moins de la musique des Thàng (VIIe-Xe siècle); il est plus hasardeux d'y retrouver la musique des Tcheoŭ qui ont disparu mille ans plus tôt. Je transcris aussi exactement que possible l'exemple choisi.

Hymne pour le sacrifice à Confucius[2].

(Pour recevoir l'esprit, on joue la mélodie *Hyén hwá*). Mode de yù (6te majeure); en tout 6 strophes. Dans chaque transposition la mélodie commence et finit par la 6te de la fondamentale appropriée.

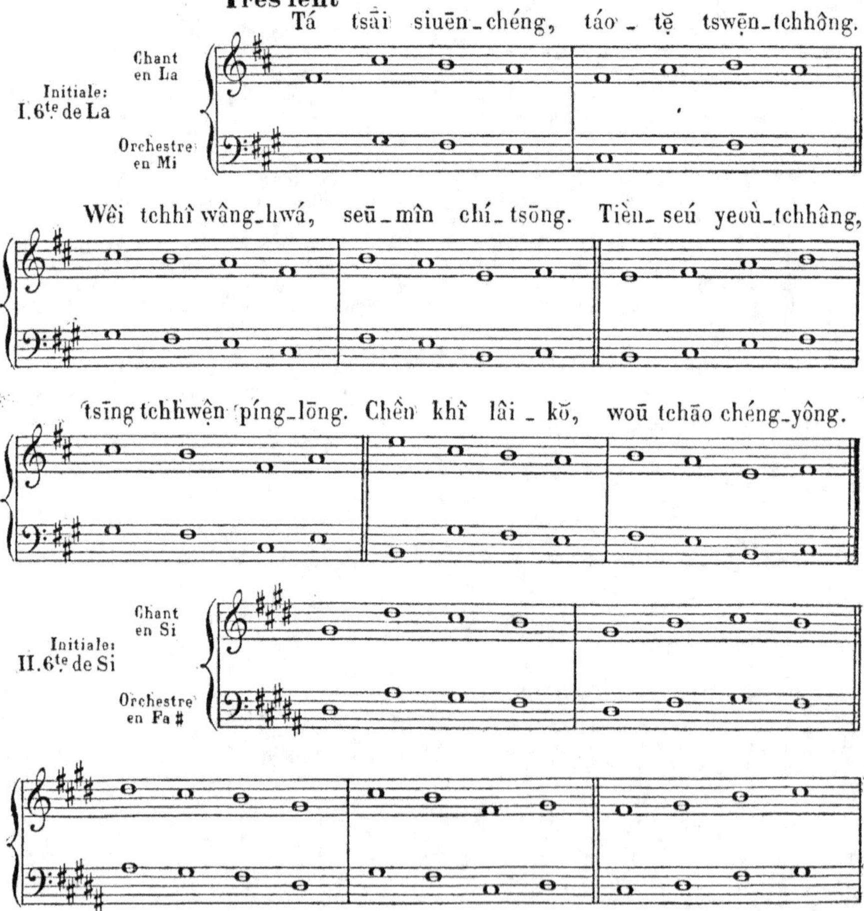

1. Voir figure de la succession harmonique, p. 102; la 5te inférieure n'est autre que l'8ve basse de la 4te supérieure.

2. Traduction : « Grand est le Sage Parfait : sa raison est sublime, son action est vénérable. Il règle la civilisation, et le peuple s'y conforme. L'ordre du sacrifice a des lois constantes, subtiles et pures et profondes. L'esprit est évoqué et arrive : ah ! brillante est son apparence sainte ! » Pour cette première strophe, n° 77, loco cit. ; pour les autres strophes, n° 17, section *Khyŭ tseoŭ*, ff. 1 à 3. — Voir le texte chinois, Index, A, *a*).

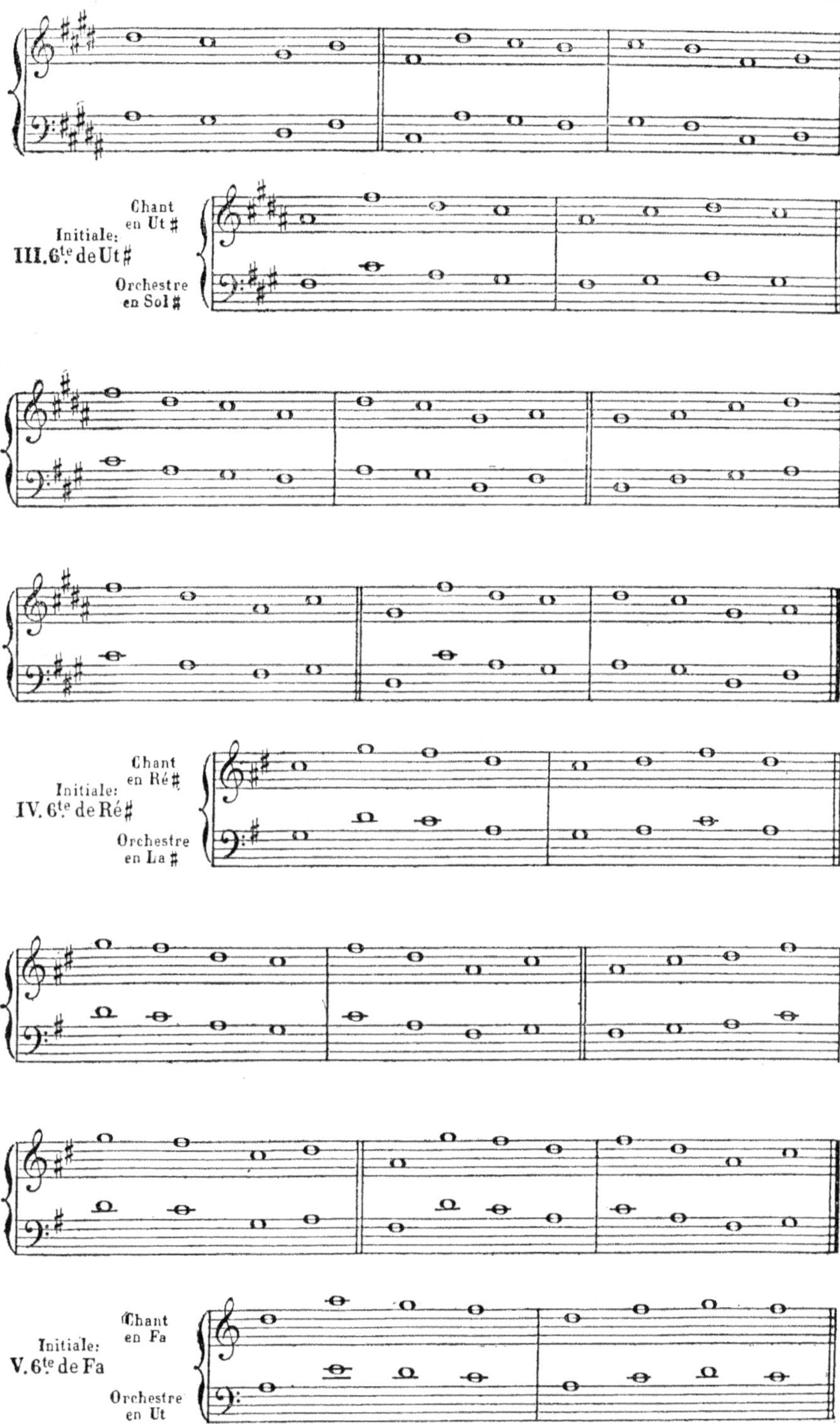
Chant
en Ut ♯
Initiale:
III. 6te de Ut ♯
Orchestre
en Sol ♯
Chant
en Ré ♯
Initiale:
IV. 6te de Ré ♯
Orchestre
en La ♯
Chant
en Fa
Initiale:
V. 6te de Fa
Orchestre
en Ut

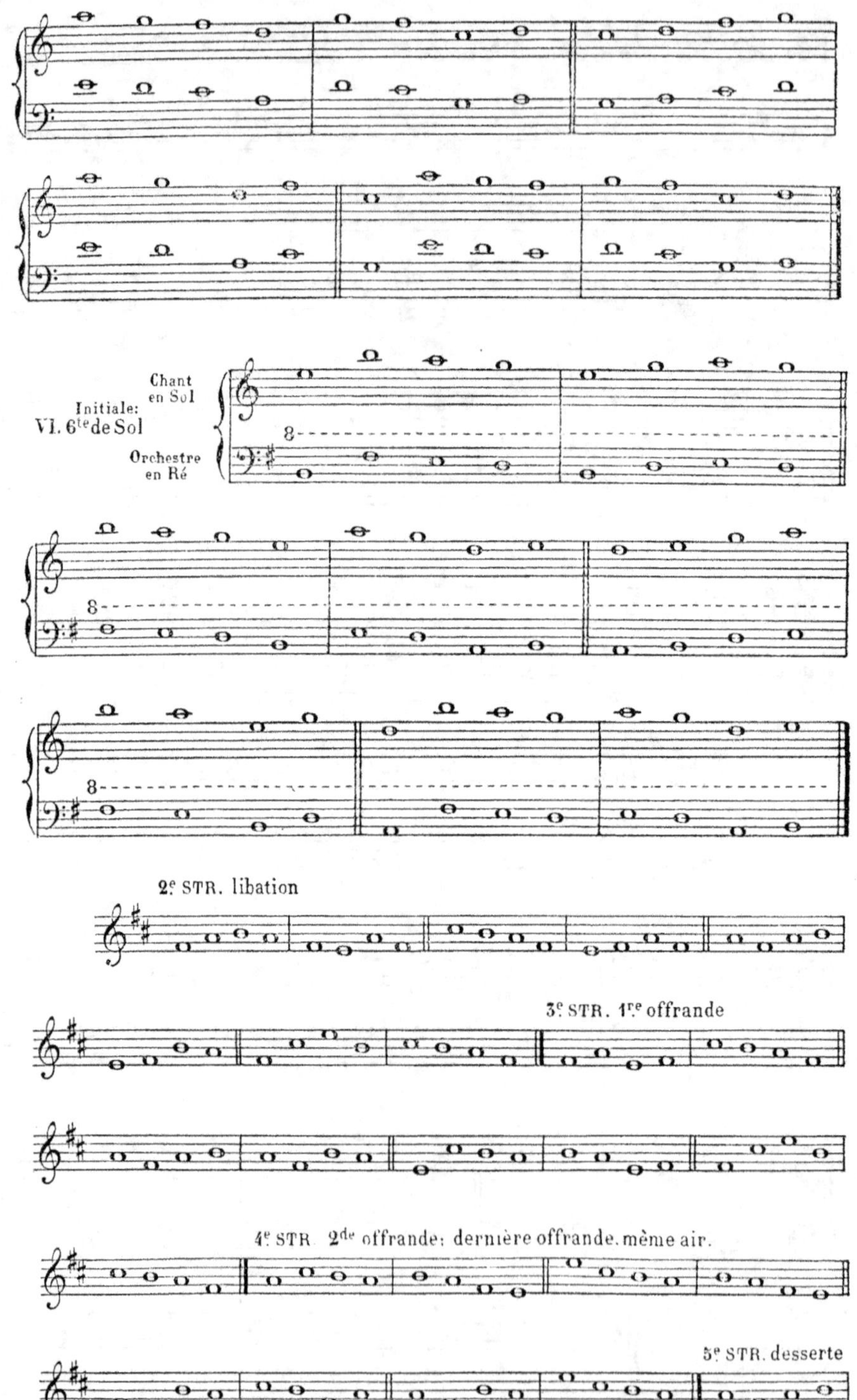

Chant en Sol
Initiale:
VI. 6ᵗᵉ de Sol
Orchestre en Ré
2ᵉ STR. libation
3ᵉ STR. 1ʳᵉ offrande
4ᵉ STR 2ᵈᵉ offrande; dernière offrande. même air.
5ᵉ STR. desserte

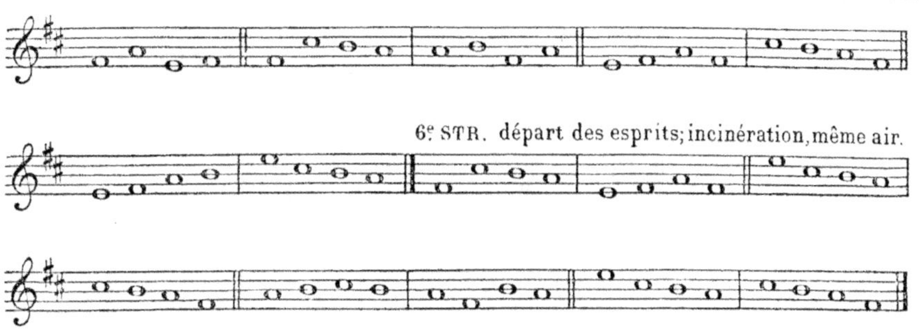

La première strophe seule est ici donnée sous sa forme primitive et en cinq formes transposées, les autres strophes ne sont reproduites que dans un ton. Le mouvement est uniforme et très lent. La notation musicale chinoise n'indique habituellement pas la mesure, le texte chanté y supplée. J'ai considéré chaque phrase complète comme formant un vers de deux hémistiches avec césure au milieu. Cette division rhythmique est à la fois conforme au sens de la phrase; à la prosodie, puisque la rime paraît à chaque fin de vers (*tchhong, tsong, long, yong*, c'est-à-dire finale *ong* au ton égal, accent ⁻ ou ^); à la texture musicale, chaque phrase de deux mesures retombant soit sur la tonique (*mi la*, I) soit sur la sixte (*ut ♯ fa ♯*, I), exceptionnellement sur la 5ᵗᵉ (*mi*, I 4ᵉ strophe, mesures 2 et 4). La mélodie est construite avec les cinq notes principales et écarte les degrés complémentaires : ainsi la ligne de chant I ne renferme que les notes *la si ut♯ mi fa♯*, c'est-à-dire prime, seconde et tierce majeures, quinte, sixte majeure, essentielles à la gamme chinoise. Une expression particulière doit résulter du système de 6ᵗᵉ qu'annonce l'annotation du début[1]; mais elle ne m'est pas perceptible. Les voix et l'orchestre se font entendre ensemble à intervalle de quarte, les voix chantant le dessus; je pense du moins qu'il en est partout ainsi; la notation employée toutefois n'indique pas que l'on sorte de l'octave du hwàng-tchông, sauf une fois au début du dernier vers de la 1ʳᵉ strophe, et seulement pour le chant du I; rien de semblable ne se trouvant aux autres parties, il n'y a peut-être là qu'une erreur du scribe. Si, d'autre part, suivant strictement le texte, on se tenait pour les deux parties dans l'octave du hwàng-tchông, il en résulterait des interversions de parties qui semblent opposées à la simplicité de la musique rituelle. Cette suite régulière de quartes est d'ailleurs très monotone et le dessin mélodique est pauvre. Quoi qu'il en soit, cet exemple explique l'interprétation donnée au passage en question du *Tcheou li* et, quand on songe à la force de la tradition, on tient pour au moins probables les corrections que l'expérience musicale du prince Tsái-yŭ apporte au texte des lettrés.

« En général[2], on règle les six mélodies par les cinq degrés, on les développe par les huit espèces de sons. En général pour les six mélodies, avec une strophe on atteint les espèces emplumées et les esprits des lacs et des rivières; avec deux strophes on atteint les espèces nues et les esprits des montagnes et des forêts; avec trois strophes on atteint les espèces écailleuses et les esprits des collines et des côtes; avec quatre strophes on atteint les espèces poilues et les esprits des berges et des plaines inondées; avec cinq strophes on atteint les espèces à carapace et les esprits de la terre; avec six strophes on atteint les espèces figurées des astres et les esprits du ciel. » Plusieurs commentateurs sont d'accord pour admettre que chaque nature d'esprits est représentée par certaines sortes d'animaux en raison de leur habitat et de leurs mœurs[3]; les esprits représentés par lesdits animaux se manifestent et s'approchent quand on les évoque par des airs appropriés; les espèces les plus mobiles sont attirées par un petit nombre de strophes; les espèces à carapace, qui sont lourdes et lentes, les esprits célestes, qui sont les plus respectables et les plus lointains, ne sont émus que par l'insistance des mélodies. Le prince Tsái-yŭ, à propos de ce passage, adopte des vues un peu différentes[4]. D'après lui, le texte n'indique pas que les animaux viennent en réalité, mais seulement qu'on peut alors célébrer les rites et entrer en rapport avec les divers esprits. Il rapproche, d'autre part, le présent texte d'un autre passage du *Tcheou li*[5] : « montagnes et forêts, les animaux sont d'espèce poilue; rivières et lacs, les animaux sont d'espèce écailleuse; collines et côtes, les animaux sont d'espèce emplumée; berges et plaines inondées, les animaux sont à carapace; plaines hautes et terres humides, les animaux sont d'espèce nue (grenouilles et vers). » En corrigeant le premier texte d'après celui-ci, la correspondance numérique deviendrait plus satisfaisante : avec une strophe on atteint les espèces à carapace qui vivent dans les endroits inondés, or 1 comme 6 est le nombre de l'eau; il faut deux strophes pour les espèces emplumées des collines qui correspondent au feu, aux nombres 2 et 7; trois strophes pour les espèces écailleuses et aquatiques, puisque 3, nombre du bois, est aussi le nombre du dragon et de la mer orientale; quatre strophes pour les espèces poilues symbolisées par le tigre blanc des monts occidentaux, 4 étant le nombre du métal et de l'occident[6]; cinq strophes pour les espèces nues et les esprits de la terre, puisque 5 est le nombre de la terre; six strophes pour les esprits célestes, puisque 6 est le nombre des lyŭ mâles, des lyŭ femelles, des

---

1. Voir chap. IV, p. 115, etc.

2. Nᵒ 6, *tá seu yŏ*, liv. 22. — Nᵒ 9, tome II, p. 32, etc. Tout en adoptant le sens donné par Ed. Biot, je m'écarte sensiblement ici de sa rédaction, en vue de rester plus près du texte.

3. Certains arbres conviennent aussi à certaines localités : « si le génie local est le pin, le pays est appelé territoire du génie pin. » Voir nᵒ 9, tome I, p. 194. Dans ce rapport entre une localité et une espèce animale ou végétale, on saisit une idée religieuse très primitive.

4. Nᵒ 77, f. 12 vᵒ.

5. Nᵒ 6, *tá seu thou*, liv. 9. — Nᵒ 9, tome I, p. 194.

6. Ce passage fait allusion aux quatre animaux célestes, *seu ling*, soit quadrupède, le tigre blanc de l'ouest; oiseau, l'oiseau rouge du midi; animal écailleux, le dragon bleu de l'orient; animal à carapace, la tortue noire du nord. Seû-mà Tshyén parle déjà de ces quatre figures symboliques.

mélodies et des danses. Le rapprochement proposé ne manque pas de justesse, les nombres de strophes en tirent un sens conforme à la cosmologie chinoise; toutefois 6 demeure douteux, puisqu'il répond ici au ciel, ailleurs à la terre, et dans d'autres cas à l'eau. Il ne faut pas trop presser le texte de ces multiples systèmes métaphysiques qui ont hanté le cerveau des Chinois; on perdrait son temps à vouloir unifier les théories du *Tcheoŭ li*, texte peut-être corrompu, au moins composite et d'époque douteuse, mais qui ne saurait être utilisé si l'on n'en interprète la concision au moyen de ce qui est connu des idées antiques.

« Toute mélodie[1] où le yuĕn-tchōng est fondamentale, où le hwâng-tchōng est 3ce majeure, où le thái-tsheoú est 5te, où le koŭ-syĕn est 6te majeure,... avec laquelle on exécute la danse *Yŭn mĕn*, est jouée au solstice d'hiver au tertre rond élevé au-dessus de terre. Une telle mélodie en 6 strophes fait descendre les esprits célestes qu'on peut atteindre et honorer. Toute mélodie où le hăn-tchōng est fondamentale, où le thái-tsheoú est 3ce majeure, où le koŭ-syĕn est 5te, où le nàn-lyù est 6te majeure,... avec laquelle on exécute la danse *Hyĕn tchhĭ*, est jouée au solstice d'été sur le tertre carré au milieu du lac. Une telle mélodie en 8 strophes fait sortir les esprits terrestres que l'on peut atteindre et honorer. Toute mélodie où le hwàng-tchōng est fondamentale, où le tá-lyù est 3ce majeure, où le thái-tsheoú est 5te, où le ying-tchōng est 6te majeure,... avec laquelle on exécute la danse *Thái chăo* est jouée dans le temple des Ancêtres. Avec une telle mélodie en 9 strophes on peut atteindre et honorer les mânes. » Ce passage fait suite à celui de la p. 106 et décrit avec plus de détails la partie musicale des sacrifices majeurs; il a directement inspiré les règles citées plus haut de la dynastie des Thǎng : les lettrés de cette époque y voyaient donc le précepte du changement de fondamentale pour diverses strophes. Mais auparavant Tchéng Hyuĕn avait admis que dans une même mélodie la prime, la tierce, la quinte, la sixte sont choisies indépendamment, pour leurs relations avec diverses constellations et par suite avec les esprits célestes, les esprits terrestres et les mânes; si l'on adoptait cette opinion, les termes kōng, kyŏ, etc., per-

draient toute signification; il n'y a pas à insister sur l'absurdité de l'explication repoussée sous les Thǎng, réfutée encore plus tard par Tchoŭ Hī. Resterait à déterminer pourquoi tels lyŭ ont été choisis : c'est dans les habituelles considérations cosmologiques que le prince Tsái-yŭ cherche le motif de ce choix[2]. Ainsi le yuĕn-tchōng, c'est-à-dire kyă-tchōng, répond à l'est franc où apparaît le Souverain Céleste; le nombre 6 convient au Ciel, puisque six points se disposent bien en cercle, tandis que huit points déterminent un carré et représentent la Terre; les lyŭ ying-tchōng, hwǎng-tchōng, tá-lyù, thái-tsheoú coïncident avec les signes de la région nord hăi, tseŭ, tchheoŭ, yīn, région des mânes. Si le degré chāng n'est pas mentionné, c'est que le son de la 2de va s'éteignant, chăi, et qu'il est odieux aux esprits; d'ailleurs il est probable qu'on n'écartait pas ce degré, qu'on se bornait à ne le pas prendre comme base d'un système.

Le mot *pyén*, changement, que j'ai traduit provisoirement par strophe, d'accord avec les musicologues des Thǎng et avec le prince Tsái-yŭ[3], est toutefois susceptible d'une autre explication. L'auteur du *Kyeoŭ woŭ tái chi*[4] expliquant la production des lyŭ, conclut : « avec douze pyén on revient au nombre général du hwàng-tchōng. » Tchoŭ Hī dit de même[5] : « si le hwàng-tchōng est fondamentale, avec six pyén on atteint le ying-tchōng qui est l'octave diminuée, avec sept pyén on atteint le jwĕi-pīn qui est la quinte diminuée. » *Pyén* indique ici l'intervalle de quinte entre deux lyŭ qui se suivent dans l'ordre de production; le nombre des pyén n'est pas le nombre des quintes, mais le nombre des notes qui limitent ces quintes en comprenant le point de départ et le point d'arrivée; ainsi du hwàng-tchōng au ying-tchōng, Tchoŭ Hī trouve six pyén, alors que nous comptons cinq quintes. Mais d'autre part le *Kyeoŭ woŭ tái chi* s'exprime comme nous quand il parle de douze pyén du hwàng-tchōng au hwàng-tchōng.

C'est ce dernier sens de *pyén* qu'adopte Hàn Pāng-khĭ dans son *Yuĕn lò tchĭ yŏ*[6]. Sous les Tcheoŭ, explique-t-il, tout système débutait par la sixte de la fondamentale; puis il donne les éléments du tableau suivant :

Fondamentale : 6te et initiale :	a) *hwăng-tchōng* (1mr) *nàn-lyu.*	b) *lin-tchōng* (5te) *koŭ-syĕn.*	c) *thái-tsheoŭ* (2de) *ying-tchōng.*	d) *nàn-lyù* (6te) *jwĕi-pīn.*	e) *koŭ-syĕn* (3ce) *tá-lyù.*
nàn-lyu	1re quinte				
koŭ-syĕn	1re quinte				
ying-tchōng	2e	1re quinte			
jwĕi-pīn	3e	2e	1re quinte		
tá-lyù	4e	3e	2e	1re quinte	
yĭ-tsĕ	5e	4e	3e	2e	1re quinte
kyă-tchōng	6e	5e	4e	3e	2e
woŭ-yì	7e	6e	5e	4e	3e
tchóng-lyù	8e	7e	6e	5e	4e
hwăng-tchōng	9e	8e	7e	6e	5e

1. Nº 6, *tá seŭ yŏ*, liv. 22. — Nº 9, tome II, p. 34.
2. Nº 77, f. 15, etc. — Nº 24, liv. 5, ff. 1 à 4, donne aussi une explication cosmologique.
3. Nº 77, f. 13 rº. « Quand on exécute un air, un couplet, khyŭ, s'appelle *tchhéng*, parfait, s'appelle aussi *tchōng*, complet, s'appelle aussi pyén, changement. » On pourrait encore ajouter d'autres synonymes, par exemple *khyuĕ*, repos. Voir p. 139.
4. Nº 47, liv. 145, f. 2 vº.
5. Nº 62, liv. 66, f. 21 vº; voir aussi nº 24, liv. 5, f. 5 rº.
6. Nº 73 (Y. l. t., liv. 60, f. 14, etc.).

Le hwàng-tchŏng fondamentale correspond donc à 9 quintes, le lin-tchŏng (hàn-tchŏng) à 8 quintes : c'est la base des systèmes décrits par le *Tcheoŭ li* pour les sacrifices aux mânes et aux esprits terrestres; la coïncidence ne persiste pas pour les sacrifices aux esprits célestes, puisque 6 quintes avec le yuên-tchŏng (kya-tchŏng) fondamentale ne se trouvent pas dans le tableau de Hàn Pàng-khî. Cette explication est donc insuffisante, ne rendant d'ailleurs pas compte des lyŭ accessoires de chaque série; toutefois, et malgré que les auteurs du Catalogue Impérial[1] la traitent d'extravagante, peut-être sans la bien comprendre, elle semble indiquer le sens général de considérations musicales antiques dont on trouve l'écho dans le *Tsŏ tchwàn* et dans les *Chi ki*[2]. A la date de 541 A. C., Tsŏ rapporte la consultation donnée par Hwò, médecin du pays de Tshìn, au marquis de Tsín alors régnant; on y remarque les phrases suivantes. « La musique des anciens rois, c'est par elle qu'on réglait toutes les affaires; il y avait donc cinq *tsyĕ* (segment, règle) qui, lents ou rapides, initiaux ou finaux, se rejoignaient l'un l'autre; étant posé le son médian, si l'on diminue [la longueur], après cinq diminutions, il n'est pas permis de jouer [des instruments]. » Tshài Yuèn-tíng[3] voit dans ce texte la loi, impérative dans l'antiquité, qui ne permet de construire des systèmes que sur les cinq degrés principaux; cette explication est admissible, bien que les termes employés soient particuliers à ce passage : la diminution de longueur indique le passage à la quinte supérieure, et dans la série des quintes le sixième degré obtenu est un degré complémentaire, donc inapte à fonder un système; la diminution, *kyúng*, veut donc dire le passage à la quinte supérieure; quant à l'expression son médian, elle est appropriée pour la fondamentale, l'initiale de l'époque étant la sixte, la fondamentale étant d'ailleurs la troisième note sur la première corde du khín. Le texte de Seŭ-mà Tshyèn est très bref : « La neuvaine supérieure est ceci : *chăng*, 8; *yù*, 7; *kyŏ*, 6; *kŏng*, 5; *tchi*, 9. » On trouve justement dans le tableau qui précède, qu'avec la 2ᵉ (chăng = thái-tsheoŭ) pour fondamentale, le hwàng-tchŏng est la 8ᵉ note; avec la 6ᵉ (yù = nàn-lyù), le hwàng-tchŏng est la 7ᵉ note; avec la 3ᵉ (kyŏ = koŭ-syèn), le hwàng-tchŏng est la 6ᵉ note, avec la 5ᵉ (tchi = lìn-tchŏng), le hwàng-tchŏng est la 9ᵉ note. La coïncidence cesse pour le kŏng fondamentale, le hwàng-tchŏng devrait être exprimé par 10 et non par 5. Mais Seŭ-mà Tshyèn (ou ses copistes) a peu compris la partie technique de la théorie musicale : les dimensions des lyŭ sont pleines de fautes grossières[4], l'allusion à la transposition est concise

jusqu'à l'obscurité[5]. Les nombres dont nous parlons ont été mentionnés par tradition, sans que le sens en fût saisi; l'un d'eux a été confondu avec un terme de la série musico-cosmologique[6]. En effet, dans cette série, kŏng répond à 5; de plus, les éléments de la série peuvent être sans inconvénient augmentés ou diminués de 5, nombre des éléments, 1 ou 6 représentant l'eau, 3 ou 8 le bois, etc. Par une extension abusive on aura admis que 5 peut remplacer 10, oubliant qu'il s'agit de 10 notes formant une série de 9 quintes.

Entre l'explication de Hàn Pàng-khî ainsi appuyée et l'interprétation classique qui fait de pyên une strophe, ou une section de strophe, il est difficile de prendre parti. Les anciennes formules ont, au cours des âges, revêtu des sens divers, ont subi des retouches conformes aux idées régnantes; les textes sont trop rares pour qu'on distingue nettement les théories successives. La partie musicale du *Tcheoŭ li* qui vient d'être examinée, ne rappelle en rien les 60 lyŭ de Kīng Fàng, mais suppose sous une forme délicate, impossible d'ailleurs à préciser, l'emploi de la transposition : on en peut conclure qu'elle est antérieure à Kīng Fàng, à Lyeoŭ Hîn; elle serait vraiment en partie un document ancien, qui a dû être connu de Seŭ-mà Tshyèn, ayant été remis au jour au cours du IIᵉ s. A. C., et qui pourrait remonter au VIᵉ s. ou au delà. Au contraire, la liste et la définition des lyŭ seraient étrangères à cette ancienne théorie musicale. Dans l'appendice II au tome III de sa traduction des *Chi ki*, p. 638, M. Chavannes a réuni les plus anciens textes où il soit parlé des lyŭ avec quelque détail, trois passages du *Tsŏ tchwàn* et deux passages des *Kwĕ yù*; il y a ajouté quelques observations relatives à des cloches antiques; il a ainsi démontré, d'accord avec les commentateurs chinois, que dans ces documents il est question seulement de cloches; les unes s'appellent *lyŭ*, les autres *tchŏng*; elles sont séparément désignées par des noms soit identiques, soit très analogues à ceux des tuyaux sonores; rien n'indique qu'elles soient habituellement réunies en carillons; l'un des textes du *Tsŏ tchwàn* (506 A. C.) en montre deux séparées de toutes les autres; même les discours du musicien Tcheoŭ Kyeoŭ[7], qui abondent en considérations morales, astrologiques, cosmologiques, qui marquent même une connaissance précise des cinq et des sept degrés, ne font nulle allusion à un rapport fixe entre les lyŭ et montrent dans quel embarras on se trouvait pour fondre une cloche *tà-lin* avec le métal d'une cloche woŭ-yï. Il n'y avait donc pas de règle, mais seulement de vagues notions empiriques[8].

---

1. Nº 60, liv. 38, f. 15, etc.

2. Nº 3. — Nº 10, tome V, pp. 573 et 580 : 先王之樂。所以節百事也。故有五節。遲速本末以相及。中聲以降。五降之後不容彈矣。— Nº 34. — Nº 35, tome III, p. 316.

3. Nº 62, liv. 54, f. 4 vº.

4. Voir p. 87.

5. Voir p. 93.

6. Voir pp. 93 et 94.

7. *Kwĕ yù, Tcheoŭ yù* (Nº 3; Catalogue 687; liv. 3, f. 20, etc.). Voir une partie du texte (Nº 74, f. 60 vº. — Nº 75, f. 22 vº); de Harlez en a donné une traduction peu sûre, *Journal Asiatique*, janvier-février 1894, p. 61 et suivantes.

8. Les cloches auraient-elles par hasard formé un système de diapasons remplacé plus tard par la série des tuyaux? Un commentateur des *Yuĕ ling* exprime une idée analogue (Nº 38, liv. 1, f. 1 vº). « Les sages de la haute antiquité, s'appuyant sur les principes yīn et yáng, ont distingué le son du vent selon sa direction, ont discerné l'aigu et le grave; mais ils ne pouvaient se servir de caractères [pour noter ces observations] qui restaient dans la tradition orale. Alors pour la première fois on fondit du métal en cloches pour servir de base aux sons des douze mois, ensuite pour laisser circuler les influx montants et descendants. Les cloches étant difficiles à discerner, on coupa des bambous en tuyaux et on les appela lyŭ : les lyŭ sont la mesure de la hauteur du son. » La nomenclature traditionnelle des lyŭ, telle qu'elle a été étudiée à la p. 79, confirmerait cette opinion; les termes tombés en désuétude (Nº 35, tome III, p. 639) ou sont des homophones des termes modernes (沽洗 koŭ-syèn pour 姑洗 koŭ-syèn, 妥 [綏] 賓 jwĕi-pīn pour 蕤賓 jwei-pīn, 棽鐘 lin-tchŏng pour 林鐘 lìn-tchŏng), ou en dérivent, comme *tà-lin*, le grand *lin-[tchŏng]*. La nomenclature n'a donc changé en rien d'essentiel et, sur les douze termes, quatre sont des *tchŏng*, cloches, trois sont des *lyŭ*, aides; les cinq qui portent des noms spéciaux, appartiennent tous à la série mâle, qui semble bien primitive et dominante, les *lyŭ* femelles ayant été nommés comme les aides des autres. Mais pour admettre que les lyŭ cloches aient formé un système de diapasons, il faudrait qu'une loi au moins empirique eût exprimé les rapports de dimension des cloches diverses. L'archéologue Yuèn Yuèn (a) (voir nº 35, tome III, p. 640) a énoncé une formule qui relierait la hauteur des cloches à la longueur des lyŭ correspondants,

« Brusquement, au III° siècle avant notre ère, le sens du mot lyŭ est changé ; cette dénomination s'applique à des tuyaux sonores, et nous trouvons énoncée par Lyŭ Poŭ-wĕi la loi de la progression par quintes ; il semble qu'un système musical tout nouveau soit venu se substituer aux carillons rudimentaires auxquels la Chine s'était jusqu'alors complu. Et comme ce système est exactement celui des Pythagoriciens, comme il fait son apparition en Extrême Orient après l'expédition d'Alexandre, on doit être porté à croire qu'il fut un apport de la civilisation hellénique en Chine[1]. » Les faits cités par le *Tsŏ tchwán* et les *Kwĕ yŭ*, aussi bien que l'absence de rapports précisés entre les longueurs des tuyaux, que la division en lyŭ mâles et lyŭ femelles, que la relation des cloches aux esprits, aux éléments, aux principes cosmogoniques, forment disparate avec ce qui a été relaté d'abord : on trouve ainsi deux séries d'idées différentes dans les mêmes ouvrages et côte à côte dans les mêmes passages. A une époque plus ancienne on constate seulement l'existence de la gamme pentaphone, puis heptaphone ; entre le VI° siècle et le milieu du III°, les théories musicales, cosmogonique et acoustique, furent probablement pour la première fois unies en un système plus cohérent qui, vers la première moitié du III° siècle, fut modelé à nouveau par les influences occidentales ; il est douteux que ce système des lyŭ ait pu agir sur la pratique musicale dans l'anarchie de la fin des Tcheoŭ, et c'est seulement au I°r s. A. C. qu'on voit des tentatives pour l'introduire parmi les musiciens : les unes, comme celle de Kīng Fàng, étaient franchement novatrices, d'autres se présentaient sous le couvert de l'antiquité, gardaient peut-être réellement les idées du III° siècle. D'ailleurs tous les novateurs, imbus des habituels principes cosmogoniques qui jusqu'aujourd'hui façonnent le cerveau chinois, ont également appuyé leurs réformes sur des considérations de ce genre. Ces théories savantes, contraires aux traditions des artistes, eurent peu de succès sous les Hán, sombrèrent presque dans les troubles de l'âge suivant et ne furent réellement consacrées que sous les Thàng, qui les crurent vraiment antiques. Il faut voir rapidement ce qui en est advenu depuis lors.

Dès la fin du IX° siècle le désordre se mit dans la musique impériale, et dans un rapport (939) présenté à un souverain de la brève dynastie des Tcheoŭ postérieurs, Wàng Phŏ constatait[2] : « il y a seulement sept sons qui forment le système de hwàng-tchōng fondamentale,... les 83 autres systèmes ont disparu, la musique n'a jamais été si ruinée qu'à présent... Dans les 84 systèmes il existait plusieurs centaines de chants, il en reste seulement 9 que l'on attribue tous au système de hwàng-tchōng fondamentale. Mais si l'on examine les mélodies, dans le nombre trois chants sont de hwàng-tchōng fondamentale ; les six autres mélangent plusieurs systèmes, probablement parce qu'ils ont été transmis à faux. » Les Thàng, d'après quelques auteurs, avaient admis 84 systèmes, 12 systèmes répondant à chaque degré de la gamme : on voit que moins d'un siècle de troubles avait fait

oublier la pratique de cet art raffiné et peu populaire. A la suite du rapport cité, Wàng Phŏ fut chargé de restaurer la musique savante, et il poursuivit son œuvre sous les Sóng, qui dès l'année suivante succédèrent aux Tcheoŭ. Ses efforts et ceux de ses successeurs, tels que Hwŏ Hyèn et les autres que j'ai nommés plus haut (p. 84), ne furent pas sans résultat[3], puisque pendant toute la durée de la dynastie on trouve mention et de la transposition et de faits qui l'accompagnent ou la supposent, variation des lyŭ selon les mois, présence des quatre sons aigus (p. 89), existence des 84 systèmes. Du X° au XII° siècle, la composition des mélodies fut très active ; des recueils furent formés, quelques-uns consacrés à un ou deux systèmes. On cite aussi des modifications apportées à la construction de l'orgue à bouche 103 en vue de faciliter les changements de système (1006). Toutefois, ce qui domine alors, ce sont les discussions théoriques sans conclusion, les réformes prescrites puis rapportées ; l'habileté technique ne semble pas toujours à la hauteur des théories[4], puisque la musique impériale jouait seulement en hwàng-tchōng (1001) et qu'une haute paye fut promise à ceux qui pourraient jouer d'après le lyŭ du mois. A la fin du XII° siècle, après que les Sóng se sont retirés au sud du Fleuve, les auteurs constatent que les traditions musicales se perdent de plus en plus, que la musique des barbares a envahi même l'orchestre rituel[5].

Pendant la même période, les barbares qui occupent la Chine du nord, cultivent la musique savante de leurs sujets sans la déformer outre mesure. Les Khí-tän (Lyào), si longtemps en relation avec les Thàng, leur avaient emprunté avec quelques-uns de leurs orchestres la théorie même des systèmes, telle qu'elle apparaît sous l'influence des doctrines hindoues ; l'histoire des Lyào[6] résume rapidement l'exposé de Soŭ-tchī-phŏ et donne les noms de 28 systèmes alors usités, les 21 autres étant perdus. En effet, sur la gamme de 7 notes on construisait 49 systèmes ; l'accord des instruments était réalisé non d'après les lyŭ, mais au moyen du phî-phà 123 : ces détails insuffisants laissent reconnaître la musique des Thàng simplifiée, peut-être même amputée de la transposition pratique, puisqu'il n'est question nulle part de l'emploi des systèmes énumérés. Chez les Joŭ-tchĕn (Kīn), vainqueurs des Lyào, puis des Sóng, on s'inspire de très près des rites des Thàng à partir du milieu du XII° siècle[7] : un système d'hymnes pour toutes les circonstances rituelles correspond aux douze hymnes des Thàng (p. 100), chaque hymne est exécuté sur le système approprié d'après les principes du *Tcheoŭ li* expressément visés ; on relève mention de systèmes qui ont pour fondamentales les lyŭ suivants : hwàng-tchōng, tá-lyù, thái-tsheoŭ, kya-tchōng, koŭ-syèn, lin-tchōng, woŭ-yî, yíng-tchōng. Ces faits concernent la moitié septentrionale de la Chine ; il est difficile toutefois de croire que la décadence musicale fût complète dans l'empire du sud : il y avait sans doute affaiblissement, non pas ruine. Aussi est-ce sans surprise qu'on trouve au XIII° siècle la transposition officiellement en vigueur chez les Mongols maîtres de la

---

mais rien ne la confirme ; de plus, aucune formule n'est indiquée même par allusion dans le *Tcheoŭ li* (N° 6, *tyèn thóng*, liv. 23 ; *foŭ chí*. liv. 41. — N° 9, tome II, pp. 55, 498), et le fait conté par le *Tsŏ tchwán* montre l'embarras des techniciens de l'époque.

(a). Yuĕn Yuén (1764-1849), lettré et érudit qui arriva aux fonctions de vice-roi à Canton, auteur copieux et protecteur éclairé des écrivains.

1. N° 35, tome III, p. 641.
2. N° 47, liv. 145, f. 3.
3. N° 53, liv. 30. Ces résultats sont marqués par le *Sóng chï* (Y. l. t.,

liv. 15, f. 14), qui donne à la date de 977 la liste de 46 mélodies, *khyŭ*, appartenant à 18 systèmes, *tyáo*. On est d'ailleurs en droit de douter si, des 84 modes des Thàng et des Sóng, une part ne présente pas des combinaisons surtout théoriques.
4. N° 53, liv. 30, f. 1 v°.
5. N° 48 (Y. l. t., liv. 15). — N° 24, liv. 5, f. 10 r°. — N° 27, liv. 41.
6. N° 27, liv. 41. — N° 49, liv. 54, f. 7, etc.
7. N° 50, liv. 39, ff. 3 et 8 ; liv. 40.

Chine[1], et au XVIᵉ siècle un nouvel emploi du même procédé signalé par le prince Tsái-vŭ[2]. « Le lyŭ principal forme le système normal, *phíng tyáo*, le demi-lyŭ forme le système aigu, *tshíng tyáo*... Avant le solstice d'hiver[3], le demi-lyŭ du hwâng-tchōng sert de fondamentale; après le solstice, le lyŭ principal sert de fondamentale. Avant le grand froid, le demi-lyŭ du tá-lyŭ sert de fondamentale; après cette époque le lyŭ principal sert de fondamentale; et pour les autres lyŭ, de même. » Toutefois, dit plus loin l'auteur, « du solstice d'hiver au solstice d'été ce sont les mois qui naissent du principe yàng, il existe des demi-lyŭ et pas de doubles lyŭ; du solstice d'été au solstice d'hiver ce sont les mois du principe yīn, il y a des doubles lyŭ et pas de demi-lyŭ : le yàng, en effet, répond à 1, et le yīn à 2. Donc pour tchóng-lyù et les lyŭ précédents le demi-lyŭ précède et le lyŭ principal suit; pour jwĕi-pĭn et les lyŭ suivants le lyŭ principal précède et le double lyŭ suit. » Mais l'application du principe ne s'arrête pas là : « quand on chante les *Kwĕ fōng*[4], le koū-syèn, tierce du hwâng-tchōng, est initiale et finale; quand on chante le *Syáo yà*, le lin-tchōng, quinte, est initiale et finale; pour chanter le *Tá yà*, le hwâng-tchōng, fondamentale, est initiale et finale; pour les hymnes des Tcheoū, le nàn-lyù, sixte, pour ceux des Chāng, le thái-tsheoú, seconde, servent d'initiale et de finale. » Chaque mois on change le lyŭ, mais pour les poésies de chaque section le degré employé comme initiale et finale reste toujours le même. Seulement, sur ce point comme sur plusieurs autres, le prince de Tchéng combat les idées et la pratique de son temps. Cela semble résulter du fait que, dans tout le *Tá míng hwéi tyèn*[5], il n'est pas question de la transposition; un peu plus tôt, vers 1535, Tchäng Ngŏ[6] déclarait que l'orchestre impérial employait six cloches et laissait muet le reste du carillon, que la gamme de hwâng-tchōng fondamentale était seule en usage, ce qui équivaut à dire que la transposition était inusitée : les regrets de Tchäng Ngŏ ne semblent pas l'avoir ramenée dans la pratique.

Le *Tá tshīng hwéi tyèn*[7] nous renseigne au contraire copieusement sur les principes appliqués aujourd'hui à la musique officielle et qui datent de la réforme des années Khāng-hī au début du XVIIIᵉ siècle. « Le hwâng-tchōng est fondamentale pour les sacrifices au Ciel et au Chàng-tí, le lin-tchōng est fondamentale pour les sacrifices à la Terre. Le thái-tsheoú est fondamentale pour sacrifier aux Empereurs et Impératrices de la dynastie régnante, ainsi qu'au So-

leil et à Thái-swéi[8]. Le nân-lyù est fondamentale pour sacrifier à la Lune. Le koū-syèn est fondamentale pour sacrifier aux Premiers Laboureurs. Au printemps, le kyă-tchōng est fondamentale, à l'automne le nàn-lyù est fondamentale pour les sacrifices au Thái-ché, au Thái-tsì[9], aux Souverains des dynasties précédentes et à Confucius. Pour adresser des prières et des remerciements aux Esprits protecteurs de l'agriculture (ché et tsì) on prend comme fondamentale le lyŭ du mois. ..... Quand l'Empereur paraît dans la salle du trône[10] aux trois grandes fêtes de l'année, la fondamentale est le hwâng-tchōn; quand l'Impératrice vient dans le palais central aux trois grandes fêtes de l'année, la fondamentale est le nàn-lyù. Pour les réunions ordinaires de la Cour, on prend comme fondamentale le lyŭ du mois... En général[11] il y a des mélodies à 9 reprises [pour les sacrifices offerts au Chàng-tí], à 8 reprises [pour les sacrifices offerts à la Terre], à 7 reprises [pour les sacrifices célébrés à l'autel de l'agriculture, à l'autel du Soleil, à l'autel des Premiers Laboureurs], à 6 reprises [pour les sacrifices célébrés au temple des Ancêtres, à l'autel de la Lune, etc.]. »

Si l'on compare ces règles avec celles de l'époque des Thäng (p. 99 et suivantes), on en aperçoit immédiatement la ressemblance : le nombre des strophes, le texte des hymnes varient avec la nature des sacrifices[12], la fondamentale de la mélodie change de même. Mais sur ce point on a simplifié : les transpositions sont moins fréquentes et ne se présentent pas dans le cours d'un service religieux unique; les tonalités anciennes ont été abandonnées, d'autres ont été choisies hors des traditions des Thäng, en tenant compte toutefois de croyances et d'idées de même ordre. Ainsi le hwâng-tchōng sert de fondamentale dans les sacrifices au Ciel, parce qu'il est le lyŭ de la 11ᵉ lune et qu'à cette saison l'influence vivifiante du Ciel reprend à se faire sentir; le thái-tsheoú convient au Soleil parce qu'il est la forme mâle du kyă-tchōng, lequel répond à l'équinoxe de printemps : c'est en effet à l'équinoxe qu'on célèbre le culte du Soleil; le hwâng-tchōng est assigné à l'Empereur, prince des hommes et image du Ciel, le nàn-lyù à l'Impératrice, parce qu'on peut comparer l'Empereur au soleil, l'Impératrice à la lune.

On trouvera ci-dessous comme exemple de transposition la 1ʳᵉ strophe de l'hymne chanté à présent en l'honneur de Confucius au sacrifice du printemps et à celui de l'automne[13]; on pourra le comparer à l'hymne de la dynastie précédente donné à la p. 103.

---

1. N° 51, liv. 68 et 69.
2. N° 74, ff. 74 v°, 78 r°.
3. Ce texte vise douze des 24 périodes solaires, *khí*, qui partagent l'année chinoise, savoir :

		environ
tōng tchi, solstice d'hiver		21 décembre.
syáo hàn, petit froid		5 janvier.
tá hàn, grand froid		20 janvier.
lǐ tchhwèn, début du printemps		4 février.
yù chwèi, eau de pluie		19 février.
kīng tchì, réveil des hibernants		6 mars.
tchhwèn fēn, équinoxe de printemps		21 mars.
tshīng míng, clarté pure		5 avril.
koū yù, pluie des céréales		20 avril.
lǐ hyá, début de l'été		6 mai.
syáo màn, petite plénitude		21 mai.
màng tchóng, céréales barbues		6 juin.
hyá tchi, solstice d'été		21 juin.
syáo choū, petite chaleur		7 juillet.
tá choū, grande chaleur		23 juillet.
lǐ tshyeoū, début de l'automne		8 août.
tchhoū choū, cessation de la chaleur		23 août.
pŏ loú, rosée blanche		8 septembre.
tshyeoū fēn, équinoxe d'automne		23 septembre.
hàn loú, rosée froide		8 octobre.
chwàng kyàng, descente du givre		23 octobre.
lǐ tōng, début de l'hiver		7 novembre.
syáo syuĕ, petite neige		22 novembre.
tá syuĕ, grande neige		6 décembre.

4. N° 2.
5. N° 64.
6. N° 62, liv. 34, f. 42 r°. — N° 52, liv. 61, f. 13, etc. Je n'ai pas trouvé d'autre indication sur Tchäng Ngŏ.
7. N° 65, liv. 34, ff. 1, 2. — N° 66, liv. 410, ff. 15, 18.
8. L'esprit de l'année, identifié à la planète Jupiter.
9. Esprits protecteurs du territoire de l'État.
10. N° 65, liv. 34, f. 3 v°.
11. N° 65, liv. 34, f. 12 v°, etc.
12. Je n'ai pas traduit les détails relatifs aux hymnes employés; l'appropriation de ceux-ci est encore plus minutieuse qu'au temps des Thäng; au lieu de 12 hymnes tous intitulés *hwŏ*, concorde, il existe quatre séries caractérisées par des mots différents : *phíng*, égalité calme, pour l'autel du Ciel, l'autel de la Terre, le temple des Ancêtres, etc.; *hi*, éclat, pour l'autel du Soleil; *kwâng*, lumière, pour l'autel de la Lune; *fōng*, abondance, pour l'autel des Premiers Laboureurs, l'autel de l'agriculture, etc. Chaque série comprend un nombre différent d'hymnes, chaque hymne convient à une cérémonie particulière (N° 65, liv. 34, f. 8).
13. N° 20 a), liv. 2, ff. 1 à 4, 1ʳᵉ série et 2ᵉ série.

Hymne pour le sacrifice à Confucius [1] (partie de syāo).

I. Au printemps le kyā-tchŏng (2dᵉ aiguë) est fondamentale ; le ying-tchŏng grave (8ᵛᵉ diminuée aiguë) est initiale.
II. A l'automne le nàn-lyù (5ᵗᵉ aiguë) est fondamentale ; le tchóng-lyù (3ᵗᵉ aiguë) est initiale.
Pour recevoir l'esprit, on joue la mélodie *Tchāo phing*.

Très lent

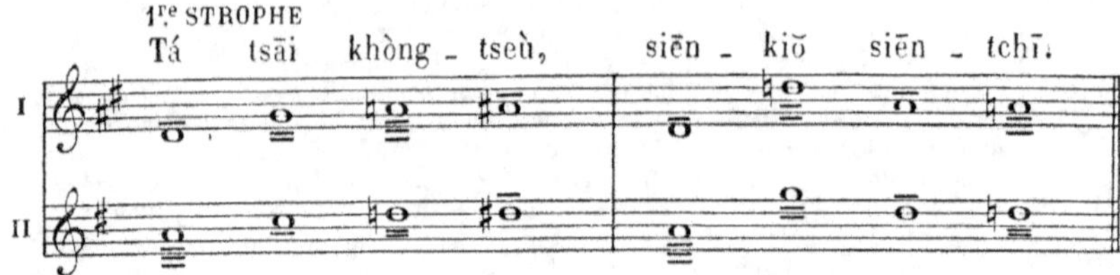

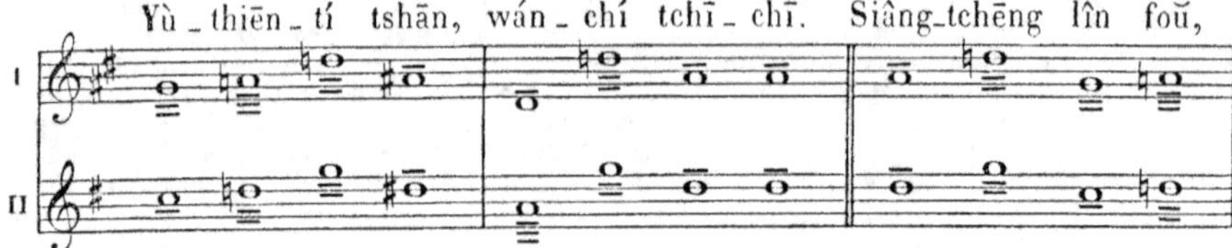

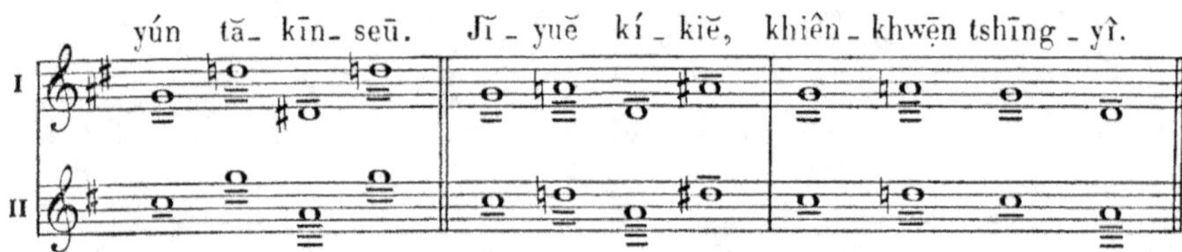

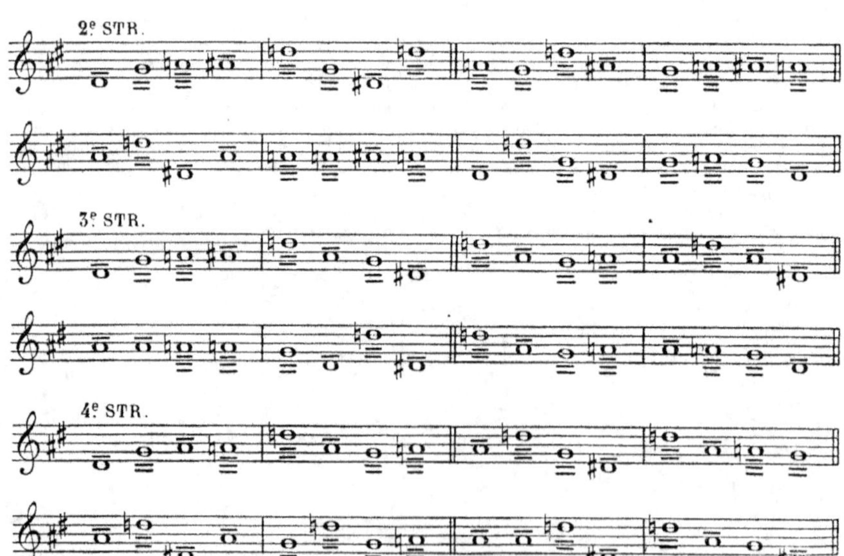

1. Traduction de la strophe : « Grand est Confucius, prévoyant, prescient. Au Ciel et à la Terre il est associé, Maître de tous les âges. Les présages heureux se manifestent parmi les bandes de soie ornées de licornes, les chants répondent aux cloches et aux khin. Le soleil et la lune se sont élevés, le ciel et la terre sont purs et calmes. » — Voir le texte chinois, Index, A, b).

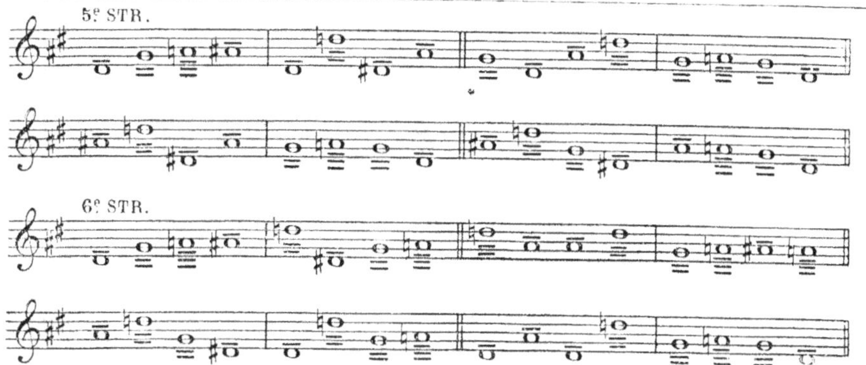

La transcription est faite d'après les mêmes principes énoncés plus haut; rimes : *tchī, chī. sen, yi* au ton égal; l'exactitude de la transposition est assez établie par la première strophe; les strophes suivantes données sous une seule forme contribueront à faire connaître la texture musicale de l'hymne. La gamme aujourd'hui officielle diffère essentiellement de la vraie gamme chinoise; ayant admis la coïncidence approximative des notes tempérées européennes avec les lyǔ anciens, je suis obligé de marquer des lignes au-dessus ou au-dessous de nos notes pour indiquer l'abaissement ou l'élévation des lyǔ modernes.

La dynastie régnante, en effet, après avoir fixé la longueur des lyǔ inférieurs, moyens et supérieurs (p. 92), a constaté que[1], le $hw\check{a}ng\text{-}tch\bar{o}ng_2$ donnant une note qui pour double raison est au-dessous de l'octave du $hw\check{a}ng\text{-}tch\bar{o}ng_1$, c'est le $th\acute{a}i\text{-}tsheo\grave{u}_2$ qui est sensiblement d'accord avec le $hw\check{a}ng\text{-}tch\bar{o}ng_1$. Ce fait est encore exprimé sous une autre forme : alors que sur une corde l'octave du son primitif est obtenue à la demi-longueur, il faut pour l'octave un lyǔ dont la longueur soit les 4/9 de celle du lyǔ originaire. On a donc établi en 1713 l'échelle suivante :

N°	degré	nom	note
11.	*yu*	*yi-tsè*	*ut*
12.	*yu* aigu	*nân-lyu*	*ré*
13.	*pyén kōng*	*woù-yi*	*ré*
14.	*p. k.* aigu	*ying-tchōng*	*ré* #
1.	*kōng*	*hwǎng-tchōng₁*	*mi*
2.	*kōng* aigu	*tá-lyu*	*fa*
3.	*chǎng*	*thái-tsheoù*	*fa* #
4.	*chǎng* aigu	*kyà-tchōng*	*sol*
5.	*kyò*	*koū-syèn*	*sol* #
6.	*kyò* aigu	*tchóng-lyu*	*la*
7.	*pyén tchì*	*jwĕi-pīn*	*la*
8.	*p. tchì* aigu	*lin-tchōng*	*la* #
9.	*tchì*	*yi-tsè*	*si*
10.	*tchì* aigu	*nân-lyu*	*ut*
11.	*yu*	*woù-yi*	*ut* #
12.	*yu* aigu	*ying-tchōng*	*ré*
13.	*pyén kōng*	*hwǎng-tchōng₂*	*ré*
14.	*p. k.* aigu	*tá-lyu*	*ré* #
15.	*kōng*	*thái-tsheoù*	*mi*

Cette échelle de transcription est seulement approximative; si l'on est en droit d'admettre l'identité à l'origine des deux $hw\check{a}ng\text{-}tch\bar{o}ng_1$ = kōng, celle des deux kōng supérieurs (la 15e note, $th\acute{a}i\text{-}tsheo\grave{u}_2$ ci-dessus et la 13e, $hw\check{a}ng\text{-}tch\bar{o}ng_2$ de la p. 93) est expérimentale et difficile à établir par le calcul (voir pp. 87, 92); rien ne prouve l'identité rigoureuse du tchì (si) des deux échelles. Toutefois la répartition de l'intervalle d'octave en quatorze degrés doit se faire à peu près de la sorte[2], tous les degrés de l'échelle contemporaine officielle à part le tchi étant placés plus bas que les degrés de même nom de l'échelle ordinaire de 12 notes; la divergence sera surtout marquée pour la quinte diminuée (*pyén tchi*) et l'octave diminuée (*pyén kōng*), après lesquelles l'addition de degrés nouveaux (*pyén tchi* aigu, *pyén kōng* aigu) rétablit l'accord des deux échelles. Les intervalles fondamentale-quinte ($mi_3\ si_3$) et quinte-octave ($si_3\ mi_4$) restant à peu près semblables, tous les autres sont changés. Le *Tá tshīng hwéi tyèn*[3] note qu'avec les tuyaux chacun des 7 degrés est à distance d'un ton, *fēn*, du degré voisin, tandis qu'avec les cordes il y a 5 intervalles de ton et 2 de demi-ton, *pán fēn*, savoir ceux de 5te diminuée-5te et d'8ve diminuée-8ve. Ainsi est brisé le rapport spécial du pyén tchì au tchì, du pyén kōng au kōng; la 5te n'est plus, selon la définition classique, le 8e lyǔ, mais le 9e; l'égalité des degrés trouble les rapports harmoniques que la musique antérieure supposait assez voisins des nôtres; enfin il y a désaccord entre le système des lyǔ, des flûtes, des carillons d'un côté, des cordes de l'autre. Tels sont les résultats d'une théorie appliquée coûte que coûte.

Considérant avant tout les tuyaux, le *Tá tshīng hwéi tyèn*[4] divise les lyǔ et les degrés en une série mâle et une série femelle : sont mâles, suivant la défini-

---

1. N° 65, liv. 33, ff. 6 v°, 8 r°.

2. Les chiffres proportionnels suivants établissent la relation entre quelques degrés : *a*) calculés par 5tes justes, *b*) d'après l'échelle du khin (p. 167). On remarquera que les deux échelles sont identiques sauf pour la 4te et l'8ve. Pour l'octave, l'échelle du khin est d'accord avec celle des lyǔ contemporains; pour tous les autres degrés, il existe une divergence variable.

	nombres	*a*) rapports		*b*) rapports
kōng (1me)	810	1	=	1
chǎng (2de)	720	8 9	=	8/9
kyò (3ce)	640	$\frac{64}{81}$	=	$\frac{64}{81}$
4te	599,3133	$\frac{20}{27}$	<	3/4
tchì (5te)	540	2/3	=	2/3
yù (6te)	480	$\frac{16}{27}$	=	$\frac{16}{27}$
kōng (8ve)	399,5422	$\frac{133}{270}$	<	1/2

3. N° 65, liv. 33, ff. 6 v°, 7 v°.
4. N° 65, liv. 33, ff. 6 v°, 8 r°.

tion antique, les lyŭ d'ordre impair, et par suite aussi les degrés correspondants, tandis que sont femelles les six degrés aigus et les lyŭ qui leur répondent. La gamme officielle, si elle commence par un lyŭ mâle, ne renferme que des lyŭ mâles, donc des degrés naturels ; au cas contraire, la gamme ne contient que des lyŭ femelles et des degrés aigus ; il y a un parallélisme parfait entre les deux séries de sept gammes, et ce parallélisme a été étendu à la construction des carillons, les huit cloches supérieures donnant les sons mâles, pendant que les huit cloches inférieures produisent les sons femelles[1].

Dans la mélodie transcrite plus haut comme dans celle de la p. 103, les degrés complémentaires (diminués) sont écartés. Le *Tá tshĭng hwéi tyèn*[2] pose et développe cette règle : « les sons dissonants sont écartés : parmi les sept degrés de toute gamme, ceux qui répondent à la position des deux degrés diminués, ne sont pas employés. Dans la gamme où l'on prend pour fondamentale la 1me de la gamme type (1), on écarte les degrés 8^{ve} diminuée (13), 5te diminuée (7). Dans la gamme où la fondamentale est la 2de de la gamme type (3), on écarte les degrés 1me (1) et 5te (9) [de la gamme-type, qui sont alors en fonction de degrés diminués]. Dans la gamme où la fondamentale est la 3^{ce} (5), on écarte les degrés 2de (3) et 6te (11). Dans la gamme où la fondamentale est la 5te diminuée (7), on écarte les degrés 3^{ce} (5) et 8^{ve} diminuée (13). Dans la gamme où la fondamentale est la 5te (9), on écarte les degrés 5te diminuée (7) et 1me (1). Dans la gamme où la fondamentale est la 6te (11), on écarte les degrés 5te (9) et 2de (3). Il en est de même pour toutes les gammes femelles [c'est-à-dire aiguës]. » Tshài Yuèn-tíng et Tchoŭ Hī cité par celui-ci[3] déclarent que les deux degrés complémentaires étant secondaires ne peuvent servir de base à des systèmes ; mais Tchoŭ Hī[4] ajoute que, depuis les Thàng, aux 60 systèmes anciens on en ajoutait 24 correspondant aux deux degrés complémentaires. En réalité, dès 605, l'histoire[5] mentionne des mélodies en système de 5te diminuée (jwĕi-pīn) et en système d'8^{ve} diminuée (yíng-tchōng) ; les Thàng n'auraient donc fait qu'appliquer et répandre les principes des Swèi. Il y aurait d'ailleurs à distinguer entre l'emploi des degrés diminués pour servir de base à des systèmes et l'usage de ces mêmes degrés dans les autres systèmes, ainsi que le remarque le prince de Tchéng[6]. Mais la musique officielle des Tshīng, plus rigoureuse que la musique privée pour le khìn[7], écarte les degrés diminués dans l'un et l'autre cas. La raison de ce principe est une tradition mal comprise. En effet, dans la gamme du khìn et dans l'ancienne échelle fondée sur les lyŭ[8], les deux degrés diminués (7 et

12) sont d'un seul lyŭ ou d'un demi-ton inférieurs au degré suivant ; on conçoit que cet intervalle ait pu sembler pénible à l'oreille des Chinois. A présent (p. 112) les deux degrés diminués (7 et 13) sont de deux lyŭ ou d'un ton au-dessous du degré suivant ; cet intervalle de deux lyŭ se retrouve dans tout le reste de la gamme ; il n'y avait donc pas lieu de supprimer le pyén tchì et le pyén kōng en laissant un vide de deux tons entiers au milieu et à la fin de la gamme.

Aujourd'hui on trouve dans l'usage privé une autre gamme différente de celle du khìn et de celle des lyŭ officiels[9] : c'est celle de la flûte traversière ti 84 (p. 156) étendue naturellement aux instruments qui l'accompagnent. Les 7 notes répondent aux lyŭ hwàng-tchōng, thài-tsheoŭ, koŭ-syèn, tchóng-lyù, lin-tchōng, nàn-lyù, yíng-tchōng ; c'est donc une gamme majeure de mi_3 à mi_4, avec 4te (*chíng*), et non avec 5te diminuée (*keoŭ*). « La note keoŭ ou jwĕi-pīn (*la♯*) étant ignorée aujourd'hui[10], il faut dire : keoŭ, qui est au-dessus de chàng (*la*) et au-dessous de tchhi (*si*), c'est-à-dire le son du jwĕi-pīn... La flûte en tchóng-lyù n'a pas de trou pour le keoŭ ; on remplace cette note par le chàng... Pour la note jèn ou woŭ-yï (*ré*), il faut dire jèn entre kōng (*ut♯*) et fàn (*ré♯*), c'est-à-dire le son du woŭ-yï... La flûte en tchóng-lyù n'a pas de trou pour le jèn ; on remplace cette note par le fàn. » Le jèn ou *ré* ne se présentant pas dans la gamme de hwàng-tchōng, de beaucoup la plus fréquente, son absence de la flûte usuelle n'a pas entraîné de conséquence ; au contraire, l'absence du keoŭ = *la♯*, remplacé par le chàng = *la*, a habitué l'oreille à un mode différent. Cette nouveauté ne remonte pas aux Mongols, comme on l'a dit. Le prince Tsái-yŭ écrit en effet[11] : « maintenant... dans les recueils de mélodies il y a la note chàng et non la note keoŭ ; ce fait qu'on exprime en disant que le syào-lyù (tchóng-lyù) devient pyén tchì[12], n'a pas commencé à une période récente, mais est antérieur aux Swèi. » On a déjà lu (p. 97) le passage auquel le prince fait allusion et qui établit l'existence d'une gamme avec 4te dès avant l'an 587. Au contraire[13], l'échelle de la flûte en hwàng-tchōng de l'époque des Tsín, vers 274 (p. 152), est 3^{ce}, 5te diminuée, 5te, 6te, 8^{ve} diminuée, 8^{ve}, 9e, soit *sol♯$_2$ la♯ si ut♯$_3$ ré♯ mi fa♯*. C'est donc dans ces trois siècles si troublés par les invasions du nord que serait apparue la 4te, étrangère à l'ancienne échelle chinoise. D'ailleurs l'ancienne formule se maintenait encore au début du xviie siècle parmi le peuple : le prince Tsái-yŭ constate[14] qu'il existait des flûtes donnant l'échelle 5te, 6te, 8^{ve} diminuée, fondamentale, 2de, 3^{ce}, 5te diminuée, c'est-à-dire *si$_2$ ut♯$_3$ré♯ mi fa♯sol♯ la♯*. La coexistence persistante de ces deux gammes pour le même instrument montre la solidité des traditions musicales.

---

1. N° 66, liv. 410, f. 10 v°.
2. N° 65, liv. 33, f. 9 r°.
3. N° 70 (Y. l. t., liv. 52, ff. 30 r°, 38 v° ; liv. 54, f. 6 v°).
4. Loco cit.
5. N° 42, liv. 15, f. 19 r°.
6. N° 74, f. 74 v°.
7. P. 167 et suiv.
8. P. 93.
9. Cette gamme se rencontre aussi dans des hymnes officiels. Par exemple (N° 20 *b*), 2e partie) l'hymne au dieu de la Littérature commence ainsi :

ce qui implique *fa* comme 1me et *ut* comme 5te ; or c'est *la♯* qui est appelé 5te ; il s'agit donc d'une fausse 5te analogue à une 4te.
10. N° 103, livre initial *a*), *Lyŭ lyŭ tseŭ phoŭ*, ff. 2 v°, 3 r°.
11. N° 85 (Y. l. t., liv. 68, f. 23 v°).
12. Il y a là un abus du terme pyén tchi, qui désigne en réalité la 5te diminuée, non la 4te ; des abus analogues pour les mots tchi, yŭ, etc. se sont déjà présentés, en particulier à propos des lyŭ modernes.

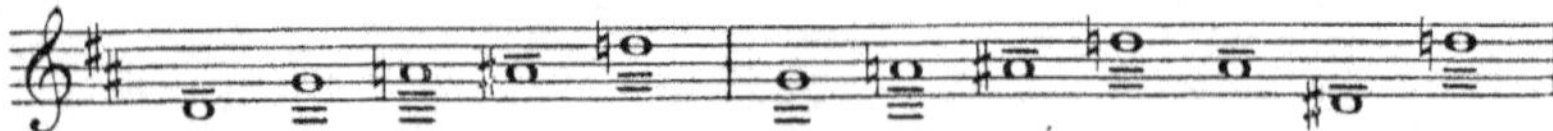

Les degrés sont marqués auprès de chaque note : la 2de est *sol*, la 3^{ce} *la*,

13. N° 39, liv. 11, f. 10 v°. — N° 41, liv. 16, f. 12 v°.
14. N° 85 (Y. l. t., liv. 68, f. 23 v°).

CHAPITRE IV

Les systèmes.

Le terme de système, *tyáo*[1], a déjà été expliqué, puisqu'il était indispensable à l'exposé de la transposition (p. 97, texte et note 14); il y a lieu à présent de résumer les idées des auteurs chinois au sujet des *tyáo* mêmes. On peut dire (p. 96, note 3, et p. 98) que la gamme, *yin,* est suffisamment définie par son initiale et que les *tyáo* rangés sous une gamme donnée sont les diverses formes revêtues par cette échelle quand l'initiale est successivement prise comme prime, seconde, etc.; la distance[2] des demi-tons à l'initiale variant de manière concomitante, ces diverses formes constituent autant de modes établis sur la même initiale. Tous les tyáo de kōng (1me) sont construits de même; tous les tyáo de 2de, tous les tyáo de 3ce, présentent respectivement la même disposition d'intervalles. Les différents tyáo de 1me ne diffèrent que parce qu'ils sont basés sur les différents lyŭ; on fera la même remarque pour les tyáo de 2de, de 3ce, etc. C'est ainsi que toutes nos gammes majeures sont construites de même, mais sur chacun des degrés de notre échelle musicale; la nomenclature chinoise considère et dénomme chaque tyáo isolément; l'expression « mode », au contraire, désigne la forme de toutes les gammes de même structure; donc tous les tyáo de 1me appartiennent au même mode, tous les tyáo de 2de au même mode, etc. La classification usuelle rapproche les tyáo ou systèmes non en raison de leur forme et par mode, mais soit pour leur initiale (p. 98), comme si nous réunissions toutes les gammes débutant par *la*, toutes celles qui commencent par *si*, etc., soit suivant une autre loi (pp. 116, 117).

« Bien que la musique[3] admette 5 degrés, cependant, pour le début et la fin de la mélodie on prend toujours un seul degré qui est dominant. Si l'on joue dans le mode de kōng, l'initiale et la finale de la mélodie sont dominantes et dans le degré 1me... Si l'on joue dans le système de hwàng-tchōng fondamentale, parmi toutes les notes c'est toujours le hwàng-tchōng qui marque les divisions rhythmiques. » L'auteur continue en répétant sous plusieurs formes cette règle dont Tchoŭ Hī donne déjà des exemples. « Si le caractère *kwān* de l'ode *Kwān tshyŭ*[4] répond au système de woŭ-yĭ, pour la finale conclusive paraîtra aussi le son woŭ-yĭ à l'unisson du premier; le caractère *kò* de l'ode *Kò thán* répondant au système de hwàng-tchōng, pour finale conclusive paraîtra aussi le son hwàng-tchōng à l'unisson du premier. » Le prince Tsái-yŭ cite un autre passage de Tchoŭ Hī : « Si la première note est le degré prime[5], la dernière note sera aussi le degré prime, et ce sera un système de prime. Si dans la mélodie il y a des pauses, les cinq notes, suivant la coutume ancienne, sont toutes en usage [comme finales] et l'on n'emploie pas uniquement et partout le degré prime. » Il résulte de ces remarques que la mélodie classique a la même note comme initiale et comme finale; cette note, sorte de tonique ou de dominante, est l'initiale du système dans lequel est conçu le morceau; le système ne sera d'ailleurs déterminé que quand on connaîtra les autres notes de la mélodie, puisque toute initiale correspond à plusieurs systèmes. Dans la période récente, la finale du morceau sert aussi de finale à chaque membre; au temps de Tchoŭ Hī cette règle n'était pas impérative. L'hymne donné comme exemple par le prince Tsái-yŭ et écrit selon les principes stricts, est tiré du recueil officiel de Lèng Khyēn.

Hymne pour le sacrifice aux Ancêtres impériaux (partie de chant)[6].
Texte primitif et 1re transposition.

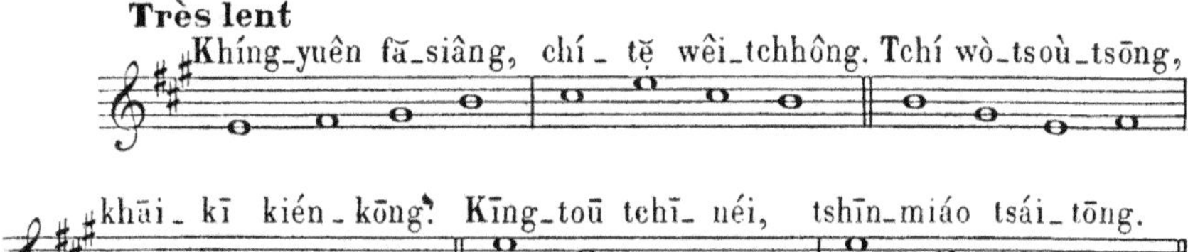

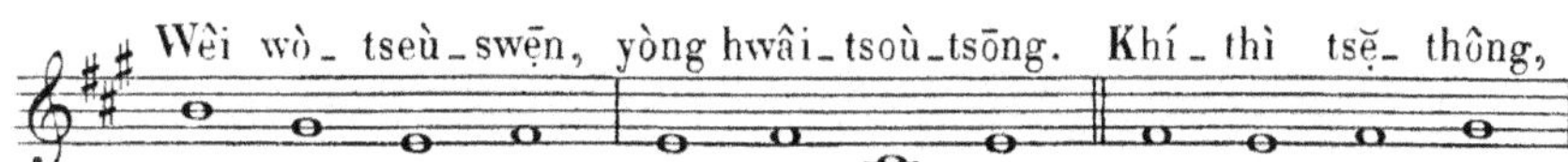

1. Ce mot est parfois remplacé par *yin*, son. ou par *khyŭ*, mélodie, tandis que *tyáo* prend le sens de gamme, *yin*.

2. Les intervalles successifs de la gamme type sont les suivants :

hwáng   tháï   koŭ   jwĕï   lin   nán   ying   hwáng
1 ton   1 ton   1 ton   1/2 ton 1 ton 1 ton 1/2 ton

Dans tous les renversements on trouvera constamment une série de 3 tons et une de 2 tons, séparées par des intervalles de 1/2 ton. Nos gammes majeure et mineure avec note sensible répondent à :

majeure : 1 ton, 1 ton, 1/2 ton, 1 ton, 1 ton, 1 ton, 1/2 ton;
mineure : 1 ton, 1/2 ton, 1 ton, 1 ton, 1/2 ton, 1 1/2 ton, 1/2 ton;

elles sont donc plus éloignées l'une de l'autre que deux modes chinois entre eux.

3. Nº 72 (Y. l. t.. liv. 67, ff. 14 rº, 7 vº). 樂 雖 備 五 音。 而 起 調 畢 曲。 則 恆 以 一 音 爲 主。... 如 作 黃 鐘 宮 調。 則 衆 音 之 聲。皆 用 黃 鐘 爲 節。 *Tchoù* désigne donc la note qui domine, la tonique.

4. Nº 27, liv, 41 ; pour l'ode *Kwān tshyŭ*, voir p. 125, note 3; pour les odes en général, voir p. 123, note 8.

5. Nº 77, f. 18 vº.

6. Nº 77, loco cit. ; cet hymne, texte et musique, se trouve aussi dans nº 62, liv. 78, f. 7, etc. ; d'autres chants sont reproduits à la suite d'après le nº 85. Traduction : « L'origine faste qui répand le succès, la vertu héréditaire sublime ont conduit nos aïeux à fonder leur souveraineté, à établir leur mérite. Dans la Capitale le temple ancestral est à l'est : puissent nos descendants toujours garder dans leur cœur [la mémoire] des aïeux ! Les énergies et les formes [spirituelles] sont identiques. [les sons du chēng] soufflés et aspirés se répondent : ils viennent, touchés [par nos prières], ils viennent, se conformant [à nos désirs], les esprits impériaux, brillants, éclatants ! »—V. le texte chinois, Index, A, c).

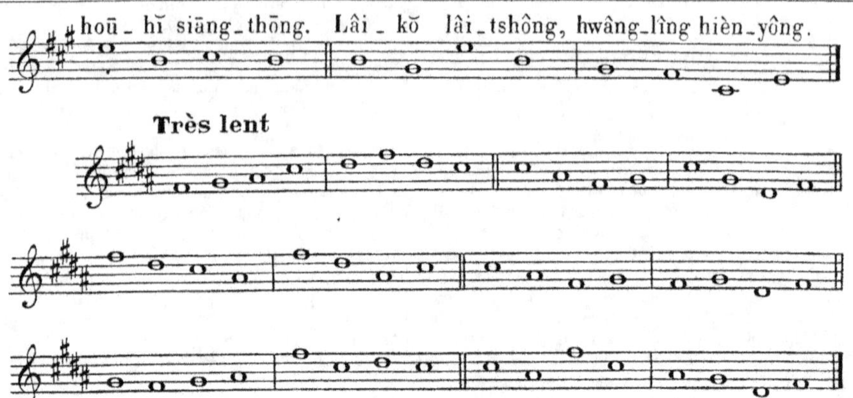

La tonique mi_3, initiale, conclut aussi les trois membres (fin des mesures 4, 8 et 12); le système est donc à initiale hwâng-tchōng; les autres notes répondent à thái-tsheoú, koū-syèn, lin-tchōng, nân-lyù, plus l'octave inférieure du nân-lyù et l'octave supérieure du hwâng-tchōng: le système est donc celui de hwâng-tchōng fondamentale (1, p. 98). Les trois transpositions données à la suite pourront s'analyser de manière analogue.

1re transposition: tonique fa = tá-lyù; autres notes: koū-syèn, jwēi-pīn, nân-lyù, ying-tchōng; échelle ramenée à la forme type: nân-lyù, ying-tchōng, tá-lyù, koū-syèn, jwēi-pīn; la tonique est donc la 3ce, système de kyŏ sous la gamme de tá-lyù (8, p. 98), appelé aussi nân-lyù tierce. La mélodie n'est pas ici transposée dans une autre tonalité du même mode, comme l'hymne de la p. 103 qui reste toujours dans le mode de yù; mais dans un autre mode. La loi de transposition apparaîtra en numérotant de 1 à 5 les cinq degrés principaux de chaque système employé, les degrés 1 se remplaçant mutuellement, les degrés 2 de même; il en résulte les intervalles suivants:

	(1)	(2)	(3)	(4)	(5)
système I,	hwâng	thái	koū	lin	nân
hwâng-tchōng 1me	1me	2de maj.	3ce maj.	5te	6te maj.
système LXVI,	tá	koū	jwēi	nân	ying
nân-lyù 3ce	1me	2de augm.	3ce augm.	5te augm.	6te augm.

2e transposition: tonique $fa\sharp$ = thái-tsheoú, qui est 5te de lin-tchōng, système de tchi sous la gamme de thái-tsheoú (14, p. 98), ou lìn-tchōng quinte.

	(1)	(2)	(3)	(4)	(5)
système LIII,	thái	koū	lin	nân	ying
lin-tchōng 5te	1me	2de maj.	3ce augm.	5te	6te maj.

3e transposition: tonique $ré\sharp$ = ying-tchōng, qui est 6te de thái-tsheoú, système de yù sous la gamme de ying-tchōng (60, p. 99), ou thái-tsheoú sixte.

	(1)	(2)	(3)	(4)	(5)
système XIX,	ying	thái	koū	jwēi	nân
thái-tsheoú 6te	1me	2de augm.	3ce augm.	5te	6te augm.

Ces systèmes constituent des modes distincts et impriment à la mélodie des caractères spéciaux; Hò Thǎng cite un air qui en mode de 2de faisait pleurer, alors qu'en mode de 6te il excitait la colère, et pourtant la poésie restait la même [1].

Les 5 systèmes dépendant d'une même fondamentale, c'est-à-dire les 5 gammes de mode différent construites avec le même lyù initial, sont désignés collectivement du nom de grand système, tá tyáo, ou de mélodie, khyú. « Les 5 systèmes [2] qui existent du hwâng-tchōng au hwâng-tchōng forment un grand système; le hwâng-tchōng étant la capitale du système, les quatre derniers systèmes prenant la capitale (initiale) comme 2de, 3ce, 5te, 6te, de la sorte le grand système est formé ». « Les 7 degrés [3] forment un système; cinq systèmes forment une mélodie; une mélodie achevée, on commence un autre système, et ainsi jusqu'à celui de thái-tsheoú 6te. En tout il y a 12 mélodies, 60 systèmes, 420 sons ou degrés [4]. »

La théorie qui est aujourd'hui officielle rappelle celle des Ming et des Sóng. « On s'attache [5] à chaque 6te pour l'initiale des systèmes, khì tyáo; il y a 56 systèmes. Chaque gamme, ayant un son donné comme 1me, prend pour dominante (ou tonique), tchoū tyáo, la 6te inférieure, c'est-à-dire le deuxième degré au-dessous de la prime [6]; c'est ce qu'on exprime en disant: quant à la 1me on s'attache à la sixte [7]. Dans toute gamme, les sons qui représentent les degrés auxiliaires ne sont pas initiales de système; le son qui représente le degré 5te n'est pas non plus initiale de système; le son qui représente le degré 6te se confond avec la tonique. De manière générale, en toute gamme la tonique 6te et les sons répondant à 1me, 2de et 3ce sont les 4 initales de système. » On remarquera l'importance de la 6te, tonique principale, et corrélativement du système de 6te; « les systèmes ont la 6te pour initiale et la 6te pour finale; ... les systèmes ont une initiale [6te], à l'égard de la 1me il existe donc une dominante [8]. » D'après plusieurs auteurs (p. 107), dès les Tcheoú la tonique principale était la 6te de la fondamentale; on a vu qu'en application de ce principe les recueils modernes indiquent pour la mélodie la fondamentale ou 1me et la dominante ou

---

1. Nº 72 (Y. l. t., liv. 67, f. 14 v°).
2. Nº 73 (Y. l. t., liv. 60, f. 8 r°).
3. Nº 70 (Y. l. t., liv. 52, f. 41).
4. L'auteur oublie que les sons comme les degrés se répètent et qu'en somme tous les systèmes se construisent avec 23 notes, de mi_3 à $ré_5$.
5. Nº 65, liv. 33, f. 8 v°.
6. Si, par exemple, avec la gamme officielle des Tshīng, le hwâng-tchōng₁ est 1me, la 6te inférieure sera le yĭ-tsĭ₋₁, second degré inférieur, le premier degré inférieur, pyén kŏng, étant le woŭ-yĭ₋₁.
7. 宮逐羽音。
8. Nº 66, liv. 410, ff. 23 r°, 11 v°: 惟調有所起。故宮有所主。

tonique qui est la 6te inférieure (p. 111); la mélodie plus ancienne de la p. 103 a également la 6te pour tonique; celle de la p. 114 étant donnée en quatre modes, seule la 3e transposition est à tonique 6te; la 2e transposition est à tonique 5te, contrairement au principe officiel actuel. Chaque gamme donnant naissance à 4 systèmes, les 14 gammes officielles produisent 56 systèmes; on observera que dans le tableau suivant [1] on prend pour initiales successives les degrés de chaque gamme, disposition différente de celle de la p. 98.

#	Gammes de :	Modes de :	Noms des systèmes.	Notes
1.	hoàng-tchŏng (kōng)	6te	tchĕng yu tyáo [2]	ut♯$_3$ mi fa♯ sol♯ si
2.		1me	tchĕng kōng =	mi$_3$ fa♯ sol♯ si ut♯$_4$
3.		2de	tchĕng chāng =	fa♯$_3$ sol♯ si ut♯$_4$ mi
4.		3ce	tchĕng kyŏ =	sol♯$_3$ si ut♯$_4$ mi fa♯
5.	ta-lyu (kōng aigu)	6te	tshīng yŭ = [3]	ré$_3$ fa sol la ut$_4$
6.		1me	tshīng kōng =	fa$_3$ sol la ut$_4$ ré
7.		2de	tshīng chāng =	sol$_3$ la ut$_4$ ré fa
8.		3ce	tshīng kyŏ =	la$_3$ ut$_4$ ré fa sol
9.	thài-tsheou (chāng)	6te	pyén kōng = [4]	ré$_3$ fa♯ sol♯ la ut♯$_4$
10.		1me	chāng kōng = [5]	fa♯$_3$ sol♯ la ut♯$_4$ ré
11.		2de	koŭ-syèn chāng = [6]	sol♯$_3$ la ut♯$_4$ ré fa♯
12.		3ce	chāng kyŏ = [7]	la$_3$ ut♯$_4$ ré fa♯ sol♯
13.	kyŭ-tchŏng (chāng aigu)	6te	tshīng pyén kōng =	ré♯$_3$ sol la la♯ ré$_4$
14.		1me	tshīng chāng kōng =	sol$_3$ la la♯ ré$_4$ ré♯
15.		2te	tchŏng-lyu chāng = [8]	la$_3$ la♯ ré$_4$ ré♯ sol
16.		3ce	tshīng chāng kyŏ =	la♯$_3$ ré$_4$ ré♯ sol la
17.	koŭ-syèn (kyŏ)	6te	kōng = [9]	mi$_3$ sol♯ la si ré$_4$
18.		1me	kyŏ kōng = [10]	sol♯$_3$ la si ré$_4$ mi
19.		2de	kyŏ chāng [11]	la$_3$ si ré$_4$ mi sol♯
20.		3ce	yi-tsĕ kyŏ = [12]	si$_3$ ré$_4$ mi sol♯ la
21.	tchŏng-lyu (kyŏ aigu)	6te	tshīng kōng =	fa$_3$ la la♯ ut♯$_4$ ré♯
22.		1me	tshīng kyŏ kōng =	la$_3$ la♯ ut♯$_4$ ré♯ fa
23.		2de	tshīng kyŏ chāng =	la♯$_3$ ut♯$_4$ ré♯ fa la
24.		3ce	nān-lyu kyŏ =	ut♯$_4$ ré♯ fa la la♯
25.	jouéi-pin (pyén tchi)	6te	chāng = [13]	fa♯$_3$ la si ut♯$_4$ mi
26.		1me	pyén tchi kōng = [14]	la$_3$ si ut♯$_4$ mi fa♯
27.		2de	pyén tchi chāng = [15]	si$_3$ ut♯$_4$ mi fa♯ la
28.		3ce	pyén tchi kyŏ =	ut♯$_4$ mi fa♯ la si

#	Gammes de :	Modes de :	Noms des systèmes.	Notes
29.	lin-tchŏng (pyén tchi aigu)	6te	tshīng chāng =	sol$_3$ la♯ ut♯ ré fa
30.		1me	tshīng pyén tchi kōng =	la♯$_3$ ut♯ ré fa sol
31.		2de	tshīng pyén tchi chāng =	ut♯ ré fa sol la♯
32.		3ce	tshīng pyén tchi kyŏ =	ré fa sol la♯ ut$_3$
33.	yi-tsĕ (tchi)	6te	kyŏ = [16]	sol♯$_3$ si ut♯ ré fa♯
34.		1me	tchi kōng = [17]	si$_3$ ut♯ ré fa♯ sol♯
35.		2de	tchi chāng =	ut♯ ré fa♯ sol♯ si
36.		3ce	tchi kyŏ =	ré fa♯ sol♯ si ut♯$_3$
37.	nān-lyu (tchi aigu)	6te	tshīng kyŏ =	la$_3$ ut ré ré♯ sol
38.		1me	tshīng tchi kōng =	ut ré ré♯ sol la
39.		2de	tshīng tchi chāng =	ré ré♯ sol la ut
40.		3ce	tshīng tchi kyŏ =	ré♯ sol la ut ré
41.	woŭ-yi (yŭ)	6te	pyén tchi = [18]	la$_3$ ut♯ ré mi sol♯
42.		1me	yŭ kōng = [19]	ut♯ ré mi sol♯ la
43.		2de	yŭ chāng =	ré mi sol♯ la ut♯
44.		3ce	yŭ kyŏ =	mi$_4$ sol♯ la ut♯ ré
45.	ying-tchŏng (yŭ aigu)	6te	tshīng pyén tchi =	la♯$_3$ ré ré♯ fa la
46.		1me	tshīng yŭ kōng =	ré ré♯ fa la la♯
47.		2de	tshīng yŭ chāng =	ré♯ fa la la♯ ré
48.		3ce	tshīng yŭ kyŏ =	fa la la♯ ré ré♯
49.	woŭ-yi double (pyén kōng)	6te	tchi = [20]	si$_3$ ré mi fa♯ la
50.		1me	pyén kōng kōng =	ré mi fa♯ la si
51.		2de	pyén kōng chāng =	mi fa♯ la si ré
52.		3ce	pyén kōng kyŏ =	fa♯ la si ré mi
53.	ying-tchŏng double (pyén kōng aigu)	6te	tshīng tchi =	ut ré♯ fa sol la♯
54.		1me	tshīng pyén kōng kōng =	ré♯ fa sol la♯ ut
55.		2de	tshīng pyén kōng chāng =	fa sol la♯ ut ré♯
56.		3ce	tshīng pyén kōng kyŏ =	sol la♯ ut ré♯ fa

On trouvera ci-dessous le tableau des 84 systèmes reconnus et dénommés à l'époque des Thàng et des Sóng; les chiffres romains établissent la concordance avec le tableau de la p. 98. L'ordre suivi ici est celui du *Sóng chi*[21], qui est adopté aussi par les auteurs de l'époque des Ming, puis imité par la dynastie actuelle; les systèmes formés des mêmes lyŭ sont réunis, la première place étant donnée au système à 1me initiale, la deuxième place à la 2de initiale, la troisième

---

1. N° 65, liv. 33, ff. 8, 9.
2. Système de yŭ vrai, la tonique est le yŭ naturel de la gamme type.
3. Système de yŭ aigu, la tonique est le yŭ aigu de la gamme type.
4. La tonique est le pyén kōng de la gamme type.
5. Le chāng de la gamme type est 1me et initiale.
6. Le koŭ-syèn est 2de et initiale.
7. L'initiale est la 3ce de la 2de de la gamme type.
8. Le tchŏng-lyu est 2de et initiale.
9. La tonique est le kōng de la gamme type.
10. Le kyŏ de la gamme type est 1me et initiale.
11. L'initiale est la 2de de la 3ce de la gamme type.
12. Le yi-tsĕ est 3ce et initiale.
13. La tonique est le chāng de la gamme type.
14. Le pyén tchi de la gamme type est 1me et initiale.
15. L'initiale est la 2de du pyén tchi de la gamme type.
16. La tonique est le kyŏ de la gamme type.
17. Le tchi de la gamme type est 1me et initiale.
18. La tonique est le pyén tchi de la gamme type.
19. Le yŭ de la gamme type est 1me et initiale.
20. La tonique est le tchi de la gamme type; les autres désignations s'expliquent comme les précédentes.
21. N° 48 (Y. l. t., liv. 51, f. 30, etc.) résumant ou citant le *King yeoŭ yŏ suèi sin king* (p. 84, note 5).

à la 3ᶜᵉ initiale, etc. Cet ordre est exposé de la manière suivante[1] : « pour la gamme de hwâng-tchŏng, si l'on prend le *hŏ* (*mi*), c'est le système de 1ᵐᵉ; si l'on prend le *seŭ* (*fa♯*), c'est le système de 2ᵈᵉ; si l'on prend le *yï* (*sol♯*), c'est le système de 3ᶜᵉ; si l'on prend le *tchhì* (*si*), c'est le système de 5ᵗᵉ; si l'on prend le *kŏng* (*ut ♯*), c'est le système de 6ᵗᵉ. » Les 24 systèmes basés sur les degrés complémentaires sont mis à part, puisqu'on les tient pour illégitimes. Les noms donnés aux systèmes appelleront quelques remarques qui en éclaireront peut-être un peu l'emploi réel opposé au rôle théorique.

MODES PRINCIPAUX

		Initiales	Modes de :	Noms des systèmes
gammes de hwâng-tchŏng	I	*mi*₃	1ᵐᵉ	正宮調 *tchéng kŭng tyáo*, alias 沙陁 | *chā-thô* =
	II	*fa♯*	2ᵈᵉ	大石 |, alias 大食 | *tá-chì* =
	III	*sol♯*	3ᶜᵉ	小食角 | *syáo chì kyǒ* =, alias 大食角 | *tá-chì kyǒ* =
	IV	*si*	5ᵗᵉ	黃鐘徵 | *hwâng-tchŏng tchi* =
	V	*ut♯,*	6ᵗᵉ	般涉 | *pān-chè* =
gammes de tá-lyŭ	VIII	*fa*₃	1ᵐᵉ	高宮 | *kāo kŏng* =
	IX	*sol*	2ᵈᵉ	高大石 |, alias 高大食 | *kāo tá-chì* =
	X	*la*	3ᶜᵉ	中管小石 | *tchŏng kwàn syáo chì* =, al. 高大食角 | *kāo tá-chì kyǒ* =
	XI	*ut,*	5ᵗᵉ	大呂徵 | *tá-lyŭ tchi* =
	XII	*ré*	6ᵗᵉ	高般涉 | *kāo pān-chè* =
gammes de thài-tsheoù	XV	*fa♯*₃	1ᵐᵉ	中管高宮 | *tchŏng kwàn kāo kŏng* =
	XVI	*sol♯*	2ᵈᵉ	中管高大石 | *tchŏng kwàn kāo tá-chì* =
	XVII	*la♯*	3ᶜᵉ	中管高大石角 | *tchŏng kwàn kāo tá-chì kyǒ* =, alias 歇指角 | *hyè tchi kyǒ* =
	XVIII	*ut♯,*	5ᵗᵉ	太簇徵 | *thài-tsheoù tchi* =
	XIX	*ré♯*	6ᵗᵉ	中管高般涉 | *tchŏng kwàn kāo pān-chè* =
gammes de kyà-tchŏng	XXII	*sol*₃	1ᵐᵉ	中呂宮 | *tchŏng-lyŭ kŏng* =
	XXIII	*la*	2ᵈᵉ	雙 | *chwāng* =
	XXIV	*si*	3ᶜᵉ	林鐘角 | *lin-tchŏng kyǒ* =, al. 商角 | *chāng kyǒ* =, al. 雙調角 | *chwāng tyáo kyǒ* =
	XXV	*ré,*	5ᵗᵉ	夾鐘徵 | *kyà-tchŏng tchi* =
	XXVI	*mi*	6ᵗᵉ	中呂 | *tchŏng-lyŭ* =, alias 中呂羽 | *tchŏng-lyŭ yŭ* =
gammes de koŭ-syĕu	XXIX	*sol♯*₃	1ᵐᵉ	中管中呂宮 | *tchŏng kwàn tchŏng-lyŭ kŏng* =
	XXX	*la♯*	2ᵈᵉ	中管商 | *tchŏng kwàn chāng* =, alias 雙 | *chwāng* =
	XXXI	*ut,*	3ᶜᵉ	中管林鐘角 | *tchŏng kwàn lin-tchŏng kyǒ* =
	XXXII	*ré♯*	5ᵗᵉ	姑洗徵 | *koŭ-syĕu tchi* =
	XXXIII	*fa*	6ᵗᵉ	中管中呂 | *tchŏng kwàn tchŏng-lyŭ* =
gammes de tchŏng-lyŭ	XXXVI	*la*₃	1ᵐᵉ	道調宮 | *táo tyáo kŏng* =
	XXXVII	*si*	2ᵈᵉ	小石 |, alias 小食 | *syáo chì* =
	XXXVIII	*ut♯,*	3ᶜᵉ	越 | *yuè* =, al. 越角 | *yuè kyǒ* =, al. 小石角 | *syáo chì kyǒ* =
	XXXIX	*mi*	5ᵗᵉ	中呂徵 | *tchŏng-lyŭ tchi* =
	XL	*fa♯*	6ᵗᵉ	平 | *phîng* =, alias 正平 | *tchéng phîng* =
gammes de jwĕi-pīn	XLIII	*la♯*₃	1ᵐᵉ	中管道調宮 | *tchŏng kwàn táo tyáo kŏng* =
	XLIV	*ut,*	2ᵈᵉ	中中管小石 | *tchŏng kwàn syáo chì* =
	XLV	*ré*	3ᶜᵉ	中管越 | *tchŏng kwàn yuè* =
	XLVI	*fa*	5ᵗᵉ	蕤賓徵 | *jwĕi-pīn tchi* =
	XLVII	*sol*	6ᵗᵉ	中管平 | *tchŏng kwàn phîng* =
gammes de lin-tchŏng	L	*si*₃	1ᵐᵉ	南呂宮 | *nàn-lyŭ kŏng* =, al. 道 | *táo* =
	LI	*ut♯,*	2ᵈᵉ	歇指 | *hyè tchi* =, al. 水 | *chwèi* =
	LII	*ré♯*	3ᶜᵉ	大石 | *tá-chì* =, al. 大食角 | *tá-chì kyǒ* =, al. 歇指角 | *hyè tchi kyǒ* =
	LIII	*fa♯*	5ᵗᵉ	林鐘徵 | *lin-tchŏng tchi* =
	LIV	*sol♯*	6ᵗᵉ	高平 | *kāo phîng* =, alias 南呂 | *nàn-lyŭ* =
gammes de yĭ-tsĕ	LVII	*ut,*	1ᵐᵉ	仙呂宮 | *syĕn-lyŭ kŏng* =
	LVIII	*ré*	2ᵈᵉ	林鐘商 | *lin-tchŏng chāng* =, alias 商 | *chāng* =
	LIX	*mi*	3ᶜᵉ	高大石 | *kāo tá-chì* =, al. 高大食角 | *kāo tá-chì kyo* =, al. 商角 | *chāng kyǒ* =, al. 林鐘角 | *lin-tchŏng kyǒ* =
	LX	*sol*	5ᵗᵉ	夷則徵 | *yĭ-tsĕ tchi* =
	LXI	*la*	6ᵗᵉ	仙呂 | *syĕn-lyŭ* =

1. N° 103, livre initial, section *Pyĕn tyáo*, f. 1 v°, etc.; section *Syuĕn kŏng pĕn yi*. Voir p. 156 la valeur des mots *hŏ, seŭ, yï, tchhì, kŏng*. Le n° 55, liv. 33, ff. 20 à 23, indique à la date de 754 quelques noms divergents que j'ai insérés aux places convenables; en général la coïncidence existe, aussi bien qu'avec le n° 71, liv. 1, f. 7 r°, etc.

gammes de nán-lyu

Initiales	Modes de :		Noms des systèmes.
LXIV	ut♯	1ᵐᵉ	中管仙呂宮 ｜ tchŏng kwàn syĕn-lyu kŏng =
LXV	re♯	2ᵈᵉ	中管林鐘商 ｜ tchŏng kwàn lin-tchŏng chāng =
LXVI	fa	3ᵉ	中管高大石角 ｜ tchŏng kwàn kāo tà-chi kyŏ =
LXVII	sol♯	5ᵉ	南呂徵 ｜ nàn-lyu tchi =
LXVIII	la♯	6ᵉ	中管仙呂 ｜ tchŏng kwàn syĕn-lyu =

gammes de wou-yi

Initiales	Modes de :		Noms des systèmes.
LXXI	ré♭	1ᵐᵉ	黃鐘宮 ｜ hwàng-tchŏng kŏng =
LXXII	mi	2ᵈᵉ	越 ｜ yuè =
LXXIII	fa♯	3ᵉ	變角 ｜ pyĕn kyŏ =, al. 越角 ｜ yuè kyŏ =, al. 雙角 ｜ chwäng kyŏ =
LXXIV	la	5ᵉ	無射徵 ｜ woŭ-yi tchi =
LXXV	si	6ᵉ	黃鐘羽 ｜ hwàng-tchŏng yu =, alias 羽 ｜ yu =

gammes de ying-tchŏng

Initiales	Modes de :		Noms des systèmes.
LXXVIII	ré♯	1ᵐᵉ	中管黃鐘宮 ｜ tchŏng kwàn hwàng-tchŏng kŏng =
LXXIX	fa	2ᵈᵉ	中管越 ｜ tchŏng kwàn yuè =
LXXX	sol	3ᵉ	中管雙角 ｜ tchŏng kwàn chwäng kyŏ =
LXXXI	la♯	5ᵉ	應鐘徵 ｜ ying-tchŏng tchi =
LXXXII	ut♭	6ᵉ	中管黃鐘羽 ｜ tchŏng kwàn hwàng-tchŏng yu =

MODES COMPLÉMENTAIRES

	Initiales	Modes de :	Noms des systèmes.
Gammes de hwăng-tchŏng. VI	re♯	8ᵛᵉ dim.	tchŏng kwàn hwăng-tchŏng kŏng = (voir LXXVIII).
VII	la♯3	5ᵗᵉ dim.	ying-tchŏng tchi = (voir LXXXI).
— de tá-lyu … XIII	mi	8ᵛᵉ dim.	tchŏng kŏng = (voir I).
XIV	si3	5ᵗᵉ dim.	hwăng-tchŏng tchi = (voir IV).
— de thái-tsheoú … XX	fa	8ᵛᵉ dim.	kāo kŏng = (voir VIII).
XXI	ut	5ᵗᵉ dim.	tá-lyu tchi = (voir XI).
— de kyá-tchŏng … XXVII	fa♯	8ᵛᵉ dim.	tchŏng kwàn kāo kŏng (voir XV).
XXVIII	ut♯	5ᵗᵉ dim.	thái-tsheoú tchi (voir XVIII).
— de koŭ-syĕn … XXXIV	sol	8ᵛᵉ dim.	tchŏng-lyu kŏng = (voir XXII).
XXXV	re	5ᵗᵉ dim.	kyá-tchŏng tchi = (voir XXV).
— de tchŏng-lyu … XLI	sol♯	8ᵛᵉ dim.	tchŏng kwàn tchŏng-lyu kŏng = (voir XXIX).
XLII	re♯	5ᵗᵉ dim.	koŭ-syĕn tchi = (voir XXXII).
— de jwĕi-pīn … XLVIII	la	8ᵛᵉ dim.	táo tyáo kŏng = (voir XXXVI).
XLIX	mi	5ᵗᵉ dim.	tchŏng-lyu tchi = (voir XXXIX).
— de lin-tchŏng … LV	la♯	8ᵛᵉ dim.	tchŏng kwàn táo tyáo kŏng = (voir XLIII).
LVI	fa	5ᵗᵉ dim.	jwĕi-pīn tchi (voir XLVI).
— de yĭ-tsè … LXII	si	8ᵛᵉ dim.	nàn-lyu kŏng = (voir L).
LXIII	fa♯	5ᵗᵉ dim.	lin-tchŏng tchi = (voir LIII).
— de nàn-lyu … LXIX	ut	8ᵛᵉ dim.	syĕn-lyu kŏng = (voir LVII).
LXX	sol	5ᵗᵉ dim.	yĭ-tsè tchi = (voir LX).
— de woŭ-yi … LXXVI	ut♯	8ᵛᵉ dim.	tchŏng kwàn syĕn-lyu kŏng = (voir LXIV).
LXXVII	sol♯	5ᵗᵉ dim.	nàn-lyu tchi = (voir LXVII).
— de ying-tchŏng … LXXXIII	re	8ᵛᵉ dim.	hwăng-tchŏng kŏng = (voir LXXI).
LXXXIV	la	5ᵗᵉ dim.	woŭ-yi tchi = (voir LXXIV).

Tous les systèmes de quinte (IV, XI, XVIII, etc.) sont désignés comme 5ᵗᵉ du hwàng-tchŏng, 5ᵗᵉ du tá-lyù, 5ᵗᵉ du thái-tsheoú, etc.; ces noms, de caractère savant, semblent marquer le peu d'usage du mode en question et l'étroit rapport entre les modes de prime et de quinte. L'accord parfait de l'un des modes est le renversement de l'accord parfait de l'autre ; ainsi : I mi sol♯ si mi, IV si mi sol♯ si; de là le caractère analogue des deux modes qui font double emploi et dont l'un, celui de quinte, a disparu. Les systèmes complémentaires (VI, VII, XIII, XIV, etc.) portent le nom des systèmes de 1ᵐᵉ et de 5ᵗᵉ qui ont les mêmes initiales : XIII et I initiale mi, XIV et IV initiale si, etc.[1]. Les systèmes XIII et XIV dépendent l'un de l'autre comme les systèmes I et IV : XIII mi sol si mi, XIV si mi sol si; sur la flûte à laquelle reporte souvent la présente nomenclature, un même trou fournit deux notes voisines (ainsi sol♯ et sol), selon que le trou est ouvert ou demi-bouché. Les modes complémentaires ont été peu employés, moins encore que le mode de 5ᵗᵉ, peut-être parce que les deux premières notes sont distantes d'un seul lyŭ (demi-ton), intervalle dissonant pour l'oreille chinoise, bien qu'il soit admis sur le khïn 112 dans un enchaînement d'accords. Si l'accord fondamental du I est l'accord parfait majeur, l'accord fondamental du XIII est l'accord parfait mineur : il est à remarquer que la musique chinoise emploie très rarement les formules mineures.

Les systèmes de prime VIII (fa) et XV (fa♯), XXII (sol) et XXIX (sol♯), XXXVI (la) et XLIII (la♯), LVII (ut) et LXIV (ut♯), LXXI (ré) et LXXVIII (ré♯) sont deux à deux désignés par les mêmes expressions, d'abord sous forme simple, puis avec le qualificatif tchŏng kwàn, tuyau moyen. Les notes fa et fa♯, sol et sol♯, ut et ut♯, ré et ré♯ portent le même nom deux par deux dans la notation pour la flûte (p. 156); il est

---

1. Le Tshĕŭ yuèn (N° 71, liv. 1, f. 7 r°, etc.), donne au mode d'octave diminuée de chaque gamme le même nom qu'au mode de 3ᶜᵉ de la même gamme : VI comme III, XXVII comme XXIV, etc. : l'octave diminuée est la 5ᵗᵉ de la 3ᶜᵉ, de là le rapprochement.

donc naturel que les systèmes correspondants soient deux par deux appelés de même. Le tchŏng kwàn **78** était, sous les Thàng et les Sóng, une flûte donnant le demi-ton au-dessous de la flûte en hwàng-tchŏng; si au contraire ici ces deux mots indiquent le demi-ton supérieur, c'est que le tchŏng kwàn était intermédiaire entre la flûte en hwàng-tchŏng et une flûte plus grave; il était donc plus aigu que cette dernière[1]. Les systèmes de 2de, de 3^{ce} et de 6te répondant aux systèmes de 1me énoncés en tête de ce paragraphe, sont dénommés de manière analogue ; par exemple, XII *kăo păn-chŏ* et XIX *tchŏng kwàn kăo păn-chŏ*, et de même IX et XVI, X et XVII, XXVI et XXXIII, etc. De manière analogue la gamme de tá-lyù (VIII, IX, X, XII) présente les mêmes noms que celle de hwàng-tchŏng (I, II, III, V) avec adjonction de l'épithète *kăo*, élevé. Sur ces divers points les dénominations données par le *Sóng chi* montrent quelques irrégularités, tandis que le *Thàng chŏŭ*[2], tout en coïncidant en somme avec le *Sóng chi*, offre une régularité parfaite.

Il reste à examiner 24 noms, ceux des systèmes de 1me, de 2de, de 3^{ce}, de 6te dans les gammes de hwàng-tchŏng (*mi*), kyă-tchŏng (*sol*), tchŏng-lyù (*la*), lìn-tchŏng (*si*), yì-tsĕ (*ut*), woù-yì (*ré*); ces noms plus concis paraissent en partie primitifs, ils sont plus difficiles à expliquer, plusieurs semblent des termes de parler usuel. En ajoutant à ces 24 systèmes les 4 de la gamme de tá-lyù, on a les 28 systèmes que le *Thàng chŏŭ*[3] énumère comme vulgaires et qui étaient conservés par les musiciens chinois chez les Khi-tān[4].

Plusieurs systèmes sont désignés par rapport à la 2de de la gamme à laquelle ils appartiennent; ce sont uniquement des systèmes de 1me et de 6te : XXII = 1me de tchŏng-lyù [2de], L = 1me de nàn-lyù [2de], LXXI = 1me de hwàng-tchŏng [2de]. Les systèmes XXXVI et LVII ont des noms de même forme qu'on peut traduire 1me de *tào*, 1me de *syĕn-lyù*. L'expression *tào tyáo*[5], qui n'est pas spécialement expliquée, daterait de Kăo tsŏng, des Thàng, qui se tenait pour descendant de Lào tseŭ[6]. Y a-t-il aussi une allusion taoïste dans le terme *syĕn-lyù*? Il ne se trouve que comme nom de système et ne se rencontre pas comme nom de lyù ; mais il est employé, *syĕn lyù kwàn*[7], à côté de noms de lyù et avec d'autres expressions déjà connues, *tchŏng-lyù, tá-lyù, phíng tyáo*, avec quelques-unes qui me sont nouvelles, *tá thŏ kwàn, tá yùn kwàn, tchoù chĕng kwàn*[8], etc., dans un passage de Tchhên Yàng[9] relatif aux tuyaux de l'orgue à bouche **103** : ce texte, assez obscur dans le détail par l'emploi de termes techniques tombés en désuétude, donnerait peut-être la clef du problème. D'autre part on trouve, répondant aux systèmes de 1me XXII, L et LXXI, trois autres noms relatifs à la 2de : XXVI = 6te de tchŏng-lyù [2de], ou simplement tchŏng-lyù ; LIV = 6te de nàn-lyù [2de], ou simplement nàn-lyù; LXXV = 6te de hwàng-tchŏng [2de], ou simplement sixte. On observera combien les conventions du langage technique permettent de supprimer de termes, indispensables cependant à l'intelligence précise d'une désignation.

La même remarque s'applique à plusieurs noms des systèmes de 2de et de 3^{ce}, noms corrélatifs deux à deux. Les systèmes de 3^{ce} III, XXIV, XXXVIII, LII, LIX, LXXIII sont appelés systèmes de 3^{ce} respectivement de II, XXIII, XXXVII, LI, LVIII, LXXII; cette nomenclature méthodique est celle du *Thàng chŏŭ* et du *Lyáo chi*. Le *Sóng chi* introduit encore des variantes : III syào chĭ kyŏ est le vrai nom de XXXVIII; il résulte peut-être d'une erreur de scribe, *syào*, petit, étant substitué à *tá*, grand; d'autre part, les deux systèmes sont à distance de 5te (*ut♯ sol♯*); LII tá-chĭ kyŏ est le vrai nom de III; les deux systèmes sont encore à distance de 5te (*sol♯ ré♯*); de même X et LIX kăo tá-chĭ kyŏ (*la mi*), LII et XVII hyĕ tchĭ kyŏ (*ré♯ la♯*), LIX et XXIV chăng kyŏ (*mi si*), LIX et XXIV lìn-tchŏng kyŏ (*mi si*), XXIV et LXXIII chwăng kyŏ (*si fa♯*), LXXIII et XXXVIII yuĕ kyŏ (*fa♯ ut♯*).

Le système XXIV, lìn-tchŏng 3^{ce}, est nommé d'après le lyù répondant à l'initiale; le même nom est par abus appliqué à LIX, comme on l'a noté; LVIII, par rapport à LIX, est lìn-tchŏng chăng = 2^{de} de lìn-tchŏng [3^{ce}], d'où *chăng*, 2de [par excellence], converti en *chwăng* par erreur (XXIII); de là pour XXIV et LIX le nouveau nom, chăng kyŏ ou chwăng kyŏ, qui signifie en réalité 3^{ce} de la 2de [par excellence]; les noms alternatifs du XXIV et du XXX confirment l'identité de *chăng* et *chwăng*. Parmi les noms du LXXIII, l'un, pyén kyŏ, tierce modifiée, rapporte ce système à l'initiale 3^{ce}; par sa brièveté ce nom indique un usage fréquent, à moins que *pyén* soit une erreur de scribe pour *chwăng*, ce que la figure des signes rend possible.

Le terme *yuĕ*, dépassant, s'applique également aux couples XXXVIII, XLV (*ut♯ 3^{ce}, ré 3^{ce}*) et LXXII, LXXIX (*mi 2de, fa 2de*); je ne saisis pas la raison de ce rapprochement; peut-être la forme originelle est-elle *yuĕ kyŏ*, 3^{ce} dépassante, mots employés pour XXXVIII et LXXIII; mais l'usage du terme *yuĕ* pour LXXII reste obscur; peut-être l'expression se rattache-t-elle à une particularité de doigté. Le nom du LI, *hyĕ tchi*, reposer le doigt, a peut-être une origine analogue. *Phíng tyáo*, système égal, s'appliquant avec des qualificatifs différents à XL et à LIV, marque peut-être une parenté harmonique; il y aurait de même un rapprochement entre XXXVI et L, *tào (kŏng) tyáo*; je ne saurais dire quelle est ici la valeur de *phíng*, non plus que de *chwèi* pour le LI.

Les gammes qui présentent pour leurs divers systèmes les noms les plus différents sont celles de *mi* (I à V), de *la* (XXXVI à XL), de *si* (L à LIV), construites sur la 1me, la 4te, la 5te de la gamme type; ce sont probablement les systèmes les plus anciens et les plus usités. Le II (*fa♯ 2de*) s'oppose au XXXVII (*si 2de*), l'un étant grand, *tá*, l'autre petit, *syào*; avec la graphie du *Sóng chi*, qui signifie grande pierre, petite pierre, aucune idée ne m'est perceptible; avec la graphie du *Thàng chŏŭ*, tá-chĭ = tadzik voudrait dire arabe; cette interprétation n'est peut-être pas inacceptable, puisque l'Asie centrale a certainement agi sur la musique chinoise; mais que signifierait dans ce cas l'expression *syào chĭ*? Il reste du moins l'analogie de nom pour deux systèmes à intervalle de 4te. Le système I tire son nom du fait que la 1me correspond au tuyau fondamental, à la prime typique : c'est donc le système de 1me correcte; la variante *chă-thó* du *Thàng*

---

1. N° 45, liv. 20, f. 11 r°.

2. N° 46, liv. 22, f. 1.

3. N° 46, loco cit.

4. N° 49, liv. 54, f. 7 r°, etc. Il faut toutefois noter que les systèmes du mode de 6te sont dans ce document attribués au mode de 5te diminuée, ce qui est une erreur évidente.

5. *Tào tyáo* est aussi une désignation alternative du L.

6. N° 46, liv. 21, f. 4.

7. 仙呂管

8. 中呂，大呂，平調，大托管，大韻管，著聲管

9. N° 69 (Y. l. t., liv. 126, ff. 15, 16).

hwéi yáo[1] a le même sens, puisque *sŏ-thŏ-lĭ* (p. 96, texte et note 4) désigne la 1ᵐᵉ. Pour le V, le terme *păn-chĕ* (ancienne prononciation pan-jap) ressemble singulièrement à pan-jam, nom de son initiale dans l'échelle occidentale de Soŭ-tchī-phŏ (p. 96, note 4). On retrouve donc ici les influences étrangères déjà signalées.

Cette étude des noms permet d'établir ainsi la liste des systèmes les plus anciens et les plus répandus :

Gammes de *hwăng-tchŏng* : I *mi*; II *fa* ♯; III *sol*♯; V *ut* ♯.

Gammes de *kyă-tchŏng* : XXII *sol*; XXIII *la*; XXIV *si*; XXVI *mi*.

Gammes de *tchŏng-lyŭ* : XXXVI *la*; XXXVII *si*; XXXVIII *ut*♯; XL *fa*♯.

Gammes de *lin-tchŏng* : L *si*; LI *ut*♯; LII *ré*♯; LIV *sol* ♯.

Gammes de *yi-tsĕ* : LVII *ut*; LXI *la*.

Gammes de *woŭ-yi* : LXXI *ré*; LXXII *mi*; LXXIII *fa*♯; LXXV *si*.

Donc quatre systèmes de chacune des gammes de *mi sol la si ré*, deux seulement de la gamme d'*ut*. On remarquera l'accord partiel avec le *Tcheoŭ li*, qui insiste sur les fondamentales *mi, sol, si* (pp. 102, 107). Chĕn Kwŏ[2], en indiquant pour quelques systèmes des noms nouveaux usités de son temps, confirme en gros les conclusions exposées : seules les gammes de *mi, sol, si* ont alors 4 systèmes, beaucoup de gammes n'en ont que 3, 2 ou 1, la gamme de *la*♯ (keoŭ, p. 113) n'en a point.

La liste des systèmes usuels ne peut être dressée rigoureusement; en dehors des indications théoriques qui viennent d'être résumées, on sait peu de chose des systèmes, surtout en ce qui touche leur emploi et leurs origines avant les Thăng. Un auteur récent, Tchhěng Yăo-thyěn[3], étudiant les passages musicaux du *Tcheoŭ li*, y trouve la description exacte des systèmes, l'indication précise des rapports entre la fondamentale (*kŏng*) et la dominante initiale et finale (*khi tyăo pĭ khyŏ*); il ajoute une citation du lettré Hwéi[4] : « dans l'antiquité, une seule fondamentale répondait à 4 systèmes; sous les Wéi et les Tsin on conservait encore 3 systèmes, savoir celui de 1ᵐᵉ principale, celui de 3ᵉ aiguë, celui de 5ᵗᵉ basse; celui de 6ᵗᵉ avait disparu. » Le même auteur dit encore : « ce que les Kwĕ yŭ[5] appellent 1ᵐᵉ supérieure, *chăng kŏng*, c'est la 3ᵉ aiguë; leur 1ᵐᵉ inférieure, *hyă kŏng*, c'est la 5ᵗᵉ basse. » Hăn Păng-khī[6] reconnaît aussi dans la musique antique les systèmes de 3ᵉ aiguë et de 5ᵗᵉ basse, auxquels il ajoute celui de 9ᵉ; il donne d'ailleurs de ces termes des interprétations spéciales. Rappelant que dans la musique des Tcheoŭ l'initiale est toujours la 6ᵗᵉ, il distingue deux initiales, l'initiale du grand système, *khi tyăo*, et l'initiale actuelle, *khi chĕng*, qui est la 6ᵗᵉ de la fondamentale. Il étudie d'abord le double système de 3ᵉ aiguë, *tshīng kyŏ chwăng tyăo*. Le koŭ-syěn est la 3ᵉ aiguë de la fondamentale; c'est d'autre part l'octave basse de la 6ᵗᵉ, par rapport au lin-tchŏng, 5ᵗᵉ de la fondamentale : de là l'importance de la 3ᵉ aiguë, corrélative à celle du lin-tchŏng.

hwăng	*lin*	*thăi*	*nan*	*koŭ*	*ying*	*jwĕi*
mi	*si*	*fa*♯	*ut*♯	*sol*♯	*ré*♯	*la*♯
1ᵐᵉ	5ᵗᵉ	2ᵈᵉ	6ᵗᵉ	3ᵉ	8ᵛᵉ dim.	5ᵗᵉ dim.

la	*yi*	*kyă*	*woŭ*	*tchŏng*	*hwăng*	*lin*
fa	*ut*	*sol*	*ré*	*la*	*mi*	*si*
1ᵐᵉ	5ᵗᵉ	2ᵈᵉ	6ᵗᵉ	3ᵉ	8ᵛᵉ dim.	5ᵗᵉ dim.

Les lyŭ sont disposés dans l'ordre de production; en leur appliquant les degrés de la gamme, on a de la première fondamentale à la seconde 5ᵗᵉ diminuée deux séries complètes. « C'est, continue Hăn Păng-khī, la base naturelle et merveilleuse de tous les systèmes;... l'on sait seulement que le hwăng-tchŏng est la fondamentale et initiale des systèmes, qu'il produit le lin-tchŏng; mais on ignore que, le hwăng-tchŏng et les autres lyŭ une fois établis, il naît de nouveau un hwăng-tchŏng qui sert de fondamentale et un lin-tchŏng, nouvelle initiale : d'un bout à l'autre c'est une production continue comme une corde. » Hăn Păng-khī énumère ensuite quatre systèmes anciens dépendant tous du grand système de hwăng-tchŏng; il en indique l'initiale actuelle, *khi chĕng*, et la fondamentale, *khi kŏng*.

Système de 3ᵉ aiguë, *tshīng kyŏ* :

koŭ	*ying*	*jwĕi*	*tă*	*yi*	*kyă*	*woŭ*	*tchŏng*	*hwăng*	*lin*
sol♯₃	*ré*♯₄	*la*♯₃	*fa*₄	*ut*₄	*sol*₄	*ré*₄	*la*₄	*mi*₄	*si*₄

Le koŭ-syěn aigu (la 10ᵉ) est l'initiale actuelle, le lin-tchŏng est la fondamentale.

Système de 3ᵉ, *măn kyŏ*[7] :

koŭ	*ying*	*jwĕi*	*tă*	*yi*	*kyă*	*woŭ*	*tchŏng*	*hwăng*
sol♯₃	*ré*♯₄	*la*♯₃	*fa*₄	*ut*₄	*sol*₄	*ré*₄	*la*₄	*mi*₄

	lin	*thăi*	*nan*	*koŭ*
	*si*₄	*fa*♯₄	*ut*♯₅	*sol*♯₅

Le koŭ-syěn sert de transition au système[8].

Système de 2ᵈᵉ aiguë, *chăo chăng* ou *tshīng chăng* :

thăi	*nan*	*koŭ*	*ying*	*jwĕi*	*tă*	*yi*	*kyă*	*woŭ*	*tchŏng*
fa♯₄	*ut*♯₅	*sol*♯₅	*ré*♯₅	*la*♯₄	*fa*₄	*ut*₅	*sol*₅	*ré*₅	*la*₅

Le tchŏng-lyŭ est fondamentale, et sa 6ᵗᵉ, thăi-tsheoú, qui est la 2ᵈᵉ de l'échelle normale, est l'initiale actuelle.

Système de 5ᵗᵉ basse, *hyă tchi* :

lin	*thăi*	*nan*	*koŭ*	*ying*	*jwĕi*	*tă*	*yi*	*kyă*	*woŭ*	*tchŏng*	*hwăng*	*lin*
*si*₄	*fa*♯₄	*ut*♯₅	*sol*♯₅	*ré*♯₅	*la*♯₅	*fa*₄	*ut*₅	*sol*₅	*ré*₅	*la*₅	*mi*₅	*si*₅

Le woŭ-yi sert de fondamentale, et sa 6ᵗᵉ, lin-tchŏng, est l'initiale actuelle.

Dans les œuvres de Tchoŭ Hi[9] on trouve sur les mêmes modes rapportés au khin des indications qui jusqu'ici demeurent obscures pour moi. En rangeant du grave à l'aigu les notes de ces quatre systèmes, on a les échelles :

3ᵉ aiguë : *mi*₄ *fa sol* SOL♯ *la la*♯ *si ut*₅ *ré ré*♯

3ᵉ : SOL♯₃ *la*♯ *ut*₄ *ré ré*♯ *mi fa fa*♯ *sol sol*♯ *la si ut*♯₅

2ᵈᵉ aiguë : *ré*₄ *fa* FA♯ *sol sol*♯ LA *la*♯ *ut*⁵ *ut*♯ *ré*♯

5ᵗᵉ basse : *ré*♯₄ *mi fa fa*♯ *sol sol*♯ *la la*♯ *si ut*⁵ *ut*♯ RÉ

Parmi ces échelles si différentes des systèmes plus récents, trois sont remarquablement élevées : le son nommé *khi chĕng*, *sol*♯, *fa*♯, *si*, n'est initiale que théoriquement, il n'est pas la première note de l'échelle. Mais sur quels documents s'appuient Tchoŭ Hi et Hăn Păng-khī pour établir une théorie si précise? Ils ne l'expliquent pas dans les textes que je possède. Cependant ces idées valaient d'être rappelées, puisqu'elles sont, à ma connaissance, la seule tentative de découvrir des rapports organiques entre la série des lyŭ et quelques systèmes usuels. Ces deux théoriciens

---

1. Nᵒ 55, loco cit.

2. Nᵒ 24, liv. 6, f. 2.

3. Nᵒ 87 (*Hwăng tshīng kīng kyăi*, liv. 547); voir aussi nᵒ 42, liv. 15, f. 4 vᵒ.

4. Peut-être Hwéi Chĭ-khī (1670-1741), érudit renommé, auteur d'ouvrages sur la musique et l'astronomie.

5. Nᵒ 3 bĭ.

6. Nᵒ 73 (Y. l. t., liv. 60, ff. 15, 17).

7. *Măn* est opposé à *tshīng*, aigu; il indique ici la 3ᵉ ordinaire v. la 3ᵉ aiguë ou 10ᵉ.

8. *Tsyĕ tyăo* : je ne connais pas d'autre exemple de cette expression : si l'on compare au système de 3ᵉ aiguë, on trouve abaissement d'une 8ᵛᵉ sur cinq notes.

9. Nᵒ 27, liv. 41.

n'ont pas exposé ces principes en leur nom, ils les ont projetés dans un passé nébuleux : ce procédé caractéristique nous laisse dans le doute sur le sens réel des quatre systèmes.

Pour l'âge postérieur aux Hàn, quelques phrases brèves et assez vagues du *Wéi choŭ* et du *Swéi choŭ* ne suffisent pas à nous instruire. Le premier[1] de ces ouvrages parle (518) des cinq tyáo pour l'accord du khin **112** et en cite deux[2], le tyáo ordinaire à tonique 1me, le tyáo aigu à tonique 2de : il est probable que ces systèmes appartiennent à une même gamme, il n'y aurait alors qu'une ébauche lointaine de la théorie des Thàng. Les faits rapportés aux p. 94 et suivantes, d'autres encore, tels que la disposition des carillons permettant de prendre pour 1me les lyŭ hwàng-tchŏng, thài-tsheoŭ, jwéi-pīn, koŭ-syèn[3], démontrent l'emploi de fondamentales multiples, mais non le passage de chaque fondamentale par chaque degré, ce qui caractérise les 84 systèmes. Le *Swéi choŭ*, dans quelques phrases citées plus haut[4], expose qu'avant la réforme des Thàng les 84 systèmes n'étaient pas en usage; ce qu'on appelait alors *tyáo*, c'étaient les modes ou renversements de la gamme de hwàng-tchŏng, tous désignés soit par le lyŭ, soit par le degré de l'initiale; un seul système ne rentre pas dans cette série, celui de tà-lyŭ, appelé *ying tyáo*, système répondant : cette désignation ne se retrouve pas par la suite. On remarquera d'après le texte visé la prédominance des systèmes de thài-tsheoŭ et de nàn-lyŭ.

Une liste des mélodies de musique savante ou classique exécutées par les orchestres du Palais est donnée pour l'an 977[5]; cette musique ne se confine pas dans une seule gamme, elle emploie beaucoup plus de systèmes que la musique populaire, 18 au lieu de 3, mais elle est loin du nombre théorique de 84; la coïncidence est marquée avec la liste dressée p. 120. « Ce que joue l'orchestre, ce sont 46 mélodies appartenant à 18 systèmes. 1° I, mi 1me, 3 mélodies... 2° XXII, sol 1me, 2 mélodies... 3° XXXVI, la 1me, 3 mélodies... 4° L, si 1me, 2 mélodies...5° LVII, ut 1me, 3 mélodies... 6° LXXI, ré 1me, 3 mélodies... 7° XXXVIII, ut♯ 3^ce, 2 mélodies... 8° II, fa♯ 2de, 2 mélodies... 9° XXIII, la 2de, 3 mélodies... 10° XXXVII, si 2de, 2 mélodies... 11° LI, ut♯ 2de, 3 mélodies... 12° LVIII, ré 2de, 3 mélodies... 13° XXVI, mi 6te, 2 mélodies... 14° LIV, sol♯ 6te, 2 mélodies... 15° LXI, la 6te, 2 mélodies... 16° LXXV, si 6te, 1 mélodie... 17° V, ut♯ 6te, 2 mélodies... 18° XL, fa♯ 6te, plusieurs petites mélodies. » On trouve d'autre part ces indications[6] : au moins jusqu'en 1112 les modes de 5te et de 3^ce sont inusités; on cherche alors à les introduire de nouveau dans l'orchestre[7]. C'est qu'en réalité les 84 systèmes dont on parle sans cesse, sont surtout théoriques; Tshài Yuèn-tíng, un peu plus avant dans le xiie siécle, déclare[8] : « dans la musique vulgaire il y a seulement les trois systèmes de 2de, de 1me, de 6te, et pas davantage. » Thàng Chwén-tchī[9] sous les Ming compte 48 systèmes, 4 pour chaque gamme (1me, 2de, 3^ce, 6te) et

les désigne par les noms donnés pp. 117, 118; la dynastie actuelle en admet 56 pour son échelle de 14 notes : un petit nombre seulement semble usité. Je manque d'ailleurs de renseignements sur la pratique moderne des orchestres du Palais et de ceux de Khyŭ-feoù, les seuls qui aient peut-être des notions de musique classique, attendu que les hymnes à Confucius chantés dans tous les districts n'y comportent que les deux formes transcrites p. 111. Quant à la musique privée pour le khin, elle a conservé plusieurs méthodes d'accord[10] dont on trouvera plus loin l'indication (p. 166).

<hr>

CHAPITRE V

L'harmonie et le rhythme.

Une théorie de l'harmonie, ou des rapports entre les sons, semble plus difficile à concevoir quand les notes sont successives que lorsqu'elles sont simultanées. Or l'accord plaqué est un élément très secondaire de la musique chinoise : on a vu pourtant que l'hymne de la p. 103 est écrit tout en accords de quarte, et on trouvera des accords très variés dans la musique du khin **112**. Le prince Tsài-yŭ a étudié les ensembles dans la musique rituelle; on pourra tirer de ses œuvres quelques principes relatifs à l'accompagnement, à l'orchestration et au rhythme.

Dans ses formules d'accompagnement[11] le prince se sert des mots *tchéng*, *ying*, *hwŏ*, *thŏng*. *Tchéng* désigne la note fondamentale, celle qui appartient à la mélodie et sur laquelle est construit l'accord. *Ying*, « c'est le même son qui répond » au premier, c'est-à-dire l'octave. *Hwŏ* « n'est pas le même son, et cependant est vraiment d'accord », c'est la quinte ou la quarte[12]. *Thŏng*, c'est le même son produit sur une autre corde. Les mélodies citées par l'auteur permettent de reconnaître l'exactitude de ces définitions : le terme thŏng ne désignant pas une note différente de la fondamentale, l'accord prévu se ramène à fondamentale-quinte-octave, parfois fondamentale-quarte-octave, accord neutre et qui pour notre oreille n'établit pas un mode.

L'orchestre rituel[13] comprend le chant, *kŏ*, les cordes, khin **112** et sŏ **116**, les tuyaux, orgues **103** et flûtes **74** etc.; dans l'antiquité jamais le chant n'est admis sans les cordes, jamais les cordes ne sont employées qu'avec le chant. « Les sons du chant se prolongent[14] : on dit qu'ils perpétuent la parole. Les sons des cordes se prolongent : on dit qu'ils accompagnent cette expression perpétuée. Les sons soufflés se prolongent : on dit qu'ils s'accordent aux autres sons. » L'auteur rappelle ici l'exposé musical du *Chwén tyèn*[15], où toute-

---

1. N° 40, liv. 109, f. 9 r°.

2. Les cinq accords ou *tyáo* du khin servent à régler les autres instruments; ici encore on peut remarquer que le khin exige plus de science de ceux qui en jouent.

3. N° 42, liv. 13, ff. 5, 6.

4. P. 95, etc.; voir aussi n° 42, liv. 15, f. 19 r°.

5. Y. l. t., liv. 15, f. 12 v°.

6. N° 53, liv. 30, ff. 16, 18.

7. On parle alors (vers 1119), de *tchī tyáo*, systèmes de 5te, de *kyŏ tyáo*, systèmes de 3^ce; on parle aussi de *tchī chào*, de *kyŏ chào* dans un sens qui semble voisin; voir toutefois : N° 4 b). *Lyáng hwéi wàng*, II. — N° 12, p. 334.

8. N° 70 (Y. l. t., liv. 52, f. 42 v°).

9. N° 30 (Y. l. t., liv. 59, f. 2 v°).

10. On remarquera la ressemblance des expressions *tyáo*, système ou mode, et *thyáo fă*, méthode d'accord : la méthode d'accord du khin et de plusieurs autres instruments à cordes varie avec le système que l'on veut exécuter.

11. N° 79, ff. 1, 2, 3.

12. Le prince (N° 79, f. 14) explique que les joueurs de khin pour les pièces rituelles n'utilisent que le 10e et le 9e tons marqués sur l'instrument, c'est-à-dire la 4te et la 5te des notes fournies par les cordes totales (voir p. 167); on emploie la 4te sur les cordes 1, 2, 4, 5; on emploie la 5te sur la corde 3, parce que la 4te de *mi* est *la*, qui n'entre pas dans le système de hwàng-tchŏng fondamentale.

13. N° 79, ff. 14 v°, 15 v°.

14. N° 79, f. 15 v°; voir aussi n° 24, liv. 5, f. 10.

15. N° 1. — N° 14, pp. 29, 30.

fois il n'est pas question des tuyaux comme élément de l'orchestre. Le même passage du *Chwén tyèn* se termine ainsi : « je frappe la pierre sonore, je frappe la pierre sonore : tous les animaux dansent ensemble. » Les mots *kî* et *foù* traduits par «frapper» équivalent à *pò* et *foù*, qui sont du langage technique moderne : «frapper fort de la main droite, c'est ce qu'on appelle *pò*; frapper légèrement de la main gauche, c'est ce qu'on appelle *foù*[1]. » On frappe les lithophones **23** etc. et les cloches **1** etc., les tambours **44** etc. et les cymbales **16** etc., les claquettes de bois **31**; ces instruments percutés se combinent ou se remplacent selon le caractère rituel de la mélodie et le rang des auditeurs : c'est ainsi qu'à l'occasion une jarre de terre **36** remplace les pierres sonores **23**[2]. Quels que soient le nombre et la variété des instruments, ils se ramènent toujours à deux classes : les cordes et les tuyaux, inséparables du chant, exposent la mélodie, les instruments percutés marquent le rhythme. « Le lithophone, c'est avec quoi l'on rhythme la musique[3]. » Pour les carillons, «quand on les frappe fort, on appelle cela le son du métal, *kīn chēng*; quand on les frappe doucement, on appelle cela le cliquetis du jade, *yù tchén*. Quand le *Choū kīng* dit : frapper doucement les pierres sonores, frapper fort les pierres sonores, n'est-ce pas cela? » Le son du métal[4] est le temps fort battu au début de la mesure et commandant les 16 premières notes du khin pendant le souffle de l'orgue; le cliquetis du jade est le temps faible frappé au milieu de la mesure et dominant les 16 dernières notes du khin durant l'aspiration de l'orgue. Dans un autre exemple[5] le temps fort est marqué par le rouleau de cuir **35**, la claquette de bois et la cloche, le temps faible par le rouleau, la claquette et la pierre sonore; mais chacun de ces temps, étant très prolongé, est subdivisé en quatre battements, *pò*, du rouleau et de la claquette, auxquels répondent autant de battements faibles, *foù*, du rouleau seul; chaque battement commande deux notes du khin et du sè. Parfois, dans les pauses du chant, les temps secondaires sont marqués par le tambour et le petit tambourin *yíng* **46**. Dans tous les exemples orchestrés que j'ai à ma disposition, l'écriture est analogue et montre la grande importance du rhythme. « Confucius a dit[6] : la musique, c'est le rhythme. Qu'appelle-t-on rhythme? Quand les anciens chantaient, dans l'intervalle d'une note de chant, la cloche et le lithophone donnaient chacun une note : ce serait ainsi l'image des deux principes. Pendant une note de cloche ou de lithophone, il y a de la claquette quatre sons de chaque sorte, il y a huit battements

forts et huit battements faibles du rouleau de cuir : ce qui ressemble aux quatre diagrammes et aux huit trigrammes[7]. »

La définition donnée par Confucius est remarquable; on voit pourtant et l'on verra plus loin que le prince Tsäi-yü en tire des conséquences précises à l'excès, exposant en réalité ses idées sous le couvert des anciens. Dans son *Tshào mán koù yò phoù*[8], le prince appuie sa théorie de citations classiques qu'il commente et mêle à son texte. «Tout le monde sait que le chant perpétue la parole [*Chwén tyèn*], mais on ignore le rhythme, *tsyè tseoù*. Sans rhythme, quand même on parle de perpétuer, en réalité ce n'est pas perpétuer. Ce qu'on appelle rhythme, en termes vulgaires, c'est la mesure, *pàn yèn*[9]. Dans la musique rituelle des anciens Souverains, le rhythme était marqué soit par les cloches et les pierres sonores, soit par les jarres de terre, soit par les rouleaux de cuir, soit par les claquettes de bois. Pour les rites du banquet et du tir à l'arc de district[10], des huit classes d'instruments il y en avait quatre, le son de la pierre étant représenté par le lithophone, le son de la soie par le sè, le son de la gourde par l'orgue, le son du cuir par le tambour. Le sè et l'orgue sont pour la mélodie, le lithophone et le tambour sont pour le rhythme[11]. Le *Chwén tyèn* dit : je frappe la pierre sonore, je frappe la pierre sonore, tous les animaux dansent ensemble. Les hymnes des Chāng[12] disent : les instruments résonnent d'accord et également, ils sont accompagnés du son de nos lithophones. Le *Tcheoū li*[13] dit : le maître des cloches est chargé de toucher les instruments de métal, le maître des pierres sonores enseigne la musique à sons mêlés. La musique à sons mêlés, *mán yò*, c'est le *tshào mán*. » Cette dernière expression vient du *Hyò ki*[14]. « Celui qui n'a pas appris la pratique des accords, ne peut jouer convenablement des cordes; celui qui n'a pas appris les accompagnements multiples, ne peut construire convenablement une ode; celui qui n'a pas étudié les vêtements divers, ne peut convenablement célébrer les rites. » Le *Khāng hī tseù tyèn*, article *mán*, donne à ce mot le sens : « les cinq couleurs ensemble, sans dessins », et aussi : « sons divers qui s'accordent dans la musique ». Le *Tshào mán koù yò phoù*[15] explique *mán* dans le sens de lent, non serré; l'expression *tshào mán* signifie ralentir, prolonger les sons, ce qui se fait au moyen d'accords; les deux sens de *mán* sont donc fondus ici et concordent avec les principes du *Chwén tyèn*. Le terme *pò yi*, qui paraît dans la phrase suivante du *Hyò ki*, a une valeur complémentaire : *pò*, ample, étendu; *yi*, accom-

---

1. N° 79, ff. 2 v°, 22 v°.

2. N° 79, ff. 20 r°, 22 r°.

3. N° 79, f. 22 r° 磬 者。所 以 節 樂 也。

4. N° 83, ff. 5 v°, 6 r°; voir aussi pp. 125 à 128.

5. N° 80, ff. 4, 58.

6. N° 80, *Tsóng lwén*, f. 1 v° 樂 也 者。節 也。

7. La cosmologie se sert des symboles suivants : les deux *yi*, savoir _ _ et ——, répondant au principe *yīn* et au principe *yáng*; ils se combinent en 4 diagrammes, *syáng* (p. e. ☰ soleil, chaleur, etc., ☳ lune, froid, etc., ☲ étoiles, ☵ planètes, etc.) et 8 trigrammes, *kwà* (p. e. ☰, ☱, etc., signifiant le ciel, les lacs, le tonnerre, etc.).

8. N° 79, f. 2 v°.

9. *Tsyè tseoù* signifie exactement : exécuter suivant la règle, suivant les divisions, suivant la mesure; *pàn yèn*, à peu près : le frappé et la césure. *Pàn*, c'est la planchette qui sert à marquer la mesure. *Yèn*, en prosodie, désigne la syllabe principale du vers, la 3e dans le pentasyllabe, la 5e dans l'heptasyllabe; dans le premier cas le *yèn* précède la césure, il la suit dans le second, et l'on aperçoit l'élément de variété rhythmique qui provient de cette césure placée soit avant, soit après le frappé. L'identité de sens de *tsyè tseoù* et *pàn yèn* est encore affirmée dans le passage suivant (N° 79, f. 15 r° v°) : « d'après le *Yì li*, quand on joue l'ode *Tcheoū yù* (voir p. 123, note 8), les intervalles sont comme uniques (奏 驥 虞。間 若 一 o; explication : exécution à rhythme égal 節 奏 均 匀 o). Le commentaire dit : les intervalles comme uniques, cela indique l'importance du rhythme. Les anciens dans la musique attachaient du prix à l'exécution rhythmée; les contemporains, quand ils étudient le chant ou le khin, pour la plupart n'ont pas de mesure. Comment cela? La mesure, *pàn yèn*, cela signifie l'exécution rhythmée, *tsyè tseoù*; l'exécution rhythmée, c'est le *tshào mán*. » De ce passage résulte un troisième terme de même sens, *tshào mán*, sur lequel on va revenir.

10. Voir p. 101, note 3, et p. 184.

11. 瑟 與 笙 者。曲 也。磬 與 鼓 者。節 也。

12. N° 2, *Chàng sóng*, 1, str. 2. — N° 13, p. 459. 既 和 且 平。依 我 磬 聲。

13. N° 6, liv. 23, *tchong chī*. — N° 9, t. II, p. 59.

14. L'un des traités des *Lì ki*, n° 8. — N° 15, tome II, p. 33.

15. N° 79, f. 13 r°.

pagner[1]; d'où le sens : accompagnement exécuté par l'orchestre.

C'est surtout sous l'aspect du rhythme que les auteurs considèrent cet accompagnement[2]. « Tchäng Tsái[3], lettré de l'époque des Sóng, a dit : les anciens hymnes, yò tchäng, n'ont que quelques vers, les odes, chī, ne peuvent faire des chants, khyù. En y ajoutant une modulation, on obtient les pièces dites nóng ou yìn. Les bons chanteurs savent comment on fait un nóng, comment un yìn. Tchäng Tsái dit encore : les bons chanteurs [chantent] de telle sorte que les autres hommes continuent leurs sons et leurs paroles, de telle sorte que les sons durent à loisir et surabondent. Tchoù Hï dit aussi : les odes des anciens n'ayant qu'un ou deux vers, se développent et s'allongent. Il dit encore : pour moi, je soupçonne que dans la musique antique il y avait celui qui entonne et ceux qui accompagnent; celui qui entonne, profère la phrase du chant; ceux qui accompagnent, continuent le son. En dehors du texte de l'ode, il convient encore qu'il y ait des mots accumulés, des sons répartis[4] pour accompagner et proférer le sens. Les termes nóng, yìn, mots accumulés, sons répartis, sont en effet d'autres noms du tshào màn (rhythme d'accompagnement). » Ces quelques phrases (la dernière est-elle intégralement de Tchoù Hï? la rédaction ne marque pas la fin de la citation) définissent sur une ligne de chant toute en notes longues et répondant note pour syllabe au texte poétique, une broderie de notes, peut-être de paroles, non fixées d'avance, exécutées par les artistes suivant les principes généraux du rhythme et de l'accompagnement. D'autres passages marquent nettement qu'il s'agit d'un accord brisé avec tenue de la fondamentale[5] : « les chanteurs et les orgues donnent un seul son prolongé; le khin donne 32 notes; après quoi le chant et l'orgue cessent : c'est ce qu'on appelle tshào màn ... Le joueur d'orgue, en soufflant, produit un son prolongé; le khin donne 16 notes; le joueur d'orgue, en aspirant, produit un son prolongé; le khin donne 16 notes : ce qui fait en tout la durée de 32 notes du khin. Le joueur d'orgue emploie toute sa force pour tenir le son pendant 32 notes : celles-ci achevées, il s'arrête. Il ne peut souffler et aspirer à tort et à travers; en soufflant et aspirant à tort et à travers, on produit le son appelé vulgairement bruit de l'acier qui déchire l'étoffe; ce son est absolument proscrit pour l'orgue dans la musique rituelle. »

On voit quelle précision le prince Tsái-yŭ et peut-être déjà Tchoù Hï donnent aux textes anciens, qui semblent beaucoup plus vagues. Le prince attaque ailleurs[6] l'école de théoriciens qui par Tshäi Yuèn-ting remonte à Lyeoù Hïn; il repousse également comme modernes les coutumes des joueurs de khin et les traditions de la cour des Rites pour la musique rituelle. Il adopte les conclusions de Lyù Nàn[7], fonctionnaire pendant la période Kyä-tsing (1522-1566); ce personnage, dont les idées n'étaient pas condamnées, sans recevoir toutefois la sanction du ministère des Rites, avait choisi parmi les étudiants officiels une centaine d'élèves et, ayant mis en musique orchestrale 80 des pièces du Chī kīng, les leur avait enseignées[8]. Cette tentative, qui n'eut pas de suite pratique, consistait surtout dans une restitution savante de la musique antique, fondée sur des textes anciens, non techniques, peu nombreux, appuyée d'autre part sur quelques traditions des musiciens et concordant comme système général avec les recueils officiels[9] de Lèng Khyèn. La base est étroite pour une construction aussi complexe : toutefois celle-ci mérite d'être examinée, ne fût-ce que comme un exemple des rhythmes et des accompagnements conçus au XVIe siècle. C'est[10] dans une mélodie employée par les joueurs de khin pour accorder leur instrument que le prince Tsái-yŭ trouve les restes du tshào màn antique : yuĕ làng fóng tshīng, la lune est claire, le vent est léger; les notes répondant à fóng tshīng lui révèlent l'8ve, celles de yuĕ làng lui donnent la 5te. Il s'appuie aussi sur de vieux thèmes de tshào màn transmis oralement en province et recueillis par son père, le prince de Tchéng; n'ayant ainsi que la mélodie des formules d'accompagnement, le prince de Tchéng y accorda des phrases de rhythme approprié, « phrases trisyllabes, phrases tétrasyllabes, phrases longues et courtes mêlées, phrases allongées et phrases raccourcies »[11]. On donnera des exemples de ces schémas d'accompagnement rhythmé, susceptibles de s'appliquer à toute poésie en observant toutefois les convenances de rhythme; pour fixer les idées, la fondamentale, tchéng, de l'accord est identifiée à mi_3; le tétrasyllabe est considéré comme un hémistiche.

Le texte des exemples a) et b) forme de part et d'autre deux vers[12]; c'était le texte traditionnel appli-

---

1. *Pò yĭ*, 博 倚. *Yĭ*, voir le vers des *Chäng sòng*, p. 122, note 12; littéralement : s'appuyer sur. Le mot *yi* 倚, même sens, s'applique également à la musique : 自 倚 瑟 而 歌 詩 o « s'accompagner sur le se et chanter des odes » (N° 36, cité par n° 79, f. 13 r°).

2. N° 79, f. 2 v°. Le rhythme et l'accompagnement sont naturels, *tchéng*, quand il n'y a pas de sons abondants, touffus, *fàn chéng*; ils s'appliquent alors à toutes les pièces du *Chī kīng*; les pièces de ce style sont dites *yìn*, ou *tshào*, parce qu'elles expriment la modération *tsyé* et la constance *tshào*. Le style modifié, *pyèn*, est au contraire abondant, luxuriant, *fàn*, et s'applique, dans le *Chī kīng*, seulement aux odes des trois premières parties, non pas aux hymnes, *sóng*; les pièces de ce style, *nóng* ou *tchhàng*, expriment l'harmonie *hrò*, l'allégresse *tchhàng* (N° 79, f. 13 v°). Ces distinctions sont difficiles à apprécier faute d'exemples.

3. Tchäng Tsái (1020-1067), lettré renommé, oncle des frères Tchhèng, docteur en 1057.

4. 疊 字 散 聲

5. N° 79, ff. 13 r°, 13 v°, 14 r°.

6. N° 79, rapport dédicace, f. 1 r°, 1 v°, 2 r°, 3 v°, 4 r°.

7. Lettré et mandarin (N° 52, liv. 282).

8. Le recueil de Lyù Nàn avait d'ailleurs disparu et le prince Tsái-yŭ n'en eut qu'un écho indirect. Son père, le prince de Tchéng, grand connaisseur en archéologie musicale, avait commencé ces recherches à Fóng-yáng, au Ngàn-hwéi, et les ayant poursuivies lui laissa ses manuscrits en lui recommandant de les compléter. Tsái-yŭ donne en ses divers ouvrages un grand nombre de mélodies dont les poèmes sont pour la plupart tirés du *Chī kīng* : *Kwè fóng* 1, 1 *Kwàn tshyŭ*; 2 *Kò thàn*; 3 *Kyuèn eùl*; 4 *Kyeoù moù*; 5 *Tchóng seù*; 6 *Thào yáo*; 7 *Thoù tsye*; 8 *Feoù yĭ*; 9 *Hàn kwàng*; 10 *Joù fèn*; 11 *Liu tchi tchi*; — II, 1 *Tshyö tchhào*; 2 *Tshài fàn*; 3 *Tshào tchhàng*; 4 *Tshài phìn*; 5 *Kàn thaïng*; 6 *Hing loù*; 7 *Kào yàng*; 8 *Yin khì léi*; 9 *Pyao yeoù méi*; 10 *Syao sìng*; 11 *Ky ìng yeoù seù*; 12 *Yè yeoù seù kyàn*; 13 *Hò pì nóng yì*; 14 *Tcheoù yù*; — *Syao yà* li, 1 *Loù mìng*; 2 *Seù mroù*; 3 *Hwàng hwàng tchè h rà*; — II, 3 *Yù li*; 5 *Nàn yeoù kyà yù*; 7 *Nàn chàn yeoù thài*; — *Tà yà* ll, 3 *Ki tsvéi*; — *Tcheoù sóng* l, 10.

La poésie du *Tshào màn kaù yò phaù* (N° 79) est tirée du *Choù king*, *Yì tsi* (N° 14, p. 59); les trois hymnes du *Lyù hyo sìn chrè* (N° 75, liv. 2, ff. 41 à 46) sont des chants officiels du recueil de Lèng Khyèn, ils célèbrent les ancêtres impériaux. Il reste dans le *Hyàng yìn chì yò phaù* (N° 76, liv. 3) et dans le *Ling sìng syao woù phaù* (N° 84) quelques poèmes dont je n'ai pu déterminer la source. Il y a lieu de remarquer que le prince Tsái-yŭ donne sans indication particulière le texte de 7 poèmes dont les titres seuls sont conservés dans le *Chī king* : *Syao yà* 1, 10 *Nàn kaï*; — II, 1 *Pò hrà*; 2 *Hwà choù*; 4 *Yeoù kèng*; 6 *Tchhòng khyeoù*; 8 *Yeoù yì*; pour le *Lì cheoù*, voir p. 101, note 3. La disparition des textes originaux est un fait si connu qu'il était superflu de le rappeler aux lettrés.

9. N° 75, liv. 2, f. 41 r°.

10. N° 79, rapport dédicace, f. 1. — N° 79, ff. 2, 3. — N° 75, liv. 2, f. 40 v°.

11. N° 80, *Tsóng hrén*, ff. 1 v°, 2 r°.

12. N° 79, f. 1. Traduction : « Si l'on réussit à garder les sons qui se répondent, naturellement [la musique] est légère et paisible. La lune est brillante, le vent est pur sur les eaux qui coulent et les montagnes élevées. Même si l'on connaît peu les degrés musicaux, le khin est capable de dissiper la tristesse. Le vent est pur, la lune est brillante; les montagnes sont élevées, les eaux courantes. » Les mots *syen wóng* à la

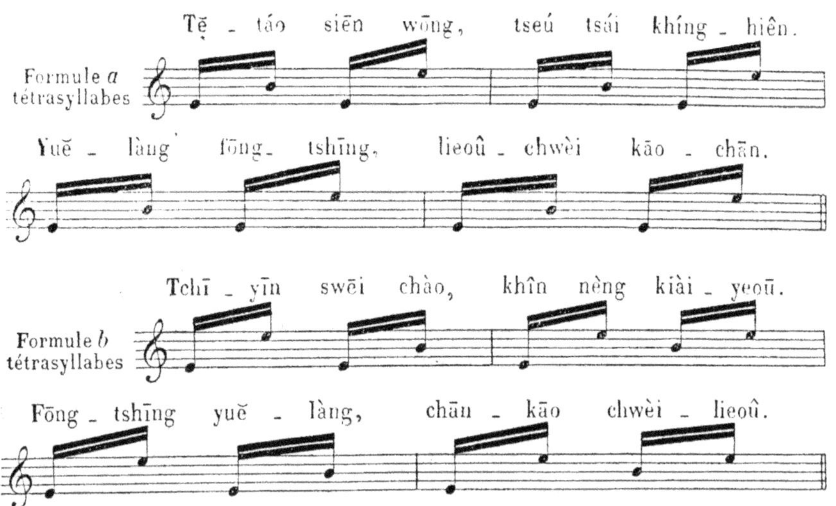

qué par les joueurs de khin à ces deux formules d'accord; l'auteur propose en même temps et emploie uniquement par la suite un double texte en prose, formé de quatre phrases tétrasyllabes[1]; le sens de ce changement est difficile à percevoir. Le *Lyŭ hyŏ sīn chwĕ*[2] indique que les deux formules a), b) répondent respectivement au son du métal et au cliquetis du jade (p. 122), que les phrases sont tétrasyllabes, non coupées, *woŭ twán kyŭ*, ou liées, *lyén kyŭ*, donc sans pause, *woŭ tshí tshwŏ;* syllabes accentuées, 1re et 3e de chaque hémistiche. L'opposition des deux temps, des deux parties de la phrase rhythmique, est soulignée par la construction différente de l'accord, le premier temps résultant d'un accord primitif brisé répété quatre fois, le second présentant une forme simple et un renversement; la répétition plus fréquente de l'un des sons de l'accord, la disposition variable des notes introduisent un élément d'expression. Je ne vois d'ailleurs pas de lien entre l'expression musicale des deux passages et l'accent prosodique ou grammatical; si l'on prend comme exemple le second vers de chaque formule, on constate identité de structure prosodique; si les inversions qui paraissent dans les seconds hémistiches (*lyeoŭ chwèi* v. *chwèi lyeoŭ*) coïncident avec un changement musical, l'accord change aussi du premier au second des hémistiches de début, alors que l'ordre grammatical ne varie pas (*fōng tshīng* v. *fōng tshīng*).

Exemples c) et d)[3].

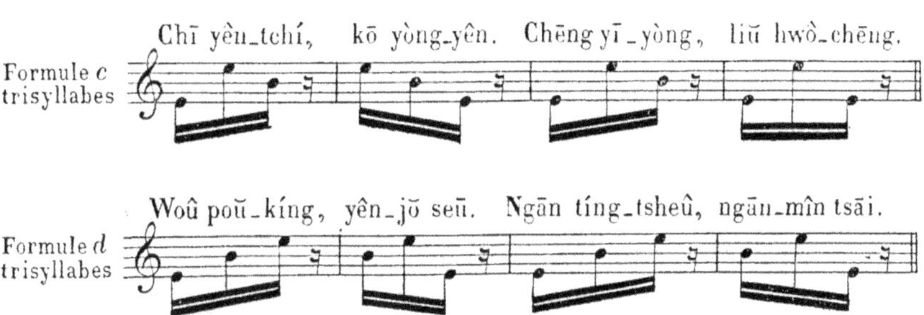

Vers trisyllabes coupés, *twán kyŭ*, donc avec pauses, *yeoŭ tshí tshwŏ;* dans chaque hémistiche, 1re et 3e syllabes accentuées, la pause répond à la 4e syllabe des formules a), b); au contraire, l'accord du trisyllabe est indépendant de celui du tétrasyllabe. La formule c) répond au premier temps, la formule d) au second temps; la formule c) présente trois formes différentes de l'accord, la formule d) n'en a que deux.

---

lin du premier hémistiche sont une onomatopée consacrée pour le son aigu et le son grave, qui se répondent quand on accorde par 8ves ou par 5tes. Formule a), 7e mot, lire *khíng*. — Voir le texte chinois, Index. A. d).

1. *Fēi-li woŭ-chi, fēi-li woŭ-thíng, fēi-li woŭ-yén, fēi-li woŭ-tóng;* traduction : « Ne regardez pas contrairement aux rites; n'écoutez pas contrairement aux rites; ne parlez pas contrairement aux rites; ne remuez pas contrairement aux rites » (N° 4 a), *Yén yuén.* — N° 12, pp. 198, 199). — *Ngáo poŭ-khŏ-tchăng, yŭ poŭ-khŏ-tsíng, tchí poŭ-khŏ-măn, lŏ poŭ-khŏ-ki;* traduction : « L'orgueil ne doit pas grandir, les désirs ne doivent pas être suivis, la volonté ne peut être accomplie totalement,

la joie ne peut atteindre le plus haut degré » (N° 8, *Khyŭ li.* — N° 15, tome I. p. 2). — Voir le texte chinois. Index, A, e).

2. N° 75, liv. 2, f. 40 v°.

3. N° 79, f. 2 r°. — N° 75, liv. 2, f. 41 r°. Traduction : « La poésie exprime les sentiments, le chant prolonge cette expression, les sons [des instruments] accompagnent l'expression perpétuée, les tuyaux sonores règlent les sons » (N° 1. *Chwén tyén.* — N° 14, p. 29). — « Gardez-vous de manquer de respect, soyez grave comme un homme qui réfléchit, tranquillement fixez vos paroles; combien sera pacifié le peuple! » (N° 8, *Khyŭ li.* — N° 15, tome I, p. 1). — Voir le texte chinois, Index, A, f).

Exemple *e)* [1].

Formule *e*
hexasyllabes,
avec refrain
tétrasyllabe

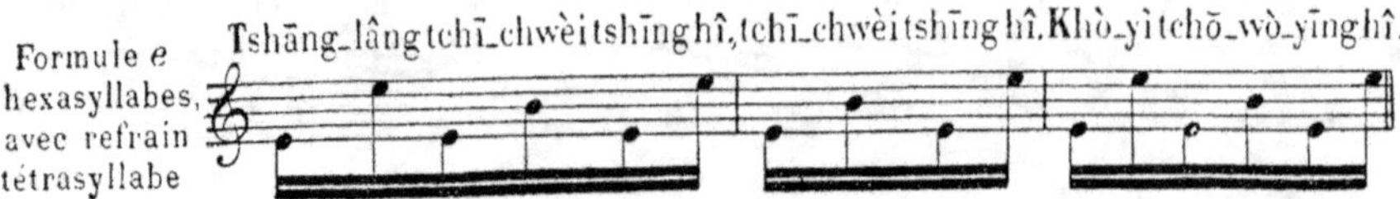

Vers hexasyllabes, liés, avec accents sur les syllabes 1, 3, 5; ils ne sont donc pas divisibles en hémistiches, ainsi que le montre le refrain qui comprend les syllabes 3 à 6 du premier vers. Pour le rhythme, ces vers sont un allongement, *thyèn kyù* de la formule *f*).

Exemple *f)* [2].

Formule *f*
pentasyllabes,
avec refrain
trisyllabe

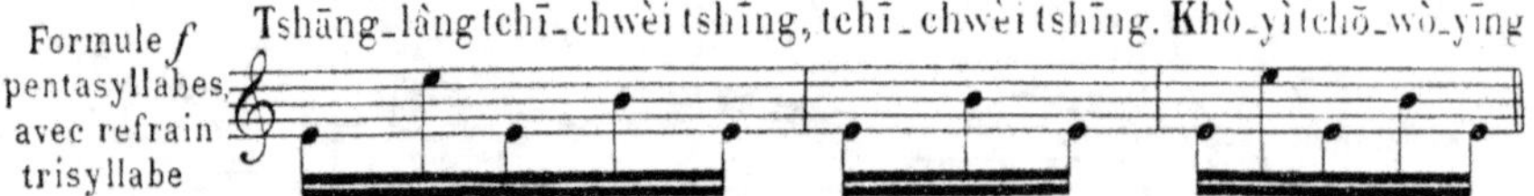

Vers pentasyllabes, coupés par suppression des finales de l'exemple précédent, accentués sur les syllabes 1, 3, 5 : ces vers rimant par leur 5e syllabe peuvent être tenus pour les originaux, la finale *hi* est ajoutée. L'accord dérive de la formule précédente. Un autre exemple donné par le *Lyù hyò sīn chwè* sans indications relatives à l'accord, révèle la même structure rhythmique, avec cette variante que le point de départ est un double tétrasyllabe rimé : aux deux vers on a ajouté l'exclamation *hi*; le trisyllabe, sans exclamation, est une proposition indépendante. Les formules *e*) et *f*) représentent chacune un temps fort; le temps faible est semblable.

Quelques exemples éclairciront l'emploi de ces formules d'accord et de rhythme.

Ode Kwăn tshyù [3].

Transcription des mesures 1 à 5.

Lent

1re mesure.				2e mesure	3e mesure
Tambourin . - - - - -				semblable	semblable
Claquette claq. claq. claq.					
Rouleau cuir *forte.* Rouleau *piano* Roul *f* Roul *p* Roul *f* Roul *p* Roul *f* Roul *p*					

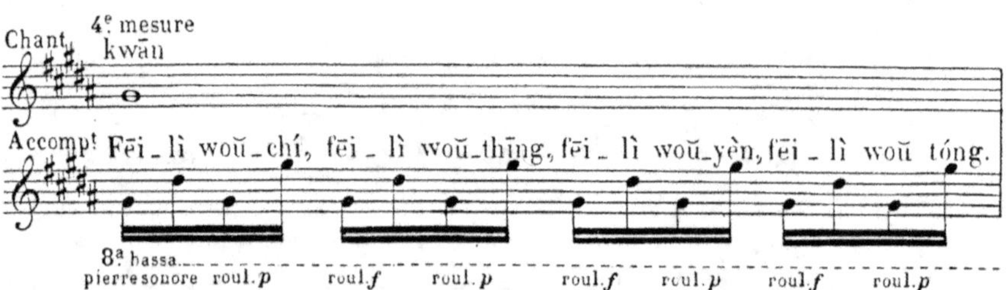

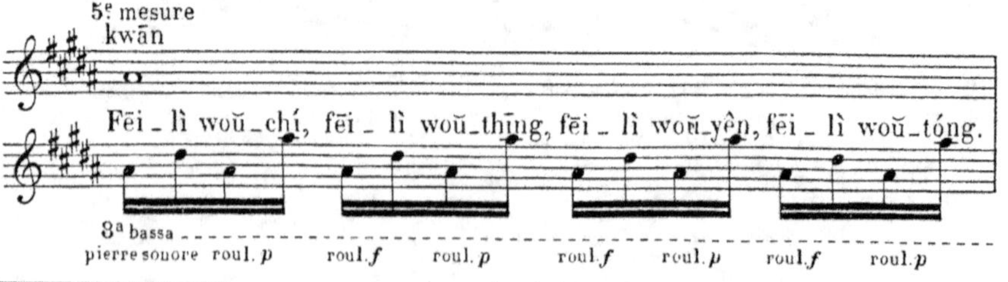

---

1. N° 79, f. 1 v°. Traduction : « L'eau du Tshăng-làng est claire, ah ! j'y puis laver les cordons de mon bonnet, ah ! » (N° 4 *b*), *Lí leoă*. — N° 12, p. 470). — Voir le texte chinois, Index, A, *g*).

2. N° 79, ff. 1 v°, 2 r°. — N° 75, liv. 2, f. 41 r°.

3. N° 76, liv. 1, f. 31. Traduction : « Les sarcelles [crient] kwăn kwăn sur un îlot de la rivière : une fille vertueuse vivant retirée est une digne compagne pour un prince sage. — Le légume aquatique hing, grand ou petit, se trouve à droite ou à gauche, il suit le fil de l'eau. Cette fille vertueuse vivant retirée, veillant et dormant, nous la cherchons. — Nous la cherchons sans succès, veillant et dormant notre pensée s'attache à elle. Combien longtemps, combien longtemps, nous tournant et retournant, nous avons changé de côté ! — Le légume aqua-

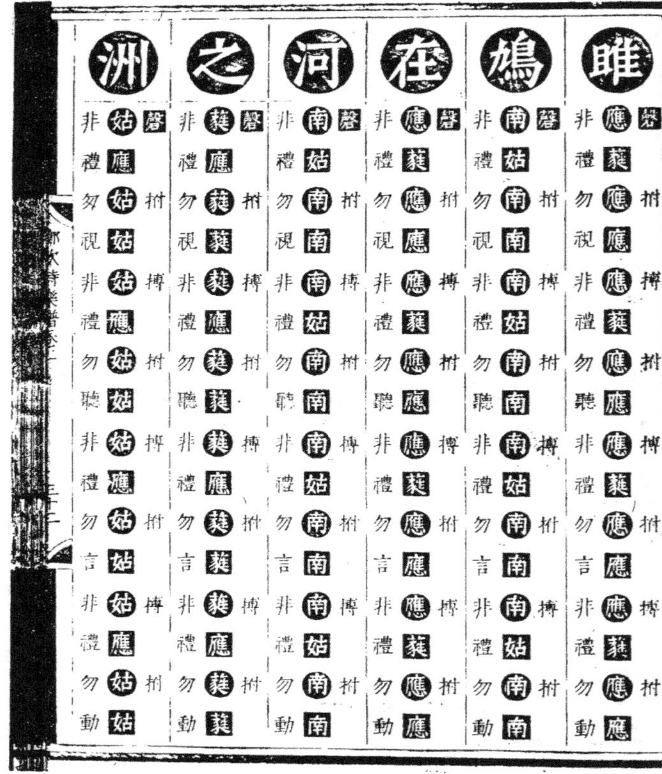

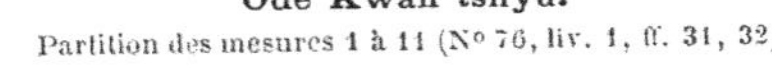

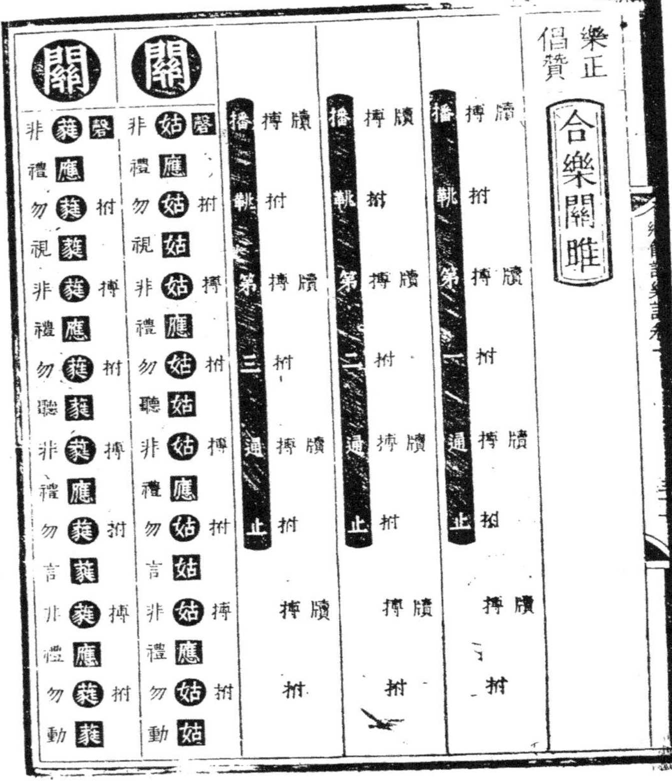

Ode **Kwăn tshyŭ.**
Partition des mesures 1 à 11 (N° 76, liv. 1, ff. 31, 32).

Ode Kwăn tshyŭ.

Autre partition de la mesure 8 ci-dessus (N° 80, ff. 7, 8).

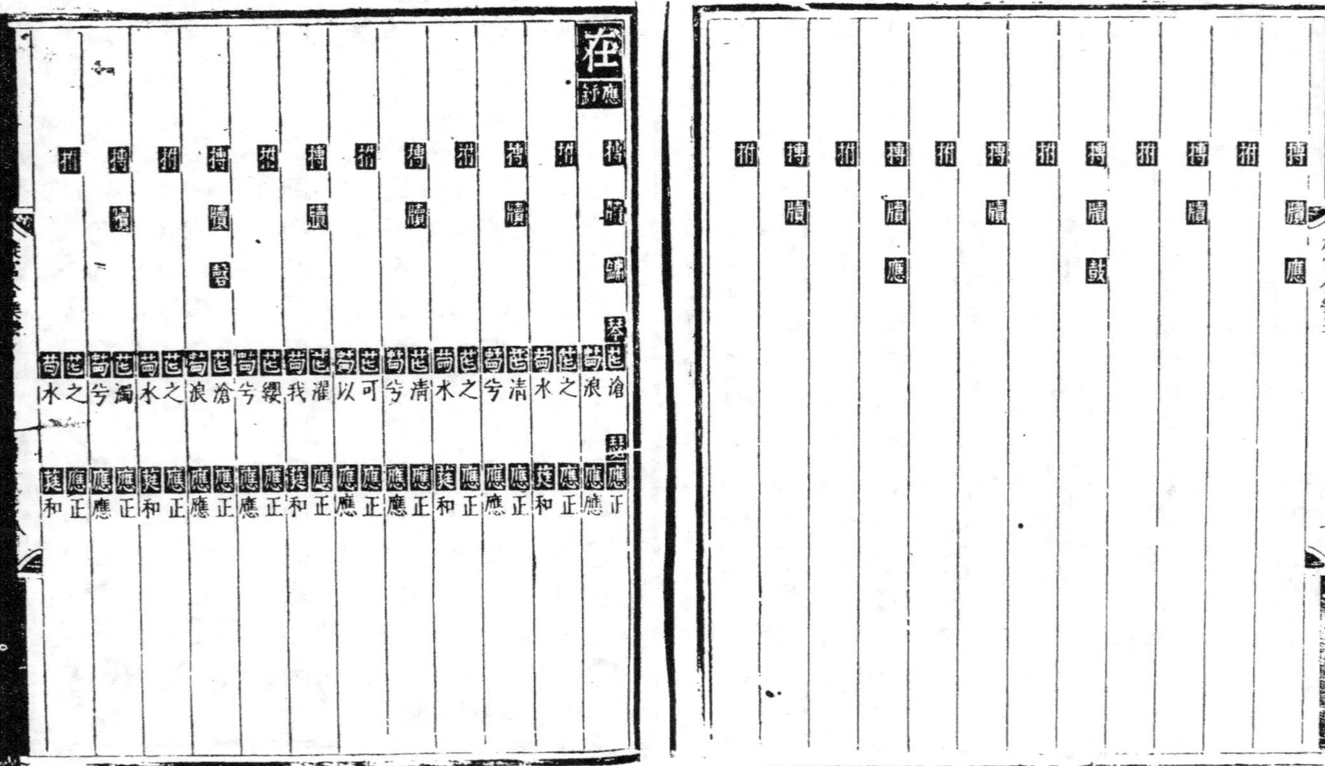

La disposition étant partout la même, il est superflu de poursuivre cette transcription détaillée; on trouvera plus loin une transcription réduite de toute la mélodie. On observera que la partition chinoise pour une note de chant donne seulement 16 notes d'accompagnement conforme en général à la formule *a)*, c'est-à-dire la moitié de l'accord total; la seconde demi-mesure, c'est-à-dire le temps faible, devrait avoir un accompagnement de la formule *b)*. J'ai ajouté la note du chant et l'indication des octaves, renseignements qui manquent sur la partition chinoise; je les ai rétablies d'après les principes posés et d'après les autres exemples. On voit que la 4ᵉ mesure équivaut à la suivante :

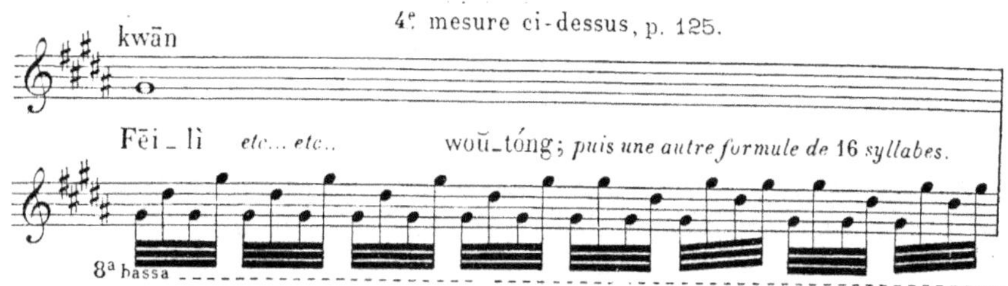

Toutes les mesures étant construites de même, je me bornerai à donner les notes sous forme d'accord. La même ode existe[1] en partition complète, chant, khìn **112**, sè **116**, cloches *yóng* **1** et *tchōng* **2**, pierres sonores **23** et **24**, claquettes **31**, rouleau **35**, auge **34**, tigre **29**, tambour et tambourins **44** etc.; la disposition graphique est différente; la mélodie est la même, mais l'accompagnement est de la formule *e)*, où le temps fort et le temps faible comportent même ordre des notes. Les raisons pour le choix de la formule d'accord ne sont pas indiquées.

Ode Kwān tshyu.

Transcription réduite[2].

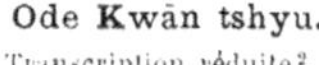

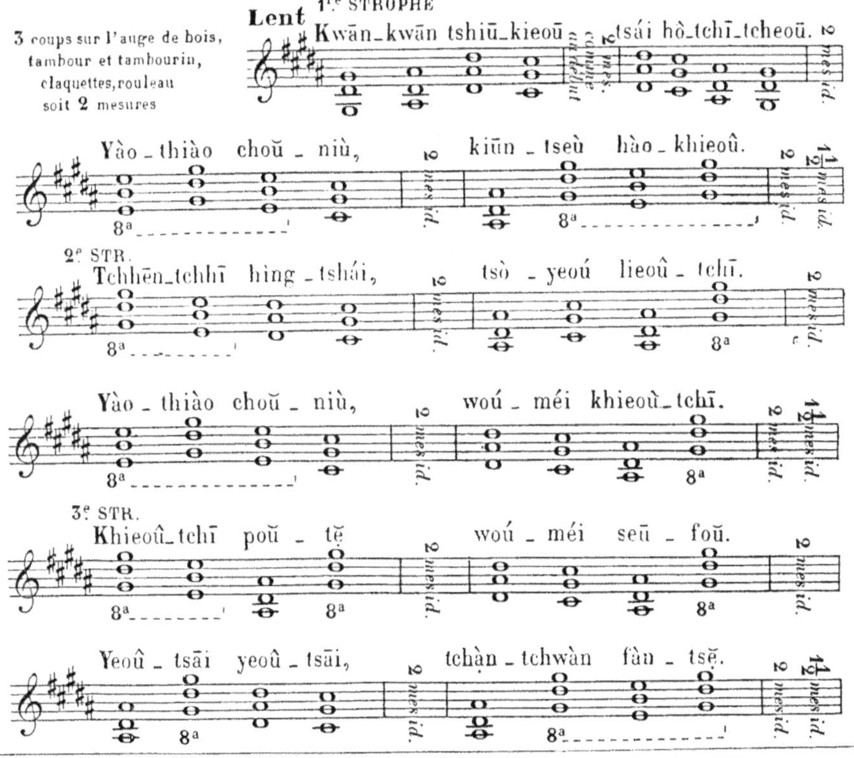

lique hing, grand ou petit, à droite et à gauche, on le cueille. Cette fille vertueuse vivant retirée, au son du khin et du sè, nous la traitons en amie. — Le légume aquatique hing, grand ou petit, à droite et à gauche nous l'accommodons. Cette fille vertueuse vivant retirée, avec les cloches et les tambours nous la fêtons. » (Nº 2, *Kwè fóng*, 1, 1. — Nº 13, p. 5.) — Voir le texte chinois, Index, A, *h*).

1. Nº 80, ff. 2 vº à 88 rº.

2. Dans cet exemple et dans les deux suivants, la note la plus haute représente le chant; l'accompagnement est l'accord de trois notes, brisé selon les formules.

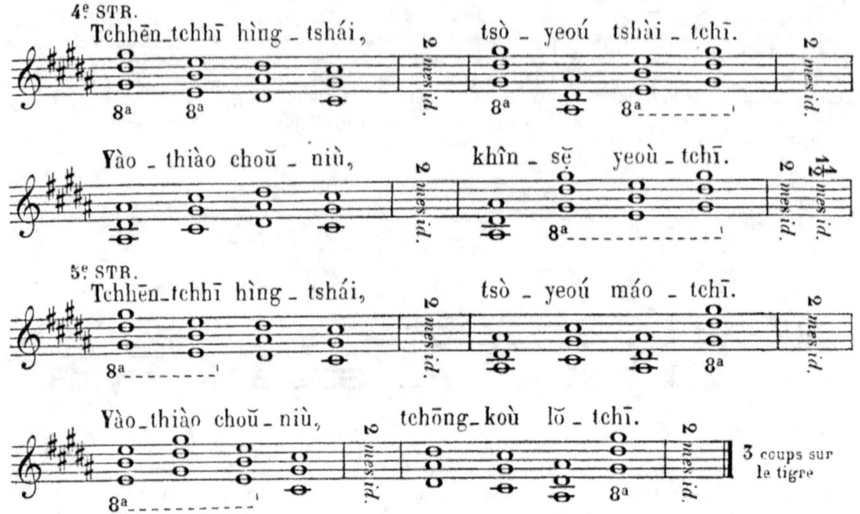

Mélodie en gamme de hwàng-tchōng, en système de 3ce (23, p. 99), avec exclusion de la 2de (fa♯); remarquer le second accord et les accords semblables (ré♯ la ♯), où la 5te inférieure (ré♯) est régulièrement substituée à la 4te inférieure (fa), cette note n'appartenant pas au système.

Cette mélodie est tirée, dit le prince Tsái-yŭ[1], d'une édition des livres canoniques gravée sur pierre, qui existe à Sī-ngān foŭ et qui remonte aux âges précédents : Sī-ngān, ancienne capitale, est bien connu pour ses monuments épigraphiques; on aimerait pourtant des indications plus précises.

Ode Tcheoŭ yù[2].

La disposition de la partition est identique à celle de l'ode Kwān tshyŭ: l'accompagnement est de la formule b), aucune indication n'est fournie pour la seconde demi-mesure; il semble qu'on ne tienne pas compte du rapprochement marqué par les théoriciens entre la formule a) et le temps fort, la formule b) et le temps faible. Même système que ci-dessus.

Transcription réduite.

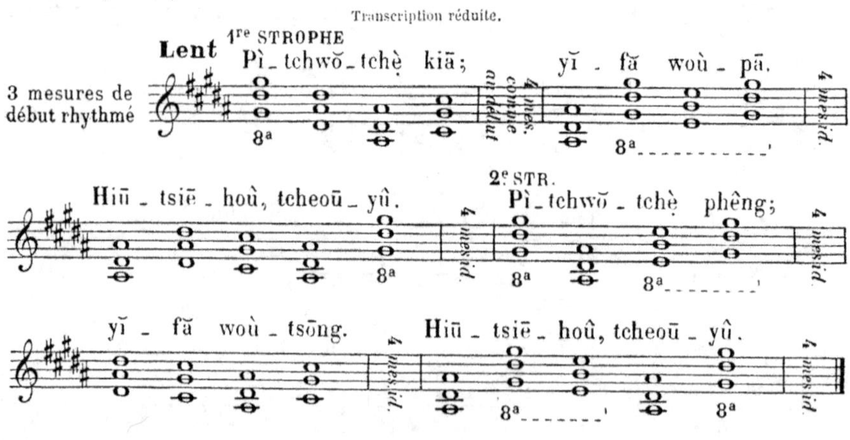

Hymne Ki tswéi[3].

Même disposition que pour l'ode précédente; accompagnement en formule b). Gamme de hwàng-tchōng, en système de 1me (1, p. 98) avec exclusion de la 2de (fa♯); remarquer le second accord (mi si), où la 5te inférieure (mi) est substituée à la 4te inférieure (fa♯).

---

1. N° 80, f. 88.
2. N° 76, liv. 5, ff. 1 à 5. Traduction : « Là, ces plantes qui sortent de terre, [ce sont] des roseaux; de quatre flèches [le chasseur abat] cinq laies. Holà! ho! le tcheoù-yù. — Là, ces plantes qui sortent de terre, [ce sont] des phèng; de quatre flèches [le chasseur abat] cinq marcas-

sins. Holà! ho! le tcheoù-yù. » Le tcheoù-yù est un animal imaginaire, très doux (N° 2, Kwĕ fōng. II. 14. — N° 14, p. 28). — Voir le texte chinois, Index, A, i).
3. N° 76, liv. 5, f. 30. Traduction : « Vous nous avez abreuvés de vin, vous nous avez rassasiés de bienfaits. Prince sage, [à vous] dix mille

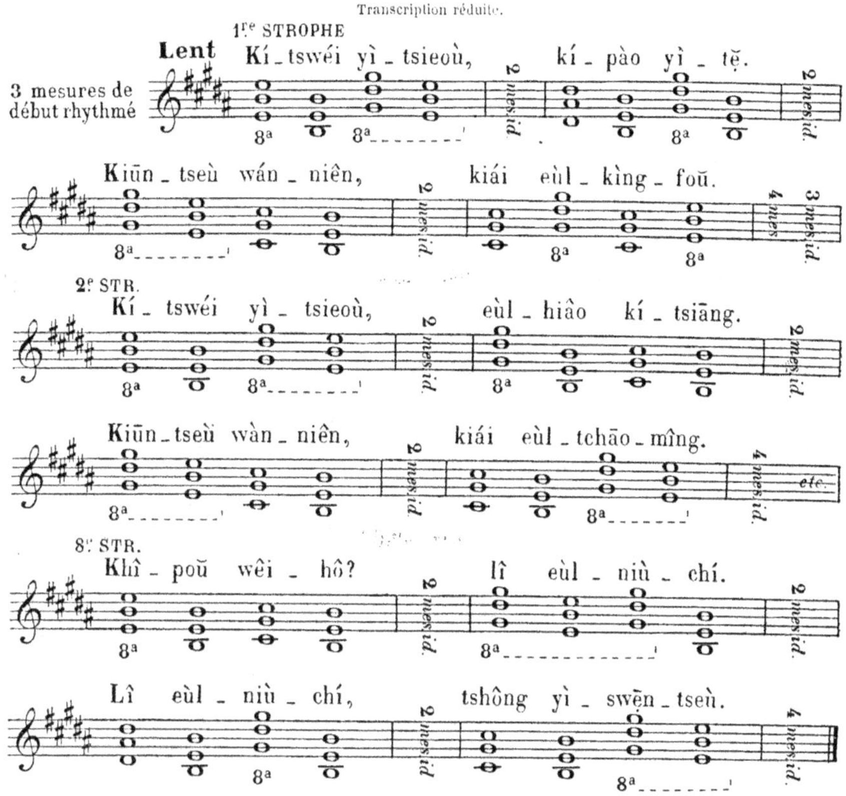

Hymne du temple des Ancêtres[1].

Cette partition indique au-dessous de la poésie en gros caractères la partie de chant, la partie d'orgue, puis en deux colonnes parallèles les parties de khin et de sĕ; ces deux dernières parties sont écrites selon

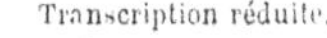

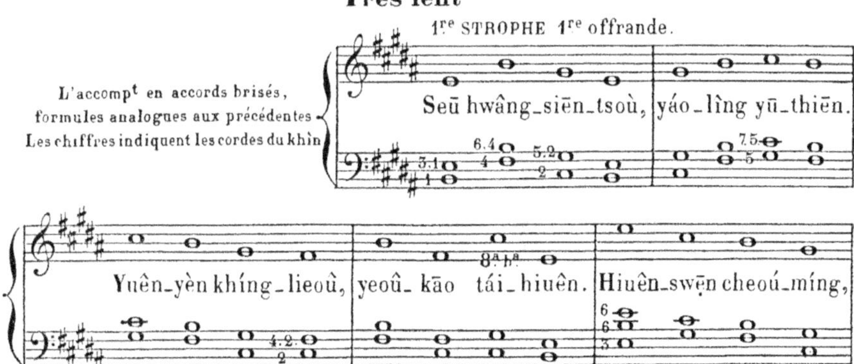

années! puisse croître votre félicité brillante! — Vous nous avez abreuvés de vin, vos mets ont été servis. Prince sage, [à vous] dix mille années! puisse croître votre éclat resplendissant!..... Le pouvoir souverain durera pour vous, comment sera-ce? vous avez reçu une femme héroïque. Vous avez reçu une femme héroïque, d'elle vous aurez des descendants. » (N° 2, *Tö yä*, II, 3. — N° 13, p. 355.) — Voir le texte chinois, Index, A, j). — A la 2e str., 3e mesure, lire *wán*.

1. N° 73, liv. 2, ff. 41 à 49. Traduction : « Nous pensons à nos aïeux impériaux, leur pouvoir resplendissant est au ciel. Source qui s'épanche, la félicité coule et des premiers ancêtres atteint les derniers descendants. Le descendant éloigné a reçu le mandat céleste et retourne [en son esprit] vers ses prédécesseurs. Par des offrandes claires, les générations rendent hommage, pendant des myriades de myriades d'années. — Se manifestant en réponse, nos parents suprêmes sont majestueux

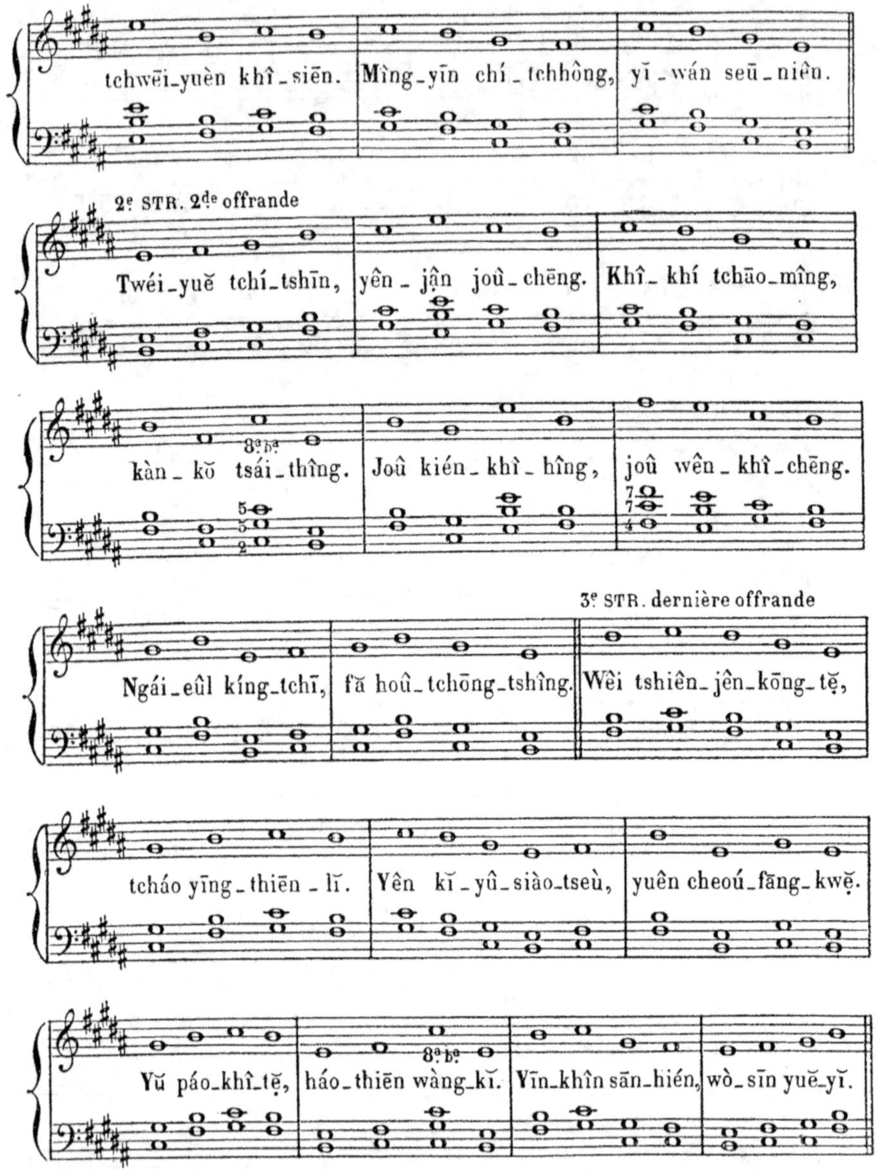

la formule *a*); les 16 premières notes seules sont données, la seconde moitié de la mesure est semblable à la première, ainsi que l'indique la note en petits caractères abrégés en bas de chaque colonne. Il n'y a pas de parties de tambour, cloche, claquettes, etc.

Les deux premières strophes : gamme de hwâng-tchōng, en système de 1ᵐᵉ (1, p. 98), avec exclusion des degrés complémentaires (*ré* ♯, *la* ♯). La dernière strophe : même gamme, système de 5ᵗᵉ (39, p. 99), avec exclusion des degrés complémentaires. Les quatre notes *mi*, *fa* ♯, *si*, *ut* ♯ reçoivent comme accompagnement la 4ᵗᵉ inférieure; *sol* ♯ prend la 5ᵗᵉ inférieure, la 4ᵗᵉ inférieure (*ré* ♯) étant exclue. La présence d'une partie

comme de leur vivant. Leur influx éclatant pénètre et émeut cette cour. Il nous semble voir leur forme, il nous semble entendre leur voix. Le respect avec l'amour se répand du milieu de notre cœur. — Nous songeons que nos prédécesseurs, pour leurs vertus méritoires, ont en fondant [l'État] reçu du Ciel le pouvoir ordonnateur des astres. Enfin nous, fils indigne, nous avons maintenant reçu tout l'Empire. Nous désirons de répondre à leur vertu : l'auguste Ciel est sans limites. Avec componction, avec diligence, [nous offrons] la troisième oblation : notre cœur [maintenant] est plein de joie. » — Voir le texte chinois, Index, A, *k*.)

Hymne du temple des Ancêtres.

Partition, fin de la 1re strophe, début de la 2me strophe (N° 75, liv. 2, ff. 43, 44).

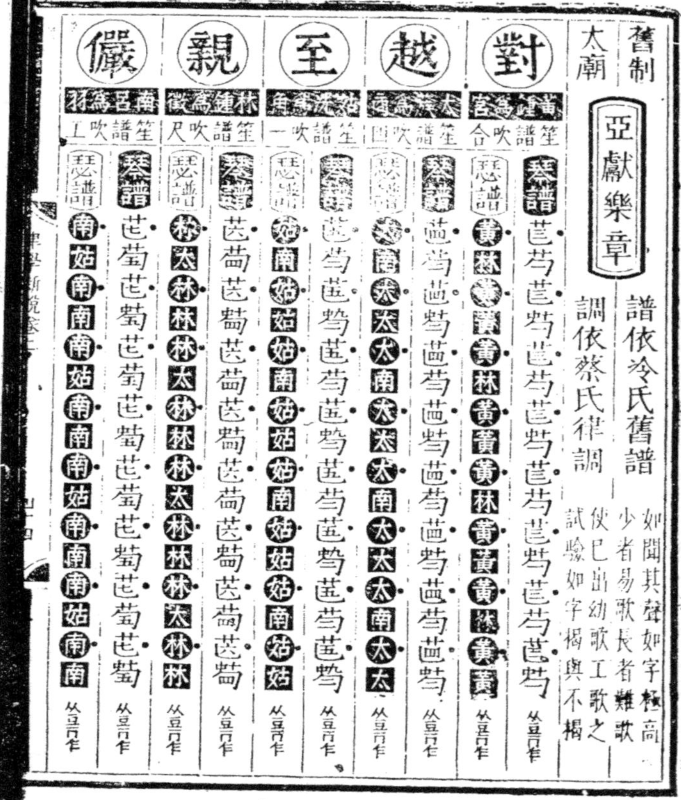

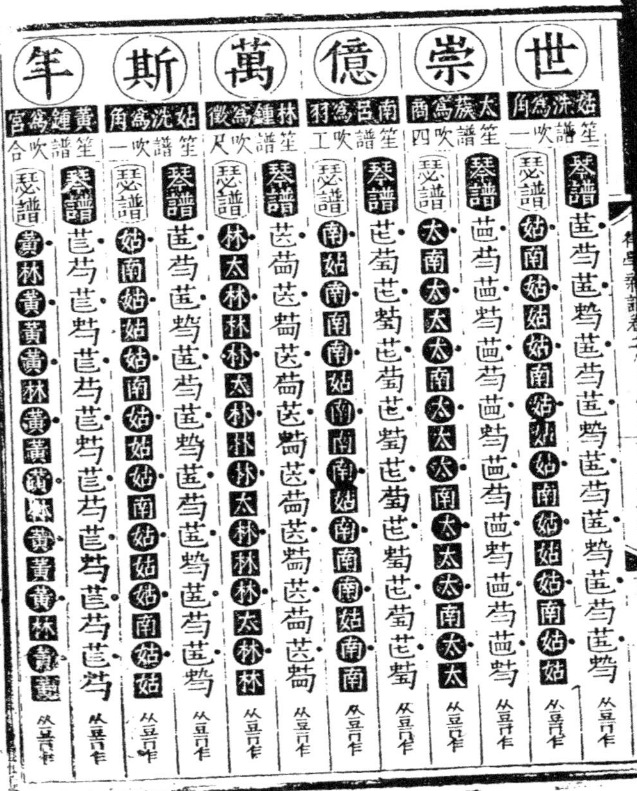

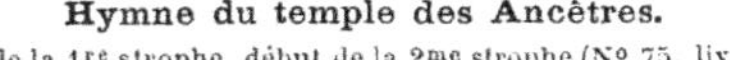

Hymne Seŭ wên.
Partition (N° 84, ff. 10, 11).

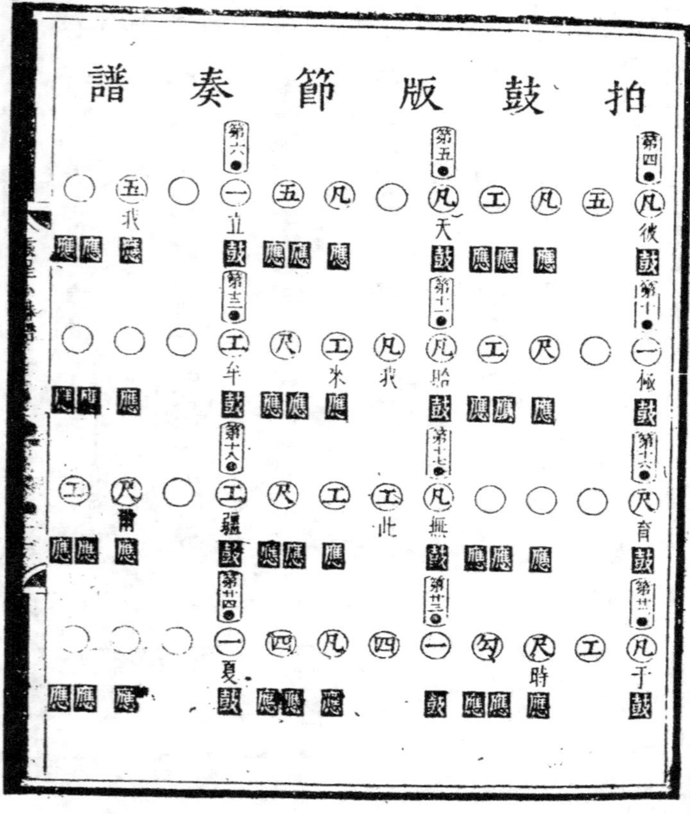

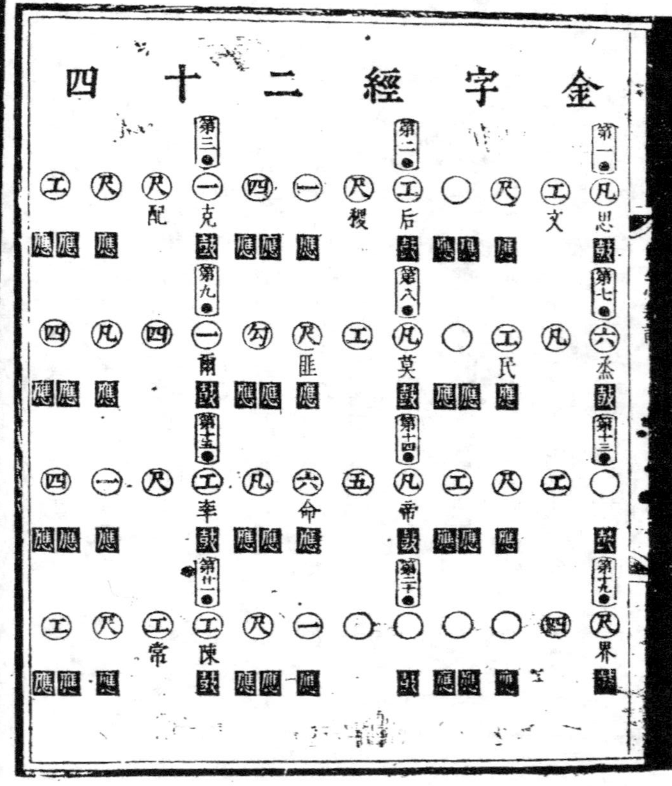

de khin a permis pour cet hymne d'établir à coup sûr l'8ve exacte des notes, ce qui n'a pu être fait qu'avec une demi-certitude pour les exemples précédents; on observera dans quelques cas, au lieu de la 4te (p. e. si₁ mi₂), le renversement (p. e. mi₂ si₂ mi₃) : ce sont les seules recherches d'harmonie qu'on puisse signaler.

Dans tous ces exemples la musique suit exactement le rhythme poétique; la mesure uniforme n'est pas requise : dans la 3ᵉ strophe de l'hymne aux Ancêtres, on voit deux hémistiches pentasyllabes au milieu des tétrasyllabes. Il est probable que les formules e) et f) présenteraient des faits analogues; malheureusement je n'en ai pas d'exemple, non plus que des formules c) et d), qui ne semblent pas indiquer des mesures à trois temps, mais des mesures à quatre temps avec un silence au dernier temps.

L'hymne à Confucius sous la dynastie actuelle[1] est, comme les deux premières strophes de l'hymne précédent, en vers réguliers octosyllabes de deux hémistiches; le rhythme poétique règle le rhythme musical. Les quatre parties fondamentales (flûtes droite **77** et traversière **81**, khin **112** et sᵉ **116**) sont à l'unisson; sans aucun doute il en est de même pour le chant qui n'est pas noté. Pour le khin et le sᵉ, la note principale seule est marquée; rien n'empêche de penser qu'elle est la fondamentale d'un accord brisé dont les règles sont connues et qu'il est par suite inutile de développer; on peut croire que les partitions usuelles au début des Ming étaient écrites à peu près comme les partitions modernes, et seuls les traités d'accompagnement nous ont révélé le détail des accords. Je ne puis cependant présenter cette opinion que comme probable, n'ayant pas de faits précis à l'appui; mais si l'on se rappelle (p. 123) que le prince Tsäi-yü prétendait revenir à une tradition ancienne et condamnait la pratique contemporaine, il devient probable qu'au XVIᵉ siècle déjà l'accompagnement s'était simplifié et ne différait guère de ce qu'il est aujourd'hui. Le même ouvrage d'où j'ai tiré l'hymne à Confucius[2], renferme encore les hymnes officiels qui sont chantés en l'honneur du dieu de la Guerre et du dieu de la Littérature; les parties de flûtes droite et traversière, de chant, bien que données incomplètement, sont manifestement à l'unisson; le vers régulier octosyllabe n'est pas employé; la poésie suivie exactement par la mélodie est en vers irréguliers.

Voici un exemple de ce rhythme.

Hymne en l'honneur du dieu de la Guerre (dernière offrande)[3].

Transcription réduite.

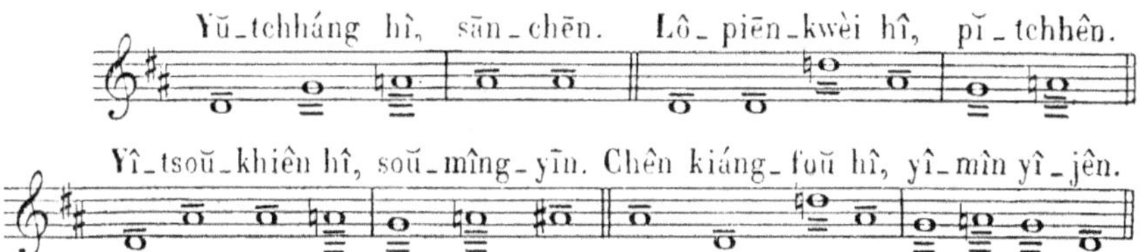

Gamme de kyä-tchŏng (sol₃ fondamentale), le ying-tchŏng double (ré♯₃) est initiale; notes écartées : fa₃ = 8ve diminuée, ut₅ = 5te diminuée. Rimes : chēn, tchhên, yīn, jên.

Toute la musique classique des rites majeurs et des rites moyens a les mêmes caractères dans les exemples que j'ai sous les yeux : gammes et modes identiques, rhythme de la mélodie calqué sur le rhythme du vers, une note répondant à une syllabe, prédilection pour la phrase carrée résultant de la fréquence du tétrasyllabe dans la langue, mouvement uniforme et lent. L'unisson, qui semble de règle depuis le XVIᵉ siècle, est auparavant mélangé à la 4te, même à la 5te, pour former un accompagnement rapide et de formule presque invariable aux notes tenues du chant.

Quelques pièces avec accompagnement de chalumeau sont citées dans le *Ling sīng syáo woŭ phoŭ*[4]. De l'une l'auteur donne la partition sous deux formes, d'abord texte, parties de chalumeau **89** et de cloches **1** etc., ensuite texte, partie de chalumeau, partie de tambour et de tambourin; de cette dernière partition je reproduis une page (p. 133). La mesure est à 4 temps, mais la manière dont elle est frappée (♩ ♩ ♫) la marque d'un caractère spécial; les notes et pauses, égales, ne coïncident donc pas avec les frappés du

---

1. Voir p. 111. Pour comparaison je transcris le début de l'hymne à Confucius de la dynastie mongole, tel qu'il est donné par le prince Tsäi-yu (Nº 62, liv. 79, f. 12 rº) qui en relève les imperfections : c'est

troisième fois j'exprime [mes sentiments]. Ah! les vases de bambou et les vases de bois bien en ordre : pour la dernière fois ils sont disposés. Ah! dans la cérémonie le maintien est tout à fait grand : sacrifice clair

Très lent

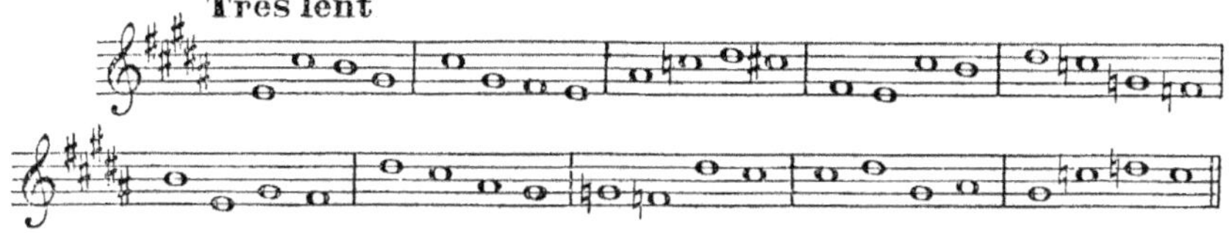

parmi les mélodies notées la plus ancienne de date certaine dont j'aie connaissance.

2. Nº 20 a), liv. 2, 1ʳᵉ et 2ᵉ parties.

3. Voir pp. 112 et 164, pour la transcription de la mélodie. — Nº 20 b), 1ʳᵉ partie, f. 1 vº. Traduction : « Ah! la liqueur du sacrifice : pour la

et respectueux. Ah! l'esprit fait descendre sa bénédiction : il dirige bien le peuple, il dirige bien les officiers. » — Voir le texte chinois, Index. A, l).

4. Nº 84, ff. 8 vº, 10 vº, 11 rº.

tambour, mais avec les temps réguliers de la mesure. Les pauses se placent irrégulièrement sur l'un quelconque des temps; une syllabe répond à un nombre variable de temps, de un à huit; les quatre vers tiennent respectivement 5, 5, 6, 8 mesures.

Hymne Seŭ wên[1].
Transcription réduite.

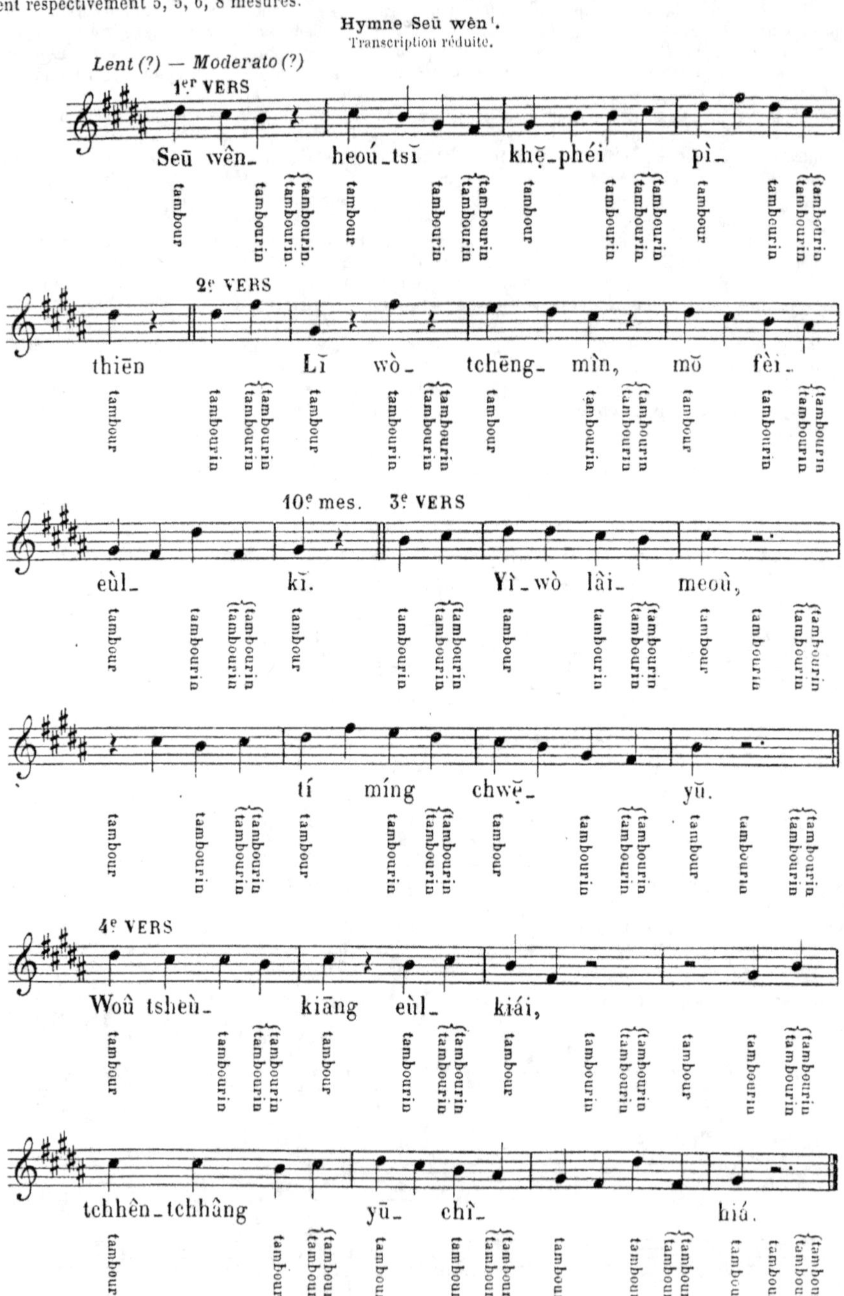

<hr>

1. Traduction : « Je pense à Heoú-tsi, orné (de vertu), digne d'être associé à ce Ciel là-bas. Nourrir de grain notre peuple nombreux, personne ne l'a fait sinon toi par ta suprême (vertu). Tu nous as donné le blé et l'orge, les Souverains (célestes) préscrivent à tous les hommes de s'en nourrir. Sans distinguer notre pays ou votre territoire, tu as réglé les principes sociaux dans ce pays de Hyă. » (N° 2. Tcheoū song, I, 6. — N° 13, p. 420.) — Voir le texte chinois, Index, A, m).

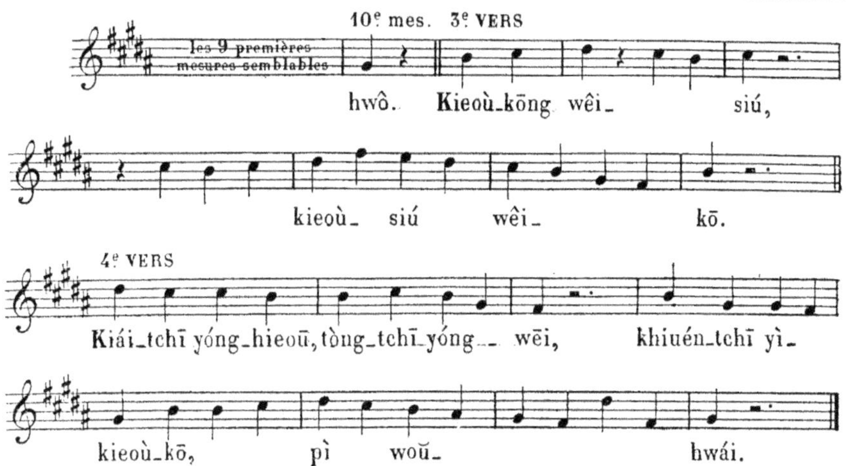

La mélodie est écrite dans la gamme de lin-tchōng, système de 3ᶜᵉ (58, p. 99); le pyén tchi est baissé, c'est-à-dire que la 5ᵗᵉ diminuée (*fa*) est remplacée par la 4ᵗᵉ (*mi*); le pyén kōng est employé sans altération. La mélodie finit non sur l'initiale, mais sur la 4ᵗᵉ de l'initiale (6ᵗᵉ de la fondamentale), ce qui produit un peu l'effet de nos conclusions sur la dominante. Les dernières syllabes des vers tombent sur diverses notes, une fois sur l'initiale (*ré♯*), une fois sur la fondamentale (*si*). Les deux dernières notes de la mesure 5 comme de la mesure 10 ne se rattachent pas à la phrase précédente, elles préparent la reprise; de même il convient de terminer les phrases musicales des hémistiches sur *si* (2ᵉ mesure), *ut♯* (7ᵉ mesure), *ut♯* (12ᵉ mesure), *fa♯* (19ᵉ mesure).

La même mélodie est appliquée à un autre hymne, avec des changements légers dans le 5ᵉ et le 7ᵉ hémistiche, plus marqués dans le 8ᵉ. La comparaison des deux textes montrera comment le Chinois entend l'évolution d'une phrase musicale[1] (voir plus haut). Les syllabes des vers correspondants coïncident avec d'autres temps, ou même tombent dans d'autres mesures (voir mesure 10; les mesures 17 à 19 répondent d'un côté à un pentasyllabe, de l'autre à un octosyllabe). Enfin les dernières phrases musicales diffèrent (comparer les mesures 19 à 21). Le premier des deux hymnes accompagne les évolutions des danseurs qui tournent en rond, *tcheòu syuén woù*; pour le second, les figurants marchent en décrivant des lignes brisées, *tchè syuén woù*. Cette pièce sous sa double forme montre un art qui tranche avec la régularité inflexible de la musique rituelle et qui donne quelque souplesse au rhythme et à l'harmonie.

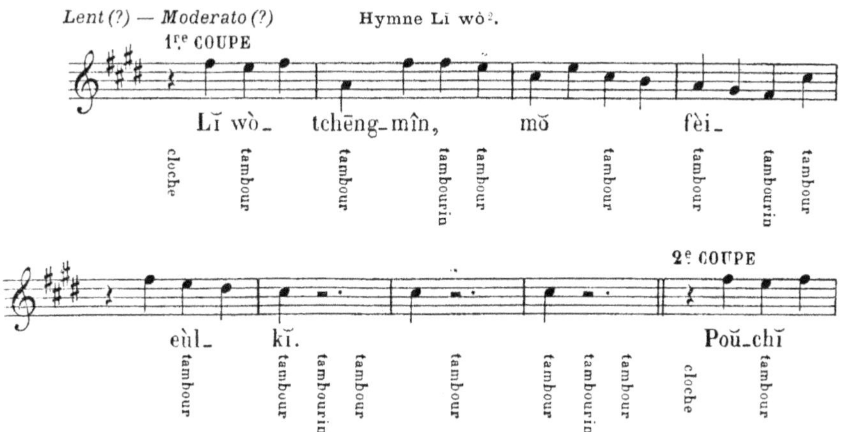

<hr>

1. N° 84, ff. 9 rᵒ, 11 vᵒ, 12 rᵒ. Traduction de l'hymne complet : « Eau, feu, métal, bois, terre, grains doivent être bien réglés. La réforme des mœurs, l'acquisition des objets nécessaires, l'abondance des produits doivent être en harmonie. Ces neuf sortes de travaux (en vue des six trésors et des trois devoirs énumérés) doivent être bien ordonnés, cet ordre en neuf parties doit être chanté. Prévenez par les récompenses, contrôlez par les châtiments; excitez le peuple par les chants sur les neuf occupations, afin que l'État ne décline pas. » Ce texte en prose se trouve dans le *Tá yü moù* (N° 1. — N° 14, p. 34). — Voir le texte chinois, Index, A, *n*).

2. N° 84, ff. 8 rᵒ, 9 vᵒ, 10 rᵒ. Cet hymne est formé de fragments rapprochés. Traduction : « Fixer notre peuple nombreux, personne [ne l']a fait] sinon l'Empereur par sa suprême [vertu]. Inconsciemment nous suivons les règles de l'Empereur. » *Khāng khyü yáo*, chanson des rues, tirée de *Lyè tseŭ* (N° 10, tome IV, prolegomena, p. 13). « Quand le soleil se lève, on travaille; quand le soleil se couche, on se repose. Après avoir foré le puits, on a de quoi boire; après avoir labouré le champ, on a de quoi manger. Ah! quelle est la force de l'Empereur! » *Kĭ jāng kō*, chanson de paysans, extraite du *Ti wàng chi kì* (id., id., id., p. 13). — Voir le texte chinois, Index, A, *o*).

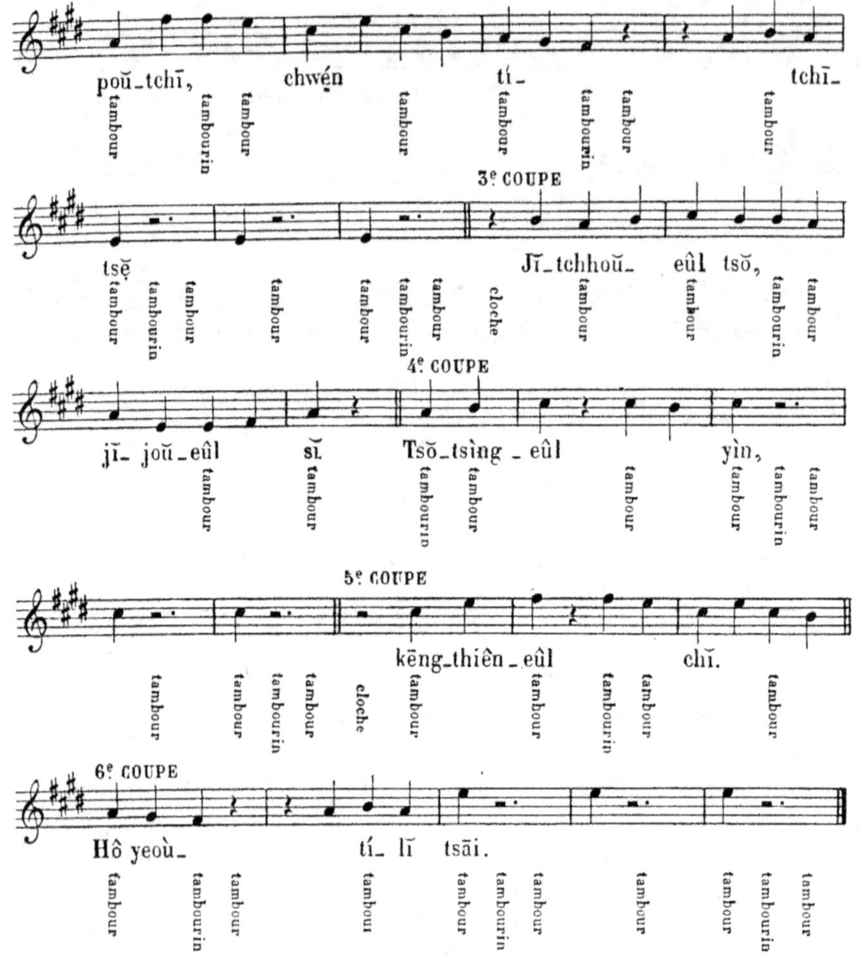

Cet hymne est de structure analogue. Mélodie en gamme de tchóng-lyŭ, système de 6te (15, p. 98); le pyén tchì et le pyén kŏng sont employés sans altération. Les finales mélodiques sont : fondamentale (*la*, 20e mesure), 5te (*mi*, 16e et 32e mesures, finale du morceau), 3ce (*ut♯*, 8e et 24e mesures); remarquer la correspondance deux par deux des finales *mi* et *ut♯*. Rimes : *kì*, *tsĕ*, *sì*, *chì*; la fin du 4e vers (mesure 27) ne répond pas à une conclusion musicale, la phrase se poursuit sur la coupe suivante; la mesure 20 est coupée entre deux vers. La plupart des initiales se rapportent à la 6te (mesures 1, 9, 17, 25) : *fa♯* = 6te, *si* = 4te de *fa♯*, *ut♯* = 3te de *fa♯*; ces initiales principales sont marquées par la cloche; les initiales secondaires sont *ut♯* et *la* (fondamentale). Rhythme des premières mesures (1, 9, 17, 25) : ♩ ♩ ; à partir des secondes

mesures, les mesures sont réunies deux par deux et rhythmées ainsi : ♩ ♩ ♩· ♩.

CHAPITRE VI

La danse.

Le rhythme ne règle pas seulement l'élément sonore; car, ainsi que le dit l'auteur chinois[1], « la musique par rapport à l'oreille est son, par rapport à l'œil est atti-

tude ». Quand donc nous employons le mot musique dans le sens vulgaire, nous négligeons une partie essentielle du concept chinois; c'est ce qui ressort des passages suivants. « La poésie exprime l'idée; le chant

1. N° 45, liv. 144, f. 3 v°. 夫樂。在耳曰聲。在 目曰容。

module les sons; la danse anime les attitudes; ces trois termes ont leur principe dans le cœur de l'homme, et c'est plus tard que les instruments de musique leur prêtent secours[1]. » « Tous degrés musicaux ou notes ont leur origine dans le cœur de l'homme. Les émotions du cœur humain, ce sont les objets qui les font être ce qu'elles sont; lorsque [le cœur] affecté par les objets est ému, il donne une forme [à son émotion] par les sons. Les sons en se répondant les uns aux autres produisent des modulations (changements); les modulations réalisant une règle, c'est ce qu'on appelle les degrés (notes). Les notes étant agencées de manière à réjouir, et si l'on y ajoute les boucliers, les haches, les plumes, les queues de yak[2], c'est ce qu'on appelle yŏ, musique orchestique. » « Or musique est joie : c'est ce que la nature humaine ne peut éviter[3]. Celui qui est joyeux l'exprime par les sons et les notes, le manifeste par les gestes et les attitudes : telle est la règle constante de l'homme. Les sons et les notes, les gestes et les attitudes, en cela s'épuise [l'expression] des changements qui surviennent dans les dispositions naturelles. L'homme donc ne peut s'abstenir de joie, la joie ne peut rester sans expression extérieure; si elle se manifeste sans règle, le désordre est inévitable. Les anciens rois, détestant le désordre, ont fixé les sons des Yă et des Sŏng pour donner une règle. Ils ont fait que les sons suffisent à réjouir sans être licencieux; ils ont fait que les paroles suffisent à régler [la société] sans mettre obstacle [à l'activité]; ils ont fait que les strophes et les divisions [des chants], que l'abondance ou la simplicité [du style], que la discrétion ou la plénitude [des sons], que l'exécution rhythmée [du chœur] suffisent à émouvoir dans l'homme seulement le meilleur de son cœur; ils n'ont pas permis que le relâchement du cœur, la perversité de l'inspiration soient admis. Ainsi les anciens rois ont fixé les principes de la musique[4]. » « Ainsi quand on entend les sons des Yă et des Sŏng, les volontés et les pensées s'élargissent; quand on tient les boucliers et les haches, quand on apprend à baisser et lever [la tête], à courber et redresser [le corps], le maintien devient digne; quand on va aux places marquées [pour les figurants], quand on s'accorde avec l'exécution rhythmée, les rangs sont correctement gardés, les mouvements en avant, en arrière sont bien composés. La musique est en effet la norme du Ciel et de la Terre, le principe de l'équilibre et de l'harmonie; les sentiments humains ne sauraient échapper à son influence[5]. »

Ainsi, pour agir sur l'homme moral, la musique s'adresse à l'être humain tout entier, à l'oreille et à l'œil du spectateur par les sons et les gestes, à l'oreille et au corps de l'exécutant encore par les sons et les gestes, à l'esprit des uns et des autres par la poésie[6]. L'art antique, et partiellement subsistant, des Chinois rappelle celui de la Grèce ancienne. Mais comment l'action des danseurs se combine-t-elle avec la musique vocale et instrumentale? C'est encore le prince Tsāi-yŭ qui indique quelques règles de cette union.

Le danseur[7] est debout face au nord au milieu d'un carré orienté et divisé par les diagonales en quatre secteurs (position O) : tel il se présente avant le début du morceau, pose préparatoire, wéi tchwăn chi. Au premier coup des pierres et des claquettes il se met en mouvement. Le chef marque la mesure par des coups de claquettes tchhŏng-toŭ 32 qui dirigent également les musiciens; chaque coup coïncide avec l'un des caractères fēi de la formule a) (pp. 124 et 125); pendant une note de chant il y a donc 8 frappés, 4 pour le temps fort, 4 pour le temps faible. Chaque frappé commande une pose différente qui symbolise soit une vertu, soit la relation avec l'un des chefs sociaux.

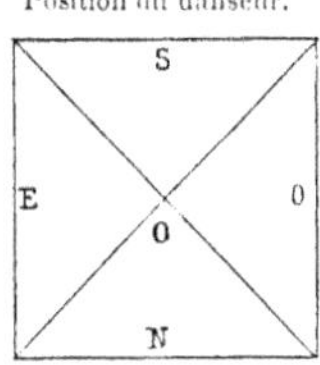

Fig. 157.

Ces huit poses représentent la première figure ou évolution supérieure, chăng tchwăn (colonne marquée sup.); suivent les évolutions inférieure, hyă tchwăn, extérieure, wăi tchwăn, intérieure, néi tchwăn, qui se décomposent chacune dans le même nombre d'attitudes portant les mêmes noms; les poses de même nom sont partiellement analogues, différenciées surtout parce que le danseur se présente au spectateur sous quatre angles différents. En changeant d'attitude le figurant se déplace dans les quatre secteurs nord, sud, est, ouest, avançant d'abord soit le pied gauche, soit le pied droit, suivant des règles fixes. Après la dernière pose de la dernière figure, deux poses finales tchwăn tĭng chi (centre), tchwăn tchŏng chi (centre) ramènent le danseur à la pose préparatoire. Le mot tchwăn, tourner, désigne donc les mouvements essentiels de la danse antique[8], de même que yŏng, prolonger, exprime le caractère du chant des anciens; aussi, dit notre auteur, la danse « consiste seulement dans les évolutions d'un ensemble ». Les quatre figures ont porté dans l'antiquité et sous les Thâng des noms plus expressifs

---

1. N° 8, Yŏ ki. — N° 15, tome II, p. 79. — N° 34, liv. 24, f. 25 v°. — N° 35, tome III, p. 266. Je choisis ici la leçon du Yŏ ki, qui me semble parfaitement logique et plus conforme à un autre texte que voici (N° 8, Yŏ ki. — N° 15, tome II, p. 113. — N° 34, liv. 24, ff. 36 v°, 37 r°. — N° 35, tome III, p. 286) : « Le chant consiste en paroles, c'est-à-dire en paroles prolongées. Quand l'homme éprouve de la joie, il l'exprime par la parole; la parole ne suffisant pas, il prolonge la parole; la prolongation de la parole ne suffisant pas, il y ajoute un chœur; le chœur ne suffisant pas, inconsciemment les mains font des gestes, les pieds frappent le sol. » Le mot thăn, soupirer, doit s'expliquer ici d'après une opposition dont on trouve des exemples : tchhăng, entonner un chant, thăn, répondre en chœur. On remarquera que n° 15, tome II, p. 79, suit textuellement Choŭ king, n° 14, p. 29, yŏng, chanter, moduler, répondant seulement à yŏng, prolonger (p. 121 et p. 124, note 3); Li ki, n° 15, tome II, p. 113 emploie au contraire tchhăng, prolonger, qui est synonyme de yŏng.

2. N° 8, Yŏ ki. — N° 15, tome II, p. 45. — N° 34, liv. 24, f. 3 v°. — N° 35, tome III, p. 238. On trouve ainsi dès l'antiquité les mêmes instruments tenus par les danseurs et les mêmes mouvements exécutés en chœur. — Comparer n° 8 Yŏ ki.] — N° 15, tome II, p. 59. — N° 34, liv. 24, f. 11 r°. — N° 35, tome III, p. 248 : « Ainsi les cloches 1 etc. et les tambours 44 etc., les chalumeaux 89 et les pierres sonores 23 etc., les plumes et les flûtes yŏ 74, les boucliers et les haches sont les instruments de la musique orchestique; [les divers gestes], courber et redresser [le corps], baisser et lever [la tête], l'ordre défini [des figurants], la lenteur ou la rapidité [des mouvements] sont le dessin visible de la musique orchestique. »

3. Le sens de la musique est noté par l'étymologie graphique de quelques caractères. 喜 tcheoŭ, un tambour avec la main qui le frappe, veut dire musique, fête, joie; 喜 hi, joie, de 口 kheoŭ, bouche, chants et 喜 tcheoŭ, musique; 樂 yŏ, lŏ, représentant un tambour et des timbres montés sur un pied, signifie musique et plaisir.

4. N° 8, Yŏ ki. — N° 15, tome II, p. 106. — N° 34, liv. 24, f. 28 v°. — N° 35, tome III, p. 270.

5. N° 8, Yŏ ki. — N° 15, tome II, p. 109. — N° 34, liv. 24, f. 29 r°. — N° 35, tome III, p. 272.

6. N° 8, Wên wăng chi tseŭ. — N° 15, tome I, pp. 472, 473. « La musique sert à régler l'intérieur, les rites servent à régler l'extérieur; les rites et la musique agissent de concert sur l'intérieur et font paraître leurs effets à l'extérieur. » C'est dire ceci : la musique agit directement sur l'esprit; les rites prescrivant des actes et des paroles fixes, ces manifestations extérieures tendent à créer des émotions, des sentiments corrélatifs; les sentiments suscités par la musique et par les rites s'expriment à leur tour par des actes.

7. N° 83, ff. 5 v°, 6 r°; ff. 8 v° à 104 r°. — N° 82 b), ff. 1 v° à 36 r°.

8. N° 83, préface, f. 1 v°. 不過一體轉旋而已。

NOMS DES POSES		DESCRIPTION		Positions selon les figures.				SENS SYMBOLIQUE
				sup.	inf.	ext.	int.	
1. *tchwàn tchhoŭ ch.*..	début	le danseur de face	coup de pointe (1)	nord	nord	sud	ouest	la charité miséricordieuse.
2. *tchwàn pàn chi*.....	demie	le danseur de dos	coup de talon	n.-s.	n.	s.-e.	o.	la justice qui repousse le mal.
3. *tchwàn tcheoŭ chi* ..	tour	id. de face	id.	s.	n.	e.	o.	la bonne foi et le sérieux.
4. *tchwàn kwŏ chi*....	passage	id. de profil	coup de pointe	s.	n.	e.	o.	la prudence qui distingue le vrai du faux.
5. *tchwàn lyeoŭ chi*...	arrêt	id. s'agenouille	coup de talon	s.-n.	n.-s.	e.-o.	o.-e.	l'urbanité qui sait refuser et céder.
6. *foŭ toŭ chi*........	regard en bas	id. agenouillé incline la tête		s.-n.	n.-s.	e.-o.	o.-e.	le respect pour le prince.
7. *yàng tcheàn chi*....	regard en haut	id. agenouillé relève la tête	les pieds immobiles	s.-n.	n.-s.	e.-o.	o.-e.	l'amour pour le père.
8. *hwŏi koŭ chi*.......	regard en arrière	id. agenouillé regarde en arrière		s.-n.	n.-s.	e.-o.	o.-e.	l'harmonie des époux.

que ceux d'aujourd'hui[2]. Au début, les danseurs étaient dits avancer, *tsin*, ou inviter, *yào*, ayant le visage tourné en avant comme quand on invite un hôte; ensuite ils reculaient, *thwéi*, ou reconduisaient *sòng*, se tournant du côté opposé au spectateur. Pour la troisième figure, ils s'opposent les uns aux autres ayant le visage vers l'extérieur, ce qui est indiqué par le terme moderne tourner vers l'extérieur, *wài tchwàn*, par les mots relâcher, *chi*, mettre en mouvement, *yào* : ils ont l'attitude de gens qui se séparent. Dans l'évolution intérieure ils se font face les uns aux autres, se tournant vers l'intérieur, *néi tchwàn*, ce qu'on exprimait par les mots faire effort, *tchàng*, inviter d'un signe de main, *tchào*, comme des gens qui se rencontrent. Les figures sont accompagnées de gestes[3] des mains séparées ou unies, d'attitudes du corps tourné dans un sens, tandis que le visage et les pieds indiquent une direction différente : ces diverses positions symbolisent le mouvement ou le repos du Ciel et de la Terre.

Les gens du commun, *choŭ jên*, c'est-à-dire les roturiers ou plébéiens, ne pouvaient pour leurs cérémonies employer plus de trois danseurs[4], qui se plaçaient deux en avant, un en arrière; s'il n'y en avait que deux, ils se mettaient sur le même rang. Ces danses réduites étaient appelées *syào woŭ*, petites danses, soit en raison du petit nombre des personnages, soit parce que, d'après le *Tcheoŭ li*, elles étaient enseignées aux jeunes gens de treize à vingt ans. Les patriciens de rang inférieur, *chi*, avaient droit à deux couples, *yi*; le nombre des couples croissait avec le rang social jusqu'aux huit groupes des cérémonies impériales[5]. Les danseurs de deux couples[6] se rangeaient en carré, deux en avant, deux en arrière, à un peu moins de trois pas, *poŭ*[7], l'un de l'autre, de manière à enfermer le quadrille dans un carré ayant exactement trois pas de côté[8]. Sur le sol, avec de la

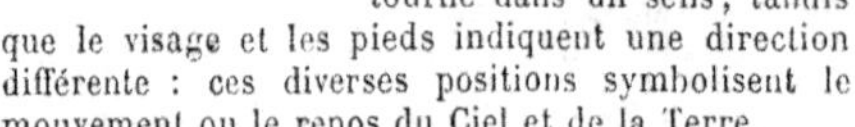

chaux sont tracés le périmètre du carré et la circonférence circonscrite pour marquer la place des choristes et symboliser le Ciel et la Terre; cette figure orientée nord-sud porte le nom de *tchwéi tchào*, aire définie par une file de personnages. Les danseurs représentent les quatre saisons : au début le printemps se tient à l'angle nord-est, l'été au sud-est, l'automne au sud-ouest, l'hiver au nord-ouest; ils exécutent ainsi leurs quatre figures; ceux qui sont placés symétriquement pour le spectateur, font des mouvements symétriques. Les 4 figures ou évolutions forment un changement, *pyén*; à chaque pyén les danseurs changent de place, le printemps remplaçant successivement les trois autres et revenant enfin à son point de départ; l'été, l'automne, l'hiver suivent le mouvement. La révolution est opérée vers la gauche du spectateur placé hors du cercle pour

Danseur civil (N° 83, f. 40 v°), évolution supérieure, pose 1.

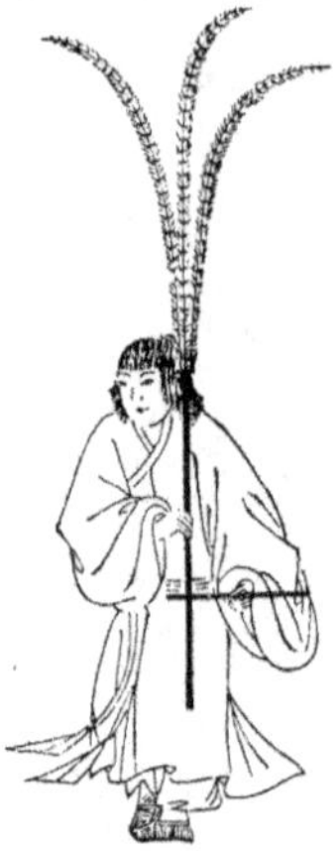

FIG. 158.

Danseur militaire (N° 83, f. 90 v°), évolution supérieure, pose 5.

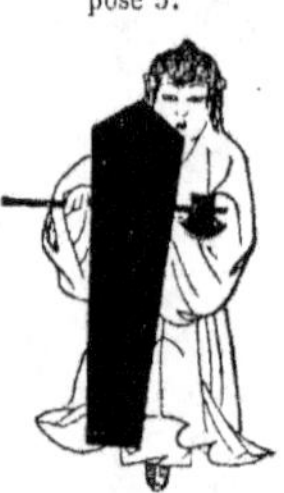

FIG. 159.

Tchwéi tchào (N° 82 *b*), f. 1 r°).

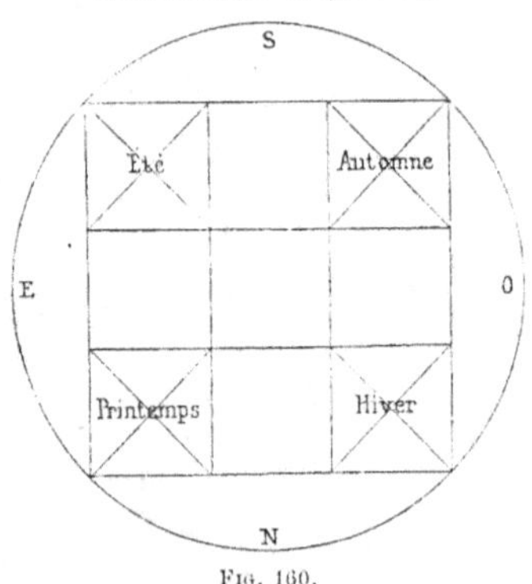

FIG. 160.

les danses civiles, vers la droite pour les danses militaires, avec des poses diverses dans les deux cas. Quatre pyén forment un *tchhéng*, révolution complète ou reprise; trois révolutions constituent l'une des danses simples et sont accompagnées du chant d'une ode.

---

1. 脚 根 曰 踏。脚 稍 曰 蹈。 « *Thà*, c'est frapper le sol avec le talon; *tào*, c'est frapper le sol avec la pointe du pied. » (N° 83, ff. 5 v°, 6 r°.)
2. N° 81, f. 28 r°. — N° 82 *a*).
3. N° 81, f. 28 v°.
4. N° 83, préface, f. 2 r°; texte, ff. 6, 7.
5. D'après d'autres explications, autant il y avait de groupes *yi*, autant le groupe renfermait de figurants.
6. N° 81, ff. 27 v°, 29 r°.
7. Suivant la valeur du pied, 3 pas varient entre 3 m. et 5m49 environ.
8. N° 82 *b*), f. 1 r°.

Danse civile[1] : les danseurs tiennent habituellement de la main gauche une flûte noire, de la droite un bouquet de plumes de faisan, blanches pour les deux chefs, noires pour les simples choristes. Dans l'exemple choisi, l'ode est la pièce *Kāo yáng*[2] en trois strophes, chacune de quatre hémistiches tétrasyllabes. 1re strophe, 1re révolution, danse de l'homme, *jén woù*; les figurants, n'ayant aucun insigne, tiennent leurs mains unies cachées dans leurs manches; 2e strophe, 2e révolution, danse du phénix, *hwáng woù*; les danseurs tiennent une flûte de Pan; 3e strophe, 3e révolution, danse des plumes, *yù woù*; les figurants tiennent la flûte yò 74 et les plumes. Sur le second et le troisième coup de tambourin, les choristes entrent et prennent place : chaque monosyllabe répond à une figure, tchwān, chaque hémistiche à un changement, pyén, les 4 hémistiches formant une strophe mesurent une révolution totale, tchhêng. Pendant les pauses qui séparent les hémistiches, les figurants changent de place comme il a été dit; à la fin de la strophe ils font un tour complet vers la droite et se retirent.

Danse militaire[3] : les danseurs tiennent habituellement un bouclier noir et une hache noire; les deux chefs de chœur ont des queues de yak à franges rouges. Dans l'exemple choisi l'ode est la pièce *Thoù tsyù*[4], par la composition rhythmique et orchestique semblable à l'ode *Kāo yáng*. 1re strophe, 1re révolution, danse du drapeau, *foù woù*; les choristes tiennent une sorte d'oriflamme de cinq couleurs; 2e strophe, 2e révolution, danse de la queue de yak, *mào woù*, ainsi nommée du guidon qui y paraît; 3e strophe, 3e révolution, danse du bouclier, *kān woù*, caractérisée par le bouclier et la hache.

D'après l'ensemble des anciens textes, le prince Tsái-yŭ restitue ainsi les danses antiques[5]; il n'existe, dit-il, de dessins que pour la danse de l'homme. Avec l'esprit ingénieux et systématique déjà signalé, il poursuit cependant : la pratique contemporaine des danseurs officiels ne vaut rien[6], puisqu'ils s'abstiennent de mouvements amples, *choù*, et de mouvements tournants, *tchwàn*. C'est le défaut reproché au temps des Hán au roi Tíng de Tchhàng-chá[7] et à Thào Khyĕn[8], qui dans les cérémonies et les danses se tenaient debout à leur place en élevant les mains vers la droite et vers la gauche. Les Hán, plus proches de l'antiquité, ayant condamné cette simplification, on peut la tenir pour fautive.

Les danses actuelles[9] des temples de Confucius sont marquées de la même tendance blâmée déjà il y a deux mille ans; les choristes sont au nombre de 18, soit 9 couples, qui exécutent les mêmes mouvements symétriques; les évolutions, divisées en 3 reprises, tchhêng, ont lieu pendant les trois offrandes rituelles; à chaque strophe (8 hémistiches tétrasyllabes) répondent 32 poses. Si l'on compare aux danses déjà décrites, on trouve réduit dans la proportion de 8 à 1 le nombre des attitudes, réduites elles-mêmes comme variété et amplitude des gestes. Les mêmes remarques s'appliquent aux cérémonies en l'honneur des dieux de la Guerre et de la Littérature[10]. De la danse et de l'accompagnement décrits par le prince Tsái-yŭ à la pratique moderne, l'appauvrissement est sensible dans les deux branches de l'art; il remonterait probablement aux Yuén[11]. Le *Yuén chi*, en effet, donne d'une part le texte des hymnes officiels, et d'autre part explique en détail les mouvements des pantomimes; les hymnes, par exemple *Khyén ning*, *Ming tchhêng*, sont en octosyllabes, une strophe a 4 vers, soit 32 syllabes. Le rhythme de la danse, tant pour ces hymnes que pour les autres, est plus compliqué : après 3 premiers temps marqués chacun par un coup de tambour, une pause de durée indéterminée, puis 15 autres temps; mais d'une part, au début de la danse et ensuite après la pause, le choriste est supposé en place, le premier coup marque un premier geste; il est probable que le véritable premier temps répond au repos qui précède ce premier geste; on pourrait établir ainsi le nombre des temps : $1 + 3 + X + 1 + 15 = 20 + X$. Cela est bien différent des 8 poses par syllabe qui étaient de règle dans la musique antique, cela paraît moins varié même que la figuration contemporaine.

Les danses du *Ling sīng syào woùphoù* sont de forme moins nue que les précédentes. L'une, qui accompagne soit l'hymne *Lĭ wò*, soit l'hymne *Seù wén*, ou le *Chwèi hwò*[12], peut être exécutée au printemps ou à l'automne pour honorer et implorer les divinités agricoles, esprits du sol, étoiles et autres, dont les tablettes reçoivent les offrandes et président à la cérémonie. D'un caractère religieux comme celle du temple de Confucius, cette danse est d'allure plus moderne; les instruments, cloche, tambour, tambourin, chalumeau, ne sont pas strictement exigés, chacun peut être remplacé par un exemplaire d'une espèce analogue : le *khín* et le *sé* ont été supprimés, à l'ancien tambour de terre, *thoù koù* 193[13], on peut substituer un tambour quelconque, au chalumeau, *pīn yò* ou *wèi yò* 208[14], un instrument à vent, flûte ou orgue. On n'est tenu d'observer exactement que le rhythme du morceau et le caractère de la danse. Celle-ci rappelle les travaux agricoles[15]; les huit couples portent les instruments suivants : faucille, pioche, bêche, houe, tige de bambou, fourche, fléau, pelle, avec lesquels ils coupent l'herbe, défoncent le sol, plantent, sarclent, chassent les oiseaux, ramassent la moisson, battent et vannent le grain. Les pantomimes sont rangés sur deux files

---

1. N° 82 *b*), f. 36 v°; voir aussi p. 141.
2. N° 81, f. 1, etc. — N° 83, f. 2 etc. — N° 2, *Kwè fōng*, II, 7. — N° 13, p. 22. Traduction : « Vêtu de peaux d'agneaux et de brebis ornées de cinq tresses de soie écrue, il quitte la cour du prince et va prendre son repas, content et joyeux. — Vêtu de cuir d'agneaux et de brebis avec cinq coutures de soie écrue, content et joyeux, il quitte la cour du prince et va prendre son repas. — Vêtu d'habits [en] peau d'agneau et de brebis avec cinq coutures de soie écrue, content et joyeux, il quitte la cour et va prendre son repas. »
3. N° 82 *b*), f. 36 v°. Voir aussi p. 141.
4. N° 81, f. 14, etc. — N° 83, ff. 1 v°, 3 v°, 4 r°. — N° 2, *Kwè fōng*, I, 7. N° 13, p. 11. Traduction : « Soigneusement [le chasseur dispose] pour les lièvres son filet, il frappe sur [les pieux] à coups retentissants; infatigables sont les guerriers, bouclier et rempart du prince. — Soigneusement [le chasseur dispose] pour les lièvres son filet, il le tend au carrefour central des neuf chemins; infatigables sont les guerriers, dignes compagnons du prince. — Soigneusement [le chasseur dispose] pour les lièvres son filet, il le tend au milieu de la forêt; infatigables sont les guerriers, entrailles et cœur du prince. »

5. N° 83, f. 1 r°.
6. N° 81, ff. 28 v°, 30 r°.
7. Lyeoù Fá, fils de King ti (157-141), roi de Tchhàng-chá de 155 jusqu'à sa mort (129).
8. Gouverneur de province, adversaire de Tshào Tshào (155-220), mort en 194. (N° 37, section des Wéi, liv. 8, ff. 14 à 19. — N° 38, liv. 73, ff. 8, 9.)
9. N° 20 *a*), liv. 2, ff. 1 à 25.
10. N° 20 *b*), figures.
11. N° 51, liv. 69, ff. 1, 4, etc.; liv. 70, ff. 1, 2, etc.
12. Pp. 135, 136. — N° 84, f. 2, etc.
13. Corps en terre cuite avec deux peaux (N° 84, f. 1 v°).
14. L'instrument appelé chalumeau de l'ïn, ou chalumeau à roseau, paraît être le *chwāng kwàn* 198, chalumeau double (voir n° 84, f° 5 r°). Le pays de Pïn, fief d'origine des Tcheoù, correspond à Pïn-tcheoù, centre ouest du Chēn-sī.
15. N° 84, f. 6, etc., ff. 13 à 152.

nord-sud (AH) avec deux porte-drapeaux en tête (P); chaque couple à son tour s'avance dans les carrés est et ouest marqués X, y exécute quatre figures de huit poses, soit 32 poses qui portent les noms indiqués à la p. 139, la pose 6 de chaque figure étant remplacée par l'acte caractéristique du couple, couper, défoncer, planter, etc.; ensuite le couple retourne à sa place. On remarquera que cette danse s'adapte bien à l'hymne *Lì wó* qui est en 32 mesures, moins bien aux hymnes *Seŭ wén* et *Chwèi hwò*, qui n'ont que 24 mesures.

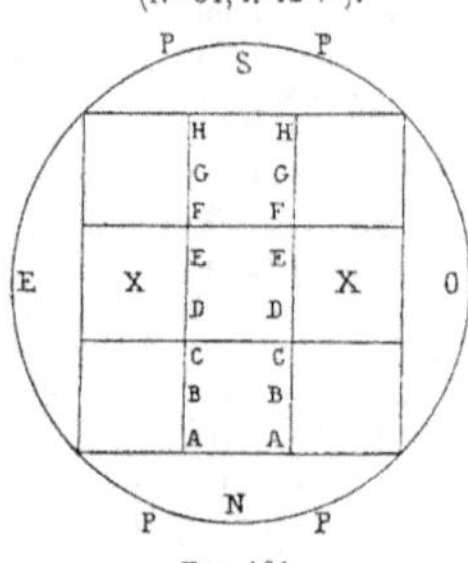

Tchwéi tcháo de la danse rurale.
(Nº 84, f. 12 vº).

Fig. 161.

A la fin, les porte-drapeaux et tous les choristes à leur place s'inclinent, font quelques mouvements à droite et à gauche, puis chaque file décrit un cercle, revient en place, et avant de se retirer tous entonnent un hymne en l'honneur des divinités agricoles.

L'autre danse décrite dans le même ouvrage[1] est exécutée par 16 danseurs sans insignes, dirigés par deux chefs porte-drapeaux; ils ne sont pas divisés par couples ni par quadrilles; ils sont au début rangés en carré, quatre sur quatre lignes. L'hymne[2] est répété quatre fois, ce qui équivaut à 4 strophes. Pendant les 32 mesures de la strophe, les choristes prennent les 32 poses répondant aux 4 figures ordinaires; au lieu de s'opposer symétriquement deux à deux comme les couples classiques, ils font tous le même mouvement en même temps. Pendant 10 mesures qui suivent la strophe, mais dont la musique n'est pas notée, leurs poses ne sont plus semblables, mais en partie symétriques, en partie coordonnées d'après d'autres règles; en même temps les places primitives sont abandonnées, et peu à peu se dessine un groupement nouveau, de sorte que, s'agenouillant et se prosternant aux mesures 41 et 42, le corps des figurants trace sur le sol un caractère lisible pour le spectateur de l'estrade (voir p. 142, figure). Les quatre caractères ainsi exécutés, *thyén hyá thái phing*, signifient : l'Empire est tout en paix.

Dans ces deux danses, une pose répond à une mesure, système plus moderne et plus vivant que celui de l'antiquité restitué par le prince de Tchéng. La

dernière danse rappelle l'un des chœurs de la Section debout de l'orchestre des Thàng (p. 195); celle des agriculteurs résulterait d'une plus longue tradition. Le *Syŭ hún choŭ*[3] note en effet qu'en 199 A. C. Kāo tsoù fonda le *Ling sīng tsheú* en l'honneur de Heoú-tsí, auquel il associa les astres protecteurs des moissons; « comme danseurs on employait 16 jeunes garçons qui imitaient les opérations de la culture, d'abord couper l'herbe, puis labourer, semer, sarcler, chasser les oiseaux, et aussi récolter, battre, vanner. » Cette danse religieuse semble avoir reparu sous les Thàng (808); si on la retrouve sous les Ming, ce peut être par une transmission continue, mais aussi par une imitation voulue des précédents. Quant au rapport avec les cérémonies des Tcheoù, il est indiqué par le prince Tsái-yŭ, mais il reste vague. « Les joueurs de chalumeau[4] ont dans leurs attributions le tambour de terre et le chalumeau de Pïn. Au milieu du printemps, de jour, ils frappent le tambour de terre et jouent l'ode de Pïn pour saluer l'arrivée de la chaleur. Au milieu de l'automne, de nuit, ils font encore de même pour saluer l'arrivée du froid. Quand, au nom de l'Etat, on demande la récolte au Premier Laboureur, ils jouent sur le chalumeau le chant de Pïn. » Mais les danses ne sont pas indiquées; le tambour de terre ne se retrouve pas au xviᵉ siècle, peut-être pas sous les Hán, le chalumeau n'est plus obligatoire : les coïncidences sont partielles.

C'est dans le *Tcheoù li* qu'on trouve l'origine des six danses restituées par le prince Tsái-yŭ[5]; « le maître de la musique dirige la musique officielle du royaume et enseigne les petites danses aux fils de l'Etat[6]. Comme danses, il y a la danse du drapeau, la danse des plumes, la danse du phénix, la danse des queues de yak, la danse du bouclier, la danse de l'homme. » Ces six petites danses ne sont autres que les six grandes danses qui portent des noms différents quand elles sont exécutées par les jeunes gens[7]; or la tradition unanime attribue l'origine des grandes danses à des souverains renommés de l'antiquité[8]. J'ai plus haut fait des réserves sur la restitution tentée par le prince Tsái-yŭ; mais je ne puis mettre en doute que le détail, car toute l'antiquité des Tcheoù a commenté et rappelé ces représentations rituelles traditionnelles. Les danses civiles et militaires sont mentionnées dans les hymnes des Chāng, peut-être antérieurs au xvᵉ siècle A. C.[9]; le nom du *Thái cháo* se trouve dans le *Choŭ kīng*, et aussi dans le *Lwén yŭ*, qui cite de même le *Thái woŭ*[10]; le *Thái woŭ* et le

---

1. Nº 84, ff. 153 à 195.
2. Nº 84, ff. 153 à 155.
3. Nº 84, f. 1. — Nº 38, liv. 9, f. 6.
4. Nº 6, liv. 23, *yó tchàng.* — Nº 9, tome II, p. 65.
5. Pp. 102, 140. — Nº 6, liv. 22, *yó chi.* — Nº 9, tome II, p. 41.
6. Fils de dignitaires qui sont élevés à la Cour.
7. Nº 83, f. 1.
8. La danse *Yûn mén* ou *Yûn mén thái khyuén* (petite danse dite du drapeau, *foŭ*), danse militaire, remonterait au mythique Hwàng ti; des nuages merveilleux ayant à cette époque fourni des signes, le drapeau servant d'insigne représentait un nuage de cinq couleurs (Nº 83, f. 1 vº). La danse civile *Hyén tchhí* (petite danse dite de l'homme, *jén*) ne comportait aucun insigne; les choristes joignaient leurs mains et laissaient pendre leurs vêtements pour rappeler le calme et la dignité de Yáo gouvernant l'Empire (id., f. 2 rº). La danse civile *Thái cháo* (petite danse du phénix, *hwáng*) avait pour insigne la flûte de Pan, parce que cette flûte ressemble aux ailes des phénix qui parurent au temps de Chwén (id., f. 2 vº). La danse civile *Thái hyá* (petite danse dite des plumes, *yŭ*) est caractérisée par le chalumeau, *hyá yó* 209, et le bouquet de plumes, *hyá ti*, tenus par les figurants : elle a été composée par l'empereur Yŭ, chef de la dynastie des Hyá (id., f. 3 rº). Les danseurs du *Thái hoŭ* (petite danse dite des queues de yak, *máo*) portent une hampe garnie d'une ou de plusieurs queues de yak, en mémoire des expéditions entreprises par Thàng, fondateur des Chāng, pour secourir et

protéger, *kyeoŭ hoŭ*, le peuple (id., f. 3 vº). Les choristes du *Thái woŭ* (petite danse dite du bouclier, *kan*) sont armés du bouclier et de la hache, comme les guerriers de Woŭ wàng (id., f. 4 rº).

9. Nº 2, *Chāng sóng*, 1. — Nº 13, p. 459. « Oh! combien [de musiciens]! ils disposent nos tambourins et nos tambours. Le son des tambours est grave, il réjouit mon illustre aïeul. — Moi, descendant de Thàng, je l'attire par la musique, il assure la réalisation de mon désir. Les tambourins et les tambours ont un son grave, clair est le son des chalumeaux : les instruments résonnent d'accord et également, accompagnés par le son de nos carillons de pierres. Oh! majestueux est le descendant de Thàng, belle est sa musique! — Les grosses cloches et les tambours donnent des sons pleins; les danseurs civils et militaires sont en rangs : j'ai d'excellents hôtes, ne sont-ils pas contents et joyeux? »

10. « Les mânes des ancêtres arrivent, l'hôte de l'empereur Chwén prend place, tous les seigneurs montrent leur courtoisie. Au bas [des degrés] les chalumeaux, les tambourins résonnent; ils s'accordent au signal de l'auge et du tigre; les orgues et les cloches emploient les intervalles. Les oiseaux et les quadrupèdes tressaillent de joie. Aux neuf strophes du *Syáo cháo*, les phénix viennent danser. » (Nº 1, *Yi tsi.* — Nº 14, p. 57.) Le *Syáo cháo* n'est autre que le *Thái cháo*. — « Le Maître disait que le *Thái cháo* est tout à fait beau et doux, que le *Thái woŭ* est tout à fait beau, non tout à fait doux. » (Nº 4, *Pá yi*, III, 25. — Nº 12, p. 100.) — « Le Maître étant dans le pays de Tshi entendit le *Thái cháo*. Pendant trois mois il ne sentit plus la saveur des viandes. Je ne pensais

Thái hyà sont rappelés par le *Tsi thông*[1]. Les insignes encore usités à présent, flûtes, plumes, boucliers, haches, sont indiqués par les mêmes livres antiques[2]. Ces danses mimiques étaient représentées dans le temple des Ancêtres pour appeler et réjouir

Caractère thái figuré par les danseurs (N° 84, f. 189 v°).

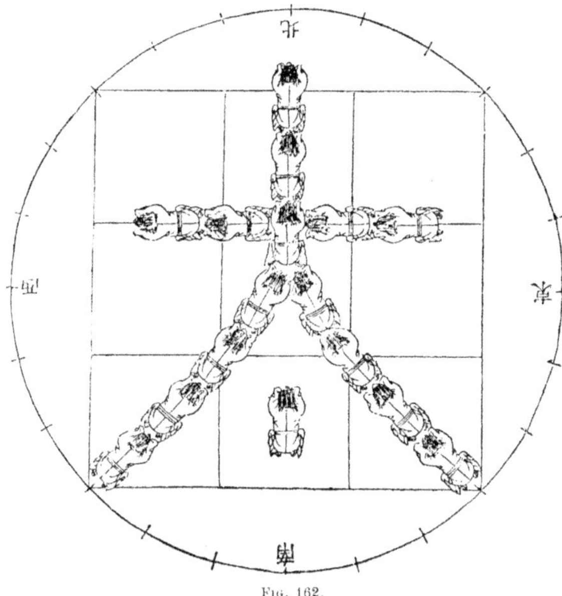

Fig. 162.

les mânes, dans la cour du Palais en vue de moraliser le peuple. Il y avait aussi des abus : ainsi des sorciers dansaient sans règle pour évoquer les esprits, et certains seigneurs oubliaient tout pour les danses[3], qu'ils regardaient comme de simples divertissements. Les choristes étaient inférieurs aux guerriers et aux officiers civils[4]; mais ils ne formaient

pas une classe à part, les fils des hauts dignitaires apprenaient la danse; les grands officiers, les princes eux-mêmes, ne dédaignaient pas d'y prendre part[5]. La musique rhythmait les mouvements des patriciens et des princes dans les cérémonies les plus solennelles[6]. Cette série de témoignages, presque tous antérieurs au IIe s. A. C., montre quelle place appartenait réellement à la danse et à la musique dans la plus antique civilisation chinoise.

Une conversation de Confucius avec un personnage inconnu d'ailleurs, Pin-meoû Kyà, décrit de manière assez précise la danse *Thái woù* et indique quel sens s'attachait aux phases de cette pantomime[7]; le morceau, détaillé et un peu long, est intéressant pour son antiquité : si, en effet, le texte a été retrouvé sous les Hàn, il est probablement antérieur et peut remonter à l'école même de Confucius. « Pin-meoû Kyà se trouvait assis à côté de Confucius qui, s'entretenant avec lui, vint à parler de la musique et dit : Dans la danse du roi Woù pourquoi les avertissements préliminaires [du tambour] durent-ils si longtemps ? — C'est que, répondit [Pin-meoû Kyà], le roi Woù est anxieux de n'avoir pas gagné [le cœur de] la multitude. — Pourquoi prolonge-t-on et soupire-t-on [les notes], pourquoi y a-t-il de la surabondance [dans les sons] ? — C'est, répondit [Pin-meoû Kyà], de crainte que [les seigneurs] n'arrivent pas pour l'affaire. — Pourquoi [les danseurs] se mettent-ils promptement à agiter les bras et à frapper du pied violemment ? — [Cela indique que] le temps est venu et que l'action [s'engage]. — Pourquoi les soldats s'arrêtent-ils le genou droit en terre, le gauche levé ? — Il ne doit pas y avoir de génuflexion dans la danse du roi Woù... [réponse]: Les

pas, dit-il, que la perfection de la musique atteignît jusque-là. » (N° 4, *Choù eûl*, VII, 13. — N° 12, p. 140.)

1. « On exécutait le *Thái woù* avec des boucliers rouges et des haches ornées de jade, le *Thái hyà* avec huit couples de danseurs. C'était l'orchestre, *yŏ*, du Fils du Ciel. Pour exalter Tcheoù kŏng, on avait autorisé les seigneurs de Loù à en user. » (N° 8, *Tsi thông*. — N° 15, tome II, p. 351.) — « Parmi les danses, la plus importante était celle de la veillée [d'armes] de Woù wàng. » (N° 8, *Tsi thông*. — N° 15, tome II, p. 328.)

2. Plaintes mises dans la bouche d'un guerrier réduit à exercer le métier de chef de chœur. « Sans façon, sans gêne, me voici prêt à la danse militaire, à la danse civile. Midi approche, je suis [sur la scène] en avant, à l'endroit le plus élevé. — D'une taille grande et imposante, dans la cour du Palais je danse les danses militaires et les danses civiles. Fort comme un tigre, je manie comme des rubans les rênes des chevaux. — De la main gauche je tiens une flûte, et de la droite une touffe de plumes. Mon visage est rouge comme l'ocre foncé : le prince dit de me donner une coupe [de vin]. — Sur la colline il y a les coudriers, dans les lieux humides croît la réglisse. Dites à qui je pense ? Aux excellents princes de l'occident. Ah ! ces excellents princes ! ah ! ces princes d'occident ! [ils savaient mettre chacun à sa place]. » (N° 2, *Kwŏ fŏng*, III, 13. — N° 13, p. 44.) — Ordres de l'empereur Chwèn : « L'Empereur alors [donna des ordres pour] répandre au loin la civilisation et la vertu. On exécuta des danses avec les boucliers et les plumes entre les deux perrons [de la salle du trône] : au bout de sept décades, les chefs des Myào vinrent [se soumettre]. » (N° 1, *Tà yù moù*. — N° 14, p. 43.) — « Confucius dit : Le chef de la famille Ki a huit groupes qui dansent dans sa cour; s'il peut admettre cela, que n'admettra-t-il pas ? » (N° 4, *Pà yi*, III, 1. — N° 12, p. 84.) Les huit groupes de danseurs sont réservés à l'Empereur, cette usurpation en annonce d'autres. — « Les cloches, les tambours, les chalumeaux, les lithophones, les plumes, les flûtes yŏ, les boucliers, les haches, sont les instruments de la musi-

que. » (N° 8, *Yŏ ki*. — N° 15, tome II, p. 59. — N° 34, liv. 24, f. 11 r°. — N° 35, tome III, p. 248.) Voir aussi p. 138 ; une autre énumération plus complète se trouve n° 15, tome II, p. 91. — N° 34, liv. 24, f. 31 v°. — N° 35, tome III, p. 276.

3. Voir les notes précédentes; voir ausssi n° 2, *Syào yà*, VII, 6. — N° 13, p. 296. — N° 2, *Loù sŏng*, 4. — N° 13, p. 455. — « L'Empereur édicta des châtiments pour les officiers et donna des avis aux dignitaires. Il dit : Se permettre d'avoir toujours des danseurs dans le palais, des chanteurs ivres dans la maison, cela s'appelle des mœurs de sorcier. » (N° 1, *Yi hyin*. — N° 14, p. 116.) Le *Tcheoù li* mentionne des danses pendant les sacrifices, pendant les banquets, pendant les réceptions (N° 6, liv. 23, *mèi chi, miao jèn, yŏ chi*. — N° 9, tome II, pp. 63, 64, 65).

4. Voir ci-dessus, note 2.

5. Voir p. 141. — « Le grand directeur de la musique se met à la tête des fils de l'État et danse avec eux. » (N° 6, *tà seù yŏ*, liv. 22. — N° 9, tome II, p. 37. — N° 6, *yŏ chi*, liv. 22. — N° 9, tome II, pp. 42, 44.) — « Quand les danseurs entraient, le prince, tenant le bouclier et la hache, se rendait à la place réservée aux danseurs ; il se mettait à l'est, place d'honneur. La mitre [sur la tête] et le bouclier lié [au bras], il dirigeait tous ses officiers afin de réjouir l'auguste représentant des mânes. Lors donc que le Fils du Ciel faisait un sacrifice, avec [tous les habitants de] l'Empire il réjouissait le représentant des mânes. Lorsqu'un seigneur faisait un sacrifice, avec [les habitants du] fief il réjouissait le représentant des mânes. » (N° 8, *Tsi thông*. — N° 15, tome II, p. 327.) Encore aux deux derniers mariages impériaux (1872 et 1889) des danses ont été exécutées par de hauts fonctionnaires (N° 18, p. 170. — N° 19, p. 33. Voir aussi chap. XIII et XIV, pp. 190 et 202).

6. « Les archers en avançant, en se retirant, en tournant, devaient se conformer aux rites. » (N° 8, *Ché yi*. — N° 15, tome II, p. 669. — Voir aussi p. 101, note 3, et p. 184.)

7. N° 8, *Yŏ ki*. — N° 15, tome II, p. 94. — N° 34, liv. 24, f. 32 v°. — N° 35, tome III, p. 277.

préposés [à la musique] ont perdu la tradition ; si ce n'était qu'ils ont perdu la tradition, alors les intentions de Woù wàng eussent été folles... Le philosophe répondit : La musique représente des faits accomplis. [Les choristes] tiennent leurs boucliers et restent debout fermes comme des montagnes : ils représentent l'attitude du roi Woù. Quand ils agitent les bras et frappent du pied violemment, c'est l'ardeur de Tháikŏng. A la fin de la danse tous s'agenouillent : c'est l'ordre rétabli par les ducs de Tcheoù et de Cháo [1]. En outre, au début de la danse, [les choristes] marchent vers le nord ; à la seconde reprise ils anéantissent les Chāng ; à la troisième reprise ils vont au sud ; à la quatrième reprise les pays du sud sont devenus fiefs frontières ; à la cinquième reprise on attribue à Tcheoù kŏng l'orient, à Cháo kŏng l'occident [de l'Empire] ; à la sixième reprise les figurants reviennent à leur place pour rendre hommage au Fils du Ciel. » Un autre passage du *Yŏ ki* [2] ajoute quelques détails. « Ainsi donc on bat le tambour une première fois pour avertir que [l'armée] est sur ses gardes ; [les danseurs] font trois pas pour indiquer le début [de la guerre] ; on recommence pour manifester l'avance des troupes ; on termine en montrant la retraite. [Les danseurs] se précipitent sans emportement ; [les chanteurs] absolument calmes ne sont pas inintelligibles ; on se réjouit seulement de la volonté [du roi], on ne se lasse pas de sa raison ; on exécute ses ordres raisonnables, personne n'est égoïste dans ses passions. Ainsi les sentiments sont manifestes, la justice est établie. A la fin de la danse, la vertu est honorée. Le sage en aime davantage le bien, l'homme vulgaire en connaît mieux ses fautes. C'est pourquoi l'on dit : pour produire la moralité dans le peuple, la danse est un moyen important. »

Cette double description, si elle n'est pas ornée, dépeint une action singulièrement plus vive que les danses du prince Tsái-yŭ, de même ordre toutefois ; de tels chœurs présentent un sens élevé qui manque aux tours des jongleurs usités plus tard, et l'on comprend la préférence qu'exprime Tseù-hyä [3] au marquis de Wéi. « Or donc, dans les anciens chœurs, [les danseurs] s'avancent et se retirent en bon ordre ; la musique est harmonieuse, correcte et ample. Les cordes et les calebasses, l'orgue avec ses anches, tous réunis observent [comme rhythme] le battement du tambour. On commence l'exécution avec l'instrument civil (le tambour), on la termine avec l'instrument militaire (la cloche). On maintient l'ordre avec le syáng **164**, on règle la rapidité avec le yà **184**. Le sage alors parle et explique l'antiquité, il règle sa personne, puis sa famille, il établit la paix et l'ordre dans l'Empire. Tels sont les effets des anciens chœurs. Mais dans les jeux modernes, [les danseurs] s'avancent et se retirent tout courbés ; les sons y sont corrompus et déréglés, dépravés sans limite. Puis il y a des bouffons et des nains ; comme des singes, les hommes et les femmes sont mêlés, on ne distingue pas les pères et les fils. Ce concert terminé, on ne peut raisonner ni disserter de l'antiquité. Tels sont les effets des jeux modernes. »

INSTRUMENTS

Les Chinois divisent leurs instruments de musique en huit classes d'après la matière principale dont ils sont formés, pierre, métal, soie, bambou, bois, cuir, gourde, terre ; chaque classe correspond naturellement à une direction dans l'espace, à une saison, etc. Mais un seul instrument comprend des parties de matières différentes, une même matière entre dans des instruments très divers ; il n'y a donc pas lieu de tenir compte de ce classement. Quatre sections sont établies : 1° instruments autophones, formés de corps naturellement élastiques susceptibles d'entretenir le mouvement vibratoire qui leur est communiqué ; 2° instruments à membranes, comprenant essentiellement une ou deux peaux parcheminées rendues élastiques par tension sur un cadre résistant ; 3° instruments à vent, où le corps vibrant est une colonne d'air mis en mouvement au moyen d'appareils spéciaux ; 4° instruments à cordes : la vibration y est celle de cordes de diverses matières tendues sur des résonnateurs qui renforcent le son [4].

La liste de l'orchestre impérial contemporain servira de cadre à ces notices ; en décrivant les instruments proprement chinois, on indiquera plus brièvement ceux d'origine étrangère, un certain nombre d'entre eux ayant été depuis le XVIII° siècle fabriqués en Chine pour le Palais, et surtout ornés suivant le goût chinois. A ces séries on ajoutera en place convenable quelques autres instruments qui, pour une raison ou une autre, n'entrent pas dans l'orchestre principalement étudié [5]. Des indications historiques seront données, quand il sera possible.

Les mesures sont marquées en pied moderne de 0^m,3193, le pied antique servant seulement pour les lyŭ, sauf indication contraire.

CHAPITRE VII

INSTRUMENTS AUTOPHONES

Cloches.

Le galbe de la cloche est à peu près celui de la cloche européenne, sauf pour le bas qui au lieu de s'évaser se referme plus ou moins ; elle n'a pas de battant et est frappée de l'extérieur avec un maillet ; elle est en bronze [6]. Les cloches de bonzerie, comme l'énorme

---

1. Lyù Cháng, surnom Thái-kŏng-wáng ou Thái-kŏng ; conseiller des rois Wén et Woù, fait marquis de Tshì par le second. — Tcheoù kŏng, voir p. 102, note 1. — Chì, de la maison des Tcheoù, conseiller de Woù wáng, duc de Cháo, fait marquis de Yén.

2. N° 8, *Yŏ ki.* — N° 15, tome II, p. 80. — N° 34, liv. 24, f. 26 r°. — N° 35, tome III, p. 267.

3. N° 8, *Yŏ ki.* — N° 15, tome II, p. 86. — N° 34, liv. 24, f. 30 r°. — N° 35, tome III, p. 273. — Tseù-hyä, nom usuel de l'où Cháng ; né en 507,

disciple direct de Confucius, honoré dans le temple du Sage. — Wén, marquis de Wéi, voir p. 101, note 11.

4. Cf. n° 109.

5. Sur les orchestres, voir chap. XI et suivants.

6. Les proportions données par le *Tcheoù li* (N° 9, tome II, p. 491) sont 1/6 d'étain, 5/6 de cuivre. Pour deux grandes cloches de 14 pieds de haut, le *Tá ming hwéi tyèn* (N° 64, liv. 194, f. 7) indique en poids chinois (1 livre = 16 onces) : or à 8/10, 100 onces ; argent, 240 onces ; cuivre *hyàng thóng*, 95.000 livres ; fer *choù kyén*, 20.000 livres ; cuivre cru, 4.000 livres ; cuivre cuit rouge, 21.000 livres ; étain, 8.030 livres. A la date de 1637, on trouve les proportions suivantes : or, 50 onces ; argent, 120 onces ; cuivre *hyàng thóng*, 47.000 livres ; étain, 4.000 livres (*Thyèn kŏng khái woù*, liv. 2, ff. 18, 19 ; traité des industries par Sŏng Ying-sing, 1637, Catalogue 5563).

cloche de *Tá tchōng seú*, au nord de Péking, ne sont pas élevées dans des clochers, mais suspendues à ras de terre. La cloche d'orchestre est attachée dans un cadre formé de deux montants, *kyù*, et d'une traverse, *syùn* (voir pyēn tchōng **2**, thé khíng **23**).

1 *Pŏ tchōng*[1], cloches isolées : ces douze cloches donnent le son des douze *lyŭ*; une seule figure à la fois dans l'orchestre d'après les règles de la transposition; elle donne le ton aux autres instruments. Les cloches en usage aujourd'hui ont été fondues en 1761; elles sont plus larges en bas qu'en haut et au milieu et de section elliptique.

	Cloche de hwăng-tchōng	Cloche de ying-tchōng
Hauteur	1ᵖ,62	0ᵖ,853
Diamètres à la base .	1,51 — 1,13	0,799 — 0,509

2 *Pyēn tchōng*[2], carillon de cloches; le carillon fondu en 1715 est formé de 16 cloches suspendues 8 par 8 à deux traverses superposées et donnant la série chromatique de *ut♯₃* à *ré₄*; les cloches supérieures répondent aux *lyŭ* mâles *ut♯, ré̄, mi*, etc., les inférieures aux *lyŭ* intermédiaires ou femelles. Ces cloches sont elliptiques, de même diamètre en haut qu'en bas, renflées au milieu, toutes semblables à l'extérieur; les dimensions internes diffèrent.

	DIMENSIONS EXTERNES	DIMENSIONS INTERNES	
		yi-tsc double	ying-tchōng
Hauteur.	0ᵖ,744	0ᵖ,731	0ᵖ,716
Diamètre médian	0 ,714	0 ,688	0 ,657
Diamètres extrêmes . .	0 ,503	0 ,477	0 ,447

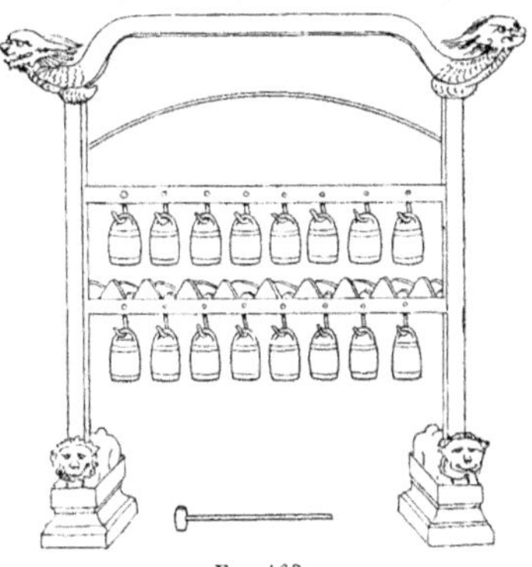

2. Pyēn tchōng (Nº 102, liv. 8, f. 27).

Fɪɢ. 163.

La masse métallique de la première cloche est inférieure à celle de la dernière; à une épaisseur moindre répond une note plus grave[3].

Les cloches employées comme instruments de musique sont mentionnées dans de nombreux passages des anciens textes, par exemple le *Chī kīng*, le *Choū kīng*, le *Tsŏ tchwán*, les *Kwĕ yù*; le *Tcheoū li*, le *Yì li* parlent des carillons. Des cloches de la dynastie des Tcheoū ont été souvent trouvées dans les fouilles et sont décrites dans les traités d'archéologie[4]; la forme renflée moderne se présente dès le début, mais elle est plus rare alors que la forme en tronc de cône, souvent presque cylindrique; la hauteur de ces cloches antiques varie dans des limites assez larges, environ de 2ᵖ,30 à 0,33.

3 *Chwĕn, twĕn, chwĕn yū*[5]. Cet instrument, inusité à présent, servait dans la haute antiquité à marquer le rhythme et s'associait au tambour. C'était une sorte de cloche de section elliptique, plus étroite à l'ouverture qu'au fond. Dimensions d'un chwĕn de l'époque des Tcheoū : hauteur, 1ᵖ,17; diamètres supérieurs, 0,72 et 0,59, diamètres à la bouche, 0,61 et 0,51; poids, 13 livres. Ce sont les dimensions les plus générales; on trouve un chwĕn de 2,4 et un de 2,2 de hauteur.

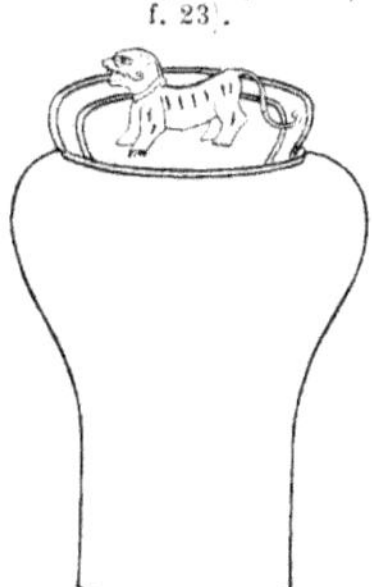

3. Chwĕn (Nº 57, liv. 26, f. 23).

Fɪɢ. 164.

4 *Tŏ.* **5** *Tchĕng.* **6** *Tchŏ*[6]. Le *tŏ* était une sonnette presque cylindrique munie d'un manche et d'un battant; la sonnette à battant de bois assemblait le peuple pour la publication des édits; la sonnette à battant de métal servait dans l'armée. On appelait *tchĕng* une cloche à manche, presque cylindrique, parfois de section polygonale, probablement sans battant, employée à l'armée avec le tambour. Les deux *tŏ* des Tcheoū cités par le nº 57 ont 0ᵖ,68 de haut, y compris le manche; les *tchĕng* cités par le même recueil varient entre 0,75 et 2,12, manche compris. Le *tchŏ*, autre variété de cloche à main, avait à peu près les mêmes usages; le *Pŏ koŭ thoŭ loŭ* n'en donne pas de figure. Voir aussi *náo* **16**.

Gongs.

7 *Lŏ*[7], gong de bronze; plaque circulaire, à rebord percé de deux trous par lesquels passe une torsade de soie jaune pour tenir l'instrument à la main pendant qu'on le frappe avec un maillet couvert de cuir. Diamètre, 1ᵖ,30; hauteur du rebord, 0,16. Le lŏ de l'orchestre de triomphe *a*) a 0,972 sur 0,162.

8 *Kīn*[8], instrument semblable; diamètre, 1ᵖ,458; hauteur du rebord, 0,227.

9 *Thŏng koŭ*[9], instrument analogue; diamètre, 0ᵖ,972; hauteur du rebord, 0,162 ; au milieu un renflement

---

1. Très souvent pour 鐘 on trouve par abus l'homophone 鍾. Voir nᵒ 67, liv. 32, ff. 2 à 7.

2. Nº 67, liv. 32, ff. 8 à 10. — Nº 64, liv. 183, f. 17.

3. Si une cloche donnant *ut₁* pèse 8 kilogrammes, la cloche donnant *ut₂ₐ* pèsera 1 kilogramme; le second terme, *ut♯*, pèsera $8 \times \dfrac{1}{\sqrt[12]{8}} = \dfrac{8}{1.189207} = 6,7270$; les autres termes s'obtiendront par le même procédé (cf. nᵒ 110, 1886, pp. 168, 169). Mais cette formule ne nous renseigne pas sur la loi suivant laquelle varie l'épaisseur des parois pour les cloches chinoises.

4. Nº 6, liv. 41, *foŭ chi*. — Nº 9, tome II, pp. 498 à 503. — Nº 57, livres 22 à 25. Le pied des Sóng a varié et je ne sais lequel était adopté par l'auteur du nº 57; si l'on admet 0ᵐ,30, on aurait pour la hauteur de ces cloches 0ᵐ,69 et 0,099, valeurs suffisamment exactes pour notre recherche présente.

5. Nº 57, liv. 26, ff. 11 à 30. — Nº 6, liv. 12, *koŭ jĕn*. — Nº 9, tome I, p. 266.

6. Nº 57, liv. 26, ff. 31 à 36. — Nº 2, *Syăo yŏ, Tshăi khĭ*. — Nº 13, p. 205. — Nº 6, liv. 10, *syăo seŭ thoŭ;* liv. 12, *koŭ jĕn;* liv. 29, *tă seŭ mă.* — Nº 9, tome I, pp. 230, 266; tome II, p. 170.

7. Nº 67, liv. 34, f. 6. — Nº 65, liv. 33, f. 23 rº.

8. Nº 67, liv. 34, f. 7.

9. Nº 67, liv. 34, f. 9.

globuleux de diamètre 0,267, profondeur, 0,081 ; suspension et marteau comme plus haut. Les thông koù anciens, très grands, profonds et ornés de figures, proviennent du sud de la Chine et du nord de l'Indo-Chine ; ils ont été de longue date recherchés et étudiés par les amateurs chinois[1].

10 *Thông tyèn*[2], analogue : diamètre, 0p,486, rebord, 0,108 ; — renflement : diamètre, 0,162, profondeur, 0,048.

11 *Tchĕng*[3], différent du tchĕng antique **5** ; c'est un

11. Tchĕng (Nº 102, liv. 9, f. 2).

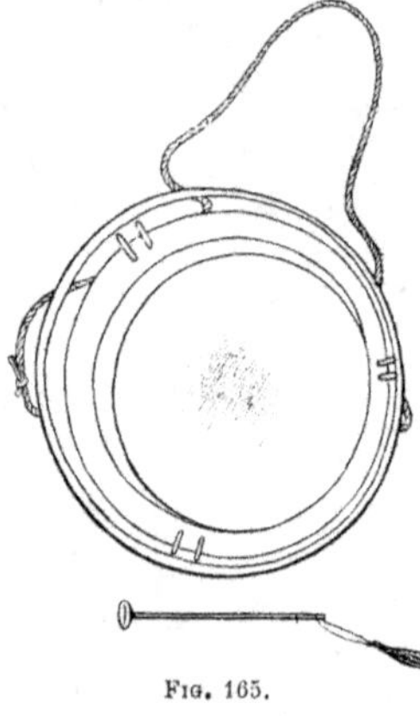

Fig. 165.

gong en forme de bassin : diamètre à l'ouverture, 0p,864 ; hauteur du rebord, 0,086 ; profondeur au centre, 0,129. Il est fixé par six tenons dans un cerceau de bois et est tenu par une torsade passant dans le cerceau.

12 *Yâng*[4], petit gong sans rebord, tenu par une torsade de soie jaune passant dans deux trous percés près du bord : diamètre de l'ouverture, 0p,315 ; diamètre du fond, 0,270 ; profondeur, 0,060.

13 *Yûn ló, yùn ngdo*[5], carillon de 10 petits gongs en bronze maintenus dans un cadre de bois chacun par quatre torsades de soie ; on joue avec un petit marteau. Tous les gongs ont le même diamètre, l'épaisseur seule varie : diamètre extérieur de l'ouverture, 0p,3529 ; diamètre extérieur du fond, 0,2631 ; profondeur extérieure, 0,0546.

	épaisseur		épaisseur
koû-syèn	0,00252	demi thái-tsheoù	0,00404
jwĕi-pīn	0,00284	demi koû-syèn	0,00449
yĭ-tsé	0,00299	demi jwĕi-pīn	0,00505
woù-yi	0,00336	demi yĭ-tsé	0,00568
demi hwâng-tchŏng	0,00378	demi woù-yi	0,00598

Les gongs sont disposés dans l'ordre :

<pre>
        X
  IX VIII VII
  VI   V   IV
  III II   I
</pre>

La notation est celle de la flûte traversière tï **81**.

C'est dans le nº 51, section musicale, qu'on rencontrerait la première mention de ce carillon, mais je n'ai pas trouvé le passage.

13. Yûn ló (Nº 102, liv. 8, f. 72). — Échelle.

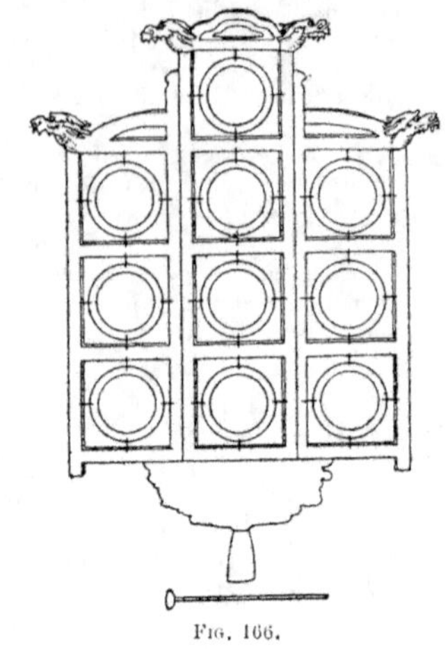

Fig. 166.

14 *Tshăng-tshīng*[6] (coñ-chen ou cañ-chen), instrument de l'orchestre tibétain *b*), semblable au précédent, un peu plus grand.

15 *Kī-wŭn-syĕ-khoû*[7] (comparer birman kye'-waing ou kye'-htsaing'), carillon de l'orchestre birman *a*), formé de huit gongs disposés sur deux rangs et que l'on frappe avec un marteau de corne. Ces gongs ont un renflement globuleux au centre ; les diamètres varient de 0p,49 à 0,37.

Cymbales.

16 *Náo*[8], cymbales de bronze ; la poignée globuleuse percée d'un trou est en bronze et fait corps avec l'instrument : diamètre, 1p,2 ; — poignée : hauteur, 0,13, diamètre, 0,245. Un instrument de ce nom, mais se rapprochant du tchĕng **5**, est mentionné à l'époque des Tcheoù ; la figure qu'en donne le *Pŏ koù thoù loù* manque de clarté[9].

16. Náo (Nº 102, liv. 9, f. 65).

17 *Pŏ*, al. *thóng pŏ*[10], cymbales de bronze de forme différente, percées d'un trou au centre ; il en existe de trois tailles : *a*) *pŏ* ; *b*) *syáo hwŏ pŏ* ; *c*) *tá hwŏ pŏ*.

Fig. 167.

---

1. Sur ces « tambours de bronze », cf. Mitteilungen des Seminars für Orientalische Sprachen zu Berlin : J. J. M. de Groot, die antiken Bronzepauken im Ostindischen Archipel und auf dem Festlande von Südostasien (IV, 1901, p. 76) ; Friedrich Hirth, Chinesische Ansichten über Bronzetrommeln (VII, 1904, p. 200).

2. Nº 67, liv. 34, f. 10.

3. Nº 67, liv. 34, f. 8.

4. Nº 67, liv. 34, f. 11.

5. Nº 67, liv. 34, ff. 3, 4. — Nº 65, liv. 33, f. 18.

6. Nº 67, liv. 34, f. 4. Pour retrouver dans les langues originales les noms d'instruments étrangers, j'ai eu recours à divers savants que je tiens à remercier ici : pour l'arabe, le persan, le turc, M. Blochet, du département des Manuscrits à la Bibliothèque Nationale ; pour le birman, M. Cabaton, professeur à l'École des Langues Orientales ; pour le tibétain, M. le docteur P. Cordier, médecin-major des troupes coloniales ; pour les langues hindoues, M. Sylvain Lévi, professeur au Collège de France. J'ai aussi consulté le *Turkestan chinois et ses habitants* par M. F. Grenard (*Mission scientifique dans la Haute Asie*, 2e partie, 1 vol. in-4º, Paris, 1898).

7. Nº 67, liv. 34, f. 5.

8. Nº 67, liv. 34, f. 13.

9. Nº 6, liv. 12, *koù jèn* ; liv. 29 *tá sĕù mà*. — Nº 9, tome I, p. 266 ome II, p. 170. — Nº 57, liv. 26, ff. 47, 48.

10. Nº 67, liv. 34, f. 12. — Nº 45, liv. 29, f. 13 vº. — Nº 69 (Y. I. t., liv. 100)

	a)	b)	c)
Diamètre	0P,648	0P,790	1P,180
Diamètre du creux	0 ,324	0 ,245	0 ,570
Profondeur	0 ,129	0 ,130	0 ,250

D'après Tchhên Yâng, les premières cymbales de ce genre furent apportées et du Foŭ-nàn et de l'Asie centrale; à l'époque des Tsin, on leur attribuait des qualités magiques; on les appelait alors *thông tsao phàn, thông phàn;* on en fabriqua sous les Tshi méridionaux (479-502).

18 *Pŏ-tshyé-eŭl*[1] (bu-chol), cymbales de l'orchestre tibétain a), en bronze, de même forme que les précédentes; diamètre, 0P,600.

19 *Tà-là* (tala)[2], cymbales semblables, de l'orchestre népalais; diamètre, 0P,210.

20 *Kyé-màng-nyé(tchè)-teoŭ-poŭ*[3] (comparer birman maung', kyé'-waing'), cymbales de l'orchestre birman a); analogues aux précédentes, enfilées à une courroie de cuir; diamètre, 0P,350.

21. Sĭng (N° 102, liv. 9, f. 72).

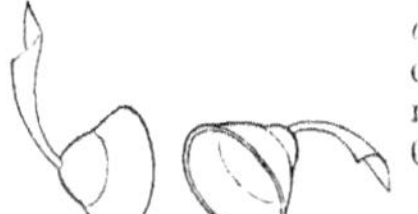

Fig. 168.

21 *Sĭng*[4], petites cymbales en bronze; diamètre à l'ouverture, 0P,18; hauteur totale, 0,10; hauteur de la saillie, 0,04; tour de la saillie à la base, 0,30; épaisseur du métal, 0,01.

22 *Tsyé-tsoŭ*[5], petites cymbales en bronze de l'orchestre birman b), presque semblables aux précédentes comme forme et dimensions.

23. Thé khing (N° 102, liv. 8, f. 12).

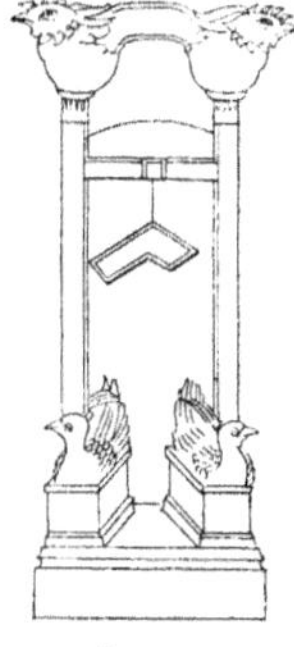

Fig. 169.

Lames accordées.

23 *Thé khing*[6], lithophone isolé. Comme les douze cloches isolées, les douze lithophones donnent le son des douze lyŭ; un seul figure à la fois dans l'orchestre d'après les principes habituels de transposition. Le corps sonore est une lame de jade de Khotan qui est suspendue à un cadre semblable à ceux des cloches et que l'on frappe avec un marteau. La lame est taillée en forme d'équerre à angle obtus; la branche la plus longue s'appelle *koŭ,* tambour, la plus courte *koŭ,* membre. Les khing actuels datent de 1761.

	hwàng-tchŏng	ying-tchŏng
Longueur du membre	1P,458	0P,768
Largeur du membre	1 ,093	0 ,576
Longueur du tambour	2 ,187	1 ,152
Largeur du tambour	0 ,729	0 ,384
Épaisseur	0 ,0729	0 ,1296

24 *Pyĕn khing*[7], carillon de lithophones. Ce carillon, qui date de 1715, est formé de 16 lames de pierre suspendues comme les 16 cloches 2; pour les prières au Ciel, on emploie un carillon de 16 lames de jade vert. Le carillon donne les mêmes notes que le carillon de cloches (*ut♯₃ à ré₄*); la longueur et la largeur des plaques sont identiques, avec une épaisseur différente.

Longueur du membre, 0P,729; largeur du membre, 0,5467; — longueur du tambour, 1,0935; largeur du tambour, 0,3645.

	épaisseur		épaisseur
yi-tsé double	0,0606	koŭ-syèn	0,0910
nàn-lyù double	0,0648	tchŏng-lyù	0,0972
woŭ-yi double	0,0682	jwĕi-pin	0,1024
ying-tchŏng double	0,0719	lin-tchŏng	0,1064
hwàng-tchŏng	0,0729	yi-tsé	0,1078
tà-lyù	0,0768	nàn-lyù	0,1152
thai-tsheoŭ	0,0809	woŭ-yi	0,1213
kyá-tchŏng	0,0864	ying-tchŏng	0,1296

Les lithophones sont nommés dans les plus anciens textes : *Chī kīng, Chāng sóng: Choŭ kīng, Yì tsi;* le *Choŭ kīng, Yŭ kòng*[8], indique que les pierres sonores provenaient du Syŭ-tcheoŭ (Kyàng-nàn, Chàn-tōng), du Yú-tcheoŭ (Tchi-li, Chàn-tōng, Hoŭ-kwàng, Hŏ-nàn) et du Lyàng-tcheoŭ (Cheàn-sī, Hoŭ-kwàng, Seŭ-tchhwàn); le *Tcheoŭ lì*[9] parle des khing et des carillons de khing; il expose les dimensions et formes des plaques sonores. Le *Pŏ koŭ thoŭ loŭ*[10] donne la figure de plusieurs lithophones de forme compliquée; ces variétés ne paraissent pas avoir été en usage dans les cérémonies rituelles.

25 *Fāng hyàng*[11], carillon de lames d'acier. Les 16 lames sont frappées avec un marteau; elles sont disposées sur deux rangs comme les cloches et les khing; les lames présentent vers le 3e quart de la longueur une arête transversale saillante par laquelle elles sont suspendues; elles donnent la même série chromatique que le pyĕn khing 24; l'épaisseur de chaque lame est la moitié de l'épaisseur de la pierre sonore correspondante : longueur des lames, 0P,729; largeur, 0,1822.

25. Fāng hyàng (N° 102, liv. 9, f. 70).

L'orchestre de triomphe b) emploie huit lames démontées du carillon; chacune est tenue par un cavalier. Le fāng hyàng paraît mentionné pour la première fois au début des Thâng, dans le premier des Neuf Orchestres barbares, ce qui le signale comme originaire de l'Asie centrale.

Fig. 170.

26 *Kheoŭ khin*[12], guimbarde, instrument de l'orchestre mongol a). C'est une lame de fer recourbée en fer à cheval très allongé, avec un petit manche très court, extérieur au milieu de la courbure; en face du manche, à l'intérieur est fixée une languette de fer, *hwàng,* plus longue que les branches de l'instrument et, vers le bout des branches, se recourbant dans le

---

1. N° 67, liv. 34, f. 15.
2. N° 67, liv. 34, f. 15. — N° 109, p. 99 (3).
3. N° 67, liv. 34, ff. 16, 17.
4. N° 67, liv. 34, f. 14.
5. N° 67, liv. 34, ff. 16, 17.
6. N° 67, liv. 32, ff. 11 à 13.
7. N° 67, liv. 32, ff. 11, 15. — N° 64, liv. 183, f. 17.
8. N° 13, p. 459. — N° 14, pp. 56, 57, 69, 75, 77.

9. N° 6, liv. 22, *syáo syŭ;* liv. 42, *khing chi.* — N° 9, tome II. pp. 47, 48, 530 à 532.
10. N° 57, liv. 26, ff. 5 à 10.
11. N° 67, liv. 34, f. 2. — N° 102, liv. 9, f. 70. — N° 46, liv. 21, f. 12 rº; liv. 222 c), f. 13 vº. — N° 64, liv. 183, ff. 13, 14. — N° 45, liv. 29, f. 13 vº.
12. N° 67, liv. 34, f. 18.

plan vertical supérieur; la pointe de la languette est entourée de cire. La guimbarde se tient dans la bouche, l'extrémité sortante de la languette est actionnée par le doigt, qui sert de plectre; la bouche agit comme résonnateur et, par ses changements de forme, par

26. Kheoŭ khĭn (N° 102, liv. 9, f. 39).

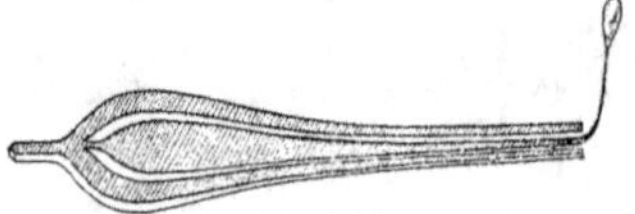

Fig. 171.

les variations du souffle expiré ou inspiré, renforce telle ou telle des harmoniques de la lame sonore : longueur des branches, 0P,288; distance des deux branches à la base, 0,0364; distance à l'extrémité libre, 0,0072; longueur de la courbe montante de la languette, 0,0729. Cet instrument est brièvement décrit par Tchhên Yâng[1].

27 *Pă-tă-lă*[2], xylophone de l'orchestre birman b). Cet instrument, joué à l'aide de deux marteaux, se compose de 22 lames de bambou enfilées sur des fils de soie sur une caisse sonore, *tshâo*, en bois; la caisse

27. Pă-tă-lă (N° 67, liv. 39, f. 17).

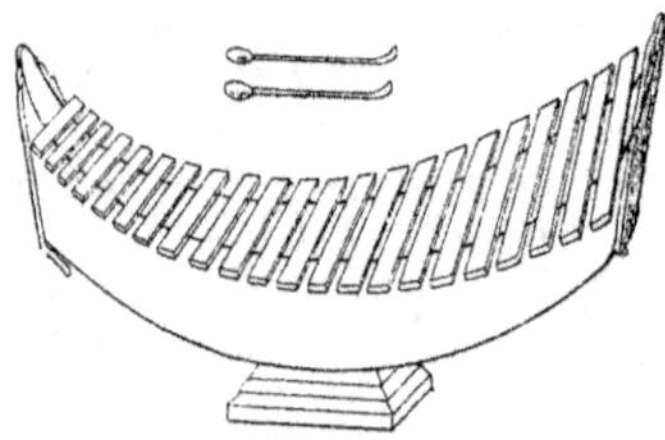

Fig. 172.

affecte la forme d'un bateau très élevé à l'avant et à l'arrière; les lames sont rangées suivant la longueur croissante de l'arrière à l'avant : largeur des lames, 0P,100; — 1re lame, longueur, 0,520, épaisseur, 0,305; — dernière lame, longueur, 1,150; épaisseur, 0,010.

Divers.

28 *Kŏng-koŭ-li* (ghuṅghura)[3], grelots en bronze, de 0P,04 de diamètre, avec une ouverture en forme de croix, renfermant une petite feuille de cuivre; 50 grelots sont cousus sur une sorte de jarretière; les deux chanteurs de l'orchestre du Népal portent chacun deux de ces jarretières.

29 *Yŭ*[4]. Cet instrument, qui faisait déjà partie de l'orchestre des Tcheoŭ, sert seulement à indiquer la fin des strophes dans les hymnes de rites majeurs. Il est en bois, il a la figure d'un tigre couché sur une boîte rectangulaire (2P,187 × 1,213; hauteur totale, 1,971); sur le dos de l'animal sont sculptées 27 dents de scie divisées en trois séries, sur lesquelles on frappe ou l'on racle avec un bambou, *tchĕn*, dont

une moitié forme manche et dont l'autre est fendue en 24 tiges; cet instrument ne donne pas un son musical, mais un bruit.

29. Yŭ (N° 102, liv. 8, f. 67).

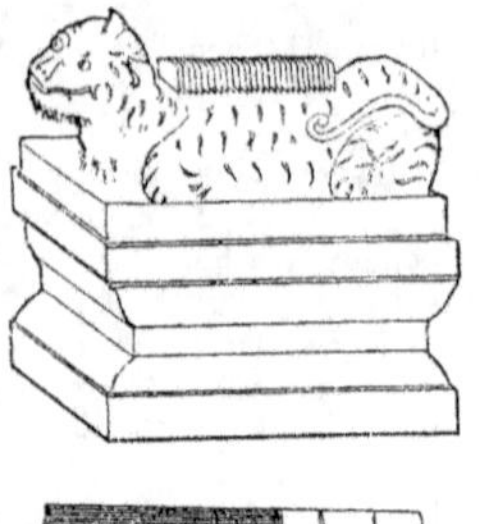

30 *Tsyĕ, tchoŭ tsyĕ*[5]. Le tsyĕ est une sorte de demi-panier ou de van ayant environ 1 pied et demi en long et en large, avec près de deux pouces de profondeur; il est formé de lattes de bambou sur lesquelles on racle avec un plectre formé d'un bambou

Fig. 173.

fendu en deux; il est usité dans une danse de banquet (danse *Khing lŏng*).

31 *Phŏ păn*, al. *păn*[6], claquettes ou planchettes de bois dur attachées ensemble par des cordonnets de soie et que l'on fait claquer comme des castagnettes pour marquer la mesure; les 6 planchettes ont toutes

31. Phŏ păn (N° 102, liv. 8, f. 80).

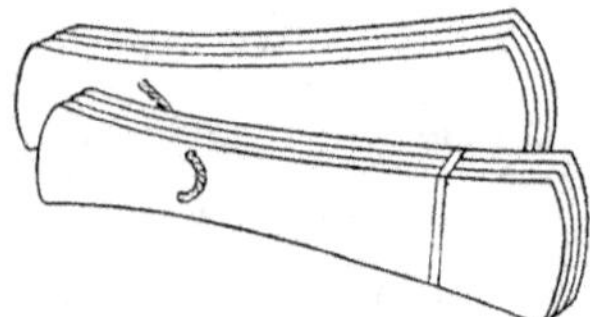

Fig. 174.

1P,152 de long sur une largeur maxima de 0,256; les planchettes extrêmes ont 0,0455 d'épaisseur, les quatre du milieu sont un peu moins épaisses. Les 6 planchettes sont liées 3 par 3 en faisceaux assez serrés; l'attache des deux faisceaux est très lâche.

D'autres variétés sont les suivantes : *phŏ păn* de l'orchestre de triomphe b), longueur 1,07 (2 + 1 planchettes); *phŏ* de la danse *Khing lŏng*, longueur 1,115 (3 + 1 planchettes); *phŏ* de l'orchestre mongol b), longueur, 0,809 (2 + 1 planchettes).

32 *Tchhŏng toŭ*[7], instrument analogue, inusité aujourd'hui; formé de 12 fiches de bambou reliées par

32. Tchhŏng toŭ (N° 81, f. 32).

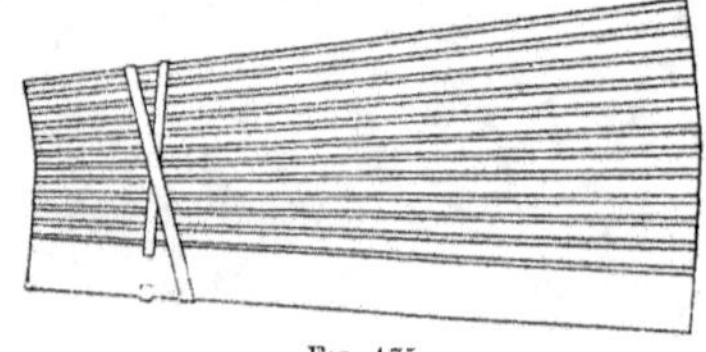

Fig. 175.

une courroie : 1P,200 sur 0,100. Différent du *toŭ* **33** du Tcheoŭ li, ou *tchhŏng toŭ* des Thâng, qui est décrit comme une tige creuse ouverte d'un ou deux trous en bas et dont on frappe le sol.

1. N° 69 (Y. l. t., liv. 126, ff. 18, 19).
2. N° 67, liv. 39, f. 17.
3. N° 67, liv. 34, f. 19. — N° 109, p. 101 (11).
4. N° 67, liv. 33, f. 18. — N° 64, liv. 183, f. 16.
5. N° 67, liv. 39, f. 20.

6. N° 67, liv. 39, ff. 18, 19. — N° 64, liv. 183, f. 15.
7. N° 81, f. 32 v°. — N° 6, liv. 23, *cheng chi*. — N° 9, tome II, p. 61. — N° 45, liv. 29, f. 11 v°.

34 *Tchoŭ*[1]. Cet instrument, depuis l'époque des Tcheoŭ, marque le début des strophes; comme tous ceux de la série présente, il produit un bruit, et non un son musical. C'est une auge en bois, carrée; sur trois faces existe un renflement globuleux; on frappe sur ces bosses avec un marteau appelé *tchi*; dans la quatrième face est ménagé un trou rond, diam. 0ᵖ,486. L'auge est posée sur une base

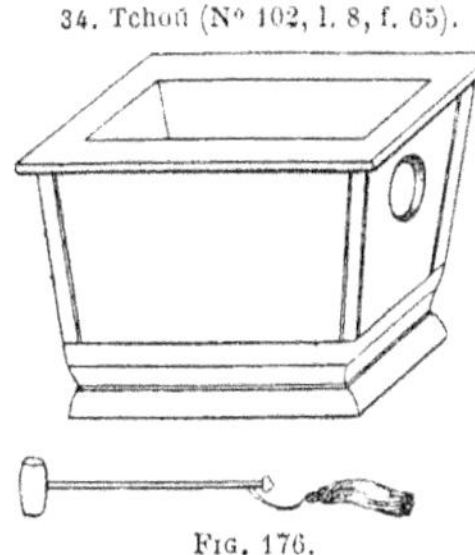

34. Tchoŭ (N° 102, l. 8, f. 65).

de 3 pouces de haut. Profondeur de l'auge, 1,458; côté supérieur, 2,187; côté inférieur, 1,6904; épaisseur du bois, 0,0729.

35 *Pŏ foŭ*, al. *foŭ*, al. *foŭ pŏ*[2], rouleau de cuir. Cet instrument sert depuis la haute antiquité à frapper les temps de la mesure dans les cérémonies de rites majeurs. Tel qu'il était usité sous les Ming, c'était un sac de cuir de forme cylindrique; longueur, 1ᵖ,4; diamètre, 0,7; il était bourré de bale de riz. Pour s'en servir l'exécutant le posait sur ses genoux et le frappait soit de la main

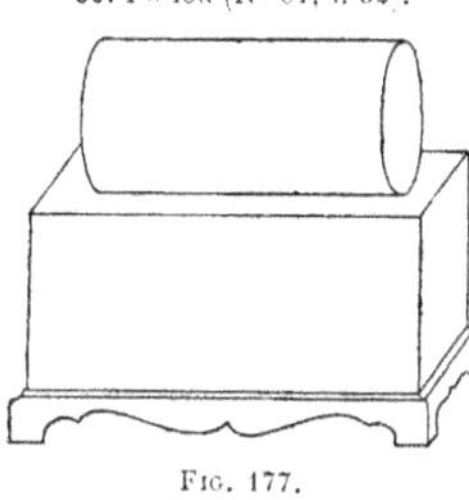

35. Pŏ foŭ (N° 81, f. 32).

droite, soit de la main gauche; quand il avait fini, il le remettait sur le support.

36 *Fcoŭ*, jarre d'argile qui servait à l'occasion pour battre la mesure; cet usage[3], mentionné dans le *Chī kīng*, existait encore en 765.

CHAPITRE VIII

INSTRUMENTS A MEMBRANES

La rédaction des textes que je possède, nᵒˢ 65, 67, 102, etc., est ambiguë pour tous ces instruments et laisse mal distinguer s'il s'agit d'une membrane tendue sur un cerceau, d'une membrane sur un récipient ou de deux membranes; dans quelques cas, malgré les figures et les dimensions, on peut douter si la description est celle d'un tambour de basque, d'une timbale ou d'un tambour.

Tambours de basque.

37 *Tä-poŭ*[4] (arabe daff, Kâchgar dop). Instrument de l'orchestre musulman de l'Asie centrale, formé d'un cerceau de 1ᵖ,365 de diamètre et de 0,227 d'épaisseur, sur lequel est tendue une peau; une autre variété à 1,224 sur 0,162. Des instruments si minces ne peuvent guère avoir deux membranes; le texte du nᵒ 67 confirme cette opinion : « caisse de bois, le dessus coiffé de cuir ». Quand il est question de tambours,

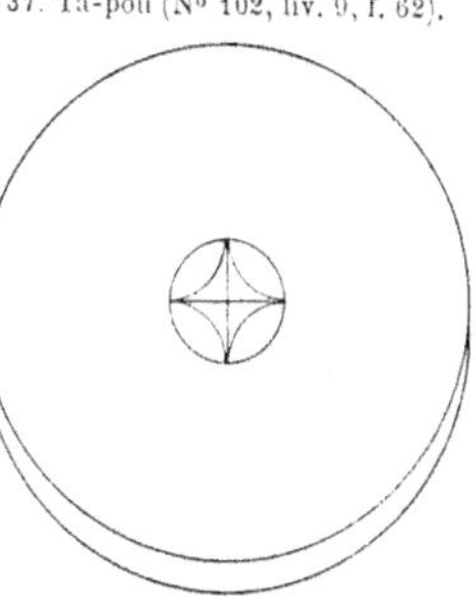

37. Tä-poŭ (N° 102, liv. 9, f. 62).

le texte ne spécifie pas le dessus. Cet instrument est frappé avec les doigts.

38 *Tĭ-lĕ-wŏ*[5] (comparer à tibétain dril bu, mais ce mot signifie cloche), de l'orchestre tibétain *a*), semblable au précédent; 1ᵖ,200 sur 0,500.

39 *Cheoŭ koŭ*[6], tambour à main; c'est là un des instruments douteux indiqués plus haut; le texte dit, comme pour les vrais tambours : « caisse de bois coiffée de cuir »; d'autre part, l'article du tä-poŭ **37** rapproche ce dernier du tambour à main; le tä-poŭ étant un tambour de basque, le tambour à main en serait un aussi. Cela semble être l'avis de Mᵐᵉ Devéria[7], et l'épaisseur 0ᵖ,216 n'y contredit pas. Diamètre de la

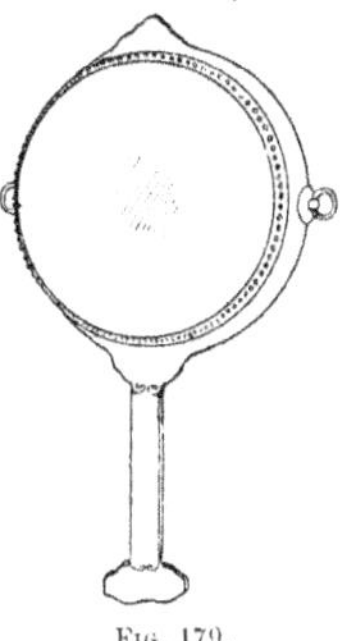

39. Cheoŭ koŭ (N° 102, liv. 9, f. 27).

peau 0,910; diamètre à la partie convexe, 1,024; longueur du manche, 1,5. On frappe ce tambour avec une baguette.

40 *Pīng koŭ*[8], petit tambour de basque d'un usage populaire, posé sur un trépied en X; on le frappe avec deux baguettes.

Timbales.

41 *Nâ-kŏ-lâ*[9] (persan nakâra), instrument de la musique musulmane, formé d'une caisse de fer coiffée de cuir; la caisse est beaucoup plus large à l'ouverture, *myén* (0ᵖ,648), qu'au fond, *ti* (0,262), elle a 0,486 de hauteur. Deux caisses semblables sont attachées ensemble et frappées de chaque main au moyen d'une baguette. Le mode de tension de la peau est bien visible sur la figure; il convient à une timbale; la différence des termes *myén*, face, pour la peau, et *ti*, fond, pour le côté opposé, confirme cette conclusion.

---

1. N° 67, liv. 33, f. 17. — N° 64, liv. 183, f. 15.
2. N° 81, f. 32 r°. — N° 1, *Yĭ tsĭ*. — N° 14, pp. 57, 58. — N° 8, *Ming thäng wéi.* — N° 15, tome 1, p. 737. — N° 64, liv. 183, f. 16.
3. N° 2, *Tchhén fäng, Yuén khyeoŭ.* — N° 13, p. 145. — N° 45, liv. 29, f. 13 r°.
4. N° 67, liv. 39, f. 12.
5. N° 67, liv. 39, f. 12.
6. N° 67, liv. 39, f. 5.
7. N° 108, p. 288.
8. N° 89, p. 79.
9. N° 67, liv. 39, f. 13. — N° 109, p. 105 (24).

41. Nă-kŏ-lă (N° 102, liv. 9, f. 63).

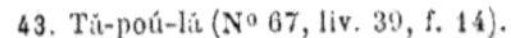

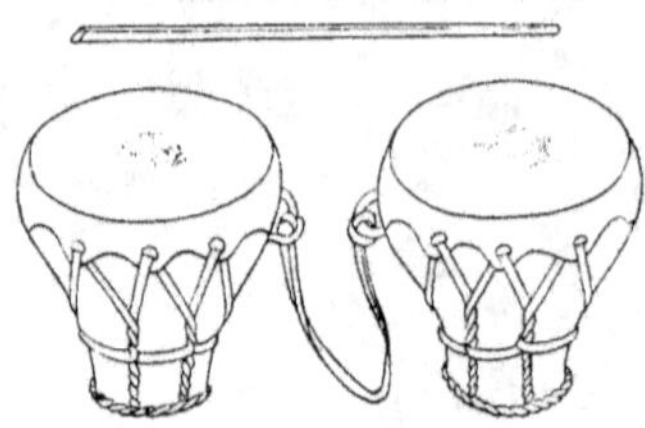

Fig. 180.

42 *Lŏng-seŭ-mă-eŭl tŭ-lĕ-wŏ*[1], timbales de l'orchestre tibétain b), ressemblant aux nakàra; la caisse en cuivre a 1ᵖ,300 de diamètre à l'ouverture et 1 pied de hauteur.

43 *Tă-poŭ-lă*[2], timbales à caisse de bois de l'orchestre népalais; le texte dit clairement qu'elles ressemblent aux nakâra et qu'une seule face est coiffée de cuir; elles sont frappées par les deux mains. Les deux timbales qui font la paire ne sont pas pareilles;

43. Tă-poú-lă (N° 67, liv. 39, f. 14).

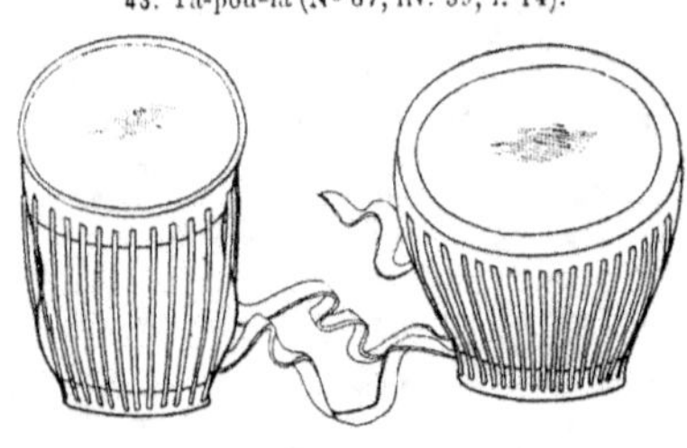

Fig. 181.

la première, plus pointue, a 0ᵖ,678 de diamètre à la peau et 0,450 de hauteur; l'autre, plus cylindrique, a 0,480 de diamètre en haut et 0,660 de hauteur. Sur toutes deux la tension est opérée au moyen d'une lanière de cuir fixée à la face et au fond en une série de points qui dessinent les circonférences supérieure et inférieure.

Tambours.

44 *Kyén koŭ*[3], tambour dressé. Ce tambour des rites majeurs se compose d'une caisse horizontale coiffée de cuir, portée sur une colonne et dominée par un dais; on en joue avec deux baguettes. Diamètre des faces, 2ᵖ,304; diamètre maximum (à la taille, *yŏ*), 3,072; longueur de la caisse, 3,457.

Le tambour ancien, inusité dans l'orchestre moderne, n'a pas de dais; diamètre des faces, 4 pieds; diamètre maximum, 6,66; longueur de la caisse, 8 pieds. Il est souvent accompagné de deux tambourins ou petits tambours en tronc de cône et que l'on nomme ses oreilles, *eŭl*, et aussi *phi* ou *thăo*; ils sont suspendus au sommet de la caisse et pendent l'un à l'ouest, l'autre à l'est; ils sont frappés avec une seule baguette et servent à marquer le rhythme. Celui de l'ouest **45** est nommé *thyén koŭ, hyuén koŭ*, tambour pendu, *sŏ koŭ*, ou encore *yin*; diamètres des deux faces, 1,4 et 0,7; longueur de la caisse, 2 pieds. Celui de l'est **46** s'appelle *ying koŭ*, tambour qui répond, *ying phi*, ou *ying*; diamètres, 1 pied et 0,5; longueur, 1,4.

44. Kyén koŭ (N° 76, liv. 1, f. 30).

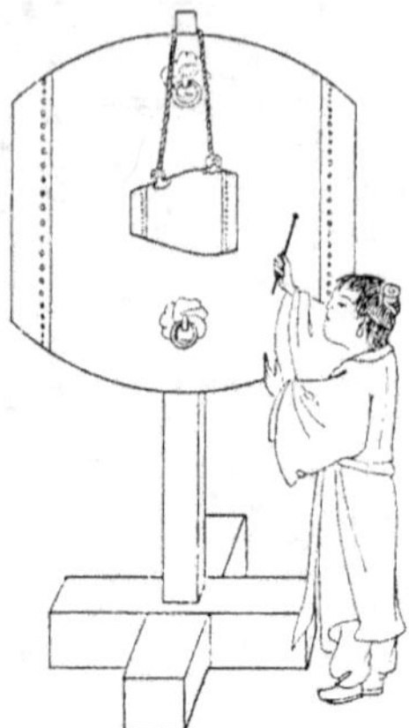

Fig. 182.

Le tambour dressé, de dimensions un peu réduites (6ᵖ,6 de long) et avec oreilles, serait le *tsin koŭ* **47** du *Tcheoŭ li*; le tambour dressé de 8 pieds sans oreilles serait le *fén koŭ* **48** de l'antiquité; on l'appelait, au xvıᵉ siècle, *tsoŭ koŭ*, tambour à pied. Plusieurs tambours sont décrits par le *Tcheoŭ li*, qui donne des détails sur leur construction[4]; divers noms de tambours sont déjà dans le *Chī kīng*.   •

49 *Pŏ foŭ*, alias *foŭ*, al. *foŭ pŏ*, al. *yă*[5]. Le pŏ foŭ de l'orchestre contemporain, rites majeurs, est un petit tambour horizontal; il est pendu au cou de l'exécutant, qui frappe de la main sur les deux faces pour marquer le rhythme; au repos il est posé sur un socle: diamètre des faces, 0,729; diamètre à la taille, 1,458; longueur de la caisse, 0,972.

49. Pŏ foŭ (N° 81, f. 32).
50. Yă koŭ.

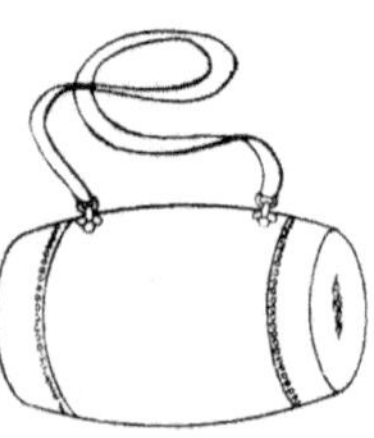

Fig. 183.

Le pŏ foŭ se rapproche beaucoup comme forme, dimensions et emploi, du *yă* ou *yă koŭ* **50** mentionné dans le même rôle par le *Tcheoŭ li*[6]. Mais le *yă*, comme le pŏ foŭ ancien **35**, était bourré de bale de riz, ce qui ne laissait aux membranes qu'un son très sourd. Les textes du *Hwéi tyén thoŭ* et du *Hwăng tchhăo tsi khi thoŭ chĭ* montrent que le pŏ foŭ n'est plus qu'un tambour.

51 *Hyuén koŭ*[7]. Dans l'une de ses œuvres, le prince Tsái-yŭ donne la figure d'un grand tambour ancien, inusité aujourd'hui; la caisse est suspendue verticalement dans un cadre semblable à ceux des cloches. Aucune notice n'est jointe. (Voir la figure, p. 150.)

52 *Tă koŭ*[8], grand tambour employé dans les fêtes du Palais, suspendu verticalement entre quatre colonnettes; l'exécutant muni de deux baguettes se tient debout sur un escabeau; diamètre des faces, 3ᵖ,645; diamètre à la taille, 4,860; hauteur de la caisse, 3,240.

---

1. N° 67, liv. 39, f. 13.
2. N° 67, liv. 39, f. 14. — N° 65, liv. 33, f. 21 v°.
3. N° 67, liv. 33, ff. 14, 15. — N° 81, f. 31 r°. — N° 76, liv. 1, f. 30 v°. — N° 6, liv. 23, *syăo chĭ*. — N° 9, tome II, pp. 52, 53. — N° 8, *Ming thăng wéi*. — N° 15, tome I, p. 738.
4. N° 6, liv. 41, *yún jén*. — N° 9, tome II, pp. 511 à 514.

5. N° 67, liv. 33, f. 16. — N° 64, liv. 183, f. 16 r°. — N° 45, liv. 29, f. 14 r°.
6. N° 6, liv. 23, *chéng chĭ*. — N° 9, tome II, p. 61. — N° 81, f. 32 r°. — N° 102, liv. 8, ff. 63, 64.
7. N° 84, f. 3 v°. — N° 8, *Ming thăng wéi*. — N° 15, tome I, p. 738.
8. N° 67, liv. 39, ff. 1, 2. — N° 64, liv. 183, f. 15 r°.

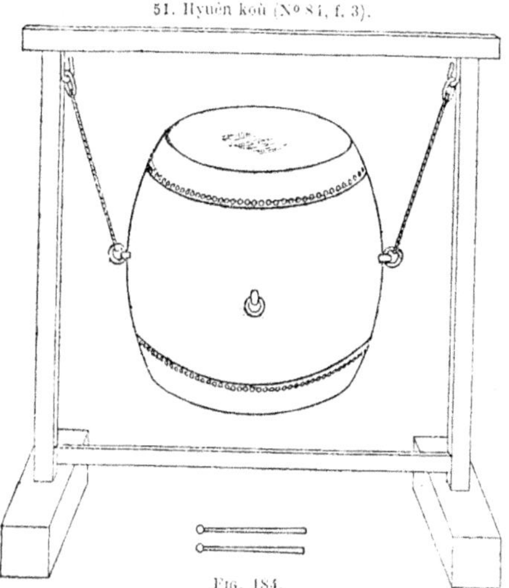

51. Hyuĕn koŭ (No 84, f. 3).

Fig. 184.

53 *Yāo koŭ*, alias *hwā khyāng koŭ*[1], petite variété du précédent, suspendu sur quatre montants courbes; deux baguettes; diamètre des faces, 1p,520; diamètre à la taille, 1,960; hauteur de la caisse, 1,600.

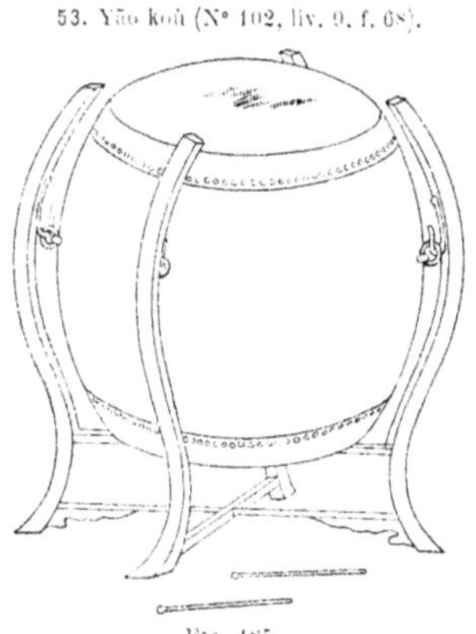

53. Yāo koŭ (No 102, liv. 9, f. 68).

Fig. 185.

54 *Tĕ chéng koŭ*[2], tambour de victoire employé pour les triomphes depuis 1760; analogue au ta koŭ **52**, plus plat et plus petit, suspendu sur quatre colonnettes; diamètre des faces, 1p,610; diamètre à la taille, 1,840; hauteur de la caisse, 0,580.

55 *Tāo ying koŭ*[3], tambour d'escorte; on en joue avec deux baguettes; il est suspendu verticalement à une barre horizontale portée par deux hommes; diamètre des faces, 2p,048; diamètre à la taille, 2,430; hauteur de la caisse, 1,620.

56 *Lōng koŭ*[4], tambour vertical posé sur un trépied en X; tandis qu'on en joue avec deux baguettes, il est porté au cou par un homme; diamètre des deux faces, 1,536; diamètre à la taille, 1,648; hauteur de la caisse, 1,728. Ce lōng koŭ est celui des orchestres de cortège I et IIIb); celui **57** de la cueillette des feuilles de mûrier, rite religieux moyen, est un peu plus petit.

58 *Phải koŭ*, tambour de l'orchestre coréen, avec deux baguettes; il est porté au cou par l'exécutant; diamètre des deux faces, 1p,296; diamètre à la taille, 1,364; hauteur de la caisse, 0,432.

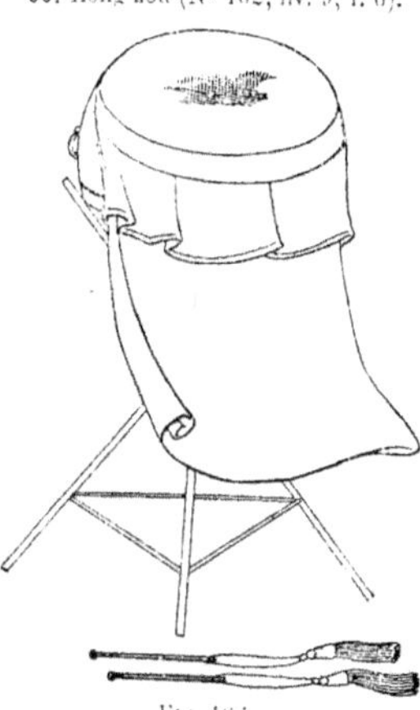

56. Lōng koŭ (No 102, liv. 9, f. 6).

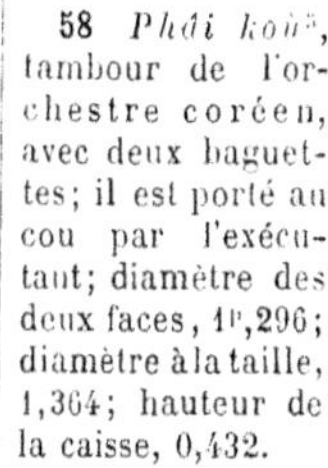

Fig. 186.

59 *Tchāng koŭ*[6], tambour à caisse en forme de sablier; chacune des deux extrémités est entourée par deux cerceaux plus grands, l'un en bois, l'autre en fer, munis de crochets; les peaux sont fixées sur ces cercles et tendues par un système de cordes de soie qui passent dans les crochets et s'attachent à la taille, *yāo*, partie médiane mince de la caisse. Le type le plus grand se pose sur un pied; on en joue avec une baguette; diamètre des cerceaux, 1p,296; diamètre des ouvertures de la caisse, 0,810; diamètre à la taille, 0,288; hauteur de la caisse, 1,944. Le type le plus petit a des dimensions moitié moindres. Le *Kycoŭ thāng choŭ* donne aux instruments de ce type le nom de *yāo koŭ;* Mà Twān-lin les désigne par l'expression *tchén koŭ*, qui date des Hàn. On les trouve fréquemment à partir de Foŭ Kyén; on les frappait d'abord avec deux baguettes, puis on a gardé une seule baguette, en frappant la seconde face avec la main.

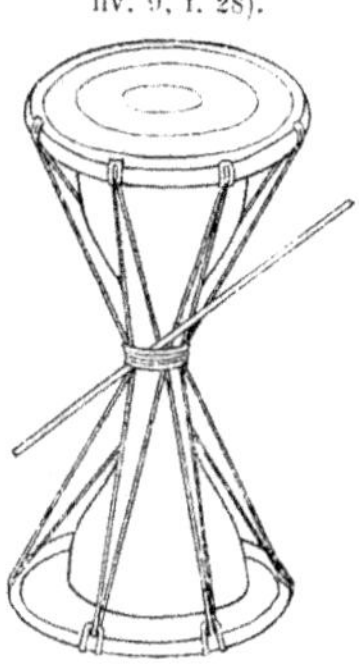

59. Tchāng koŭ (No 102, liv. 9, f. 28).

Fig. 187.

60 *Hīng koŭ*, alias *thō-lō koŭ*[7], tambour de marche porté à cheval, ou posé sur un trépied; la forme des nakàra est comparée à celle de cet instrument, mais rien dans la figure ni dans le texte n'indique qu'il s'agisse ici d'une timbale; diamètre supérieur, 1p,080; diamètre à la taille, 1,296; diamètre inférieur, 0,518; hauteur de la caisse, 1,512.

Le *Thāng choŭ* note que Yōng-khyāng, roi de Pyáo, présenta deux tambours *sān myén koŭ* **61** couverts de peau de serpent et dont la forme rappelait celle d'une

---

1. No 67, liv. 39, f. 9.
2. No 67, liv. 39, f. 10.
3. No 67, liv. 39, f. 6.
4. No 67, liv. 39, f. 7.
5. No 67, liv. 39, f. 11.

6. No 67, liv. 39, ff. 3, 4. — No 102, liv. 8, f. 78 vo. — No 59 (Y. l. t., liv. 130, f. 17). — No 64, liv. 183, f. 14 vo. — No 43, liv. 29, f. 14. — No 24, liv. 5, ff. 7, 8.
7. No 67, liv. 39, f. 8. — No 102, liv. 9, f. 16 vo. — No 46, liv. 222 c), f. 16 ro.

jarre à vin; toutefois ces instruments n'ayant qu'une membrane et étant peut-être ouverts à la partie reposant sur le sol, devraient alors être rapprochés soit des tambours de basque, soit des timbales.

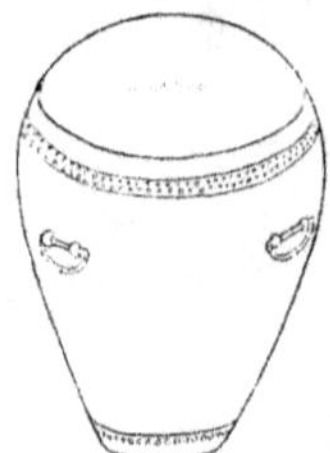

60. Iling koù (N° 102, liv. 9, f. 16).

62 *Thào*, al. *phi*[1], tambour à manche; sur les deux côtés de la caisse sont des pendants terminés par une boule pesante qui frappe les deux faces quand on agite l'instrument; le prince Tsài-yù donne les dimensions suivantes : diamètre des faces et hauteur de la caisse, 1 pied pour le grand format, 0,7 pour le petit format. Cet instrument, qui n'entre pas dans l'orchestre impérial, est cité par le chap. *Yi tsì* du *Choù king*[2] et est défini par le *Eùl ya*[3].

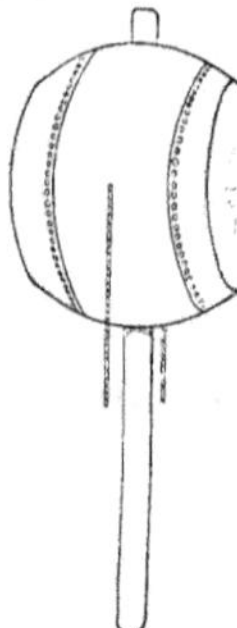

62. Thào (N° 81, f. 30).

63 *Kyè koù; tà-là koù*, al. *khyài koù*, etc.[4]. Le kyè koù, apprécié par Hyuèn tsòng, des Thàng, provenait des Kyè-hoù, peuplade du nord; c'était un tube verni, avec deux peaux, une sorte de tambourin ressemblant de loin au tchàng koù **59**; on le frappait de la main ou avec des baguettes. Le *tà-là koù* **64**, un peu plus large et plus court, avait un son encore plus pénétrant. Un grand nombre d'airs de Koutcha, Tourfàn, Kàchgar et de l'Inde étaient accompagnés par le kyè koù; beaucoup de poésies étaient en langue hindoue, plusieurs étaient consacrées au bouddhisme. En supplément au *Kyè koù loù* sont conservés les titres de 130 de ces chants, sans poésie ni musique; l'ouvrage donne en outre la description et l'historique de l'instrument.

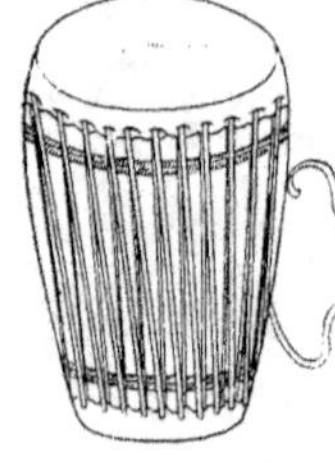

FIG. 189.

Le *Kycoù thàng choù*[5] cite encore plusieurs autres tambours, presque tous originaires de l'Asie centrale : *yào koù* **65**, les grands en terre, les petits en bois (voir plus haut tchàng koù **59**); *toù-thàn koù* **66**, *mào yuén koù* **67**, analogues aux précédents, mais de taille différente; *tchéng koù* **68**, *hwò koù* **69**, qui étaient des yào koù **65** accordés à la quinte ou à la quarte; *ki-lcoù-koù* **70**, presque ronds et frappés à la main, les autres étant frappés avec des marteaux; *tshì koù* **71**, ayant une marque ou nombril au centre de la membrane, caisse cylindrique allongée.

73. Pàng-tchà (N° 67, liv. 39, f. 15).

72 *Tsyè-nèi-thà-teoù-hoù*[6], tambourin de l'orchestre birman *a*), se porte pendu au cou et se joue des deux mains; les peaux sont tendues au moyen d'une corde passant de l'une à l'autre. Caisse presque cylindrique; diamètre, 0,516; hauteur, 1,460.

FIG. 190.

1. N° 81, f. 30 v°.
2. N° 1. — N° 14, p. 57.
3. N° 5.

73 *Pàng-tchà*[7], tambourin de l'orchestre birman *b*), ne diffère du précédent que par la forme et les dimensions; diamètre supérieur, 0,610; diamètre inférieur, 0,400; hauteur, 1,000 (figure dans la colonne ci-contre).

CHAPITRE IX

INSTRUMENTS A VENT

Les lyù, tuyaux cylindriques, étant le type de ces instruments, les théoriciens ont essayé de définir le rapport entre le lyù primitif *hwàng-tchōng*[1] et le tuyau d'un instrument donné; d'une part ils ont écarté les tuyaux à perce conique; d'autre part ils ont constaté que les tuyaux à anche ne donnent pas le son du lyù correspondant. Les comparaisons établies ne s'appliquent réellement qu'aux diverses flûtes; elles reposent sur le nombre proportionnel au volume (voir pp. 80, 86, 87, etc.) s'il s'agit de tuyaux cylindriques quelconques; pour des tuyaux de « même forme », où la longueur et le diamètre sont dans le même rapport, les comparaisons deviennent précises et les tuyaux sont vraiment comparables. C'est d'après ces principes qu'on définit un tuyau comme valant 64 hwàng-tchōng ou 1/8 de hwàng-tchōng; « pour le volume de 8 hwàng-tchōng, on double la longueur et le diamètre; pour le volume de 1/8 de hwàng-tchōng, on prend la moitié de la longueur et du diamètre. » On a donc dressé un tableau complet des multiples du hwàng-tchōng, de 64 à 1/8, en mettant en regard les nombres proportionnels aux volumes, les longueurs et les diamètres[8]. On n'en trouvera ici qu'un extrait que l'on rapprochera des tableaux des pp. 92 et 112; les mesures sont en pied moderne.

Multiples du hwàng-tchōng	diamètres —	longueurs —	répondant à : lyù	notes
64	0,1096	2,916		*mi* 1
8	0,0548	1,458	*hwàng-tchōng—*1	*mi* 2
7	0,0524	1,3945	*tà-lyù*	*fa*
6	0,0498	1,3246	*thài-tsheou*	*fa* ♯
5	0,0468	1,2465	*kyà-tchōng*	*sol*
4	0,0435	1,1572	*koù-syen*	*sol* ♯
3,5	0,0416	1,1068	*tchōng-lyù*	*la*
3	0,0395	1,0513	*jùi-pìn*	*la*
2,5	0,0372	0,9894	*lin-tchōng*	*la* ♯
2,25	0,0359	0,9552	*yi-tsè*	*si*
2	0,0345	0,9184	*nàn-lyù*	*ut* 3
1,75	0,0330	0,8784	*woù-yi*	*ut* ♯
1,5	0,0313	0,8344	*ying-tchōng*	*re*
1,25	0,0295	0,7852	*hwàng-tchōng* 1	*re*
1,125	0,0285	0,7581	*tà-lyù*	*re* ♯
1	0,0274	0,729	*thài-tsheou*[9]	*mi* 3
1/8	0,0137	0,3645		*mi* 4

4. N° 45, liv. 29, f. 14 r°. — N° 93 (Y. l. l., liv. 120, ff. 24 à 28). — N° 46, liv. 22, f. 4 v°. Voir chap. 1, p. 82, note 7.
5. N° 45, liv. 29, f. 14.
6. N° 67, liv. 39, ff. 15, 16.
7. N° 67, liv. 39, ff. 15, 16.
8. N° 63, liv. 33, ff. 3 à 6. — N° 86, 1re partie *a*), ff. 37 à 72.
9. Remarquer que le tuyau de 0,0274 × 0,729, appelé ici thài-tsheou, est nommé hwàng-tchōng dans le tableau reproduit p. 92, col. 1.

Flûtes.

Cette famille est primitive en Chine : en associant plusieurs *lyŭ*, en bouchant les sections du cylindre, en perçant des trous pour servir de bouche et pour produire des sons différents, on a naturellement obtenu les flûtes qui vont être décrites.

74 *Yŏ*[1]. Cette très ancienne flûte à bouche transversale est mentionnée par le *Chī kīng;* dans le *Tcheoŭ li*, on la voit régler les danses des fils de l'État et jouer dans quelques sacrifices agricoles; elle a depuis longtemps cessé d'être employée par les musiciens, mais elle reste l'attribut muet des pantomimes qui exécutent la danse civile. C'était simplement un *lyŭ* de roseau ou de bambou, percé de trois, de six, voire de sept trous; nous ignorons si la bouche transversale a jamais reçu quelque perfectionnement. Le *yŏ* des danseurs du Palais est décrit par le *Hwéi tyèn thoŭ*[2], mais comme il ne sert qu'aux yeux, ses dimensions traditionnelles ont peu de valeur : tuyau de bambou, longueur 1ᵖ,751, diamètre 0,0468.

Trous.	Distances à l'orifice supérieur.
1ᵉʳ	1,3132
2ᵉ	1,1673
3ᵉ	1,0112
4ᵉ	0,8755
5ᵉ	0,7387
6ᵉ	0,5056

75 *Phăi syāo*, al. *yŭn syāo*[3]. La flûte de Pan a, d'après la légende, été inventée par l'empereur Chwén, qui la fit en réunissant 10 tuyaux de longueur appropriée; elle est aussi appelée *fóng syāo*, parce que sa forme rappelle les ailes éployées du phénix; enfin, dans les anciens textes et encore dans le *Yuén chi*[4], elle est désignée par le mot *syāo* sans épithète.

La flûte de Pan employée aujourd'hui dans les rites majeurs a 16 tuyaux de bambou maintenus parallèlement dans un étui de bois, *toŭ*, qu'ils dépassent en haut de 0ᵖ,1968 et inégalement en bas; l'enveloppe a 0,9477 de hauteur, 0,1093 d'épaisseur, 1,1610 de largeur maxima aux épaules, *kyēn;*

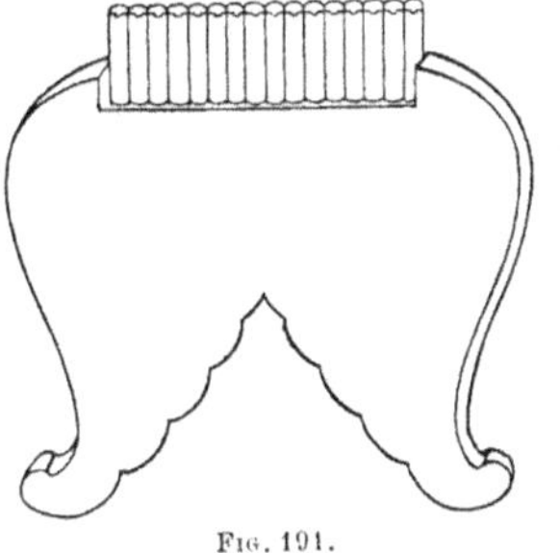

75. Phăi syāo (N° 102, liv. 8, f. 49). — Echelle.

FIG. 191.

celle qui a été faite aux *lyŭ* pour faciliter l'émission du son; ils sont rangés dans l'ordre suivant, les nᵒˢ I et XVI étant les plus longs, VIII et IX les plus courts : XVI XV XIV XIII XII XI X IX VIII VII VI V IV III II I.

Même notation que pour le *syāo* ci-dessous. Au xviiᵉ siècle l'échelle était chromatique, comprenant 16 degrés de *mi₃* à *sol₄*[6].

77 *Syāo, tóng syāo*[7]. Cette flûte à bouche transversale et à tuyau ouvert résulte d'une modification du *yŏ* et du *phăi syāo*; elle est faite en bambou et présente à la bouche une échancrure, *chīn kheoŭ*, large de 0ᵖ,02 sur 0,005. Deux formats principaux, *a)* koŭsyèn et *b)* tchóng-lyŭ, ainsi nommés parce que les tuyaux répondent respectivement à 4 et à 3,5 hwàng-tchōng. Diamètre *a)* 0,0435, *b)* 0,0416. Le trou dit « pour émettre le son », *tchhoŭ yīn khōng*, est double et placé de part et d'autre à peu de distance de la ligne médiane de la face postérieure.

En pratique, l'*ut♯₃* s'obtient en ouvrant le trou postérieur et le 3ᵉ trou; pour l'*ut♯*, on ouvre le 1ᵉʳ, le 2ᵉ et le 5ᵉ trou. Pour l'étude de la notation, voir l'article relatif à la flûte traversière ti **81**.

La flûte *syāo* fut inventée, dit-on, par Khyeoŭ Tchóng sous Hàn Woù tí; on dit aussi qu'elle provenait des Khyāng (Tibétains) et qu'elle n'avait que 4 trous; Kìng Fàng en mit un cinquième[8]. Elle fut longtemps appelée *tchhàng tï*, flûte longue, ou simplement *tï;* c'est ainsi qu'elle est désignée dans un important passage du *Sóng choŭ*[9], qui nous donne les intonations usitées en 274 (voir l'échelle). C'est, on le voit, tout à fait le *syāo* moderne, avec cette différence que le trou d'émission ne paraît pas distinct de l'orifice inférieur appelé perce centrale de la flûte; de plus, le 1ᵉʳ trou antérieur est dit trou adventice. Sur cette échelle, voir p. 113. L'historien parle à cette époque de 12 flûtes donnant comme sons de la perce centrale l'échelle chromatique de *ré₂* à *ut₃* (la douzième en *ut♯₃* n'est pas citée); la fondamentale qui lui donne son nom à l'instrument est toujours émise par le 5ᵉ trou. La longueur de ces flûtes est comprise entre 3ᵖ,995 et 2,233 et coïncide avec les longueurs calculées par quintes justes; les flûtes alors employées,

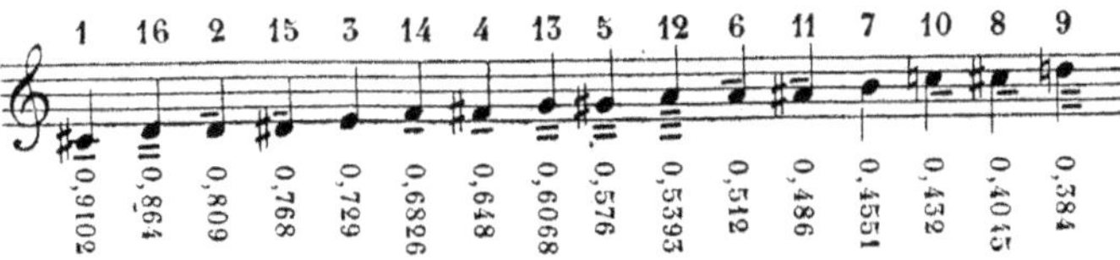

l'écartement des deux pieds est de 1,1335. Les tuyaux bouchés[5], tous de même diamètre (0,02742), ont à la bouche une légère échancrure, *chīn kheoŭ*, comme d'après un autre passage[10], étaient les flûtes en jwēi-pīn (4ᵖ,2), en woù-yı (3,2), en hwàng-tchōng (2,9) et en tá-lyù (2,6); on peut se demander si des flûtes de

---

1. N° 67, liv. 33, ff. 21 à 23. — N° 62, liv. 120, section *yŏ*, ff. 1 à 7. — N° 6, liv. 23, *yŏ chi. yŏ tchàng.* — N° 9, tome II, pp. 64, 65. — N° 2.
2. N° 67.
3. N° 67, liv. 33, ff. 1, 2. — N° 102, liv. 8, f. 49 rᵒ. — N° 64, liv. 183, f. 17.
4. N° 51, liv. 68, f. 8.
5. Sous les Sóng, d'après Tchhén Yàng (N° 69, Y. l. t., liv. 118, sect. *syāo*, f. 8 rᵒ), les tuyaux étaient fermés avec de la cire et, quand on les débouchait, ils donnaient l'octave aiguë du son primitif : on avait ainsi le *tóng syāo* 76. Les textes récents ne précisent pas si les tuyaux sont ouverts ou bouchés, mais comme leurs dimensions sont celles des *lyŭ*, la question se ramène à celle-ci : les *lyŭ* sont-ils ou non des tuyaux bouchés? On l'a examinée p. 79, note 5, et résolue affirmativement. Voir aussi n° 48 (Y. l. t., liv. 118, f. 1 rᵒ).
6. N° 17, *Yŏ khi tsáo fă*, ff. 9, 10.
7. N° 67, liv. 33, ff. 3, 4. — N° 65, liv. 33, f. 16 rᵒ. — N° 86, 2ᵉ partie *a)*, ff. 11 à 27. — N° 64, liv. 183, ff. 12 vᵒ, 16 vᵒ.
8. N° 39, liv. 19, f. 19 vᵒ.
9. N° 39, liv. 11, ff. 10 à 12.
10. N° 39, liv. 11, f. 9.

4 pieds de long (1 pied = 0m,21 environ) étaient d'un maniement commode. Les flûtistes ne connaissant

77. Syðo (N° 86, 2e p. a); n° 102, liv. 8, f. 51). — Echelles.

Fig. 192.

pas les noms des lyŭ donnaient à chaque instrument le nom de sa longueur; c'est ainsi que, sous les Thâng, la flûte droite était souvent appelée *tchhi pă*, un pied huit; les Japonais emploient encore ce nom, avec leur prononciation spéciale, *chakou hatsi*.

Thâng Chwén-tchï[1] sous les Ming indique les intonations *hò seŭ [yï] chăng tchhï kŏng lyeoŭ*, qu'il faut rendre par *la2 si [ut#3] ré mi fa# la*. Ce sont exactement aussi celles du ti ou flûte droite des Sóng, d'après le *Yŏ choŭ*[2]; le *tchŏng kwăn* 78 donnait alors *sol#2 la# ut3 ré ré# fa sol#*, respectivement sur les mêmes trous, maintenant ainsi l'échelle purement chinoise (*ut ré ré#*) à côté de l'échelle étrangère (*ut# ré mi*). D'ailleurs des doigtés spéciaux permettaient de compléter la série chromatique; par exemple, *la#, ut, ré#, fa* sont, sur la première des deux flûtes, obtenus en bouchant à moitié les trous de *si, ut#, mi, fa#*; *sol#* est produit en ouvrant à la fois les trous de *la3* et *ré3*; *sol,* en bouchant à demi ces deux trous. L'échelle de la fin du xviie siècle est conforme à celle des Ming; le *Wén myăo li yŏ tchi*[3] la donne plus complètement que le recueil de Thâng

Chwén-tchï : *hò seŭ yï chăng tchhï kŏng făn lyeoŭ woŭ,* soit *la2 si ut#3 ré mi fa# sol# la si; sol#* est produit par le trou postérieur; *la3* et *si3* sont donnés par les mêmes trous que *la2* et *si2*, mais en forçant le souffle[4]. Voir ci-contre l'échelle vulgaire[5]. Les intonations des Ming, celles de 1690, celles de l'époque actuelle, se rapprochent sensiblement et de celles des Tsín et de l'échelle officielle contemporaine; elles sont un peu basses, si on les compare à celles des instruments cités par M. Mahillon[6], mais elles seraient trop hautes et se confondraient avec celles de la flûte traversière ti 81, si l'on transcrivait autrement.

79 *Poŭ-léï*[7] (palwe, alias pywe), flûte de l'orchestre birman b), formée d'un tuyau de bambou; longueur, 1p,26; diamètre, 0,07; l'orifice supérieur est à moitié fermé par un tampon de bois qui ménage la bouche de l'instrument; ensuite un trou placé en avant; on le recouvre d'une pellicule de bambou (voir article ti 81); puis un trou en arrière, et

enfin 7 trous en avant. Le n° 65 indique une disposition divergente notée plus haut. Notation ambiguë; celle du ti donnerait l'échelle précédente.

80. Tchhi (N° 102, liv. 8, f. 55). — Echelle.

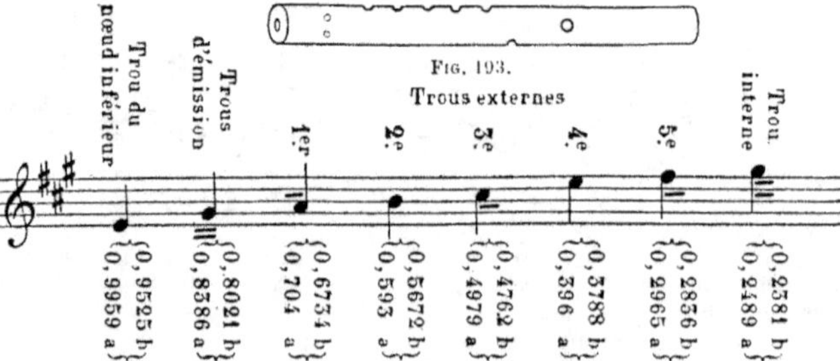

80 *Tchhi*[8]. Cette flûte traversière, mentionnée dans

---

1. N° 30 (Y. l. t., liv. 119, f. 2 r°).
2. N° 69 (Y. l. t., liv. 121, f. 17).
3. N° 17, *Yŏ khi tsăo fă*, f. 10 v°.
4. Dans cette transcription, comme dans toutes celles qui ne concernent pas la musique officielle des Tshïng, je pose l'égalité *hò* (du ti) =

hwăng-tchŏng = *mi3*; si l'on voulait tenir compte des variations absolues du diapason, la confusion serait excessive.
5. N° 105, liv. 12, f. 4. — N° 106, f. 1 v°.
6. N° 110, 1886, p. 186, etc.
7. N° 67, liv. 38, f. 3. — N° 65, liv. 33, f. 22.
8. N° 67, liv. 33, ff. 7, 8. — N° 65, liv. 33, f. 16. — N° 86, 2e partie a),

le *Chī kīng*, semble s'être perpétuée avec peu de modifications au moins depuis les Hàn. Toutefois, le *Kyeoû thâng choû* lui attribue un bec, *tswëi*, dont on n'entend pas parler auparavant et dont on ne voit plus trace. Le tchhi, employé seulement dans les orchestres rituels, est un tube de bambou auquel on a laissé les deux nœuds qui limitent l'article; le nœud opposé à la bouche est percé; la bouche est latérale, il y a un trou tourné vers l'exécutant et vers le bas, cinq trous externes et deux trous à même distance sur le côté opposé à la bouche : ces deux derniers sont dits trous d'émission. Deux formats principaux, *a*) koû-syèn, 32 hwàng-tchŏng; *b*) tchóng-lyù, 28 hwàng-tchŏng; diamètre *a*), 0ᵖ,087; diamètre *b*), 0,0832. Même notation que pour le syào.

Le *Wên myáo li yò tchi*[1] donne sur la pratique du tchhi au xviiᵉ siècle quelques indications présentées dans l'échelle précédente; on remarquera que le tchhi du xviiᵉ siècle n'a que quatre trous externes.

Le tchhi de l'orchestre n'a qu'une analogie lointaine avec le tchhi **203** de démonstration décrit plus haut.

81 *Tï*, al. *lŏng tï, lŏng theoû tï*, à cause des ornements[2], flûte traversière en bambou renforcé de ligatures en soie; très répandue dans toutes les parties de la Chine; la tête de dragon est un simple ornement qui appartient aux flûtes de l'orchestre impérial. La bouche du tuyau se tient à gauche (sur la figure, vue de face par le spectateur, la bouche est à droite); le trou le plus voisin non figuré sur le tï **81** *a*), se recouvre d'une membrane provenant de la moelle du bambou et qui a pour effet de modifier le timbre; cette membrane se colle au moment de l'exécution du morceau et se remplace à mesure qu'il en est besoin. Les six trous suivants sont du même côté que la bouche; ensuite on trouve les deux trous latéraux d'émission; les quelques trous qui suivent, de même que l'orifice extrême, ne donnent pas de notes. Deux formats usuels *a*) koû-syèn, *b*) tchóng-lyù; diamètre : *a*)

81. Lŏng theoû tï (Nº 102, liv. 8, f. 53).

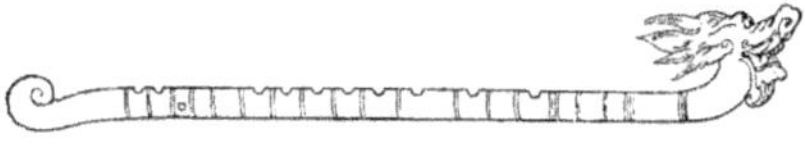

Fɪɢ. 194.

0ᵖ,0435; *b*) 0,0416; longueur : *a*) 1,2317; *b*) 1,1972. *Sol♯₃* s'obtient avec le 3ᵉ et le 6ᵉ trous ouverts; *sol♯₄* avec les 1ᵉʳ, 2ᵉ, 3ᵉ trous. Une variété employée par l'orchestre militaire est appelée *phing tï*, parce qu'elle n'est pas ornée d'une tête de dragon; longueur, 1,8286;

81 *a*). Tï (Nº 86, 2ᵉ p. *a*). — Échelles.

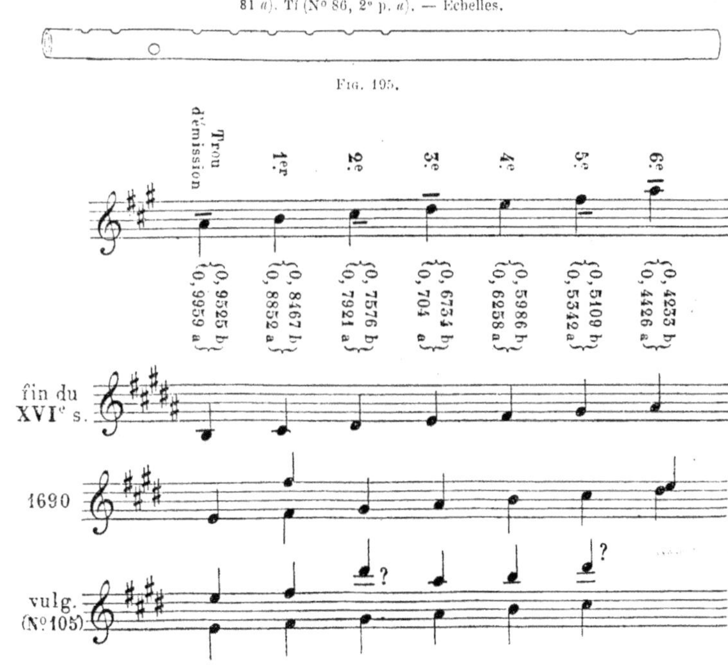

Fɪɢ. 195.

---

ff. 60 à 68. — Nº 62, liv. 120, section *tchhi*, ff. 1 à 7. — Nº 45, liv. 20, f. 11 rº. — Nº 2, *Syáo yù, Hù jên seù*. — Nº 13, p. 257. — Nº 64, liv. 183, f. 17 rº.

1. Nº 17, *Yù khi tsáo fù*, f. 9.
2. Nº 67, liv. 33, ff. 5, 6. — Nº 65, liv. 33, f. 16 rº. — Nº 86, 2ᵉ partie *a*). — Nº 64, liv. 183, ff. 12, 13, 16 vº.

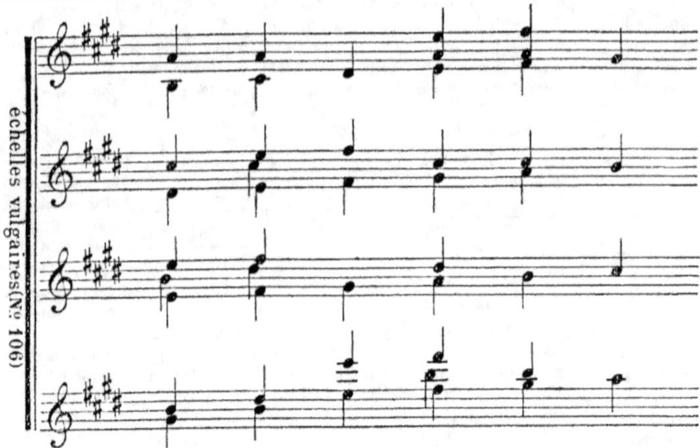

je n'en connais pas l'échelle[1]. Voir ci-dessus diverses échelles : l'échelle vulgaire comporte une exécution un peu différente, avec souffle plus ou moins fort et doigtés spéciaux ; ces indications de doigtés concordent en somme avec celles plus complètes de M. Mahillon[2].

La flûte traversière *tï* ne paraît pas dériver du *tchhi* **80**, elle est probablement d'importation étrangère. Le *Kyeoŭ thàng choŭ*[3] la définit un petit *tchhi* et l'appelle *héng tï*, flûte traversière ; il parle aussi d'une flûte analogue, flûte tartare, *hoŭ tï* **82**, très goûtée par Lìng tï (167-189), des Hán. Quand le roi de Pyáo envoya des musiciens en Chine[4], il y avait deux flûtistes ; leur instrument, *héng tï* **83**, mesurait plus d'un pied de long ; c'était un tuyau de bambou dont on avait enlevé les cloisons et bouché les orifices avec de la cire. Il y avait aussi des flûtes à deux têtes, *lyáng theoŭ tï* **84** : cet instrument était fait d'un bambou long de 2ᵖ,8 ; au milieu subsistait un nœud avec une bouche à droite et une à gauche du nœud ; la section de gauche donnait les sons *sol♯ la♯ ut* ; la section de droite donnait *ut♯ ré♯ fa* ; mais chaque section ayant sept trous, la description est incomplète. Le *héng tchhwĕi* **85**, usité dans la musique militaire depuis Tchäng Khyën[5], qui le rapporta de l'Asie centrale[6], est un instrument du même genre.

Syăng kyăng làng tyao[7].

(Avec accompagnement de flûte.)

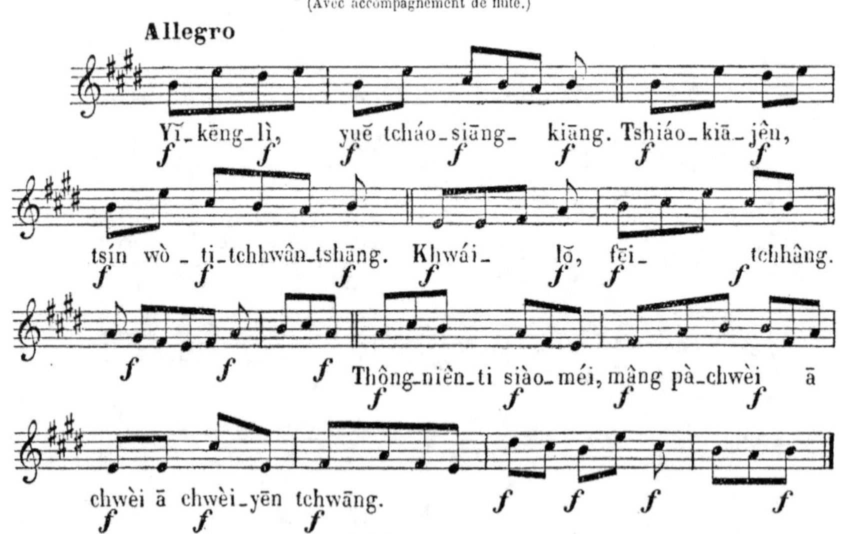

1. N° 102, liv. 9, f. 15.
2. N° 85 (Y. l. t., liv. 68, f. 23). — N° 17, *Yò khi tsáo fù*, f. 11. — N° 105, liv. 12, f. 3. — N° 106, f. 2 r°. — N° 110, 1886, p. 192.
3. N° 45, liv. 29, f. 11 r°.
4. N° 46, liv. 222 c), ff. 15, 16.
5. Général et diplomate qui, au ɪɪᵉ siècle A. C. (138 à 115) pénétra au Ferghánah, peut-être jusqu'à la Bactriane (N° 36, liv. 61, f. 1, etc.).
6. N° 69 (Y. l. t., liv. 123, section *héng tchhwĕi*, f. 3 r°).
7. N° 105, liv. 12, f. 18. — Voir le texte chinois, Index, A, *p*. — Chanson du batelier sur le Syăng, chanson populaire imprimée à Chǎng-hǎi, traduction : « A la première veille, la lune éclaire la rivière Syăng. Une jolie femme entre dans la cabine de ma barque. Plaisir pas ordinaire ! O ma petite contemporaine, vite prends la pipe à eau. »

NOTATION VULGAIRE

La notation usuelle est donnée ci-dessous en deux formes, l'une A) pour l'ancienne échelle chromatique de 12 degrés à l'octave, l'autre B) pour l'échelle de 14 degrés[1]; on a compris dans ces tableaux toutes les notes citées par les divers ouvrages consultés, laissant en blanc la place de celles qui ne sont pas indiquées. On aperçoit immédiatement comment les signes principaux pour *mi*, *fa♯*, *sol♯*, etc., sont modifiés soit graphiquement, soit par une épithète, en vue d'exprimer les autres notes; comment aussi la forme moderne (tableau B) dérive de l'ancienne (tableau A), qui reste en usage pour la musique vulgaire.

A)

notes	lyù	notation du tì	notation du syão
la $_2$	tchóng-lyù $_{-1}$	....	合 *hò*
la♯	jwēi-pīn		
si	lìn-tchōng	....	四 *seù*
ut $_3$	yì-tsè		
ut♯	nân-lyù	....	乙 *yì*
rè	woû-yí	....	上 *chàng*
ré♯	yíng-tchōng		
mi	hwâng-tchōng$_1$	合 *hò*	尺 *tchhì*
fa	tá-lyù	下 四 *hyá seù*; 四	
fa♯	thái-tsheoú ...	四 *seù*; 高 四 *kāo seù* .	工 *kōng*
sol	kyā-tchōng ...	下 一 *hyá yì*; 一 *yì*	
sol♯	koū-syèn	乙 *yì*; 高 一 *kāo yì* ...	凡 *fàn*
la	tchóng-lyù	上 *chàng*	六 *lyeoù*
la♯	jwēi-pīn	勾 *keoū*	
si	lìn-tchōng	尺 *tchhì*	五 *woù*
ut $_4$	yì-tsè	下 工 *hyá kōng*; 工	
ut♯	nân-lyù	工 *kōng*; 高 工 *kāo kōng*	
rè	woû-yí	下 凡 *hyá fàn*; 凡	仩
rè♯	yíng-tchōng ..	凡 *fàn*; 高 凡 *kāo fàn*	
mi	hwâng-tchōng$_2$	六 *lyeoù*	伬
fa	tá-lyù	下 五 *hyá woù*; 五	
fa♯	thái-tsheoú ...	五 *woù*; 高 五 *kāo woù*	
sol	kyā-tchōng ...	緊 五 *kìn woù*; 仜	
sol♯	koū-syèn	亿	
la	tchóng-lyù ...	仩	
la♯	jwēi-pīn	佝	
si	lìn-tchōng	伬	
ut $_5$	yi-tsè	仜	
ut♯	nàn-lyù	仜	

Pour chacune des deux formes l'application des signes est double : le même caractère qui représente une note donnée de la flûte traversière **81** (par exemple *sol♯* $_3$) représente pour la flûte droite **77** la 5te inférieure (*ut♯* $_3$). Cette règle est nettement posée par le *Tá tshīng hwéi tyèn* pour la musique officielle; pour la musique vulgaire et pour la musique antérieure au XVIIIe siècle, elle résulte des observations contemporaines et de la comparaison des échelles; mais elle a été souvent oubliée par les théoriciens chinois et les a induits en de fausses identifications. Dans la notation de la flûte traversière, la série des caractères qui désignent les notes, correspond à la gamme fondamentale de hwâng-tchōng y compris les deux degrés complémentaires et la 4te, variante de la 5te diminuée (p. 113); les signes composés ou déformés, les expressions complexes répondent aux autres notes, *fa*, *sol*, *ut*, *ré* : il semble donc que cet emploi soit primitif. Ces dix caractères auraient été regardés comme les noms des trous à ouvrir, non comme les noms des notes; ils auraient été appliqués dans le même sens à la flûte droite, dont le diapason est inférieur, si bien que le mot *hò* indiquant le trou qui fournit la note la plus grave, a pris le sens de *mi* $_3$ d'une part, de *la* $_2$ de l'autre côté; puis cette double extension prévalant sur l'ancien emploi, les dix caractères *hò*, *seù*, *yì*, etc., sont devenus les signes des sons des deux échelles *mi* $_3$ — *fa♯* $_4$, *la* $_2$ — *si* $_3$. C'est en qualité de notes qu'ils sont employés aujourd'hui pour tous les instruments à vent et pour beaucoup d'autres encore : notation du syão **77** pour flûte de Pan **75**, flûte tchhì **80**, ocarina **101**, cloches **1** etc., lithophones **23** etc.; — notation du tì pour chalumeau **89**, orgue à bou-

B)

notes	degrés	lyù	notation du tì	notation du syão
$\underline{ut\sharp_3}$	*yù*	yi-tsè $_{-1}$	凡 *fàn*	上 *chàng*
$\underline{\underline{rè}}$	*yù* aigu	nân-lyù	凣	仩
$\overline{rè}$	*pyèn kōng*	woû-yí	合 *hò*	尺 *tchhì*
$\overline{rè\sharp}$	*pyèn kōng* aigu	yíng-tchōng	六 *lyeoù*; 㑨	伬
mi	*kōng* (1re)	hwâng-tchōng$_1$	四 *seù*	工 *kōng*
$\underline{fa}$	*kōng* aigu	tá-lyù	五 *woù*	仜
$\underline{fa\sharp}$	*chāng*	thái-tsheoú	乙 *yì*	凡 *fàn*
$\underline{\underline{sol}}$	*chāng* aigu	kyā-tchōng	亿	凣
$\underline{\underline{\underline{sol\sharp}}}$	*kyò*	koū-syèn	上 *chàng*	合 *hò*; 六 *lyeoù*
$\underline{\underline{\underline{la}}}$	*kyò* aigu	tchóng-lyù	仩	六 *lyeoù*; 㐹
$\overline{la}$	*pyèn tchi*	jwēi-pīn	尺 *tchhì*	四 *seù*; 五 *woù*
$\overline{la\sharp}$	*pyèn tchi* aigu	lìn-tchōng	伬	五 *woù*; 伍
si	*tchi*	yi-tsè	工 *kōng*	乙 *yì*
$\underline{ut_4}$	*tchi* aigu	nàn-lyù	仜	亿
$\underline{ut\sharp}$	*yù*	woû-yí	凡 *fàn*	上 *chàng*
$\underline{\underline{rè}}$	*yù* aigu	yíng-tchōng	凣	仩
$\overline{rè}$	*pyèn kōng*	hwâng-tchōng$_2$	六 *lyeoù*	尺 *tchhì*
$\overline{rè\sharp}$	*pyèn kōng* aigu	tá-lyù	㐹	伬
mi	*kōng*	thái-tsheoú	五 *woù*	工 *kōng*
$\underline{fa}$	*kōng* aigu	kyā-tchōng		
$\underline{fa\sharp}$	*chāng*	koū-syèn	乙 *yì*	凡 *fàn*
$\underline{\underline{sol}}$	*chāng* aigu	tchóng-lyù		凣
$\underline{\underline{\underline{sol\sharp}}}$	*kyò*	jwēi-pīn	上 *chàng*	六 *lyeoù*
$\underline{\underline{\underline{la}}}$	*kyò* aigu	lìn-tchōng		
$\overline{la}$	*pyèn tchi*	yi-tsè	尺 *tchhì*	
$\overline{la\sharp}$	*pyèn tchi* aigu	nân-lyù		
si	*tchi*	woû-yí	工 *kōng*	

1. N° 24, *poù*, liv. 1. f. 13, etc. — N° 30 (Y. l. t., liv. 59, f. 5 r°). — N° 103, section *Syuèn kōng pèn yi*. — N° 65, liv. 33, ff. 9, 10.

che **103** etc., carillon de gongs **13**, et en général pour les instruments populaires des genres hautbois **96**, guitare **123**, tympanon **143**, violon **145** etc.

Avant les Sŏng je ne trouve pas trace de cette notation; on désigne alors les sons par les noms des lyŭ. Chèn Kwŏ[1] est le premier qui mentionne la notation vulgaire : il la cite à propos de l'orchestre des banquets pour exposer la composition des systèmes usuels, et il identifie les notes aux lyŭ, savoir hŏ au hwàng-tchŏng, etc.; il s'agit donc de la notation du tĭ, celle que je crois primitive. Chèn Kwŏ traite cette notation comme bien connue des musiciens et n'en recherche pas l'origine. Tchoŭ Hī[2], un siècle plus tard, emploie les mêmes caractères, ceux « des recueils de musique vulgaire »; il rappelle dans le même passage les œuvres de Chèn Kwŏ; au lieu de dire *kāo seŭ, kāo yĭ, kāo kŏng, kāo fàn*, il dit *seŭ cháng, yĭ cháng, kŏng cháng, fàn cháng*, et de même *seŭ hyá*, etc., pour *hyá seŭ*; il remplace *kin woŭ* par *wêi* (?) *cháng*. Ces divergences sont peu importantes; plus intéressante est, dans un passage où l'œuvre de Chèn Kwŏ est spécialement visée, la phrase : « il faut d'abord accorder la corde de la fondamentale (du phi-phà) avec la note hŏ, notation du chalumeau. » Le terme « notation du chalumeau », *kwàn sè*, semblable aux expressions *tĭ sè, syāo sè* du *Tá tshīng hwêi tyèn*[3], suppose l'existence de plusieurs notations; les caractères hŏ, seŭ, etc., étaient donc déjà au xie siècle employés avec plusieurs valeurs, dont l'une pour le chalumeau et le tĭ probablement, puisque la même notation est commune aujourd'hui au chalumeau et à la flûte traversière[4].

Les Lyào (Khí-tān), dont la période florissante remplit les xe et xie siècles, employaient les dix caractères de la notation vulgaire[5]; et comme ils avaient, au dire des auteurs, conservé avec soin les principes musicaux des Thàng, on est en droit de penser que la notation qui nous occupe, remonte à cette dynastie, l'âge d'or de la musique chinoise.

Dans le passage cité, Tchoŭ Hī assimile les signes de la notation vulgaire à d'autres signes qui sont des caractères abrégés; ces derniers se trouvent encore avec des rapprochements concordants dans le *Tsheŭ yuèn*[6]. Dans les deux éditions de Tchoŭ Hī que j'ai consultées, de même que dans le *Thyēn wén kŏ khin phoŭ*[7], qui copie et développe ce passage, les signes abrégés que nous étudions sont reproduits de façon assez gauche, si bien que plusieurs deviennent indiscernables. Le *Tsheŭ yuèn* donne des signes plus distincts, et il en ajoute quelques-uns que je ne trouve pas ailleurs.

Le *Tsheŭ yuèn* ajoute quelques signes marquant pause, frapper, ensemble, etc., et donne l'exemple de quelques systèmes désignés par les signes de leurs initiales. On a donc dans ces trois textes des formes diverses, la dernière particulièrement développée, d'une même notation qui ne semble pas s'être répandue : quoi qu'il en soit, je n'en ai pas rencontré d'autres exemples. Thàng Yĭ-ming[8] tient les deux séries de signes que nous venons d'examiner pour des signes factices provenant du nom des lyŭ; ce procédé

de fusion et d'abréviation n'a rien d'invraisemblable, la notation du khīn est tout entière formée par ce moyen. Mais si l'on saisit les ressemblances graphiques entre les signes des colonnes 3 à 6 ci-dessous, on voit mal comment ces caractères pourraient sortir de ceux de la 2e colonne.

1 notes	2 lyŭ		3 du tĭ		NOTATION 4 Tchoŭ Hī	5 n° 71	6 n° 103
mi₃	黃	鐘	合		ム	△	ム
fa	大	呂	下	四	マ	⊗	マ 夕
fa♯	太	簇	高	四	マ	又 マ	マ 夕
sol	夾	鐘	下	一	二	⊖	T
sol♯	姑	洗	高	一	二	一 幺	工 丄
la	仲	呂	上		マ	ㄅ ㄅ	丄
la♯	蕤	賓	勾		ム	ㄥ ㄅ	ㄥ
si	林	鐘	尺		ム	人	人 T
ut₄	夷	則	下	工	フ	⑦	工 丄
ut♯	南	呂	高	工	フ	ㄅ フ フ	几
ré	無	射	下	凡	川	⑧	几
ré♯	應	鐘	高	凡	川	八 幺	六
mi	黃	清	六		六	㊐	⯊
fa	大	清	下	五	开	㊐	⯊
fu♯	太	清	高	五	开	㊐	⯊
sol	夾	清	緊	五		也	
sol♯	姑	清	尖	一		幺 也	
la	仲	清	尖	上		也	
si (?)	林	清	尖				
ré♯₅ (?)	應	清	尖	凡			

Instruments à embouchure.

Il faut probablement comprendre dans cette série les *péi* **86**, conques, employées par l'empereur mythique Hwàng tí et encore usitées chez les barbares du sud à l'époque des Thàng[9].

87 *Tá thŏng kyŏ*[10], grand cornet, vulgaire *háo thŏng* ou cylindre à signaux, formé de deux tuyaux en

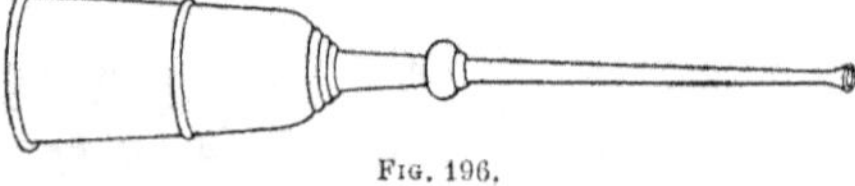

87. Tá thŏng kyŏ (N° 67, liv. 34, f. 20).

FIG. 196.

bronze (le second parfois en bois) emboîtés à coulisse; on les tire pour se servir de l'instrument : longueur

---

1. N° 24, *poŭ*, liv. 1, ff. 13, 14, 15.

2. N° 27, liv. 41. — N° 26, liv. 66.

3. N° 65, liv. 33, ff. 9, 10.

4. Le *Tá tshīng hwêi tyèn* (liv. 33, f. 9 v°) reconnaît dans une partition complète, *yŏ phoŭ*, cinq parties : 1° pour les cloches et lithophones, écrite avec les noms mêmes des lyŭ; 2° pour le khīn; 3° pour le sè, écrites avec des caractères spéciaux sur lesquels on reviendra plus loin; 4° pour la flûte droite syāo, la flûte de Pan, l'ocarina, la flûte traversière tchhī, écrite avec le *syāo sè*, notation du syāo; 5° pour la flûte traversière tĭ, l'orgue à bouche, écrite avec le *tĭ sè*, notation du tĭ. Dans le n° 20, ces cinq parties sont réduites à trois, les carillons (1°) partageant la notation du syāo (4°) et les khin (2°) et sè (3°) ayant partie commune.

5. N° 49, liv. 54, f. 8 v°.

6. N° 71, liv. 1er, ff. 2 v°, 5 r°, 11 r°.

7. N° 103, section *Lyŭ lyŭ tseŭ phoŭ*.

8. N° 103, loco cit.

9. N° 45, liv. 29, f. 13 r°. — N° 46, liv. 222 c), ff. 14, 15.

10. N° 67, liv. 34, ff. 20 r°, 23 r°. — N° 109, p. 181. — N° 64, liv. 184, f. 3 v°.

totale, 3ᵖ,672; longueur de chaque corps, 1,944; — corps inférieur, diamètres, orifice inférieur, 0,648; orifice supérieur, 0,144; — corps supérieur, diamètres, orifice inférieur, 0,140; orifice supérieur, 0,0432; — embouchure, *tsŭ̈ei*, longueur 0,144. L'exemplaire cité par M. Mahillon donne *ré♭*, ce qui dans notre notation répond à *ut♯₃*.

88 *Syào thông kyŏ*[1], petit cornet, vulgaire *lă-pŏ* (peut-être à rapprocher du persan labek), formé de deux, parfois de trois tuyaux de bronze glissant l'un sur l'autre comme dans le grand cornet; le tuyau supérieur est légèrement conique, l'inférieur évasé forme pavillon : longueur totale, 4ᵖ,104; longueur du corps inférieur, 1,944; longueur du corps supérieur, 2,376; — corps inférieur, diamètres, orifice inférieur, 0,432, orifice supérieur 0,0518; — corps supérieur, diamètres, orifice inférieur, 0,0500; orifice supérieur, 0,0246. L'exemplaire cité par M. Mahillon donne les notes *ré♭ la♭ ré♭*, c'est-à-dire dans notre notation *ut♯₃ sol♯₃ ut♯₄*.

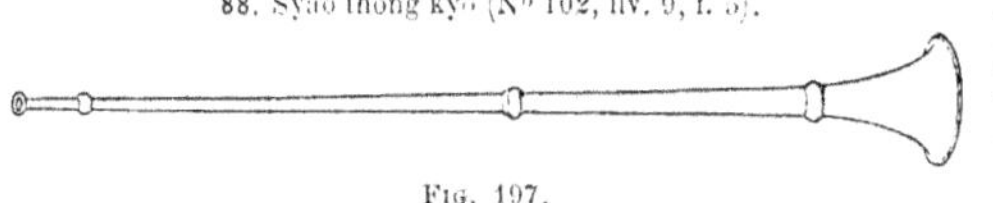

88. Syào thông kyŏ (Nᵒ 102, liv. 9, f. 5).

Fɪɢ. 197.

Instruments à anche.

Dans cette famille tout entière d'origine étrangère, tous les instruments, sauf un, le pi-lì, sont munis d'une pièce rapportée ou sifflet, *cháo*, faite de matières diverses, taillée en forme de tronc de cône et qui s'enfonce dans la bouche du tuyau, une partie saillant à l'extérieur; ce sifflet joue le rôle d'une anche double, ainsi que l'explique M. Mahillon à propos des instruments hindous[2].

89 *Kwàn* [-*tseŭ*][3], chalumeau, *theoŭ kwàn*, chalumeau à tête, tuyau cylindrique en bois dur, os ou corne; *a*) grand chalumeau : diamètre, 0ᵖ,0274; longueur, 0,606; cháo de roseau tendre entrant de 0,030 dans le tuyau; *b*) petit chalumeau : les dimensions sont respectivement 0,0217; 0,5902; 0,030. Sept trous antérieurs, trou postérieur; même notation que pour le ti 81.

89. Kwàn (Nᵒ 102, liv. 8, f. 74). — Échelles.

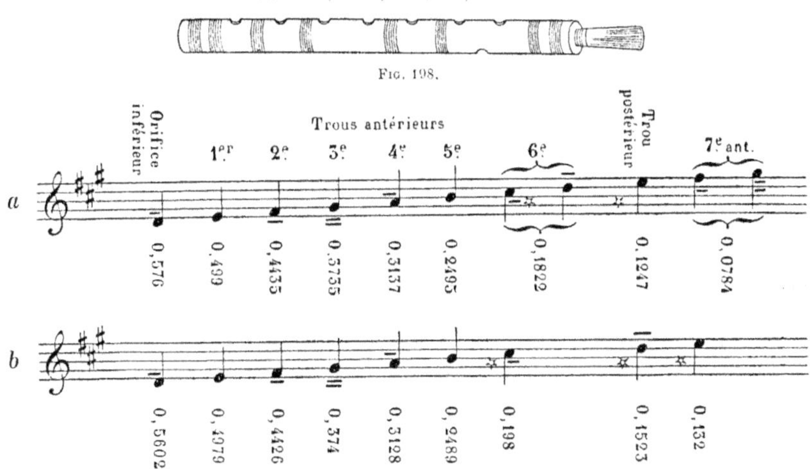

Les chalumeaux du *Lyŭ lyŭ tchéng yi* diffèrent de ceux du *Hwéi tyèn* pour les trous marqués d'une*, ils sont encore conformes aux modèles des Ming; le grand chalumeau a, en effet, un second trou postérieur, distance 0,3529, qui donne la note keoŭ (5ᵗᵉ diminuée), supprimée depuis la réforme du xviiiᵉ siècle. L'échelle marquée par le *Wén myáo li yò tchi* s'étend comme ci-dessus de hŏ à woŭ, mais avec des équivalents européens différents : *mi₃ fa♯ sol♯ la si ut♯, ré♯ mi fa♯*. On a employé parfois deux chalumeaux semblables attachés parallèlement et dont on jouait à la fois.

Le nom de kwàn, très fréquent dans les anciens textes, manque de précision et est susceptible de désigner n'importe quel tuyau; l'une des premières mentions précises d'un chalumeau se trouve dans un rapport de Hwŏ Hyèn : il parle d'un *tchhŏ cheoŭ ti* capable de jouer la musique savante; longueur, 9 pouces; 4 trous d'un côté, 2 de l'autre. Mais, d'autre part, le pi-lì, mentionné si souvent sous les Thâng et les Swèi, n'est autre que le kwàn, lequel a conservé le nom alternatif de *pi-lì*; les Japonais nomment *hitsi-riki*, prononciation japonaise de pi-lì, un instrument très analogue au kwàn; Twàn Ngăn-tsyé, des Thâng, Tchhĕn Yàng[5],

<hr>

1. Nᵒ 67, liv. 34, ff. 20 vᵒ, 23 vᵒ. — Nᵒ 109, p. 181. — Nᵒ 64, liv. 184, f. 3 vᵒ.

2. Nᵒ 109, p. 115.

3. Nᵒ 67, liv. 38, ff. 1, 2. — Nᵒ 65, liv. 33, f. 18 vᵒ. — Nᵒ 86, 2ᵉ partie *a*), ff. 51 à 59. — Nᵒ 64, liv. 183, f. 13 rᵒ.

4. Nᵒ 17, l'ò khi tsáo fă, f. 10.

5. Nᵒ 62, liv. 125, section pi-lì, ff. 1 à 5; cf. nᵒ 94, nᵒ 69. — Nᵒ 45, liv. 29, f. 11 vᵒ. Au livre 29, f. 14, le *Kyeoŭ thàng choŭ* mentionne comme instrument des barbares du sud le *tháo phi pi-lì* 170, pi-lì d'écorce de pêcher, fait d'une écorce roulée.

des Sóng, donnent divers synonymes de ce nom, *pëi lï, kyä kwàn*, et affirment, avec description à l'appui, cette identification. C'est donc un instrument d'origine barbare importé probablement de Koutcha et qui a été perfectionné en Chine.

90 *Hoú kyä*[1], cornet tartare; tuyau cylindrique en bois; diamètre, 0[p],057; longueur, 2,396; à chaque orifice s'adapte un tube en corne recourbé et évasé dans lequel le tuyau entre de 0,088; diamètre du tube inférieur, de 0,161 à 0,172; longueur, 0,809. Diamètre de la bouche, 0,0364; y est inséré un cháo de corne, long de 0,384. Notation ambiguë; on a lu suivant celle du tï **81**.

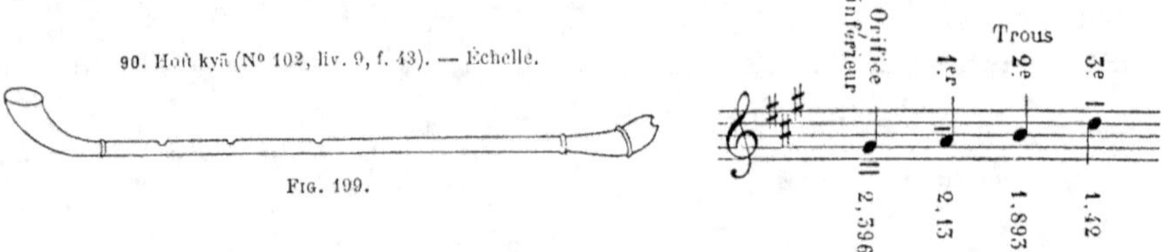

90. Hoú kyä (N° 102, liv. 9, f. 43). — Échelle.

Fig. 199.

Cet instrument de l'orchestre mongol *a*) est peut-être ancien en Chine; il pourrait être rapproché[2] du *tchhwëi pyën*, alias *koú*, fouet-flûte, mentionné sous les Hán par Yïng Chào; il est d'ailleurs le perfectionnement de formes primitives dépourvues de trous. Synonymes de kyä : *tï koú, syáo koú, kyä*.

91 *Pï-lï*[3]. Cet instrument de l'orchestre Wà-eùl-khä diffère du pï-lï ancien, aujourd'hui kwàn-tscù **89**. Tuyau de roseau; longueur, 0[p],537; diamètre, 0,0249; en haut, au moyen d'une double fente, on ménage

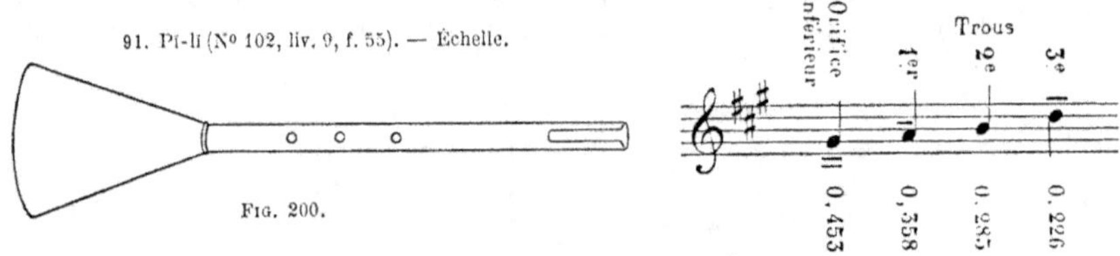

91. Pï-lï (N° 102, liv. 9, f. 55). — Échelle.

Fig. 200.

une languette, *hwáng*, qui joue le rôle d'anche battante[4]. A l'orifice inférieur est fixé un pavillon de métal, en forme de tronc de cône; diamètre inférieur, 0,174; longueur, 0,232; un petit trou, diamètre 0,009, y est percé; il ne donne pas de note. Le tuyau a trois trous. Notation ambiguë; on a lu suivant celle du tï **81**.

92 *Hwá kyö*[5], cornet de l'orchestre de cortège III *b*); tuyau en bois renforcé de cercles de cuivre, pointu aux deux bouts, bombé au milieu : longueur, 5[p],4612; diamètre supérieur, 0,0768; diamètre médian, 0,432; diamètre inférieur, 0,0864; cháo de bois, long de 0,729.

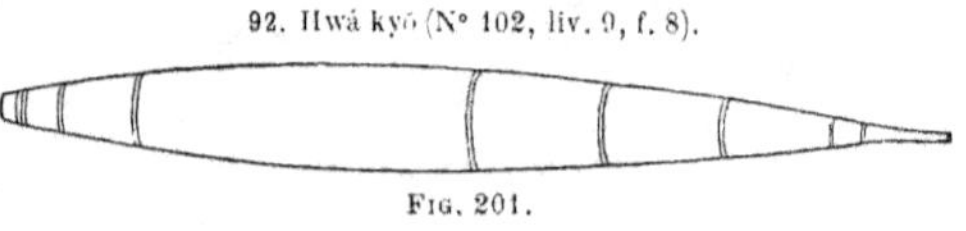

92. Hwá kyö (N° 102, liv. 9, f. 8).

Fig. 201.

93 *Móng-koú kyö*[6], cornet mongol de l'orchestre de cortège III *b*); tuyau conique en bois, en deux parties qui s'ajustent, cerclé de cuivre; longueur du tuyau, 4[p],731+3[p],529; — diamètre de la bouche, cornet mâle 0,0345, cornet femelle 0,0285; — pavillon en cuivre : longueur, 1,6729; diamètre inférieur, 0,729; cháo en corne.

93. Móng-koú kyö (N° 102, liv. 9, f. 14).

Fig. 202.

C'est un instrument de cette famille que Twán Ngän-tsyö[7] mentionne sous le nom de *ngäi kyä* (corne de mouton et cháo de roseau).

94 *Kïn kheoú kyö*[8], hautbois de l'orchestre de cortège III *b*); tuyau conique en bois sculpté pour figurer les nœuds d'un bambou; longueur, 0[p],989; diamètre supérieur, 0,0313; diamètre inférieur, 0,0939; — embouchure en cuivre en forme de gourde avec un plateau courbe au-dessus et au-dessous, longueur, 0,216; — pavillon en cuivre : longueur, 0,486; diamètre, 0,432; cháo en roseau entrant dans l'embouchure de 0,063. Même notation que pour le syáo **77**; les distances des trous sont données par le n° 65, les autres longueurs sont fournies par le n° 67.

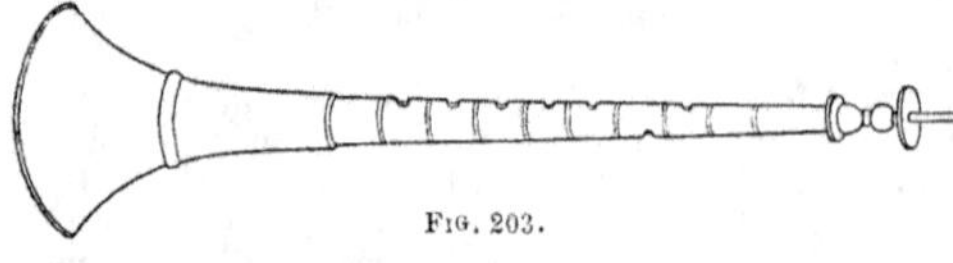

94. Kïn kheoú kyö (N° 102, liv. 9, f. 13).

Fig. 203.

---

1. N° 67, liv. 38, f. 4. — N° 65, liv. 33, f. 20 r°.
2. N° 102, liv. 9, f. 43 v°. — N° 22 (Y. l. t., liv. 124, section kyä, ff. 1 à 3).
3. N° 67, liv. 38, f. 5. — N° 65, liv. 33, f. 20 v°.
4. N° 109, pp. 122, 164, 169, 225.

5. N° 67, liv. 34, ff. 21 r°, 23, 24. — N° 64, liv. 185, f. 2 r°.
6. N° 67, liv. 34, ff. 22 r°, 24, 25.
7. N° 94 (Y. l. t., liv. 37, f. 2, etc.).
8. N° 67, liv. 34, ff. 21 v°, 24. — N° 65, liv. 33, ff. 32, 33.

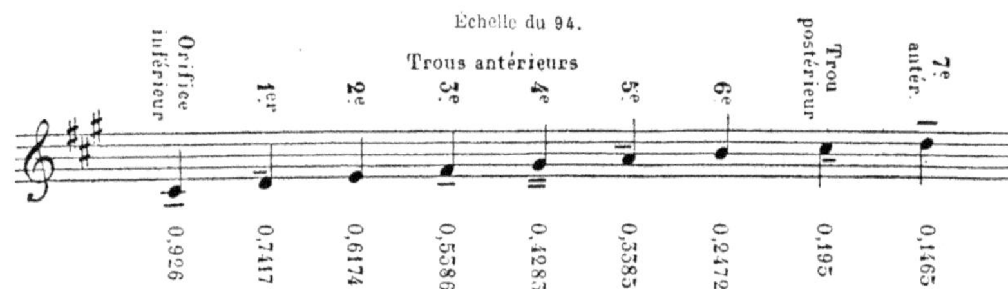

95 *Hài tï* [1], flûte marine, de l'orchestre de triomphe IV *a*); petit modèle du précédent; longueur du tuyau, 0ᵖ,620; diamètre supérieur, 0,030; diamètre inférieur, 0,080; longueur de l'embouchure, 0,160; — longueur du pavillon, 0,170; diamètre du pavillon, 0,220. L'échelle n'est pas donnée.

96 *Soù-eùl-nái*, alias *swò-nà* [2] (persan zournà et sournà, Kàchgar sournei), hautbois de l'orchestre musulman, ressemblant à celui de l'orchestre de cortège; l'un ou l'autre, peut-être l'un et l'autre sont fréquents dans les rues de Péking sous le nom de swò-nà; tuyau de bois, longueur, 1ᵖ,414; diamètre supérieur, 0,0301; diamètre inférieur, 0,2351; — embouchure formée d'un tuyau de cuivre traversant un plateau; longueur totale 0,3105; elle entre dans le tuyau de 0,133 et porte un chào, longueur 0,035, en roseau, dont l'ouverture supérieure est large de 0,024; — pavillon en cuivre. Notation du ti **81**. Echelles [3] :

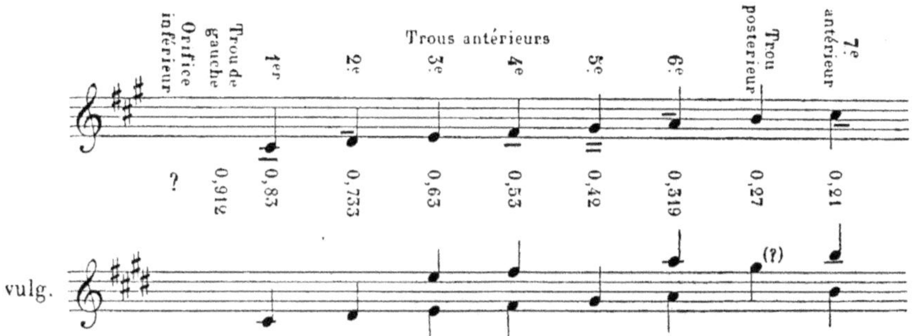

97 *Të-li* [1] (te-liñ), hautbois des orchestres tibétains, semblables au précédent, même notation. Deux modèles; hautbois de l'orchestre *a*) : longueur totale, 1ᵖ,500; longueur du tuyau de bois, 0,972; — hautbois de l'orchestre *b*) : longueur totale, 1,650; longueur du tuyau de bois, 1,024.

98 *Ny̆-teoù-kyùng* [5] (comparez birman hnè, trompette), hautbois de l'orchestre birman *a*); tuyau de bois sculpté à l'imitation des nœuds du bambou, surmonté d'un tuyau de cuivre traversant un plateau; chào de roseau; pavillon de cuivre; longueur du tuyau, 1ᵖ,320; diamètre supérieur externe, 0,095; longueur du pavillon, 0,680; diamètre de l'orifice inférieur, 0,590.

99 *Nyĕ-nyĕ-teoù-kyùng* [6], petit hautbois de l'orchestre birman *a*), semblable à l'autre, sauf par le pavillon qui est en bois; longueur du tuyau, 0ᵖ,860; longueur du pavillon, 0,200; diamètre du pavillon, 0,330.

100 *Pà-là-màn* [7] (comparez turk bàlàbàn, grosse caisse?) hautbois de l'orchestre musulman, tout en bois, sauf le chào en roseau et un plateau en cuivre tout près de la bouche. Tuyau à orifice inférieur fermé, sauf un petit trou dont on n'indique pas la place précise : longueur, 0ᵖ,940; diamètre supérieur interne, 0,040; diamètre inférieur interne, 0,060. En haut se place un second tuyau surmonté du chào; longueur du chào, 0,273; partie entrant dans le tuyau, 0,059; diamètre de l'orifice supérieur, 0,029. Même notation que celle du ti **81**. Ech. ci-contre.

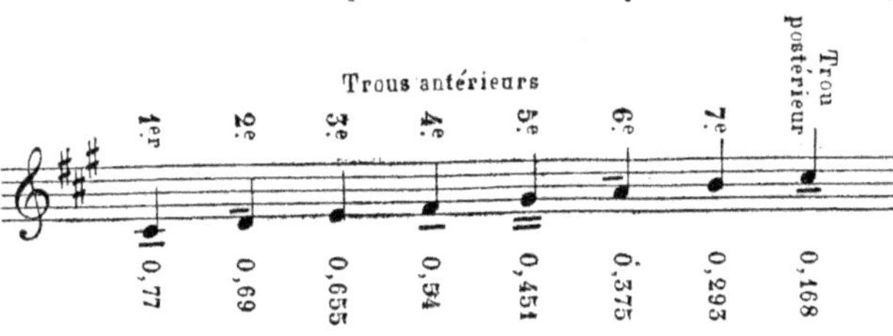

1. N° 67, liv. 34, ff. 22 v°. 24, 25.
2. N° 67, liv. 38, ff. 6 v°, 7, 8. — N° 65, liv. 33, f. 24 r°. — N° 109, p. 405 (355).
3. L'échelle vulgaire provient du n° 105, liv. 12, f. 9.
4. N° 67, liv. 38, f. 8 r°. — N° 65, liv. 33, f. 24.
5. N° 67, liv. 38, ff. 9, 10.
6. N° 67, liv. 38, ff. 9, 10.
7. N° 67, liv. 38, ff. 6, 7   N° 65, liv. 33, f. 24 r°.

Ocarinas.

101. Hyuĕn (N° 102, liv. 8, f. 59).

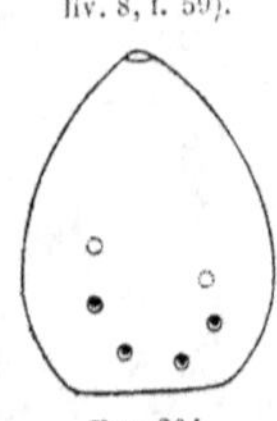

Fig. 204.

101 *Hyuĕn*[1], récipient en terre cuite, en forme d'œuf pointu en haut et dont le gros bout serait remplacé par une surface plane; la section est elliptique, et non pas circulaire. La bouche est à la pointe; quatre trous en avant, deux trous en arrière; la bouche est aussi trou d'émission. Deux formats usuels, *a)* hwàng-tchōng valant 8 hwàng-tchōng; *b)* tá-lyù valant 7 hwàng-tchōng.

	a)	*b)*
Hauteur interne	0ᵖ,223	0ᵖ,2133
Grand diamètre à la base	0,1168	0,1117
Grand diamètre aux 2/3 de la hauteur à partir du sommet	0,1717	0,1612

nombre des tuyaux : *yù* **104** à 36 tuyaux, le plus long ayant 4ᵖ,2, mais réduit à 23 tuyaux au temps de Yīng Chǎo; *hwǒ* **105** à 13 tuyaux; *tchhǎo* **106**, chĕng de grande taille, à 19 tuyaux au moins. A l'époque mongole on trouve aussi plusieurs désignations : *tchhǎo chĕng* et *hwǒ chĕng* à 19 tuyaux, le tchhǎo plus grand que le hwǒ; *jwĕn yù phǎo* **107** à 13 tuyaux, *kyeoù yáo phǎo* **108** à 9 tuyaux, *tsǐ sīng phǎo* **109** à 7 tuyaux. Cet instrument est mentionné dans le *Yì tsì* à l'époque de l'empereur Chwĕn et dans les odes du *Chī kīng*; il donne son nom sous les Tcheoù au maître des orgues, *chĕng chī*, qui a la direction de la plupart des instruments à vent. L'invention en est attribuée à Nyùkwă, souverain mythique qui succéda à Foŭ-hī. Les barbares connaissaient aussi cet instrument[6]; le Korye avait le *hoù loù chĕng* **110**, dont le réservoir était fait d'une gourde : d'après les origines de la civilisation coréenne, il ne serait pas surprenant que l'orgue, importé de Chine, se fût maintenu au Korye

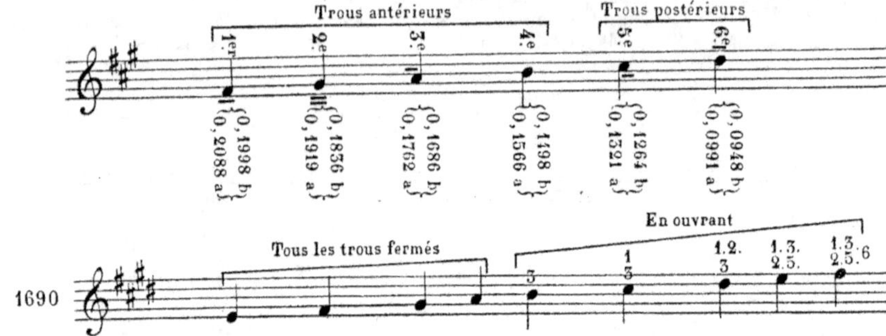

Les quatre trous marqués en noir sont ceux de la face antérieure; les deux plus élevés appartiennent à la face postérieure qui est censée vue directement; les trous sont numérotés à partir de la base. Les dimensions du *Hwĕi tyĕn thoù* diffèrent de celles du *Lyù lyù tchéng yì*; dans celui-ci l'instrument a 5 trous (3 + 2); actuellement il en a 6 (4 + 2). D'après le *Wĕn myáo li yù tchī*[2], l'ocarina a cinq trous, les trous 1, 2, 3, 5, 6. L'échelle est donnée ci-dessus; les quatre premières notes s'obtiennent en variant la force du souffle. D'après les indications plus récentes, au contraire (N° 20 *a*), liv. 1), on débouche successivement les trous 1 à 6; avec tous les trous bouchés, on obtient le mi₃. Notation du syáo **77**.

Le hyuĕn est associé à la flûte tchhī par le *Chī kīng*; il s'est maintenu jusqu'aujourd'hui dans la musique rituelle. Les plus anciens exemplaires étaient, semble-t-il, à deux ou trois trous; sous les Sóng, années Kìng-yeoù (1034-1037), on parle d'un instrument à huit trous. On appelait *kyáo* **102** un ocarina de plus grande taille[3]. Ces instruments ont inspiré les ocarinas construits pour la première fois il y a une trentaine d'années en Italie[4].

Instruments à réservoir d'air.

103 *Chĕng*[5], orgue à bouche. Ce nom générique désigne plusieurs espèces qui se distinguaient par le

en gardant exactement sa construction première; en effet, le chĕng avait d'abord pour réservoir une gourde, et on note sous les Thàng qu'au sud du Kyàng la gourde est encore employée, que les anches y sont des languettes de bambou; dans le nord, au contraire, on a remplacé le bambou par le métal, la gourde par un récipient de bois creusé. C'est aussi du sud, de Birmanie, que viennent à la cour de Chine, à la fin du viiie siècle, des orgues de ce type, mais diverses de format, de construction et d'accord. Quelques-unes ont deux ou trois cornes de bœuf ou défenses d'éléphant tenant lieu de tuyaux; d'autres ont des languettes doubles, *chwāng hwāng*: on en remarque surtout deux de grande dimension, à 16 tuyaux, les tuyaux les plus longs ayant 4ᵖ,83 : ce sont presque les instruments dont Yīng Chǎo constatait l'existence au temps des Hàn. En lisant ces descriptions, on pense naturellement au khen laotien, si répandu dans toute l'Indo-Chine et dont il n'est pas jusqu'au nom qui ne rappelle le mot chĕng, si l'on tient compte de la permutation fréquente dans cette région entre kh et ch (écrit souvent x).

Au contraire, l'instrument **111** offert en 1260-1263 par un pays musulman[7] et accordé ensuite à l'harmonie chinoise par un fonctionnaire du bureau de la Musique, n'est pas de ce type : il avait des anches et 90 tuyaux de bambou, un buffet vertical en bois sculpté, pointu en haut, un soufflet, *fōng nàng*, mù

---

1. N° 67, liv. 33, ff. 12, 13. — N° 65, liv. 33, f. 17 v°. — N° 80, 2e partie *a*), ff. 69 à 76. — N° 64, liv. 183, f. 17 r°.

2. N° 17, sect. *Yò khī tsào fǎ*, f. 8.

3. N° 2, *Syáo yǎ, Hò jĕn seù*. — N° 13, p. 257. — N° 62, liv. 128, section *hyuĕn*, ff. 1 à 10.

4. N° 109, p. 248 (196).

5. N° 22 (Y. l. t., liv. 126, f. 7). — N° 51, liv. 68, f. 8 v°. — N° 1, *Yì tsì*. — N° 14, p. 58. — N° 2, *Wàng fŏng, Kyàn tseù yàng yàng*. — N° 13, p. 78. — N° 6, liv. 23, *chĕng chī*. — N° 9, tome II. pp. 60 à 62.

6. N° 62, liv. 126, f. 8 v°. — N° 45, liv. 29, f. 11 r°. — N° 46, liv. 222 *c*), f. 16 r°, v°.

7. N° 51 (Y. l. t., liv. 126, ff. 22, 23).

par un homme, et une sorte de clavier de 15 touches (?) ou tubes actionnés à la main par un autre homme; de plus, un paon sculpté ouvrait les ailes et dansait en mesure.

Les chŏng des orchestres impériaux actuels[1] sont de deux formats. Le grand chŏng se compose d'un récipient en bois dur formant réservoir d'air, portant un tuyau d'insufflation montant et légèrement recourbé; ces deux pièces réunies ressemblent assez à une théière avec son goulot : diamètre du réservoir, haut, 0m,2375, bas, 0,1187; hauteur du réservoir, 0,2196. Le tuyau d'insufflation est en deux parties, une courte horizontale, tswĕi, percée d'un trou carré de 0,0439 de côté; un bec ascendant de 0,729 de long. Dans le réservoir et s'enfonçant à travers le couvercle sont fixés verticalement 17 tuyaux fermés en bas, tous de diamètre 0,0165; quatorze sont rangés sur deux tiers opposés, de la circonférence, trois au milieu; les plus longs sont médians dans chaque arc de circonfé-

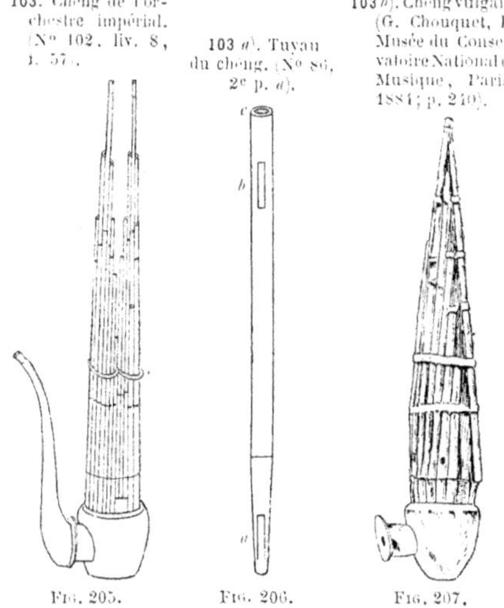

103. Chŏng de l'orchestre impérial. (N° 102. liv. 8, l. 57.)

103 a). Tuyau du chŏng. (N° 86, 2° p. a).

103 b). Chŏng vulgaire (G. Chouquet, Le Musée du Conservatoire National de Musique, Paris, 1884; p. 240).

Fig. 205.   Fig. 206.   Fig. 207.

rence; on trouve qu'ainsi le chŏng ressemble à la queue du phénix et on le nomme fóng chŏng. La partie inférieure des tuyaux est en bois dur, la partie extérieure en bambou. Près du pied du tuyau, à une hauteur de 0,08, s'ouvre un petit trou rectangulaire, hwáng khĕou, muni d'une anche libre en cuivre que l'on compare à la langue d'un moineau; à l'extrémité de l'anche on met une goutte de cire; si la goutte de cire est lourde, le son baisse : c'est ainsi que l'on accorde l'instrument. Plus haut dans le tuyau s'ouvre le chŏn khĕou ou tchhŏu yīn khŏng, trou d'émission, de forme rectangulaire, tourné vers l'intérieur de la circonférence (dimensions, 0,0729 × 0,00729). Un autre trou, khi khŏng, trou d'air, est ménagé à la face interne de trois des tuyaux, à la face externe des autres, à peu de distance au-dessus du couvercle du réservoir; l'air qui passe par le tuyau ne produit aucun son tant que le trou d'air est ouvert; le trou d'air étant fermé, l'air fait vibrer l'anche et le tuyau.

Il existe un rapport empirique entre les dimen-

sions de l'anche et celles du tuyau, puisque les vibrations de l'anche et celles de la colonne d'air doivent être synchroniques. La longueur des tuyaux est fixée, aussi bien que la distance ab entre le trou de l'anche et le trou d'émission : seule cette dernière longueur paraît essentielle, puisque le trou d'émission limite la colonne d'air; mais la colonne supérieure au trou d'émission ne réagit-elle pas aussi, puisqu'on a deux sons différents avec deux tuyaux où la longueur ab est la même, mais où la longueur ac (longueur totale du tuyau) diffère? Les numéros en chiffres romains désignant les tuyaux sont ceux de la nomenclature chinoise, qui commence par la face antérieure à droite et va toujours vers la gauche.

		distances ab	longueurs ac	notes
1.	XV	0,8505	1,0688	si₃
2.	VI	0,7560	1,0688	ut♯₃
3.	VII	0,7560	0,8017	ut♯₃
4.	V	0,6720	1,3880	ré♯₃
5.	XIV	0,6012	1,3880	mi₃
6.	IV	0,5344	1,0688	fa♯₃
7.	III	0,4750	0,8017	sol♯₂
8.	XVI	0,4750	0,8017	sol♯₃
9.	II	0,4252	0,6012	la₃
10.	I	0,4252	0,4392	la₄
11.	IX	0,4016	0,4392	la♯₄
12.	XII	0,3780	0,8017	si₄
13.	XI	0,3360	0,6012	ut♯₄
14.	X	0,3006	0,4392	ré♯₄
15.	XVII	0,3006	0,6012	ré♯₄
16.	XIII	0,2672	1,0688	mi₄
17.	VIII	0,2375	0,6012	fa♯₄

On voit toutefois par les tuyaux 7-8, 9-10 et 14-15 que la longueur bc n'est pas seule en jeu pour hausser le son d'une octave; l'anche a un rôle important. Le texte qui m'indique les notes, emploie d'habitude la gamme chromatique de 15 notes à l'octave; mais cette gamme ne comporte pas la note keoŭ donnée par le tuyau 11; on aurait donc pour le cas présent gardé 13 degrés chromatiques à l'octave, et l'échelle serait la suivante, puisqu'on avertit explicitement que la note tchhi est celle de la flûte traversière : sol♯₂ ut♯₃ mi fa♯ sol♯ la la♯ si ut♯ ré♯ mi fa♯ la si ut♯₃ ré♯.

Le petit chŏng des orchestres impériaux est un peu inférieur comme dimensions; il a également 17 tuyaux, mais quatre (I, IX, XVI, XVII) ne sont pas munis d'anches et sont muets; d'ailleurs, par suite de l'ignorance des exécutants, même le grand chŏng n'est pas toujours complet et, d'après le Lyă lyù tchŏng yi, il en existait à la cour des Rites des exemplaires dont deux ou trois tuyaux étaient muets. L'échelle des petits chŏng n'a pas la note keoŭ : si₃ ut♯ ré♯ mi fa♯ sol♯ la si ut♯ ré♯ mi fa♯ la. D'ailleurs les notes fournies par les tuyaux isolés ne forment pas la véritable échelle; très souvent on fait parler deux tuyaux à la fois pour obtenir un seul son. Voir p. 163 l'échelle indiquée par le Ta tshĭng hwĕi tyĕn[2]. On remarquera que le tuyau IX et la note keoŭ sont écartés. Pour le petit chŏng, le doigté est le même, sauf les exceptions marquées à l'échelle. Aux deux orgues indiqués ci-dessus et qui donnent les lyă mâles, répondent deux orgues semblables fournissant les lyù femelles[3].

L'échelle du chŏng n'était pas tout à fait la même à la fin du xviie siècle[4], probablement mi₃ fa♯ sol♯ la si ut♯₄ ré♯, plus même série à l'octave, plus peut-être quelques demi-tons tels que sol et la; mais le doigté

<hr>

1. N° 67. liv. 33, ff. 9 à 11. — N° 86, 2° part. a). ff. 37 à 50. — N° 17. sect. Yo khi tsáo fa, ff. 1 à 9. — N° 107. — N° 109, p. 178. — N° 64. 187, ff. 12 v°, 16 v°.

2. N° 65, liv. 33. ff. 16, 17.
3. N° 86, 2° part. a), ff. 49, 50.
4. N° 17, sect. Yo khi tsáo fa, loco cit.

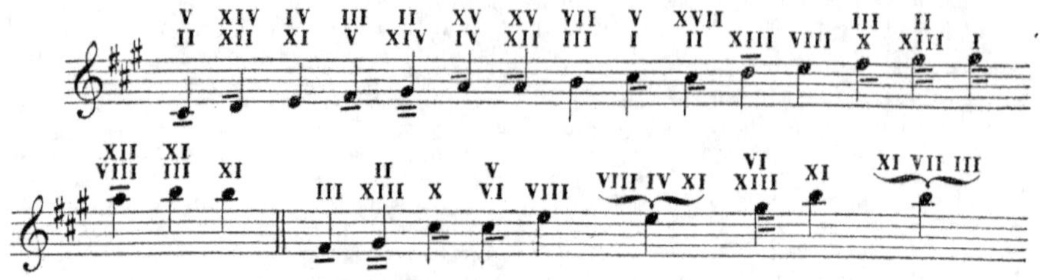

ancien est sur beaucoup de points identique au doigté moderne. L'emploi simultané de deux ou trois tuyaux, peut-être davantage, est bien expliqué, malgré quelques obscurités de détail, par Tchhén Yàng[1] pour le chĕng à 19 tuyaux : c'était l'instrument officiel de l'époque, instrument perfectionné, capable de fournir trois octaves; mais les musiciens le trouvaient trop difficile.

Les instruments **103** *b*), qui sont aujourd'hui dans l'usage vulgaire[2], n'ont, comme le petit chĕng, que 13 tuyaux à anche; ils sont plus allongés et plus minces que ceux du Palais; le tuyau d'aspiration est réduit à la partie horizontale et privé du long bec montant. L'échelle usuelle paraît être *si₂ ut♯₃ ré♯ mi fa♯ sol♯ la si ut♯₄ ré♯ mi* ou *mi₃ fa♯ sol♯ la si ut♯₄ ré♯ mi fa♯ sol♯ la si.* Voici, d'après M. Eastlake, un air très répandu connu sous le nom de *Pà pàn.*

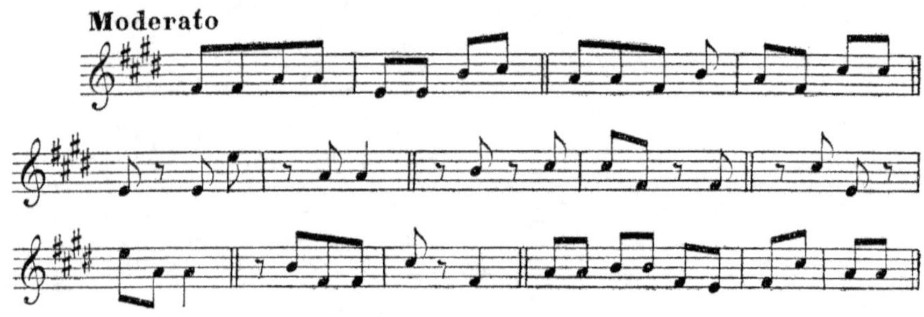

CHAPITRE X

INSTRUMENTS A CORDES

On a expliqué plus haut (pp. 93 et 112) la division de l'octave en 14 degrés pour les tuyaux, en 12 degrés pour les cordes, et l'on a indiqué la confusion qui en résulte dans les rapports harmoniques, le trouble de la notion de degré, de note; en ces conditions, je ne sais comment est pratiqué l'accord des instruments de diverses classes devant jouer ensemble, d'autant que la musique rituelle, principalement en question, ne connaît pour les accords plaqués que l'unisson, l'octave, la quinte et la quarte. A cette circonstance, jointe à l'usage unique des quintes justes pour la détermination des notes de l'octave, est dû le peu de justesse pour nos oreilles de la musique chinoise. En réalité la pratique n'est pas exactement celle qui résulterait des principes stricts, du moins pour le khin, l'instrument à cordes essentiellement classique; car pour les autres, mes documents uniquement officiels n'indiquent pas autre chose que les notes de l'échelle officielle. Le khin n'a ni l'échelle de 14 degrés, ni l'échelle par quintes justes : il a employé dès l'origine et a toujours conservé pour la corde une division purement acoustique; d'où résulte une échelle intermédiaire entre l'échelle officielle et l'échelle obtenue par quintes justes.

Instruments à cordes pincées.

112 *Khin*[3], caisse sonore allongée à fond plat, à table d'harmonie légèrement bombée; le profil longitudinal est rectiligne, le profil transversal forme un arc très court d'une grande circonférence. Table d'harmonie en bois d'éléococca, fond en bois de catalpa; ce corps est enduit d'un vernis spécial. L'instrument est posé devant l'exécutant sur une table rectangulaire, dont le dessus, formé de deux tablettes parallèles et muni d'ouvertures, sert de caisse de résonnance. L'extrémité étroite, dite queue ou arrière, est à gauche du musicien; sur le côté (gauche) opposé à l'exécutant sont incrustés treize ronds d'ivoire

112. Khin (N° 86, 2e part. *b*).

FIG. 208.

1. N° 69 (Y. l. t., liv. 126, ff. 15, 16).

2. N° 105, liv. 12, f. 8. — N° 107.

3. N° 65, liv. 33, ff. 14, 15. — N° 67, liv. 32, ff. 16, 17. — N° 103 sections *Khin tchi, Khin chi.* — N° 64, liv. 183, f. 16.

ou de nacre, *hwéi*, qui servent de tons. Le fond est percé de deux longues ouïes rectangulaires; deux petits pieds soutiennent l'extrémité droite ou front; à deux boutons arrondis placés au quart de la longueur à partir de l'arrière sont attachées les cordes, trois au bouton de droite, quatre à celui de gauche; elles sont tendues au moyen de chevilles qui sont insérées dans le fond de l'instrument suivant une ligne correspondant à un cheval et placé vers le front.

TERMINOLOGIE ET DIMENSIONS[1]

Longueur totale	3ᵖ,159
Largeur du front (*fòng ngò*, front du phénix).	0,5103
Largeur aux épaules (*syēn jén kyēn*, épaules du génie)	0,5832
Largeur aux lombes (*yāo*) ⎫	
Largeur aux queues (*tsyāo wéi*, queues brûlées) ⎬	0,4371
Hauteur du chevalet-chevillier (*yŏ chăn*, montagne)	0,0486
Largeur du chevalet-chevillier	0,0243
Largeur de la bouche ou gencive du dragon (*lōng kheou*, *lōng yin*) jouant le rôle de sillet entre les queues	0,1215
Epaisseur à la bouche	0,1215
Fond, ouïe centrale (*lōng tchhi*, étang du dragon)	0,0648 × 0,6227
Fond, ouïe postérieure (*fòng tchhi*, étang du phénix)	0,0648 × 0,2511
Hauteur des pieds (*foù tchăng*, paumes de canard)	0,1134
Hauteur des boutons (*yén tsou*, pattes d'oie).	0,0891
Fond, ouïe transversale antérieure où passent les chevilles (*tchen tchhi*)	0,0567 × 0,3726
Longueur des chevilles (*tchen*)	0,1539

Les chevilles, soit en bois, soit en pierre, au nombre de sept, sont rangées dans l'ouïe transversale et tournent à frottement dans la table d'harmonie appliquée à cet endroit contre le fond; la cheville est dans la partie supérieure percée d'un canal parallèle à l'axe, puis infléchi à angle droit, de sorte que l'orifice inférieur soit sur le côté de la cheville juste au-dessous du fond du khin. Par ce canal passe une mèche de soie qui fait boucle à la hauteur du chevalet, s'enroule autour de la cheville à partir de l'orifice inférieur, puis retombe en torsade. En tournant la cheville, on accroît la tension de la mèche, qui tend la corde nouée dans la boucle sur le chevalet.

Les cordes, du chevalet au faux sillet, mesurent 2ᵖ,916; elles sont de soie; le fil, *lwén*, est formé de 36 baves, *kyèn* : 1ʳᵉ corde (extérieure ou gauche), 108 fils; — 2ᵉ corde, 96 fils; — 3ᵉ corde, 81 fils; — 4ᵉ corde, 72 fils; — 5ᵉ corde, 64 fils; — 6ᵉ corde, 54 fils; — 7ᵉ corde (intérieure ou droite), 48 fils. Ces nombres sont les mêmes que ceux qui expriment la longueur des cinq premiers lyŭ dans le système classique. Les tons ou marques se comptent à partir de la droite (front); les intervalles ne sont ni tempérés ni pythagoriciens[2].

Pour la musique officielle, le khin est aujourd'hui accordé sur le chalumeau; la 1ʳᵉ corde donne hŏ = *ré* et peut être montée d'un lyŭ[3].

La difficulté d'appliquer au khin la gamme officielle

des Tshīng paraît dans cette échelle à la distance excessive $\overline{ré♯}$ *sol* ou *mi sol♯*; de plus, même en partant de $\overline{ré♯}$, la division en parties aliquotes simples ne peut reproduire les notes officielles; ainsi les tierces de $\overline{ré♯}$ seraient $\overline{fa♯}$ et $\overline{fa×}$(*sol*), notes absentes de la gamme (voir ci-dessous et p. 112).

Laissant désormais de côté l'accord officiel, je m'occuperai seulement de la musique classique des lettrés. Tous les autres instruments sont, en effet, abandonnés à des professionnels assez peu estimés, au plus en joue-t-on par désœuvrement, dans le peuple, dans la partie la moins relevée des classes moyennes, chez les gens qui fréquentent les théâtres et recherchent les plaisirs vulgaires. Le khin, au contraire, est estimé de l'aristocratie intellectuelle, qui le pratique encore un peu. De là la saveur poétique de sa terminologie, le symbolisme de ses formes, les préceptes minutieux pour le choix de son bois, la confection de ses cordes; de nombreuses légendes et anecdotes s'y rattachent où figurent les plus grands sages, y compris Confucius; à le fabriquer des luthiers sont devenus célèbres et depuis le viᵉ siècle ont laissé leur nom jusqu'à nous : toute une littérature est consacrée à cet instrument.

Foŭ-hī, le premier souverain mythique, inventa le khin, qui est ainsi l'instrument par excellence de la race chinoise, le chēng, pour antique qu'il soit, appartenant un peu aux barbares. Foŭ-hī prit du bois d'éléococca; il fit la table d'harmonie arrondie comme le ciel, le fond plat comme la terre; l'étang du dragon a huit pouces pour agir sur les huit vents, l'é-

Echelles officielles : fondamentale (en koŭ-syèn) — printemps (en kyă-tchōng) — automne (en năn-lyù).

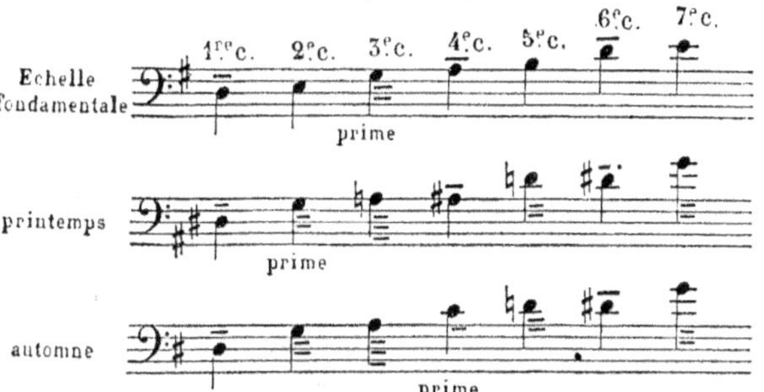

tang du phénix a quatre pouces pour imiter les quatre saisons; les cinq cordes représentent les cinq éléments; les sept cordes, Wēn wăng ayant ajouté la 6ᵉ et Woŭ wăng la 7ᵉ, correspondent aux sept corps célestes. A l'époque historique, nous trouvons le khin mentionné dans le *Yì li*, dans le *Tcheoŭ li*, dans les *Yuŏ ling*[4], pour les cérémonies les plus solennelles. Confucius, à la maison, en promenade, en voyage, avait toujours son khin avec lui; il en jouait devant ses disciples et leur expliquait le sens caché des mélodies; il en jouait avec le même calme dans le danger et montrait ainsi sa grandeur d'âme. Yù Pŏ-yà, qui vivait probablement au ivᵉ siècle avant l'ère chrétienne, est connu uniquement pour son talent sur le khin, qui découlait de son élévation morale : un seul musicien,

---

1. Ces dimensions ne sont pas rigoureusement observées. Pour le fond du khin, voir la fig. du tchwèn 204; toutefois les ouïes du khin sont rectangulaires, non rondes, et placées différemment.

2. N° 67, liv. 32, ff. 16, 17. — N° 65, liv. 33, ff. 14, 15. — N° 103, sect. *Ting hwéi lwén*. — N° 86, 2ᵉ partie *b*), f. 4.

3. N° 65, liv. 33, f. 14 v°. — N° 67, liv. 30. — N° 86, 2ᵉ partie *b*), f. 17, etc. — N° 20 *a*), liv. 1ᵉʳ, ff. 21, 22.

4. N°ˢ 7, 6, 8.

TchŏngTseù-khi, était capable de le comprendre; Tseù-khi étant mort, Pŏ-yà renonça à son instrument.

Il subsiste du IIe siècle P. C. une liste d'airs pour le khìn due au musicien et lettré Tshái Yŏng[1]. Celui-ci donne le titre, indique les circonstances, souvent légendaires, où la poésie a été composée; fréquemment, sous un titre et sur un sujet connus, un chant nouveau avait cours, était mis en musique : ainsi pour les pièces intitulées *Loù mìng, Fà thàn, Tcheoù yù,* qui diffèrent des odes de même nom du *Chī kīng*[2]. Les auteurs indiqués sont parfois des inconnus, parfois Tcheoù kŏng, Wĕn wàng[3], Yù Pŏ-yà; Confucius serait l'un des plus féconds de ces compositeurs anciens : beaucoup de ces attributions sont évidemment fictives, et elles jettent la suspicion sur les moins invraisemblables. L'ouvrage n'est guère plus qu'une liste bibliographique et ne contient pas un mot de musique. Des titres d'airs pour le khìn et pour d'autres instruments sont accompagnés d'indications aussi légendaires dans plusieurs autres ouvrages : *Yŏ foù koù thì yáo kyài*[4], *Yŏ choù*[5], *Khìn khyǔ phoù loù*[6]. Mais ces notices ne nous apprennent pas si les chants anciens qu'elles citent, subsistaient à l'époque où elles étaient rédigées; de plus, comme le *Khìn tsháo,* elles n'ont rien de musical. Un même titre a servi à une série de poésies qui n'avaient presque rien de commun; les mélodies étaient dans le domaine public; un air connu, tel quel ou légèrement modifié, était adapté à un chant nouveau; plus rarement un air était inventé soit pour une ancienne chanson, soit pour un poème neuf. La confusion est donc grande. Les lettrés se sont, comme il est naturel, occupés surtout des poèmes; ils en ont noté l'origine et les transformations, laissant dans la pénombre la phrase musicale qui n'existait que quand elle était exécutée et entendue, qui demeurait inexprimable en langage ordinaire. La notation musicale même était insuffisante à en exposer le détail; elle n'était accessible qu'au petit nombre. Les habitudes du langage s'étant ainsi établies, nous pouvons assez rarement affirmer que l'auteur entend parler de la mélodie, et non pas du poème (voir pp. 187, 190, 200, etc.). Il se peut donc qu'auprès des textes poétiques qui ont certainement varié, les airs classiques aient duré fort longtemps; il se peut que quelques-uns aient été transmis à peu près fidèlement de l'antiquité aux Thàng et des Thàng jusqu'à nous; la persistance reconnue de la construction du khìn à 7 cordes, la division de la corde en parties aliquotes simples, plus tard la nature de la notation, étaient propres à faciliter cette longévité de la phrase musicale, encore mieux que le respect de la tradition inné aux écoles chinoises. Mais, si cela

est possible, nous ne saurions affirmer que cela est réel; et comme, parmi les airs classiques écrits qui sont exécutés aujourd'hui, plusieurs offrent des textes musicaux multiples, assez divergents, il est évident que ceux-ci ne sont pas indemnes, et il devient douteux que les autres aient échappé aux injures du temps (voir pp. 187, 190, etc.). Un ouvrage contemporain, le *Thyĕn wĕn kŏ khìn phoù*[7], renferme plusieurs airs déjà cités par les listes anciennes et attribués à Confucius et à d'autres personnages antiques; il donne aussi des airs dont il fait remonter l'origine à l'époque des Thàng[8] : mais ces assertions ne doivent être acceptées qu'avec toutes les réserves formulées plus haut. Seule une étude du style musical des diverses pièces classiques pourrait fournir quelque clarté.

Depuis l'antiquité historique et légendaire, le khìn est resté essentiellement le même. On parle, il est vrai, de variations : le premier khìn de Foù-hì avait 27 cordes, il fut ensuite réduit à 13; on cite aussi des instruments à 20 cordes, à 12 cordes, et l'on trouve dans l'orchestre impérial des Sóng et des Yuĕn des khìn à 1, à 3, à 5, à 7, à 9 cordes[9]. Mais ces formes anciennes ou aberrantes n'ont existé qu'à l'état sporadique. La division en parties aliquotes simples étant

Longueurs proportionnelles du chevalet-chevillier au :			Rapports des vibrations		Intervalles	Notes
sillet	1		1		1me	*mi*₂
13e ton		7/8		8/7	2de maj.	*fa*
12e —	5/6		6/5		3ce min.	*sol*
11e —		4/5		5/4	3ce maj.	*sol* ♯
10e —	3/4		4/3		4te	*la*
9e —		2/3		3/2	5te	*si*
8e —	3/5		5/3		6te maj.	*ut* ♯₃
7e —	1/2		2		8ve	*mi*
6e —		2/5		5/2	10e maj.	*sol* ♯
5e —	1/3		3		12e	*si*
4e —		1/4		4	15e	*mi*₄
3e —	1/5		5		17e maj.	*sol* ♯
2e —		1/6		6	19e	*si*
1er —	1/8		8		22e	*mi*₅

très facile à réaliser, fût-ce au moyen d'une simple bande de papier ou d'étoffe pliée en 4, puis en 5, puis en 6[10], il y a des chances pour que, comme l'affirment les auteurs, cette échelle exacte ou transposée se soit maintenue depuis l'origine. Tchoù Hì[11] se plaint toutefois que, depuis une époque récente, des joueurs de khìn prenaient le tchŏng-lyù (*la*) comme tierce du hwàng-tchŏng (*mi*); il paraît entendre non seulement que la corde qui aurait dû être accordée en *sol*♯ était accordée en *la,* mais aussi que sur la corde du hwàng-tchŏng la note kyŏ (tierce) était prise trop haut; mais,

---

1. N° 91. Le *Khìn tsháo* forme deux livres et un supplément, contenant respectivement 26, 24 et 3 notices. Les 24 pièces citées dans le livre 2 sont désignées comme « chants mêlés de Hŏ-kyen » : on sait le rôle du roi de Hŏ-kyen dans les premiers travaux pour la restitution des anciens livres, mais le patronage ainsi invoqué n'implique pas l'authenticité des pièces. Quelques-unes de celles-ci sont récentes : une (n° 20) est attribuée au général Hwŏ Khyù-pìng († 117 A. C.; voir n° 36, liv. 55, f. 4, etc.); la suivante est relative à une femme du Palais qui fut donnée en mariage au chef des Huns (voir p. 82, note 6; p. 190).

2. N° 2, *Syáo yà, Loù mìng; Wéi fŏng, Fà thàn; Cháo nàn, Tcheoù yù.* — N° 13, pp. 174, 117, 28.

3. Duc de Tcheoù (1231?-1135?), père de Woù wàng qui conquit le trône impérial.

4. N° 92.

5. N° 69 (Y. l. t., liv. 103, f. 34, etc.).

6. Par le bonze Kyù-yuĕ sous les Sóng (N° 62, liv. 103, f. 34, etc.).

7. N° 103.

8. Parmi les pièces du *Thyĕn wĕn kŏ khìn phoù* dont les titres se trouvent dans les listes anciennes, je citerai : *Yì làn* (livre 11), attribué par Tshái Yŏng à Confucius; — *Pŏ syŭ* (liv. 3), attribué par Kyù-yuĕ à Tsĕng tseù (505-437); — *Chwĕi syĕn* (liv. 9), attribué par Tshái Yŏng à

Pŏ-yà, par Kyù-yuĕ à Syàng (ou Chàng)-ling Moù tseù (époque postérieure à Confucius); — *Tchì tcháo féi* (liv. 10), attribué par Kyù-yuĕ à Moù-toù tseù, époque de Syuĕn, roi de Tshì (455-403), seulement cité par Tshái Yŏng; — *Yeoù làn* (liv. 2), cité par Kyù-yuĕ comme pièce de la haute antiquité; — *Woù yé thì* (liv. 6), attribué par Kyù-yuĕ à Wàng Yì-khìng sous Wĕn ti (423-453); — *Hoù kyá chì pà phŏ* (liv. 16), attribué par Kyù-yuĕ à Tshái Yen, fils de Tshái Yŏng.

Voici d'autre part les titres de pièces musicales que le même recueil donne avec noms d'auteur : *Kìn mĕn chì leoù* (liv. 4), *Wàng yùn seù tshìn* (liv. 9) par Tì Lyàng-kŏng, qui fut subordonné du gouverneur du Ping-tcheoù à l'époque des Thàng; — *Pì thyĕn tshyeoù seù* (liv. 8), par Tshái Yŏng; — *Phùng chà lò yén* (livre 10), par Tchhĕn Tseù-ngàng, période des Thàng; — *Yù kŏ* (livre 14), par Lyeoù Tseù-heoù, du Hŏ-tòng, habitant au Tchhoù-nàn, à la même époque; — *Yùn tchoù thù* (liv. 8), par Tòng Thìng-làn, des Thàng postérieurs (923-936); — *Kì khì* (liv. 14), par Wàng Tsin-choù, époque des Sóng (960-1279).

9. N° 69 (Y. l. t., liv. 103, f. 22, etc.). — N° 48 (Y. l. t., liv. 103, f. 14 r°). — N° 51, liv. 68, f. 7 v°.

10. N° 75, liv. 1, f. 35, etc.

11. N° 26, liv. 66.

malgré cela, il est d'accord avec les historiens[1] pour reconnaître que seuls et plus que tous les autres les joueurs de khìn sont fidèles aux traditions classiques.

Quant à la hauteur absolue de l'accord, Tchou Hi se plaignait déjà qu'on ne s'en inquiétât guère : au lieu d'accorder sur le hô (*mi*) du chalumeau ou de la flûte

a) son pris comme diapason		b) son répondant		c) son résultant pour la corde à vide
7e corde à vide	$6^{te} = ut\sharp_3$	4e corde, ton 9	$6^{te} = ut\sharp_3$	$2^{de} = fa\sharp_2$
7e corde à vide	$6^{te} = ut\sharp_3$	5e corde, ton 10	$6^{te} = ut\sharp_3$	$3^{te} = sol\sharp_2$
4e corde, ton 10	$5^{te} = si_2$	6e corde à vide	$5^{te} = si_2$	$5^{te} = si_2$
6e corde à vide	$5^{te} = si_2$	3e corde, ton 9	$5^{te} = si_2$	$1^{re} = mi_2$
5e corde à vide	$3^{te} = sol\sharp_2$	2e corde, ton 9	$3^{te} = sol\sharp_2$	$6^{te} = ut\sharp_2$
4e corde à vide	$2^{de} = fa\sharp_2$	1re corde, ton 9	$2^{de} = fa\sharp_2$	$5^{te} = si_1$

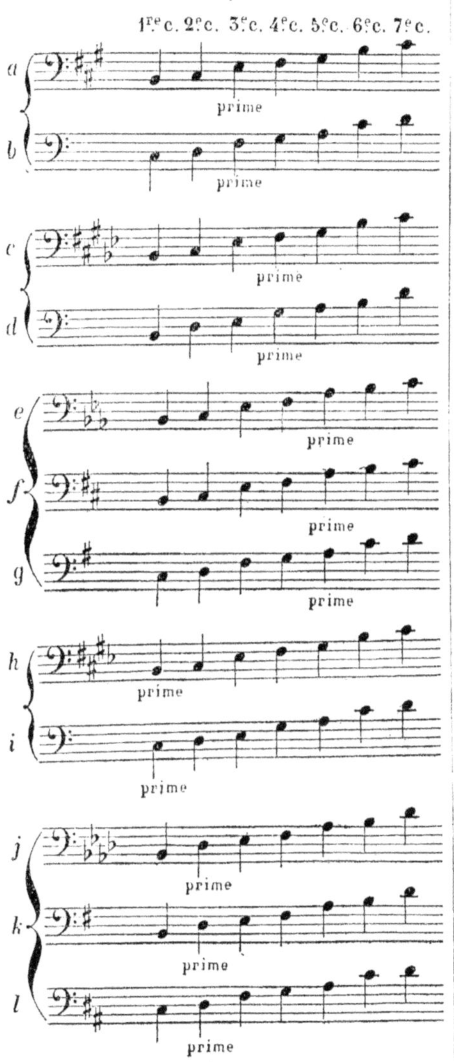

c), d) cordes 1, 3, 6, baissées.
f), g), e) corde 5 haussée.
h), i) corde 3 baissée.
k), l), j) cordes 2, 5, 7, haussées.

traversière, comme on faisait, dit-il, sous les Thàng, on accordait (on accorde encore pour la musique privée) au juger (voir p. 86). Aujourd'hui on procède par unisson dans l'ordre ci-dessus; la colonne c) du tableau résulte de la colonne b), puisque les tons 9 et 10 donnent la 5te et la 4te; la 1me est identifiée au hwàng-tchõng grave mi_2[2]. On éprouve ensuite la justesse de l'accord en jouant une formule mélodique fixe : elle procède par des notes qui se suivent semblables deux à deux, mais obtenues sur des cordes différentes (par exemple $ut\sharp_3$ de la 7e corde à vide et $ut\sharp_3$ au ton 10 de la 5e corde, donc 4te de $sol\sharp_2$) et elle se termine par quelques harmoniques, plus propres encore à faire ressortir les dissonances qui auraient échappé d'abord.

Cet accord primitif, le plus répandu, est appelé *tchëng kõng tyáo*, mode principal de 1me; en baissant, *mìn*, *hwàn*, ou montant, *kin*, d'un lyù (1/2 ton) certaines cordes, on obtient d'autres systèmes qui sont indiqués sans divergence par le prince Tsái-yû et par le *Tá tshïng hwéi tyèn*[3] (voir colonne ci-contre).

La 1me est marquée partout dans ce tableau : sa place caractérise le système. Le langage vulgaire applique le nom de *kõng*, prime, à la 1re corde, *chãng*, 2de, à la deuxième, et ainsi de suite; de la sorte s'expliquent les noms des systèmes : c), d), systèmes de 1me basse, *mìn kõng*, puisque la 1re corde est baissée d'un demi-ton; f), g), e), systèmes de 6te haute, *kin yù*, puisque la 6te (5e corde) est haussée; h), i), systèmes de 3ce basse, *mìn kyô*, la 3ce (3e corde) étant baissée; k), l), j), systèmes de 2de aiguë, *tshïng chãng*, la 2de (2e corde) étant haussée[4]. Les systèmes sont désignés aussi par le nom du lyù qui est prime, et répondent aux douze gammes du système de kõng; ils sont rangés souvent dans l'ordre des 4tes ascendantes à partir de hwàng-tchõng (*mi*), parce que dans cet ordre, en passant d'un système au suivant, une seule corde à chaque fois est haussée d'un lyù : a) système de hwàng-tchõng, f) système de tchóng-lyù, k) système de woû-yì, d) système de kyä-tchõng, i) système de yì-tsé, b) système de tá-lyù, g) système de jwêi-pïn, l) système de yìng-tchõng, e) système de koû-syèn, j) système de nàn-lyù, c) système de thái-tshcoù, h) système de lìn-tchõng.

---

1. Par exemple *Kyeoù thàng choû*, N° 45, liv. 29, f. 6 v° : « seuls les joueurs de khin se transmettent encore de vieux airs de Tchhoù et des Hán, ainsi que le système aigu et le système du sé. »

2. N° 103, section *Hwö hyèn fù*.

3. N° 85 (Y. l. t., liv. 105, ff. 16, 17). — N° 65, liv. 33, f. 15. — N° 103, section *Tchëng chi tseù chi eùl tyáo*.

4. Les autres formules de mode indiquées par le n° 103 diffèrent de celles du prince seulement en ce que la 1re corde donne ying (*ré*♯), hwàng (*mi*), tá (*fa*), ou hwàng, tá, thái (*fa*♯), au lieu de jwêi (*la*♯), lin (*si*), yì (*ut*), ce qui tient à l'emploi d'un autre diapason. Des deux séries en question l'une provient du *Tshï hyèn khin thoû*, de Kyàng Pö-chí, l'autre du *Khìn yuèn*, de Tchào Tseù-ngàng : ce dernier vivait sous les Yuèn.

Tablature du système de prime[1].

	13e	12e	11e	10e	9e	8e	7e	6e	5e	4e	3e	2e	1e
(place de pression)	8/9 (2ce maj.)	27/32 (3ce min.)	64/81 (3ce maj.)	3/4 (4te)	512/729 (5te) · 81/128	10/27 (6te maj.) · 9/16 · 128/243	1/2 (8ve) · 4/3	32/81 (10ème maj.)	1/3 (12ème)	1/4 (15ième)	2/9 · 16/81 (17me maj.)	1/6 (19ième)	1/8 (22ème)
1re si₁	ut#₂		ré#	mi	fa#	sol#	la# si	ut#₃ ré#	fa#	si	ut#₄ ré#	fa#	si
2e ut#₂	ré#	mi			fa#	sol# la#	si ut#₃	ré#	sol#	ut#₄	ré#	sol#	ut#₅
3e mi₂	fa#		sol#	la# si	ut#₃	ré# mi	fa#	sol#	si	mi₄	fa# sol#	si	mi₅
4e fa#₂	sol#		la#	si	ut#₃	ré# mi	fa#	sol#	la# ut#₄	fa#	sol# la#	ut#₅	fa#
5e sol#₂	la#	si		ut#₃	ré#	mi fa#	sol#	la#	ré#₄ mi	fa#		ré#₅	sol#
6e si₂	ut#₃		ré#	mi	fa#	sol# la#	si	ut#₄ ré#	fa#	si	ut#₅ ré#	fa#	si
7e ut#₃	ré#	mi			fa#	sol# la#	si ut#₄	ré#	sol#	ut#₅	ré#	sol#	ut#₆

Nota. La place de l'indication $\frac{16}{27}$ est un peu à droite du 8e ton.

On remarquera que la place de pression pour les notes ne coïncide pas partout avec les lignes verticales des tons. Quelques calculs très simples montreront la raison des écarts suivants en fixant la fraction répondant à chaque degré :

Intervalles.	Fractions vibrantes correspondantes.	Fractions vibrantes.	Tons correspondants.
1me	1	$= 1$	0
8ve	$1/2$	$= 1/2$	7
5te	$2/3$	$= 2/3$	9
2de	$2/3 \times 4/3 = 8/9$	$> 7/8$	13
6te maj.	$8/9 \times 2/3 = \frac{16}{27}$	$< 3/5$	8
3ce maj.	$\frac{16}{27} \times 4/3 = \frac{64}{81}$	$< 4/5$	11
7e maj.	$\frac{64}{81} \times 2/3 = \frac{128}{243}$	compris entre 5/9 et 1/2	7

Intervalles.	Fractions vibrantes correspondantes.	Fractions vibrantes.	Tons correspondants.
5te dim.	$\frac{128}{243} \times 4/3 = \frac{512}{729}$	compris entre 3/4 et 2/3	10 / 9
4te	$3/4$	$3/4$	10
7e min.	$3/4 \times 3/4 = \frac{9}{16}$	compris entre 3/5 et 5/9	8
3ce min.	$\frac{9}{16} \times 3/2 = \frac{27}{32}$	$> 5/6$	12
6te min.	$\frac{27}{32} \times 3/4 = \frac{81}{128}$	compris entre 2/3 et 3/5	9 / 8

La 6te et la 3re majeures sont prises un peu plus haut que le ton marqué et se rapprochent ainsi des mêmes degrés dans la gamme ancienne des tuyaux (p. 112, note 2). De la tablature fondamentale on tirera facilement les tablatures des autres systèmes.

PRÉLUDES DU SYSTÈME DE PRIME FONDAMENTALE

Les joueurs de khin reconnaissent trois sortes de sons : ceux qu'on tire de la corde résonnant à vide, ou *sàn ch'ǐng* ; ceux obtenus avec la corde pressée sur la table d'harmonie par un doigt de la main gauche,

Prélude en prime (mi) dominante, kōng yīn[2].

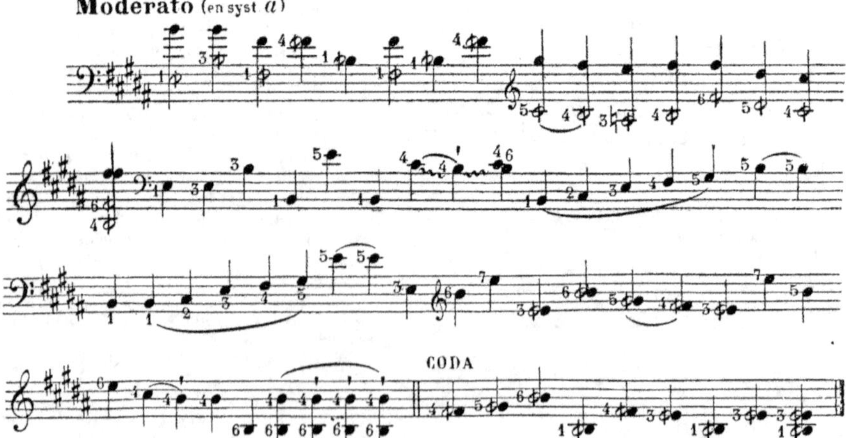

dits *ngàn ch'ǐng* ; ceux pour lesquels le doigt de la main gauche flotte, *fàn*, effleure la corde, et qui sont appelés *fàn ch'ǐng*. Les deux premières sortes sont des sons ordinaires ; les sons de la troisième sorte sont

---

1. N° 86, 2e partie *b*), f. 4, etc., et figures.

2. N° 103, liv. 1. — Dans ce morceau transcrit et dans les suivants les chiffres marquent les cordes du khin.

des harmoniques[1] : ils ont un timbre cristallin très spécial et sont qualifiés de « célestes »; la main gauche doit alors effleurer la corde « comme la libellule rase les eaux, comme l'abeille et le papillon butinent sur les fleurs »[2]. Le doigté de la main gauche comporte sous un grand nombre de formes des glissés, *yīn*, *nāo*, *tchinǎny*, *tcou*, *tchou*, *lyáo*, qui s'opèrent pendant que la corde résonne et produisent un passage graduel d'une note à une autre, à intervalle de demi-ton, de 3ce mineure, de 5te, ou à distance plus grande encore; ces glissés se font en montant ou en descendant, avant ou après la note, ou comme passage d'une note à l'autre; parfois le glissé est simple, souvent il comprend plusieurs allées et venues dans des limites fixes d'où résulte une sorte de chevrotement; je m'abstiens souvent d'indiquer ces glissés dans mes transcriptions. Plus rarement les notes sont piquées, *thāo*, arracher. Le pouce, l'index, le médius et l'annulaire de la main droite attaquent la corde à l'aller, *tchhoŭ*, ou au retour, *joŭ*, soit isolément, soit les trois doigts à la fois. Ces diverses attaques peuvent se combiner en succession rapide, à deux, à trois, jusqu'à sept à la file, sur une même corde tenue à un même ton. Plusieurs cordes peuvent être ébranlées successivement et rapidement, *li*. Deux notes identiques, par exemple *fa♯₃*, peuvent être données par deux doigtés très différents et sur deux cordes différentes; ces notes peuvent même être simultanées : de même hauteur, elles diffèrent cependant de timbre et sont distinguées par un musicien exercé. Les accords plaqués existent soit par eux-mêmes, *tshwò*, *joŭ yī*, *thōng chĕny*, soit par prolongation ou répétition d'une note qui se réunit, *hò*, à une note nouvelle, *fāng hò*, *yīng hò*, *thāo hò*. On a ci-dessus des exemples de l'un et de l'autre : l'un d'eux est un accord de 2de.

Pour ce morceau et les suivants jusqu'à la p. 170, Lamentation du vent et du tonnerre, l'échelle normale est *mi fa♯ sol♯ (la♯) si ut♯ (ré♯)*. On observera que le morceau cité renferme non seulement l'octave diminuée (*ré♯*), mais même la note *la*, qui est étrangère au système. La note qui domine et revient le plus souvent, qui conclut le morceau et qui en marque le début, est très exactement le *mi*; un rôle important est dévolu à la 5te (*si*). Aucune indication rhythmique.

Prélude en 2de (fa♯) dominante, chăng yīn[3].

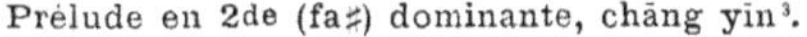

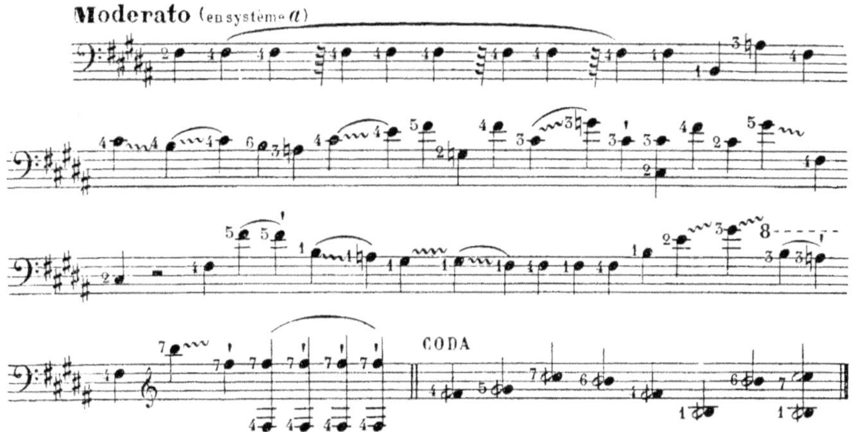

Prélude en 6te (ut♯) dominante, yù yīn[4].

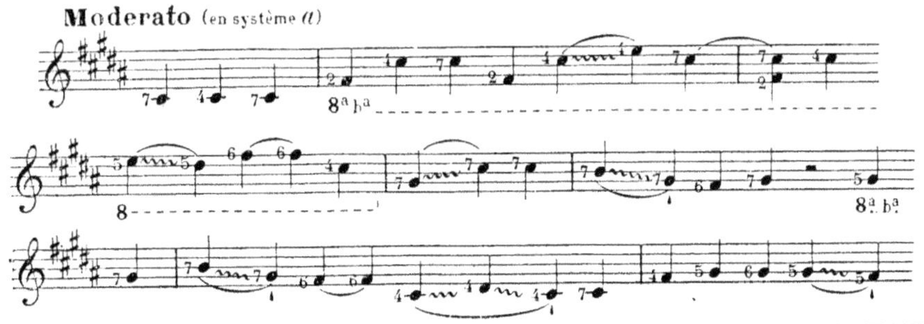

1. En touchant légèrement la corde on détermine la formation d'un nœud de vibrations; si le point choisi est à la moitié de la longueur, les deux parties égales vibreront indépendamment; si le point est à 1/3 ou à 2/3, il se formera trois segments. D'où pour les harmoniques le tableau ci-contre, en prenant une corde accordée sur *mi₂* (troisième du *khin*).

2. N° 103, section *Tchi kyué*. ff. 18. 19.

3. N° 103, liv. 3. L'accord final comprend deux harmoniques.

4. N° 103, liv. 9.

	Tons.	Fractions vibrantes.	Intervalles.	Notes.
Harmoniques	0	1	1re	*mi₂*
	7	1/2	8ve	*mi₃*
	5 ou 9	1/3	12e	*si₃*
	4 ou 10	1/4	15e	*mi₄*
	3 ou 6 ou 8 ou 11	1/5	17e	*sol♯₄*
	2 ou 12	1/6	19e	*si₄*
	1 ou 13	1/8	22e	*mi₅*

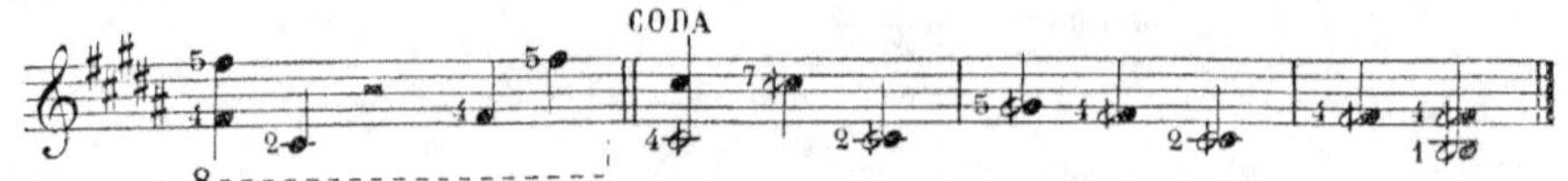

Des divisions rhythmiques, d'ailleurs irrégulières, sont marquées dans cette pièce.

Habituellement en tête des mélodies on trouve des indications telles que *kŏng yīn* = en prime dominante, *tchi yīn chāng tyáo* = en 5te dominante et 2de sous-dominante (dans ce dernier cas la 2de est subordonnée à la 5te), et l'on constate que les notes ainsi désignées ont un rôle dominant dans le morceau, très souvent elles sont initiales et finales. Si l'on cherche à construire à l'européenne l'accord parfait du ton employé, presque toujours la note indiquée comme dominante y est soit tonique soit quinte; il y a donc une analogie entre les rapports des sons tels qu'ils sont perçus en Chine et ceux que nous concevons nous-mêmes; mais ce serait sans doute fausser l'essence des systèmes harmoniques chinois que de les vouloir réduire à nos formules. Je ne tenterai donc pas une analyse détaillée qui serait toujours douteuse en raison de nos concepts mêmes; il y faudrait d'ailleurs un très grand nombre d'exemples. Les quelques fragments suivants éclaireront un peu ces idées, montreront la nature, la fréquence des accords plaqués et l'usage des accidents.

L'aurore printanière pénètre le ciel.

Tóng thyēn tchhwēn hyáo, en 1me dominante, fin du 9e morceau[1].

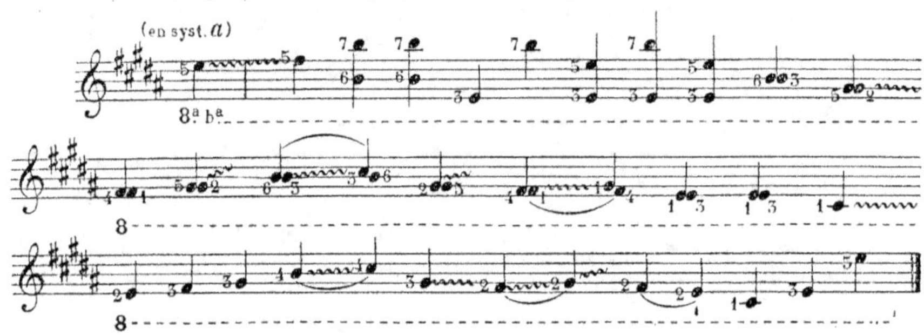

La mouette oublie le piège.

Hâi ngeoŭ wâng kī, en 1me dominante, vers le début du 1er morceau[2].

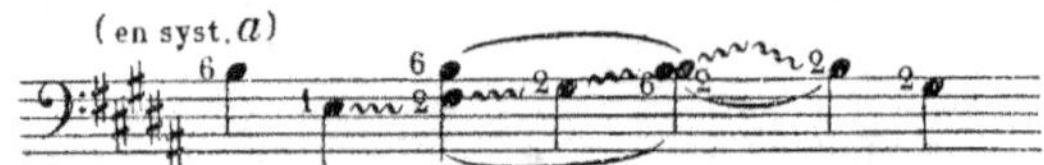

Confucius lisant le Yĭ kīng.

Khŏng tseŭ toŭ yĭ, en 1me dominante, 5te sous-dominante, vers le début du 1er morceau[3].

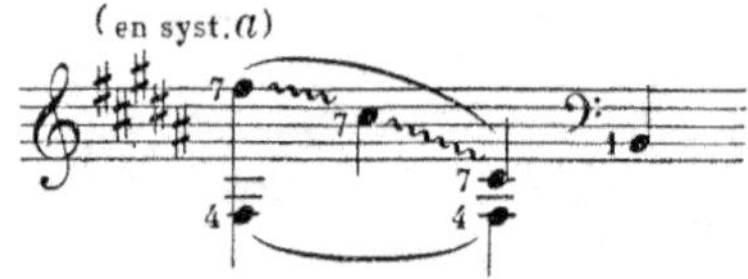

Vent d'automne.

Tshyeoŭ fōng, en 1me dominante, début du 3e morceau[4]. — *Id.* fin du même morceau.

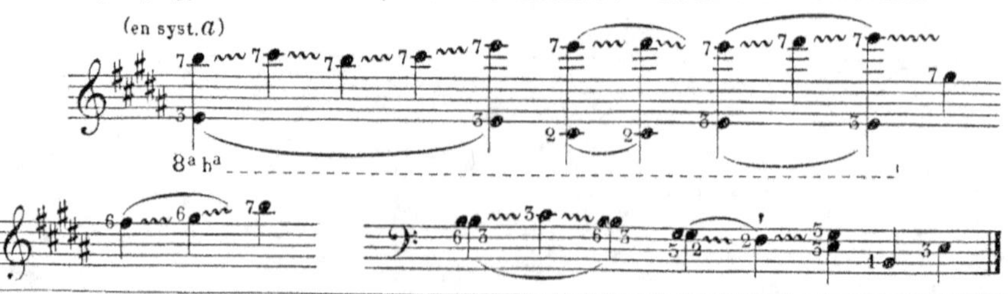

---

1. N° 103, liv. 1.
2. N° 103, liv. 1.
3. N° 103, liv. 2.
4. N° 103, liv. 2.

Conversation bouddhique.

Chì thân, en 2ᵈᵉ dominante, fragment f. 4 vᵒ[1].

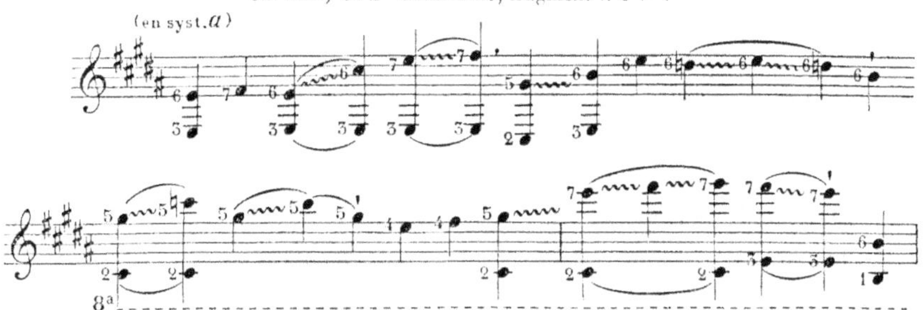

Lamentation du vent et du tonnerre.

Fäng léi yin, en 5ᵗᵉ dominante, début du 2ᵉ morceau[2].

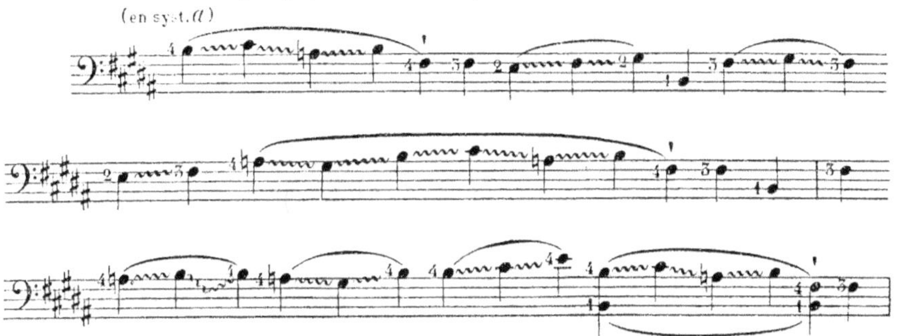

Les exemples suivants appartiennent à d'autres systèmes, moins usités que le système de 1ᵐᵉ principale, à en juger par le nombre restreint des pièces contenues dans les recueils.

Ah! les iris.

Yü lin, mélodie attribuée à Confucius, 1ᵉʳ et 2ᵉ morceaux[3].

Système *h*), la 3ᵉ corde est baissée d'un lyü, l'échelle est donc *si ut♯ mi♭ (fa) fa♯ sol♯ (la♯).* — Notes essentielles *si, mi♭, la*; remarquez que la notation chinoise ne distingue pas *ré♯* de *mi♭, sol♯* de *la♭*.

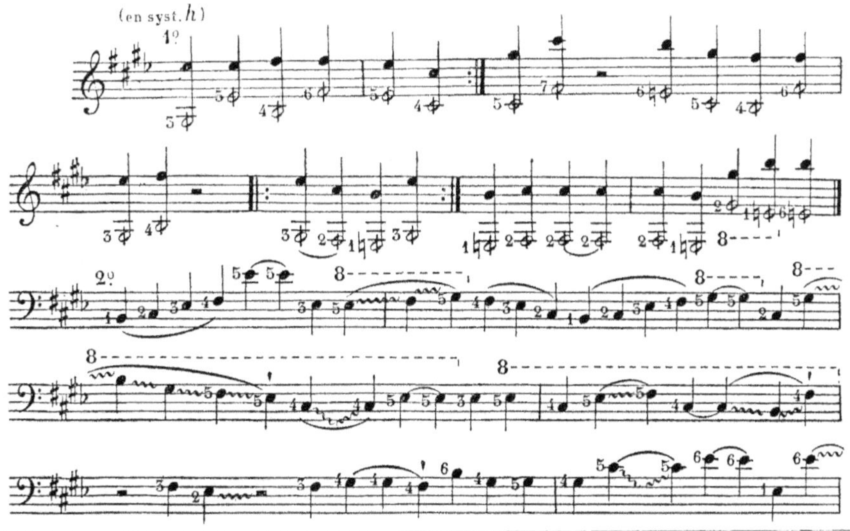

---

1. Nᵒ 103, liv. 3.
2. Nᵒ 103, liv. 7 *a*).
3. Nᵒ 103, liv. 11.

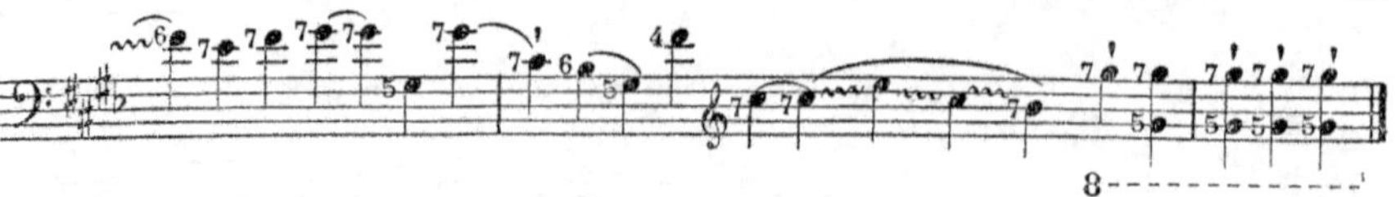

Promenade du génie protecteur.
Hyĕ syĕn yeoŭ, 3e morceau[1].

Système *c*), les 1re, 3e, 6e cordes sont baissées d'un lyŭ; échelle *fa♯ sol♯ si♭ (ut) ut♯ mi♭ (fa)*. — Notes essentielles *fa♯, si♭, ut♯*.

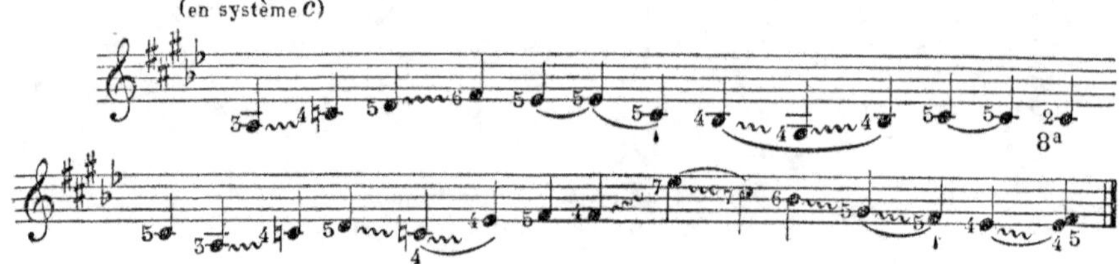

Au printemps dans la montagne entendre le coucou.
Tchhwĕn chŭn thĭng toŭ kyuĕn, 7e morceau[2].

Système *k*), les 2e, 5e, 7e cordes sont haussées d'un lyŭ; échelle *ré mi fa♯ (sol♯) la si (ut♯)*. — Notes essentielles *ré, fa♯, la*.

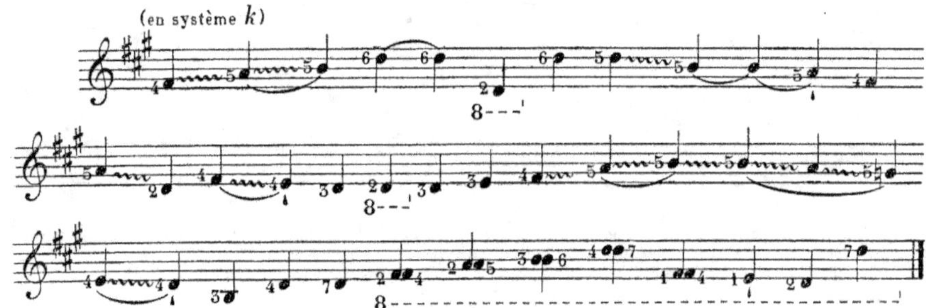

La vigueur du coursier.
Ki khi, mélodie de Wàng Tsín-choŭ, 8e morceau[3].

Système *f*), avec la 5e corde haussée; échelle *la si ut♯ (ré♯) mi fa♯ (sol♯)*. — Notes essentielles *la, ut♯, fa♯*.

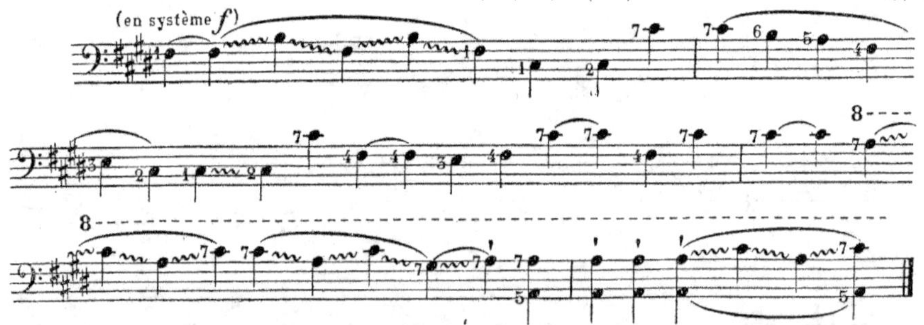

Cornet tartare en 18 morceaux.
Hoŭ kyŭ chĭ pă phò, mélodie de Tshái Yèn, 16e morceau[4].

La 1re corde est baissée, la 5e est haussée; échelle *fa♯ la si♭ (ut) ut♯ mi (fa)*; cette échelle ne répond à aucun des systèmes. — Notes essentielles *fa♯, la, ut♯*; le *si♭* produit un effet de chromatisme inattendu.

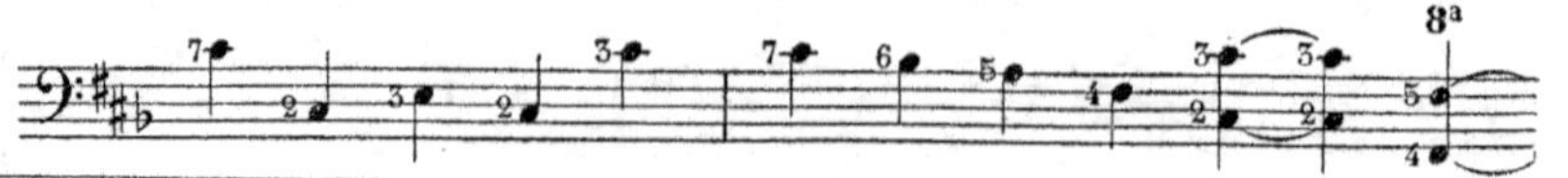

---

1. No 103, liv. 12.   3. No 103, liv. 14.
2. No 103, liv. 13.   4. No 103, liv. 16.

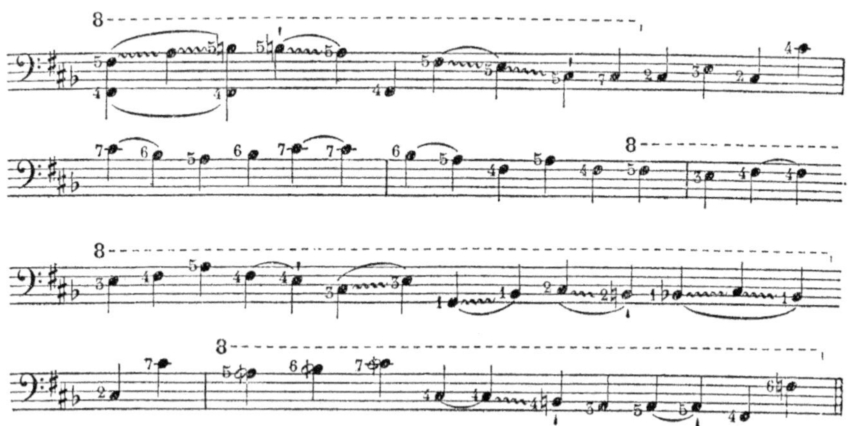

Le *Thyên wên kŏ khín phoù*[1] contient quatre pièces intitulées *Phing chā* écrites en quatre systèmes différents : *h*), *c*), *f*), *k*); en étudiant le 1er morceau de chacune, on reconnaît qu'à l'exception de la première,
ce sont de simples transpositions; encore la divergence observée entre la première et les autres est-elle
de la nature suivante :

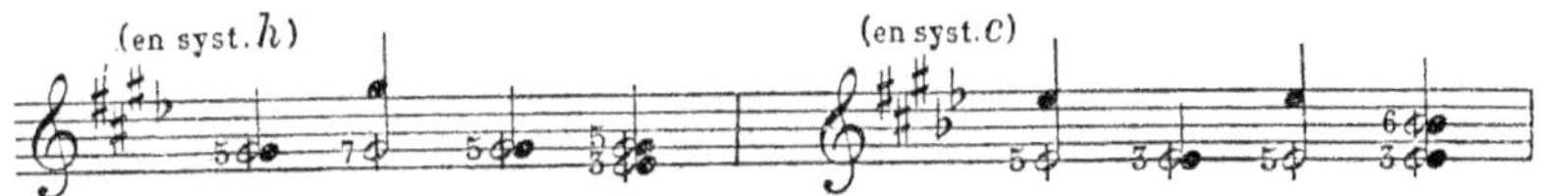

Trois autres pièces[2] intitulées *Phing chā lö yén*, en système de prime principale, une en *fa*♯ dominante,
deux en *ut* ♯ dominante, se rapportent pour le début à la même inspiration, mais sont ensuite différentes
des premières et différentes entre elles : 1er exemple en *chāng yīn* (liv. 4); 2e exemple en *yù yīn* (liv. 9).

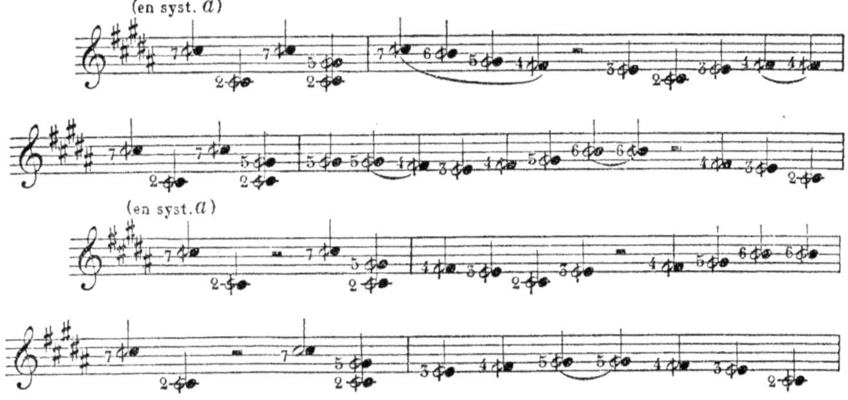

La différence ne réside pas dans le ton, mais dans le développement. Un bon nombre de mélodies sont
données sous des formes multiples, soit dans le même recueil, soit dans des recueils différents; par une
étude détaillée seule on pourrait rendre compte des rapports et chercher le texte original. A titre d'exemple
on peut comparer le début des deux pièces *Kāo chān*, la première attribuée à Yù Pŏ-yà[3].

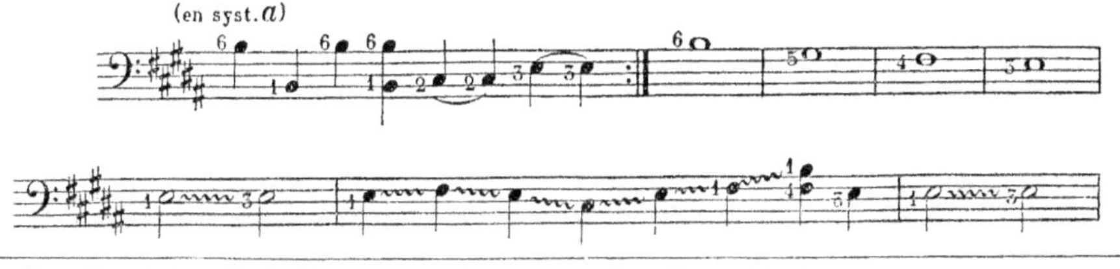

---

1. Nº 103, liv. 11, 12, 14, 15.
2. Nº 103, liv. 4, 9, 10.
3. Nº 103, liv. 1.

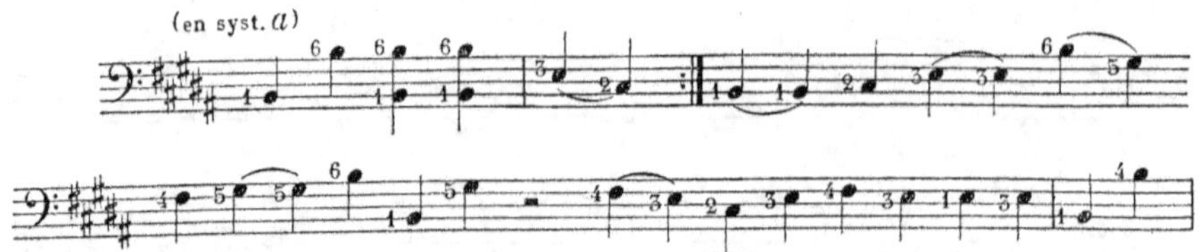

Dans ce dernier exemple, à la seconde mesure, il faut lire ut♯ mi au lieu de mi ut♯.

Pour compléter l'idée de la musique de khin, il faut noter que le rhythme est irrégulier; il suit le rhythme poétique un peu sur le modèle des hymnes pp. 131 et 134; toutefois il est fréquent, non constant, qu'un mot réponde à une note principale, les notes secondaires des glissés et autres ornements restant sans contrepartie verbale; parfois deux mots sont pour une seule note [1]. On se rend compte de ces principes dans les pièces où le texte poétique est donné.

Mais très souvent ce texte est absent et l'on exécute des mélodies sans paroles : la musique de khin, devenue musique savante, est presque sortie du stade primitif et a commencé de rompre l'union obligatoire avec la poésie.

La notation du khin indique la corde, le ton ou marque et le doigté; elle ignore la note : on conçoit que cette écriture très délicate, très précise, très compliquée, présente pour la musique des chances spé-

Musique de khin (N° 103, liv. 1, *Tóng thyĕn tchhwĕn hyào*, f. 12).

---

1. N° 103, liv. 10, *Yŏ chàn yin*; liv. 16, *Nyan yŏ wŏ*.

ciales de durée, puisqu'une erreur de chiffre rendrait la mélodie absurde et inexécutable. Voici la valeur de quelques-uns des signes que l'on voit sur la planche :

炭 pour 散 擘 六 *sǎn pǒ lyeoû* : corde à vide ; attaquez avec le pouce de la main droite en revenant vers le corps ; 6ᵉ corde.

醫 pour 跪 五 八 撾 起 *kwéi woû pǎ thǎo khi* : attaquez la corde avec l'ongle du pouce gauche, pendant que l'annulaire gauche appuie de la première phalange à la hauteur du ton 5 plus 8/10 (près du ton 6).

省 pour 少 息 *chǎo si* : arrêtez un peu.

盝 pour 大 一 抹 挑 六 *tǎ yi mǒ thyǎo lyeoû* : pouce gauche ; 1ᵉʳ ton ; avec l'index droit attaquez en venant vers le corps, puis en retournant ; 6ᵉ corde.

蠢 pour 從 頭 再 作 *tshông theoû tsǎi tsǒ* : prenez du début.

百 pour 泛 起 *fǎn khi* : commencez les harmoniques.

La musique rituelle n'emploie guère que les cordes à vide attaquées par le médius revenant vers le corps,

勹 pour 勾 *keoû*, et beaucoup moins avec l'index s'éloignant du corps, し pour 挑 *thyǎo* : la notation et le doigté sont donc d'une grande simplicité ; parfois on trouve la 5ᵗᵉ ou la 4ᵗᵉ du son de la corde à vide.

« L'existence de recueils pour le khin remonte à Yông-mèn Tcheoû. Ensuite Tchǎo Yè-li l'a imité. Tshǎo Jeoû a inventé le procédé des caractères abrégés qui s'est transmis jusqu'à présent sans changement[1]. » Tchǎo Yè-li se rendit à la Capitale au début des années Tchĕng-kwǎn, vers 627 ; d'après la tournure de la phrase il semble que Tshǎo Jeoû lui soit postérieur : le langage abrégé du khin fut donc vraisemblablement imaginé sous la dynastie des Thǎng, à laquelle remontent une grande partie de la terminologie musicale et probablement la notation de la flûte traversière.

113 *Kï khin*[2], modification du khin introduite par un artiste de renom, Lyeoû Yûn, fils de Lyeoû Chĭlông ; les cordes étaient liées sur des tubes de bambou et attaquées avec un plectre de bambou.

114 *Không-heoû*[3]. Le không-heoû, inusité aujourd'hui, existait dans l'orchestre des Ming. Le corps de l'instrument, en bois de catalpa, a une ressemblance générale avec celui du sĕ **116**, mais le front se relève en une sorte de manche sculpté en forme de tête de dragon ; sur un chevalet transversal passent 20 cordes tendues par autant de chevilles. Longueur de l'instrument, 4ᵖ,8 ; largeur, 0,5 ; épaisseur, 0,6. L'absence de figure empêche de comprendre les détails de construction.

D'après le *Sông choû* citant le *Fông soû thông yi*[4], le không-heoû fut employé dans quelques cérémonies religieuses sous Woû ti après la conquête du Nàn yuĕ (111 A. C.) ; un peu plus tard il fut réservé à la musique des banquets,

dite de Tchheoû ; son nom apparaît sous diverses formes *khǎn-heoû*, *không-heoû*, *không-heoû*, et avec des étymologies fantaisistes : ce serait donc un instrument étranger, probablement méridional. Le *Kyeoû thông choû* lui donne 7 cordes attaquées avec un plectre en bois ; on le nomme aussi *ngǒ không-heoû* par opposition au *choû không-heoû* **121**.

115 *Mï-khyông-tsông* (mï-gyaung' traduit par luth : tsaung' traduit par harpe)[6], instrument de l'orchestre birman b), formé d'un corps rectangulaire sans fond, prolongé par une tête et une queue relevées qui lui donnent quelque ressemblance avec un crocodile : le dos est percé de 9 ouïes rondes et supporte 3 tons transversaux. A la racine de la queue sont fixés trois anneaux traversés par les cordes attachées d'autre part à la nuque de l'animal à une sorte de sillet en cuivre, *chǎn kheoû* ; trois chevilles dans la queue assurent la tension. On joue de l'instrument avec les doigts.

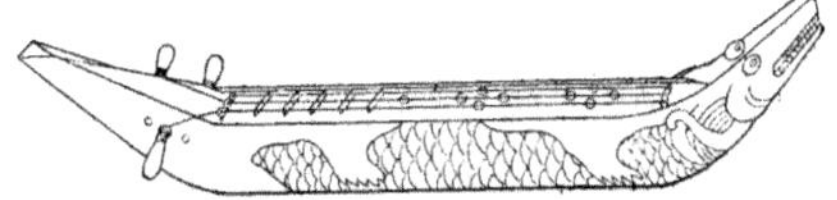

115. Mï-khyông-tsông (N° 67, liv. 36, f. 11).

Fig. 209.

Longueur totale	4ᵖ,14
Longueur du corps sans la tête ni la queue	2 ,29
Hauteur du corps	0 ,38
Largeur du corps	0 ,33
Longueur des tons	0 ,14
Épaisseur des tons	0 ,02
Hauteur du 1ᵉʳ ton	0 ,04
Hauteur du 5ᵉ ton	0 ,02
Diamètre des ouïes	0 ,015

116 *Sĕ*. Cet instrument remonte à la même antiquité que le khin : il avait d'abord 50 cordes, et l'empereur Hwǎng ti, le jugeant trop émouvant sous cette forme, en supprima 25. Tous les classiques le mentionnent à côté du khin. Je ne sais s'il est jamais devenu comme le khin un instrument d'artiste ; depuis les derniers siècles il ne sort pas de l'orchestre rituel, il est négligé et oublié même des musiciens du Palais, constate un décret des années Khyèn-lông.

Cet instrument[7] se pose sur deux supports en bois de 2ᵖ,592 de hauteur, 1,448 de largeur. Il est formé d'un fond plat et d'une table d'harmonie bombée, tous deux en bois d'éléococca verni ; la partie principale

116. Profil du sĕ (N° 103, *Sĕ lyû*).

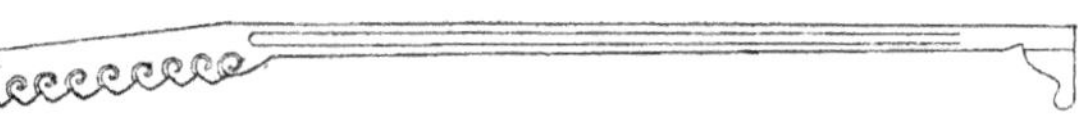

Fig. 210.

de la table est limitée par deux chevalets, *lyáng*, transversaux en bois dur ; à droite du chevalet de droite (antérieur), vers le front, la surface s'incline très légèrement ; à gauche du chevalet de gauche (posté-

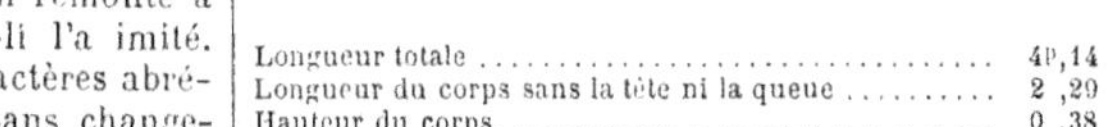

---

1. N° 97, section Tseû moû liwĕn, f. 1 r°. — N° 99, livre 1. — N° 101. liv. 1, f. 60 v°. — N° 103, section Tchi kyuĕ, ff. 1, 2. — Yông-mèn Tcheoû, contemporain du prince de Mĕng-tchhàng (Thyèn Wĕn, de Tshi, ministre de Tshin. ✝ 279 A. C., N° 34, liv. 75) ; d'après le Chwĕ yuèn cité par n° 99, liv. 2, f. 11 v° ; personnage douteux. — Tchǎo Chĭ-li, surnom Yè-li (N° 99, liv. 2, f. 31 r°). — Sur Tshǎo Jeoû je n'ai pas d'autre renseignement.

2. N° 45, liv. 29, f. 11 v°. — N° 69 (Y. l. t., liv. 103, f. 28).

3. N° 64, liv. 183, f. 14 r° ; liv. 184, ff. 15, 16.

4. N° 22. — N° 39, liv. 19, f. 18 r°.

5. N° 45, liv. 29, f. 12 v°.

6. N° 67, liv. 36, ff. 11, 12. — N° 65, liv. 33, f. 22 r°. — N° 110, p. 204 (758).

7. N° 65, liv. 33, f. 15 v°. — N° 67, liv. 32, ff. 18, 19. — N° 103. section Sĕ lyû. — N° 64, liv. 183, f. 16.

rieur), vers la queue, l'inclinaison est beaucoup plus marquée. Le fond est percé de deux ouïes ; l'antérieure, à gauche du chevalet antérieur, est à peu près ronde ; la postérieure, entre le chevalet postérieur et la queue, a la figure d'une sorte de trapèze dont le grand côté parallèle au chevalet est vers la queue de l'instrument, le côté situé près du chevalet et les deux autres sont arrondis. Les cordes de soie, toutes de 243 fils, sont fixées dans l'intérieur du sě ; elles traversent la table d'harmonie par 25 anneaux de nacre rangés à la droite et le long du chevalet antérieur, passent sur ce chevalet, sur le chevalet

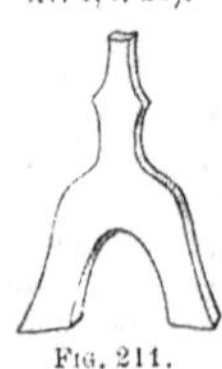

116 *a*. Chevalet mobile (N° 20 *a*), liv. 1, f. 23).

Fig. 211.

postérieur, sur la queue, tournent sous le fond, entrent dans l'ouïe postérieure, ressortent par 25 anneaux rangés à gauche du chevalet postérieur et s'attachent chaque corde à elle-même sur le chevalet postérieur ; 25 chevalets mobiles, *tchóu*, se placent sous les cordes ; jadis on les faisait en jade, ils sont à présent en bois de mûrier.

DIMENSIONS

Longueur totale	6ᵖ,561
Largeur au front, *ngò*	1 ,458
Largeur à la queue, *wèi*	1 ,2393
Hauteur des pieds antérieurs, *tsòu*	0 ,2916
Hauteur des dents postérieures, *yù* (pieds postérieurs)	0 ,2187
Front, hauteur médiane	0 ,4374
Front, hauteur latérale	0 ,1944
Queue, hauteur médiane	0 ,3645
Queue, hauteur latérale	0 ,1458
Distance de la table ⎰ au front	0 ,486
d'harmonie (côté) ⎱ au chevalet antérieur	0 ,5103
au plan sur lequel ⎰ au chevalet postérieur	0 ,54675
repose l'instrument ⎱ à la queue	0 ,3645
Hauteur du côté	0 ,18225
Distance du chevalet antérieur au front	0 ,729
Distance des deux chevalets	4 ,374
Distance du chevalet postérieur à la queue	1 ,458
Hauteur des chevalets, *lyáng*	0 ,0729
Épaisseur des chevalets	0 ,0729
Ouïe, *yuè*, antérieure, diamètre	0 ,1374
Ouïe antérieure, distance du centre au chevalet	0 ,3645
Ouïe postérieure, largeur vers le chevalet	0 ,1374
Ouïe postérieure, grand côté	0 ,5103
Ouïe post., distance du grand côté à la queue	0 ,3645
Chevalets mobiles, *tchóu*, hauteur	0 ,1458

Les cordes se comptent à partir du côté gauche (extérieur) de l'instrument ; les 12 premières sont dites extérieures et se jouent avec l'index ou le médius de la main droite ; les 12 dernières, dites intérieures, se jouent avec le médius ou l'index de la main gauche. La notation est celle du khin, réduite à la plus grande simplicité, puisque la corde est toujours attaquée de la même façon et résonne toujours à vide. Toutefois au XVIᵉ siècle on écrivait seulement le nom des lyŭ.

L'accord de l'instrument est décrit en détail par le prince Tsái-yŭ[1]. Un premier accord se fait en montant les cordes ; on commence par la corde centrale, qui doit donner le même son que la 3ᵉ corde du khin (mi_2) ; on accorde ensuite :

1ʳᵉ et 2ᵉ c.	un peu au-dessous de	1ʳᵉ c. du khin		$(si_1$
3ᵉ et 4ᵉ c.	avec	1ʳᵉ c. du khin		$(si_1$
5ᵉ et 6ᵉ c.	un peu au-dessous de	2ᵉ c. du khin		$(ut\sharp_2$
7ᵉ et 8ᵉ c.	avec	2ᵉ c. du khin		$(ut\sharp_2$
9ᵉ et 10ᵉ c.	un peu au-dessus de	2ᵉ c. du khin		$(ut\sharp_2$
11ᵉ et 12ᵉ c.	un peu au-dessous de	3ᵉ c. du khin		$(mi_2$
13ᵉ à 25ᵉ c.	avec	3ᵉ c. du khin		$(mi_2$

On pose ensuite les chevalets mobiles ; celui de la 1ʳᵉ corde est à un peu plus d'un demi-pied du chevalet postérieur, celui de la 25ᵉ corde à une distance plus grande du chevalet antérieur ; les autres sont disposés à la suite en deux lignes qui doivent dessiner le vol d'une troupe d'oies sauvages, *yén tchén*, c'est-à-dire un angle. Enfin, quand on est sur le point d'exécuter un morceau, on accorde en déplaçant les chevalets et en se réglant pour les douze cordes extérieures sur les sons tirés des cordes 1 à 5 du khin au ton 10, au ton 9 et entre les tons 9 et 10 ; on a ainsi la série chromatique de mi_2 à mi_3. L'auteur identifie le *mi* du sě 1ʳᵉ corde au mi_2 du khin 3ᵉ corde ; il semble bien difficile qu'une corde beaucoup plus longue et beaucoup plus grosse donne exactement le même son ; il peut y avoir une erreur d'octave ; quoi qu'il en soit, je me conforme au texte. Les cordes 13 à 24 sont accordées, par déplacement des chevalets, à l'octave des cordes 1 à 12 ; la 25ᵉ est mise à l'octave de la 13ᵉ.

Le *Kīng tchhwān pái pyēn*[2] indique un autre accord. L'exécutant fait toujours résonner à la fois les cordes

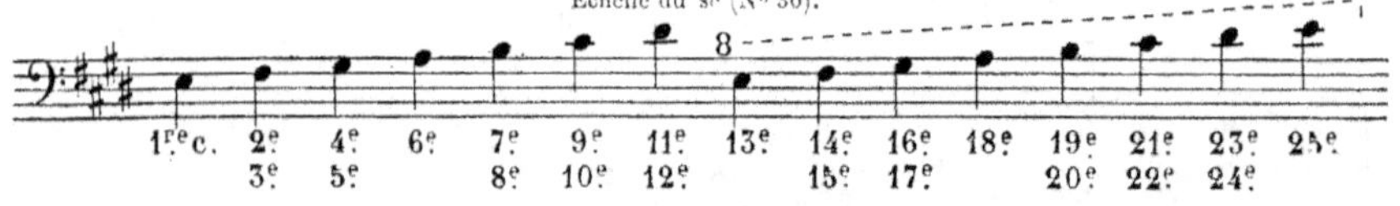

116 *b*. Table du sě et disposition des chevalets (N° 80, 2ᵉ part. *b*). — Echelle officielle.

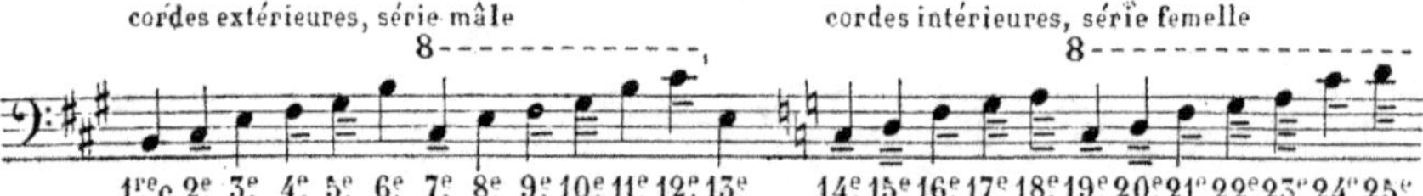

1 et 13 ; 13 et 25 ; 2, 3, 14 et 15 ; 4, 5, 16 et 17, etc. Le procédé ainsi décrit correspond à la notation des hymnes rituels, qui comporte deux notes à l'octave l'une de l'autre[3].

Aujourd'hui l'accord étant différent, les chevalets sont disposés sur deux lignes parallèles comme dans la

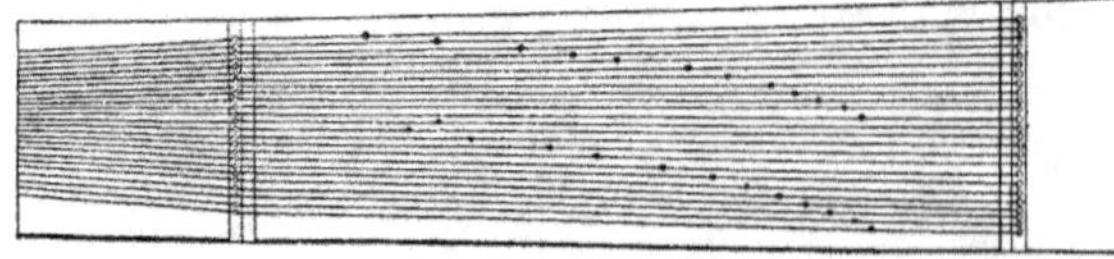

Fig. 212.

<hr>

1. N° 79, ll. 16, 17.
2. N° 30 (Y. l. l., liv. 105, f. 3).
3. N° 20 *a*), liv. 2.

figure. L'accord contemporain a été officiellement fixé; il est variable avec les mois et la nature des rites[1]. Pour quelques indications supplémentaires et en partie divergentes, voir V. Ch. Mahillon, *Catalogue descriptif et analytique*, etc., 4e vol., 1re livraison (Gand, 1909) (2217).

117 *Tchēng*[2]. Cet instrument est un *sě* de petite taille, en bois d'éléococca; le modèle ordinaire, employé dans la danse *Khing-lōng* et dans l'orchestre mongol *b*), a 14 cordes, chacune de 54 fils; longueur totale 4p,7385, largeur au front 0,729, largeur à la queue 0,648, hauteur et épaisseur des chevalets fixes 0,0437, distance des chevalets 3,645.

Le modèle de l'orchestre mongol *a*) est plus petit et n'a que 6 cordes. Les plus grands tchēng se posent sur des supports en X.

Cet instrument est originaire du pays de Tshin[3]; il aurait été inventé par le général Mòng Thyèn[4]; il a été imité par Kīng Fàng pour son tchwēn **204**. Tchhèn Yàng mentionne des tchēng à 5 cordes, à 12 cordes, à 13 cordes, les deux derniers accordés sur la gamme des lyù. On jouait des uns et des autres avec un onglet en os de cerf. Le *Tá ming hwéi tyèn* connaît le même instrument sous le nom de *tchēn*[5] avec 9 cordes, le corps long de 3p,9.

117. Tchēng (N° 102, liv. 9, f. 44).

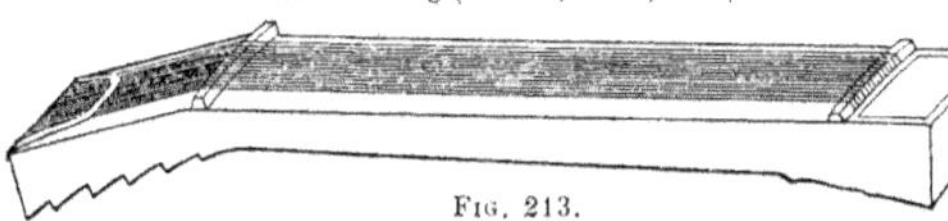

FIG. 213.

Parmi les instruments envoyés à la cour des Thàng par la Birmanie[6] figure un tchēng **118** de 4 pieds sur 0,7 monté de 9 cordes, que l'on règle au moyen de 18 chevalets mobiles; le corps de l'instrument est fait d'un morceau de bois évidé et taillé en forme de crocodile : par là ce tchēng rappelle le mı-khyōng-tsòng **115**.

119 *Tchoù*[7], instrument ressemblant au tchēng, mais muni d'un manche; les treize cordes étaient pincées avec un plectre de bambou; longueur du corps, 4p,2; longueur du manche, *king*, 0, 3; circonférence du manche, 0,45; longueur de la tête, *cheou*, 0,75; largeur de la tête, 0,65. L'accord se fait avec des chevalets mobiles de hwàng-tchōng₁ à hwàng-tchōng₂. La tradition veut que, lors de sa visite à Phéi (196 A. C.), l'empereur Kāo tsoù ait joué de cet instrument.

120 *Thyēn pào*[8], instrument à 14 cordes et à 6 chevalets mobiles présenté à l'Empereur dans les années Thyēn-pào (742-755) par le musicien Jèn Yèn.

121 *Choù khōng-heoù* ou *pě khōng-heoù*[9], instrument à 22 cordes, d'origine septentrionale; le corps en était courbe et allongé; il était tenu dressé entre les bras de l'exécutant. C'était donc une sorte de harpe. L'empereur Ling (167-189) aimait beaucoup cette musique.

122 *Tsòng-kào-kī*[10] (comparer tsaung' traduit par harpe; gauk, id.), instrument de l'orchestre birman *b*), formé d'un corps en bois, allongé, arrondi en dessous, plat et recouvert de cuir à la partie supérieure, qui est percée de quatre ouïes rondes; le corps se

122. Tsòng-kào-kī (N° 67, liv. 36, f. 10).

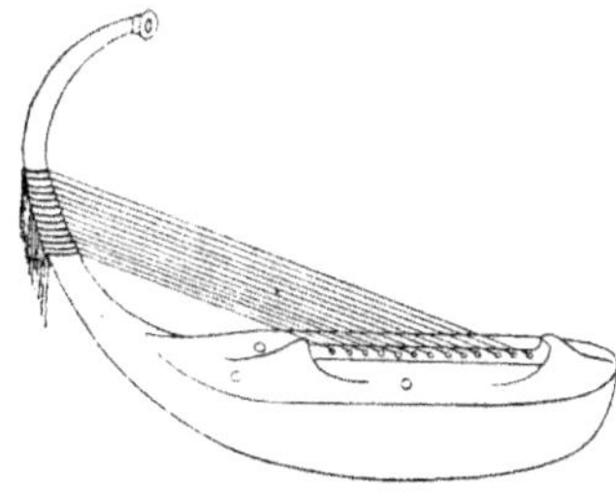

FIG. 214.

prolonge par un manche recourbé; une arête en bois placée longitudinalement sur la table d'harmonie sert de chevalet, *foŭ cheoù*; les 13 cordes sont tendues du chevalet au manche. On en joue avec les doigts; longueur du corps, 2p,25; largeur du corps, 0,53; hauteur du corps, 0,55; longueur du manche, 2,40; hauteur du chevalet, 0,08; longueur des cordes, 3,00; diamètre des ouïes, 0,05.

123 *Phi-phà*[11], sorte de guitare, instrument très populaire qui figure aussi dans plusieurs orchestres du Palais. Le corps est en bois d'éléococca avec table d'harmonie plate et dos bombé; le ventre renferme une âme qui est un fil ou une fine lamelle d'acier; le manche est recourbé en arrière, terminé par une sorte de palette; la table d'harmonie est percée de deux ouïes et porte un chevalet, *foŭ cheoù*; le manche dans la partie fuyante est évidé, les cordes pénètrent dans le creux et s'enroulent sur 4 chevilles en bois dur; dix-sept tons, 13 étroits, *phin*, et 4 épais, semi-cylindriques, *syàng*, sont disposés sur la table et le manche; les premiers sont en bambou, les autres en buis.

Distance de l'extrémité du manche à celle de la table..	2p,4272	
Largeur de la table	0 ,808	
Épaisseur des côtés	0 ,0485	
Épaisseur médiane du corps	0 ,1213	
Longueur du manche, *ping*, partie droite	0 ,324	
Longueur du manche, partie fuyante	0 ,3645	
Largeur du manche	0 ,088	
Distance du chevalet au sillet, *chāu kheou*	2 ,16	

dist. du chevalet au			dist. du chevalet au		
1er ton *syàng*	1,92		5e ton *phin* (1/2 corde)	1,08
2e	—	1,8225	6e	—	0,96
3e	—	1,7066	7e	—	0,9112
4e	—	1,62	8e	—	0,8533
1er ton *phin*	1,11		9e	—	0,81
2e	—	1,3668	10e	—	0,72
3e	—	1,28	11e	—	0,6834
4e	—	1,215	12e	—	0,64
			13e	—	0,607

---

1. N° 86, 2e partie *b*), ff. 24 à 31. — Voir aussi n° 20 *a*), liv. 1, ff. 24 à 26, un accord différent qui se rapproche de celui du n° 30 (kyā-tchōng, cordes 1, 6, 11, 14, 19, 24; tchóng-lyù, cordes 2, 7, 12, 15, 20, 25, etc.).

2. N° 67, liv. 35, ff. 10, 11. — N° 65, liv. 33, f. 19 v°. — Voir aussi V. Ch. Mahillon, *Catalogue descriptif et analytique*, etc., 4e vol., 1re livraison (Gand, 1909) (2218, 2219).

3. N° 45, liv. 29, f. 12 r°. — N° 69 (Y. l. t., liv. 116, f. 2 r°). — N° 64, liv. 183, f. 13 v°.

4. Commandant en chef sous Chi hwàng-ti, repoussa les Huns et construisit en partie la grande muraille; après la mort de l'Empereur il fut contraint de se donner la mort (209 A. C.). Voir n° 34, liv. 88.

5. Ce signe ne se trouve pas dans les dictionnaires; c'est par analogie que je le prononce *tchēn*.

6. N° 46, liv. 222 *c*), f. 15 r°.

7. N° 45, liv. 29, f. 12 r°. — N° 69 (Y. l. t., liv. 134, ff. 1, 2).

8. N° 45, liv. 29, f. 13 r°.

9. N° 45, liv. 29, f. 12 v°.

10. N° 67, liv. 36, f. 10. — N° 65, liv. 33, f. 22 r°.

11. N° 67, liv. 35, ff. 4, 5. — N° 65, liv. 33, f. 19. — N° 64, liv. 183, ff. 13, 14; liv. 184, f. 16.

Souvent le nombre des tons est réduit. On joue de

123. Phi-phà (Nº 102, liv. 9, f. 32). — Accords et échelle.

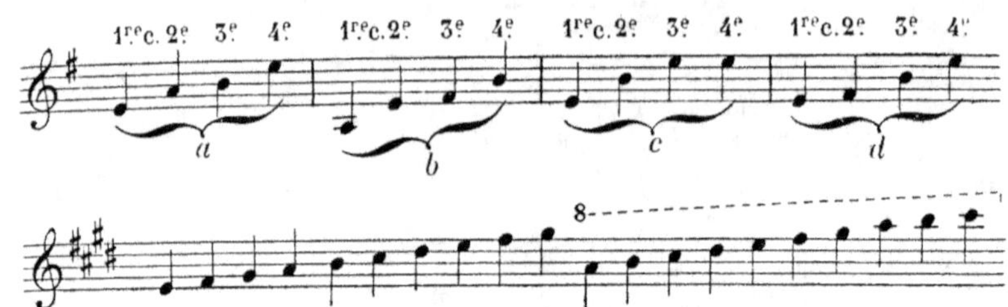

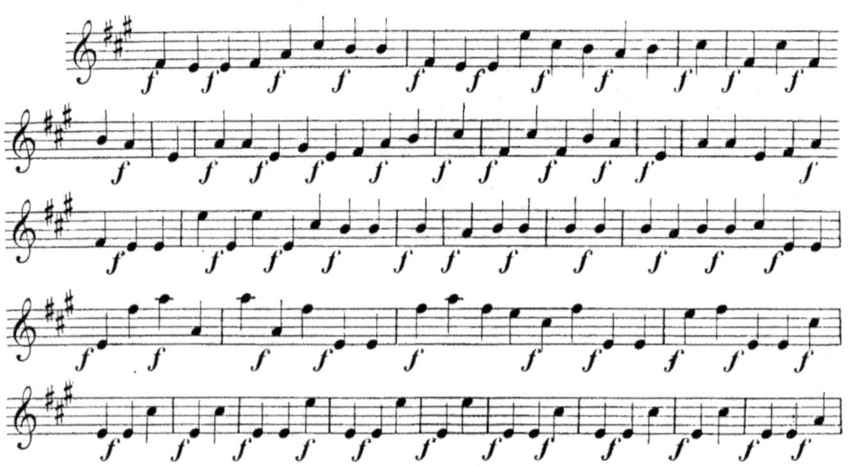

Phing chä lŏ yén.
Air pour phi-phà (Nº 104, liv. 1, 2e sect., ff. 5, 6), début.

cesse fut mariée au khàn des Woŭ-swën[4]; en vue de la distraire pendant son long voyage, on fit réduire et transformer le tchĕng 117 et le tchoŭ 119 pour l'usage de musiciensà cheval; le nom de *phi-phà* serait pour *phī pà*, signifiant tirer et pousser avec la main. En conformité avec cette seconde tradition, on peut rappeler, d'après Mà Twăn-lin, le *yăn hwŏ phi-phà* 125, semblable au tchĕng, ayant 13 cordes accordées avec des chevalets mobiles. Le même auteur indique l'emploi de cet instrument chez tous les voisins de la Chine, au Korye comme au Cambodge et en Asie centrale. A la fin du viiie siècle, la Birmanie envoya à la Cour des phi-phà ayant presque les dimensions indiquées plus haut, munis de trois chevilles et de trois chevalets mobiles (*lŏng cheoŭ phi-phà* 126 et *yăn theoŭ phi-phà* 127). Au contraire, le phi-phà des Hàn avait 3p,5 de long.

128 Woŭ hyèn, 129 lyeoŭ hyèn, 130 *thăi yĭ*. Le woŭ hyèn ou phi-phà à 5 cordes était de plus petite taille et provenait des barbares du nord; les cordes étaient d'abord pincées avec un *pŏ*, plectre en bois; sous Thăi tsŏng (626-649), un musicien se servit de ses doigts : l'innovation eut du succès, et l'instrument fut appelé *tchheoŭ phi-phà*.

Le lyeoŭ hyèn, à 6 cordes, avait la forme du phi-

l'instrument soit avec les doigts, soit avec un plectre. Les cordes à vide donnent[1] les 4 notes marquées en *a*, d'où résulte l'échelle complète placée en dessous. Le *Phi phà phoŭ*[2] indique trois autres modes d'accord *b*, *c*, *d*. La notation participe de celle du khĭn 112 et de celle de la flûte traversière 81; les notes sont désignées par les mêmes caractères que pour cet instrument, mais les doigtés et divers détails d'exécution sont marqués par des caractères abrégés, quelques-uns identiques à ceux de la musique de khĭn.

L'origine du phi-phà est rapportée de plusieurs façons par le *Sŏng choŭ*[3], qui ne prend pas parti. Pour les uns il dériverait du tambourin à cordes, *hyĕn thăo* 124, fort employé lors des travaux de la grande muraille, de là le nom vulgaire de *tshĭn hàn tseŭ*. Pour d'autres il viendrait de la dynastie des Hàn : une prin-

---

1. Nº 105, liv. 12, f. 6 vº. — Nº 104, liv. 1, 1re sect., f. 21 rº.
2. Nº 104, liv. 1, 2e sect., f. 21 vº; liv. 3, f. 1 rº; liv. 3, f. 6 rº.
3. Nº 39, liv. 19, f. 18 rº. — Nº 45, liv. 29, f. 12 rº. — Nº 23 (Y. l. t., liv. 113, f. 1 rº). — Nº 59 (Y. l. t., liv. 113, ff. 4 rº, 5 rº). — Nº 46, liv. 222 c), f. 15. — Nº 22 (Y. l. t., liv. 113, f. 1 rº).
4. En 105 A. C. les Woŭ-swën menacés par les Huns demandèrent l'alliance chinoise; l'Empereur envoya une princesse de la famille impériale, fille du roi de Kyăng-tou (Yàng-tcheoŭ, au Kyăng-sou), qui devint la principale épouse du khàn (Nº 36, liv. 96 b), f. 2 rº).
5. Nº 45, liv. 20, ff. 12, 13. — Nº 46, liv. 21, f. 13.

phà, mais plus allongée; il était muni de 4 tons, *kĕ*, et d'un chevalet mobile, *tchoŭ*; il donnait donc 31 sons. Il fut inventé par Chì Chéng et présenté dans les années Thyĕn-pào (742-755) à l'Empereur.

Le *thài yì*, avec 12 cordes et 6 tons, produisait 84 notes; il fut présenté en Khài-yuĕn (713-741) à l'Empereur par l'inventeur, Seû-mà Thào.

131 *Yuĕn hyĕn*, **132** *tshì hyĕn*[1]. Le yuĕn hyĕn est un instrument de la famille du phi-phà, mais plus allongé et ayant 13 chevalets mobiles; comparer le yŭn hwò phi-phà **125**. Un instrument en bronze fut retrouvé dans une tombe à l'époque de l'impératrice Woù (684-704) et servit de modèle aux luthiers. L'instrument renouvelé fut appelé yuĕn hyĕn, du nom d'un célèbre joueur de phi-phà du IIIe siècle[2]. Sous les Sóng (995), on réduisit le yuĕn hyĕn à 5 cordes et l'on composa de la musique pour le nouvel instrument, qui semble avoir eu trois tons et quatre chevalets; la première corde donnait le hwàng-tchŏng, la 2e le thài-tsheoû, la 3e le jwèi-pin, la 4e le woû-yi, la 5e le yíng-tchŏng, dans trois octaves.

134 *Yuĕ khìn*[4]. L'instrument populaire qui porte ce nom a une caisse discoïde formée de deux tables, diamètre 0[m],36, réunies par une éclisse de 0[m],035; le manche ressemble à celui du phi-phà, mais est beaucoup plus court (0[m],24); quatre chevilles tendent les **4** cordes, qui sont montées sur un chevalet et passent sur 9 tons; les deux cordes de droite sont à l'unisson, de même les deux de gauche (même notation que pour la flûte traversière ti **81**).

135 *Yuĕ khìn*[5]. Cet instrument de même

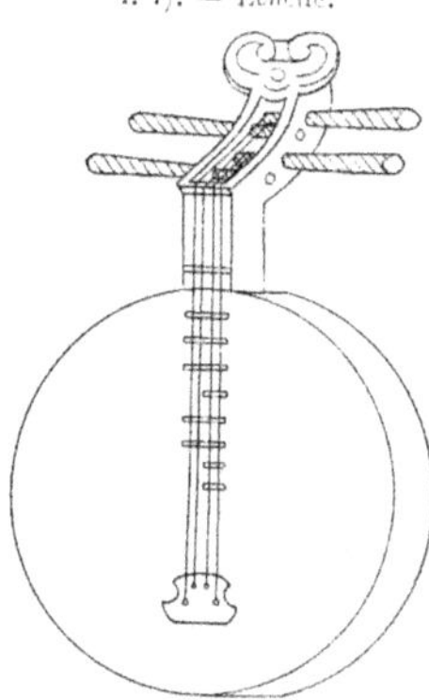

134. Yuĕ khìn (N° 105, liv. 12, f. 7). — Échelle.

Fig. 217.

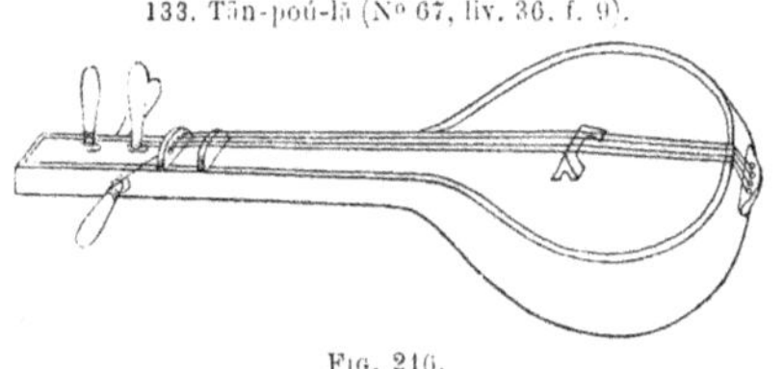

La note marquée d'un astérisque est faussement appelée par l'échelle chinoise cháng = la.

Le tshì hyĕn, dû à Tchéng Cheán-tseû et présenté à la Cour en 713-741, rappelait d'assez loin le précédent; il avait 7 cordes, 13 tons, 1 chevalet mobile et pouvait fournir 99 notes.

133 *Tàn-poŭ-là*[3] (tumburu vìnà, ou tamburì). Cet instrument de l'orchestre népalais présente une ressemblance générale de forme avec le phi-phà **123**. Sa table est en bois d'éléococca, le fond est fait d'une demi-gourde; le manche, droit, est plat en dessus et arrondi en dessous: il porte quatre chevilles de ten-

nom fait partie de l'orchestre mongol b). Caisse octogonale en bois d'éléococca, long manche entrant dans la caisse et recourbé en arrière; les 4 cordes attachées à un chevalet, *foŭ cheoû*, sur la table d'harmonie sont tendues par des chevilles dans une ouverture du manche, comme pour le phi-phà; 17 marques ou tons sur le manche; longueur totale 3[p],0988; diamètre de la caisse, *tshìo*, 0,7058; épaisseur de la caisse, 0,1296; longueur du manche hors de la caisse, 1,820; longueur de la tête, 0,573; longueur des cordes du sillet au chevalet, 2,304.

133. Tàn-poŭ-là (N° 67, liv. 36. f. 9).

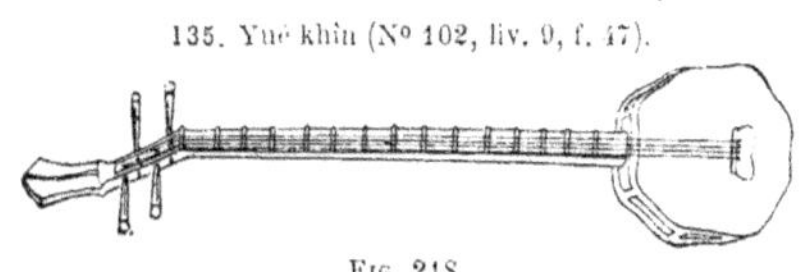

Fig. 216.

135. Yuĕ khìn (N° 102, liv. 9, f. 17).

Fig. 218.

sion et s'élargit pour se rattacher à la table de l'instrument. Les cordes de fer (acier?) passent à travers un sillet, *chàn kheoû*, en fer, sur un autre sillet en fer et sur un chevalet, *tchoŭ*. en corne; longueur totale, 3[p],16; longueur et largeur de la caisse, *tshìo*, 0,85; épaisseur médiane, 0,69; longueur du manche, 2,31; largeur, de 0,162 à 0,3; épaisseur, 0,17; largeur du chevalet, 0,12.

Comparer n° 109, p. 154 (95).

Un instrument populaire analogue porte le nom de *chwàng tshìny* **136**; il n'a que 11 tons[6]; les cordes sont deux par deux à l'unisson; même notation que pour la flûte traversière ti **81** (voir l'échelle précédente).

Le yuĕ khìn avec 4 cordes et 13 tons aurait été inventé par Yuĕn Hyĕn sous les Tsin; Thài tsŏng, des Thàng, lui donna cinq cordes et Hyuĕn tsŏng l'admit dans l'orchestre rituel[7].

137 *Sàn hyĕn*, vulgairement *hyĕn tseû*[8]. Cet instrument très populaire fait partie de différents orchestres du Palais; il ne manque pas de ressemblance avec le

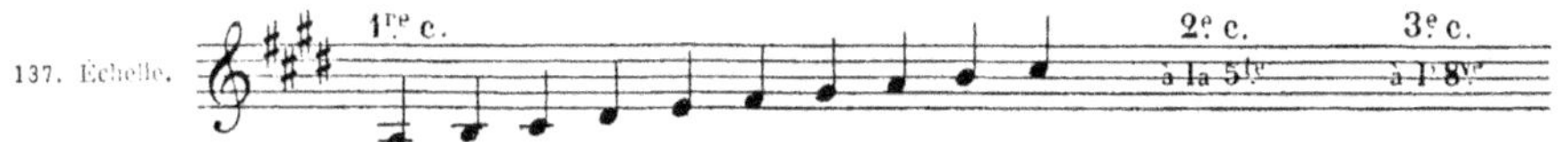

1. N° 45, liv. 29, f. 12 v°. — N° 28 (Y. l. t., liv. 116. sect. yuĕn hyĕn, f. 2 v°). — N° 59 (Y. l. t., liv. 116, sect. guen hyĕn, f. 3).
2. Voir p. 82, note 3.
3. N° 67, liv. 36, f. 9. — N° 65, liv. 33, f. 21 v°.
4. N° 105, liv. 12, f. 7 r°. — N° 109, p. 195 (157).

5. N° 67, liv. 35, f. 10. — N° 65, liv. 33, f. 20 r°.
6. N° 105, liv. 12, f. 7 v°.
7. N° 69 (Y. l. t., liv. 103, ff. 28, 29).
8. N° 67, liv. 35, ff. 6, 7. — N° 65, liv. 33, ff. 19, 20. — N° 105, liv. 12, f. 6 r°.

précédent; toutefois le manche est dépourvu de marques, les cordes sont attachées au bout de la table d'harmonie; la caisse, de forme rectangulaire avec les angles arrondis, est couverte de peau de serpent; longueur totale, 3p,348; longueur de la caisse, 0,6068; lar-

137. Sän hyèn (N° 102, liv. 9, f. 34).

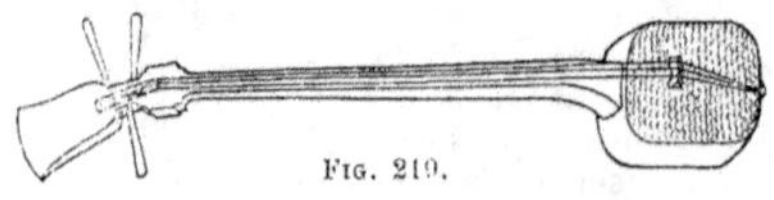

Fig. 219.

geur de la caisse, 0,5393; épaisseur de la caisse, 0,2696; longueur du manche, 2,946; longueur de la tête, 0,432; longueur des cordes, 2,592.

Le sän hyèn est joué le plus souvent avec un plectre; l'accord usuel est donné ci-dessus (même notation que pour la flûte traversière ti **81**), mais l'accord varie au gré des chanteurs et suivant les chansons.

138 *Eúl hyèn*[1], instrument de l'orchestre mongol b), analogue au *yuè khîn* **135**; la caisse est un parallélipipède rectangle avec des ouïes au fond; 2 cordes, 17 tons sur le manche.

138. Eúl hyèn (N° 102, liv. 9, f. 48).

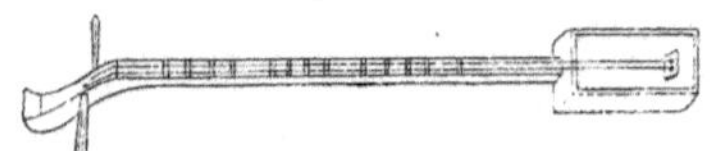

Fig. 220.

Longueur totale	3p,5088
Longueur de la caisse, *tshän*	0 ,6826
Largeur de la caisse	0 ,5393
Epaisseur de la caisse	0 ,19
Longueur du manche, *ping*	1 ,728
Longueur de la tête	0 ,5393
Longueur des cordes du sillet au chevalet	2 ,304
Distance au chevalet 1er ton	2 ,048
Distance au chevalet 8e ton	1 ,296
Distance au chevalet 9e ton (1/2 corde)	1 ,152
Distance au chevalet 17e ton	0 ,648

139 *Hwö-poñ-seü*[2], instrument de l'orchestre mongol b); manche en éléococca, caisse très petite en poirier, recouverte de peau de serpent; les 4 cordes sont attachées par des lanières de cuir à un morceau de bois fiché dans la caisse, passent sur un chevalet, *tchoù*, et entrent dans un trou ménagé dans la tête, où elles sont tendues par des chevilles.

139. Hwö-poñ-seü (N° 102, liv. 9, f. 51).

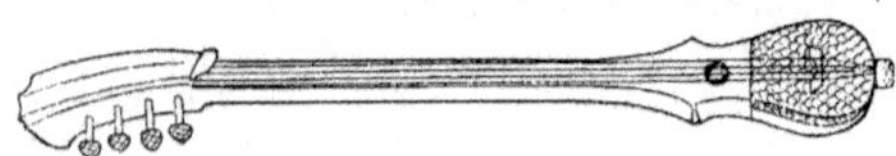

Fig. 221.

Longueur totale	2p,7311
Longueur du manche	1 ,2136
Largeur et épaisseur du manche	de 0,091 à 0 ,1536
Longueur du corps	0 ,7885
Largeur du corps	0 ,256
Epaisseur du corps	0 ,248
Longueur de la tête	0 ,729
Largeur de la tête	de 0,1038 à 0 ,091
Epaisseur de la tête	de 0,1458 à 0 ,091
Longueur des cordes du sillet au chevalet	1 ,774

Le *Yuèn chi* cite cet instrument, que Tsyàng Yï-

khwèi nomme *hwèn-poñ-seü, hoù-pò-seü :* le nom est évidemment étranger[3].

140 *Sái-thö-eúl*[4] (persan sétàr, Kàchgar sitàr), instrument de l'orchestre musulman; le manche fait corps avec la caisse, qui est recouverte de peau; face supérieure plane, face inférieure arrondie; les cordes sont fixées au bas de la table d'harmonie et passent les unes à travers, les autres par-dessus un chevalet, *tchoù*; elles sont tendues en haut du manche par neuf chevilles disposées 3 (cordes d'acier), 2 (cordes de soie), 4 (cordes d'acier); parmi les cordes d'acier une est double, 6 sont simples. Sur le manche 23 ligatures de cordonnets de soie sont à distance fixée du chevalet et jouent le rôle de tons. On pince les cordes soit avec le doigt coiffé d'un onglet, soit avec un plectre de bois.

140. Sái-thö-eúl (N° 102, liv. 9, f. 60).

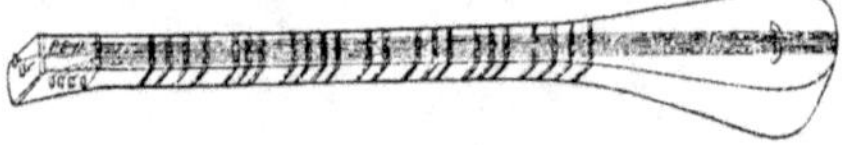

Fig. 222.

Longueur totale		3p,425
Longueur de la caisse		0 ,8208
Largeur de la caisse	de 0,0921 à	0 ,3337
Epaisseur de la caisse	de 0,1137 à	0 ,3155
Longueur du manche		2 ,6049
Longueur des cordes du sillet au chevalet		2 ,8431
Distance du chevalet à la 1re ligature		2 ,680
Distance du chevalet à la 13e ligature		1 ,467
Distance du chevalet à la 14e ligature		1 ,394
Distance du chevalet à la 23e ligature		0 ,641

141 *Là-pä-poñ*[5] (persan rabàb, Kàchgar rbàb), instrument de l'orchestre musulman, correspond au rabàb décrit par M. Mahillon. La caisse sonore en forme de gourde fait corps avec le manche; la tête de celui-ci s'allonge en arrière et porte pour les cordes de soie 5 chevilles, 2 à gauche, 3 à droite; pour les cordes de fer (acier?), 2 chevilles à droite du manche. On pince les cordes de soie avec un plectre de bois; les cordes de métal sont des cordes sympathiques.

141. Là-pä-poñ (N° 102, liv. 9, f. 61).

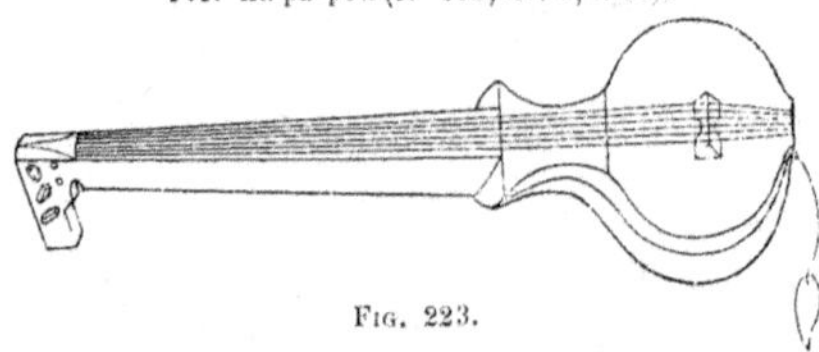

Fig. 223.

Longueur totale	2p,0776
Longueur de la caisse	0 ,486
Largeur de la caisse	0 ,6
Epaisseur de la caisse	0 ,2916
Longueur du manche	1 ,5916
Longueur de la tête	0 ,3328
Cordes de soie, longueur du sillet au chevalet, *tchoù*	1 ,68
1re corde d'acier	1 ,408
2e corde d'acier	1 ,49

142 Le *pä-wäng*[6] (pi-vaň) de l'orchestre tibétain b) est un rabàb à sept cordes; longueur totale, 3p,75; longueur des cordes du sillet au chevalet, 3,072.

---

1. N° 67, liv. 35, f. 8. — N° 65, liv. 33, f. 20 r°.
2. N° 67, liv. 36, ff. 1, 2. — N° 65, liv. 33, f. 20 v°.
3. N° 51 (Y. l. t., liv. 113, f. 5 v°). — N° 31 (Y. l. t., liv. 113, f. 6 r°).
4. N° 67, liv. 36, ff. 5, 6. — N° 65, liv. 33, f. 21 r°.
5. N° 67, liv. 36, ff. 7, 8. — N° 65, liv. 33, f. 21 r°. — N° 109, pp. 152 et 153 (92 et 93).
6. N° 67, liv. 36, f. 8 r°. — N° 65, liv. 33, f. 21 v°.

Instruments à cordes percutées.

143 *Khö-eûl-naï*[1] (persan kernai, Kàchgar karnai, est une trompette; le tympanon s'appelle kaloun), tym-

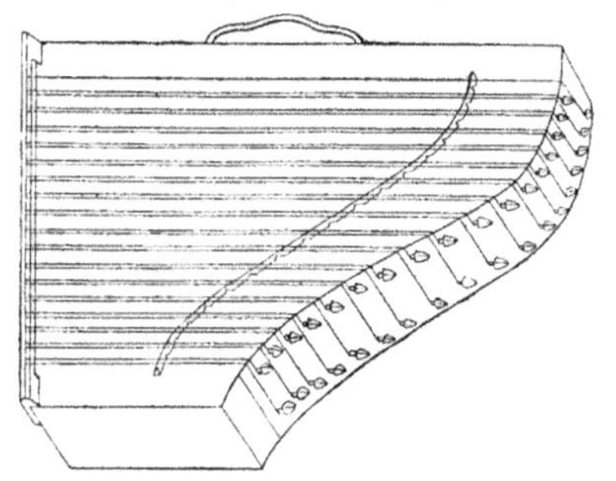

143. Khö-eûl-naï (N° 102, liv. 9, f. 59). — Échelle.

Fig. 224.

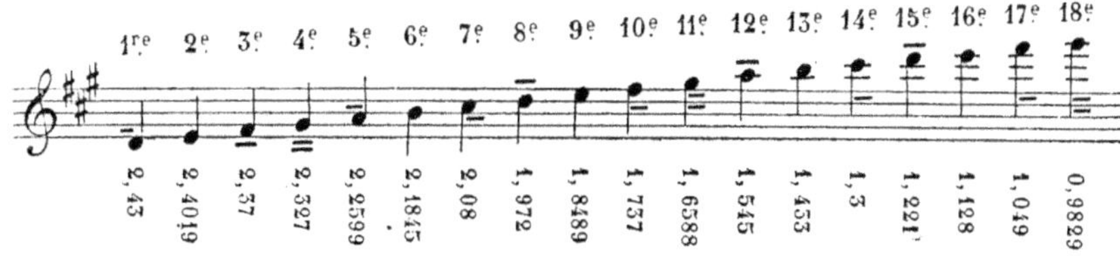

panon de l'orchestre musulman. La caisse plate, en bois, a la forme d'un trapèze dont un côté est courbe; 18 cordes en acier et soie sont tendues en travers au moyen de chevilles enfoncées dans le côté courbe; elles passent par-dessus le bord supérieur, puis sur un chevalet en bois, *tchoù*, qui suit à distance le côté courbe, et s'attachent au côté opposé; la première corde, la plus longue, est simple, toutes les autres sont doubles. On frappe ou l'on pince les cordes avec un plectre de bois, ou avec les doigts coiffés d'onglets.

Largeur du grand côté	2p,515
Largeur du petit côté	0 ,9102
Distance transversale	1 ,6394
Epaisseur	0 ,3717
Hauteur du chevalet	0 ,0729
Distance du chevalet au côté courbe	0 ,3982

La notation est celle de la flûte traversière ti **81**.

144 *Yàng khin*[2], khin d'outre-mer : ainsi que l'indique le nom, cet instrument pourrait être d'origine

xviiie, époque où les lettrés rédigèrent pour l'Empereur un sommaire de la musique européenne[3] d'après les PP. Pereyra, jésuite, et Pedrini (?), lazariste. D'autre part, le même instrument existe en Indo-Chine, et le nom alternatif de *tchoù-kö khin* le met en rapport avec les barbares du sud-ouest, puisque Tchoù-kö Lyàng[4] s'est rendu célèbre au Seú-tchhwän et au Yûn-nàn.

Sur une caisse plate trapézoïdale, sont tendues en travers, parallèlement aux bases, des cordes métalliques doubles que l'on accorde au moyen de chevilles tournées par une clef; deux chevalets sont fixés transversalement, les cordes passent alternativement par-dessus les chevalets et à travers des trous ménagés dans les chevalets : les cordes de rang impair appuient sur l'arête du chevalet de droite et traversent les trous du chevalet de gauche; les cordes de rang pair passent dans les trous du chevalet de droite et sur l'arête de l'autre. Chaque corde est ainsi partagée en deux segments qui résonnent indépendamment sous le choc de deux marteaux tenus dans les deux mains.

L'accord indiqué par la figure du n° 105 ne précise pas l'octave des sons (même notation que pour le ti **81**).

Si l'on admet $ut\sharp_3$ pour la 1re corde partie gauche, il est difficile que la partie droite donne $ré\sharp_3$, car il faudrait que les longueurs des deux parties fussent

144. Yàng khin (N° 105, liv. 12, f. 8). — Échelle.

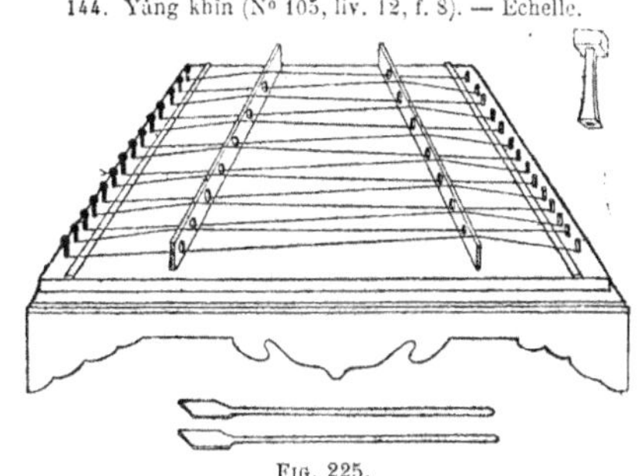

Fig. 225.

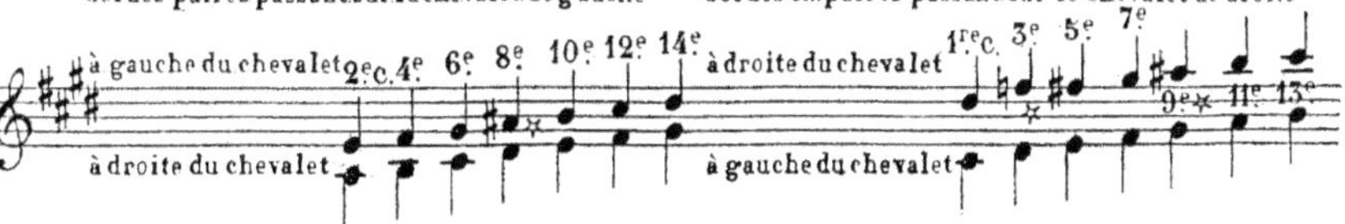

européenne; il ressemble beaucoup au tympanon que l'on trouve en Italie, en Allemagne, etc., et aurait pu être introduit à la fin du xviie siècle ou au début du

dans le rapport de 9 à 8 : or, le chevalet est bien plus loin du milieu. Il doit être placé pour diviser la corde proportionnellement à 9 et 4, et la note haute

---

1. N° 67, liv. 30, ff. 3, 4. — N° 65, liv. 33, ff. 20, 21.
2. N° 105, liv. 12, f. 8 v°. — N° 109, p. 102 (165), p. 373 (277).
3. N° 86, 3e partie.

4. Né en 181, conseiller écouté de Lyeoù Pöi, le restaurateur de la dynastie Hán au Seú-tchhwän, célèbre par sa sagesse et ses stratagèmes, mort en 234 (N° 37, *Choù choù*, liv. 5).

sera non la 2de, mais la 9ᵉ. Il faut, de plus, remarquer que les deux notes marquées d'un astérisque ne rentrent pas dans l'échelle naturelle. Quant aux cordes paires, pour donner deux notes à intervalle de 3ᵗᵉ, les cordes doivent être partagées proportionnellement à 3 et 2 ; la 8ᵉ corde doit donner *la♯*, qui n'appartient pas à l'échelle normale. L'échelle totale serait donc : la_2 *si ut♯₃ ré♯ mi fa♯ sol♯ la la♯ si ut♯₄ ré♯ (fa) fa♯ sol♯ (la♯) si ut♯₅*.

L'instrument de même espèce décrit par M. Mahillon a également 14 cordes ; il donne pour les deux premières cordes : 1ʳᵉ corde, impaire, passant sur le chevalet de droite, rapport 3/1, *si♭₂ fa₄*. 2ᵉ corde, paire, passant sur le chevalet de gauche, rapport 8/5, *ré₃ si♭₃*. Échelle : *si♭₂ ut₃ ré mi fa (fa♯) sol la si♭ si ut₄ (ut♯) ré mi (fa) sol la ut♯₅ ré (mi sol)*. Selon la notation employée dans ce travail, on aurait plutôt *la♯* que *si♭* ; cette dernière échelle diffère de la précédente par les notes mises entre parenthèses.

Les documents chinois sont muets sur cet instrument, sauf un seul qui donne une planche sans texte ; j'emprunte au n° 109, p. 205, les dimensions suivantes : caisse trapézoïdale ; hauteur du trapèze, $0^m,25$; grande base, $0^m,71$; petite base, $0^m,44$.

Instruments à cordes frottées.

Comme les instruments à cordes percutées, ceux de la présente section semblent d'origine étrangère ; mais, à la différence des précédents, quelques-uns de ceux-ci sont devenus très usuels.

145 *Yă tchĕng*[1]. L'orchestre mongol *b)* emploie un petit tchĕng **117** à 10 cordes dont on joue au moyen d'un archet, simple petite baguette de bois ; longueur totale, $2^p,2247$; largeur au front, 0,4422 ; largeur à la queue, 0,3451 ; hauteur et épaisseur des chevalets fixes, 0,0323 ; distance des chevalets, 1,618.

Le yă tchĕng est déjà mentionné sous les Thăng.

146 *Hi khin*[2]. Cet instrument à 2 cordes appartient à plusieurs orchestres du Palais. Il est formé d'une caisse en éléococca, munie d'un manche qui porte deux chevilles de tension. La caisse arrondie en dessous est creuse et fermée par une planchette ; à sa base elle porte un chevalet, *tchŏu*, où les cordes sont attachées par un lacet de cuir ; la tête est en forme de tête de dragon, les mâchoires tiennent lieu de sillet.

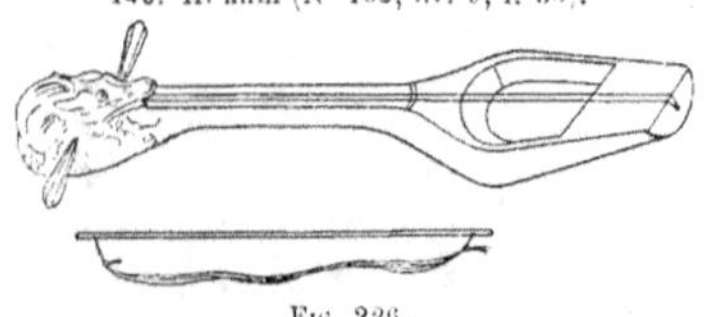

146. Hì khin (N° 102, liv. 9, f. 36).

Fig. 226.

Longueur totale	$2^p,88$	Longueur du creux	0,512
Longueur de la caisse	1 ,152	Longueur du manche	1,152
Largeur maxima	0 ,499	Longueur de la tête	0,303
Epaisseur	0 ,227	Longueur des cordes	2,048

L'archet, long de 2,304, est formé de crin de cheval tendu sur une baguette.

Tchhên Yàng décrit brièvement le hi khin provenant de la tribu syĕn-pi des Hi[3].

147 *Hoù khin*[4]. L'instrument de ce nom, de l'orchestre mongol *a)*, ressemble au précédent ; la caisse, recouverte de peau, ne présente pas d'ouverture ; elle a au dos une nervure saillante, *tsì ling*, les deux cordes sont attachées à une petite cheville à la base de la caisse et passent sur un chevalet, *tchŏu*.

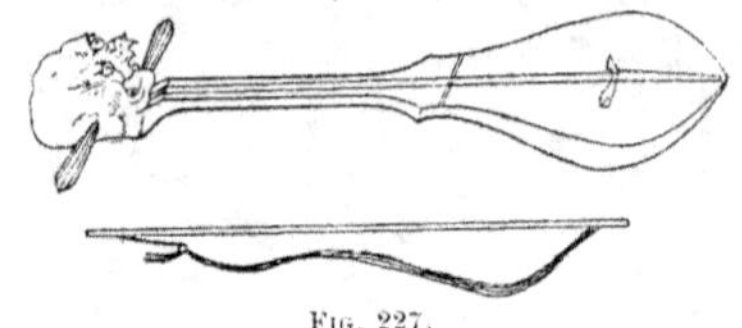

147. Hoù khin (N° 102, liv. 9, f. 41).

Fig. 227.

Longueur totale	$3^p,023$	Longueur de la tête	0,404
Longueur de la caisse	1 ,254	Distance du sillet au	
Largeur maxima	0 ,729	chevalet	2.23
Epaisseur à la nervure	0 ,352	Longueur de l'archet	2,619
Longueur du manche	1 ,365		

148 *Hoù khin*. L'orchestre mongol *b)* a un instrument différent, mais portant le même nom[5]. La caisse est une sorte de bol en noix de coco, fermé par une planchette d'éléococca ; le manche est en bambou. A une pièce en bois placée au bout de la caisse sont attachées les deux cordes tendues par deux chevilles enfoncées dans le manche. L'archet est un arc de bambou tendu par du crin de cheval.

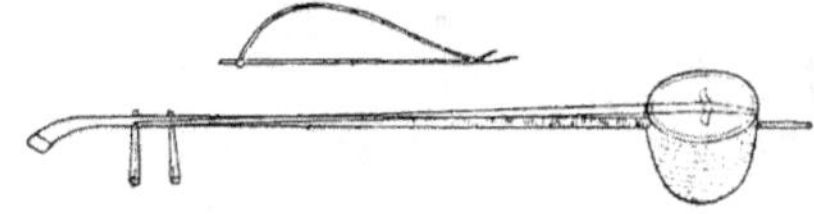

148. Hoù khin (N° 102, liv. 9, f. 46).

Fig. 228.

Longueur totale	$3^p,072$	Longueur de la tête	0,5568
Diamètre de la caisse	0 ,384	Longueur des cordes	2,0352
Profond. de la caisse	0 ,216	Longueur du crin de	
Longueur du manche	2 ,784	l'archet	0,864

149 *Thi khin*[6]. Cet instrument vulgaire et dont je n'ai pas de description, mais seulement une figure, ressemble au second hoù khin ; le manche paraît être en bois, l'archet est courbe.

Echelle.

150 *Tĭ-yŏ-tsòng*[7] (tsaung' traduit par harpe, lyre), instrument de l'orchestre birman *b)*, ressemblant au violon européen ; la caisse en bois a deux ouïes ; les trois cordes sont fixées d'une part aux chevilles, d'autre part à une pointe sculptée au bout de la caisse ; le chevalet est en bambou.

Longueur totale	$2^p,05$	Epaisseur	0,09
Longueur de la caisse	1	Longueur du manche	0,55
Largeur maxima	0 ,58	Long. de la pointe infér.	0,19

---

1. N° 67, liv. 35, f. 3. — N° 65, liv. 33, f. 20. — N° 45, liv. 29, f. 12 rᵒ.
2. N° 67, liv. 37, ff. 1, 2. — N° 65, liv. 33, f. 19 vᵒ. — N° 69 (Y. l. t., liv. 103, f. 27 rᵒ).
3. Voir chap. XIII, p. 194, note 4.

4. N° 67, liv. 37, ff. 3, 4. — N° 65, liv. 33, f. 20 rᵒ.
5. N° 67, liv. 37, ff. 3 à 5. — N° 65, liv. 33, f. 20 rᵒ.
6. N° 105, liv. 12, f. 5 vᵒ.
7. N° 67 liv. 37, f. 11. — N° 65, liv. 33, f. 22 rᵒ.

La longueur des cordes n'est pas donnée; l'archet est un arc en bois tendu de crin.

150. Té-yô-tsìng (N° 67, liv. 37, f. 11).

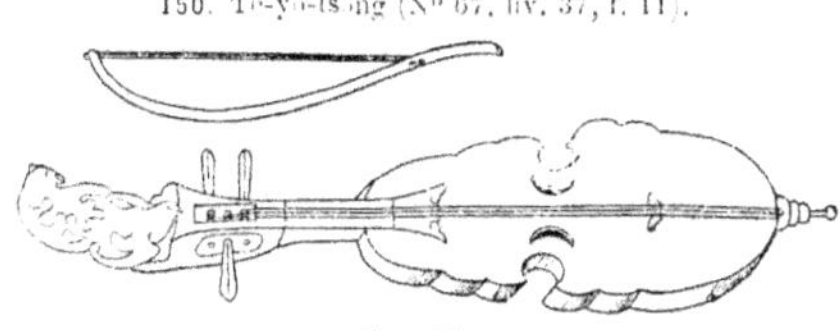

Fig. 229.

151 *Thi khin* [1]. Cet instrument de l'orchestre mongol b) diffère de l'instrument de même nom décrit plus

151. Thi khin (N° 102, liv. 9, f. 50).

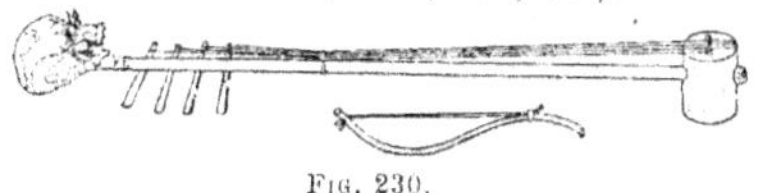

Fig. 230.

haut. La caisse est un petit cylindre en bois recouvert de peau de serpent; manche en bambou terminé par une tête de dragon et traversant la caisse de part en part. Les 4 cordes sont attachées à une petite baguette de bois fixée à l'extrémité du manche et à la caisse; elles sont tendues à l'aide de chevilles et traversent un anneau placé aux 3/4 de la distance entre les chevilles et la caisse; un chevalet repose sur la caisse. L'archet, un arc de bambou, est tendu de crins divisés en deux faisceaux; deux des cordes de l'instrument passent entre les deux faisceaux de l'archet.

152. Seŭ hwǒ (N° 105, liv. 12, f. 5). Echelles.

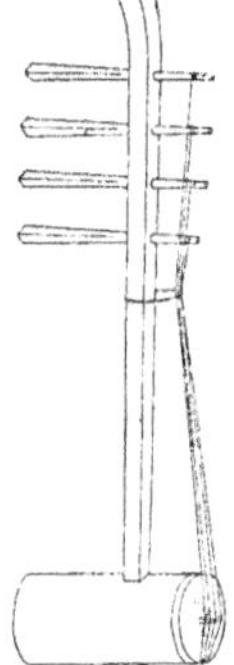

Fig. 231.

Longueur totale	2ᵖ,671
Diamètre de la caisse	0 ,23
Profondeur de la caisse	0 ,324
Longueur du manche	2 ,117
Longueur de la tête	0 ,324
Distance de l'anneau au chevalet	1 ,115
Distance de l'anneau à la 1ʳᵉ cheville	0 ,455
Distance de la 1ʳᵉ cheville à la 4ᵉ cheville	0 ,539
Distance de la 1ʳᵉ cheville à l'extrémité du manche	0 ,133
Longueur de l'archet	0 ,864

La forme vulgaire de cet instrument **152** est très répandue[2], surtout dans le nord de la Chine; nom pékinois *hoŭ khin*, al. *seŭ hwǒ*; deux accords différents, ci-dessous A) et B).

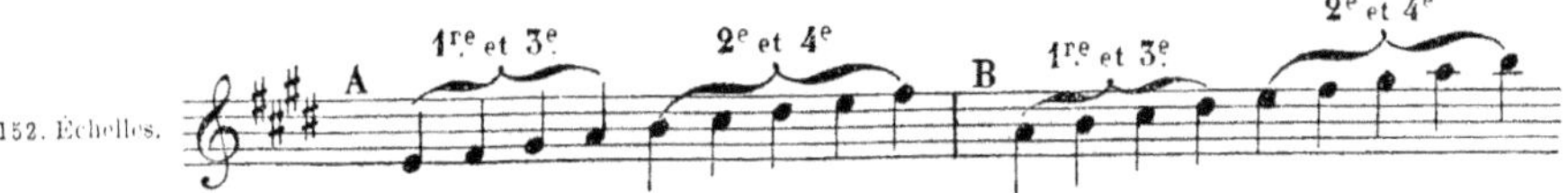

152. Echelles.

153 *Eŭl hyén*, al. *hwǒ khin*[3], modification du précédent. Cet instrument a deux cordes et est encore plus répandu.

M. Mahillon indique : longueur totale, 0ᵐ,54; diamètre de la caisse, 0ᵐ,05; profondeur, 0ᵐ,11. Parfois la caisse est à peu près hémisphérique.

Échelle.

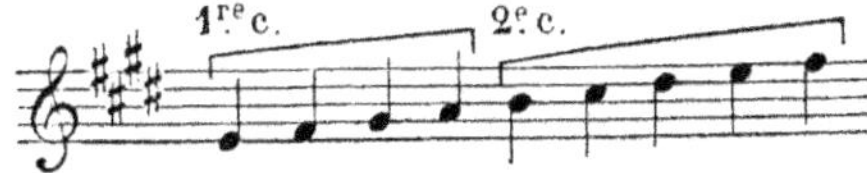

154 *Ngö-eŭl-tchä-khè*[4]. Cet instrument de l'orchestre musulman ressemble un peu au boŭ khin **148**. La caisse est un fragment de noix de coco recouvert de peau de cheval; elle porte d'un côté une tige de fer et du côté opposé le manche en bois; elle a un chevalet, *tchoŭ*, un trou au fond et trois sur les côtés. L'extrémité supérieure du manche est plus épaisse, renflée, sculptée à cannelures horizontales et présente un peu le profil du pommeau d'un sabre; la cannelure inférieure sert de sillet. Les cordes, au nombre de deux, entrent séparément dans ce pommeau, qui porte les chevilles; elles sont faites de crin de cheval tordu, chacune est de deux fils, *lyŭ*, le fil de 81 brins, *héng*; elles sont attachées à la tige de fer opposée au manche à l'aide d'un double anneau. Sous les cordes de crin, de part et d'autre, sont tendues 10 cordes sympathiques en acier qui sont attachées à la tige de fer, traversent le chevalet par de petits trous et sont tendues sur le manche par 10 petites chevilles, cinq de chaque côté. L'archet est un arc de bois tendu de crin.

154. Ngö-eŭl-tchä-khè (N° 102, liv. 9, f. 58).

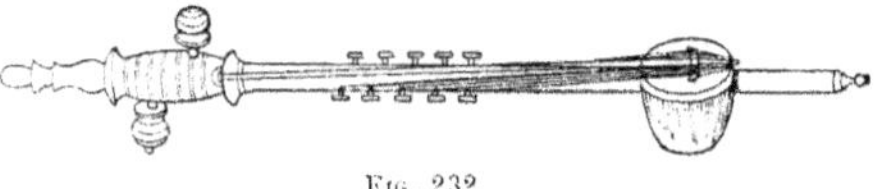

Fig. 232.

Longueur totale		2ᵖ,673
Longueur de la tige de fer		0 ,512
Diamètre de la caisse		0 ,256
Profondeur de la caisse		0 ,39
Longueur du manche		1 ,82
Longueur du pommeau		0 ,341
Longueur des cordes de crin du sillet au chevalet		1 ,458
Long. des cordes d'acier des chevilles au chevalet	1ʳᵉ corde de gauche	0 ,576
	2ᵉ corde de gauche	0 ,6826
	3ᵉ corde de gauche	0 .787
	4ᵉ corde de gauche	0 ,8859
	5ᵉ corde de gauche	0 ,976
	1ʳᵉ corde de droite	0 ,6026
	2ᵉ corde de droite	0 ,6998
	3ᵉ corde de droite	0 ,7987
	4ᵉ corde de droite	0 ,901
	5ᵉ corde de droite	1 ,001
Longueur de l'archet		2 ,16

155 *Sä-läng-tsï* (särangï). Cet instrument de l'orchestre népalais est analogue à celui que décrit M. Mahillon. La caisse est large et aplatie, bombée en dessous; une membrane collée sert de table d'harmonie. Le manche est large; les mesures données ne répondent pas bien à la figure, d'après laquelle il semble formé de deux cadres rectangulaires; celui du haut, plus large, porte deux chevilles de chaque côté; celui du bas, plus long, porte neuf chevilles sur le côté droit. Quatre cordes de boyau (le chinois dit de cuir) sont tendues du bas de la caisse jusqu'aux chevilles du cadre supérieur; elles passent sur trois chevalets, celui du haut servant de sillet. Neuf cordes sympa-

1. N° 67, liv. 37, ff. 6, 7. — N° 65, liv. 33, f. 20 r°.
2. N° 105, liv. 12, f. 5 r°. — N° 89, p. 67.
3. N° 105, liv. 12, f. 4 v°. — N° 109, p. 185 (145).
4. N° 67, liv. 37, f. 8. — N° 65, liv. 33, f. 20 v°.
5. N° 67, liv. 37, f. 10. — N° 65, liv. 33, f. 21 v°. — N° 109, p. 128 (64).

thiques en fer (acier?) sont tendues en diagonale sous les premières dans le cadre le plus long et passent par des trous dans le principal chevalet. On joue avec un archet en bois flexible et crin de cheval.

155. Să-lăng-tsí (N° 67, liv. 37, f. 10).

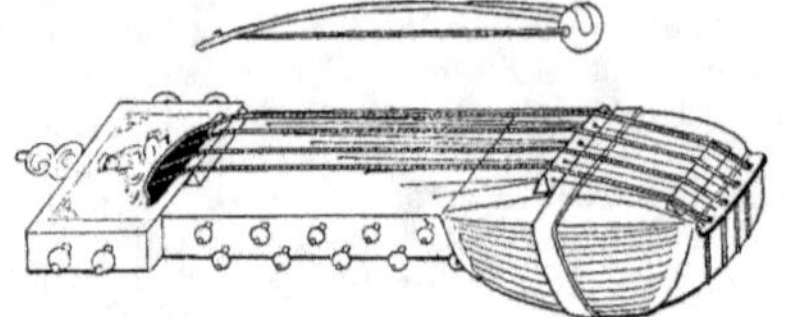

Fig. 233.

Largeur de la caisse	0m,3
Longueur du manche (1er cadre)	0 ,52
Largeur du manche de 0,18 à	0 ,22
Largeur de la tête (2e cadre)	0 ,3
Longueur de la tête	0 ,25
Épaisseur de la tête	0 ,25
Hauteur du chevalet central	0 ,08
Distance du chevalet supérieur au chevalet central	0 ,82

L'instrument décrit par M. Mahillon a $0^m,53$ de long sur une largeur maxima de $0^m,16$; les quatre cordes de boyau donnent à vide ut_2, fa_2, ut_3, ut_3; les onze cordes (au lieu de 9) sympathiques sont accordées de ut_1 à fa_3.

156 *Fông cheoù khŏng-heoù*[1], khŏng-heoù **114** à tête de phénix. L'historien (n° 45) se borne à l'indiquer sans description. Le n° 46 le décrit comme un instrument orné d'une tête d'oiseau, à caisse de 2 pieds sur 0,7, à manche de 2,5, à 14 cordes tendues par des chevilles : deux instruments analogues furent envoyés de Birmanie. Tchhèn Yàng donne une description beaucoup plus brève, mais concordante, et ajoute que cet instrument hindou était employé aussi à Foù-leoù[2] et à Tourfàn. Il semble que ces indications toutes incomplètes puissent s'appliquer à un instrument analogue à la mâyurî décrite par M. Mahillon : la caisse est en forme d'oiseau, le manche tient la place du dos et de la queue, 16 tons ou marques, 4 cordes principales (fa_3 ut_3 ut_3 sol_3) frottées par un archet, 15 cordes sympathiques (de fa_3 à fa_3). Longueur totale, $1^m,17$; largeur maxima, $0^m,165$.

ORCHESTRES ET CHŒURS

CHAPITRE XI

Période des Tcheoù (avant 206 A. C.).

Le *Tcheoù li* et le *Yi li*[3] donnent des indications précises et concordantes sur l'orchestre rituel antique; le prince Tsái-yŭ les a rapprochées de la manière suivante. Sous les Tcheoù, l'Empereur avait droit à l'orchestre *kŏng hyuén* rangé en carré; les seigneurs employaient l'orchestre *hyén hyuén* rangé sur trois lignes formant trois côtés d'un carré; les ministres et patriciens de haut rang, le *phàn hyuén* rangé sur deux lignes parallèles; les nobles ordinaires, le *thè hyuén* rangé sur une ligne simple; les renseignements que nous avons concernent le second et le dernier orchestres. La salle de réception, *thàng*, est toujours orientée vers le sud; elle est élevée de plusieurs degrés au-dessus de la cour, *thìng*, avec laquelle elle communique par deux escaliers, *tsoù kyài* à l'est, *sî kyài* à l'ouest; aucune muraille, aucune porte même ne sépare la salle de la cour; les hôtes, *pìn*, ont place au fond de la salle, le plus qualifié à l'est; le maître de maison, *tchoù*, se tient près du degré de l'est, face à l'ouest. C'est en vue de ces personnages principaux qu'est réglée la disposition de l'orchestre; on la voit ci-dessous (2e orchestre). Pour les cérémonies religieuses la disposition est analogue, la tablette de l'esprit ayant la première place. Ces dispositions fondamentales n'ont jamais changé, mais les variations de détail sont nombreuses selon les cérémonies et selon les époques.

Disposition de l'orchestre hyén hyuén.

Sud.

			Salle inférieure ou cour.				
		19	19	19	19		13
12		18	17	17	18		12
11	13	16	15	15	16	13	11
9		14	14	14	14		10

Est. ———— A ———————————— B ———— Ouest.

	7		8	1
	7		8	
5		Salle supérieure.		6
2	3			4

Nord.

Fig. 234.

LÉGENDE

A Degrés principaux. — B Degrés de l'ouest.

	hommes
1) chef d'orchestre	1
2) porte-guidon	1
3) auge **34**	1
4) tigre **29**	1
5) pŏ foù **35** et chanteur	1
6) tchhŏng toù **32** et chanteur	1
7) sè **116** et chanteurs	2
8) khin **112** et chanteurs	2
9) carillon de lithophones **24**	1
10) carillon de lithophones **24** et tambour à manche **62**	1
11) carillons de cloches **2**	2
12) cloches isolées **1**	2
13) tambours dressés avec oreilles **44**	3
	19
14) orgues à bouche **103** et **104**	4
15) flûtes de Pan **75**	2
16) chalumeaux **89**	2
17) ocarinas **101**	2
18) flûtes traversières tchhï **80**	2
19) flûtes yŏ et tì **74** et **77** (flûtes droites)	1
	16

---

1. N° 45, liv. 29, f. 12 v°. — N° 46, liv. 222 c), f. 15 r°. — N° 69 (Y. l. t., liv. 115, f. 3 v°). — N° 109, p. 132 (67).

2. Ce nom peut être rapproché de Foù-leoù, qui désignait au milieu du VIIe siècle l'un des arrondissements dépendant du gouvernement des Yue-tchï, dans la moyenne vallée de l'Oxus (N° 64, p. 69, note).

3. N° 6, *syào syŏ*, liv. 22. — N° 9, t. II, pp. 34, 47, 50. — N° 7, sections *Hyang chè*, *Yèn*, *Tà chè*. — N° 77, f. 32, etc.

Le 4e orchestre est disposé de même dans la salle et dans la cour; il conserve seulement les exécutants suivants : 1 chef d'orchestre, 1 porte-guidon, 1 auge, 1 tigre, 1 pŏ foŭ, 1 tchhông toŭ, 1 khin, 1 sĕ, 2 carillons de lithophones, 1 tambour dressé, 4 orgues à bouche, soit 8 + 7 exécutants. Les joueurs de khin et de sĕ sont en même temps choristes; ainsi s'explique la phrase du *Kyāo thĕ chĕng* [1] : « les chanteurs étaient dans la salle, les joueurs d'orgue et de flûte étaient au bas des degrés, car on estimait davantage la voix humaine. »

La musique des rites majeurs, religieux et palatins, comprend des hymnes chantés avec accompagnement et des danses avec musique vocale et instrumentale. « Le maître des cloches joue avec la cloche et le tambour les neuf grands airs *hyá*, savoir : l'hymne de l'Empereur, *Wâng hyá*, l'hymne du sacrifice, *Seŭ hyá*, l'hymne de l'appel, *Tchāo hyá*, l'hymne de l'introduction, *Nà hyá*, l'hymne de l'illustration, *Tchâng hyá*, l'hymne de l'offrande des grains, *Tseŭ hyá*, l'hymne de la parenté, *Tsoŭ hyá*, l'hymne des degrés, *Kāi hyá*, l'hymne de la fierté, *Ngáo hyá* [2]. » Le premier hymne est réservé au Souverain, le second au chī représentant de l'ancêtre, le troisième aux victimes, le quatrième aux hôtes, le cinquième aux ministres de mérite, le sixième aux princesses qui apportent les offrandes, le septième aux membres du clan du Souverain, le huitième aux hôtes qui se retirent après boire, le neuvième aux princes feudataires. La musique règle aussi les préparatifs du culte, la disposition et l'enlèvement des objets qui servent aux sacrifices, la marche des cortèges, la réception des hôtes étrangers, les rapports des royaumes.

Les danses rituelles, six grandes et six petites, ont été déjà étudiées aux chap. III et VI, pp. 102 et 141.

Pour les banquets et le tir à l'arc [3], les plus importantes solennités non religieuses, le chœur exécute des odes : « on marque la mesure pour l'Empereur par l'ode *Tcheoŭ yŭ*, pour les feudataires par l'ode *Li tcheou*, pour les patriciens majeurs par l'ode *Tshái phìn*, pour les patriciens par l'ode *Tshái fàn* [4] », choisies comme les hymnes en raison des vertus qu'elles suggèrent. Ainsi l'ode *Tshái fàn* expose les devoirs de l'épouse du prince [5]. « Confucius a dit : L'archer, comment à la fois tire-t-il et écoute-t-il [le chœur]? Pour lancer des flèches en mesure au son de la musique et ne pas manquer le but, n'est-ce pas seulement l'homme prudent et avisé [qui en est capable] [6]? » La musique ainsi qu'on l'a vu, devait inspirer la modé-

ration, la maîtrise de soi; elle était l'objet d'un enseignement régulier. « On enseigne aux fils de l'Etat les vertus musicales, la modération, la concorde, la vénération pour les esprits, le respect pour les supérieurs, la piété filiale, l'amitié... On enseigne aux fils de l'Etat les danses musicales, *Yùn mĕn thái khyuĕn, Thái hyĕn, Thái chào, Thái hyá, Thái hoŭ, Thái woŭ* [7]. » « Le protecteur enseigne aux fils de l'Etat les six sciences, savoir les cinq rites, les six danses, les cinq manières de tirer des flèches, les cinq manières de conduire les chars, les six classes des caractères écrits, les neuf opérations numériques [8]. » « Le grand directeur de la musique se met à la tête des fils de l'Etat et danse avec eux [9] ». « Le grand instructeur enseigne les six sortes de chants, *fōng, foŭ, pi, hing, yá, sóng* [10]. »

L'organisation du service est très complète [11] : deux grands directeurs, *tá seŭ yŏ*, assistés de quatre maîtres de la musique, *yŏ chī*, quatre grands aides, *tá syŭ*, deux grands instructeurs, *tá chī*; des bureaux séparés ont charge de chaque classe d'instruments, lithophones, carillons de cloches, orgues, cloches isolées, flûtes, boucliers, etc.; la plupart des musiciens sont aveugles. Des bureaux spéciaux s'occupent de la musique étrangère : *mĕi chī* pour la musique des barbares de l'est, *mào jĕn* pour la musique des barbares en général et pour la musique dite *sìn yŏ*, *tī-kyŭ chī* encore pour la musique des barbares des quatre régions [12]. Les officiers et employés du service musical sont au nombre de plus de treize cents.

L'orchestre militaire diffère totalement du premier [13]. « Les officiers des tambours sont chargés d'enseigner les sons des six tambours et des quatre instruments métalliques, pour rhythmer la musique, pour donner la mesure aux troupes militaires, pour régler les corvées de chasse... Avec le *lĕi koŭ* 157, on annonce les sacrifices aux esprits célestes; avec le *ling koŭ* 158 on annonce les sacrifices aux esprits terrestres; avec le *loŭ koŭ* 159, on annonce les offrandes aux mânes; avec le *fĕn koŭ* 48, on annonce les services de guerre; avec le *kāo koŭ* 160, on annonce les corvées de chasse; on bat le *tsin koŭ* 47 pour accompagner les instruments métalliques [14]. Le *chwĕn* 3 donne l'accord aux tambours, le *tchŏ* 6 leur donne le rhythme, les cymbales 16 les arrêtent, le *tŏ* 4 transmet [l'ordre de battre] les tambours [15] ». « L'Empereur prend le *loŭ koŭ* 159, les feudataires prennent le *fĕn koŭ* 48, les chefs d'armée prennent le *tsin koŭ* 47, les chefs de régiment (2,500 hommes) prennent le *thi koŭ* 161, les chefs de bataillon (500 hommes) prennent le

---

1. *Kyāo thĕ chĕng*, victime unique au sacrifice de la banlieue, traité faisant suite au *Li yŭn*. — N° 8. — N° 15, tome I, p. 577.

2. N° 6, *tchĕng chi*, liv. 23. — N° 9, tome II, p. 59. — N° 7, sections *Hyúng yŭ tsyeoŭ, Hyúng chĕ*. J'ai modifié sur deux points la traduction de Biot. (Les commentateurs proposent d'entendre *tchái*, purification, au lieu de *tseŭ*, et *kai* dans le sens de degrés; le dernier hymne est *Ngáo hyá*, air de la fierté, et non *King hyá*, air du respect, comme a compris Biot (N° 76). On a voulu retrouver dans le *Tá yŏ* les neuf hymnes rituels : 1° *Wâng hyá* = *Wĕn wâng* (I, 1; N° 13, p. 319); 2° *Seŭ hyá* = *Myĕn* (I, 3; N° 13, p. 326); 3° *Tchāo hyá* = *Tá ming* (I, 2; N° 13, p. 323); 4° *Nà hyá* = *Hàn loŭ* (I, 5; N° 13, p. 331); 5° *Tchâng hyá* = *Yŭ poŭ* (I, 4; N° 13, p. 330); 6° *Tseŭ hyá* = *Seŭ tchái* (I, 6; N° 13, p. 333); 7° *Tsoŭ hyá* = *Hing wĕi* (II, 2; N° 13, p. 353); 8° *Kai hyá* = *Ki tswĕi* (II, 3; N° 13, p. 355); 9° *Ngáo hyá* = *Kyá lò* (II, 5; N° 13, p. 359). Si des textes du *Tsŏ tchwĕn* et des *Kwĕ yŭ* prouvent que le 2° hymne, par exemple, est compris dans le *Chi king*, du moins les identifications ne sont nullement établies en totalité.

3. N° 6, *yŏ chi*, liv. 22. — N° 9, tome II, p. 42. C'est probablement le même orchestre qui se faisait entendre aux repas de l'Empereur (N° 6 chĕin foŭ, liv. 4. — N° 9, tome I, p. 72).

4. Voir p. 101, note 3. *Tshái fàn*, cf. *Kwĕ fâng, Chào nàn*, 2 (N° 13, p. 17). *Tshái phìn*, cf. id., 4 (N° 13, p. 19).

5. N° 77, f. 31 v°.

6. N° 8, *Chĕ yi*. — N° 15, tome II, p. 679. — N° 6, *chĕ jĕn*, liv. 30. — N° 9, tome II, p. 204.

7. N° 6, *tá seŭ yŏ*, liv. 22. — N° 9, tome II, pp. 28, 29.

8. N° 6, *pào chi*, liv. 13. — N° 9, tome I, p. 297, etc.

9. N° 6, *tá seŭ yŏ*, liv. 22. — N° 9, tome II, p. 37; voir plus haut, p. 142.

10. N° 6, *tá chī*, liv. 23. — N° 9, tome II, p. 50. Les *sóng* sont des hymnes religieux solennels tels que ceux des deux dernières sections du *Chi king* : les *yá* sont les hymnes des deux sections intermédiaires; les *fōng* sont des odes comme celles de la première section. Ces trois premières sortes de poésies sont désignées par l'expression *sìn lĕi* dans un entretien de Yén tseŭ (522 A. C.). Les trois autres espèces, *foŭ*, descriptions, *pi*, comparaisons avec intention de blâme, *hing*, allégories, ne forment pas des sections spéciales.

11. N° 6 *tchhwĕn kwan*, liv. 17; articles *tá seŭ yŏ* à *seŭ kàn*, liv. 22 et 23. — N° 9, tome I, pp. 404 à 409; tome II, pp. 27 à 68.

12. N° 6, art. cités, liv. 23. — N° 9, tome II, pp. 63, 64, 67. Les commentateurs rapprochent le *sìn yŏ* des tours de jongleurs, *tchhâng yeou*, de l'époque des Hán, c'est-à-dire des *pŏ hi* (voir plus bas, p. 198, etc.). La même expression se retrouve au Japon, où elle est habituellement lue sarugaku, sarougakou (voir N. Péri, *Bull. de l'École française d'Extrême Orient*, 1907, p. 129).

13. N° 6, *koŭ jĕn*, liv. 12. — N° 9, tome I, pp. 264 à 266.

14. Le 1er tambour aurait huit faces, le 2e six faces, le 3e quatre faces; mais les interprètes ne sont pas d'accord sur la forme de ces instruments : les trois derniers ont respectivement 8 pieds, 12 pieds, 6p,6 de long. Voir p. 159.

15. Voir pp. 144, 145.

tambour à cheval, *phi koŭ* **62**, les chefs de compagnie (100 hommes) prennent les cymbales **16**, les chefs de section (25 hommes) prennent le *tŏ* **4**, les quinteniers prennent le *tchŏ* **6**[1]. » Ces instruments avec divers guidons donnent les signaux pour les manœuvres de chasse et de guerre, pour le rassemblement des corvéables (chasse, guerre, etc.) dans les communes; les tambours rhythment la danse *Pīng woŭ* et la danse *Foŭ woŭ*, qui sont exécutées trois fois par an dans les districts importants en l'honneur des esprits[2]; ils résonnent pour les funérailles; le *loŭ koŭ* **159** du Palais marque le matin et le soir, annonce l'arrivée des courriers, il est à la disposition de ceux qui implorent justice ou secours[3].

Au retour d'une armée victorieuse, un sacrifice est offert[4]; « le maître de la musique enseigne le chant du triomphe, *khăi kŏ*, et l'entonne le premier ». Ici l'orchestre militaire se complète de choristes.

L'orchestre militaire a probablement part dans diverses cérémonies d'exorcisme où le tambour est employé; du moins les traditions des âges suivants permettent de le croire. « Pour secourir le soleil et la lune [en cas d'éclipse], l'officier des tambours avertit le Souverain de frapper le tambour », et le grand serviteur l'aide. « Le *fāng syăng chi* met une peau d'ours, [un masque avec] quatre yeux dorés, un surtout noir, une robe rouge; il tient une hallebarde et porte un bouclier. A la tête de cent valets il fait les exorcismes de chaque saison, *nŏ*, pour visiter les maisons et chasser les maladies pestilentielles. Lors d'un grand service funèbre, il précède le cercueil; arrivé à la tombe, il entre dans le caveau et en frappe les quatre coins avec sa hallebarde pour chasser le *wăng-lyăng*[5]. »

CHAPITRE XII

Période des Hán et de l'anarchie (206 A. C. — 618 P. C.). : l'orchestre.

Sous les Hán, dans les années Yŏng-phĭng (58-75) l'orchestre impérial forme quatre sections[6] : *Thăi yŭ yŏ*, orchestre principalement religieux, qui joue pour les sacrifices aux divinités célestes, aux esprits de l'agriculture, aux ancêtres impériaux; *Yă sŏng yŏ*, qui continue l'orchestre civil des Tcheoŭ et qui joue lors du tir à l'arc et à l'école impériale; *Hwăng mén koŭ tchhwĕi yŏ*, orchestre du harem[7], employé dans les banquets impériaux, et en même temps, d'après son nom, orchestre des cortèges; enfin *Twăn syăo năo kŏ yŏ* ou *Khăi yŏ*, orchestre militaire, orchestre de triomphe. 829 musiciens sont employés, vraisemblablement pour les trois premières sections, la quatrième ayant

presque toujours eu une individualité à part. On ne remarque de nouveaux instruments que dans la famille des tambours[8], qui comprend plus de vingt variétés; un bon nombre sont désignées par des noms de localités, ce qui marque l'usage d'airs populaires provinciaux : tambour de Hăn-tăn[9], tambour du Kyăng-năn, tambour du Hwăi-năn[10], tambour de Pă et de Yŭ[11], tambour *yén* de Tchhoŭ[12], tambour impérial de Lyăng[13], tambour de Lĭn-hwăi[14], tambour de Tseŭ-făng[15], tambour de la mer orientale.

C'est seulement dans le *Sŏng chŏu*[16] qu'on rencontre de nouveau, non pas la composition de l'orchestre, mais la liste des instruments usités; ils sont rangés sous les huit catégories ou matières reconnues de temps immémorial.

1° Carillon de cloches **2**.	Tchĕng **117**.
Cloche isolée **1**.	Guitare **123**.
Chwĕn **3**.	Khŏng-heoŭ **114**.
Tchŏ **6**.	6° Auge **34**.
Cymbales năo **16**.	Tigre **29**.
Tŏ **4**.	7° Petit orgue à bouche **103**.
2° Lithophone **23**. **24**.	Grand orgue à bouche **104**.
3° Ocarina **101**.	8° Lyŭ et lyŭ **163**.
4° Tambour **44**, etc.	Flûte de Pan **75**.
Tambour à manche **62**.	Chalumeau **89**.
Tsyĕ **162**, sorte de tambour.	Flûte traversière tchhi **80**.
5° Khĭn **112**.	Flûte yŏ **74**.
Sĕ **116**.	Flûte droite **77**.
Tchoŭ **119**.	

Quelques instruments (tsyĕ, guitare, khŏng-heoŭ) sont d'introduction récente; mais la plupart, même non admis dans l'orchestre, sont anciens.

Orchestre palatin des Tcheoŭ postérieurs[17] :

Cloches isolées **1**	12
Carillons de cloches et de lithophones **2** et **24**	8
Tambours dressés **44**	4
Auge **34**	1
Tigre **29**	1
Chanteurs	4

Instruments placés au-dessous des lithophones :

Khĭn **112**	4
Sĕ **116**	4
Flûtes de Pan **75**	4
Tchoŭ **119**	4
Tchĕng **117**	4
Woŭ hyĕn **128**	4
Khŏng-heoŭ **114**	4
Petites guitares **123**	4

Instruments placés au-dessous des cloches :

Grandes orgues à bouche **104**	4
Petites orgues à bouche **103**	4
Flûtes droites **77**	4
Flûtes traversières ti **81**	4
Flûtes de Pan **75**	4
Chalumeaux **89**	4
Flûtes traversières tchhi **80**	4
Ocarinas **101**	4

Danseurs : 8 couples de chaque côté.

---

1. N° 6, *tă seŭ mă*, liv. 29. — N° 9, tome II, p. 170. Pour le *phĭ*, tambour à manche, voir l'article spécial.

2. Voir pp. 102, 140. 205. N° 6, *tă seŭ mă*, liv. 29; *tsoŭ chĭ*, liv. 11; *koŭ jĕn*, liv. 12. — N° 9, tome I, pp. 257, 266, 267; tome II, p. 177, etc.

3. N° 6, *koŭ jĕn*, liv. 12; *tă seŭ yŏ*, liv. 22; *yŏ chĭ*, liv. 23; *tă phoŭ*, liv. 31. — N° 9, tome I, p. 268; tome II, pp. 40, 45, 226.

4. N° 6, *yŏ chĭ*, liv. 23; *tă seŭ mă*, liv. 29. — N° 9, tome II, pp. 45, 183. D'après les uns, l'offrande est présentée aux ancêtres impériaux; d'après les autres, aux dieux du sol.

5. N° 6, *koŭ jĕn*, liv. 12; *fāng syăng chĭ*, liv. 31; *tă phoŭ*, liv. 31. — N° 9, tome I, p. 268; tome II, pp. 225, 228. Le *wăng lyăng*, dont le nom est écrit de diverses façons, est défini comme un esprit des eaux.

6. N° 39, liv. 19, passim. — N° 41, liv. 22, f. 2 r°. — N° 42, liv. 13, ff. 1, 2. — N° 79, rapport initial, f. 3.

7. Le *hwăng mén* est l'un des eunuques du Palais; l'orchestre du *hwăng mén* serait donc destiné aux fêtes du harem.

8. N° 36, liv. 22, f. 22, etc.

9. Hăn-tăn, capitale du royaume de Tchăo, aujourd'hui Kwăng-phing, au Tchĭ-li.

10. Apanage princier à l'époque des Hán, aujourd'hui partie du Ngăn-hwĕi.

11. Pă-tcheoŭ et Yŭ-tcheoŭ correspondent à Păo-ning et Tchhŏng-khing, au Seŭ-tchhwăn.

12. Royaume de Tchhoŭ, répondant au Hoŭ-pĕi.

13. Royaume de Lyăng, ou de Wĕi, répondant à la région de Khăi-făng, au Hŏ-năn.

14. Au Ngăn-hwĕi, Seŭ-tcheoŭ.

15. Peut-être Chi-făng vers Tchhĕng-toŭ au Seŭ-tchhwăn.

16. N° 39, liv. 19, ff. 16 à 19.

17. N° 42, liv. 14, f. 23, etc.; liv. 15, f. 5, etc.

Cet orchestre contient plusieurs instruments inconnus de l'orchestre antique, savoir : tchĕng, khŏng-heoû, guitare, flûte traversière tı, chalumeau ; il fait accompagner les chanteurs[1] par les cloches et les lithophones, par les khin et les sŏ, par les orgues et les chalumeaux placés dans la salle, à la différence de ce qui se faisait sous les Tcheoû et surtout sous les Hán, où, dans les cérémonies rituelles, la voix humaine ne devait être troublée ni par les cordes ni par les flûtes. Ce principe subsiste au temple de Confucius sous les Swĕi : les voix y sont seules en usage. Au contraire, l'orchestre des seigneurs est limité aux instruments, sans chœurs.

L'orchestre rituel des Swĕi est à peu près celui des Heoû-tcheoû ; ses grandes divisions nous sont connues par divers passages du *Swĕi choû*[2], qui indique les hymnes et chants rituels tels qu'ils furent fixés en 601. Dix sont chantés pendant les diverses phases des rites majeurs religieux et palatins, et deux accompagnent la danse civile et la danse militaire exécutées dans les mêmes occasions. Huit pièces courtes sont dites *chı kyü kō*, chants des festins ; on en peut rapprocher cinq pièces plus longues consacrées à l'anniversaire de l'Empereur, aux banquets officiels du Palais, à la fête du tir à l'arc. Trois pièces sont des chants de victoire, *khái yò kō*, une appartient à la musique de la chambre de l'Impératrice, *Hwáng heoû fáng néi*. Ces divers genres de musique sont d'abord exécutés par un orchestre impérial unique ; mais en 610 on forme trois sections d'orchestre, ou trois orchestres spéciaux, l'orchestre des cinq banlieues, *woû kyáo*, pour les sacrifices aux esprits célestes, l'orchestre du temple des Ancêtres, *myáo thing*, l'orchestre des banquets, *hyáng yén*, comptant respectivement 143, 150 et 107 exécutants ; aux trois sections sont attachés en tout 132 danseurs ; à part existe la musique de la chambre de l'Impératrice, qui sert aussi dans quelques banquets et pour la cérémonie *hyáng yin tsyeoû*[3]. Ces quatre orchestres répondent imparfaitement aux diverses sortes de chants, puisque les deux premiers exécutent de la musique religieuse et qu'on ne voit pas quels musiciens figurent dans les triomphes. Ainsi l'orchestre du début du viie siècle diffère de celui des Hán, dont ni la seconde ni la quatrième section ne sont représentées ; il résulte d'une lente formation poursuivie à travers les révolutions politiques de quatre siècles et qui a juxtaposé aux orchestres des dynasties successives les musiques barbares venant de tous les points de l'horizon ; il continue de se développer en fondant de plus en plus ces éléments disparates, supprimant presque l'une des sections de l'orchestre des Hán, donnant à une autre une croissance extrême. On trouvera au chapitre suivant les grandes lignes de cette histoire, plus faciles à embrasser d'un coup d'œil quand on en saisit en même temps l'aboutissement.

CHAPITRE XIII

Période des Tháng et des Sóng (618-1278) : les rites majeurs, les rites moyens, les rites mineurs, les chœurs barbares, les divertissements, les orchestres de marche.

Au premier rang sous les Tháng[1] comme sous les Hán paraît l'orchestre des rites majeurs ; ainsi qu'au temps des Tcheoû, les carillons sont placés sur le pourtour de la salle ; dans la salle haute prennent place les chanteurs et les cordes, les instruments à vent sont en bas ; l'ordre varie quelque peu avec les cérémonies. Le nombre d'instruments de chaque nature a beaucoup augmenté : par exemple, avant les Swĕi il y avait 20 cadres de carillons ; les Swĕi en mirent 36[5], et sous Káo tsŏng (649-683) on alla jusqu'à 72, pour revenir à 20 sous Tcháo tsŏng (888-904). L'orchestre du Prince héritier est dit *hyĕn hyuén*[6] et est rangé sur 3 lignes ; l'orchestre impérial a 8 groupes de danseurs (64 hommes), l'orchestre princier en a 6 (36 hommes). On trouve peu d'instruments vraiment nouveaux[7].

Les règlements de la dynastie[8] nous donnent le sommaire musical de quelques grandes cérémonies. « Dans les sacrifices kyáo (sacrifices offerts dans la banlieue), pour faire descendre l'esprit, on exécute l'hymne *Yu hwó*[9] ; la danse civile est dansée en même temps. Pour recevoir l'Empereur, on exécute l'hymne *Thái hwó* ; pour présenter les objets précieux, on exécute le *Soû hwó* ; pour aller recevoir les plateaux de viande, on exécute le *Yóng hwó* ; pour verser les libations, on exécute le *Cheoû hwó*. Pour reconduire l'esprit, on exécute le *Choû hwó* ; la danse militaire est dansée en même temps. » Dans d'autres sacrifices le premier hymne est changé, le reste du programme étant invariable. « Aux réunions plénières de la Cour, le 1er jour de l'année et le jour du solstice d'hiver, on reçoit et on reconduit l'Empereur avec l'hymne *Thái hwó* ; on reçoit et on reconduit les princes et ducs avec l'hymne *Choû hwó* ; quand les ministres présentent leurs souhaits de longue vie, on emploie le *Tcháo hwó* ; pour le chœur [qui accompagne] l'élévation des coupes de vin, on emploie le *Tcháo hwó* ; comme danse civile, on emploie la danse *Kyeoû kŏng*, comme danse militaire la danse *Tshü tı*. Quant à la danse militaire pour les sacrifices, on emploie la danse *Khái ngán*[10]. » Les grandes solennités rituelles comprennent donc deux éléments musicaux, des chœurs, voix et instruments, et des danses accompagnées de chœurs. Il en était ainsi dans l'antiquité : on va suivre ces deux éléments à travers la période intermédiaire.

La danse est l'essentiel de la musique[11] : « en toute musique la danse est le principal ; du *Yün mén* de Hwáng tí au *Thái woû* des Tcheoû, [les noms connus] sont tous des noms de danses du temple des Ancê-

---

1. Nᵒ 42, liv. 15, f. 7.

2. Nᵒ 42, liv. 15, ff. 9 à 19.

3. Ce banquet rituel, déjà célébré sous les Tcheoû dans chaque district, avait pour but de faire mettre en pratique les règles de la bienséance et du respect, d'assurer la concorde entre les habitants (Nᵒ 8, *Hyáng yin tsyeoû yi*. — Nᵒ 15, tome II, p. 652. — Nᵒ 7, *Hyáng yin tsyeoû li*. — Nᵒ 6, *hyáng tí fou*, liv. 11 ; *tang tchéng*, liv. 11. — Nᵒ 9, tome II, pp. 242, 251).

4. Nᵒ 46, liv. 21, f. 4, etc. — Nᵒ 63, liv. 14, f. 17 vᵒ.

5. 12 cloches isolées, 12 carillons de cloches, 12 carillons de lithophones.

6. Voir p. 183.

7. Voir chap. VII à X.

8. Nᵒ 63, liv. 14, f. 19 vᵒ.

9. Pour ces cérémonies comparer pp. 100 et 101 ; les deux documents ne se rapportent pas à la même époque de la dynastie.

10. Voir p. 188.

11. Nᵒ 39, liv. 19, f. 2 rᵒ.

tres ». « [Des six danses antiques], arrivé à l'époque des Tshin[1] il restait seulement les deux danses *Cháo* et *Woù*; Chì hwâng appela cette dernière *Woù hìng*, danse des cinq éléments (221 A. C.). Kào tsoù donna (201 A. C.) à la danse *Cháo* le nom de *Wên chi*, commencement civil, pour montrer qu'il n'y avait pas répétition [du passé]; il composa (203) de plus la danse *Woù tĕ*, vertu guerrière, comme symbole de la joie de l'Empire qui, la guerre achevée, était délivré des troubles. Au temple de Kào tsoù on dansait donc le *Woù tĕ*, le *Wên chi*, le *Woù hìng*. » Sous les Tcheoù il y avait encore la musique de la chambre, *Fâng tchũng yŏ*; Kào tsoù eut sa musique de la chambre[2] composée par une de ses femmes de second rang et, comme il aimait de prédilection la musique de Tchhoù, sa musique de la chambre en était inspirée; « l'empereur Hyáo-hwéi (195-188) donna à cette danse le nom de *Ngăn chi*, qui pacifie le monde. Kào tsoù fit encore (201) les danses *Tcháo yŏng* et *Li yŏng*; le *Tcháo yŏng* était dérivé du *Woù tĕ*, le *Li yŏng* du *Wên chi* et du *Woù hìng*... Wên tí (180-157) fit lui-même la danse *Seù chi*, des quatre époques, pour manifester la tranquillité de l'Empire... Hyáo-kìng (157-141) tira de la danse *Woù tĕ* la danse *Tcháo tĕ* et l'offrit au temple de Tháï tsòng (Hyáo-wên). Hyáo-syuĕn (74-49) tira du *Tcháo tĕ* la danse *Chéng tĕ* et l'offrit au temple de Chì tsòng (Hyáo-woù). Pour les empereurs Hàn [autres que Kào tsoù], on exécutait les danses *Wên chi*, *Seù chi*, *Woù hìng*. A l'époque de Woù tí (141-87), le roi Hyĕn de Hô-kyĕn avec maître Mào et d'autres chercha dans le *Tcheoù kwăn* et dans les sages les passages qui parlaient de musique; il en fit le *Yŏ ki* et il présenta la danse *Pă yì*, des huit groupes de danseurs, qui ne différait pas de celle de la famille Tchi. »

« Quand Kào tsoù eut affermi l'Empire[3], il passa par Phéi (196); il s'y réjouit avec les vieillards qu'il avait connus; il s'enivra de vin, il ressentit du plaisir et du regret, il composa les vers du vent qui s'élève; il les fit étudier et chanter par 120 jeunes garçons de Phéi. Au temps de Hyáo-hwéi on fit du palais de Phéi un second temple principal, et tous les chanteurs durent apprendre à accompagner avec la flûte; 120 fut toujours le nombre des places. » Seù-mà Tshyĕn ajoute[4] que, lors de sa visite à Phéi, Kào tsoù se leva et dansa au chant du chœur; après sa mort, le chœur de Phéi fut autorisé à exécuter cette danse quatre fois l'an dans le temple ancestral. C'est au même règne que remonte la danse de *Pă yì*[5]; parmi les premiers fidèles de Kào tsoù se trouvait Fàn Yìn avec ses compagnons, originaires de Lâng-tchŏng[6]; ils dansaient avec grâce et agilité une danse que l'Empereur fit apprendre par des choristes; il disait qu'elle lui rappelait le combat de Woù wàng contre le tyran Tcheoù (1122 ou 1050 A. C.); Lâng-tchŏng est arrosé par la rivière Yù et dépend du pays de Pă, d'où l'expression *pă yì*. Cette danse était encore exécutée sous son nom primitif par le second des Neuf Orchestres au début des Thâng[7].

Les détails qui précèdent sont destinés à montrer la double origine des danses solennelles, les unes, traditionnelles et remontant plus ou moins exactement à une époque antérieure; les autres, chœurs de circonstance exprimant un sentiment passager, puis conservés pour rappeler les faits anciens. L'esprit créateur persista sous les Hàn, et Seù-mà Tshyĕn, liv. 24, cite encore d'autres exemples de danses de circonstance devenues rituelles; mais par la suite il n'en fut plus de même; du moins les historiens ne nous parlent plus des faits qui ont donné naissance à tel ou tel chœur, tandis qu'ils insistent sur les transformations des danses et des chants rituels et qu'ils indiquent la composition de quelques nouveaux morceaux par les fonctionnaires du bureau de la Musique. On a déjà vu sous les Hàn que le nom de plusieurs danses a été changé; ce procédé devient de règle par la suite, souvent sans raison apparente, et il est assez difficile parfois de reconnaître un chœur sous les titres variables qu'il porte successivement. Ainsi[8] la danse *Woù hìng* devient *Tá woù*, grande danse guerrière (221), puis *Heoù*, danse postérieure (420); la danse de *Pă yì* est *Tcháo woù* (221), puis *Syuĕn woù* en 273; la danse *Wên chi* est nommée *Tá cháo* en 221; mais le nom de *Cháo* est donné en 454 à la danse *Khài yŏng*. qui sous les Lyàng (vie siècle) devient *Tá tchwăng*. Quelques danses nouvelles, ou données comme telles, apparaissent[9]; ainsi la danse *Tchăng pïn* chez les Wéi au iiie siècle, les danses *Tchéng tĕ* et *Tá yù* composées par Syŭn Hyŭ (273). Très souvent les danses sont tirées les unes des autres ou combinées ensemble. Les danses de circonstance, celles d'origine populaire, sont « adaptées aux tubes et aux cordes », c'est-à-dire mises en musique régulière. Inversement, la musique d'un chœur sert, soit à la même époque, soit successivement, à plusieurs poésies, parfois à sept ou huit pièces[10]. La substitution des poésies les unes aux autres est très fréquente: ainsi[11] il y avait d'abord pour la danse de *Pă yù* quatre poésies qui devinrent toutes inintelligibles; au début des Wéi (vers 220), un fonctionnaire fut chargé de rédiger quatre nouveaux textes, ce qu'il fit en conservant, dit-on, l'inspiration et le mouvement primitifs; mais combien de fois les nouveaux auteurs n'eurent-ils ni tant de soin ni tant de talent? « Pour un chœur, en général, la poésie est le principal; on l'adapte à une mélodie ancienne; peu à peu on veut l'épandre avec les cordes et les voix, la revêtir du son du métal et de la pierre[12]. » Ces modifications étaient de règle au début de chaque dynastie, elles étaient fréquentes en tous temps; Toù Khwéi, Syŭn Hyŭ, bien d'autres qui ont été nommés dans la première partie de ce travail, ont d'abord eu mission de corriger les hymnes, et c'est en partant de là qu'ils sont arrivés à réformer l'orchestre et à régulariser les tuyaux sonores.

De même que sous les Hàn, de même sous les Tsin il y eut trois danses principales, *Woù chi*, *Hyĕn hī*, *Tchăng pïn*. La coutume de tenir deux ou trois chœurs

---

1. N° 30, liv. 19, f. 1. — N° 36, liv. 22, f. 9.

2. Le n° 36, liv. 22, ff. 10 à 21 (cf. n° 35, tome III, pp. 605 à 629) donne le texte de « 17 hymnes de l'intérieur de la maison pacificateurs du monde », puis de « 19 hymnes des sacrifices kiao ». Ces derniers sont les hymnes de Seù-mà Syáng-joù. Les 17 autres se rapportent à la danse *Ngăn chi* et à la musique de la chambre ou de la maison; ce sont, en effet, des hymnes en l'honneur des Ancêtres; je ne sais s'il faut les faire remonter à la dame de Thâng-chăn. épouse secondaire de Kào tsoù.

3. N° 36, liv. 22, f. 9 v°. Phéi, aujourd'hui dans le Syù-tcheoù foù, Kyăng-soù.

4. N° 34, liv. 8, f. 34 r°; liv. 24, f. 2 v°. — N° 35, tome II, p. 396, etc.; tome III, p. 234.

5. N° 41, liv. 22, f. 20. — N° 45, liv. 29, f. 3 v°.

6. Au Pào-nìng foù, Seù-tchhwăn.

7. N° 46, liv. 21, f. 12 r°.

8. N° 39, liv. 19, f. 2. — N° 42, liv. 15, ff. 1, 2.

9. N° 42, liv. 15, f. 1 v°.

10. Un grand nombre de ces poèmes, ainsi que des hymnes non accompagnés de danses, et aussi des poésies des banquets, sont conservés dans les histoires dynastiques; dans quelques-unes ils forment des livres entiers. M. Chavannes (N° 35, tome III, p. 605 et sq.) a traduit les hymnes des premiers Hàn. Une étude littéraire et rhythmique sur l'ensemble de ces poésies officielles ne manquerait pas d'intérêt.

11. N° 41, liv. 22, f. 20 v°.

12. N° 42, liv. 15, f. 19 r°.

pour plus solennels est générale. Nous la retrouvons chez les Thàng. « Les Swèi avaient la danse civile, *Wén wou*, et la danse militaire, *Wou wou*[1]. Quand Tsoù Hyào-swèn fixa la musique, il appela la danse civile *Tchi khàng*, la danse militaire *Khài ngàn*. Pour chacune il y avait 64 choristes. Les choristes civils tenaient de la main gauche la flûte *yŏ* 74, de la main droite le ti, bouquet de plumes de faisan; y compris les deux chefs de chœur munis de leur guidon, tous portaient le bonnet *wei mào* [de toile noire], le col noir, écru ou rouge, la robe large, la culotte blanche, la ceinture de cuir, les souliers de peau noire. Les choristes militaires tenaient au bras gauche le bouclier, de la main droite la hache; deux hommes placés en avant portaient les drapeaux, deux tenaient les tambours à manche 62, et deux les sonnettes *tŏ* 4; il y avait deux chwèn 3 tenus par quatre hommes et joués par deux hommes; deux hommes tenaient des cymbales 16; les joueurs de syàng 164 à gauche, les joueurs de yà 50[2] à droite, au nombre de deux [de chaque côté], étaient rangés le long du chemin. Ils portaient la coiffure carrée unie; le reste, comme les choristes civils... Aux sacrifices kyāo dans la banlieue et dans les temples, à la première oblation, on danse la danse civile, à la seconde et à la dernière la danse militaire. Au temple des Ancêtres, on fait descendre les esprits avec la danse civile; aux libations dans chaque chapelle, on emploie la danse spéciale consacrée à l'Empereur que l'on prie... En 677[3] le chef de la cour des Rites, Wèi Wàn-chi, fixa les six strophes, *pyén*, de la danse *Khài ngàn*; la 1re strophe indique que le dragon s'élève et remplit l'abîme; la 2e strophe indique la pacification du Kwàn-tchòng[4]; la 3e marque la soumission de la Chine orientale; la 4e signifie que le Kyàng et le Hwài sont calmes; la 5e veut dire que les barbares du nord sont renversés; à la 6e strophe, les choristes reviennent à leur place pour rendre hommage, de même que les soldats rentrent en cohortes bien rangées. » La danse guerrière des Swèi, costumes et évolutions, est tout à fait analogue[5]; l'un et l'autre chœur ressemblent de près à la danse des Tcheoù décrite au chapitre VI : les évolutions ont un sens symbolique, rappellent une série d'événements.

Les danses spéciales à chaque Empereur[6], titre, hymne, figures, furent fixées en 640 pour les Ancêtres impériaux, et au début de chaque règne pour l'Empereur récemment défunt; des modifications diverses furent introduites plusieurs fois. Trois grandes danses nouvelles[7] furent composées et, après avoir été des danses de banquet, furent aussi exécutées dans les cérémonies de rites majeurs.

La 1re année Tchèng-kwàn (627), l'Empereur, dans un banquet[8], fit exécuter le *Tshin wàng phò tchén yŏ*, chœur du prince de Tshin qui disperse les bataillons ennemis; il expliqua à ses ministres qu'à l'époque où il était prince de Tshin, ses victoires avaient inspiré cette chanson à l'armée. Sur ce thème on composa une danse guerrière qui fut exécutée pour la première fois en 633, à la 1re lune; Wèi Tchèng, Yù Chi-nàn, Tchhoù Lyàng, Lì Pŏ-yŏ[9] eurent ordre de faire pour ce chœur une nouvelle poésie intitulée *Tshi tě*, les sept vertus; exécuté quinze jours plus tard, le nouveau chœur excita dans toute la Cour des trépignements d'enthousiasme. La danse était divisée en trois pyén; 120 danseurs revêtus de cuirasses et armés de piques se mêlaient et se séparaient, imitant les évolutions d'une armée. Dès lors ce chœur fut exécuté aux réunions plénières du début de l'année et du solstice d'hiver. En 636 il reçut le nom de *Chén kŏng phò tchén yò*; en 678, après un long oubli, il fut de nouveau exécuté en présence de l'Empereur, qui, se levant, y assista avec un respect religieux; il resta jusqu'à la fin des Thàng la danse nationale et guerrière par excellence.

La seconde des grandes danses[10], danse civile, était célébrée aux mèmes solennités que la précédente et, comme à la précédente, l'Empereur jusqu'en 682 y assista debout. En 632 l'Empereur s'était rendu au palais Khing-cheàn, qui avait été la résidence privée de son père et où lui-même était né; il y festoya avec ses ministres; à l'exemple de Kāo tsou des Hàn visitant la ville de Phéi, il accorda des grâces aux gens de la localité. Des odes et d'autres poésies furent présentées à cette occasion; Lyù Tshài[11] y adapta « les tuyaux et les cordes »; ce fut le chœur *Kŏng tchhéng khing cheàn* exécuté par 8 groupes de 8 jeunes garçons qui portaient des vêtements civils et dont les mouvements lents et dignes symbolisaient les vertus pacifiques. Ce chœur fut ensuite appelé *Kyeoù kŏng wou*. En 665 ces deux premières grandes danses furent introduites au temple ancestral en subissant quelques retouches, mais elles demeurèrent aussi dans les cérémonies palatines.

La troisième grande danse[12], due à Kāo tsŏng (649-683), symbolisait le *yuén khi*, principe primordial, le *yn* et le *yàng*, principes mâle et femelle, les *sàn tshài*, ciel, terre, homme, les quatre saisons, les cinq éléments, etc.; les 80 danseurs portaient des vêtements de cinq couleurs comme les nuages. La danse est appelée *Chàng yuén*, l'hymne est intitulé *Khing yìn*; en 676 ce chœur était joué pour les sacrifices au Ciel, à la Terre et dans le temple ancestral. D'ailleurs l'emploi de ces trois grandes danses comme danses religieuses et classiques fut combattu[13]; elles n'avaient pas la même influence sur les esprits; de plus, les 52 pyén de la première, les 50 pyén de la seconde et les 29 pyén[14] de la dernière se prêtaient mal aux cérémonies du culte.

Après les Thàng, on change les noms, les figures, l'ordre des danses, on compose des chœurs pour célébrer la présentation à l'Empereur d'objets de bon augure, pour rappeler des faits importants de la vie de la Cour; on suit ainsi la tradition établie : il est inutile de détailler ces imitations.

---

1. N° 46, liv. 21, ff. 8 et 9. — N° 63, liv. 14, f. 18 v°.

2. Pour le yà, voir aussi appendice II, p. 212, 184; le syàng était un instrument analogue (appendice II, p. 212, 164).

3. Le n° 45, liv. 28, ff. 7 et 8, qui décrit la même danse, en rapporte la composition au règne de Thài tsòng (626-649); Wèi Wàn-chi l'a seulement remise en usage.

4. Le Chèan-si actuel.

5. N° 42, liv. 15, f. 8 r°.

6. N° 45, liv. 28, ff. 3 à 5. — N° 46, liv. 21, f. 9.

7. N° 46, liv. 22, f. 2 v°.

8. N° 45, liv. 28, ff. 5 à 7; liv. 29, f. 1. — N° 46, liv. 21, ff. 9 à 11. — N° 55, liv. 33, ff. 15 à 17.

9. Wèi Tchèng (580-643), très lettré, adhérent des Thàng dès la première heure, conseiller de Kāo tsou et de Thài tsòng; poète, auteur du *Swèi choù* (N° 45, liv. 71. — N° 46, liv. 97, ff. 1 à 16). — Yù Chi-nàn (558-638), frère cadet de Yù Chi-ki, mandarin sous Yàng ti, conseiller fidèle de Thài tsòng (N° 45, liv. 72, ff. 1 à 5. — N° 46, liv. 102, ff. 5 à 9). — Tchhoù Lyàng (558-645), d'une famille mandarinale, servit les Swèi, adhéra de bonne heure aux Thàng et prit part à plusieurs expéditions; l'un des plus lettrés parmi les conseillers de Thài tsòng (N° 45, liv. 72, ff. 10 à 14. — N° 46, liv. 102, ff. 11 et 12). — Lì Pŏ-yŏ (565-648), lettré renommé, dignitaire sous les Swèi et les Thàng, auteur du *Pèi tshi choù* (N° 45, liv. 72, ff. 5 à 10. — N° 46, liv. 102, ff. 9 et 10).

10. N° 45, liv. 29, f. 1 v°. — N° 46, liv. 21, ff. 10 et 11. — N° 55, liv. 33, ff. 17 et 18.

11. Lyù Tshài († 665) musicien et astrologue (N° 45, liv. 79, ff. 8 à 13. — N° 46, liv. 107 ff. 3 à 8).

12. N° 45, liv. 29, f. 1 v°. — N° 46, liv. 21, ff. 10 et 11.

13. N° 45, liv. 28, f. 8 v°. — N° 46, liv. 21, f. 11.

14. Ici *pyén* est écrit avec un signe indiquant révolution; le signe usuel veut dire changement.

Le second élément des rites majeurs, les chœurs simples, offre un moindre intérêt. Les danses fréquemment renouvelées dans les grandes époques sont inspirées d'événements précis et les retracent en forme schématique sous les yeux de l'Empereur et de la Cour, des Dieux et des Ancêtres. Les hymnes invoquent les esprits, célèbrent les vertus des Empereurs défunts; ils sont exécutés en des occasions immuables, toujours répétées; ils n'évoquent à ce propos que des idées consacrées, des lieux communs. On a indiqué, chap. III, p. 100, et chap. XI, p. 184, à quels gestes rituels ils correspondent; ils seraient intéressants à étudier pour les idées et pour le rhythme (à 7, 5, 4, 3 syllabes); ils montreraient beaucoup de répétitions et une grande monotonie, ils apparaîtraient toujours dominés par le modèle antique et peu précisé des neuf *hyá;* mais cette étude très spéciale ne saurait trouver place ici. Des mélodies on ne sait presque rien : chaque âge cherchait à les corriger, à les rapprocher d'un idéal ancien mal défini; aux époques les plus savantes, on voulait leur appliquer le principe de la transposition, encore plus qu'aux mélodies des rites mineurs. Comme les mélodies des chœurs avec danses, celles-ci étaient renouvelées au début de chaque dynastie, parfois pendant la durée même de la dynastie. En quoi consistaient ces changements? On trouvera ici quelques indications sur ce travail perpétuel de réfection.

« A l'époque[1] de Kăo tsoù (206-195), Choŭ-swĕn Thŏng[2], s'inspirant des musiciens des Tshin, composa les hymnes du temple ancestral. Quand le grand invocateur allait recevoir l'esprit à la porte du temple, on exécutait l'hymne *Kyă tchi,* heureuse arrivée;... quand l'Empereur entrait dans le temple, on exécutait l'hymne *Yòng tchi,* durable arrivée, pour servir de rhythme à sa marche;... quand on présentait les vases de mets secs, on exécutait un hymne *tĕng kŏ*[3] qui était seulement chanté sans que les flûtes ni les cordes se mêlassent à la voix humaine;... le *tĕng kŏ* étant achevé pour la seconde fois, on exécutait l'hymne *Hyeoŭ tchkéng,* heureux et parfait;... quand l'Empereur était assis dans l'aile orientale, on exécutait l'hymne *Yòng ngăn,* repos durable; les rites parfaits étaient accomplis. » Plusieurs de ces hymnes sont rapprochés des neuf *hyá,* mais il n'y a pas imitation, et l'on suit plutôt les règles des Tshin, contre lesquelles la réaction des lettrés n'a pas encore commencé.

« Sous l'empereur Woŭ (141-87) on fixa les sacrifices dans la banlieue[4]; on sacrifia au Thái yǐ... et à la Terre souveraine[5]... Alors on établit le bureau de la Musique, on choisit des poésies et on les chanta pendant la nuit[6]; il y avait des chansons de Tchào, de Tái, de Tshin, de Tchhoù[7]. De Lì Yĕn-nyĕn, on fit le préposé général à la musique; en plus on nomma Seŭ-mà Syáng-joŭ et d'autres, quelques dizaines d'hommes : ils composèrent des odes et des foŭ[8], ils discutèrent les lyŭ et accordèrent les airs des huit sortes d'instruments, ils firent les 19 hymnes[9]. »

Si nous touchons encore ici aux chants populaires, nous ne trouvons par la suite que des hymnes de poètes officiels[10]. Les Tsin, les Sóng, les Tshǐ suivirent à peu près l'ordonnance générale du temps des Hán; il en fut de même dans les Etats du nord[11], chez les Tshǐ du nord et les Tcheoŭ. Les Lyáng avaient d'abord employé les hymnes des Sóng de 454 et 473; en 502, revenant au modèle des Tcheoŭ, ils décidèrent que tous les hymnes officiels seraient intitulés *yá,* c'est-à-dire correct, que le nombre en serait fixé à 12, nombre des mois, donc nombre céleste; on eut ainsi l'hymne *Tsyŭn yá* pour l'entrée et la sortie des fonctionnaires, l'hymne *Hwáng yá* pour les mouvements de l'Empereur, l'hymne *Yin yá* pour le Prince héritier, etc. Le même principe fut suivi sous les Swĕi[12] avec les 5 hymnes en *hyá,* sous les Thăng[13] avec les 12 hymnes en *hwó* exécutés pour la première fois en 628 (voir p. 99), sous les Sóng[14] avec les 12 hymnes en *ngăn* (960) portés au nombre de 21 en 1034.

De la seconde section de l'orchestre des Hán nous ne connaissons guère que le nom, qui rappelle deux des parties du *Chǐ kĭng;* cet orchestre jouait lors des cérémonies traditionnelles du tir, ainsi que dans l'école impériale, rapprochement naturel, puisque les banquets de district et le tir à l'arc couronnaient l'éducation. Nous sommes tentés de rattacher à cet orchestre les mélodies de quatre pièces du *Chǐ kĭng,* mélodies antiques que Toŭ Khwêi au III° siècle transmit à ses élèves du royaume de Wéi[15]; les quatre pièces étaient[16] *Loŭ ming (Syăo yá,* I, 1), *Tcheoŭ yú (Kwĕ fŏng,* II, 14), *Fá thăn (id.,* IX, 6), *Wĕn wăng (Tá yá,* I, 1). Mais dès le règne suivant, dans la période Thái-hwó

---

1. N° 36, liv. 22, ff. 8 et 9.

2. Choŭ-swĕn Thŏng, docteur sous les Tshin, adhérent du parti de Tchhoù, puis des Hán en 205, organisa les rites de la nouvelle Cour (N° 34, liv. 99, ff. 5 à 9. — N° 36, liv. 43, ff. 10 à 14).

3. L'expression *tĕng kŏ* présente des emplois variés; ici, dans un sens spécial, elle semble désigner un certain genre de chants.

4. N° 36, liv. 22, ff. 9 et 10.

5. Le livre 28 des *Chǐ ki* (N° 34) donne de copieuses indications sur les innovations religieuses de l'époque; voir n° 35, tome III, p. 413, etc.

6. Les sacrifices sont en général célébrés à l'aube, avant le lever du soleil; ceux du Thái yǐ remplissaient toute la nuit. On choisit, dit le commentateur Yĕn Chǐ-koù (postnom Tcheoù, 581-645, petit-fils de Tchǐ-thwĕi, lettré, mandarin et dignitaire sous Thái tsŏng, annotateur du *Hán choŭ.* — N° 45, liv. 73, ff. 5 à 7. — N° 46, liv. 198, ff. 6 à 8), des chants populaires afin de connaître la moralité et le gouvernement de chaque région.

7. Tchào, aujourd'hui le Kwáng-phing foù au Tchǐ-li; Tái, le Syŭenhwá foù, même province, et région de Tá-thòng au Chăn-sǐ; Tshin, au Cheàn-sǐ; Tchhoù, au Hoŭ-pei.

8. Voir p. 184, note 10.

9. Voir p. 187, note 2.

10. N° 42, liv. 13, ff. 4 et 5; liv. 14, ff. 1 v°, 15 r°. On peut citer : Foŭ Hyuĕn, hymnes religieux en 266 (N° 41, liv. 22, ff. 5 à 10); — Tchhĕng-kŏng Swĕi, Syŭn Hyŭ, Tchăng Hwá, hymnes palatins en 269 (id., id., ff. 12 à 19); — Tshào Phi et Wáng Syŭn, hymnes en l'honneur des Empereurs défunts, 376-396 (id., liv. 23, ff. 2 à 4); — hymnes des Sóng par Yĕn Yĕn-tchǐ, Syé Tchwăng, Wáng Chăo-tchǐ (N° 39, liv. 20, renferme aussi les hymnes des Tsin); — Chĕn Yŏ, les douze hymnes des Lyáng, en 502 (N° 42, liv. 13, ff. 7 à 14); — hymnes des Wĕi du nord, début du v° siècle (id., liv. 14, ff. 2 à 13); — hymnes des Tcheoŭ, en 566 (id., liv. 14, ff. 15 à 22); — hymnes des Swĕi par une commission de mandarins, en 601 (id., liv. 15, ff. 9 à 18); — Tsoŭ Hyáo-swĕn en 628, Tchhoù Lyáng et autres en 632, etc., hymnes des Thăng (N° 45, liv. 30 et 31). Parmi les personnages nommés pour la première fois ici, on peut noter : Foŭ Hyuĕn (217-278), issu d'une famille mandarinale, lui-même lettré et haut dignitaire (N° 41, liv. 47, ff. 1 à 7); — Tchhĕng-kŏng Swĕi (231-273), mandarin, musicien et poète, travailla à la révision du code (N° 41, liv. 92, ff. 3 à 7); — Tchăng Hwá (232-300), lettré et homme d'Etat, anobli, massacré dans les troubles (N° 41, liv. 36, ff. 15 à 25); — Tshào Phi, lettré, poète et mandarin, d'une famille mandarinale (N° 41, liv. 92, ff. 18 à 21); — Wáng Syŭn (347-398), fils et petit-fils de mandarins, lettré érudit, apprécié par Hyáo-woŭ tì (372-396) (N° 41, liv. 65, ff. 12 à 14); — Yĕn Yĕn-tchǐ (384-456), calligraphe, écrivain, mandarin, renommé pour son ivrognerie (N° 39, liv. 73 et N° 43, liv. 34, ff. 1 à 4); — Syé Tchwăng (421-466), haut dignitaire, mis à mort (N° 39, liv. 85, ff. 1 à 8 et N° 43, liv. 20, ff. 4 à 6); — Wáng Chăo-tchǐ (380-435), issu d'une famille qui fournit un grand nombre d'hommes distingués, mandarin, périt dans des troubles (N° 39, liv. 60, ff. 7 à 9 et N° 43, liv. 24, ff. 9 et 10); — Chĕn Yŏ (441-513), fils d'un fonctionnaire décapité en 453, devint haut dignitaire; célèbre comme lettré et respecté pour son austérité; auteur du *Sóng choŭ* (N° 39, liv. 100; *Lyáng choŭ,* liv. 13, ff. 3 à 12 et N° 43, liv. 57, ff. 1 à 9).

11. N° 42, liv. 13, f. 6 r°.

12. N° 42, liv. 15, f. 9.

13. N° 45, liv. 28, f. 2 v°. — N° 46, liv. 21, ff. 6 à 8.

14. N° 53, liv. 30, ff. 2, 7 v°.

15. N° 39, liv. 19, f. 5. — N° 41, liv. 22, ff. 10 à 12.

16. N° 2. — N° 13, pp. 28, 117, 174, 319.

(227-232), Tsò Yèn-nyên[1] conservant les titres changea le texte des trois dernières odes et leur fit de nouveaux airs, « sons et rhythme » comme dit l'historien : que restait-il alors de ces précieux monuments de l'art des Hàn? Seule l'ode *Loù ming* demeura intacte, et l'on continua de la chanter le premier jour de l'année à la cour plénière. Mais bientôt sur l'air du *Loù ming* on adapta l'éloge de Woù ti[2]; sur les deux premiers airs composés par Tsò on mit les louanges de Wèn ti et de Ming ti[3]; comme quatrième numéro on reprenait le *Loù ming*, texte ancien et mélodie ancienne. Au début des Tsìn ces airs servirent dans les sacrifices et dans les banquets rituels. Mais en 269 Syùn Hyù et les deux autres poètes musiciens de l'époque furent chargés d'arranger les airs et de faire des poésies conformes aux sentiments rituels du premier jour de l'année; quelques années plus tard Tchhèng-kòng Swèi composa encore d'autres pièces. Ces chœurs ne survécurent pas aux Tsìn, rien ne resta donc du deuxième orchestre des Hàn; c'est seulement sous les Thàng que l'on remit en honneur les banquets de district et le rite du tir à l'arc avec les odes du *Chī kīng* convenant à ces cérémonies; aucune indication n'est donnée pour les mélodies ni pour l'orchestre des banquets de district; pour le tir à l'arc, rite militaire, on employait l'orchestre de marche[4].

Le troisième orchestre des Hàn eut une fortune bien différente et sous sa forme simple et dans ses développements. En opposition avec la musique rituelle et le plus souvent strictement réglée des deux premiers orchestres, celle des banquets s'est constamment renouvelée sous des aspects très divers : chœurs de circonstance sortis du peuple ou de la Cour, chants venant de toutes les provinces où les dynasties successives ont assis leur pouvoir, airs et danses barbares, tours d'adresse et de magie, tout cela s'y trouve côte à côte, subit et exerce des influences. On étudiera d'abord la musique des banquets dans sa forme la plus simple, purement chinoise, dominante pendant la première partie des huit cents ans qui séparent l'avènement des Hàn de celui des Thàng.

Les chants et les danses n'étaient pas seulement l'expression rare de sentiments violents, ou graves, ou joyeux, en un mot extraordinaires; ils avaient place dans la vie de tous les jours. Leur signification sociale et morale était si bien reconnue que dans l'antiquité le Fils du Ciel se faisait présenter les poésies populaires et les examinait[5]; cette coutume se perdit sous les Hàn, et Woù ti employa la poésie surtout dans les sacrifices et pour célébrer les signes de bon augure. Du moins la danse conserva sa place dans tous les festins[6]; quand l'ivresse commençait à venir, les convives se levaient et dansaient tour à tour, souvent ils exécutaient des danses provenant de leur pays d'origine ou qu'ils avaient eu l'occasion de voir;

donc rien de convenu dans ces réjouissances, au contraire la plus grande diversité. Cet usage est mentionné par le *Chī kīng*, il se retrouve à la cour des Hàn, des Wèi, des Tsìn; c'est seulement sous les Sóng qu'il s'efface, et alors, pour conserver ces anciennes danses (période Tà-ming, 457-464), on en fixe la musique et on les fait exécuter par des choristes dans la cour devant la salle impériale; les poètes impériaux par ordre composent de nouvelles poésies : ainsi Yù Hwò[7] sous Ming ti (465-472). Du jour où les convives ne sont plus des choristes occasionnels, mais des spectateurs, les danses commencent de se modifier : des professionnels apprennent et exécutent les chœurs; les musiciens barbares, qui varient le spectacle, se répandent de plus en plus.

La danse *Kōng mò*, nommée danse du linge, *Kīn woù*, sous les Tsìn et les Sóng[8], rappelait l'entrevue de Kào tsoù, alors roi de Hàn (206), avec son ennemi Hyàng Tsi; Hyàng Tchwàng, partisan de ce dernier, dansait la danse du sabre, *Kyén woù*, et cherchait à atteindre le roi de Hàn, tandis que Hyàng Pò, dansant aussi, étendait ses manches et les séparait; Hyàng Pò s'écria : « Seigneur, ne touchez pas au roi de Hàn. » Les deux premiers mots, *kōng mò*, devinrent le nom de la danse. On se servait d'un linge pour imiter les manches flottantes de Hyàng Pò. Texte du chant, *Sóng choù*, liv. 22, f. 10 v°; rhythme irrégulier.

La danse du fourreau[9], *Pi woù*, al. *Pi chèn woù*, était déjà exécutée dans les banquets sous les Hàn, mais on en ignore l'origine; elle fut dansée d'abord par deux groupes de 8 choristes, puis par 8 groupes de 8 à partir de Hwàn Hyuèn[10] et de son usurpation (403); pour le chant il y avait cinq textes anciens et cinq de la période Thài-chì (265-274) : textes en pentasyllabes et en tétrasyllabes, *Sóng choù*, liv. 22, ff. 1 à 7; *Tsìn choù*, liv. 23, ff. 15 à 19. Connue sous les Thàng sous le nom de *Ming tchī kyūn*, d'après le début de l'un des textes du IIIᵉ siècle. Le *Swèi choù*[11] identifie cette danse avec celle de *Pà yù* (voir p. 187), sans donner la raison de cette opinion. Il faut se garder de confondre ce chœur avec un autre[12] qui est appelé seulement *Ming kyūn* et auparavant *Tchào kyūn*; le texte ancien est en 4 pentasyllabes; ce sont les plaintes mises dans la bouche de cette Wàng Tshyàng, surnommée Tchào kyūn, fille du harem qui fut donnée en mariage au khàn des Huns (33 A. C.) et dont les aventures imaginaires forment le thème d'un drame célèbre de l'époque des Yuèn, le *Hàn kōng tchheoù*[13]. D'ailleurs ce récit provenant de la Cour du sud, l'air en était du pays de Woù. Le *Sóng choù*, liv. 22, f. 12, donne sous le titre de *Ming kyūn tà yà* une poésie en pentasyllabes qui n'offre aucun rapport de sens avec l'anecdote de la dame Tshyàng; mais l'on sait que les textes nouveaux étaient sans aucune précaution accommodés à des mélodies connues.

La danse du chasse-mouche, *Foù woù*, du pays de Woù[14], est connue encore sous d'autres titres, *Pò foù woù*, *Pò foù kyeoù woù*, qui n'offrent aucun rapport

---

1. Il appartenait à l'école de Toù Khwèi (N° 37, section des Wèi, liv. 29, f. 11).

2. Tshào Tshào (155-220), se distingua contre les rebelles (184), rétablit l'ordre dans l'Empire; ministre (208), prince (216); son fils Phèi fut le premier empereur des Wèi et lui donna le titre posthume d'empereur (N° 37, section des Wèi, liv. 1).

3. Wèn ti (220-226), nom impérial de Phèi, fils de Tshào Tshào, né en 188; son fils Jwèi, né en 205, est l'empereur Ming (226-239) (N° 37, section des Wèi, liv. 2 et 3).

4. N° 46, liv. 16, f. 10; liv. 19, f. 14.

5. N° 39, liv. 19, f. 14 r°.

6. N° 39, liv. 19, f. 15 r°.

7. Yù Hwò, lettré et petit mandarin, seconde moitié du Vᵉ siècle, sous les Sóng (N° 43, liv. 72, f. 7).

8. N° 39, liv. 19, f. 14 v°. — N° 43, liv. 20, f. 3 v°. — N° 34, liv. 7, f. 14, etc. — N° 35, tome II, p. 278.

9. N° 39, liv. 19, f. 14 r°. — N° 41, liv. 23, f. 15 r°. — N° 45, liv. 20, f. 4 r°.

10. Hwàn Hyuèn (369-404), d'une famille mandarinale au service des Tsìn, homme remarquablement doué; il s'empara du trône avec le titre d'empereur de Tchhoù et fut tué l'année suivante (N° 40, liv. 97, ff. 1 à 7. — N° 41, liv. 99, ff. 1 à 22).

11. N° 42, liv. 15, f. 21 v°.

12. N° 45, liv. 20, ff. 3 et 4.

13. 1ʳᵉ pièce du recueil *Yuèn jèn tsà kì pò tchòng*, formé par Tsàng Tsin-choù (1615) réédition postérieure à 1644 (Catalogue 4331-4338).

14. N° 39, liv. 19, ff. 14 et 15.

de sens, mais seulement une analogie de sons : le nom vient donc probablement du dialecte local. Quant au texte, il exprime les plaintes des gens de Woû qui, à propos de la tyrannie de leur souverain Swēn Hào[1], souhaitent de se soumettre aux Tsin; ce n'est donc pas une poésie de la dynastie des Woû. Cinq textes en tétrasyllabes et trisyllabes, *Tsín choû*, liv. 23, ff. 19 à 21; *Sòng choû*, liv. 22, ff. 8 à 10.

La danse de la sonnette, *Tò woû*[2], remonte aux Hàn; la poésie (foù) de Tchhēng-kōng Swēi parle de cette danse en ces termes : « le fourreau et la cloche sont dansés dans la cour, les instruments des huit espèces sont tous rangés. » Deux textes en vers irréguliers, *Sòng choû*, liv. 22, ff. 7 et 8.

La danse des coupes et des plateaux, *Pēi phàn woû*[3], serait la danse *Chī níng* des années Thái-khāng (280-289); les danseurs tournaient et retournaient dans leurs mains des coupes et des plateaux; déjà à l'époque des Hàn existait le *Phàn woû*; il est probable que les coupes furent ajoutées par les Tsin. Un texte : tercets formés de deux trisyllabes et un heptasyllabe, chaque tercet construit sur une rime; *Sòng choû*, liv. 22, f. 10.

La danse de l'ortie blanche, *Pò tchoû woû*[4], est encore une danse méridionale, puisque cette ortie croît au pays de Woû; d'ailleurs un texte des Tsin parle de *pò syù*, et c'est encore dans la prononciation de Woû que *tchoû* et *syù* peuvent se rapprocher. Chèn Yù composa un nouveau texte. Une chanson totalement différente sous un titre semblable, *Pò tchoû khyù*, circulait à l'époque de l'auteur du *Kyeoû thàng choû*. Trois textes en heptasyllabes, *Sòng choû*, liv. 22, f. 11.

Le *Tàn kō*, chant isolé[5], est un exemple rare de chœur resté sans accompagnement : un chanteur entonnait, trois autres reprenaient avec lui. Déjà chanté sous les Hàn, ce chœur plaisait particulièrement au fondateur des Wéi, Tshào Tshāo, et à son successeur, Wèn tí; l'un et l'autre composèrent pour cette mélodie des poésies très diverses de forme et d'étendue; il existait aussi plusieurs textes anciens d'allure populaire; *Sòng choû*, liv. 21, ff. 1 à 5. Sous les Tsin, le *Tàn kō* tomba en désuétude.

Sur le *Tseû yé kō*[6], les historiens nous apprennent seulement que ce chant était triste, que sous les Tsin les esprits le chantèrent plusieurs fois pour annoncer des catastrophes, par exemple dans la période Thái-yuēn (376-396). L'auteur en était une femme nommée Tseû-yé. Plusieurs lamentations ou complaintes figurent parmi les pièces de cette lon-

gue époque troublée : *Thuàn chēàn kō*, chanson de l'éventail rond, plaintes d'une esclave amoureuse battue par sa maîtresse; *Tchàng chī pyèn*, les malheurs du tchàng-chī Wàng Hīn qui va être défait par l'ennemi; *Toû hoû kō*, lamentations adressées par une femme à l'officier (toû-hoû) qui lui conte les funérailles de son mari tué à l'ennemi; *Toû khyù kō*, plaintes d'un officier condamné à mort, etc. L'appréhension des calamités de l'existence, la mélancolie d'un homme qui est devenu empereur et qui se rappelle son humble passé[7], les regrets d'un général en campagne qui songe au retour[8], l'émotion romantique d'un prince qui entend les chants des femmes du peuple pendant la nuit[9], sont des sentiments plusieurs fois exprimés. La plupart des chœurs de cette époque ont une histoire, les auteurs en sont connus. Parmi ces poètes musiciens on compte plusieurs empereurs. Choû-pào, le dernier souverain des Tchhèn (règne 582-589), se plaisait à faire des vers, à les mettre en musique, à les faire chanter par les femmes du harem et les ministres[10]; on cite de lui surtout le *Yù choû heoû thìng hwà*, si émouvant qu'on ne pouvait l'entendre sans pleurer : présage assuré de la chute de la dynastie. Le *Fàn lòng tcheoû*, le bateau dragon qui vogue[11], est de Yàng tí (604-618), l'impérial prodigue dont l'un des plaisirs les plus goûtés était de voyager dans de grandes barques luxueusement ornées. Aucun texte n'indique si une danse ou une mimique accompagnait ces chants, en partie inventés pour les voix seules et plus tard adaptés aux cordes et aux flûtes; du moins on y aperçoit souvent l'élément scénique : une action peut facilement entourer la situation, et un drame en sortir, comme il est arrivé pour les malheurs de Tchào kyün.

Ce qui a subsisté de ces chants et de ces chœurs, nés du IIIe siècle A. C. au VIIe siècle P. C., a formé la musique aiguë[12]. Recueillis d'abord sous les empereurs Wéi, Hyào-wēn (470-499) et Syuēn-woû (499-515), les airs de cette musique, au VIe siècle, sous les Tcheoû et les Swēi, étaient au nombre de plusieurs centaines; à la fin du VIIe siècle, au temps de l'impératrice Woû, il en restait 63; deux siècles et demi plus tard, quand Lyeoû Hyù composa le *Kyeoû thàng choû*, il en subsistait 32, quelques-uns avec plusieurs poèmes, ce qui faisait 37 pièces; il existait de plus 7 mélodies dont les poèmes étaient perdus. Aujourd'hui quelques-uns des textes se retrouvent chez les historiens; pas une mélodie ne reste; les titres ne sont même pas cités dans les recueils musicaux[13]. Sous les Thàng,

---

1. Swēn Hao (242-283). 4e et dernier souverain (264-280) de la dynastie des Woû, se signala sur le trône par sa cruauté et ses débauches; détrôné par les Tsin (N° 37, section des Woû, liv. 3, ff. 15 à 46).

2. N° 45, liv. 29, f. 4 r°. — N° 42, liv. 15, f. 21 v°. — N° 39, liv. 19, f. 14 r°.

3. N° 41, liv. 23, f. 23 v°.

4. N° 39, liv. 19, f. 15 r°. — N° 45, liv. 29, f. 4 r°.

5. N° 39, liv. 21, f. 1 r°.

6. N° 39, liv. 19, ff. 13 et 14. — N° 45, liv. 29, f. 4.

7. *Koû khò yò*, par Woû tí des Tshí (482-493); chanson plus tard nommée *Chàng lyù hìng* (N° 45, liv. 29, f. 5).

8. *Sí woû yé fèi*, par Chèn Yeoû-tchī en 477 (N° 45, liv. 29, f. 5 r°). L'auteur, fonctionnaire au service des Sòng, fut vaincu et réduit au suicide en 478 (N° 43, liv. 37, ff. 8 à 13, et N° 39, liv. 74, ff. 14 à 26).

9. *Syàng yáng wàng yò*, par Tàn, roi de Swéi (449) (N° 45, liv. 29, f. 5 r°.)

10. N° 45, liv. 29, f. 6 r°.

11. N° 45, liv. 29, f. 6 r°.

12. N° 40, liv. 109, ff. 14 et 15. — N° 45, liv. 29, f. 3. — N° 46, liv. 22, ff. 1 et 2. Le terme *tshìng chàng*, 2de aiguë ou 9e, pour désigner un genre de musique, se trouve dans un rapport de 478 (N° 39, liv. 19, f. 15 r°) : le directeur de la Musique fut mis à la tête du nouveau bureau. Dans le *Thàng choû*, le passage sur la musique aiguë débute par des phrases assez obscures qui nous révèlent l'origine, non le sens précis,

de quelques termes musicaux tombés en désuétude au Xe siècle. « Le *pèi-seû* appartient originairement à la musique aiguë; par sa forme il se rapproche de l'orchestre classique; les airs viennent de la section des barbares boû (du nord). Il y a de plus le nom de *yìn tseû*, la règle du *tchòng kwàn* : tous sont des instruments répondant aux lyù (d'accord avec les lyù?), qui étaient usités aux âges précédents. Mais ils ne se sont pas transmis aux hommes plus récents, et on a employé des noms différents. »

13. Voici les titres donnés par le n° 45, liv. 29, f. 3 :

1. *Pò syù* attribué à Sòng Yù (IVe siècle A.C.), l'un des auteurs des *Tchhoû tsheû*.
2. *Kòng mò woû* (p. 190).
3. *Pà yà* (p. 187).
4. *Míng kyùn* (p. 190).
5. *Fòng tsyàng tchhoû* (époque des Hàn).
6. *Míng tchī kyùn* (p. 190).
7. *Tò woû* (p. 191).
8. *Pò kyeoû* (p. 190).
9. *Pò tchoû* (p. 191).
9 bis. *Seû chī kò* (autre texte pour le 9).
10. *Tseû yé* (p. 191).
11. *Thsyèn khī*, par Chèn Tchòng (époque des Tsin).
12. *Nyù tseû kì hwàn wèn* (Tsin, 357).
13. *Thuàn chēàn* (p. 191).
14. *Nyào nào* (Tsin, 397).
15. *Tchàng chī pyèn* (p. 191).
16. *Toû hoû* (p. 191).
17. *Toû khyù* (p. 191).
18. *Woû yé thī* (Sòng, 440).
19. *Chī tchhèng*, époque des Sòng, auteur Tsàng Tchi, haut dignitaire issu d'une famille manda-

ce genre de chants de circonstance fut également cultivé[1] : il y eut ainsi les *Hwäng tshäng tyë khyä* en l'honneur d'un cheval de Thái tsöng, mort dans l'expédition de Corée; il y eut le *Yi lái pīn tchī khyä*, composé par le général Li Tsï[2] après la soumission du Lyào-töng. Plusieurs chœurs de cette dynastie ont été cités déjà à propos des rites majeurs, d'autres se retrouveront plus bas. L'époque est fertile en artistes de talent, en souverains et en grands seigneurs cultivés et délicats; la production musicale augmente et se renouvelle; elle amalgame les éléments existants, chinois et étrangers; elle tend à confondre les genres auparavant distincts; c'est ainsi que l'on introduit dans les grands rites quelques chœurs des banquets.

La musique des banquets, dite *yén yò*, *tsù yò*, *soü yò*, est du domaine des Sept Orchestres, qui deviennent ensuite les Neuf Orchestres, puis les Dix Orchestres. « Pour la première fois[3], au début de la période Khäi-hwäng (vers 581), on fixa et on établit les Sept Orchestres. Le premier s'appelle les jongleurs des royaumes, *Kwë ki;* le second s'appelle les jongleurs de la 2 aiguë, *Tshīng chäng ki;* le troisième s'appelle les jongleurs du Korye, *Käo-li ki;* le quatrième s'appelle les jongleurs de l'Inde, *Thyën-tchoü ki;* le cinquième s'appelle les jongleurs de Boukhâra, *Ngän kwë ki;* le sixième s'appelle les jongleurs de Koutcha, *Kyeoü-tseü ki;* le septième s'appelle les jongleurs de Wên-khäng, *Wên khäng ki.* En outre, mêlés ensemble, il y a des musiciens de Kâchgar, *Soü-lë*, du Cambodge, *Foü-nán*, de Samarkand, *Khäng kwë*, du Païktchei, *Pö-tsi*, des Turks, *Toü-kyuë*, du Sillà, *Sīn-lò*, du Japon, *Wö kwë*. Ensuite Nyeoü Hông demanda de conserver les quatre danses du fourreau, de la sonnette, du linge du chasse-mouche et de les ranger auprès des nouveaux musiciens[4]. Il disait que ces quatre danses depuis les Hán et les Wéi étaient toutes exécutées dans les banquets... On reconnaîtra [ajoutait-il] que si ce n'est pas de la musique rituelle, ce sont de vieux airs des âges précédents. » Sur la demande de Nyeoü Hông, ces danses furent exécutées dans les banquets avant la musique des Si-lyàng. Les chœurs barbares étaient vus de mauvais œil par les lettrés puristes[5]; Yên Tchī-thwëi[6] en 582, puis en 589, voulut ramener la musique aux règles chinoises des Lyàng. « La musique des Lyàng est celle d'un État qui a péri; pourquoi irions-nous l'employer? » répliqua Käo tsoü, rendant hommage à l'union indiscutée de la musique et des principes sociaux. Tsoü Hyáo-swēn, au contraire, fut résolument éclectique, prenant pour la musique religieuse parmi les airs du sud et du nord[7].

« Pendant la période Tä-yë (605-616), Yàng tï[8] décida que la musique aiguë, les musiques des Sī-lyàng, de Koutcha, de l'Inde, de Samarkand, de Kâchgar, de Boukhâra, du Korye, la musique dite *Li pï* formeraient les Neuf Orchestres[9]. »

La musique aiguë a eu pour origine les trois mélodies en 9e qui provenaient de la musique de la chambre des Tcheoü et autour desquelles s'étaient groupés, sous les Hán, les Tsin et leurs successeurs, les nombreux chants rappelés plus haut[10]. Conservée par suite des conquêtes successives dans la région de Lyàng-tcheoü[11], cette musique fut retrouvée par les Swéi après la chute des Tchhên (589); reconnus pour vraiment chinois, les airs furent adoptés, vérifiés, complétés et confiés à un bureau dit *Tshīng chäng choü*. L'orchestre de 25 exécutants comprenait : cloche 1, 2, lithophone 23, 24, khin 112, së 116, khin à 3 cordes, kï khin 113, guitare 123, khöng-heoü 114, tchoü 119, tchëng 117, tambour tsyë 162, orgue 103, flûte droite 77, flûte de Pan 75, flûte traversière tchhi 80, ocarina 101, 2 chanteurs, 4 danseurs, soit 16 instruments presque exclusivement chinois[12].

« La musique des Sī-lyàng[13] a pris naissance à la fin de la famille Foü; Lyü Kwäng, Tsyü-khyû Möng-swën et autres ayant possédé Lyàng-tcheoü transformèrent la musique de Koutcha et firent cette musique;.... comme ils y mêlèrent des airs de Tshin, on l'appela musique de Tshin et de Hán, *tshin hán yò*,... puis vieux airs de Lö-yàng... Thái-woü, des Wéi, ayant soumis l'ouest du fleuve (439), l'obtint et le nomma musique des Sī-lyàng. A l'époque des Wéi et des Tcheoü, [cet orchestre] fut appelé jongleurs des royaumes. » Outre 2 chanteurs et 5 danseurs (un nommé *pò woü* et 4 *fäng woü*), l'orchestre[14] comprenait 27 exécutants jouant de 18 sortes d'instruments :

---

rinale, rebelle et tué en 454 à 55 ans (N° 39, liv. 74, ff. 4 à 10, et N° 43, liv. 18, ff. 14 à 17).

20. *Mô tchheou*, dérivé du 19.
21. *Syäny yäny* (p. 191, note 9).
22. *Si woü yé fei* (p. 191, note 8).
23. *Koü khò* (p. 191, note 7).
24. *Yäng pän* (Tshi, 494).
25. *Kyäo hoü* (sans date).
26. *Tchhäng lin hwän* (début du vıe siècle).
27. *Sän tcheoü* (sans date).
28. *Tshái säny*, dérivé du 27.
29. *Tchhwën kyäng hwä yuë yé*,

30. *Yü choü heoü thäng hwa* (p. 191).
31. *Thäng thäng*, par le même.
32. *Fän läng tcheoü* (p. 191).

Airs sans paroles.

33. *Phïng tyäo* } prov. de la mus.
34. *Tshïng tyäo* } de la chambre
35. *Së tyäo* } des Tcheoü.
36. *Chäng lin* }
37. *Föng tchhoü* } sans autres in-
38. *Phïng tchë* } dications.
39. *Mïng syäo* }

Le *Yö foü koü thï yäo kyäi* (N° 92), en 2 livres, est une liste de chants anciens avec des notes assez brèves sur les circonstances de leur composition et de leurs transformations; la question littéraire seule y est traitée. Il n'y a donc pas lieu d'étudier ici cet ouvrage; on y trouve au livre 1 un certain nombre des titres cités plus haut. On trouvera encore des listes de titres dans n° 58 (Y. l. t., liv. 76, f. 37, etc.); n° 96; n° 95 (Y. l. t., liv. 75, f. 3, etc.) : ce dernier ouvrage discute les poésies subsistantes, montre que les textes en sont pervertis ou douteux. Voir aussi p. 165.

1. N° 46, liv. 21, ff. 13 et 14.
2. Li Tsï (584-669), de son premier nom Syü Chí-tsï, se rallia aux Thäng dès 619 et reçut alors le nom impérial de Li; vainqueur des Turks (629), du Kokourye (645 et 668), haut dignitaire (N° 45, liv. 67, ff. 6 à 11. — N° 46, liv. 93, ff. 7 à 12).
3. N° 42, liv. 15, f. 21 v°.
4. Voir pp. 190 et 191.
5. N° 42, liv. 15, ff. 22 r°, 25 r°.
6. Yên Tchī-thwëi (531-595), mandarin sous les Tshi du nord, Tcheoü et Swéi, auteur de plusieurs ouvrages (N° 44, liv. 83, ff. 13 et 14. — *Pëi tshi choü* [livre des Tshi du nord, 550-577, par Li Pö-yö, Catalogue 50, édition de Kin-ling, 1874], liv. 45, ff. 12 à 18).

7. N° 45, liv. 28, f. 2 v°.
8. N° 42, liv. 15, f. 22 r°. — N° 46, liv. 21, ff. 12 et 13.
9. Il serait intéressant, mais déplacé ici, d'étudier d'après le n° 58 (Y. l. t., liv. 76, f. 37, etc.) les titres des airs de ces différents orchestres. L'orchestre de Koutcha, de beaucoup le plus important, avait 20 airs; pour le Korye, pour l'Inde, on n'en indique que deux. Les désignations sont *kö* ou *khyä*, chansons, *woü*, danses, etc. : on retrouve donc comme toujours l'orchestique totale. Plusieurs titres rappellent des jeux d'adresse; ainsi, *Theoü hoü*, tirer des flèches dans l'ouverture d'un vase; d'autres renferment des allusions bouddhiques; d'autres marquent l'origine géographique, ainsi *Yü-thyën fö woü*, danse bouddhique de Khotan.
10. Voir p. 191, notes 12 et 13. — N° 40, liv. 109, ff. 14 et 15. — N° 42, liv. 15, f. 22 r°. — N° 45, liv. 29, f. 3 v°. — N° 55, liv. 33, ff. 12 à 14.
11. Au Kän-soü.
12. N° 45, liv. 29, ff. 3 r° et 6. — N° 46, liv. 22, ff. 1 et 2. — N° 63, liv. 14, f. 19 r°.
13. N° 42, liv. 15, f. 22 v°; liv. 14, f. 1. — N° 45, liv. 29, ff. 6 et 7. — N° 63, liv. 14, f. 19 r°. L'expression *Sī-lyàng*, Lyàng occidentaux, employée par l'historien, n'est pas tout à fait exacte; les vrais Lyàng occidentaux sont les Li ayant régné à Thwên-hwäng (Ngän-si, au Kän-soü) de 400 à 421; Lyàng-tcheoü appartint au contraire à la famille Lyü, dynastie des Lyàng postérieurs, *Heoü-lyàng* (385-403), et à la famille Tsyü-khyû, dynastie des Lyàng septentrionaux, *Pëi-lyàng* (401-439); ces deux dynasties étaient en rapports fréquents avec Koutcha et les villes du Tarim.
14. Le *Kyeoü thäng choü*, liv. 29, ff. 6, 7 et 8, indique le costume spécial des musiciens des divers orchestres étrangers : Lyàng, Korye, Cambodge, Inde, Tourfàn, Koutcha, Kâchgar, Samarkand, Boukhâra.

cloche **1**, **2**, lithophone **23**, **24**, deux sortes de tchĕng **117**, khŏng-heoû **114**, harpe **121**, deux sortes de guitares, phi-phâ et woû hyên **123** et **128**, orgue **103**, flûte de Pan **75**, deux sortes de chalumeaux **89**, flûte traversière **81**, tambour en sablier **65**, tambour à nombril **71**, tambour porté sur l'épaule **165**, cymbales pŏ **17**, conque **86**. Les joueurs de guitare et de harpe venaient toujours d'Occident; beaucoup d'airs étaient de provenance occidentale.

« L'orchestre de Koutcha[1] a pris naissance quand Lyû Kwăng anéantit le royaume de Koutcha (384); par suite il en obtint la musique. La famille Lyû ayant disparu, son orchestre fut dispersé. Ensuite les Wéi, ayant pacifié la Chine, obtinrent de nouveau cet orchestre. Cette musique ensuite subit de grands changements. » Elle était cultivée de père en fils dans une famille brahmanique du nom de Tshào, dont le représentant le plus remarquable fut Tshào Myáo-tă, sous les Tshi. « Quand Woû tí, des Tcheoû, épousa une princesse turke..., il vint encore des musiciens de Koutcha. » Sous les Swéi il y eut trois orchestres de Koutcha, différant entre eux; cette musique avait alors si grande vogue dans le peuple et parmi les nobles que l'empereur Kăo tsoù la proscrivit par décret, sans aucun résultat; au contraire son successeur Yáng tí s'y adonna avec prédilection et fit composer par Pŏ Mĭng-tă[2], chef de la musique, des airs de ce style qui sont énumérés par le *Swéi choŭ* : les musiciens de ces orchestres étaient alors si habiles qu'ils pouvaient, après un peu d'exercice, reproduire un air entendu une seule fois. L'orchestre, de 20 musiciens, était formé de 15 instruments : harpe **121**, guitares de deux espèces, phi-phâ et woû hyên **123** et **128**, orgue **103**, flûte droite **77**, flûte de Pan **75**, chalumeau **89**; tambours mào-yuén et toû-thân **67** et **66**, tă-lă **64** et kyĕ **63**, kĭ-leoû **70**, en sablier **65**; cymbales pŏ **17**, conque **86**. Une autre énumération ajoute flûte traversière **81** et tambour heoú-thí **166**. Quatre danseurs étaient joints à cet orchestre; la danse des lions, qui eut un long succès[3], fut importée par les chœurs de Koutcha.

A l'époque où Tchăng Tchhòng-hwă[4] possédait Lyàng-tcheoû, des musiciens hindous furent offerts en présent : les paroles des envoyés étaient traduites par l'intermédiaire de quatre interprètes successifs. Un peu plus tard, le fils d'un roi de l'Inde se fit bonze; dans ses voyages il introduisit en Chine de la musique hindoue. L'orchestre hindou, formé de 12 exécutants, avait neuf espèces d'instruments : mǎyurī **156**, deux sortes de guitares **123** et **128**, flûte droite **77**, conque **86**, gong thông koû **9**, cymbales pŏ **17**, tambours mào-yuén et toû-thân **67** et **66**; le *Kyeoû thăng choû* ajoute le tambour kyĕ **63** et la flûte traversière **81**. Deux danseurs. Lorsque Yáng tí vainquit le Tchampa (605), il prit des musiciens cambodgiens (Foû-nàn); mais leur instrument, nommé par les Chinois khin à gourde (plusieurs instruments hindous contemporains pourraient répondre à cette désignation), sembla grossier, et l'on transcrivit leurs airs pour l'orchestre hindou.

Des musiciens de Samarkand[5] vinrent dans la suite de la princesse turke épousée par Woû tí, des Tcheoû; ils avaient 4 sortes d'instruments : flûte droite **77**, cymbales pŏ **17** ou gongs thông koû **9**, deux espèces de tambours **68**, **69** et kyă koû **167**; l'orchestre comprenait 7 hommes et deux danseurs; ceux-ci tournaient rapidement sur eux-mêmes; on appela cette musique la musique tournante des Hoû, *Hoû syuén yŏ.*

« Les orchestres de Kàchgar, de Boukhàra et du Korye[6] ont tous pris naissance à partir de la victoire des Wéi postérieurs sur la famille Fòng[7] et de leurs rapports avec l'Occident. » La princesse turke amena aussi des musiciens des deux pays cités d'abord. L'orchestre de Kàchgar, formé de 12 hommes, avait dix espèces d'instruments : harpe **121**, guitares de deux sortes **123** et **128**, flûte droite **77**, flûte de Pan **75**, chalumeau **89**; tambour en sablier **65**, tambours tă-lă **64**, kyĕ **63** et kĭ-leoû **70**; il faut ajouter, d'après une autre liste, tambour wŏ-thi **168** et deux danseurs. L'orchestre de Boukhàra, de 12 exécutants, avait également dix instruments : khŏng-heoû **114**, deux sortes de guitares **123** et **128**, flûte droite **77**, flûte de Pan **75**, chalumeaux simple et double **89**, deux sortes de tambours, **69** et wăng koû **169**, cymbales pŏ **17**; une liste ajoute flûte traversière **81** et deux danseurs.

L'orchestre du Korye[8] comprenait 18 musiciens jouant de 14 instruments : tchĕng **117**, khŏng-heoû **114**, harpe **121**, deux genres de guitares **123** et **128**, flûte droite **77**, orgue **103**, flûte de Pan **75**, chalumeau **89**; thào phi pi-li **170**, sorte de cornet à anche; tambour en sablier **65**, tambour à nombril **71**, tambour porté sur l'épaule **165**, conque **86**. Une autre liste porte une seconde espèce de tchĕng **117**, un grand chalumeau **89**, une flûte à bec **171**, un orgue à gourde **140**. Quatre danseurs. Cet orchestre fut renouvelé à diverses reprises; sous les Tcheoû, les musiciens coréens furent mis au nombre des jongleurs des royaumes; dans les années Tchĕng-kwan (627-649), à la suite de la guerre de Corée, on ramena encore des musiciens du Paiktchei et du Korye. Très rapidement l'orchestre du Paiktchei se dispersa; à la fin du siècle les musiciens étaient morts ou avaient disparu; pendant la période Khǎi-yuén (713-741), le bureau de la Musique ne réussit pas à reconstituer ce chœur, d'autant plus que le Paiktchei, anéanti depuis cinquante ans, avait laissé peu de traces. L'orchestre du Kokourye, qui exécutait encore 25 mélodies au temps de l'impératrice Woù (684-705), avait complètement disparu cent ans plus tard; on n'avait même pas conservé le modèle des vêtements des musiciens. Ces détails permettent de comprendre ce qui s'est passé pour bon nombre d'orchestres étrangers : les hommes sont morts, les traditions se sont perdues, mais non sans avoir marqué quelque empreinte sur la musique chinoise. Seules paraissent avoir été durables les influences de l'Asie centrale sans cesse entretenues et renouvelées.

La musique de Tourfàn[9] ne comptait pas d'abord parmi les orchestres réguliers, bien qu'elle fût connue déjà sous les Wéi occidentaux (535-557) et que des gens de Tourfàn en 586 eussent spécialement offert à

---

1. Nº 42, liv. 15, ff. 22 et 23. — Nº 45, liv. 29, f. 7. — Nº 55, liv. 33, f. 26. — Nº 63, liv. 14, f. 19 rº.

2. Ce personnage collabora plus tard (à partir de 627 avec Tsoù Hyáo-swén.

3. Voir p. 195, 2º.

4. Nº 42, liv. 15, f. 23 vº. — Nº 45, liv. 29, ff. 7, 8. — Nº 55, liv. 33, f. 25 vº. — Nº 63, liv. 14, f. 19 rº. — Tchăng Tchhòng-hwă, d'une famille chinoise qui gouvernait héréditairement le Lyàng-tcheoû depuis 301 ; Chĭ, père de Tchhòng-hwă, se déclara empereur (314) ; cet Etat de Tshyèn-lyàng dura jusqu'en 376 ; Tchhòng-hwă régna 345-352.

5. Nº 42, liv. 15, f. 23 vº. — Nº 45, liv. 29, f. 8 vº. — Nº 63, liv. 14, f. 19 vº.

6. Nº 42, liv. 15, ff. 23 et 24. — Nº 45, liv. 29, f. 8 vº. — Nº 63, liv. 14, f. 19 vº.

7. Fòng Pá, puis son frère Hòng, Chinois, d'abord au service de l'Etat barbare Heoú-yén, régnèrent dans la région de Péking de 409 à 436 : ce fut le royaume de Péi-yén, détruit par les Wéi (Nº 41, liv. 125, ff. 15 à 24).

8. Nº 42, liv. 15, f. 24 rº. — Nº 45 liv. 29, f. 8 rº. — Nº 55, liv. 33, f. 25. — Nº 63, liv. 14, f. 19 rº.

9. Nº 42, liv. 15, f. 23. — Nº 45, liv. 29, ff. 7 et 8. — Nº 55, liv. 33, ff. 11 rº, 26 rº. — Nº 63, liv. 14, f. 19 vº.

la Cour le chœur dit *Chéng ming*; quelques autres airs de même origine sont cités à la même époque par le *Swéi choŭ*. Après la conquête de Tourfàn (640), un orchestre spécial fut constitué sous la direction de la cour des Rites et admis au nombre des Dix Orchestres (642). Instruments : tambours en sablier **65**, kī-loŭ **70**, ta-là **64**, kyé **63**; flûte de Pan **75**, flûte traversière **81**, chalumeau **89**, deux espèces de guitares **123** et **128**, cornets en cuivre **87**, **88** ou **92** à **94**, khōng-heoŭ **114**. Deux danseurs.

Le dernier orchestre portait le nom de *Li-pĭ*, la fin des rites[1], parce qu'il jouait après que les autres jongleurs avaient achevé. « Yŭ Lyâng, thái-wéi des Tsin, étant mort, ses jongleurs, le regrettant, empruntèrent son apparence et, avec des faisceaux de plumes, dansèrent pour imiter son maintien. On prit son nom posthume pour désigner cette danse et on l'appela musique de Wên-khâng. » Ces airs passèrent aux Swêi après leur victoire sur les Tchhèn. L'orchestre, de 22 exécutants, était formé de 3 séries de 7 espèces d'instruments : flûte droite **77**, orgue **103**, flûte de Pan **75**, flûte traversière tchhï **80**, grelots lïng **172**, tambour à manche **62**, tambour en sablier **65**. D'après le *Thâng hwéi yáo*, cet orchestre a été supprimé en 637.

D'autres passages des historiens indiquent à diverses époques l'apport en Chine d'instruments, d'airs, d'exercices orchestiques qui n'ont pas pris place dans les orchestres rappelés ci-dessus : l'art des barbares de toutes les régions a influé sur l'art chinois bien avant et bien après les Swêi[2]. « Chi tsoù (Thái-woŭ tí), ayant vaincu Hĕ-lyén Tchhāng, prit l'ancienne musique rituelle (427); quand il pacifia Lyàng-tcheoŭ (439), il obtint les musiciens avec leurs instruments et leurs costumes; ayant fait un choix, il les conserva. Ensuite il eut des rapports avec les pays occidentaux et établit au bureau de la Musique les danses avec tambour du pays des Yué-pàn[3]... Les chants et les danses des barbares des quatre régions s'augmentant peu à peu furent admis dans la musique officielle (vers 477). »

« Les trois pays des Syén-pĭ, des Thoŭ-yŭ-hwên, des Poŭ-lŏ-kí[4] ont tous de la musique pour jouer à cheval. L'orchestre de marche *Koŭ tchhwéi* était primitivement de musique militaire et jouait à cheval; aussi, depuis les Hàn, la musique des barbares du nord dépendait en totalité du bureau Koŭ tchhwéi. C'est dans les recueils des Wéi que pour la première fois on trouve des chants du nord : ce sont ceux que les historiens des Wéi appellent « chansons de Tái des hommes vrais[5]. » A la capitale de Tái, on ordonna aux femmes du palais latéral de les chanter matin et soir. A l'époque des Tcheoŭ et des Swêi, on les exécuta mêlés avec la musique des Lyàng occidentaux; maintenant il en subsiste 53; parmi les titres, on en peut expliquer six...; ceux qu'on ne peut expliquer... sont ceux que sous les Wéi on appelait *po-lŏ-hwéi*... Les Thoŭ-yŭ-hwên sont encore une horde séparée des Moŭ-yòng[6]; on sait donc que leurs chants sont des chants syén-pĭ du temps de Yen et de Wéi; mais ces chants, musique et poésie, les gens du nord en définitive ne les comprennent pas. » Dans les recueils des Lyàng, musique de marche, dans la musique de marche des Swêi, il y a des chants portant les mêmes titres, mais la musique en est différente; vraisemblablement, ajoute l'auteur chinois, les textes s'en sont altérés avec le temps.

« La 16ᵉ année Tchēng-yuén (800), le roi de Nàn-tchào, Yi-meoŭ-syún[7], envoya un ambassadeur à Wéi Kāo, gouverneur du Kyén-nàn-sī-tchhwàn[8], disant qu'il désirait offrir des chansons des barbares »... Wéi Kāo en forma la danse *Nàn tcháo fòng chéng*... en 6 strophes et 5 systèmes; les danseurs, au nombre de 64, s'agenouillaient, se prosternaient et par leurs évolutions rappelaient le respect dû à la Cour[9]. L'empereur Tĕ tsōng alla assister à la représentation de cette danse dans la salle Lin-tĕ. L'année suivante ou en 802, à l'instigation du Nàn-tchào, le roi de Pyáo[10], Yòng-khyàng, envoya son frère Choŭ-nàn-thò, seigneur de la ville de Sī-lí-yĭ, présenter de la musique nationale par l'intermédiaire de Wéi Kāo, qui fit noter les sons et les danses. Il y avait 35 musiciens et 12 airs tous inspirés des sûtra et des çastra; on remarqua chez

---

1. N° 42, liv. 15, f. 24 rᵒ. — N° 45, liv. 29, f. 7 vᵒ. — N° 55, liv. 33, f. 25. — Yŭ Lyàng, grand dignitaire des Tsin; mort en 340.

2. N° 40, liv. 109, f. 3 vᵒ. — Hĕ-lyén Tchhāng succéda en 425 sur le trône de Hyá (boucle du fleuve Jaune) à son père Hĕ-lyén Pou-pou, qui, d'abord au service de Yào Hing, s'était déclaré indépendant en 407. Les Hĕ-lyén étaient des Huns de la famille Lyeoŭ (voir p. 82, note 6 et n° 41, liv. 130).

3. Yué-pàn, tribu habitant au nord-ouest des Woŭ-swén, c'est-à-dire dans la moyenne ou la basse vallée de l'Ili; c'étaient des Huns qui s'étaient arrêtés dans cette région, quand le khàn des Huns septentrionaux fut battu par Teoŭ Hyén (91 P. C.) et quand une partie de la population s'enfuit en Sogdiane (Khāng-kyŭ) (N° 40, liv. 102, f. 7 vᵒ).

4. N° 45, liv. 29, f. 9. — N° 46, liv. 22, f. 7. — N° 55, liv. 33, ff. 26 et 27. — Les Syén-pĭ, hordes tongouses, occupaient la haute région qui sépare le désert mongol des bassins de la Soungari et de la Nonni; vaincus par Moŭ-yòng Hwàng, une partie d'entre eux subsista dans la même région et y forma les cinq tribus des Hi ou Khoŭ-mŏ-hi (*Tcheoŭ choŭ*, liv. 49, f. 12. — N° 40, liv. 100, f. 8. — N° 42, liv. 84, f. 14). Ceux-ci avaient pour voisins de l'est les Khi-tàn qui les soumirent en fondant leur empire (voir aussi *Voyageurs chinois chez les Khitan et les Joutchen*, par M. Ed. Chavannes, *Journal asiatique*, mai-juin 1897, p. 421, note 1). De nombreuses tribus syén-pi émigrèrent au loin à diverses époques; les Thoŭ-yŭ-hwên établis sur les bords du Kouk nor étaient des Syén-pĭ. Les Poŭ-lŏ-ki ou Ki-hoŭ étaient des Huns d'après les uns, des Jòng ou des Ti, c'est-à-dire des barbares, d'après les autres; établis dans les montagnes sur la frontière du Chéan-sī et du Seŭ-tchhwàn actuels, ils jouèrent quelque rôle dans la première moitié du VIᵉ siècle (*Tcheoŭ choŭ*, liv. 49, ff. 10 à 12).

5. Tái a donné son nom au royaume fondé en 315 par les Thŏ-pŏ; voir p. 82, note 17. L'expression « homme vrai » est du vocabulaire taoïste et désigne l'adepte qui a obtenu la connaissance des mystères.

6. Voir p. 82, note 10.

7. N° 45, liv. 28, f. 11 rᵒ. — N° 46, liv. 22, ff. 7 et 8. — N° 55, liv. 33, ff. 25 et 26. — P. Pelliot, *Deux Itinéraires de Chine en Inde, Bulletin de l'Ecole française d'Extrême Orient*, 1904, p. 152. — Yi-meoŭ-syún monta sur le trône en 779; il est le troisième souverain de l'Etat de Nàn-tchào, fondé dans la région de Tā-li une cinquantaine d'années plus tôt.

8. Wéi Kāo (746-806) guerroya pour l'Empire contre les peuples de l'Occident, gouverna pendant 21 ans les provinces du sud-ouest (Seŭ-tchhwàn, Yùn-nàn, etc., d'aujourd'hui) et laissa en mourant un grand nom chez les barbares (N° 46, liv. 158, ff. 1 à 5).

9. Je suis sur ce point le texte très détaillé du n° 46, liv. 222 c), ff. 11 à 14; d'après le n° 45 et le n° 55, ce serait le roi Yi-meoŭ-syún qui aurait composé le *Fòng chéng yŏ*. L'autre version est plus vraisemblable, la description répondant bien à une représentation orchestique chinoise; chaque strophe développe et symbolise l'un des caractères du titre : le caractère *chéng*, saint, est traité de manière spéciale, ce qui implique l'usage de la langue chinoise et la connaissance des idées qui s'attachent au mot en question.

10. Le royaume de Pyáo correspond à la Birmanie, et spécialement à la région de Prome, sur l'Iraouaddi; la tribu principale était celle des Pyu ou Pru. Quant au pays de Mi-tchhèn, situé probablement aux bouches de l'Iraouaddi, c'était peut-être un Etat pégouan (Pelliot, *Deux Itinéraires*, pp. 172 à 174; voir plus haut, note 7); le *Thâng hwéi yáo* note que la musique de Mi-tchhèn était semblable à celle des Birmans. Le n° 46, liv. 222 c), ff. 14 vᵒ à 17 vᵒ, donne de copieux détails sur les instruments et les douze airs de l'orchestre birman. Tous les chants portent le nom de *pyáo*, le mot même qui désigne le pays : simple rencontre phonétique vraisemblablement. La mélodie de cinq d'entre eux correspond à deux modes chinois, le *syáo tchi tyáo* ou liu-tchōng 2ᵈᵉ, le *yi yué tyáo* ou hwàng-tchōng 2ᵈᵉ : le premier serait le syáo chi tyáo, où lin-tchōng est en effet 2ᵈᵉ (XXXVII, p. 117); l'autre serait le yue tyáo, où hwàng-tchōng est 2ᵈᵉ (LXXII, p. 118). Les danseurs sont employés 2, 4, 6, 8 ou 10 ensemble. La plupart des instruments birmans ont été mentionnés chacun suivant sa classe; il faut citer encore trois formes de khin à une ou deux cordes, avec une demi-gourde comme résonnateur; l'accord se fait soit au moyen de chevilles, soit au moyen de chevalets mobiles; grand modèle, plus de 3 p. de long; cordes à vide *fa♯ sol♯* (N° 46, liv. 222 c), f. 15. — Voir p. 193, musiciens cambodgiens).

ces musiciens leur manière de chanter à l'unisson et de battre la mesure avec les dix doigts[1].

Sous les Sóng[2] on trouve encore quelques mentions de musique étrangère : les envoyés étrangers présentent à la Cour (961) des chants et des danses de leur pays; l'orchestre de Koutcha exécute (977) deux mélodies avec une partie des instruments traditionnels; le Korye envoie un orchestre rituel avec des recueils musicaux (1113). Mais la Chine n'est plus alors en situation d'attirer les artistes des pays voisins; d'ailleurs le sentiment national et confucianiste s'affirme dans cette période, s'oppose à ce qui n'est pas antique; les lettrés protestent contre les orchestres barbares. La réaction ne peut exclure toutefois les éléments étrangers admis pendant plus de six siècles, principes musicaux et instruments, airs et costumes; par une élaboration que l'on perçoit surtout sous les Thâng, des éléments fondus est sorti un art nouveau dont les restes sont reconnaissables à travers les textes.

La division en neuf ou dix orchestres existait encore en 242, lors du banquet offert par Thái tsŏng aux grands fonctionnaires, et l'on voit plus tard deux des Dix Orchestres, ceux de Koutcha et des Sĭ-lyâng, accompagner encore des danses nouvelles[3]. Toutefois c'est peu après 642 que la musique mêlée, tsă yŏ, săn yŏ, ou musique des banquets, yén yŏ, forma deux sections : Section debout, li poù, qui joue debout dans la cour ou dans la partie basse de la salle; Section assise, tswŏpoù, qui est placée dans la salle haute. Pendant la durée de la dynastie, le nombre des orchestres de ces deux sections s'est accru; finalement le Thâng hwéi yáo et les deux Thâng choù énumèrent huit orchestres ou chœurs de la Section debout et six de la Section assise.

SECTION DEBOUT

1° Ngān yŏ[4], chœur pacifique, composé à l'occasion de la victoire des Tcheoù sur les Tshì (577); les rangées de danseurs étant disposées en carré comme les murailles d'une ville, la danse s'appelait aussi Tchhéng woù, danse de la ville murée; 80 danseurs portant des masques de quadrupède à chevelure dorée et imitant l'attitude des barbares Khyăng et Hoù.

2° Thái phing yŏ[5], chœur de la paix universelle, ou Woù fāng chĭ tseù woù, danse des cinq lions, se rattachant à l'orchestre de Koutcha et datant de la même époque que la précédente; les lions étaient faits de fourrures cousues ensemble, hauts de 3 mètres environ, mus chacun par 12 hommes cachés dans l'intérieur; deux hommes tenant une corde et un chassemouche commandaient les exercices des pseudofauves; chaque animal était de couleur différente pour répondre à l'un des points cardinaux. 140 danseurs.

3° Phó tchén yŏ[6].

4° Khing cheán yŏ[7].

5° Tá ting yŏ[8], chœur de la grande stabilité, appelé aussi Pă hông thóng kwèi yŏ, chœur des extrémités de la terre soumises aux mêmes lois, ou Yĭ jŏng tá ting

yö, chœur de la pacification de tous les barbares; tiré de la danse n° 3 par Thái tsŏng après la soumission du Lyào-tōng (645). C'est peut-être la même danse que Kāo tsŏng, sur le point de prendre le commandement de l'expédition de Corée (661), fit représenter devant ses généraux. 140 danseurs couverts de cuirasses bariolées.

6° Chăng yuên yö[9].

7° Chéng cheoù yö[10], chœur de la longévité impériale, dû à l'empereur Kāo tsōng (649-683) et à l'impératrice Woù (684-705). Un chœur de 140 danseurs portant des coiffures dorées et des habits de diverses couleurs exécutait des évolutions et à la fin de chaque strophe dessinait un caractère[11]; en 16 strophes les choristes écrivaient une phrase louangeuse pour le Souverain.

8° Kwāng chéng yŏ[12], chœur de la sainteté brillante, composé par Kāo tsōng; les danses rappelaient celles des deux chœurs précédents. 80 danseurs portant des vêtements bariolés et des coiffures à l'oiseau.

Les chœurs 3 à 8[13] faisaient grand usage du tambour léi tă koù 157, auquel le chœur 5 ajoutait des gongs 11, kīn tchēng; le chœur 4 employait les airs des Sĭ-lyâng, les chœurs 3, 5, 6, 7, 8 jouaient des mélodies de Koutcha. Quand les chœurs et les danses 3, 4 et 6 étaient exécutés pour des sacrifices aux puissances naturelles et aux ancêtres, les choristes portaient d'autres costumes et d'autres coiffures; l'orchestre était complété par les carillons de cloches 2 et de lithophones 24.

SECTION ASSISE

1° Yén yö[14], musique des banquets. Ce terme, pris cette fois au sens restreint, désignait le premier chœur et ses exercices orchestiques, composés par Tchăng Wên-cheoù pour 20 danseurs vêtus de soie rouge. Se rattachaient à cet orchestre quatre petits orchestres : a) le chœur de Kìng yún qui était formé de 8 hommes portant robes de brocart façonné, culottes de soie légère multicolore, coiffures au nuage, bottes de cuir noir : en 640 Kìng Yún avait vu claire l'eau du Hwāng hô, présage remarquable à propos duquel Tchăng Wên-cheoù composa un chant inspiré d'anciennes poésies et la musique d'une danse. C'était le premier chœur représenté dans les réunions plénières du début de l'année; il subsistait encore sous les Sóng. — b) Khing cheán yö[15], dansé par 40 choristes en robes de soie pourpre à larges manches et portant de faux chignons. — c) Phó tchén yŏ, dansé par quatre hommes en robes de soie légère rouge. Ces deux dernières danses sont peut-être des réductions de celles qui, sous les mêmes noms, dépendent de la Section debout[16]; l'historien ne s'explique pas sur ce point. Mais un autre passage indique un fait analogue : « [Hyuên tsŏng] ordonna encore à plusieurs centaines de femmes du Palais de sortir de la clôture et de frapper le tambour lèi 157 pour exécuter le chœur Phó tchén, le chœur Thái phing et le chœur Chăng yuên. La cour des Sacrifices, malgré toutes ses répétitions, n'atteignait pas leur perfection d'exécution[17]. » Dans

---

1. N° 46, liv. 222 c), ff. 9 r° et 14 v°.
2. N° 53, liv. 31, f. 14 v°. — N° 62, liv. 15, ff. 2 et 14; liv. 18, f. 33.
3. N° 55, liv. 33, ff. 11 et 12. — N° 46, liv. 22, f. 3 r°.
4. N° 45, liv. 29, f. 1 r°.
5. N° 45, liv. 29, f. 1 r°. — N° 46, liv. 21, f. 12 v°; liv. 22, f. 3 r°. — N° 94 (Y. l. t., liv. 37, f. 2, etc.).
6. Voir p. 188.
7. Voir p. 188.
8. N° 45, liv. 28, f. 7 r°; liv. 29, f. 1 v°. — N° 46, liv. 21, f. 14. — N° 55, liv. 33, ff. 11 r° et 19 v°.
9. Voir p. 188.
10. N° 45, liv. 29, f. 1 v°.
11. Voir p. 141.
12. N° 45, liv. 29, f. 1 v°.
13. N° 45, liv. 29, ff. 1, 2.
14. N° 45, liv. 28, f. 6 v°; liv. 29, f. 11. — N° 46, liv. 21, f. 13 v°.
15. N° 45, liv. 29, f. 2 r°.
16. Voir ci-dessus, 3° et 4°.
17. N° 45, liv. 28, f. 10 r°. — N° 46, liv. 22, f. 3 r°, mentionne sous Hyuên tsŏng un Chéng cheoù yŏ dansé par des femmes.

un cas il s'agit d'une réduction, dans l'autre d'un orchestre féminin substitué à un orchestre masculin. — *d) Tchhÿng thyĕn yŏ*[1], le chœur de la soumission au Ciel, dont l'origine n'est pas marquée, était dansé par quatre hommes en robes de pourpre et portant ceintures de cuivre. Pour ces diverses danses, l'orchestre était composite, mi-chinois, mi-étranger[2] : lithophone **24**, fāng hyàng **25**, tchēng **117**, khŏng-heoù **114**, guitares phî-phà et woù hyèn **123** et **128**, orgue **103**, chalumeau **89**, flûte de Pan **75**, cymbales **17**, flûtes droites **77**, cornet *tchhwĕi yŏ* **173**, tambours **63**, *feoù koù* **174**, *lyĕn koù* **175**, tambourin **62**, chanteurs.

2° *Tchhÿng cheoù yŏ*[3], chœur des années Tchhàng-cheoù, longévité prolongée; 12 danseurs à vêtements à dessins. Ce chœur fut exécuté à propos d'un sacrifice offert à tous les esprits par l'impératrice Woù, la 2° année Tchhàng-cheoù (693) : d'où le nom employé dès lors. Ce chœur était la réduction d'un grand chœur pour 900 danseurs, composé par l'Impératrice elle-même.

3° *Thyĕn cheoù yŏ*[4], chœur des années Thyĕn-cheoù (690-691), composé par l'impératrice Woù pour 4 danseurs portant des vêtements à dessins et des coiffures à phénix multicolores.

4° *Nyăo kō wàn swĕi yŏ*[5], chœur des oiseaux qui chantent des vivats. A l'époque de l'impératrice Woù, on élevait au Palais des oiseaux qui savaient parler et qui criaient *wàn swĕi*, dix mille années : c'est le vivat poussé en l'honneur du Souverain. Il y a en effet au Lìng-nàn (région de Canton), ajoute l'historien, des oiseaux qu'on nomme *kì lyào* ou *kì lyào*[6] ; ils sont un peu plus gros que des grives, mais leur ressemblent beaucoup ; on en avait vu sous les Hàn, et on en a revu à l'époque Khài-yuèn (713-741). Les danseurs, au nombre de 3, avaient de grandes manches rouges et des coiffures imitant la grive.

5° *Lōng tchhí yŏ*[7], chœur de l'étang du dragon, composé par Hyuèn tsōng. Avant que ce prince fût sur le trône, il arriva, par suite de pluies, qu'un étang se forma au sud de sa maison et devint par la suite très étendu. Il y avait là un présage de son élévation future, aussi voulut-il le commémorer. Les danseurs, au nombre de 12, portaient des coiffures ornées de fleurs de nénuphar; orchestre rituel, mais sans lithophones.

6° *Phŏ tchén yŏ*[8], réduction pour 4 danseurs du chœur 3 de la Section debout; due à Hyuèn tsōng.

Les chœurs 2, 3, 4, 6 employaient l'orchestre de Koutcha.

En 736, un orchestre hoù[9] fut agrégé aux orchestres assis; ses mélodies portaient le nom de quelques préfectures frontières, Lyàng-tcheoù, Yī-tcheoù, Kăn-tcheoù[10]; d'autres étaient d'origine ou d'inspiration bouddhique[11]. Hyuèn tsōng aimait beaucoup cette musique; Wèn tsōng[12] fit un choix parmi ces chœurs, il en confia l'exécution au Yûn chào foù, ce qui amena un changement dans l'orchestre (lithophone **24**, guitare **123**, tchoù **119**, flûte de Pan **75**, flûte traversière tchhi **80**, flûte yŏ **74**, orgue **103**, 4 chanteurs, nombreux danseurs). Peu après (838, 839), le nouvel orchestre reçut une organisation officielle sous le nom de Syĕn chào yuén. D'autres éléments encore rehaussaient l'éclat des grandes fêtes impériales. Sous Hyuèn tsōng[13], « après les banquets, la cour des Sacrifices introduisait l'orchestre rituel..., qui se rangeait au pied du pavillon impérial; la Section debout et la Section assise de la musique des banquets] exécutaient en ordre leurs chœurs, avec des intermèdes de jongleurs barbares. Au soleil couchant, les Ecuries amenaient 30 tyĕ mà », chevaux dressés pour toutes sortes d'exercices équestres, etc.

Il s'en faut que l'on ait mention dans les pages qui précèdent de toutes les œuvres de l'art chinois sous les Thàng; on n'y trouve citées que celles qui ont été classées par l'administration. Mais comme la Cour et les Empereurs exprimaient leurs sentiments, célébraient les événements d'importance par ces chœurs ou ballets, de même le peuple de la Capitale, les corps de troupes des provinces inventaient ou imitaient des divertissements de ce genre, et les gouverneurs, les généraux faisaient leur cour en présentant à l'Empereur de nouveaux ballets[14]. Les lois marquent l'importance de la musique dans la vie privée et publique[15]; les carillons étaient interdits aux particuliers; les cordes et les flûtes étaient accordées aux mandarins jusques et y compris la 5° classe (751); on devait se conformer aux lois générales plus anciennes qui défendaient, par exemple, aux femmes de faire des tours du genre *tsà hì* (661), qui interdisaient les airs licencieux ou de mauvais augure (706). Les orchestres étaient très nombreux : en 826 un rapport de la Préfecture de la Capitale constatait que dans toutes les provinces toutes les garnisons, jusqu'à celles des simples sous-préfectures, entretenaient des chœurs et donnaient des fêtes; la situation était sensiblement la même en 860-873. Quelques faits[16] fourniront une idée de ces mœurs, qui se prolongèrent bien avant sous les Sóng.

701. Le préfet de Thòng-tcheoù présente un ballet à l'Impératrice pour son retour à la Capitale[17].

710. Le prince Lì Lōng-kī (Hyuèn tsōng) ayant mis à mort l'impératrice usurpatrice Wêi, deux pièces de circonstance, *Yĕ pàn yŏ, Hwàn kīng yŏ*, coururent parmi le peuple; le prince composa lui-même le

---

1. N° 45, liv. 29, f. 2 r°.
2. N° 63, liv. 14, f. 19 r°. — N° 45, liv. 29, f. 2 : ces deux textes présentent des divergences.
3. N° 45, liv. 28, f. 9 r° ; liv. 29, f. 2 v°.
4. N° 45, liv. 29, f. 2 v°.
5. N° 45, liv. 29, f. 2 v°.
6. Le *kì-lyào* n'est autre sans doute que le *lyào kō*, merle mandarin, ressemblant au merle de France, un peu plus gros, à bec jaune : cet oiseau, qui apprend fort bien à parler, prononce d'abord la syllabe *lyào*, d'où son nom ; il se vend très cher.
7. N° 45, liv. 29, ff. 2 et 3. — N° 46, liv. 22, f. 3 r°. Le n° 45, liv. 30, ff. 28 à 30, donne dix pièces de poésie relatives à l'étang du dragon.
8. N° 45, liv. 29, f. 3.
9. N° 46, liv. 22, f. 4 v°.
10. Lyàng-tcheoù, déjà plusieurs fois nommé (p. 82, note 26, etc.). Yī-tcheoù, au sud de Hami. Kăn-tcheoù, aujourd'hui Kăn-tcheoù, au Kăn-soù.
11. Mélodies dites *tào lyào fà khyù*, chants bouddhiques en système de tào (N° 46, liv. 22, f. 4 r° et N° 42, liv. 13, f. 16 v°). Déjà Woù tí des Lyàng (502-549), très dévoué au bouddhisme, avait composé dix chants exprimant des idées religieuses; il avait un chœur de musique religieuse, *fà yŏ thòng tseù kì*, qui dans les cérémonies exécutait des prières en langue hindoue. Les Swĕi aussi avaient des *fà khyù*, dont l'inspiration, sinon la musique, était bouddhique : les mélodies se rapprochaient du modèle rituel, mais l'orchestre était spécial (cymbales de divers modèles, 16 etc.; cloches, 1 etc.; lithophones, 23 etc.; flûtes spéciales *tchhwàng syào* 207, guitares 123).
12. N° 55, liv. 34, f. 8 r°. — N° 94 (Y. l. t., liv. 37, f. 2, etc.). — N° 46, liv. 22, f. 6 r°. Le nom de Yûn chào foù se trouve déjà en 692 ; ce bureau dirige le Conservatoire du Palais, Néi kyáo fàng.
13. N° 45, liv. 28, f. 10 r°.
14. N° 46, liv. 22, ff. 3 v° et 5 v°, indique plusieurs chœurs de ce genre.
15. N° 46, liv. 22, f. 6 v°. — N° 55, liv. 34, ff. 7 v°, 8 v°, 10 r°, 11 v°.
16. Kào Seù-swĕn sous les Sóng a relevé les mélodies et danses de l'époque des Thàng (N° 96); la liste est dressée par règnes; elle donne 4 titres pour Thài tsōng (626-649), 7 pour Kào tsōng (649-683), 34 pour Hyuèn tsōng (712-756), 2 pour Tài tsōng (762-779), 4 pour Tĕ tsōng (779-805), 2 pour Wèn tsōng (826-840), 1 pour Woù tsōng (840-846), 1 pour Syuèn tsōng (846-859). Le compilateur y explique dans quelles circonstances ces pièces ont été composées; on y voit à quel point les œuvres musicales étaient mêlées à la vie publique de la Cour et des mandarins.
17. N° 55, liv. 33, ff. 19 et 20. — Thòng-tcheoù foù, au Chèn-sī.

Wén tchhéng khyŭ. Le tout était exécuté au Palais pendant le règne de Hyuĕn tsŏng, alternant avec le petit *Phŏ tchén*[1]. Vers la même époque, Yàng Khin-choŭ[2], lieutenant général du Hŏ-si, offrit un ballet qui fut longtemps représenté; il faisait allusion aux faits suivants : l'Empereur alors régnant, en compagnie d'un magicien, Lŏ Kŏng-yuĕn, aurait visité le palais de la lune et y aurait été accueilli par plusieurs centaines de fées vêtues d'arcs-en-ciel et de plumes, d'où le nom du chœur, *Yĭ chăng yù yĭ khyŭ* (n° 46, liv. 22, f. 3 v° et n° 96).

787 et 796. Ballets présentés par deux lieutenants généraux, celui du Hŏ-tŏng et celui de l'armée Tchăo-yĭ[3].

798. L'Empereur lui-même compose le *Tchŏng hwó woŭ*, qui est représenté au Palais devant tous les hauts fonctionnaires[4].

800. Ballet offert par le Nàn-tchăo (voir p. 194).

846-859. Règne de Syuĕn tsŏng[5] : l'Empereur et les dignitaires à l'envi composent des chœurs qui sont exécutés par plusieurs centaines de choristes femmes, en vêtements couleur de pourpre, couleur de martin-pêcheur, enrichis de broderies; l'un de ces chœurs, dit de l'ouest des Tshŏng-ling, célèbre le retour à l'Empire de la région de Hŏ-hwàng[6].

988, 989. L'Empereur fait exécuter en cour plénière cinq chants qu'il a composés pour rappeler l'offrande d'objets de bon augure; ces chants sont désormais exécutés dans les grandes cérémonies[7].

1008. On présente 7 chœurs nouveaux, qui sont exécutés en cour plénière[8].

1012. Des orchestres sont organisés dans deux palais que l'Empereur va visiter; on adapte les danses *Thóng hwŏ* et *Ting kŏng* à des chants composés par Thài tsŏng et auxquels l'Empereur régnant met de nouvelles paroles[9].

1035. A la suite de la réfection de l'orchestre ordonnée l'année précédente, on donne dans la salle impériale Tchhŏng-tchéng une grande audition qui réunit 700 personnes[10].

1086. A la suite d'une autre réfection, l'Empereur et l'Impératrice douairière se rendent à la salle Yĕn-hwŏ pour une audition[11].

1105. L'Empereur va écouter le nouveau chœur *Tà chéng;* il ordonne de le substituer à l'ancienne musique[12].

En 963, les musiciens, choristes, jongleurs[13] étaient au nombre de 830 hommes et 72 jeunes garçons, les choristes femmes, au nombre de 153. Les hommes formaient 10 *twéi* ou compagnies, les femmes en formaient 10 également; on remarquera les compagnies notées ci dessous.

Compagnies d'hommes : 1° *Tché tchĭ twéi*, compagnie des branches de mûrier tinctorial; vêtements bariolés, chapeaux barbares hoŭ, ceintures d'argent[14]; — 2° *Kyĕn khi twéi*, compagnie des sabres; — 3° *Phŏ-lŏ-mén twéi*, compagnie des brahmanes, peut-être représentant l'ancien orchestre hindou; jaquettes rouges, bâtons bouddhiques; — 4° *Tswéi hoŭ théng twéi*, compagnie des Hoŭ ivres qui bondissent; vêtements de brocart rouge, chapeaux de feutre; — 5° *Hwén tchhén wàn swéi yò twéi*, compagnie des bouffons musiciens; vêtements pourpres, rouges, verts, bonnets à fleurs de bambou; — 8° *Yi yŭ tchhăo thyĕn twéi*, compagnie des étrangers qui viennent saluer la Cour impériale; — 10° *Ché tyăo hwéi hoŭ twéi*, compagnie des Ouïgours qui tirent sur l'aigle de mer.

Compagnies de femmes : 1° *Phoŭ-să mán twéi*, compagnie des bodhisattva méridionaux; une danse du même nom était célébrée au Ngăn-kwĕ seŭ devant l'Empereur dans les années Hyĕn-thŏng (860-873); un chant du même titre fut composé par Tchăo tsŏng (888-904); voir n° 24, liv. 5, f. 13 v°; — 3° *Phăo khyeoŭ twéi*, compagnie des joueuses de balle; — 4° *Kyă jén tsyĕn meoŭ tăn twéi*, compagnie des belles qui cueillent les pivoines; — 5° *Foŭ yi chăng twéi*, compagnie aux vêtements arc-en-ciel (voir ci-dessus, année 710); — 6° *Tshài lyén twéi*, compagnie qui cueille les fleurs de lotus; les choristes, montées sur un bateau orné, tiennent des fleurs de lotus; une danse analogue se retrouve en Corée; — 9° *Tshài yùn syĕn twéi*, compagnie des fées des nuages diaprés; — 10° *Tà khyeoŭ twéi*, autre compagnie de joueuses de balle.

Programme ou procès-verbal d'un banquet de la Cour[15] reproduit sous la date de 977; il comprend 19 numéros rattachés aux divers actes de l'Empereur. Chants aux n°s 2, 6, 7, 17; à l'article 17 chants de l'orchestre de marche et chants bouddhiques, en musique de Koutcha; soli de guitare **123** au n° 8, d'orgue à bouche **103** au n° 11, de tchéng **117** au n° 13; des appels de chalumeau **89** ouvrent le banquet; des luttes, *kyŏ li*, le terminent. Au n° 4, tours de jongleurs; n° 9, danse de jeunes garçons; n° 12, jeu de balle avec le pied; n° 15, divertissements[16].

Avec une production musicale importante, la dynastie des Sŏng vit en partie sur les traditions des Thàng[17]; bien des noms rappellent les chœurs des époques précédentes[18]; les exercices d'adresse ou de grâce

---

1. Voir p. 196, 6°. — N° 46, liv. 22, f. 3 v°.
2. Sur Yàng Khin-choŭ et Lŏ Kŏng-yuĕn, l'histoire des Thàng ne donne aucun renseignement.
3. N° 55, liv. 33, f. 23 v°. Le Hŏ-tŏng, l'une des provinces de l'époque, répondait à peu près au Chăn-si.
4. N° 55, liv. 33, f. 23.
5. N° 46, liv. 22, f. 6.
6. Hŏ-hwàng, région de Làn-tcheoŭ et de Si-ning, au Kăn-soŭ.
7. N° 53, liv. 30, f. 4 v°.
8. N° 53, liv. 30, f. 5 v°.
9. N° 53, liv. 30, f. 5 v°.
10. N° 53, liv. 30, ff. 7 et 8.
11. N° 53, liv. 30, f. 14 v°.
12. N° 53, liv. 30, f. 15 v°.
13. N° 62, liv. 15, f. 3 r°.
14. D'après le n° 62, liv. 85, f. 26 r°, une danse de ce nom était exécutée par deux femmes portant des coiffures à clochettes; les danseuses cueillent des fleurs de lotus et se les offrent mutuellement, de là le nom alternatif de *Lyén hwá woŭ*. Mais ne s'agit-il pas ici des exercices de la 6° compagnie de danseuses indiquée plus bas? Les mots *tché tchĭ* sont parfois remplacés par *kyuŏ tché tchĭ*. D'après n° 62, liv. 85, f. 35 v°, il faudrait lire *thŏ* au lieu de *tché* et comprendre *thŏ-pŏ* : cette danse remonterait en effet aux Wéi. Chén Kwŏ (N° 24, liv. 5, f. 9) indique combien la danse *Tché tchĭ* était réduite et négligée de son temps.

15. N° 62, liv. 15, f. 12 r°. Voir id., liv. 37, ff. 22 à 28, le programme détaillé d'une fête du Palais, donnant les noms des exécutants, par Tcheoŭ Mĭ, mandarin au service des Sŏng (xiii° siècle); sur ce personnage, voir n° 60, liv. 70, ff. 40 et 41.
16. Je traduis par divertissements le terme *tsă kĭ*, attendu qu'il n'est nullement prouvé que ce mot ait, avant les Yuĕn, pris le sens d'œuvre dramatique.
17. Les trois principaux orchestres créés par les Sŏng sont les suivants : 1° *Yŭn chăo poŭ*, orchestre du Palais, formé dans la période Khài-pào (968-975) de 80 musiciens choisis parmi les eunuques et instruits par le Conservatoire du Palais; d'abord nommé *Syăo chăo poŭ*, cet orchestre reçut son nouveau nom en 984; il jouait dans le Palais intérieur pour les anniversaires, les banquets, les tirs à l'arc : 3 chanteurs, 24 jongleurs de tsă kĭ, 4 guitares 123, 4 orgues 103, 4 tchéng 117, 4 claquettes 31, 3 fàng hyàng 25, 8 chalumeaux 89, 7 flûtes droites 77, 7 tambours en sablier 59, 2 kyŏ koŭ 63, 2 grands tambours, 8 mannequins *khwĕi lèi* (N° 53, liv. 31, f. 14 r° et N° 62, liv. 15, f. 20 v°); 2° *Yŭn lŏng tchĭ*, fondé en 978, appelé en 993 *Kyŭn yŏng tchĭ*; licencié vers 1160 : orchestre de cavaliers militaires qui précédaient le cortège de l'Empereur dans ses voyages (N° 53, liv. 31, f. 14 v° et N° 62, liv. 15, f. 23 v°); 3° *Tà chéng yŏ foŭ*, bureau des chœurs *Tà chéng*, fondé en 1105, indépendant de la cour des Rites et chargé de la musique nouvelle de l'année 1105; il partagea les fonctions du Conservatoire, *kyăo fàng* (N° 53, liv. 30, ff. 15 et 16).
18. Les n°s : hommes 3°, femmes 3° et 5°, viennent de la cour des Thàng. Une liste de 46 mélodies (977) donnée par le *Yŏ lyŭ tyĕn* (N° 62, liv. 15,

hommes 2° et 10°; femmes 3°, 4° et 10°), les parodies grotesques (hommes 4°) tiennent toutefois une large place. Ces exercices *tsă ki* doivent être rapprochés des *pŏ hi*, tours de jongleurs connus depuis bien des siècles, mais assez souvent dédaignés sous les Thàng plus raffinés. « Sous les Hàn postérieurs[1], le premier jour de l'année, le Fils du Ciel se rendait à la salle Tĕ-yàng et recevait les félicitations de la Cour. Un *chĕ-li*[2] venu d'Occident faisait des tours devant la salle. Il faisait jaillir de l'eau qui se transformait en soles toutes sautantes. Aspirant de l'eau, il en faisait un brouillard qui voilait le soleil, qui ensuite devenait un dragon de 80 ou 90 pieds de long; le dragon sortait de l'eau, se promenait, étincelait comme le soleil. Avec deux grandes cordes de soie il reliait le haut de deux colonnes distantes de plusieurs dizaines de pieds; deux danseuses se faisant vis-à-vis s'avançaient en dansant sur ces cordes; en se rencontrant, elles se frôlaient de l'épaule et ne tombaient pas. » « Elles ne cessaient pas de chanter et de danser, » ajoute le *Suĕi choŭ*, qui décrit les mêmes exercices encore usités sous Yáng tí (604-618). D'autres tours analogues sont cités sous les Tsín orientaux.

La 6° année Thyĕn-hīng (403), en hiver, dit le *Wĕi choŭ*[3], l'Empereur fit préparer les jongleurs et les accessoires nécessaires, licornes, phénix, génies, serpents, éléphants blancs, tigres blancs, voitures-fées, cordes à danser longues de 100 pieds : tout cela fut établi dans la cour devant la salle pour les tours des jongleurs, *pŏ hi*, qui se célébraient comme sous les Hàn et les Tsín.

« Sous Ming tí, en 559, le 1ᵉʳ jour de la 1ʳᵉ lune[4], il y eut réunion de tous les ministres dans la salle impériale Tseŭ-ki : pour la première fois [sous cette dynastie] on employa les tours variés, *pŏ hi*. Woŭ tí, en 561, ordonna de supprimer les tours. Quand Syuĕn ti monta sur le trône (577), il appela de tous côtés les jongleurs et fit exécuter encore plus de tours. Les jongleurs, avec leurs poissons et leurs dragons qui s'étendaient au hasard, étaient d'habitude rangés devant la salle; plusieurs jours et plusieurs nuits de suite on ne pouvait reposer. Souvent on ordonnait aux jeunes garçons de bonne mine de la ville de mettre des habits de femme, de danser et de chanter; à la file ils s'introduisaient dans les cours postérieures [du Palais]. »

A la cour méridionale des Lyàng[5] les tours se mêlent dans une étrange confusion aux hymnes et aux danses rituelles; on a des années 520-526 le programme d'une fête au Palais en 49 numéros; les bouffons et les jongleurs s'y étalent : 1° chants des cinq éléments; — 2° entrée des fonctionnaires sur l'hymne *Tsyŭn yà;* — 3° entrée de l'Empereur dans le pavillon privé annexe, sur l'hymne *Hwàng yà;* — 4° le Prince héritier part de la porte Tchŏng-hwà, hymne *Yĭn yà;*..... — 8° l'Empereur change de vêtements, hymne *Hwàng yà;* — 9° les princes et ministres présentent le vin de longévité, hymne *Kyài yà;*... — 11°, 12° repas de l'Empereur sur les hymnes *Syŭ yà* et *Yŏng yà;* — 13° danse militaire *Tà tchwàng;* — 14° danse civile *Tà kwàn;* — 15° cinq chansons classiques; — 16° bouffons, *phài ki;* — 17° danse du fourreau; — 18° danse de la sonnette;..... — 22° à 26° divers tours de jongleurs; — 27° le tour des montagnes Syū-mi[6], etc.; — 28° danse des clochettes; — 29° danse des sabres; — 30° des clowns marchant sur les mains jouent à la balle avec les pieds; — 31° à 44° divers tours; — 45° danse sur la corde; — 46° métamorphoses du dragon et de la tortue; — 47° le Prince héritier se lève, hymne *Yĭn yà;* — 48° sortie des fonctionnaires, hymne *Tsyŭn yà;* — 49° l'Empereur se lève, hymne *Hwàng yà.*

Au début du printemps, une grande licence était laissée aux bouffons et aux jeunes gens de la ville; ce carnaval a plus d'une fois échauffé la bile des censeurs. Le *Suĕi choŭ* le décrit avec assez de détails et le rattache aux luttes, *kyŏ ti*, de l'époque des Tshin[7]. Les vieux tours des Hàn, surtout les métamorphoses du dragon, avaient toujours le même succès; on voyait aussi des hommes faire des exercices sur de hautes perches que d'autres tenaient sur la paume de la main; il y avait des tortues qui portaient des montagnes, des hommes qui crachaient du feu. « A partir de 581, tous les jongleurs furent instruits à la cour des Sacrifices. Chaque année, à la 1ʳᵉ lune, les envoyés de tous les pays venaient faire leur cour et restaient. Le 15° jour, hors de la porte Twàn jusqu'à la porte Kyén-kwĕ, sur une étendue continue de 8 lì, ce n'étaient que des aires pour les tours; les mandarins dressaient des abris en plusieurs rangs sur le chemin, du crépuscule à l'aube ils regardaient à leur guise. Le dernier jour de la lune on cessait. Les jongleurs étaient vêtus de brocart, de soie brodée; pour le chant et la danse, c'étaient surtout des femmes. » Une magnificence extraordinaire régnait dans ces représentations, qui étaient placées sous la direction de divers princes : les chefs turks et les envoyés étrangers ne savaient s'ils devaient admirer davantage les tours ingénieux ou l'étalage des richesses.

Le *Kyeoŭ thàng choŭ*[8] ajoute un bref historique. « Les tours de magie, *hwàn choŭ*, viennent tous de l'Asie centrale (Sī yŭ); dans l'Inde on s'y entend encore davantage. Woŭ tí étant entré en relations avec le Sī yŭ, pour la première fois des hommes habiles à faire ces tours arrivèrent en Chine; sous Ngàn tí (106-125), l'Inde offrit des jongleurs qui savaient se couper les pieds et les mains, s'éventrer et retirer leur estomac et leurs entrailles. Depuis lors, sous les différentes dynasties, il y eut de ces jongleurs. Kāo tsōng, des Thàng, détestant ces tours qu'il trouvait horribles, défendit aux postes frontières du Sī yŭ de laisser entrer ces gens en Chine... Sous Jwĕi tsōng des brahmanes offrirent des danseurs et des musiciens qui marchaient la tête en bas, qui sur leurs pieds dansaient sur la pointe de sabres très affilés. »

« Comme chants, danses et tours[9], il y avait le *Tài myĕn*, le *Pŏ theoŭ*, le *Thà yào nyàng*, le *Khoŭ lĕi tseŭ*. Hyuĕn tsōng, trouvant que ce n'était pas de la musique correcte, établit un Conservatoire, *kyào fāng*, dans le Palais pour y mettre les jongleurs; la musique des brahmanes et celle des barbares y eurent place

---

ff. 13 et 14), laisse reconnaître un petit nombre de titres de la dynastie précédente : ainsi l'*i tcheoŭ*, qui date de Hyuĕn tsŏng.

1. N° 39, liv. 19, f. 10 v°; comparer la rédaction analogue du n° 45, liv. 29, f. 9 v°. — N° 42, liv. 15, f. 24 v°.

2. Le n° 45 donne *chĕ-li cheoŭ;* ces deux formes sont vraisemblablement des transcriptions d'un original étranger. *Chĕ-li*, dans les textes bouddhiques, désigne la perle ou résidu miraculeux qu'on trouve après la crémation d'un saint, puis les cendres d'un personnage vertueux; *chĕ-li* est parfois le nom d'un oiseau, loriot, héron, vautour; mais ces sens ne présentent pas de rapports avec le présent texte.

3. N° 40, liv. 109, f. 3.

4. N° 42, liv. 14, f. 22 v°.

5. N° 42, liv. 13, ff. 14 et 15.

6. Transcription de Sumeru, nom d'une montagne bouddhiste.

7. N° 42, liv. 15, f. 24. L'expression *woŭ pĭng kyŏ ti*, lutte des cinq soldats, est employée par le n° 40, liv. 109, f. 3 r°, dans le passage relatif aux jongleurs.

8. N° 45, liv. 29, f. 10 r°.

9. N° 45, liv. 29, ff. 10 et 11.

ensemble. La musique des brahmanes emploie 2 chalumeaux vernis **89**, 1 tambour à nombril **71**; la musique mêlée emploie 1 flûte traversière **81**, 1 jeu de claquettes **31**, 3 tambours en sablier **65**; pour les tours, les changements et les formes sont nombreux, on ne peut tout dire. » Le *Tài myén* vient des Tshi du nord; un prince de cette dynastie, qui était fort beau et fort brave, mettait un masque pour combattre : de là vinrent une chanson et une danse qui se sont conservées. Le *Pò theoù* vient du Sī yŭ ; un homme ayant été dévoré par une bête sauvage, son fils chercha l'animal et le tua; une danse commémora cette action. Le *Thà ydo nyàng* rappelle les malheurs d'une femme battue par son mari ivrogne à l'époque des Swéi : comme cette femme chantait bien, la chanson fut adaptée à l'orchestre. Le *Khoŭ lèi tseŭ* ou *Kwèi lèi tseŭ* rappelle en plaisanterie les mannequins qu'on mettait jadis dans les tombes[1].

Ces divertissements, *pò hi, tsà hi*, d'abord exotiques, puis mêlés d'inventions chinoises, sont donc essentiellement composites : tours d'adresse et de magie, danse, chant, musique s'y présentent pêle-mêle. Les numéros tels que le *Tài myén*, le *Pò theoù*, sont des danses symboliques, peut-être mimées. Méng Yuên-lào[2], à l'époque des Sóng, décrit de visu les réjouissances de la Capitale pour le début de l'année et pour divers anniversaires : des jongleurs masqués, vêtus de robes vertes, accompagnés de joueurs de tamtam, entourent le pavillon où est assis l'Empereur; d'autres baladins magnifiquement costumés forment de longues files depuis les degrés de la salle du trône jusqu'aux tentes des musiciens; ils dansent soit seuls, soit en se tenant par les épaules, soit en figurant diverses actions; les mandarins assistent, les coupes de vin circulent. A ces représentations[3] Méng Yuênlào donne indifféremment le nom de *pò hi*, de *tsà kï*. Ces désignations s'appliquent à des tours de passe-passe comme à des danses réglées et significatives; les deux mots *hi* et *kï* ont le même sens, amusement, jeu, plaisanterie; ils sont parfois combinés, *hi kï*, sans changer de signification.

On a déjà vu dans les rites majeurs et mineurs de nombreux exemples de chœurs qui sont de véritables ballets. Par toutes voies, soit par son génie propre, soit sous les influences étrangères, la Chine aboutit à cette forme d'art, qui au viiie siècle prit un très grand développement sous l'impulsion de l'empereur Hyuên tsŏng ming hwàng. Ce prince ne se contentait pas d'accueillir les œuvres orchestiques qui lui étaient présentées et d'en composer lui-même; il fonda ou rétablit le Conservatoire du Palais qui est déjà mentionné en 692[4]; ce bureau, dit Twàn Ngàn-tsyŏ, section *Hyông phi*, dépendait d'abord de la cour des Sacrifices; c'est dans les années Khāi-yuên (713-741) qu'il fut mis sous la surveillance des officiers du Palais et divisé en deux sections, une dans chaque Capitale. Les historiens des Thâng[5] ajoutent quelques détails. « Quand Hyuên tsŏng était roi de Phìng, il avait un orchestre privé... En montant sur le trône, il chargea le roi de Ning de diriger l'orchestre de son palais princier, afin de soutenir l'orchestre rituel; il divisa [ce Conservatoire] en deux classes d'après la force [des élèves] ». « Hyuên tsŏng, dans les loisirs que lui laissait le gouverne-

ment, instruisait des jeunes gens [des familles] de musiciens officiels, au nombre de trois cents, dans les divertissements musicaux (cordes et flûtes). Au milieu des sons résonnant ensemble, s'il y avait un seul son faux, Hyuên tsŏng s'en apercevait et le faisait corriger. On nommait ces jeunes gens les élèves de l'Empereur ou les élèves du Jardin des Poiriers, parce que le Conservatoire était proche d'un verger de poiriers [qui faisait partie] des jardins réservés. A la cour des Sacrifices, il y avait aussi un Conservatoire où l'on enseignait à exécuter les nouveaux chants devant l'Empereur; à la cour des Sacrifices, chaque matin, les tambours et les flûtistes s'exerçaient en désordre dans les salles spéciales du bureau de la Musique. Les pensionnaires des Conservatoires étaient habituellement au nombre de 1000; dans le Palais ils se tenaient dans le collège Yi-tchhwen yuên ». « La cour des Sacrifices faisait passer des examens à la Section assise [de l'orchestre des banquets]; ceux qui ne réussissaient pas dans leurs études, étaient renvoyés à la Section debout; ceux qui là encore ne réussissaient pas, s'exerçaient à la musique rituelle. »

Il ne paraît pas que la réorganisation des divers Conservatoires ait introduit aucun nouvel élément dans les représentations. Les chants et les grands chœurs avec danse existaient auparavant et persistèrent après; plus rituels d'abord, ils perdirent de leur caractère religieux, hiératique, en se multipliant et se mêlant davantage à la vie quotidienne du Palais; de là l'opposition que l'on aperçoit entre la musique rituelle, plus simple, et la nouvelle musique du Palais, d'allure plus variée. Mais cette évolution était commencée bien avant d'être accentuée par l'action directe de Ming hwàng.

C'est pourtant au Jardin des Poiriers que le théâtre moderne chinois cherche son origine. La tradition répandue aujourd'hui est rappelée en termes peu précis dans la première des dissertations placées en tête du *Yuên khyŭ syuèn*[6]. « Les Thâng avaient [ce qu'on appelait] *tchhwàn khi*, les Sóng avaient les *hi khyŭ*, les Kīn avaient les *yuên pèn* et les *tsà kï*, les Yuên les imitèrent. » Les *yuên pèn*, ajoute l'auteur, comportaient cinq exécutants : mais s'agit-il de danseurs ou d'acteurs? les *yuên pèn* étaient-ils des chœurs symboliques ou des pantomimes? Il est d'ailleurs remarquable de voir chez ces barbares du nord les œuvres d'art des Thâng imitées, peut-être développées. Les divertissements de la cour des Thâng et des Sóng étaient-ils ce que nous appelons du théâtre? Bazin[7], d'autres Européens après lui, l'ont admis sans hésitation, mais la tradition chinoise recueillie par lui ne repose sur aucun texte que je connaisse. Les pièces modernes, même les moins récentes, comportent toujours, avec une partie lyrique, un dialogue; rien ne permet de soupçonner un dialogue dans les scénarios très simples des anciens chœurs où l'action est peu marquée, sinon nulle, où le symbole tient souvent la première place[8]. Si Ming hwàng avait inventé le dialogue, les historiens si renseignés qui ont traité de l'époque des Thâng, n'en auraient-ils pas parlé? Du viiie siècle, où fut fondé le Conservatoire du Jardin des Poiriers, à la fin du xiiie, époque du S7

---

1. On a vu des mannequins *khwèi lèi* figurer dans un orchestre des Sóng (p. 197, note 17) ; une danse analogue à celle qui est nommée ici, est mentionnée au Korye.

2. N° 25 (Y. l. t., liv. 85, f. 33).

3. Les *pò hi* à cette époque comprennent encore : jeu de la balle lancée avec le pied, jeu des lions, les bouteilles à sonnettes, danse sur la corde, mât de cocagne, culbute, plusieurs danses des sabres, etc. (N° 62, liv. 15, f. 3 v°, etc.).

4. N° 55, liv. 34, ff. 7 v° et 8 r°. — N° 94 (Y. l. t., liv. 37, f. 2, etc.).

5. N° 46, liv. 22, ff. 2 et 3. — N° 55, liv. 34, f. 9 v°. — N° 45, liv. 28, f. 10. — N° 53, liv. 31, f. 12 v°.

6. N° 32, 1re dissertation, f. 1.

7. *Théâtre chinois*, 1 vol. in-8°, Paris, 1838 ; Introduction, p. II, etc.

8. Ainsi les pièces du chœur de l'étang du dragon, p. 196, note 7, sont de simples odes descriptives et lyriques (8 heptasyllabes rimés de 2 en 2).

syáng kï, le plus ancien drame qui subsiste[1], pendant près de six siècles, le théâtre n'aurait rien donné qui eût survécu, qui fût mentionné dans d'autres écrits? Enfin la naissance du théâtre au XIIIe siècle s'accorde bien avec le développement du roman, qui est de la même époque, et coïncide avec cette nouvelle forme de la civilisation qui a paru après l'invasion mongole.

Je n'ai pas trouvé mention du Jardin des Poiriers après 779; il fut alors rattaché à la cour des Sacrifices. Mais le Conservatoire reparut sous les Sóng. « Au début de la dynastie, conformément aux anciennes règles, on établit le Conservatoire; il avait quatre sections... Par la suite [le nombre des musiciens] s'étant accru, les artistes les plus habiles des quatre points cardinaux furent inscrits sur les registres... Tháï tsóng (976-997) connaissait bien la musique... il composa en tout 390 airs nouveaux... Tchén tsóng (997-1022) fit des poèmes pour des divertissements, *tsà kï tsheù*[2]. » Encore au XIIe siècle le Conservatoire est mentionné, puis tout disparaît dans les guerres et dans les troubles.

Le dernier orchestre des Hán était un orchestre militaire[3] remontant, d'après la légende, à la guerre soutenue par Hwáng ti contre Tchhi-yeoù[4]. L'Empereur ordonna à ses soldats de souffler dans des cornes pour effrayer l'ennemi : cet instrument nouveau fut appelé *lóng ming* **176**, le chant du dragon. Plus tard, quand Tshào Tshào combattit les Woù-hwán[5], on raccourcit les cornes, le son en devint encore plus lugubre : ces cornes courtes furent nommées *tchóng ming* **177**. De son séjour au Sï yu le marquis de Pó-wáng[6] rapporta la corne tartare, *hoú kyò* **178**, le cornet tartare, *hoú kyú* **90**, fait d'une feuille enroulée[7], la corne double, *chwáng kyò* **179** : ses musiciens avaient aussi appris une mélodie indigène, *Mó-hó-teoù-lè*, qui fut imitée par le célèbre Li Yèn-nyèn. Celui-ci composa ainsi 28 airs *kyái*; 10 de ces chants subsistaient sous les Tháng[8]. Tel paraît être le début historique de l'orchestre militaire, qui comprenait, avec les cornes, des tambours, des *héng tchhwëi* **85** ou flûtes traversières[9], et auquel on rattacha à diverses époques les orchestres septentrionaux[10]. Aux chants pseudo-tartares de Li Yèn-nyèn s'ajoutèrent sous les Hán de nombreuses chansons de soldats, des chants de bataille, *tcheán tchén tchï khyù*[11], c'est-à-dire en somme des chansons populaires. Elles eurent le sort habituel des chansons chinoises; chaque dynastie y adapta de nouveaux vers faits par ses poètes officiels, qui n'a-

vaient rien de commun, même pas le rhythme, avec l'inspiration première et qui célébraient dans le style poétique convenu les souverains régnants. On a donc 22 chants des Tsin, 18 des Sóng, 12 des Lyáng (Woù ti ayant trouvé que ces chants devaient répondre aux 12 lunes), 20 des Tshi du nord, 15 des Tcheoù, tous substitués aux anciennes chansons des Hán[12].

Le caractère militaire de cet orchestre était prononcé surtout dans la section montée qui est mentionnée en 76-83; il subsistait encore au IVe siècle quand les Tsin étaient réduits au sud de l'Empire[13]. Un peu plus tard il s'effaça complètement. L'orchestre militaire *Koù tchhwëi* ne fut plus que l'orchestre du cortège impérial, ce qu'avait été le *Hwáng mén koù tchhwëi* du temps des Hán, et, comme ce dernier, il fit parfois sa partie pendant les banquets[14]; aussi sous les Hán postérieurs, sous les Tshi du nord, le bureau de l'Orchestre militaire, *Koù tchhwëi choù*, avait sous sa direction les jongleurs; le plus souvent une distinction nette subsista entre le bureau du 3e orchestre, *Tshïng chàng choù*, chargé de la musique des banquets, et le bureau de l'Orchestre militaire, qui s'occupait des cortèges.

Sous les Tháng et auparavant, ainsi sous les Tshi du nord[15], le Prince impérial, les princes, les grands officiers, les fonctionnaires provinciaux avaient des cortèges de musiciens dont la composition était fixée selon le grade; on s'en servait non seulement dans les circonstances officielles, mais pour les noces et les funérailles (règlement noté avant 694). L'orchestre du cortège impérial était employé plus ou moins complet suivant la solennité plus ou moins grande; il comprenait une section d'avant-garde, une d'arrière-garde.

AVANT-GARDE

tambours kāng **180**	12
gongs **11**	12
grands tambours	120
cornes longues **176**	120
tambours náo (cymbales **16**?)	12
chanteurs par paires	24
flûtes de Pan **75**	24
cornets **90**	24
grandes flûtes traversières **85**	120
tambours tsye **162**	2
flûtes droites doubles **77**.	24
	494

Report	494
flûtes de Pan **75**	24
chalumeaux **89**	24
cornets **90**	24
chalumeaux d'écorce **170**.	24
tambours kāng **180**	12
gongs **11**	12
petits tambours	120
cornes moyennes **177** ...	120
tambours à dais **181**	12
chanteurs par paires	24
flûtes de Pan **75**	24
cornets **90**	24
	938

Arrière-garde analogue : 408 musiciens[16].

Les musiciens du cortège sont requis chaque fois que l'Empereur se transporte d'un lieu à un autre ou

---

1. Voir Catalogue, 4320, art. VI.

2. N° 53, liv. 31, f. 12 v°. — N° 55, liv. 34, f. 10 r°.

3. N° 39, liv. 19, ff. 19 et 20. — N° 41, liv. 23, ff. 21 et 22. — N° 63, liv. 14, ff. 20 à 23.

4. Voir n° 1, *Lyù hïng*, 2. — N° 14, p. 376. — N° 34, liv. 1, f. 4. — N° 35, tome I, p. 27, etc. Tchhi-yeoù est le type des rebelles.

5. Tribus tongouses occupant vers le début de l'ère chrétienne le sud de la Mongolie, de la boucle du fleuve Jaune jusqu'au Lyáo, battues par Tshào Tshào en 207.

6. Tcháng Khyèn (p. 155, note 5) fut anobli avec le titre de marquis de Pó-wáng.

7. A rapprocher du thào phi pí-li **170**, p. 158, note 5.

8. En voici les titres : 1° *Hwáng hou*, le cygne jaune (monture des immortels); — 2° *Lóng theoù*, à l'extrémité du pays de Lóng (Cheán-sï); — 3° *Tchhoù kwán*, au sortir des passes; — 4° *Joù kwán*, à la rentrée dans les passes; — 5° *Tchhoù sái*, au sortir des frontières; — 6° *Joù sái*, à la rentrée dans les frontières; — 7° *Tchè yíng lyeoù*, en rompant une branche de saule; — 8° *Thín tseñ* ou *Hwáng thín tseñ* (nom propre?); — 9° *Tchhi tchï yíng* (nom propre?); — 10° *Wáng híng jén*, en voyant au loin le voyageur.

9. Voir p. 155.

10. Voir p. 194.

11. Le *Tsin choù* (N° 41, liv. 23, ff. 4 à 7) cite vingt-deux titres sans textes; p. e. *Seù péi wáng*, en pensant au père affligé; *Cháng tchï hwéi*, le retour de l'Empereur; *Tcheán tchhéng nán*, en se battant au sud des murailles; *Kyün mà hwáng*, le cheval du prince est jaune; *Tyáo kán*, la

canne à pêche. Le *Thâng lyeoù tyèn* (N° 63, liv. 14, f. 21 r°) cite un titre que je ne retrouve pas ailleurs : *Choù chàng làng*, l'officier sur un arbre. Successivement les Wèi, les Woù, les Tsin héritèrent de ces chansons et remplacèrent les textes populaires par l'éloge de leurs hauts faits et de leurs vertus; les 22 chants des Tsin, dus à Foù Hyuèn, sont dans le *Tsin choù*, liv. 23, ff. 7 à 15; quelques pièces en pentasyllabes, la plupart en trisyllabes purs ou mêlés de vers plus longs. Le *Sóng choù* (N° 39, liv. 22, ff. 14 à 16) a heureusement conservé 18 des textes primitifs qui comme idées, comme style et comme rhythme, n'ont rien de la poésie savante; il serait intéressant d'y étudier la langue vulgaire de l'époque des Hán, car ces chansons ne pouvaient s'écarter beaucoup du parler ordinaire. Les 12 poésies des Wèi, d'allure et de rédaction tout à fait officielles, sont données à la suite, ff. 16 à 20; le rhythme, assez éloigné de celui des pièces primitives, a été imité d'assez près par Foù Hyuèn. Après les 22 poésies des Tsin, ff. 20 à 26, on lit, ff. 26 à 30, les 12 poésies des Woù par Wèi Tchāo (je n'ai pas trouvé d'autres indications sur ce personnage); elles ont le même caractère que celles des Wèi.

12. N° 39, liv. 22, ff. 30 à 35. — N° 42, liv. 13, ff. 15 et 16; liv. 14, ff. 13, 14, 22, 23.

13. N° 39, liv. 19, ff. 19 et 20.

14. N° 42, liv. 15, ff. 25 et 26. — N° 63, liv. 14, ff. 21 à 23.

15. N° 42, liv. 14, f. 14. — N° 45, liv. 28, f. 9 v°.

16. N° 63, liv. 14, f. 22.

figure dans une cérémonie. Ils ont aussi un rôle dans quelques solennités annuelles, telles que les exorcismes, *tà nó, khyŭ nó* [1], célébrés le dernier jour de l'année en vue de chasser et d'anéantir tous les fléaux, savoir : la mort prématurée, les tigres, les démons du genre du loup-garou, la mauvaise fortune, les calamités célestes, les cauchemars, la mort par la main du bourreau et l'exil, le *kwŭn* (?) le *kyù* (?), les animaux venimeux. Contre ces fléaux les exorcistes invoquent douze divinités au moyen d'une formule en prose légèrement rhythmée (tétrasyllabes irréguliers). Un musicien entonne, le chœur reprend, l'orchestre soutient les voix avec les cornes et les tambours ; devant la salle impériale Tseù-tchhèn, dans l'intérieur du Palais, l'orchestre religieux et une partie de l'orchestre de marche sont réunis pour donner plus d'éclat et de tumulte à cette partie de la cérémonie ; des estrades ont été dressées pour les plus qualifiés des assistants [2].

Les musiciens du cortège [3] exécutaient aussi les chants de triomphe. Je ne trouve de détails que dans trois textes relatifs aux Thàng. Le *Thàng lyeoŭ tyèn* [4] prévoit en quelques mots la présentation des prisonniers et des oreilles gauches coupées au temple ancestral, avec le retour triomphal, *khài syuèn,* du commandant en chef. Le *Thàng choŭ* n'est guère plus explicite. Seul, le *Kyeoŭ thàng choŭ,* copié par le *Thàng hwèi yào,* donne des détails ; il cite un rapport de 829 fixant les rites à observer et la part qu'y prendront les musiciens du cortège. La coutume du triomphe et l'existence de chants de triomphe, dit l'auteur du rapport, ne sont pas seulement attestées pour la Chine antique par divers textes anciens ; beaucoup des pièces de l'orchestre de cortège sous les Wéi, les Tsin et les dynasties suivantes appartiennent évidemment à la musique triomphale ; et c'est encore avec des chœurs de triomphe que sont rentrés à la Capitale Thái tsōng, Soŭ Tíng-fāng, Lì Tsi, après leurs victoires sur Sóng Kin-kāng, Hó-loù [5] et la Corée. On décida donc que des musiciens du cortège, 2 flûtes droites **77**, 2 chalumeaux **89**, 2 flûtes de Pan **75**, 2 cornets **90**, 2 tambours nâo **16**, 24 chanteurs, tous à cheval et conduits par le chef de l'Orchestre militaire, iraient chercher l'armée victorieuse à la porte de l'est et prendraient la tête des troupes ; de la porte jusqu'au temple des Dieux protecteurs de l'Empire, *Thài chè,* on exécuterait divers chœurs, un chœur spécial de triomphe, le *Phó tchèn yö* [6] et d'autres encore ; après le sacrifice l'armée serait conduite en musique jusqu'au pied du pavillon élevé où serait assis l'Empereur ; le ministre de l'Armée et le directeur de la cour des Sacrifices ayant fait ranger officiers, soldats et musiciens, on exécuterait encore une fois les chants de triomphe, et la cérémonie finirait par la présentation des prisonniers et des oreilles coupées.

CHAPITRE XIV

Période moderne depuis les Yuên (XIIIe siècle) : musique des Yuên, musique des Ming et des Tshing, orchestres des Ming et des Tshing.

La dynastie mongole eut fort à faire pour relever les ruines amoncelées par la guerre et par les troubles intérieurs sous les derniers empereurs Kin et Sóng ; les Mongols se montrèrent administrateurs avisés [7], mais ils n'avaient pas la culture qui permet d'apprécier un art affiné. Ils réunirent les orchestres et tâchèrent de renouer la tradition musicale [8] : c'était là encore, pour Khoubilai khàn et ses successeurs, un procédé administratif en vue de gouverner les Chinois selon leurs idées accoutumées. Aussi aucune nouveauté ne paraît dans la musique ni dans les chœurs : on imite, souvent on exagère et on force. Ainsi la danse guerrière *Néi phing wài tchhéng tchī woù* [9] est la copie de celle des Thàng et de celle de Woù wàng : 1re strophe, anéantissement du prêtre Jean ou des Karakhitan et des Naiman [10] ; 2e strophe, défaite des Si hyà [11] ; 3e strophe, victoire sur les Kin ; 4e strophe, soumission du Si yŭ (Asie centrale) et du Hô-nân (Chine au sud du fleuve Jaune) ; 5e strophe, conquête du Seù-tchhwǎn et du Yùn-nân ; 6e strophe, pacification du Korye et de l'Annam. Ainsi encore les hymnes sont réunis en séries de titres analogues, mais, au lieu d'une série, il y en a au moins trois de

---

1. N° 46, liv. 16, ff. 12 et 13. — N° 63, liv. 4, f. 6 r° ; liv. 14, ff. 23 r° et 28. — N° 94 (Y. l. t., liv. 37, f. 2, etc.).

2. Ces cérémonies sont classées comme *kyūn lì,* rites militaires ; 24 jeunes gens de 12 à 16 ans, *tchén tseŭ,* masqués de rouge, forment une compagnie, *twéi ;* six compagnies exorcisent au Palais impérial en présence de 12 préposés portant bonnet et vêtement rouges, fouet de chanvre ; 22 musiciens assistent avec cornes et tambours ; un choriste entonne les chants ; un autre joue le rôle de fāng syáng chi, brandit sa hallebarde et son bouclier et dirige les mouvements des jeunes exorcistes. Avant l'aube, la troupe se présente à l'une des portes du Palais, requiert l'entrée, est admise, se divise en escouades qui suivent un itinéraire fixé et se retrouvent à une autre porte pour sortir ; les compagnies d'exorcistes vont ensuite aux portes de la ville et sortent des murailles. A la principale porte du Palais et à la principale porte de la ville, une prière est lue, une libation versée, un coq sacrifié et enterré par le grand invocateur et son aide. — Pour le fāng syáng chi, voir p. 185 ; remarquer la peau d'ours qui le revêt ; la peau d'ours paraît en divers rites militaires ; il y avait aussi sous les Thàng une section des ours, *hyòng phi poŭ,* qui paraissait dans divers chœurs (N° 94, liv. 37, f. 2, etc.) : on appelait ours, *hyòng phi* **182**, certains tambours spéciaux.

3. N° 41, liv. 22, f. 2 r°.

4. N° 63, liv. 5, f. 2 v°. — N° 45, liv. 28, ff. 11 et 12. — N° 46, liv. 16, f. 4 v°. — N° 55, liv. 33, ff. 8 à 10.

5. Soŭ Lyě, surnom Ting-fāng (592-667), guerroya contre les brigands dès l'âge de 14 ans ; mandarin militaire, remporta de grands avantages dans l'Asie centrale, en particulier contre le Turk Hó-loù qu'il ramena prisonnier (début de la période Tchéng-kwān, 627-649) ; anobli, vainqueur du Paiktchei (660) (N° 45, liv. 83, ff. 3 à 6 et N° 46, liv. 111, ff. 6 à 9). Sur Sóng Kin-kāng, je n'ai pas trouvé de renseignements.

6. Voir p. 195, 3°.

7. C'est sous les Yuên qu'on voit apparaître nettement l'organisation des musiciens en caste héréditaire. Je n'ai rien trouvé d'aussi précis pour les âges antérieurs. En 1256, Khoubilai, non encore empereur (N° 51, liv. 68, ff. 1 et 2), ordonne de remplacer les musiciens âgés par leurs fils et petits-fils ; seulement s'il n'y a pas d'homme capable de succéder, on cherchera dans d'autres familles de musiciens ; en 1264 il fait tenir registre (N° 51, liv. 68, f. 4 v°) du nombre des musiciens et fait inscrire sur les registres du peuple 320 familles qui ne peuvent conserver leur charge. Sous les Ming (N° 64, liv. 226, f. 4 v° ; liv. 163, f. 2), le Chèn yö kwān, qui dépend de la cour des Sacrifices, recrute au début ses musiciens parmi les aspirants tào chi et dans les familles militaires ; mais on trouve aussi dans les lois l'article *jèn hoŭ yì tsì wéi ting* qui interdit aux familles de musiciens de se soustraire à leur condition ; il y avait donc une caste comportant pour ses membres des droits et des charges. L'article est reproduit tel quel dans le Code actuel, lois du cens (N° 68, *Hoù lyù*) ; l'hérédité pour les danseurs est affirmée pour la date de 1644 par le n° 66, liv. 414, f. 1, mais on sait que pratiquement ces métiers héréditaires n'existent plus avec leurs règles rigoureuses.

8. Quelques dates relatives à la restauration de la musique rituelle (N° 51, liv. 68, ff. 1 v°, 2 r°, 5) : 1252, on emploie des chœurs pour le sacrifice au Ciel ; 1260, la musique nouvellement composée est exécutée au temple ancestral ; 1293, musique au temple des *ché tsì,* génies protecteurs du sol.

9. N° 51, liv. 68, f. 4 v°.

10. Karakhitan ou Kéraïtes, alias Si lyào ; cf. p. 84, note 7. — Naiman, tribu toungouse unie en 1201 aux précédents. — Kin, voir p. 84, note 7.

11. Voir p. 84, note 13.

dates différentes qui paraissent conservées côte à côte[1], la série en *tchhèng* (1264 et 1305), la série en *ning* (1293), la série en *ngān* (1306). Quant à la musique classique, semi-rituelle, des banquets, si riche et si variée sous les Thảng et les Sóng, il n'en est pas question.

Cet appauvrissement paraît durable; sous les Mȋng et sous les Tshȋng, nous trouvons des hymnes et des chants moins graves, des danses, le tout plus varié que sous les Yuèn : mais on ne voit reparaître aucun des titres familiers sous les Thảng et sous les Sóng, rien ne rappelle cette floraison artistique, cette passion de la musique qui régnait à la Cour, chez les fonctionnaires, à l'armée; les lettrés, sauf exception, ne s'occupent de la musique que pour en discourir, la pratique leur semble méprisable ou au moins futile; ils jugent donc sans critique ou ignorent. Aussi l'art est-il devenu le domaine propre des musiciens de profession, gens peu estimés, peu instruits, accueillant toutes les légendes, incapables de discerner dans leurs mélodies traditionnelles ce qui est original de ce qui est défiguré ou interpolé. Les documents de divers ordres qui viennent de ces deux classes d'hommes sont essentiellement peu sûrs. La plupart des textes passent à côté des questions traitées par les anciens historiens et les grands musicologues; ils ne nous parlent même pas du théâtre, qui paraît avoir absorbé depuis les Yuèn tout ce qui existait de tendances musicales. Le seul terrain solide nous est fourni par les textes administratifs, qui ne connaissent naturellement que la musique officielle.

Aucune innovation sérieuse n'est à noter dans le programme musical des cérémonies : on trouve toujours pour les solennités majeures les grands hymnes et les grandes danses, d'autres chants et d'autres danses pour les fêtes secondaires[2]. Le nombre des reprises ou des strophes est toujours fixé à 9 pour les sacrifices au Ciel, 8 pour les Esprits terrestres, 7 pour les Dieux protecteurs, 6 pour les mânes des Ancêtres; les danseurs sont au nombre de 8 escouades, *yi*, (8 × 8 = 64 danseurs) pour les danses religieuses, sauf dans le temple de Confucius où il n'y a que 6 escouades (6 × 6 = 36). Les Mȋng[3] avaient des hymnes en *hwŏ* et des hymnes en *ngān*, une danse civile et une danse militaire; les Tshȋng[4], renchérissant sur les Mongols, ont quatre séries d'hymnes, en *phing,* en *h7*, en *kwāng*, en *fŏng*, une danse civile et une danse militaire, plus le *Hwảng woù* dansé par 16 jeunes garçons pour demander la pluie; la danse civile, *Hi khi,* est une marche rhythmée exécutée par 22 personnages ayant rang de *tả tchhén* ou ministre; la danse militaire *Yảng lyŏ* représente une sorte de chasse.

Les chants et danses des banquets célèbrent sous une forme ou une autre la gloire de la dynastie régnante; ainsi sous les Mȋng[5] la danse *Foù ngān seù yi* où paraissent 4 barbares de chacune des quatre régions cardinales, la danse *Pyảo tchéng wản pāng*, les chœurs *Min lò chŏng*, *Kản hwảng ngȋn*, etc.; ainsi sous les Tshȋng[6] les danses *Chi tŏ*, *Tĕ chéng*, les chants *Chéng woù kwảng tchảo*, etc. Le banquet dont le programme est donné comme type par le *Tả mȋng hwëi tyèn*[7], comportait entre les airs exécutés pour présenter la

coupe, pour aller chercher, introduire, présenter, desservir le potage, six chants et huit chœurs dansés; dans d'autres circonstances on y entremêlait des tours de jongleurs, *pò hi*. Dans la vie quotidienne, les actes principaux de l'Empereur, de l'Impératrice, du Prince héritier, des princes du sang, d'autres faits plus rares tels que réceptions annuelles des envoyés étrangers, mariages, retour d'une armée victorieuse, appelaient des chœurs et des danses appropriés[8].

Sous les Mȋng, le Chȇn yŏ kwȃn est une sorte de maîtrise ou de conservatoire qui instruit et surveille les musiciens et danseurs[9]. Le Kyảo fāng seù, qui dépend du ministère des Rites, dirige les orchestres et chœurs et les emploie[10]. La musique des cortèges dépend du ministère de l'Armée, direction Tchhě kyả, au même titre que les insignes qui sont portés dans ces cortèges[11]. Sous les Tshȋng[12], le Yŏ poú, rattaché au ministère des Rites, a la direction générale de la musique; le Chȇn yŏ choù pour les solennités du culte, le Hwŏ chȇng choù pour les fêtes officielles du Palais, le Tchảng yi seù, un des bureaux du Néi woú foù, pour les concerts du Palais intérieur, le Chȋ pảng tchhoú pour la musique mongole, emploient les orchestres, placent les musiciens exécutants, établissent les programmes d'après les règlements; ces bureaux correspondent imparfaitement aux trois subdivisions reconnues par le Yŏ poú, sacrifices, réunions de la Cour, banquets[13]. Les orchestres, plus nombreux que dans l'ancienne Chine, sont employés soit isolément, soit dans une même fête, se succédant ou se répondant; fort peu d'entre eux sont limités à un seul genre de cérémonies. La plupart des orchestres de la Cour impériale actuelle ne diffèrent pas sensiblement de ceux des Mȋng; il sera donc possible de les étudier ensemble.

Tchŏng hwŏ chảo yŏ[14], orchestre rituel pour la salle Tchŏng-hwŏ.

Cet orchestre, dont le nom fait allusion à l'empereur Chwén, joue dans les services religieux célébrés aux autels et temples du Ciel, de la Terre, des Ancêtres, des Esprits protecteurs de l'Etat, et dans les réunions plénières de la Cour, au moment où l'Empereur s'assied sur son trône, au moment où il se lève, quand il a pris le thé ou l'a fait offrir aux grands dignitaires.

	Mȋng	Tshȋng[15]
Cloche isolée **1**		1
Carillons de 16 cloches **2**	2	1
Lithophone isolé **23**		1
Carillons de 16 lithophones **24**	2	1
Khȋn **112**	10	4 v. 10
Sě **116**	4	2 v. 4
Flûtes de Pan **75**	4	2
Flûtes droites **77**	12	4 v. 10
Flûtes traversières ti **81**	12	4 v. 10
Flûtes traversières tchhi **80**	4	2 v. 6
Orgues à bouche **103**	12	8 v. 10
Ocarinas **101**	4	2
Ying koù v. tambour dressé **44** à **46**	2	1
Pŏ foù **35** v. **49**	2	2
Auge **34**	1	1
Tigre **29**	1	1

12 chanteurs (Mȋng).
Chanteurs en nombre indéterminé (Tshȋng).

---

1. N° 51, liv. 68, ff. 4 r°, 5 v°, 6 r°.
2. N° 64, liv. 81, f. 5 r°. — N° 65, liv. 34, ff. 12 à 14.
3. N° 64, liv. 43, liv. 81 à 84.
4. N° 65, liv. 34, ff. 2, 3, 5 r°, 8, 9.
5. N° 64, liv. 73, ff. 3, 4, 17, 18.
6. N° 65, liv. 34, ff. 5, 9 à 10.
7. N° 64, liv. 104, f. 15, etc.
8. N° 64, liv. 53, 56, 104, 140.

9. N° 64, liv. 226.
10. N° 64, liv. 104.
11. N° 64, liv. 140.
12. N° 65, liv. 33; liv. 34, ff. 11, 14, 17, 18, etc.
13. N° 65, liv. 33, f. 1.
14. N° 64, liv. 43, f. 11; liv. 104, ff. 9 et 10. — N° 65, liv. 33, f. 18 r°; liv. 34, ff. 1 à 4. — N° 66, liv. 413, ff. 1 à 4. — N° 108, pp. 235 à 238.
15. Les nombres forts pour les cérémonies religieuses, les plus faibles pour celles du Palais.

Khing chén hwăn yö [1], orchestre de réjouissance spirituelle.

Le *Hwéi tyén* n'indique qu'un emploi de cet orchestre, savoir pour le sacrifice offert par l'Impératrice à la patronne de la sériciculture, Syèn tshăn [2].

2 carillons de gongs 13.	6 flûtes traversières ti 81.
1 carillon de lames d'acier 25.	6 orgues à bouche 103.
4 khin 112.	1 tambour dressé 44.
2 sě 116.	2 tambours en sablier 59.
6 flûtes droites 77.	2 jeux de claquettes 31.

Pour cette cérémonie la cour des Ming [3] employait un orchestre féminin, *Kyáo făng seŭ nyŭ yö*, dont la composition pour la circonstance spéciale n'est pas donnée; il était probablement le même que celui qui jouait pour les fêtes de cour de l'Impératrice.

14 flûtes droites 77.	6 carillons de lames d'acier 25.
14 orgues à bouche 103.	5 tambours.
14 flûtes traversières ti 81.	8 jeux de claquettes 31.
14 chalumeaux 89.	12 tambours en sablier 59.
10 tchön (tchng 117).	4 chanteuses principales.
8 phi-phà 123.	24 chanteuses.
8 khōng-heoù à 20 cordes 114.	

Tăn pi tả yö [4].

Cet orchestre se place en haut des degrés qui montent à la salle impériale, sur la terrasse Tăn-pi qui précède cette salle; de là son nom. Il joue dans les réunions plénières au moment où les dignitaires se prosternent; de même quand l'Impératrice reçoit les femmes titrées; il joue encore dans les banquets, et dans les triomphes au moment où les prisonniers sont offerts à l'Empereur.

	Ming.	Tshing.
Carillons de gongs 13		2
Carillons de lames d'acier 25	2	2
Flûtes droites 77	12	2
Flûtes traversières ti 81	12	4
Chalumeaux 89	12	4
Orgues à bouche 103	12	4
Grands tambours 52	2 v. 1	2
Tambours en sablier 59	12	1
Jeux de claquettes 31	8 v. 6	1
Phi-phà 123	8	
Khōng-heoù à 20 cordes 114	8	
Tchön (tchng 117)	8	

12 chanteurs (Ming).
Chanteurs en nombre indéterminé (Tshing).

Tshing yö [5].

On nomme a) *Tchōng hwó tshing yö* une section du premier orchestre qui joue quand on présente les mets à l'Empereur, b) *Tăn pi tshing yö* une section du 3e orchestre qui joue quand on lui verse la boisson, thé ou vin, quand on offre le thé ou le vin aux fonctionnaires. Ces deux petits corps de musique, de même composition, ont encore quelques autres emplois. Ils sont placés l'un a) dans la salle, l'autre b) sur la terrasse à l'extérieur. Sous les Ming la section b) était appelée *Tăn pi yö*; la section a) *Yeoù chï yö*, orchestre pour exciter à manger, différait beaucoup de l'orchestre correspondant moderne; de petits corps déta-

1. N° 65, liv. 34, ff. 2 et 3. — N° 108, p. 392.

2. Identifiée à divers personnages antiques, particulièrement à Si-ling chi, femme de Hwăng ti.

3. N° 64, liv. 43, ff. 17 et 18; liv. 51, ff. 23 et 26; liv. 104, f. 18.

4. N° 64, liv. 43, f. 12; liv. 104, ff. 10 et 11. — N° 65, liv. 33, ff. 18 et 19; liv. 34, f. 4. — N° 66, liv. 413, f. 7. — N° 108, pp. 287, 288.

5. N° 64, liv. 73, ff. 1, 9 r°, 11 r°, 22, 36; liv. 104, ff. 10 et 11. — N° 65, liv. 33, f. 19 r°; liv. 34, f. 4 r°. — N° 66, liv. 413, f. 9 r°. — N° 108, p. 288.

6. Par exemple pour aller recevoir les mets : 2 orgues, 2 v. 6 flûtes ti, 2 v. 6 chalumeaux, 2 v. 4 tchön, 1 tambour, 1 tambour en sablier, 1 jeu de claquettes; pour présenter les mets : 2 orgues, 2 flûtes ti, 1 tambour, 8 tambours en sablier, 1 jeu de claquettes, 1 carillon de lames d'acier.

-chés annonçaient les mets [6]; un orchestre *Yeoù chï* réduit jouait dans les repas ordinaires (2 flûtes droites 77, 2 orgues à bouche 103, 2 tchěng 117).

Orchestre des Tshing.

2 carillons de gongs 13.	1 tambour en sablier 59.
2 flûtes traversières ti 81.	1 tambour à main 39.
2 chalumeaux 89.	1 jeu de claquettes 31.
2 orgues à bouche 103.	En outre chanteurs.

Orchestre des Ming, section a).

2 cloches 1, se répondant, *ying tchōng*.	4 flûtes traversières tchhi 80.
1 lithophone 23.	4 orgues à bouche 103.
4 khin 112.	2 ocarinas 101.
2 sě 116.	1 pǎ foù 35.
1 v. 2 flûtes de Pan 75.	1 auge 34.
4 flûtes droites 77.	1 tigre 29.
4 flûtes traversières ti 81.	4 chanteurs.

Yén yö, Yén yén yö [7] orchestre des banquets.

Sous les Ming, on trouve pour les banquets l'orchestre *Yŭ yén yö* divisé en divers petits corps de musique, où l'on rencontre seulement un instrument nouveau, *phéng tseŭ* 183, probablement une sorte de tambour.

Sous les Tshing, comme sous les Swěi et les Thăng, l'orchestre des banquets comprend plusieurs corps de musique barbare : les Wă-eŭl-khă [8], vaincus par Thái tsoù (1616-1626), les Coréens, les Tchhă-hă-eŭl [9] soumis par Thái tsōng (1626-1643), les musulmans du Turkestan, les Tibétains du Kĭn-tchhwăn, les Gourkha [10] battus par Kāo tsōng (1735-1795), les Birmans aussi reconnaissant la suprématie de l'Empire (1788), présentèrent successivement des musiciens et des danseurs qui, joints à un orchestre chinois et à un orchestre annamite, formèrent les neuf corps (I à IX ci-dessous) appelés à égayer les banquets par leurs chants en mongol, coréen, sanscrit, *făn*, par leurs danses ou guerrières, ou de fantaisie (telle celle des Gourkha agitant des clochettes attachées à leurs chevilles), ou mimiques (telle la danse dite tibétaine, qui est nommée arsalan : les danseurs imitent le lion, et l'on voit par la désignation que ce chœur est plutôt turk que tibétain). Il est remarquable que les ouvrages officiels des Ming comme des Tshing ne soupçonnent pas l'existence du théâtre de la Cour : sous la dynastie actuelle du moins, les acteurs sont des eunuques dépendant du Néi woù foù; le silence des documents marque bien l'estime médiocre où l'on tient ce divertissement tout privé [11].

I. — *Twéi woù*, danse chinoise.

1 tchōng 117.	8 săn hyén 137.
1 hi khin 146.	16 tchoù tsye 30.
8 phi-phà 123.	16 jeux de claquettes 31.

II. — *Móng-koù yö*, orchestre mongol sous deux formes :

a) *Kyă tchhwèi*, comprenant 4 chanteurs et

1 cornet tartare 90.	1 hoù khin 147.
1 tchōng 117.	1 guimbarde 26.

7. N° 64, liv. 73, voir surtout f. 13 v°; liv. 104, f. 15, etc. — N° 65, liv. 33, ff. 19 à 22; liv. 34, ff. 5 et 6. — N° 66, liv. 413, ff. 12 à 14. — N° 108, pp. 390, 391.

8. L'une des trois tribus de la Mantchourie maritime, soumise en 1625 (*Tōng hwă loù*, liv. 1, ff. 4 r°, 18 r°; par Tsyăng Lyăng-khi. 1765, 16 livres; réédition japonaise in-8° de 1833; cf. Catalogue 580-595).

9. Tribu mongole occupant aujourd'hui la région de Kalgan.

10. Le Turkestan fut soumis en 1760, le Kĭn-tchhwăn (au Tibet oriental) en 1776; les Gourkha du Népal furent battus en 1792. Le Pan-tchhèn erdeni lama, lors de son voyage à Péking en 1780, amena des musiciens.

11. N° 19, p. 65 du tirage à part.

b) *Fān poù hò tseoù,* jouant avec l'orchestre tibétain :

1 carillon de gongs **13**.
1 flûte droite **77**.
1 flûte traversière ti **81**.
1 chalumeau **89**.
1 orgue à bouche **103**.
1 tchēng **117**.
1 hoù khin **148**.
1 phi-phà **123**.
1 sān hyèn **137**.
1 eúl hyèn **138**.
1 yuè khin **135**.
1 thi khin **151**.
1 yă tchēng **145**.
1 hwò-poù-señ **139**.
1 jeu de claquettes **31**.

III. — *Tchhào-syèn phài,* orchestre coréen.

1 chanteur, 11 jongleurs qui lancent la balle avec le pied.
1 flûte traversière ti **81**.
1 chalumeau **89**.
1 tambour phài koù **58**.

IV. — *Wà-eúl-khà yò,* orchestre des Wà-eùl-khà : 8 danseurs, 4 pi-li **91**, 4 hi khin **146**.

V. — *Hwéi poù yò,* orchestre musulman formé en 1760 : 6 danseurs de divers genres.

1 tambour de basque **37**.
1 paire de timbales **41**.
1 ngò-eùl-tchà-khē **154**.
1 tympanon **143**.
1 sitàr **140**.
1 rbàb **141**.
1 hautbois pā-là-màn **100**.
1 hautbois sournei **96**.

VI. — *Fān tseù yò,* orchestre tibétain.

Pour les quatre danses on emploie respectivement 3, 10, 6, 6 hommes et 6 jeunes garçons.

a) Section du Kin-tchhwan : 1 hautbois **97**, 1 paire de cymbales **18**, 1 tambour de basque **38**.

b) Section du Pàn-tchheàn :

2 hautbois **97**.
1 pi-vàn **142**.
1 carillon de gongs **14**.
4 paires de timbales **42**.

VII. — *Khàò-eùl-khà,* orchestre des Gourkha : 2 danseurs chacun avec deux ghunghura **28**, 5 chanteurs.

1 paire de timbales **43**.
3 sàrangī **155**.
1 tamburī **133**.
1 paire de cymbales **19**.

VIII. — *Ngàn-nàn kwè yò,* orchestre annamite [1].

IX. — *Myèn-tyén kwè yò,* orchestre birman : 6 chanteurs, 4 danseurs.

a) Orchestre dit grossier, *tshoù* :

1 tambourin **72**.
1 carillon de gongs **15**.
1 hautbois **98**.
1 petit hautbois **99**.
1 paire de cymbales **20**.

b) Orchestre dit fin, *sì.*

1 xylophone **27**.
1 tambourin **73**.
1 tsaung' **122**.
1 mi'-gyaung' **115**.
1 violon à 3 cordes **150**.
1 flûte droite **79**.
1 paire de petites cymbales **22**.

Loù poù yò, orchestre de cortège [2].

Au cortège impérial se rattachent plusieurs corps de musique distincts qui dépendent des Préposés aux équipages, *Lwàn yi wéi,* et qui sont employés en différentes places et à diverses phases des cérémonies.

I. — *Loù poù yò,* au sens restreint, ou *Nào kō koù tchhwëi,* qui, dans toutes les cérémonies majeures et moyennes, religieuses et palatines, joue quand l'Empereur passe à la porte méridionale du Palais. On trouve sous les Ming le *Thùng hyù yò,* dont les fonctions sont en partie semblables; il joue quand le cortège passe à la porte Fòng-thyèn; la composition n'en est pas donnée.

24 tambours verticaux lōng **56**.
2 gongs kīn **8**.
4 tambours en sablier **59**.
4 jeux de claquettes **31**.
12 flûtes traversières ti **81**.
24 tambours verticaux lōng **56**.
24 cornets hwà kyö **92**.
4 gongs tchēng **11**.
8 grands cornets **87**.
8 petits cornets **88**.

II. — *Tshyén poù tà yò,* al. *Tà hàn pū,* orchestre d'avant-garde précédant toujours le cortège impérial : 4 grands cornets **87**, 4 petits cornets **88**, 4 hautbois **94**.

III. — *Hìng hing yò,* orchestre de marche employé dans les plus grandes solennités et comprenant trois corps de musique :

a) *Mìng kyò,* cornes **176, 177** ;

b) *Nào kō tà yò,* qui précède la chaise impériale :

2 gongs kīn **8**.
4 gongs thòng koù **9**.
2 paires de cymbales pö **17**.
2 tambours de marche **60**.
2 gongs thòng tyèn **10**.
4 flûtes traversières ti **81**.
2 carillons de gongs **13**.
2 chalumeaux **89**.
2 orgues à bouche **103**.
8 hautbois **94**.
16 grands cornets **87**.
16 petits cornets **88**.
2 cornets mongols **93**.
4 gongs tchēng **11**.
24 cornets hwà kyö **92**.
24 tambours verticaux lōng **56**.
12 flûtes traversières ti **81**.
4 jeux de claquettes **31**.
4 tambours en sablier **59**.
4 gongs kīn **8**.
24 tambours verticaux lōng **56**.

L'organisation de l'orchestre de marche à la cour des Ming n'est pas indiquée à part; les instruments sont énumérés à leur rang parmi les autres insignes impériaux, comme dépendance de la direction Tchhē kyà du ministère de l'Armée (règlement de 1405).

48 tambours.
4 gongs kīn **8**.
4 gongs tchēng **11**.
4 tambours en sablier **59**.
4 flûtes traversières ti **81**.
4 jeux de claquettes **31**.
2 petits cornets **88**.
2 grands cornets **87**.
12 flûtes droites **77**.
12 orgues à bouche **103**.
12 flûtes ti **81**.
12 chalumeaux **89**.
4 carillons de lames d'acier **25**.
8 tchēn (tchēng **117**).
8 phi-phà **123**.
8 khōng-heoù **114**.
36 tambours en sablier **59**.
4 jeux de claquettes **31**.
2 grands tambours **52**.

c) *Nào kō tshīng yò,* orchestre qui accompagne le Souverain à cheval et qui est extrait du précédent.

8 grands cornets **87**.
8 petits cornets **88**.
8 hautbois **94**.
2 carillons de gongs **13**.
2 flûtes traversières ti **81**.
2 flûtes ti, variété phīng **81**.
2 chalumeaux **89**.
2 orgues à bouche **103**.
4 gongs thòng koù **9**.
1 gong kīn **8**.
1 gong thòng tyèn **10**.
1 paire de cymbales pö **17**.
1 tambour de marche **60**.
1 gong kīn **8**.
1 gong thòng tyèn **10**.
1 paire de cymbales pö **17**.
1 tambour de marche **60**.
2 cornets mongols **93**.

Sous les Ming (règlement de 1539) : 6 grands cornets **87**, 6 petits cornets **88**, 6 yīn yò (**210**).

IV. — *Khài syuén yò,* orchestre de triomphe :

a) *Nào kō,* ou *Kīn koù nào kō,* qui joue au moment où l'Empereur en personne ou le dignitaire délégué rencontre l'armée victorieuse avant l'entrée dans la Capitale :

---

1. N° 66, liv. 413, f. 13 v°; liv. 414, f. 11 r°; liv. 416, ff. 12 et 13. Cet orchestre de 13 exécutants a été supprimé en 1803; on ne trouve aucune planche représentant les instruments annamites ni dans le n° 67, qui date de 1811, ni même dans le n° 102, qui date de 1759. Il faut donc croire que l'orchestre en question a subsisté au plus une quarantaine d'années. Liste des instruments :

1 *kài koù,* tambour.
2 *kài chùo,* sorte de flûte.
1 *kài thàn hyèn tseù* ou sān hyèn **137**.
1 *kài thàn hoù khin* ou hoù khin **147, 148**.
1 *kài thàn chwàng yìn* ou yuè khin **135**.
1 *kài thàn phi phi* ou phi-phà **123**.
1 *kài sān yin tò,* carillon de gongs **13**.
1 *kài phö,* jeu de claquettes **31**.

L'initiale *kài* répond à l'annamite *cái,* qui est un spécificatif très répandu pour les noms d'objets.

2. N° 64, liv. 104, ff. 10, 11; liv. 140, ff. 3, etc., 7, 8. — N° 65, liv. 33, f. 19 r°; liv. 34, ff. 6 à 8. — N° 66, liv. 413, ff. 10 à 12, 14. — N° 108, pp. 327, 328, 391, 392.

4 grands cornets **87**.	4 carillons de gongs **13**.
4 petits cornets **88**.	4 tambours yăo **53**.
8 hautbois **94**.	4 tambours de victoire **54**.
4 gongs kīn **8**.	4 flûtes marines **95**.
2 gongs lô **7**.	6 chalumeaux **89**.
2 gongs thông koŭ **9**.	6 flûtes droites **77**.
4 paires de cymbales não **16**.	6 flûtes traversières tï **81**.
4 paires de grandes cymbales pŏ **17** c).	6 orgues à bouche **103**.
2 paires de petites cymbales pŏ **17** b).	6 flûtes traversières tchhî **80**.

b) Khái kŏ, qui joue en escortant l'Empereur et les troupes au retour de la réception précédente.

1 carillon de lames d'acier **25**.	2 petites cymbales sĭng **21**.
4 carillons de gongs **13**.	2 gongs yáng **12**.
2 paires de grandes cymbales pŏ **17** c).	12 chalumeaux **89**.
	4 flûtes traversières tï **81**.
2 paires de petites cymbales pŏ **17** b).	4 orgues à bouche **103**.
	4 flûtes droites **77**.
2 gongs thông tyèn **10**.	2 tambours en sablier **59**.
	2 jeux de claquettes **31**.

Sous les Mîng, les cérémonies du triomphe employaient le *Tá yŏ*, qui n'est pas spécialement défini et dépendait du Kyáo fâng seŭ; cet orchestre donnait aussi son concours aux présentations d'adresses, réceptions d'édits, etc.[1].

V. — *Táo yîng yŏ*, orchestre pour recevoir et escorter, qui semble rattaché moins étroitement aux quatre sections précédentes; il joue quand l'Empereur entre et quand il se retire, marquant ainsi le début et la fin d'un grand nombre de cérémonies.

2 carillons de gongs **13**.	2 orgues à bouche **103**.
4 flûtes traversières tï **81**.	1 tambour d'escorte **55**.
6 chalumeaux **89**.	1 jeu de claquettes **31**.

Il existe d'autres combinaisons d'orchestres pour des fêtes religieuses et autres; mais elles ne présentent aucun trait nouveau, il n'y a donc pas lieu d'y insister[2].

LES IDÉES COSMOLOGIQUES ET PHILOSOPHIQUES

CHAPITRE XV

Il ne sera pas inutile de rappeler ici et de rapprocher les unes des autres les idées déjà notées dans les chapitres précédents et que les Chinois tiennent pour la forme essentielle de la musique orchestrale et classique : on saisira mieux la place de cet art complexe, dont les chants et les airs des lettrés sont un reste ou un reflet, dans la civilisation ancienne et dans les coutumes modernes, particulièrement dans les cérémonies religieuses et palatines qui s'inspirent plus ou moins des principes antiques. Tous les lettrés

connaissent ces vieilles théories, ce qui ne veut pas dire qu'elles exercent aujourd'hui une influence étendue ou profonde ni sur eux-mêmes, ni sur les musiciens, ni sur le peuple en général.

La musique agit sur l'univers, Ciel et Terre, et sur tous les êtres qui y sont contenus. « Ainsi[3] les [sons] clairs et distincts représentent le Ciel, les [sons] amples et forts représentent la Terre; la succession [des mouvements de la danse] représente les quatre saisons, les évolutions représentent le vent et la pluie. Les cinq couleurs [répondant aux cinq éléments et aux cinq degrés de la gamme] forment un bel ensemble sans désordre; les vents des huit directions [répondant aux huit familles d'instruments] obéissent aux lyŭ sans dérèglement. Tout ce qui sert à mesurer est conforme aux nombres de manière immuable. » « La musique[4], c'est l'harmonie du Ciel et de la Terre; les rites, c'est la hiérarchie du Ciel et de la Terre. Par l'harmonie, tous les êtres [naissent et] se transforment; par la hiérarchie, la multitude des êtres reste distincte. La musique tire du Ciel son principe d'efficacité; les rites prennent à la Terre leur vertu qui règle. Si l'on abuse de la réglementation, il y a trouble; si l'on abuse de l'efficacité, il y a violence. Si l'on a clairement compris le Ciel et la Terre, ensuite on est capable de bien pratiquer les rites et la musique. » « La musique[5] se manifeste dans le commencement universel (dans le Ciel), et les rites se trouvent dans les êtres produits (dans la Terre). Ce qui se manifeste sans arrêt, c'est le Ciel; ce qui se manifeste sans mouvement, c'est la Terre. L'un des termes étant mouvement, l'autre repos, [il en dérive] ce qui est entre le Ciel et la Terre. C'est pourquoi les hommes saints se sont bornés à parler des rites et de la musique. »

Déjà l'empereur Chwén[6] prescrivait à Khwêi, directeur de la musique, d' « harmoniser les esprits et les hommes ». Ces deux classes d'êtres ont des habitats divers et doivent rester distinctes; les rapports sont réglés par l'autorité suprème de l'Empereur. A plusieurs époques les hommes et les esprits se mêlèrent, tout le monde s'enhardit à faire des offrandes aux êtres supérieurs, chaque famille eut son sorcier pour communiquer avec eux, des désordres de tout genre en résultèrent[7]. Il fallut que les empereurs Tchwän-hyŭ, puis Chwén, intervinssent : « alors il ordonna à Tchhòng et à Lì d'interrompre les rapports de la Terre avec le Ciel; [les esprits] cessèrent de descendre et de se manifester. » Les sorciers et sorcières sont le canal de ces relations; ils se retrouvent embrigadés, dirigés par les mandarins, à l'époque des Tcheoŭ; leurs moyens d'action sont avant tout la musique et la danse. « Si le royaume[8] éprouve une grande sécheresse, alors le chef des sorciers se met à leur tête; et il appelle la pluie en exécutant des danses. Si le royaume éprouve une grande calamité, il se met à la tête des sorciers; et il exécute les pratiques consacrées de la sorcellerie... Dans toutes les cérémonies funèbres, il s'occupe des rites de la sorcellerie pour faire descendre les esprits... Au printemps [les sorciers] appellent la bienveillance [des esprits supérieurs] pour chasser les maladies épidémiques... Les sorcières sont

---

1. N° 64, liv. 53, f. 23, etc.; liv. 104, f. 11 r°.

2. Les hymnes et chants des divers orchestres remplissent les livres 417 à 426 du n° 66; les chants de triomphe des années Khyèn-lŏng (1735-1795) sont au livre 425 (guerres de l'Asie centrale, du Kïn-tchhwän, etc.).

3. N° 8, *Yŏ ki*. — N° 15, tome II, p. 77. — N° 34, liv. 24, f. 24 r°. — N° 35, tome III, p. 265.

4. N° 8, *Yŏ ki*. — N° 15, tome II, p. 60. — N° 34, liv. 24, f. 11 v°. — N° 35, tome III, p. 249.

5. N° 8, *Yŏ ki*. — N° 15, tome II, p. 66. — N° 34, liv. 24, f. 14 v°. — N° 35, tome III, p. 254.

6. N° 1, *Chwén tyèn*. — N° 14, p. 29.

7. N° 16, p. 24. — N° 1, *Lyù hìng*. — N° 14, p. 378.

8. N° 6, liv. 26, *seŭ woŭ, nán woŭ, nyŭ woŭ*. — N° 9, tome II, pp. 102, 103, 104.

chargées, aux diverses saisons de l'année, de faire les exorcismes et d'arroser avec les parfums... S'il y a une sécheresse, une chaleur brûlante, elles dansent pour la pluie... Si l'État éprouve une grande calamité, elles chantent, elles pleurent et supplient [les esprits]. » On a vu en détail quelle grande place les danses et la musique tiennent dans les sacrifices ; les sorciers n'étaient donc pas les seuls ni les principaux qui prissent part à ces rites ; souvent même ils ne paraissaient pas, et les cérémonies orchestiques étaient célébrées par d'autres. Il suffira de rappeler les exorcismes classés parmi les rites militaires[1]. « Les maîtres de danse[2] enseignent la danse des armes et sont chefs de danse dans les sacrifices offerts aux esprits des montagnes et rivières ; ils enseignent la danse du drapeau et sont chefs de danse dans les sacrifices offerts aux génies de la terre et des céréales ; ils enseignent la danse des plumes et sont chefs de danse dans les sacrifices offerts aux esprits des quatre régions ; ils enseignent la danse du phénix et sont chefs de danse dans les cérémonies des temps de sécheresse. Tous les danseurs de la campagne sont instruits par eux. » Ces pratiques sont confirmées par des passages du *Tsó tchwán*, du *Lwén yù*, etc.

Plus tard, ces influences ne sont pas mises en doute, mais ramenées à des actions physiques en quelque sorte. Sous les Hán, des expériences furent instituées pour mettre en lumière les rapports des phénomènes cosmographiques avec les tuyaux sonores[3]. « Les cinq degrés naissent des principes yīn et yáng, se divisent dans les douze lyŭ, qui par leur révolution produisent soixante lyŭ : c'est par ces divers agents que se règlent les influx de l'Ourse, que se manifestent les rapports des êtres. Le Ciel se manifeste par les saisons ; la Terre se manifeste par les sons, c'est-à-dire par les lyŭ. Si le yīn et le yáng sont d'accord, alors, la saison arrivant, l'influx du lyŭ répond et la cendre est chassée... Au solstice d'hiver, l'influx yáng répond : alors la musique s'accorde haut, l'ombre du gnomon atteint le maximum, le lyŭ hwàng-tchŏng entre en communication, la cendre est légère et le fléau de la balance monte. Au solstice d'été, l'influx yīn répond : alors la musique s'accorde bas, l'ombre du gnomon atteint le minimum, le lyŭ jwĕi-pīn entre en communication, la cendre est lourde et le fléau descend. [Note] Hwài-nàn tseù dit : L'eau l'emporte, alors le solstice d'été est humide ; le feu l'emporte, alors le solstice d'hiver est sec ; par la sécheresse la cendre est légère, par l'humidité la cendre est lourde... Le procédé d'observation des influx, *hcoù khi*, est [le suivant] : dans une chambre à triple porte on ferme les portes et on lute hermétiquement les fissures ; on tend dans la chambre une étoffe de soie unie rouge-jaune. On prépare des tables en bois, une pour chaque lyŭ, basses vers l'intérieur, hautes vers l'extérieur ; sur les tables on pose les lyŭ en tenant compte des directions cosmographiques. On tasse à l'intérieur [des lyŭ] de la cendre de pellicule de roseau. On fait les observations d'après le calendrier : quand l'influx arrive, la cendre est chassée. Quand la cendre est mue par l'influx, elle se disperse ; si elle est mue par un homme ou par le vent, elle se réunit. Pour les observations faites au Palais, on emploie 12 lyŭ en jade et on fait les observations seulement aux deux solstices ; au bureau d'Astrologie on emploie 60 lyŭ de bambou et on observe aux jours qui correspondent aux lyŭ. » Le dispositif indiqué par Tchôu Hī[5] est légèrement différent : les tuyaux affleurent également la surface de la terre dans laquelle ils plongent, le plus long s'enfonce donc plus profondément et reçoit le premier l'influx terrestre, la cendre qu'il contient est donc chassée en premier lieu. L'Empereur accompagné des fonctionnaires allait à chaque solstice observer les influx dans une salle du Palais ; des caractères présentés par le phénomène on tirait des appréciations relatives au gouvernement. Tshái Yuèn-ting[5], qui ajoute ces détails et quelques autres, discute déjà les faits ; sous les Míng[6], de nouveaux auteurs les contestent au moins partiellement ; ce mélange d'observation et de théories cosmologiques n'en persiste pas moins, ainsi qu'on peut le voir dans les sections « les lyŭ et la règle de l'Ourse », « les lyŭ et l'année », « les lyŭ et la rose des vents », « les lyŭ et l'ombre du gnomon » du *Lyŭ lĭ yóng thŏng*[7].

Exprimant les harmonies naturelles, la musique est d'ailleurs une traduction des forces morales qui font également partie de l'univers ; elle en provient et les règle en retour. Cet aspect du système du monde a été analysé profondément et exposé minutieusement par les livres classiques d'abord, puis, comme on l'a vu, par les philosophes et les historiens. Le *Yŏ ki* retourne en tous sens ces questions ; il montre des similitudes, des rapports essentiels entre les faits psychologiques, sociaux, politiques d'un côté, et de l'autre les notes, les instruments, les mélodies, les poèmes. « Le degré kŏng (1ᵐᵉ) représente le prince[8] ; le degré chāng (2ᵈᵉ) représente les ministres ; le degré kyŏ (3ᵉᵉ) représente le peuple ; le degré tchì (5ᵗᵉ) représente les services publics ; le degré yù (6ᵗᵉ) représente les produits. Si les cinq degrés ne sont pas troublés, il n'y aura pas de sons discordants. Si le kŏng est troublé, alors il y a dérèglement, le prince est arrogant. Si le chāng est troublé, alors il y a déviation, les officiers sont dépravés. Si le kyŏ est troublé, alors il y a inquiétude, le peuple est chagrin. Si le tchì est troublé, alors il y a plainte, les services publics sont accablants. Si le yù est troublé, alors il y a danger, les ressources sont épuisées. Si les cinq degrés sont tous troublés, les rangs empiètent les uns sur les autres, c'est ce qu'on appelle insolence. S'il en est ainsi, la perte du royaume arrivera en moins d'un jour. »

« Le son des cloches[9] est retentissant ; étant retentissant, il convient pour proclamer les ordres ; les ordres servent à exciter l'ardeur ; l'ardeur sert à produire la disposition guerrière : le prince sage, entendant le son des cloches, pense aux officiers militaires. Le son des pierres est clair ; étant clair, il convient pour instaurer le discernement [moral] ; le discernement [moral] amène au sacrifice de la vie : le prince sage, entendant le son des pierres, pense aux officiers qui sont morts à la frontière. Le son [des cordes] de soie est plaintif ; étant plaintif, il assure le désintéressement ; le désintéressement produit la résolution : le prince sage, entendant le son du khĭn et du sĕ, pense aux officiers fermes et justes. Le son du bambou est

---

1. Voir p. 185 et p. 201, note 2.
2. N° 6, liv. 12, *woù chi* ; liv. 25, *tá tchoù*. — N° 9, tome I, p. 268 ; tome II, p. 91.
3. N° 38, liv. 1, f. 13 v°. — N° 74, f. 78 v°.
4. N° 26, liv. 66. — N° 27, liv. 41.
5. N° 70 (Y. l. t., liv. 52, f. 42, etc. ; liv. 54, f. 8, etc.).
6. N° 72 (Y. l. t., liv. 67, f. 16 r°).
7. N° 74, f. 78, etc.
8. N° 8, *Yŏ ki*. — N° 15, tome II, p. 48. — N° 34, liv. 24, f. 5 v°. — N° 35, tome III, p. 240.
9. N° 8, *Yŏ ki*. — N° 15, tome II, p. 92. — N° 34, liv. 24, f. 32 r°. — N° 35, p. 277.

ample; l'ampleur convient pour réaliser l'union; l'union sert pour assembler la multitude : le prince sage, entendant le son des orgues yŭ et chëng, des flûtes et des chalumeaux, pense aux officiers qui nourrissent et rassemblent [le peuple]. Le son des tambours et des tambourins est bruyant; étant bruyant, il est propre à exciter le mouvement; mettant en mouvement, il sert à pousser la multitude : le prince sage, entendant le son des tambours et tambourins, pense aux officiers supérieurs et au général en chef. Quand le prince sage entend un concert, il ne se borne pas à écouter le son [des instruments], mais il a aussi [des idées] qu'il y associe. »

« La musique[1] naît des notes (degrés); son origine est dans le cœur de l'homme ému par les objets. Ainsi quand le cœur ressent une émotion triste, le son est faible et va s'éteignant. Quand le cœur ressent une émotion de contentement, le son est ample et prolongé. Quand le cœur ressent une impression de joie, le son est montant et lointain[2]. Quand le cœur ressent un mouvement de colère, le son s'enfle et devient violent. Quand le cœur ressent une émotion respectueuse, le son est franc et modéré. Quand le cœur ressent une émotion d'amour, le son est harmonieux et moelleux. Ces six [affections] ne sont pas innées; c'est après avoir été affecté par les objets que le cœur s'émeut. » « Ainsi donc[3] si les aspirations [du prince] sont mesquines, on chante des airs faibles et coupés; le peuple est pensif et inquiet. Si [le prince] est magnanime, libéral, indulgent, facile, on chante des airs richement ornés et d'un rhythme simple; le peuple est tranquille et content. Si [le prince] est grossier et violent, cruel et emporté, on chante des airs vastes et solides qui secouent les membres; le peuple est dur et résolu. Si [le prince] est intègre et droit, ferme et correct, on chante des airs graves et sincères, le peuple est déférent et respectueux. Si [le prince] est large et généreux, condescendant et bon, on chante des chants qui se réalisent dans l'ordre, qui agissent avec harmonie; le peuple est compatissant et aimant. Si [le prince] est relâché, mauvais, pervers, dissolu, on chante des airs vils, totalement diffus et déréglés; le peuple vit dans la débauche et le désordre. »

« Ceux qui sont généreux et calmes[4], doux et corrects, doivent chanter les *Sŏng;* ceux qui sont magnanimes et calmes, pénétrants et sincères, doivent chanter le *Tá yà;* ceux qui sont respectueux, réservés et amis des rites, doivent chanter le *Syào yà;* ceux qui sont corrects, droits et calmes, intègres et modestes, doivent chanter les *Kwĕ fŏng;* ceux qui sont corrects et droits, bons et affectueux, doivent chanter le *Chǐng;* ceux qui sont doux et placides, mais capables de décision, doivent chanter le *Tshi*[5]. Celui qui chante se rend droit et déploie son action morale; quand il s'est mis lui-même en mouvement, le Ciel et la Terre [lui] répondent, les quatre saisons sont en harmonie, les étoiles et les astres sont bien réglés, tous les êtres sont entretenus en vie. »

« La musique[6] est ce qui unifie, les rites sont ce qui différencie; par l'union il y a amitié mutuelle; par la différence il y a respect mutuel. Quand la musique prédomine, il y a négligence; quand les rites prédominent, il y a séparation. Unir les sentiments et embellir les formes, c'est le rôle des rites et de la musique. »

« D'après la loi immanente du Ciel et de la Terre[7], si le froid et le chaud ne viennent pas en leur temps, il y a des maladies; si le vent et la pluie ne sont pas mesurés, il y a des famines. Les instructions [du prince] sont le froid et le chaud pour le peuple; si les instructions ne viennent pas en leur temps, cela nuit aux gens. Les actes [du prince] sont le vent et la pluie pour le peuple; si les actes ne sont pas mesurés, ils sont sans effet. Ainsi, les anciens rois faisaient de la musique un moyen pour modeler leur gouvernement; si elle était bonne, les actions [du peuple] imitaient la vertu [du prince]. »

« Les anciens rois[8]... fixèrent par les lyŭ les proportions du petit et du grand, classèrent en ordre le début et la fin pour représenter les devoirs à remplir. Ils firent que les rapports des parents proches et éloignés, des nobles et des vils, des anciens et des cadets, des hommes et des femmes prissent tous forme visible dans la musique... Dans une époque de désordre les rites s'altèrent et la musique est licencieuse. Alors les sons tristes manquent de dignité, les sons joyeux manquent de calme... Une musique avec des sons larges tolère les projets criminels; avec des sons resserrés elle fait penser aux désirs égoïstes; elle ébranle l'énergie communicative, elle éteint la vertu d'harmonie. C'est pourquoi le sage méprise cette musique... Quand l'esprit d'opposition se manifeste, la musique débauchée se produit;... quand l'esprit de conformité se manifeste, la musique harmonieuse se produit. Ainsi se répondent la voix qui entonne le chant et les voix qui accompagnent. Le sinueux et l'oblique, le courbe et le droit se classent chacun dans sa catégorie; la loi de la nature est que tous les êtres se meuvent les uns les autres d'après leur espèce... Aussi quand la musique exerce son action, les cinq devoirs sociaux sont sans mélange, les yeux et les oreilles sont clairs, le sang et les esprits vitaux sont en équilibre, les pratiques sont réformées, les coutumes sont changées, l'Empire est totalement en paix. »

« Les airs[9] du pays de Tchéng, favorisant les excès, débauchent l'esprit; les airs du pays de Sŏng, qui font les délices des femmes, submergent l'esprit; les airs du pays de Wéi, étant pressants et rapides, troublent l'esprit; les airs du pays de Tshi par l'insolence et la partialité rendent l'esprit arrogant. Ces quatre [sortes d'airs] poussent à la luxure et blessent la vertu. Aussi dans les sacrifices on ne les emploie pas. »

« Les airs[10] entendus sur la rivière Poŭ parmi les

---

1. N° 8, *Yŏ ki.* — N° 15, tome II, p. 46. — N° 34, liv. 24, f. 4 r°. — N° 35, tome III. p. 230.

2. *Fă yi săn : fă*, surgir, s'élever continûment comme une flèche; *săn*, se disperser, d'où s'éloigner. Il me semble que cette épithète décrit bien les sons cristallins du khîn quand la corde attaquée n'est pas pressée sur la table d'harmonie, *nyăn*, mais simplement touchée de manière à former un nœud, *făn;* et aussi quand la corde résonne à vide : *săn* est alors le terme technique (pp. 167 et 174).

3. N° 8, *Yŏ ki.* — N° 15, tome II, p. 71. — N° 34, liv. 24, f. 20 v°. — N° 35, tome III, p. 261.

4. N° 8, *Yŏ ki.* — N° 15, tome II, p. 111. — N° 34, liv. 24, f. 36 r°. — N° 35, tome III, p. 285.

5. Les *Kwĕ fŏng*, le *Syào yà*, le *Tá yà*, les *Sŏng* forment le *Chi king*, ainsi qu'on l'a déjà vu. Le *Chăng* et le *Tshi* sont d'anciennes poésies datant les unes des cinq Empereurs antérieurs aux dynasties, les autres des trois dynasties Hyà, Chăng et Tcheoû et conservées dans le royaume de Tshi et dans le royaume de Sŏng (ou Chăng). Voir la suite du texte : N° 8, *Yŏ ki.* — N° 15, tome II, p. 112. — N° 34, liv. 24, f. 36 v°. — N° 35, tome III, p. 285.

6. N° 8, *Yŏ ki.* — N° 15, tome II, p. 55. — N° 34, liv. 24, f. 9 r°. — N° 35, tome III, p. 245.

7. N° 8, *Yŏ ki.* — N° 15, tome II, p. 69. — N° 34, liv. 24, f. 16 r°. — N° 35, tome III, p. 256.

8. N° 8, *Yŏ ki.* — N° 15, tome II, pp. 73 à 78. — N° 34, liv. 24, ff. 22 r° à 24 v°. — N° 35, tome III, pp. 263 à 266.

9. N° 8, *Yŏ ki.* — N° 15, tome II, p. 90. — N° 34, liv. 24, f. 31 v°. — N° 35, tome III, p. 275.

10. N° 8, *Yŏ ki.* — N° 15, tome II, p. 49. — N° 34, liv. 24, f. 6 v°. — N° 35, tome III, p. 241.

mûriers sont ceux d'un Etat ruiné. Le gouvernement était alors relâché; le peuple se dispersait, calomniait ses supérieurs, agissait en vue de l'intérêt privé : quand on en est là, [le mal] ne peut être arrêté. »

Ces idées dominent la question de l'ἦθος musical; les théoriciens plus récents n'ont fait que les répéter et les développer. Les notes isolées, les instruments séparés, les groupes de sons, les airs, la musique unie à la danse expriment des sentiments, traduisent des faits et des jugements, disposent à des devoirs; les lois physiques des sons représentent les lois sociales de hiérarchie et d'union, elles symbolisent, préparent, soutiennent le bon gouvernement. Nous serions tentés de voir dans ces formules une série de métaphores; les Chinois y ont vu dès l'origine, y voient partiellement encore l'expression de rapports réels, tangibles. Nous ne saurions aller aussi loin qu'eux dans ce sens[1]. Il n'est pas contestable toutefois que des observations judicieuses ne soient à la base de ce système : le mode majeur ou mineur, le mouvement lent ou rapide, le rhythme à trois ou quatre temps, la ligne de mélodie ascendante ou descendante impressionnent de manière diverse notre être physique même. Les réactions mutuelles du corps et de l'esprit; la condition psychologique et morale de la famille, de l'Etat, résultant de la valeur de l'homme intellectuel et moral; par suite la domination des rites qui, fixant les attitudes et les paroles, règlent indirectement la volonté : ce sont des principes toujours admis par la philosophie chinoise et qui, si l'on écarte des exagérations naïves, sont dignes de considération.

Une anecdote rapportée par Señ-mà Tshyën[2] illustrera quelques-uns de ces principes. « C'était au temps du duc Lìng (534-493 A. C.), du pays de Wéi[3]; le duc se proposait de se rendre dans le pays de Tsìn; arrivé au bord de la rivière Poŭ[4], il y fit halte. Vers le milieu de la nuit il entendit un khìn[5] dont quelqu'un jouait; il interrogea ceux qui étaient auprès de lui, mais tous répondirent qu'ils n'avaient pas entendu. Alors [le duc] donna l'ordre suivant au maître de musique Kyuēn : « J'ai entendu les notes d'un khìn dont quelqu'un jouait; j'ai interrogé ceux qui étaient auprès de moi, mais aucun d'eux n'avait entendu; cela a toute l'apparence de venir de l'esprit d'un mort ou d'un dieu ; écoutez à ma place et notez par écrit [cet air]. » Le maître de musique Kyuēn y consentit; il s'assit donc d'une manière correcte en attirant à lui son khìn; il entendit [l'air] et le nota par écrit: le lendemain il dit : « Je l'ai, mais je ne m'y suis point encore exercé; je vous prie de vous arrêter encore une nuit pour que je m'y exerce. Le duc Lìng y consentit; on passa donc de nouveau la nuit [dans cet endroit]; le lendemain [le maître de musique Kyuēn] annonça qu'il s'était exercé [à jouer cet air]. [Le duc et sa suite] partirent et arrivèrent au pays de Tsìn. »

« Ils furent reçus en audience par le duc Phìng (557-532 A. C.) du pays de Tsìn; le duc Phìng leur donna un banquet sur la terrasse de Chī-hwéi[6]. Quand on fut échauffé par le vin, le duc Lìng dit : « En venant, j'ai entendu un air nouveau : je vous demande la permission de vous le jouer. » Le duc Phìng y consentit. On ordonna au maître de musique Kyuēn de s'asseoir à côte du maître de musique Khwáng, d'attirer à lui son khìn et d'en jouer; avant qu'il eût fini, maître Khwáng posa la main sur le khìn et l'arrêta, disant : « Ceci est un air de musique d'un royaume détruit; il ne faut pas l'écouter. » Le duc Phìng dit : « De quelle manière [cet air] s'est-il produit? » Maître Khwáng dit : « C'est le maître de musique Yèn qui l'a composé; il fit pour Tcheoú une musique de perdition; lorsque le roi Woŭ eut vaincu Tcheoú, maître Yèn s'enfuit vers l'est et se jeta dans la rivière Poŭ. C'est pourquoi c'est certainement au bord de la rivière Poŭ que vous avez dû entendre cet air. Celui qui le premier entend cet air, son royaume sera diminué. » Le duc Phìng dit : « Ce que j'aime, ce sont les mélodies; je désire les entendre. » Maître Kyuēn joua et termina [l'air]. »

« Le duc Phìng dit : « N'est-il pas des airs plus lugubres que celui-ci? — Il y en a, dit maître Khwáng. — Puis-je les entendre? » demanda le duc Phìng. Maître Khwáng dit : « La vertu et la justice de Votre Altesse sont minces, vous ne sauriez les entendre. » Le duc Phìng dit : « Ce que j'aime, ce sont les mélodies; je désire les entendre. » Maître Khwáng, ne pouvant faire autrement, attira à lui son khìn et en joua; à la première fois qu'il joua l'air, il y eut deux bandes de huit grues noires qui s'abattirent à la porte de la véranda; à la reprise, elles allongèrent le cou et crièrent, étendirent les ailes et dansèrent. Le duc Phìng fut très content; il se leva et porta la santé de maître Khwáng; étant revenu s'asseoir, il demanda : « N'est-il pas des airs plus lugubres encore que ceux-ci? — Il y en a, répondit maître Khwáng; ce sont ceux par lesquels autrefois Hwàng tí réalisa une grande union avec les esprits des morts et les dieux. Mais la vertu et la justice de Votre Altesse sont minces, vous n'êtes pas digne de les entendre. Si vous les entendiez, vous seriez près de votre ruine. » Le duc Phìng dit : « Je suis vieux. Ce que j'aime, ce sont les mélodies; je désire les entendre. » Maître Khwáng, ne pouvant faire autrement, attira à lui son khìn et joua; la première fois qu'il joua l'air, des nuages blancs s'élevèrent au nord-ouest; à la reprise, un grand vent arriva et la pluie le suivit; il fit voler les tuiles de la véranda. Les assistants s'enfuirent tous; le duc Phìng, saisi de terreur, resta prosterné à terre entre la chambre et la véranda. Le royaume de Tsìn souffrit d'une grande sécheresse qui rendit la terre rouge pendant trois années. — Ce qu'on entend ou porte bonheur ou porte malheur; la musique ne doit pas être exécutée inconsidérément. »

« Ainsi[7] donc les rites et la musique s'élèvent jusqu'au Ciel et s'enroulent sur la Terre, agissent sur les principes yīn et yàng et communiquent avec les mânes et les esprits célestes..... Aussi les hommes saints se sont bornés à parler des rites et de la musique. »

---

1. L'empereur Thái Tsöng, des Thàng, repoussait toutefois la croyance commune. Un de ses ministres lui citait l'exemple des Tchhên et des Tshi, dont la chute avait été annoncée par la composition de deux chants *Yù choù heoù thìng hwà* et *Pàn lyù khyù hìng loù* (p. 191, texte et note 13). L'Empereur répondit : la musique émeut le cœur de l'homme; entendant la musique, l'homme content se réjouit, l'homme anxieux se lamente; ces sentiments préexistent, la musique les fait manifester; dans un Etat qui va périr, le peuple est plein d'amertume, c'est pour cette raison qu'il est triste. (N° 45, liv. 28, f. 2.)

2. N° 34, liv. 24, f. 37 v°, etc. — N° 35, tome III, p. 287, etc. J'ai fait à la traduction de M. Chavannes quelques légères modifications qui concernent plus les termes que le sens.
3. Région du Tshào-tcheoú foù, au Chān-tòng.
4. Dans le Tá-ming foù, au Tchĭ-li.
5. Khìn 112.
6. Voisine de Kyáng, au Chān-si.
7. N° 8, *Yò ki*. — N° 15, tome II, p. 66. — N° 34, liv. 24, f. 14 v°. — N° 35, tome III, p. 254.

PREMIER APPENDICE

LISTE DES PRINCIPAUX OUVRAGES CONSULTÉS

A. — Canoniques, classiques, etc.

1. *Choū kīng*, livre des histoires ; chap. *Chwèn tyèn, Tá yü moù, Yî tsi, Yü kóng, Yi hyün, Lyü hīng*. Les chapitres *Chwèn tyèn, Yi tsi, Yü kóng, Lyü hīng* font partie de ce qu'on nomme le texte moderne qui remonte presque intégralement à la période 179-157, c'est-à-dire aux travaux de reconstitution qui ont suivi l'incendie des livres ; les chapitres *Tá yü moù* et *Yi hyün* font partie du texte pseudo-antique qui a paru en 317-323 (voir n° 35, *Mémoires historiques*, Introduction, p. CXIII et sq.). Les premiers ont donc une valeur documentaire bien plus grande que les autres et nous transportent non pas seulement à l'issue de l'antiquité, à l'époque où l'existence du texte est attestée, mais à une période beaucoup plus reculée, peut-être pour quelques-uns vers le deuxième millénaire avant notre ère (Catalogue des livres chinois, Bibliothèque nationale, 2498, 2499).

2. *Chī kīng*, livre des vers ; parties *Kwè fōng, Syáo yà, Tá yà, Sóng*. Par sa nature même, le texte des hymnes et des odes a beaucoup moins souffert que celui des morceaux historiques ; les hymnes les plus anciens, *Chāng sóng*, peuvent dater de quinze cents ans avant l'ère chrétienne (Catalogue 2500-2503).

3. *a)* *Tsò tchwán*, commentaires de Tsò, se rattachant au *Tchhwēn tshyeoū*, annales du royaume de Loù (722-481) ; connus au ive siècle et publiés au iie siècle A. C. (Catalogue 2514-2517). — *b)* Les *Kwè yü*, discours des royaumes, sont un recueil d'entretiens tenus en diverses circonstances dans la période indiquée ci-dessus ; peut-être remontent-ils au ive siècle A. C. (Catalogue 686).

4. *a)* *Lwèn yü*, entretiens de Confucius. Le texte remonte au iie siècle A. C. ; ces conversations sans apprêt et sans ordre ont été recueillies et réunies par les disciples du sage et par les disciples des premiers, c'est-à-dire vers la fin du ve siècle et le début du ive siècle avant notre ère (Catalogue 2521). — *b)* Le *Mèng tseù* renferme les entretiens du sage Mèng tseù, écrits sinon par lui-même, du moins par des disciples rapprochés ; le recueil daterait donc de la première moitié du iiie siècle A. C. (Catalogue 2522).

5. *Eül yà*, lexique attribué à un disciple de Confucius et remontant tout au moins à son école (Catalogue 2523).

6. *Tcheoū li*, rituel des Tcheoū, tableau des fonctions sous cette dynastie (1122-249) ; a été retrouvé en divers manuscrits dans la première moitié du iie siècle A. C. ; en dehors des interpolations probables de Lyeoū Hīn (1er s. A. C.-1er s. P. C.), le texte paraît composite et ne remonte pas intégralement au début des Tcheoū, malgré des prétentions contraires (Catalogue 2504-2506).

7. *Yi li*, rituel des patriciens ; décrit les principales cérémonies de la vie des princes et des patriciens, remonte à l'époque féodale et est exposé à moins d'objections que le *Tcheoū li* (Catalogue 2507-2509).

8. *Li ki*, mémoires sur les rites ; sont un recueil factice, datant du iie siècle A. C., de textes d'âges divers ; complété par Mà Yòng (79-166). Sections citées : le *Li yün*, origine et développement des rites, appartient à l'école de Tseù-yeoū (Yèn Yèn), disciple de Confucius, mais présenterait des interpolations taoïstes (Catalogue 2511). Le *Tsi thòng*, sommaire des sacrifices, semble de peu postérieur à Confucius. Les *Yuè lìng*, ordonnances pour tous les mois, sont extraits du *Lyü chī tchhwèn tshyeoū*, voir plus bas n° 21 (Catalogue 2510, 2511). *Yó ki*, mémoire sur la musique, introduit dans les *Li ki* par Mà Yòng (Catalogue 2512). *Khyü li*, rites mineurs (Catalogue 2510). *Wèn wáng chi tseù*, Wèn wáng comme Prince héritier (Catalogue 2511). *Nèi tsè*, règles de la famille (Catalogue 2511). *Mìng thāng wèi*, places dans le Mìng thāng (Catalogue 2512). *Chè yi*, sens des rites du tir à l'arc (Catalogue 2513) : ces derniers mémoires ont été mis dans les *Li ki* entre le début du iie siècle A. C. et Mà Yòng.

9. Édouard Biot, *Le Tcheou li ou Rites des Tcheou, traduit pour la première fois du chinois*. 3 vol. in-8°, Paris, 1851.

10. James Legge, *The Chinese Classics, with a translation, critical and exegetical notes, prolegomena and copious indexes*. 7 vol. grand in-8°, Hong-kong, 1861-1872.

11. James Legge, *The Sacred Books of China, the texts of Confucianism translated*. 2 vol. grand in-8°, Oxford, 1885.

12. Le P. Séraphin Couvreur, *Les Quatre Livres avec un commentaire abrégé en chinois, une double traduction en français et en latin...* 1 vol. grand in-8°, Ho kien fou, 1895.

13. Le P. Séraphin Couvreur, *Cheu king texte chinois avec une double traduction en latin et en français*. 1 vol. grand in-8°, Ho kien fou, 1896.

14. Le P. Séraphin Couvreur, *Chou king texte chinois avec une double traduction...* 1 vol. grand in-8°, Ho kien fou, 1897.

15. Le P. Séraphin Couvreur, *Li ki ou Mémoires sur les bien-*

séances... *texte chinois avec une double traduction...* 2 vol. grand in-8°, Ho kien fou, 1899.

16. Le P. Léon Wieger, *Textes philosophiques (Collection des Rudiments)*. 1 vol. in-18, Ho kien fou, 1906.

B. — Rituels.

17. *Wèn myáo li yö tchi*, notice sur les rites du temple de Confucius, rédigée par Yèn Hīng-pāng (1690), qui avait accompagné l'Empereur dans un voyage au Chān-tōng ; la partie musicale est très précise (Catalogue 2309).

18. G. Devéria, *Un Mariage impérial chinois, cérémonial traduit par...* 1 vol. in-18, Paris, 1887.

19. Maurice Courant, *La Cour de Péking, notes sur la constitution...* 1 vol. grand in-8°, Paris, 1891 (extrait du *Bulletin de géographie historique et descriptive*, 1891, n° 3).

20. *a)* *Hwāng tchháo tsi khì yö woù loù.* — *b)* *Tchòng seù hǒ pyèn*, rituel pour les sacrifices à Confucius, au dieu de la Guerre et au dieu de la Littérature, publié par le gouverneur du Hoù-pei (1863), réédition de 1872, grand in-8°. Figure et description des vases, instruments ; hymnes avec musique ; danses ; invocations.

C. — Recueils, traités divers, coutumes.

21. *Lyü chī tchhwèn tshyeoū*, recueil encyclopédique dû à Lyü Poù-wei, régent de Tshin, mort en 235 A. C. ; ouvrage précieux parce qu'il a échappé à l'incendie des livres et donne un grand nombre de faits puisés directement aux sources antiques (Catalogue 3834).

22. *Fōng seù thāng yi*, traité sur les coutumes, par Yīng Chào, préfet en 189 P. C. (Catalogue Impérial, liv. 120, f. 2).

23. *Chì mìng*, dictionnaire phonétique de Lyeoū Hī, sous les Hàn postérieurs (25-220) (Cat. Imp., liv. 40, f. 10).

24. *Mèng khī pi thàn. Poù pi thàn*, notices et mémoires d'érudition rangés par ordre méthodique ; sections musicales : *Pi thàn*, liv. 5 et 6, *Poù pi thàn*, liv. 1. L'auteur très informé et plein d'ingéniosité est Chèn Kwè, docteur en 1063, mort en 1093 (Cat. Imp., liv. 120, f. 18) ; dans la collection *Pài hài*, tomes IV et V (Bibl. Nat., Nouveau fonds chinois 618 A).

25. *Tōng kīng mōng hwà loù*, description de la capitale Pyén-kīng, par Mèng Yuèn-lào ; cet auteur paraît écrire après la retraite des Sòng au sud du Kyāng (1127), il donne des renseignements sur la topographie et les coutumes (Cat. Imp., liv. 70, f. 32).

26. *Hwèi ngān syèn chēng tcheoū wén kōng wén tsi*, œuvres de Tcheoū Hī (Catalogue 3726-3731).

27. *Yuèn kyèn tchài yü tswàn tcheoū tseù tshyuèn choū*, œuvres de Tcheoū Hī, édition impériale de 1713 (Catalogue 3732-3737). Le célèbre philosophe et érudit (1130-1200) a porté ses investigations sur la musique et a laissé des pages de valeur. N° 26, liv. 66, *Khín lyü chwè*, traité sur le khín et les lyü. — N° 27, liv. 41, *Yó*, musique : sous ce dernier titre sont réunis des passages tirés de plusieurs œuvres distinctes.

28. *Chī yuèn*, traité de Lyeoū Hyáo-swēn, auteur de la dynastie des Sóng (960-1278).

29. *Kàn kìn tchi phìng lyà*, traité par Tcheoū Kyén (peut-être Tcheoū Kyén, descendant de Tcheoū Hī à la quatorzième génération, xvie siècle).

30. *Kūng tchhwān pài pyèn*, encyclopédie imprimée en 1581 ; par Thāng Chwèn-tchī (Wylie, *Notes on Chinese literature*, p. 149).

31. *Tchhāng ngān khò hwà*, anecdotes de la Capitale, par Tsyāng Yi-khwèi, de l'époque des Ming (1368-1644).

32. *Yuèn khyü syuèn*, choix de pièces de la dynastie des Yuèn, sans date d'édition, sans nom d'éditeur ; précédé de six dissertations sur le théâtre (Catalogue 4339-4344).

33. Natalis Rondot, *Peking et la Chine, Mesures, monnaies et banques chinoises ;* 1 fascicule grand in-8°, extrait du *Dictionnaire du commerce et de la navigation*, Paris, Guillaumin, 1861.

D. — Histoires dynastiques.

Ces ouvrages, rédigés souvent peu après la chute des dynasties, sont en grand nombre des monuments de conscience historique et presque tous contiennent des notices relatives à la musique et aux lyü ; les plus intéressantes se trouvent dans les n°s 34, 36, 38, 42, 45, 46.

34. *Chī ki*, mémoires historiques de Seū-mà Tshyēn (iie et i^{er} siècles A. C.), modèle qu'ont imité sans l'égaler toutes les autres histoires dynastiques (Catalogue 1-6) : livres 24 musique, 25 lyü. Édition *Chī ki phìng lin* de Lìng Yi-tóng (1576), annotée et réimprimée à Tōkyō (1869), grand in-8°.

35. Édouard Chavannes, *Les Mémoires historiques de Se-ma Ts'ien, traduits et annotés par...* grand in-8°, Paris ; 5 vol. parus depuis 1895.

36. *Hàn choū*, livre des Hàn antérieurs (206 A. C.-25 P. C.), par Pān Koù (+ 92 P. C.) (Catalogue 31-34) : livres 21 lyü, 22 musique. Édition *Hàn choū phìng lin* de Lìng Yi-tóng (1581) ; réimpression japonaise de 1658, grand in-8°.

37. *Sān kwè tchi*, histoire des Trois Royaumes (220-280), par

Tchhén Cheoú (✝297) (Catalogue 35, 36) : section des Wéi, liv. 29 vie de Toù Khwéi. Edition de Tchhén Jén-si (1626), réimprimé à Edo (1670), grand in-8°.

38. *Syù hán choù pä tchi*, huit notices faisant suite au livre des Hán postérieurs (25-220) ; monographies des arts, des sciences, etc., dues à Seü-mà Pyeoù (✝306), jointes au *Heou hán choù* de Fàn Yé (✝445) (Catalogue 37-39) : livre 1 relatif aux lyù. Edition de Nanking, 1887, gr. in-8°.

39. *Sóng choù*, livre des Sóng (419-479), par Chèn Yö (441-513) (Catalogue 40-43) : livres 11 lyù, 19-22 musique. Edition de Nanking, 1872, grand in-8°.

40. *Wéi choù*, livre des Wéi du nord (386-556), par Wéi Cheoù (506-572) (Catalogue 46-49) : livres 102 Asie centrale, 107 lyù, 109 musique. Edition de Nanking, 1872, grand in-8°.

41. *Tsin choù*, livre des Tsin (265-419), rédigé en 627-649 par une commission de fonctionnaires (Catalogue 51-55) : livres 17-19 lyù, 22 et 23 musique. Edition du Kwé-tseù kyén, 1582, réimprimé à Kyòto, 1702, grand in-8°.

42. *Swéi choù*, livre des Swéi (581-618), composé par Wéi Tchṻng en conformité d'un décret de 629 (Catalogue 60-62) : livres 13-15 musique, 16-18 lyù. Edition de Hwài-nàn, 1871, grand in-8°.

43. *Nàn chi*, histoire du Sud (419-589), par Li Yén-cheoú (✝650) (Catalogue 65-67) : livre 33, vie de Hò Tchhéng-thyèn. Edition chinoise sans indication bibliographique, grand in-8°.

44. *Péi chi*, histoire du Nord (386-618), par le même (Catalogue 68-72) : livre 82, vie de Lyeoù Tchò. Edition chinoise sans date, grand in-8°.

45. *Kyeoù thàng choù*, ancien livre des Thàng (618-907), par Lyeoù Hyù (897-946) (Catalogue 153-164) : livres 28-31 musique. Edition du Tchè-kyàng, 1872, grand in-8°.

46. *Thàng choù*, livre des Thàng (618-907), par Ngeoù-yàng Syeoù (1017-1072) (Catalogue 73-80) : livres 21 et 22 musique, 222 *b*) et *c*) Nàn-tchào et Pyào. Edition de 1305, réimpression de Edo, 1750, grand in-8°.

47. *Kyeoù wou tài chi*, ancienne histoire des Cinq Dynasties (907-960), composée par Sye Kyü-tchéng en 968-975 (Catalogue 177-180) : livres 144 et 145 musique. Edition du Hoù-péi, 1872, grand in-8°.

48. *Sóng chi*, histoire des Sóng (960-1279), par le Mongol Thò-thò (1313-1355) (Catalogue 183-209) : livres 68-84 lyù, livres 126-142 musique.

49. *Lyào chi*, histoire des Lyào (907-1124), par le même (Catalogue 210-212) : livre 23 musique. Edition du Kyàng-soù, 1873, grand in-8°.

50. *Kin chi*, histoire des Kin (1115-1234), par le même (Catalogue 213-218) : livres 39 et 40 musique. Edition du Kyàng-soù, 1874, gr. in-8°.

51. *Yuén chi*, histoire des Yuén (1147-1367) composée par Sóng Lyén (1310-1381), en exécution d'un décret de 1369 (Catalogue 219-229) : livres 67-71 musique. Edition du Kyàng-soù, 1874, gr. in-8°.

52. *Ming chi*, histoire des Ming (1368-1644), achevée en 1739 par Tchàng Thing-yù (1670-1756) (Catalogue 230-248) : livres 61-63 musique.

53. *Sóng chi sin pyén*, nouvelle histoire des Sóng (960-1279), par Kò Wéi-khi, docteur en 1523 ; les préfaces sont de 1555 et 1557 (Cat. Imp., liv. 50, f. 42) : livres 19 lyù, 30 et 31 musique. Réimpression de Edo, 1835, grand in-8°.

E. — OUVRAGES HISTORIQUES DIVERS.

54. *Thōng tyén*, histoire administrative, économique, etc., par Toù Yeoú (✝812). Les livres 141 à 147 sont consacrés à la musique (Catalogue 723-729).

55. *Thàng hwéi yáo*, collection historique et administrative des Thàng, par Wàng Phoù, docteur en 948 (Cat. Imp., liv. 81, f. 4). Edition du Kyàng-soù, 1884, in-4°.

56. *Wou tài hwéi yáo*, collection historique et administrative des Cinq Dynasties, par le même (Catalogue 766-767).

57. *Syuén hwò pò koù thoù loù*, collection d'antiquités de la salle Syuén-hwò, planches et légendes, par Wàng Foù ; cet ouvrage remarquable date de 1107-1110. Il y a lieu de corriger ainsi d'après le Cat. Imp., liv. 115, f. 7, les indications confuses de la notice Catalogue 1105-1109.

58. *Thōng tchi*, collection de mémoires sur l'histoire, par Tchéng Tshyào (1108-1166) (Catalogue 730-753) : livres 49 et 50 musique.

59. *Wén hyén thōng khào*, histoire administrative, économique, etc., par le célèbre érudit Mà Twàn-lin, qui se présenta aux examens dans la période 1265-1274. Les livres 128 à 148 traitent de la musique (Catalogue 768-782).

60. *Seü khoù tshyuén choù tsòng moù*, notice sur les ouvrages de la Bibliothèque Impériale, ou Catalogue Impérial, composé à la suite d'un décret de 1772, publié en 1790 par une commission de fonctionnaires (Catalogue 1347-1373) : livres 38 et 39 théorie musicale, 113 et 114 recueils musicaux, 199 et 200 chansons et airs. Edition de Canton, 1868, in-12.

61. Edouard Chavannes, *Documents sur les Tou-kiue (Turcs) occidentaux, recueillis et commentés par… présenté à l'Académie Impériale des Sciences de Saint-Pétersbourg*, 1 vol. in-4°, 1903.

62. *Kou kin thoù choù tsi tchhéng*. Cette volumineuse encyclopédie officielle du XVIII° siècle (1725) contient en ordre méthodique des extraits d'ouvrages, des ouvrages complets, des discussions émanant de la commission de composition. La section *Yŏ lyù tyén* (désignée Y.l.t.), en 136 livres, traite de la musique ; elle reproduit nombre de textes que je n'aurais pu consulter ailleurs ; en raison des inadvertances qui s'y rencontrent, j'ai cependant recouru à d'autres éditions des mêmes textes chaque fois que cela a été possible et utile. (*Yŏ lyù tyén*, in-4° : Bibl. Nationale, Nouveau fonds chinois 1120-1135).

F. — RÈGLEMENTS ET LOIS.

63. *Thàng lyeoù tyén*, statuts des Thàng, recueil composé par l'empereur Hyuén tsōng (685-762, règne 712-756), annoté par Li Linfoù (✝752) (Cat. Imp., liv. 79, f. 1). Edition de Wàng Ngào (1515), réimprimé à Edo, 1836, grand in-8°.

64. *Tá ming hwéi tyén*, statuts des Ming ; recueil officiel, édition de 1587, grand in-8° (Catalogue 1999-2014).

65. *Tá tshing hwéi tyén*, statuts des Tshing ; recueil officiel, édition de 1818, in-folio (Catalogue 2077-2081).

66. *Tá tshing hwéi tyén chi li*, statuts des Tshing, règlements détaillés ; recueil officiel, édition de 1818, in-folio (Catalogue 2086-2145).

67. *Tá tshing hwéi tyén thoù*, statuts des Tshing, planches et légendes ; recueil officiel, édition de 1811, in-folio (Catalogue 2064-2070).

68. *Tá tshing lyù li*, code des Tshing : voir Catalogue 2348-2349. Edition *Tá tshing lyù li hwéi tsì pyén làn*, Péking, 1888, in-folio.

G. — TRAITÉS SUR LA MUSIQUE.

69. *Yŏ choù*, traité sur la musique, par Tchhén Yàng, docteur en 1094-1097 (Cat. Imp., liv. 38, f. 3).

70. *Lyù lyù sin choù*, nouveau traité des lyù, par Tshái Yuén-ting (1135-1198) (Cat. Imp., liv. 38, f. 6). Cet ouvrage, très important par sa précision, était vivement apprécié de Tchoù Hi, ami de l'auteur. Je ne connais malheureusement que le texte reproduit dans le *Yŏ lyù tyén*.

71. *Tsheü yuén*, théorie des chants, par Tchàng Yén, né en 1248 (Catalogue 3587, art. VII) ; publié partiellement sous le titre de *Yŏ fou tchi mi* (Cat. Imp., liv. 200, f. 21).

72. *Yŏ lyù kwàn kyén*, opinions sur la musique et les lyù, par Hò Thàng, docteur dans la période 1488-1505 ; le prince Tsái-yù remarque que Hò Thàng était compatriote de Hyù Hèng, célèbre lettré de la fin du XIII° siècle, qu'il pouvait donc avoir reçu des traditions particulières.

73. *Yuén lò tchi yŏ*, traité de Hàn Pàng-khi, docteur en 1508 (Cat. Imp., liv. 38, f. 15).

74. *Lyù li yàng thōng*, sur le calendrier (Catalogue 3210, art. III) ;

75. *Lyù hyò sin chwé*, nouveau traité des lyù (Catalogue 3210, art. IV) ;

76. *Hyàng yin chi yŏ phoù*, mélodies des odes chantées aux banquets de district (Catalogue 3210, art. V) ;

77. *Yŏ hyò sin chwé*, nouveau traité sur la musique (Catalogue 3211, art. VI) ;

78. *Swàn hyò sin chwé*, nouveau traité sur le calcul des lyù (Catalogue 3211, art. VIII) ;

79. *Tshào màn koù yŏ phoù*, mélodies antiques avec accompagnement (catalogue 3211, art. IX) ;

80. *Syuén kōng hò yŏ phoù*, mélodies à transposition (Catalogue 3211, art. X) ;

81. *Syào wou hyàng yŏ phoù*, mélodies des petites danses (Catalogue 3211, art. XI) ;

82. *a) Sóng joù tchoù hi lwén wou tà lyù. — b) Eùl yi tchwéi tchào thoù* ; résumé de la dissertation de Tchoù Hi sur la danse ; figures des poses des danseurs (Catalogue 3211, art. XII) ;

83. *Lyeoù tài syào wou phoù*, danses des six âges antiques (Catalogue 3211, art. XIII) ;

84. *Lìng sìng syào wou phoù*, danses rustiques (Catalogue 3211, art. XIV). Ces onze ouvrages (depuis 74) sont dus à Tchoù Tsái-yù, prince héritier de Tchéng, qui les présenta à l'Empereur en 1595 ; ils résultent des recherches personnelles de Tsái-yù et de celles de son père, prince Kōng de Tchéng, qui était en relations avec Hò Thàng ; ils témoignent d'une connaissance approfondie de l'archéologie et de la musique, aussi bien que d'une ingéniosité excessive. La Bibliothèque Nationale en possède un exemplaire qui forme deux magnifiques volumes grand in-folio.

85. *Lyù lyù tsing yi*, traité des lyù, du même auteur (Cat. Imp., liv. 38, f. 20, compris dans le *Yŏ lyù tshyuén choù*). Cet ouvrage est cité partiellement dans le *Yŏ lyù tyén*.

86. *Lyù lyù tchéng yi*, traité des lyù ; ouvrage officiel de 1713, comprenant une partie générale et des études sur les principaux instruments, flûte de Pan, flûte droite, flûte traversière ti, orgue à bouche, chalumeau, flûte traversière tchhi, ocarina, khin, sé, cloches, lithophone, tambour, auge, tigre. Un supplément expose les principes de la musique européenne ; il est dû aux PP. Thomaz Pereyra (1645-1708), Jésuite, et (?) Teodorico Pedrini (1670-1746), Lazariste (Catalogue 3221-3225).

87. *Chēng lyū syào ki*, mémoire sur la musique, par Tchhēng Yào-thyèn, licencié en 1770 (Catalogue 3139, article LXXII).

88. Le P. Amiot, *De la Musique des Chinois tant anciens que modernes* (*Mémoires concernant les Chinois*, vol. VI, 1780, p. 1 et sq.). Cet ouvrage recommandable, fait d'après les documents chinois, traite surtout des lyū et de quelques points de la théorie chinoise; les instruments et l'histoire de la musique sont laissés de côté. A comparer un important manuscrit du même auteur, 1 vol. infolio, Bibl. Nationale, fonds Bréquigny 13.

89. J. A. van Aalst, *Chinese Music* (*Imperial Maritime Customs, special series, n° 6*), 1 vol. in-4°, Cháng-hài, 1884. Ce volume montre des connaissances acquises par l'observation directe; il donne des notions sur les principaux instruments; la partie historique et théorique n'est qu'effleurée et renferme quelques graves erreurs.

90. J. Grosset, *Contribution à l'étude de la musique hindoue* (*Bibliothèque de la Faculté des lettres de Lyon, VI*; 1 vol. gr. in-8°, Paris, 1888).

H. — Traités sur les chœurs, chants, airs, etc.

91. *Khïn tshào*, liste d'une cinquantaine de chansons pour le khin avec quelques indications historiques, par Tshái Yōng (133-192), lettré et musicien renommé; dans la collection *Toŭ hwá tchài tshōng choŭ*, section VI (Bibl. Nat., Nouveau fonds chinois 1305).

92. *Yŏ foŭ koŭ thï yáo kyài*, liste de chants anciens avec bref historique, par Woŭ Kïng, haut fonctionnaire mort en 742, à environ quatre-vingts ans (Cat. Imp., liv. 197, f. 1); dans le *Tsïn tái pi choŭ*, 14e recueil (Bibl. Nat., fonds Fourmont 304, tome 22) et dans Y. l. t., liv. 74.

93. *Kyè koŭ loŭ*, traité sur le tambour kyè, renfermant description de l'instrument, historique, anecdotes, liste de 130 airs; par Nàn Tchŏ, fonctionnaire, qui a achevé son ouvrage en 850 (Cat. Imp., liv. 113, f. 39); dans Y. l. t., liv. 129.

94. *Yŏ foŭ tsá loŭ*, notices sur divers instruments, chœurs, etc., par Twàn Ngàn-tsyě, fonctionnaire en 894-897 (Cat. Imp., liv. 113, f. 41); dans *Chwě foŭ*, liv. 100 (Bibl. Nat., Nouveau fonds chinois 159, tome 21) et dans Y. l. t., liv. 37.

95. *Pï kï màn tchi*, traité sur les chants et mélodies, par Wàng Tchŏ, fonctionnaire en 1131-1162 (Cat. Imp., liv. 199, f. 31) et dans Y. l. t., liv. 75.

96. *Thàng yŏ khyŭ phoŭ*, traité sur les chants de la dynastie des Thàng, par Kāo Seŭ-swēn, de l'époque des Sóng; dans *Chwě foŭ*, liv. 100 (voir n° 94).

I. — Traités sur les instruments, accompagnés
de recueils d'airs.

97. *Hwēi yēn pi tchi*, traité de khin avec des mélodies, par Yin Ye, publié en 1587; la date est douteuse, étant exprimée seulement en caractères cycliques; l'exemplaire paraît ancien et peut dater du xvie siècle, grand in-8°.

98. *Khïn phoŭ tá tshyuén*, traité de khin avec des mélodies; l'ouvrage original (Cat. Imp., liv. 114, f. 27), par Yàng Pyào-tchéng, a été gravé en 1573, mais l'édition in-8° que j'ai en mains, a été refondue par Tchhēng Yùn-kï en 1705 (Catalogue 5562).

99. *Khïn thàn*, notice sur le khin (théorie, historique, lecture des caractères, etc.), par Tchhēng Yùn-kï (Catalogue 5562). Edition in-8°.

100. *Sŏng fōng kŏ khïn phoŭ. Choŭ hwài tshào*; deux recueils de mélodies et de poésies pour le khin, composées par divers auteurs et réunies par Tchhēng Hyŏng: notice des caractères spéciaux par l'éditeur, qui est accusé d'avoir compliqué l'exécution des morceaux (Cat. Imp., liv. 113, f. 35). Ouvrage du xviie ou du xviiie siècle; j'ai sous les yeux une réédition in-8°, assez mauvaise et sans date.

101. *Woŭ tchï tchài khïn phoŭ tá tchhéng*, traité de khin avec des mélodies, par Syŭ Khï (1721); réédition récente, grand in-8°, non datée.

102. *Hwàng tchhāo lï khi thoŭ chï*, modèles des instruments rituels de la dynastie régnante, planches et légendes; fort belle publication officielle de 1759, in-4° (Catalogue 2289-2304).

103. *Thyēn wēn kŏ khïn phoŭ tsï tchhéng*, traité de khin avec des mélodies; la théorie musicale en général, la théorie du khin rapproché du se et de la flûte de Pan, la partie historique et bibliographique sont très développées; le nombre des morceaux est considérable; à ma connaissance, c'est de beaucoup l'ouvrage le plus complet en ce genre. Par Thàng Yï-mïng (1876); gravé à Tchhēng-toŭ en 1876, grand in-8°.

104. *Phï phá phoŭ*, traité de phï-phà avec mélodies; gravé en 1876-1878, édition in-18.

105. *Tchŏng wái hi fá tá kwàn thoŭ chwě*, traité général des amusements, figures et légendes, par Thàng Tsái-fŏng; gravé à Cháng-hài, 1893-1894, in-32. Le livre 12 est consacré aux instruments usuels, flûtes, violons, guitares de divers genres, orgue à bouche, tympanon, hautbois, carillon de gongs; figures et tablatures, mélodies notées.

106. *Kōng tchhï phoŭ*, alias *Chēng syáo phoŭ*, un petit cahier in-16, renfermant quelques mélodies et les tablatures de quelques instruments.

107. F. Warrington Eastlake, *The* 笙 *or Chinese Reed Organ* (*China Review*, 1882-1883, XI, pp. 33-41).

108. Mme G. Devéria, *Essai nouveau sur la musique chez les Chinois* (*Magasin pittoresque*, 1885, pp. 234, etc.). Description précise des orchestres du Palais, d'après les documents officiels.

109. V. Ch. Mahillon, *Catalogue descriptif et analytique du musée instrumental du Conservatoire Royal de Bruxelles*, n°s 1-576, 1 vol. in-18, 2e éd., Gand, 1893. Cet ouvrage est précieux par la précision des descriptions et des explications acoustiques.

110. *Annuaire du Conservatoire Royal de musique de Bruxelles*, in-18; 10e année, 1886; 14e année, 1890; contient la suite du *Catalogue* précédent.

SECOND APPENDICE

LA MUSIQUE EN CORÉE

La théorie musicale a été empruntée à la Chine avec une partie de la civilisation. A côté d'instruments indigènes on trouve un grand nombre d'instruments chinois; pour ces derniers on renverra simplement aux chap. VII à X et l'on ne marquera que les différences importantes.

INSTRUMENTS AUTOPHONES.

Theuk tchong, cloche isolée. *Phyen tchong*, carillon de cloches[1]. Voir chap. VII, *pò tchōng* 1, *pyēn tchōng* 2; le carillon s'étend de mi_3 à sol_4.

Soun[2], employé pour introduire les danseurs militaires et pour marquer le troisième mot des vers. Voir chap. VII, *chwén* 3.

Thàk[3], sonnette employée dans la danse militaire. Voir chap. VII, *tò* 4.

Thàk ou *tchhàk*[4], même usage; identifié au tchēng, sorte de sonnette. Voir chap. VII, *tchēng* 5, *tchò* 6.

Nyo[5], même usage; comparé à un grand tchēng. Voir chap. VII, *nào* 16.

Tong pàl, hyàng pàl[6], cymbales de moyen et de petit modèle, appartenant à la musique non rituelle ou orchestre vulgaire. Voir chap. VII, *pò* 17.

Theuk kyeng, lithophone isolé. *Phyen kyeng*, carillon de lithophones[7]. Voir chap. VII, *thě khing* 23, *pyēn khing* 24.

Páng hyàng, carillon de lames d'acier[8] appartenant à la musique non rituelle. Voir chap. VII, *fāng hyàng* 25; un rapport présenté au Roi en 1431 affirme que cet instrument est usité en Chine depuis l'époque des Lyàng (502-557); il était connu d'abord sous le nom de *tong kyeng*.

Hyàng ryeng, grelots[9] faits d'un métal appelé tou

1. *Moun hen pi ko*, liv. 42, ff. 1 à 5. — *O ryei eui se ryei*, liv. 1, ff. 74 à 76. — *Tchin tchhàn eui kouei* (Bibl. cor., n° 1305), liv. préliminaire, f. 33 v°.

2. *Moun hen pi ko*, liv. 42, ff. 5 et 6. — *O ryei eui se ryei*, liv. 1, f. 87.

3. *Moun hen pi ko*, liv. 42, f. 6 v°. — *O ryei eui se ryei*, liv. 1, ff. 87 et 88.

4. *Moun hen pi ko*, liv. 42, f. 6 v°. — *O ryei eui se ryei*, liv. 1, f. 87.

5. *Moun hen pi ko*, liv. 42, f. 6 r°. — *O ryei eui se ryei*, liv. 1, ff. 87 et 88.

6. *Moun hen pi ko*, liv. 42, ff. 8 et 9. — *Tchin tchhàn eui kouei*, liv. préliminaire, f. 35 v°.

7. *Moun hen pi ko*, liv. 42, ff. 9 et 11. — *O ryei eui se ryei*, liv. 1, ff. 74 à 76. — *Tchin tchhàn eui kouei*, liv. préliminaire, f. 33 v°.

8. *Moun hen pi ko*, liv. 42, ff. 7 et 8. — *Tchin tchhàn eui kouei*, liv. préliminaire, f. 34 r°.

9. *Tchin tchhàn eui kouei*, liv. préliminaire, f. 36 r°; liv. 3, f. 22 v°

sek, employés dans diverses danses. Voir chap. XIII, *ling* **172**.

E, tigre[1]. Voir chap. VII, *yù* **29**.

À paik, claquettes d'ivoire[2], formées de 6 lames; il en existe aussi en bois, *paik*. Voir chap. VII, *phö pän* **31**.

Tok[3], tige de bambou de 3 à 7 pieds de long sur 5 pouces de diamètre, ouverte à l'extrémité inférieure et percée en outre de deux trous vers le bas; cet instrument et les deux suivants marquent le rhythme de la danse militaire. Voir chap. VII, *toù* **33**.

À **184**[4], tige creuse longue de 5ᵖ,6; à section circulaire; renflée au milieu et s'amincissant aux bouts; couverte de cuir de mouton; la description n'indique pas si les bouts sont libres ou fermés de cuir; deux anneaux latéraux permettent de tenir l'instrument verticalement pour en frapper la terre. Comparer chap. VII *yà* **50**; chap. XIII *yà* **50** (p. 188).

Eung **185**[5], tige creuse de 6ᵖ,5 de long; à section carrée; on frappe les côtés de la tige avec un marteau, *tchhou*, relié à l'extrémité inférieure interne.

Tchhouk, auge[6]. Voir chap. VII, *tchoù* **34**.

Sìng[7], sac cylindrique en cuir, rempli de bale de riz. Voir chap. VIII, *pö foù* **49**; chap. XIII, *syàng* **164** (p. 188).

Pou[8], jarres de terre cuite sur lesquelles on frappe avec des marteaux; le *Àk hàk kouei pem* en indique, dans l'orchestre, dix donnant dix notes différentes. Voir chap. VII, *feoù* **36**.

INSTRUMENTS A MEMBRANES

Ken ko, tambour dressé[9], al. *tchin ko*, portant deux petits tambours *pi* et *eung*; le *tchin ko* du *Àk hàk kouei pem* est posé sur un cadre porté par quatre colonnes. Voir chap. VIII, *kyén koù* **44**, *phi* et *ying* **45**, **46**, *tsin koù* **47**.

Sàk ko, *eung ko*[10] : à la différence des indications du prince Tsài-yù, les Coréens suspendent ces deux petits tambours dans deux cadres séparés, placés l'un à l'ouest, l'autre à l'est du tambour dressé. Voir chap. VIII, *sö koù* **45**, *ying koù* **46**.

Kyo ping ko **186**, *tài ko* **187**, *so ko* **188**[11] : ces trois tambours appartiennent à la musique vulgaire; le premier est suspendu ayant son axe horizontal comme les précédents; la suspension des deux autres n'est pas indiquée.

Reù ko, formé de six tambours en forme de tronc de cône, réunis autour d'un centre et suspendus dans un cadre. *Ryeng ko*, formé de huit tambours réunis et suspendus de même. *Ro ko*, formé de deux tam-bours attachés l'un au-dessus de l'autre : le premier de ces tambours a donc 6 faces, le second 8 et le dernier 4. Les auteurs coréens[12] suivent ici le *Yò choù*[13] et s'écartent du commentaire du *Tcheoù li* rappelé p. 184, note 14; pour l'usage de ces tambours ils sont d'accord avec le *Tcheoù li*. Voir chap. XI, *léi koù* **157**, *ling koù* **158**, *loù koù* **159** (p. 184).

Reù to **189**, *ryeng to* **190**, *ro to* **191**, tambourins[14] associés par 3, par 4 et par 2, de manière à présenter 6, 8 et 4 faces; chaque agrégat d'instruments est porté sur un manche et muni de 6, 8 ou 4 pendants qui frappent les faces; ces tambourins sont employés avec les tambours précédents. Voir chap. VIII, *thào* **62**; chap. XI, *léi koù* **157**, *ling koù* **158**, *loù koù* **159**.

Mou ko **192**[15], grosse caisse posée verticalement sur quatre pieds, employée dans le chœur *Mou ko*, orchestre vulgaire.

Tchàng ko, tambour en forme de sablier[16]; le *kàl ko* coréen est à peu près semblable; employés par l'orchestre vulgaire. Voir chap. VIII, *tchàng koù* **59**, *kyè koù* **63**.

Tchel ko[17], tambour posé obliquement sur une tablette horizontale où est ménagée une entaille de dimension appropriée; appartient à la musique vulgaire. Cet instrument, d'après Mà Twàn-lin cité par l'auteur coréen, est originaire de la Chine orientale et a été employé depuis les Thàng. Voir chap. XII et XIII, *tsyè koù* **162** (pp. 185 et 192).

Tho ko, tambour de terre[18]. Voir chap. VI, *thoù koù* **193** (p. 140).

INSTRUMENTS A VENT

Yàk, flûte à bouche transversale[19], à 3 trous; semble employée surtout comme insigne des danseurs civils. Voir chap. IX, *yò* **74**.

So, flûte de Pan[20]. Voir chap. IX, *phài syào* **75**.

Tong so, flûte droite[21] employée par l'orchestre vulgaire. Voir chap. IX, *syào* **77**.

Tyek **194**, flûte droite[22] semblable à la précédente, mais avec un trou postérieur et 7 trous antérieurs.

Tchi, flûte traversière[23] ayant un trou externe de moins que la flûte de même nom employée en Chine; bec, *tchhù*, formé d'un bambou inséré dans le tuyau, latéralement(?), et maintenu au moyen de cire. Voir chap. IX, *tchhi* **80**.

Tàng tyek, flûte chinoise[24] employée par l'orchestre vulgaire : c'est la flûte traversière *ti* décrite sous le n° **81**; elle a 7 ou 8 trous et une longueur de 1ᵖ,4.

Sàm tchouk, les trois flûtes, savoir : *tài tcham* **195**, grande flûte, *tchoung tcham* **196**, flûte moyenne, *so tcham* **197**, petite flûte[25]; employées par l'orchestre

---

1. *Moun hen pi ko*, liv. 42, ff. 47 et 48. — *O ryei eui se ryei*, liv. 1, ff. 80 et 81. — *Tchin tchhàn eui kouei*, liv. préliminaire, f. 33 v°.

2. *Tchin tchhàn eui kouei*, livre préliminaire, f. 36; liv. 3, f. 22 r°.

3. *Moun hen pi ko*, liv. 42, f. 49. — *O ryei eui se ryei*, liv. 1, f. 89.

4. *Moun hen pi ko*, liv. 42, ff. 48 et 49. — *O ryei eui se ryei*, liv. 1, ff. 88 et 89.

5. *Moun hen pi ko*, liv. 42, f. 48. — *O ryei eui se ryei*, liv. 1, ff. 88 et 89.

6. *Moun hen pi ko*, liv. 42, ff. 46 et 47. — *O ryei eui se ryei*, liv. 1, ff. 79 et 80. — *Tchin tchhàn eui kouei*, liv. préliminaire, f. 33 v°.

7. *Moun hen pi ko*, liv. 42, f. 36. — *O ryei eui se ryei*, liv. 1, f. 89.

8. *Moun hen pi ko*, liv. 42, ff. 36 à 38. — *O ryei eui se ryei*, liv. 1, ff. 82 et 83.

9. *Moun hen pi ko*, liv. 42, ff. 39, 40, 42 à 44. — *O ryei eui se ryei*, liv. 1, ff. 79, 80. — *Tchin tchhàn eui kouei*, liv. préliminaire, f. 32 v°.

10. *Moun hen pi ko*, liv. 42, f. 44. — *Tchin tchhàn eui kouei*, liv. préliminaire, f. 33 r°.

11. *Moun hen pi ko*, liv. 42, ff. 45, 46. — *Tchin tchhàn eui kouei*, liv. préliminaire, f. 33 r°.

12. *Moun hen pi ko*, liv. 42, ff. 40 à 42. — *O ryei eui se ryei*, liv. 1, ff. 76 à 78.

13. N° 69.

14. *Moun hen pi ko*, liv. 42, f. 42 v°. — *O ryei eui se ryei*, liv. 1, ff. 76 à 78.

15. *Tchin tchhàn eui kouei*, liv. préliminaire, f. 35 r°.

16. *Moun hen pi ko*, liv. 42, ff. 45, 46. — *Tchin tchhàn eui kouei*, liv. préliminaire, ff. 33 r°, 35 r°.

17. *Moun hen pi ko*, liv. 42, ff. 44, 45. — *O ryei eui se ryei*, liv. 1, f. 78.

18. *Moun hen pi ko*, liv. 42, ff. 38, 39. — *O ryei eui se ryei*, liv. 1, ff. 78, 79.

19. *Moun hen pi ko*, liv. 42, ff. 27, 28. — *O ryei eui se ryei*, liv. 1, ff. 81 et 90.

20. *Moun hen pi ko*, liv. 42, f. 27. — *O ryei eui se ryei*, liv. 1, ff. 82, 83.

21. *Moun hen pi ko*, liv. 42, f. 31 v°. — *Tchin tchhàn eui kouei*, liv. préliminaire, f. 34 v°.

22. *Moun hen pi ko*, liv. 42, f. 29. — *O ryei eui se ryei*, liv. 1, f. 82 v°.

23. *Moun hen pi ko*, liv. 42, ff. 29, 30. — *O ryei eui se ryei*, liv. 1, f. 83.

24. *Moun hen pi ko*, liv. 42, f. 30. — *Tchin tchhàn eui kouei*, liv. préliminaire, f. 34 v°.

25. *Moun hen pi ko*, liv. 42, ff. 30, 31. — *Tchin tchhàn eui kouei*, liv. préliminaire, f. 34 v°. — *Sàm kouk sa keui*, liv. 32, ff. 8, 9. Les diction-

vulgaire; elles sont faites en bambou comme toutes les précédentes. La plus grande a environ 1 fois et demie la longueur de la flûte chinoise, les dimensions exactes ne sont pas données; les trous sont disposés comme dans la flûte chinoise : la bouche, un trou, *tchheng kong*, fermé par une pellicule, six trous pour les notes, enfin cinq trous muets dits *he kong*. Cet instrument, peut-être imité de la flûte chinoise, existait au Sillà[1], où on lui attribuait une origine miraculeuse et où on le nommait *màn-phà-sik*; on jouait alors 324 airs sur la grande flûte, 245 sur la flûte moyenne, 298 sur la petite flûte; on employait 7 systèmes ou modes : 1° *phyeng tyo*, système égal; 2° *hoàng tchong tyo*, système de hwàng-tchōng; 3° *à tyo*, système rituel; 4° *ouel tyo*, système de yuĕ; 5° *pàn-sep tyo*, système de pàn-chĕ; 6° *tchhoul tyo*, système tchhoul; 7° *soun tyo*, système éminent[2].

Koàn **198**, chalumeau double[3]; chaque tuyau est analogue au kwàn chinois, avec 5 trous seulement. Voir chap. IX, *kwàn* **89**; chap. VI, *chwàng kwàn* **198** (p. 140, note 14).

Tàng phil-ryoul, chalumeau chinois[4] de l'orchestre vulgaire. Voir chap. IX, *kwàn* **89**.

Kà **199**, cornet de l'orchestre vulgaire; la figure sans texte montre 8 trous latéraux au lieu des 3 du cornet tartare[5]. Voir chap. IX, *hoù kyà* **90**.

Thài phyeng so, hautbois[6] à 7 trous antérieurs et 1 trou postérieur; appartient à l'orchestre vulgaire. Voir chap. IX, *kĭn kheoù kyŏ* **94**.

Houen, ocarina[7] à 6 trous. Voir chap. IX, *hyuĕn* **101**.

Saing, ou, hoù, orgues à bouche[8] ayant respectivement 19, 36 et 13 tuyaux; d'après les figures du *O ryei eui*, les instruments coréens sont semblables à ceux de l'orchestre officiel de Péking; le *Tchin tchhàn eui kouei* représente au contraire la forme vulgaire à embouchure courte; la fabrication des anches d'orgue n'aurait été connue en Corée qu'en 1743; jusque-là les anches étaient achetées à Péking lors de la mission annuelle. Voir chap. IX, *chĕng* **103**, *yà* **104**, *hwŏ* **105**.

INSTRUMENTS A CORDES

Keum, tàng keum, kbìn chinois[9]. Voir chap. X, *khìn* **112**.

Seul, sĕ chinois[10]. Voir chap. X, *sĕ* **116**.

Tài tchaing, grand tchĕng[11] à 15 cordes au lieu de 14. Voir chap. X, *tchĕng* **117**.

Kàyà keum **200**, keum du Kàyà[12].

Cet instrument, en bois d'éléococca, ressemble au précédent; mais la queue est terminée par un manche très court en forme de T, auquel sont nouées les 12 cordes de soie; la 1re corde est la plus grosse, les suivantes sont de plus en plus fines; les chevalets

mobiles, *tchou*, sont de hauteur décroissante. Les doigts de la main gauche appuient sur les cordes pour les raccourcir pendant qu'elles sont pincées par les doigts de la main droite; les cordes 8 et 3, 9 et 4, 3 et 1 sont pincées ensemble, les cordes 5, 7, 12 résonnent seules. La notation suit les principes généraux de celle du khìn **112**.

Le keum du Kàyà tire son nom du royaume de Kàyà ou Kàrà, situé à l'extrême sud de la Corée, à l'ouest du fleuve Ràk-tong et soumis définitivement au Sillà en 532; un roi de Kàyà fit fabriquer le nouveau keum en modifiant la construction d'un instrument chinois et chargea un homme appelé Oureuk de composer 12 mélodies; plus tard Oureuk se réfugia au Sillà, où il est mentionné sous le roi Tchin-heung en 550 et 552 et où il eut des élèves. On cite les titres des 12 chants de Oureuk et de 3 chants dus à Nimoun : cinq de ces titres, paraissant inexplicables en chinois, semblent donc transcrits du coréen. Il y avait deux modes d'accord du kàyà keum, pour lequel il existait en tout 185 airs. Entre ces origines anciennes et l'époque moderne toute indication manque; ce keum est attribué à l'orchestre vulgaire.

Hyen keum **201**, keum noir[13].

Cet instrument ressemble un peu au khìn **112** chinois; la table d'harmonie, légèrement bombée, est en bois d'éléococca, le fond plat en chàtaignier; les cordes de soie sont montées et nouées à peu près comme sur le tchĕng **117**. Les cordes, de la 1re en avant à la 6e, portent les noms suivants :

	Nos par épaisseur.	en *phyeng tyo*	en *ou tyo.*
6 *mou hyen*	2	mi_3	mi_4
5 *hoàn eû tchheng* ou *ki hoàn tchheng*	4	mi_4	si_3
4 *hoàn sàng tchheng*	3	mi_4	si_3
3 *tài hyen* (grosse corde)	1	$fa\sharp_2$	$ul\sharp_2$
2 *you hyen*	5	$ul\sharp_3$	$sol\sharp_2$
1 *moun hyen*	2	si_3	mi_3

Les notes fournies par les diverses cordes dans la partie qu'il est habituel de faire vibrer, seraient dans le rapport des notes indiquées, si mon interprétation des deux tablatures du *Ryàng keum sin po* est exacte : ces tablatures ne fixent pas la hauteur absolue des notes[14]. Toutes les cordes sont accordées au moyen de chevalets mobiles, *tchou*, en bois de poirier. Les cordes 2, 3, 4 passent sur une série de 16 ou de 13 tons arrondis et saillants, *hoàn*, en bois de poirier, analogues aux 4 grosses marques ou tons, *syàng*, du phî-phà **123**; de ces tons le premier à gauche semble faire l'office de chevalet, les autres indiquent les points de pression des cordes en question. Les notes du tableau précédent répondent donc pour les cordes 1, 5, 6 à la section limitée par le chevalet mobile, pour les cordes 2, 3, 4 à la section limitée par

---

naires chinois, coréens, japonais, indiquent plusieurs sons pour 箸 et ne le donnent pas dans le sens de flûte; la prononciation, coréen *tcham*, chinois *tshĕn*, reste donc douteuse.

1. État du sud-est de la péninsule (57 A. C.-685 P. C.), réunit ensuite toute la presqu'île jusqu'à Phyeng-yàng.

2. Correspondance aux systèmes chinois, chap. IV, p. 117, etc. : 1° avec XL, 2° avec LXXV, 4° avec XXXVIII et LXXII, 5° avec V; le *phyeng tyo, phìng tyáo*, est aussi mentionné pp. 110 et 191, note 13 (33), où il est peut-être différent de XL. Les systèmes 3°, 6°, 7° ne sont pas reconnaissables sous les présentes désignations.

3. *Moun hen pi ko*, liv. 42, ff. 28, 29. — *O ryei eui se ryei*, liv. 1, ff. 80, 81.

4. *Moun hen pi ko*, liv. 42, ff. 31, 32. — *Tchin tchhàn eui kouei*, liv. préliminaire, f. 34 v°.

5. *Tchin tchhàn eui kouei*, liv. préliminaire, f. 34 v°.

6. *Moun hen pi ko*, liv. 42, f. 32.

7. *Moun hen pi ko*, liv. 42, ff. 35, 36. — *O ryei eui se ryei*, liv. 1, ff. 84, 85.

8. *Moun hen pi ko*, liv. 42, ff. 32 à 35. — *O ryei eui se ryei*, liv. 1, ff. 81, 82. — *Tchin tchhàn eui kouei*, liv. préliminaire, f. 34 v°.

9. *Moun hen pi ko*, liv. 42, ff. 11, 12. — *O ryei eui se ryei*, liv. 1, ff. 85, 86. — *Tchin tchhàn eui kouei*, liv. préliminaire, f. 34 v°.

10. *Moun hen pi ko*, liv. 42, ff. 12, 13. — *O ryei eui se ryei*, liv. 1, ff. 84, 85.

11. *Moun hen pi ko*, liv. 42, f. 26.

12. *Moun hen pi ko*, liv. 42, ff. 19, 20. — *Tchin tchhàn eui kouei*, liv. préliminaire, f. 34 r°. — *Sàm kouk sa keui*, liv. 32, ff. 7, 8.

13. *Moun hen pi ko*, liv. 42, ff. 13 à 19. — *Tchin tchhàn eui kouei*, liv. préliminaire, f. 34 r°. — *Sàm kouk sa keui*, liv. 32, ff. 5 à 7. — *Ryàng keum sin po*.

14. Les tablatures du *Ryàng keum sin po* présentent plusieurs points douteux et coïncident imparfaitement avec les explications qui y sont annexées.

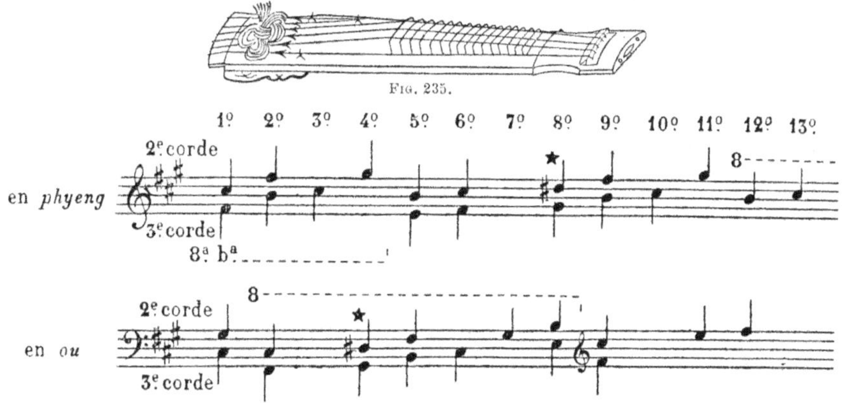

Mân tâi yep[2], début. — Musique de hyen keum.

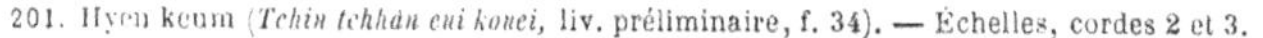

le 1er ton. Les cordes 1, 4, 5, 6 ne sont employées que pour leur section la plus longue et ne donnent qu'une seule note chacune. Les cordes 2 et 3 sont, au contraire, pressées sur les sillets par les doigts de la main gauche, qui doit aussi arrêter, quand il y a lieu, les vibrations des autres cordes; on entend donc tantôt une seule note, tantôt plusieurs notes simultanées. Les tons se comptent du grave à l'aigu en sens contraire de ceux du khîn.

La main droite attaque les cordes au moyen d'un plectre, si. Il existe dix ou douze systèmes d'accord qu'il est impossible de préciser faute de renseignements.

Le keum noir est une modification du khîn chinois, qui prit naissance au Kokourye[1] à l'époque des Tsín (265-420) : des bandes de cigognes noires vinrent danser autour de l'inventeur, et l'instrument fut appelé keum des

1. Royaume (37 A. C.-668 P. C.) comprenant le nord-ouest de la Corée et le sud-est de la Mantchourie.

2. Ryâng keum sin po, 1er morceau. Il me reste des doutes sur la transcription de quelques passages de ce morceau, peut-être faute de renseignements suffisants, à moins que la notation soit en effet moins précise que celle du khîn chinois.

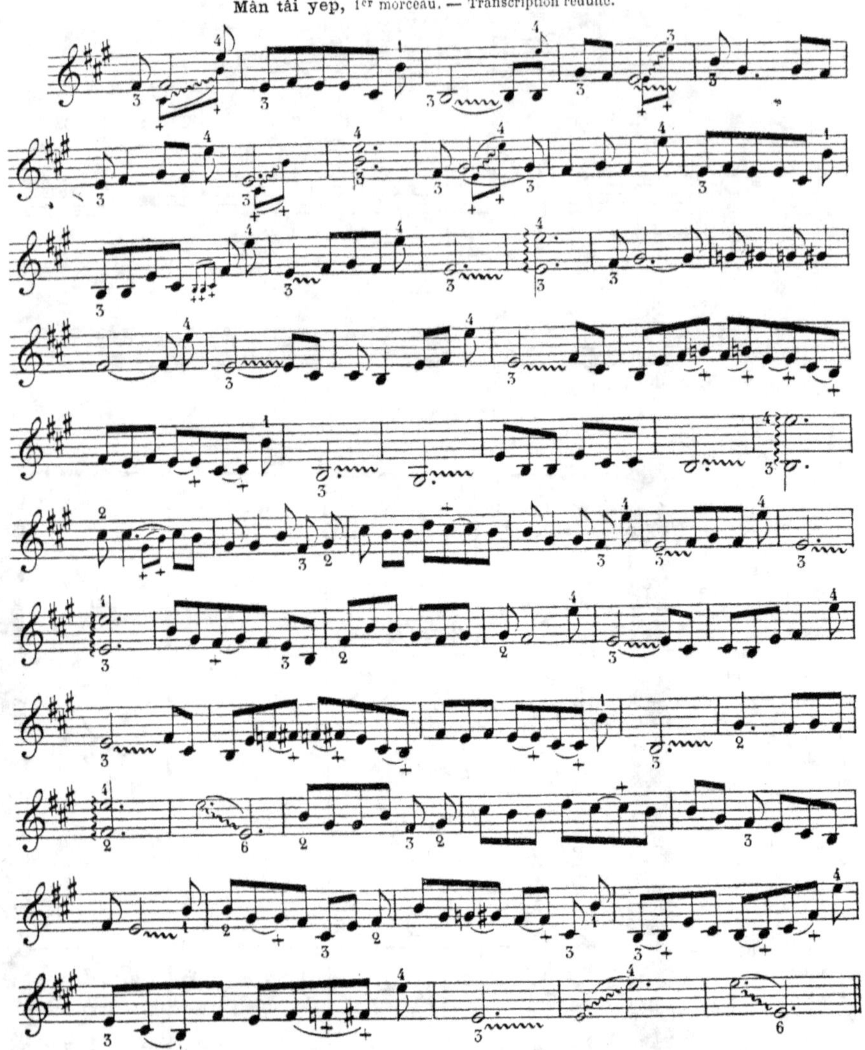

cigognes noires, puis keum noir. La connaissance du keum fut transmise à un artiste du Sillà, Okpoko, qui composa 3 chansons et fonda une école; les noms de plusieurs de ces mélodies sont cités par le *Sâm kouk sa keui*, quelques-uns sont chinois, d'autres sont transcrits du coréen; l'école de Okpoko se perpétua pendant plusieurs générations; elle distingua les deux modes principaux *phyeng* et *ou* et laissa 187 airs. Les auteurs coréens ne donnent aucun autre renseignement sur ces musiciens du Sillà et ne précisent pas l'époque où ils vécurent. Dès lors et jusqu'à l'époque moderne il n'est plus question du hyen keum, qui fait partie actuellement de l'orchestre vulgaire.

La notation est du même genre que celle du khìn 112; les signes principaux, par exemple 大 五, ou 清, indiquent soit la corde seule, soit la corde et le ton; les signes placés à droite et à gauche sont pour le doigté; ainsi ⟍ signifie soulever la corde avec les doigts de la main droite, ⅂ veut dire presser la corde du pouce gauche, etc. L'exemple ci-joint montre que dans chaque rectangle représentant la mesure, les signes de droite sont les noms chinois des degrés, ceux de gauche sont des syllabes coréennes écrivant une harmonie imitative, *ting, seureing, tàng, saràing, ting, tô*, etc.; il est reproduit d'après le calque exact que je possède et qui est beaucoup plus net que l'original.

Tàng pi-phà, guitare chinoise[1] semblable à l'instrument chinois, mais jouée avec un plectre, *mok pàl*, comme dans l'antiquité; elle appartient à l'orchestre

---

1. *Moun hen pi ko*, liv. 42, ff. 21 à 26. — *Tchin tchhàn eui kouei*, liv. préliminaire, f. 34 r°.

vulgaire et sert pour la musique chinoise comme pour la musique indigène. Voir chap. X, *phi-phá* 123, *woù hyén* 128.

	Nᵒˢ par épaisseur	en *phyeng tyo*	en *sáng tyo*	en *há tyo*
1 *mou hyen* (grosse corde)	1	*si₂*	*ré₃*	*ul♯₃*
2 *tái hyen*	2	*mi₃*	*sol₃*	*fa♯₃*
3 *tchoung hyen*	2	*mi₃*	*si₂*	*si₂*
4 *tcha hyen*	3	*si₃*	*si₃*	*si₃*
		musique coréenne	musique chinoise	

Hyáng pi-phá 202, guitare coréenne[1], analogue à la précédente, jouée avec des onglets et ayant 5 cordes énumérées dans l'ordre d'épaisseur : 1 *tái hyen*, 2 *mou hyen* et *tchoung hyen*, 3 *tchheng hyen*, 4 *you hyen*. Cette nomenclature indique l'influence du hyen keum qui se fait sentir aussi dans les modes d'accord.

Les deux formes de guitares existaient déjà au Sillà ; il y avait alors pour la guitare coréenne trois modes d'accord (*koung tyo, tchhil hyen tyo, pong hoáng tyo*, avec 212 mélodies) qui diffèrent de nom des systèmes modernes.

Ouel keum[2], cet instrument de l'orchestre vulgaire doit être analogue au yuë khin chinois plutôt qu'au yuë khin de l'orchestre mongol ; mais je n'en ai pas de figure ni de description suffisante. Voir chap. X, *yuë khin* 134.

Hyen tcha[3], même instrument que le sän hyèn. Voir chap. X, *sän hyén* 137.

Yáng keum[4], semblable à l'instrument chinois du même nom. Voir chap. X, *yáng khin* 144.

À tchaing[5], tchëng à archet de l'orchestre vulgaire. Voir chap. X, *yä tchëng* 145.

Hai (v. *hyei*) *keum*[6], différent du hï khïn des orchestres officiels chinois, presque semblable au hoù khïn de l'orchestre mongol ; appartient en Corée à l'orchestre vulgaire. Voir chap. X, *hï khïn* 146, *hoù khïn* 148.

Les historiens ne donnent sur la musique et la danse chez les anciennes tribus coréennes que des indications vagues, suffisantes toutefois pour montrer la grande place des chœurs dans la vie ordinaire et dans le culte ; pour le Sillà seulement on trouve quelques détails. « La 9ᵉ année[7] du roi Tcheng-myeng (689), Sin Sin-tchai, offrant un sacrifice à des esprits malfaisants, fit exécuter des chœurs : *Ká mou*, danse des cornets, 6 *kàm* (chefs), 2 joueurs de cornet, 1 danseur ; *Há sin yel mou*, petite danse Sin-yel, 4 kàm, 1 joueur de keum, 2 danseurs, 3 chanteurs ; *Sa nai mou*, danse Sa-nai, 3 kàm, 1 joueur de keum, 2 danseurs, 2 chanteurs ; *Hàn ki mou*, danse de Hàn Ki, 3 kàm, 1 joueur de keum, 2 danseurs ; *Sáng sin yel mou*, grande danse Sin-yel, 3 kàm, 1 joueur de keum, 2 danseurs, 2 chanteurs ; *So kyeng mou*, danse de la petite Capitale, 3 kàm, 1 joueur de keum, 1 danseur, 3 chanteurs ; *Mi tchi mou*, danse Mi-tchi, 4 kàm, 1 joueur de keum, 2 danseurs[8]. La 8ᵉ année du roi Ai-tchàng (807), quand on exécuta des chœurs, on commença par le *Sa-nai* : joueur de keum et danseurs 4 hommes, joueur de keum en costume vert 1 homme, chanteurs en costumes rouges 5 hommes ; vêtements multicolores, éventails brodés, ceintures à ciselures d'or ; ensuite on exécuta la danse *Tai-keum*, danse du pilon : les danseurs sont vêtus de rouge, les joueurs de keum sont en costume vert. [Les choses] étant ainsi, on n'en peut dire le détail. » Kim Pou-sik cite ensuite et semble rattacher à ces chœurs cinq poésies chinoises dues à Tchheù Tchhi-ouen[9]. Le *Ko rye sa*[10] rappelle le chœur de *Tchheyong* tel qu'il était chanté et dansé au Korye : mais cette danse portait le nom de son auteur, un homme étrange, peut-être un esprit, qui l'exécuta devant le roi Hen-kàng (875-886).

De ces maigres indications il résulte que le Sillà a eu un art musical et orchestique de même nature que celui de la Chine, réunissant la danse, le chant accompagné et la poésie, mais incomparablement plus pauvre que l'art contemporain des Thàng, primitif même en face des chœurs des Tcheoù. La tradition coréenne fait naître ces ballets au Sillà, quelques-uns à une époque reculée ; leurs titres sont pour la plupart inexplicables en chinois ; mais ils ne sont mentionnés que tard dans le vııᵉ siècle, à l'époque où l'alliance des Thàng a permis au Sillà de dominer les trois quarts de la péninsule. D'ailleurs les rapports avec la Chine remontent à huit ou neuf siècles plus haut ; au vᵉ et au vıᵉ siècle, le bouddhisme, l'écriture, la littérature, la philosophie, les institutions de la Chine ont été apportés en Corée ; il est probable que les coutumes du « grand pays » ont fortement modifié aussi les vieilles danses indigènes.

A une quinzaine de ballets qui restaient des anciens royaumes, le Korye joignit une trentaine de chœurs nouveaux[11] ; les uns commémoraient des faits

---

1. *Moun hen pi ko*, liv. 42, ff. 21 à 26. — *Sàm kouk sa keui*, liv. 32, 8.

2. *Moun hen pi ko*, liv. 42, ff. 20, 21.

3. *Tchin tchhàn eui kouei*, liv. préliminaire, . 34 vᵒ.

4. *Tchin tchhàn eui kouei*, liv. préliminaire, f. 34 vᵒ.

5. *Moun hen pi ko*, liv. 42, f. 26. — *Tchin tchhàn eui kouei*, liv. préliminaire, f. 34 vᵒ.

6. *Moun hen pi ko*, liv. 42, f. 21. — *Tchin tchhàn eui kouei*, liv. préliminaire, f. 34 rᵒ.

7. *Sàm kouk sa keui*, liv. 32, ff. 9, 10. Tcheng-myeng est le nom personnel du roi, qui est plus connu sous son nom dynastique de Sin-moun. Sin Sin-tchai, inconnu d'autre part.

8. Au liv. 32, f. 9, le *Sàm kouk sa keui* note brièvement l'origine de plusieurs chœurs qu'il appelle ici *àk*, chœur, musique, et non pas *mou*, danse. Le *Sin-yel* remonte au roi You-ri (24-57) ; le *Sa-nai*, aussi nommé *Si-no*, remonte au roi Nâi-hai (196-230) ; la danse des cornets vient du roi Nâi-mil (Nâi-moul, Nà-mil, 356-402) ; le *Tai* ou *Tai-keum* est dû au musicien Paikkyel, de l'époque de Tcha-pi (458-479) ; le *Mi-tchi* est de l'époque de Pep-heung (514-540). *Hàn Ki*, désignation d'un des chœurs, peut être un nom d'homme. L'expression *so kyeng* s'applique aux cinq capitales secondaires du Sillà. Sur Paikkyel, voir *Sàm kouk sa keui*, liv. 48, ff. 3, 4.

9. Né vers 858 ; à douze ans il fut envoyé pour étudier en Chine ; il y devint docteur et mandarin vers 880 ; rentré au Sillà, il occupa des fonctions importantes et mourut avant 897 ; il a laissé des œuvres chinoises (*Bibliographie coréenne*, nᵒ 494. — *Sàm kouk sa keui*, liv. 46, ff. 3 à 6 ; voir aussi nᵒ 46, liv. 60, f. 20 rᵒ). Outre les pièces de Tchheù Tchhi-ouen, on cite quelques chants plus anciens qui étaient conservés au temps du Korye (918-1392). Le *Se kyeng kok*, chant de Phyeng-yàng, et le *Tài tong kàng kok*, chant du Tài-tong kàng (fleuve de Phyeng-yàng) se rapporteraient au règne de Keui tcha (*Moun hen pi ko*, liv. 50, f. 1. — *Ko rye sa*, liv. 71, f. 33) ; mais tout ce qu'on rencontre en Corée relativement à ce personnage paraît apocryphe et ne semble pas antérieur au Korye. C'est aussi à l'époque du Korye qu'on trouve le *Rai ouen ká*, chant de Rai-ouen, et le *Myeng tchou*, chant de Myeng-tchou, deux pièces qui viendraient du royaume de Kokourye et remonteraient peut-être à la domination des Hàn (après 108 A. C.) : je n'ai pu identifier Myeng-tchou ; Rai-ouen, ou Lài-yuèn est mentionné sous les Lyào et Kïn vers la frontière sino-coréenne actuelle ; — le *Pàng teung sàn* et 4 autres pièces dites originaires du Paiktchei (S.-O. de la Corée, 18 A. C.-660) ; — le *Tong kyeng kok*, chant de la Capitale orientale, le *Tchàng hàn seng*, avec 4 autres, provenant du vieux Sillà antérieur à la réunion. De toutes ces dernières pièces aucun texte n'est donné. Voir *Ko rye sa*, liv. 71, ff. 43 à 47. — *Moun hen pi ko*, liv. 50, f. 2 vᵒ, 5 rᵒ et vᵒ. On trouve aussi deux mentions de *sàn àk* et de *paik heui* (pp. 184, note 12, 198, etc.), l'une au Sillà sous Tchin-heung (540-576) pour une fête bouddhique, *phàl koàn heù*, l'autre (1170) à propos d'un sacrifice à l'étoile de la longévité (*Moun hen pi ko*, liv. 50, f. 40).

10. Liv. 71, f. 36.

11. *Ko rye sa*, liv. 71, ff. 30 à 43. — *Moun hen pi ko*, liv. 50, ff. 10 à 12

militaires, d'autres rappelaient des actes de vertu, d'autres offraient un caractère mi-poétique, mi-religieux; l'un de ces derniers, le *Mou ài*, venait, dit-on, de l'Asie centrale, et le texte en était rédigé en langue « bouddhique » mêlée de coréen, *pâng en*. Presque tous les autres chants de ce groupe étaient en langue vulgaire, *ri e*, ou coréen; ils furent composés selon les occasions pendant toute la dynastie. C'étaient là les chœurs dits *sok âk*, musique vulgaire, ou *hyâng âk*, musique du pays; ils avaient place dans les sacrifices officiels, dans les grandes fêtes bouddhiques, dans les cérémonies du Palais[1].

En 1114 et 1116[2], l'empereur Hwĕi tsŏng, de la dynastie des Sóng, envoya par l'ambassadeur coréen au roi Yei tchong un orchestre complet et un recueil musical en 10 volumes, conforme aux chants de l'orchestre réformé dit Tá chéng yŏ; la nouvelle musique fut introduite au temple des Ancêtres dès les derniers mois de 1114 et une audition eut lieu au Palais vers la fin de 1116. Ce n'étaient peut-être pas les débuts de la musique purement chinoise en Corée; un document officiel de 1411 rappelle, en effet, que le roi Koàng tchong (949-975) obtint de l'Empereur des instruments et des musiciens dont les descendants pratiquèrent la musique chinoise jusque vers le milieu du XIVe siècle. En 1370, Thái tsoù, des Mĭng, fit don au roi de Corée des instruments rituels usités à sa Cour et, l'année suivante, autorisa des musiciens officiels coréens à venir étudier à Nanking; en 1405 de nouveaux instruments furent envoyés de Chine au roi Thài tchong; ils furent employés au temple des Ancêtres en 1406. C'est en conformité de la musique des Ming que fut réformée la musique coréenne[3] sous Sei tchong de 1425 à 1430, que furent rédigés (1430) divers recueils musicaux et (1493) un ouvrage général sur la musique, le *Âk hâk kouei pem*[4]; les problèmes traités et les solutions données ne diffèrent pas de ce qui a été expliqué pour la Chine. Deux formules musicales se rapportant au début du sacrifice, introduction des esprits, sont citées par le *Moun hen"pi ko* sous forme primitive et sous formes transposées[5]; elles sont tirées du *Âk hâk kouei pem* et proviennent du *Tá tchhéng yŏ phoù* de Lìn Yù[6], époque des Yuên; à la différence de l'exemple cité p. 134, note 1, elles ne sont pas chromatiques.

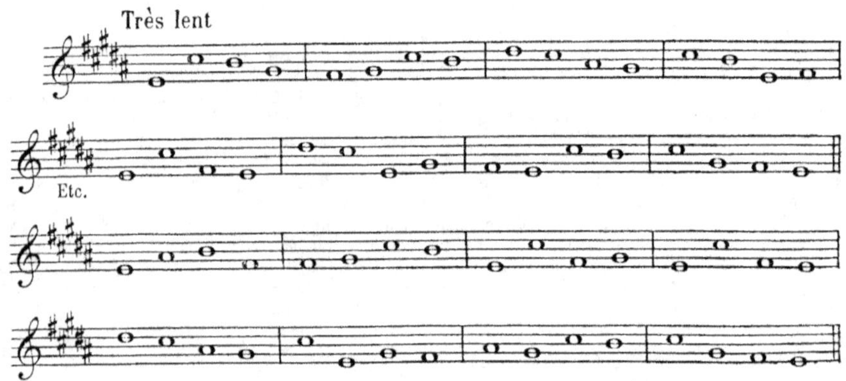

Mélodies pour l'introduction des esprits, fragments.

Gamme de hwàng-tchŏng, système de 1me (1, p. 98) sans exclusion des degrés secondaires.

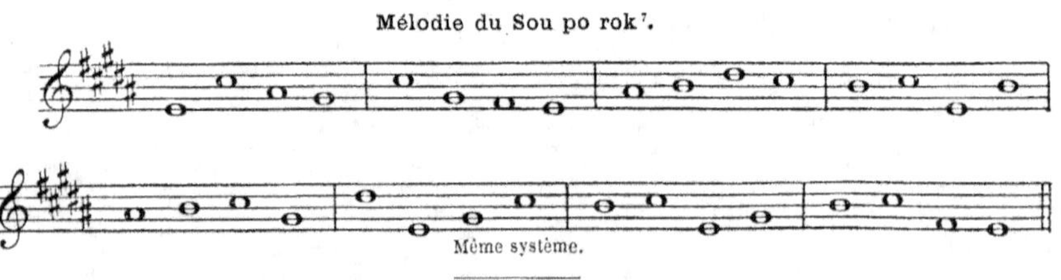

Mélodie du Sou po rok[7].

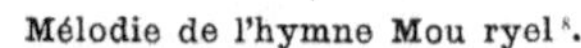

Mélodie de l'hymne Mou ryel[8].

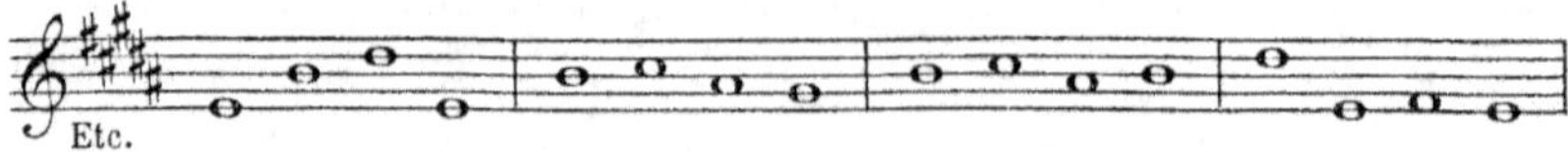

---

1. *Ko rye sa*, liv. 71, ff. 47, 48.

2. *Moun hen pi ko*, liv. 40, ff. 1 à 3, 4, 8, 9. — *Ko rye sa*, liv. 70, ff. 5 et 28.

3. *Moun hen pi ko*, liv. 39, ff. 2, 3, 13.

4. Rédigé sur ordre officiel par Seng Kyen, mandarin du ministère des Rites; traite des lyŭ, fabrication et emploi, des instruments de musique et des accessoires pour les chœurs, du rhythme et des mouvements de la danse.

5. Ces airs sont écrits au moyen des premiers caractères du nom des lyŭ; l'8ve supérieure est indiquée par la clef 氵, par exemple 沐 = 8ve supérieure de 太. Voir *Moun hen pi ko*, liv. 39, ff. 12, etc., 34, etc.; liv. 40, f. 24, etc.

6. Je n'ai pas trouvé d'indications sur l'ouvrage ni sur l'auteur; voir *Moun hen pi ko*, liv. 39, ff. 34 r°, 36 v°.

7. Sur ce chœur, voir p. 218, note 5, et p. 219. — *Moun hen pi ko*, liv. 40, f. 24 v°.

8. Voir p. 219. — *Moun hen pi ko*, liv. 40, ff. 24, 25.

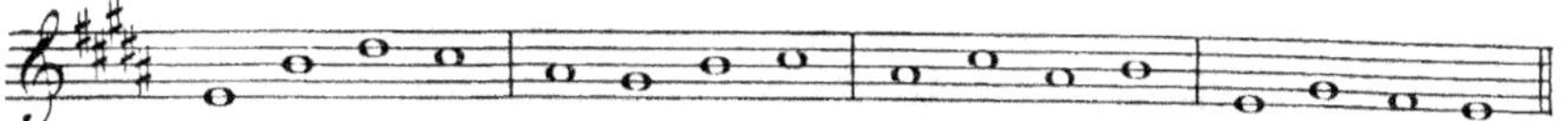

Même système que plus haut. Ces trois dernières mélodies sont peut-être coréennes d'origine.

Du jour où la musique chinoise fut introduite, l'orchestre officiel, outre la section indigène dont l'origine a été rappelée, compta deux autres sections, *à àk*, orchestre rituel, *tàng àk*, orchestre chinois, sans que toutefois la distinction des trois styles musicaux fût toujours très nette[1]. Le premier orchestre[2] servait surtout dans les rites religieux du temple des Ancêtres, à l'autel des Dieux protecteurs du sol, à l'autel de l'Agriculture, au temple de Confucius, etc.; il figurait aussi dans les assemblées plénières et les cérémonies de la Cour. A l'imitation de la coutume chinoise, il exécutait des hymnes portant des titres de même forme (terminés en *àn*, paix) et deux danses, l'une civile, l'autre militaire, qui, modifiées par la suite, reçurent des noms spéciaux, *Ryel moun* et *So mou*, en 1431, *Tyeng tài ep* et *Po thài phyeng*[3] en 1433. A ce répertoire s'ajoutaient des hymnes spéciaux pour les divers Ancêtres royaux. Le roi Sei tchong, qui réorganisa l'orchestre rituel (1431), admit encore, comme cela se faisait avant lui, que l'orchestre indigène fût entendu alternativement avec l'orchestre rituel vers la fin des sacrifices, à la dernière offrande et à la desserte; dans les banquets et les assemblées de la Cour, l'orchestre rituel jouait le 1er et le 16 de la lune, l'orchestre indigène jouait les autres jours du mois; le bureau des Règlements rituels demandait alors une répartition différente. Mais bientôt le confucianisme intransigeant des lettrés blâma et interdit définitivement ce mélange, qui a déjà disparu du grand rituel *O ryei eui*, rédigé de 1430 à 1474 : tout y est réglé à la chinoise.

Pour le règne de Tchoung tchong[4], à la date de 1511, il existe une liste officielle des poésies et des chœurs de tàng àk qui étaient exécutés dans les banquets, depuis ceux qui étaient présidés par le Roi jusqu'à ceux qui réunissaient de simples lettrés[5]. Un très grand nombre de pièces sont tirées du *Chī kīng* et pour la plupart figurent dans les recueils chinois du prince *Tsái-yŭ*[6]; celles dont l'air est indiqué, sont en majorité. Les airs sont marqués par des titres de poésie, ainsi « l'hymne *Sin kong* sur l'air du *Sou ryong eum*, chant du dragon aquatique »; à l'exception d'un seul qui est douteux, ces airs proviennent du Korye, soit de l'orchestre tàng àk, soit de l'orchestre sok àk. Plusieurs chants de la même époque se retrouvent dans les programmes de 1511, et parmi eux quelques-uns qui, d'autre part, prêtent leur musique à des poésies chinoises : ainsi[7] *Ek tchhù so*, se souvenir et jouer de la flûte; *Sou ryong eum*; *Thài phyeng nyen*, années de grande paix; *Song sàn tcho*, chant du Song sàn. Pour d'autres chants du Korye, par exemple *Tchen hoà tchi*, transmettre la branche fleurie; *Ràk yàng tchhoun*, le printemps à la Capitale, de la section tàng àk; *O koàn sàn*, la montagne O-koàn, de la section sok àk, l'air seul est encore employé au XVIe siècle, mais le poème primitif reste enfoui dans les histoires dynastiques; le *Pàng teung sàn*, la montagne Pàng teung, dont l'air était conservé, remonterait même au Paiktchei. On rencontre donc un procédé identique à celui qui a été signalé pour la Chine, et l'on en peut suivre la trace dans les documents différents conservés par le *Moun hen pi ko* : une chanson, une pantomime, souvent d'origine populaire[8], est adoptée, arrangée par les orchestres officiels; les paroles primitives sont remplacées par une poésie lettrée, cette poésie est à son tour accommodée à un autre air; de telles substitutions se succèdent à plusieurs reprises, suivant le caprice des musiciens, l'inspiration originale se mélange et s'efface : et c'est ainsi qu'il est impossible de savoir s'il ne se trouve pas quelque mélodie ancienne parmi les airs coréens très peu nombreux qui sont écrits dans les recueils.

---

1. Composition des trois orchestres d'après le *Ko rye sa*. — Orchestre rituel, liv. 70, ff. 1 à 5 : cloches isolées et en carillons (p. 211), lithophones isolés et en carillons (p. 211), auge (p. 212), tigre (p. 212), claquettes (p. 212); keum à 1, à 3, à 5, à 7, à 9 cordes (p. 213, etc.), seul (p. 213); flûte tyek (p. 212), flûte tchi (p. 212), orgues saing, ou, hoà (p. 213), ocarina (p. 213), flûte de Pan (p. 212); tambours de divers genres (p. 212); soun (p. 211), thàk, tcheng, nyo (p. 211), à (p. 212), sàng (p. 212). Les nombres et la disposition varient selon les cérémonies.

Orchestre chinois, liv. 71, f. 1 :

pàng hyàng à 16 plaques (p. 211).	à tchaing à 7 cordes (p. 216).
tong so à 8 trous (p. 212).	tài tchaing à 5 cordes (p. 213).
tyek à 8 trous (p. 212).	tchàng ko (p. 212).
phil-ryoul à 9 trous (p. 213).	kyo pàng ko (p. 212).
pi-phà à 4 cordes (p. 215).	paik à 16 feuilles (p. 212).

Remarquer les différences avec quelques instruments décrits d'autre part.

Orchestre vulgaire, ou indigène, liv. 71, ff. 30, 31 :

hyen keum à 6 cordes (p. 213).	mou ko (p. 212).
pi-phà à 5 cordes (p. 216).	hyei keum à 2 cordes (p. 216, hai keum).
kàyà keum à 12 cordes (p. 213).	
hoà keum à 12 trous (?).	phil-ryoul à 7 trous (p. 213).
tchàng ko (p. 212).	tchoung tcham à 12 trous (p. 212).
à paik à 6 feuilles (p. 212).	so tcham à 7 trous (p. 212).
mou tchen (?).	paik à 6 feuilles (p. 212).

2. *Ko rye sa*, liv. 70. — *Moun hen pi ko*, liv. 40, ff. 5, etc., 10, 11, 21, etc., 24, etc., 33, 34, 35; liv. 41, ff. 2, 3, 4, etc., description des sacrifices et cérémonies en 1372, 1431, 1433, 1465, 1491.

3. Les deux dernières danses se rattachent au *Ryong pi e thyen kà* dont il sera question plus loin (*Moun hen pi ko*, liv. 50, ff. 33, 34).

4. *Moun hen pi ko;* liv. 41, ff. 8 à 12.

5. Ces programmes de fêtes ressemblent assez à ceux de la cour de Chine (pp. 197, 198). Voir, par exemple, *Moun hen pi ko*, liv. 41, f. 10 r°

« [Programme] musical du banquet offert par le Roi à ses agnats et alliés. [1] Quand le Roi s'assied dans la salle, on exécute le *Hà seng tcho tyo*, air de félicitation à la Cour; [2] quand on présente les plateaux, on joue le *Thài phyeng nyen*, les années de grande paix; [3] quand on présente les fleurs, on chante le *Hing oui* (*Hing wèi*) sur l'air *Keum kàng seng*, la citadelle de Keum-kàng, ou de diamant; [4] au premier service du bouillon, on chante le *Koàn tche* (*Kwàn tshyù*); [5] à la première coupe, [on exécute] la pantomime *Sou po rok*, offrande de la corbeille précieuse; [6] au second service, on chante le *Rin tchi* (*Lin tchì*); [7] à la seconde coupe, [on exécute] la pantomime *Mong keum tchhek*, rêve du pied (mesure) d'or; [8] au troisième service, on chante le *Kàl tàm* (*Kö thàn*) sur l'air *Tcha hà tong*, grotte des nuages pourprés; [9] à la troisième coupe [on exécute] la pantomime *O yàng sen*, les cinq immortels montés sur des béliers; [10] au quatrième service et à la quatrième coupe, [on exécute] la pantomime *Pho kou àk*, musique du jeu de paume; [11] au cinquième service, on chante le *Sin kong* (*Tchhèn kòng*); [12] à la cinquième coupe, [on exécute] le ballet *Mou ko*, danse et tambour; [13] au sixième service et à la sixième coupe, on chante le *Moun tek kok*, chant de la vertu civile; [14] au septième service et à la septième coupe, on chante le *Nàm sàn you tai* (*Nàn chàn yeoù thài*). » Les nos 3, 4, 6. 8, 11, 14 sont des pièces du *Chī kīng*; les autres numéros sont coréens.

6. Comparer p. 123, note 8. Titres des poésies chantées à Seoul : *Syào yà*, I, 1 *Loù mìng*; 2 *Seu meoù*; 3 *Hwàng hwàng tchè hwà*; 7 *Tshài wèi*; — II, 3 *Yù li*; 5 *Nàn yeoù kyà yù*; 7 *Nàn chàn yeoù thài*; — *Tà yà*, II, 2 *Hing wèi*; — III, 2 *Yi*; — *Tcheoù sòng*, II, 1 *Tchhèn kòng*; — *Kwè fòng*, I, 1 *Kwàn tshyù*; 2 *Kö thàn*; 11 *Lin tchì*; — X, 6 (ou *Syào yà*, I, 9) *Ti toù*.

7. *Moun hen pi ko*, liv. 48, ff. 9 à 11; liv. 50, ff. 8 à 12; — *Ko rye sa*, liv. 71, f. 1, etc. (*tàng àk*), f. 30, etc. (*sok àk*).

8. La pantomime avec accompagnement musical est encore très populaire en Corée; en 1890 il m'a été donné d'assister à une représentation de ce genre à Seoul; j'en ai rendu compte dans le *Journal asiatique*, juillet-août 1897, p. 74 (*La complainte mimée et le ballet en Corée*), et j'ai noté la simplicité du sujet, mésaventures d'un vieillard qui a une jeune femme, aussi bien que la variété et la vivacité des rhythmes.

Les programmes de 1511 ne mentionnent à part qu'un hymne d'origine coréenne moderne, le *Moun tek kok*, pour lequel il existe quatre poésies différentes[1] datant du règne de Thâi tcho (1392-1398) ou de celui de Thâi tchong (1400-1418); mais il y en avait d'autres, tels que le *Ryoung ân*, paix éminente, et le *Hyou ân*, paix favorable, le *Moun myeng*, éclat civil, le *Mou ryel*, gloire militaire[2], qui dataient de Sei tchong (1418-1450), sans parler des chants accompagnant les danses anciennes ou récentes qui seront étudiées plus loin, ni de ceux que l'on composa pour des rites moyens célébrés par le Roi ou la Reine, tir à l'arc, banquet des vieillards, labourage, cueillette des feuilles de mûrier[3]. Après deux siècles d'assoupissement, l'activité poétique reprit sous le roi Yeng tcho (1724-1776), un souverain énergique et instruit qui fit beaucoup pour les lois et pour les arts : des chants nouveaux remplacèrent ceux du XVe siècle, quelques-uns sortaient du pinceau royal[4]. Parmi toutes ces poésies une mention spéciale est due au *Ryong pi e thyen kâ*, chant des dragons qui s'élèvent au ciel, qui fut composé par trois dignitaires, Kouen Tyei, Tcheng Rin-tchi, Ân Tchi, à la suite d'un décret de 1445 : ce long poème en 124 strophes glorifie sous forme poétique et allégorique les origines miraculeuses et les mérites de la dynastie régnante; mis en musique et exécuté par fragments dans les sacrifices, au Palais, dans les banquets et réunions des lettrés, on en voulut faire pour le Tchosen c'est-à-dire pour la Corée moderne, ce que les diverses parties du *Chî kîng* auraient été pour les Tcheoû, une collection de chants officiels et domestiques, un recueil national et loyaliste[5].

trouvé dans un rocher un écrit merveilleux, vinrent le lui offrir. Les deux danses commémorent ces événements par des évolutions lentes et par l'offrande du pied d'or et de la corbeille précieuse. Le *Keun thyen tyeng*, audience dans la salle impériale; le *Sou myeng myeng*, réception des ordres brillants; le *Hâ hoâng eun*, réception des bienfaits augustes; le *Hâ seng myeng* (ou *tcho*), félicitations de Cour; le *Seng thaik*, bienfaits souverains; le *Ryouk hoâ tai*, six troupes fleuries, rappellent divers incidents de la vie de Thâi tchong et de son séjour en Chine[7]. Quelques pantomimes datent du XVIIIe siècle : ainsi le *Pong rai eui*, cérémonie de la venue du phénix; le *Â paik*, les claquettes d'ivoire; à cette danse un chant a été ajouté

Danse *Kâi in tchen mou tân* (*Tchin tchhân eui kouei*, liv. préliminaire, f. 18).

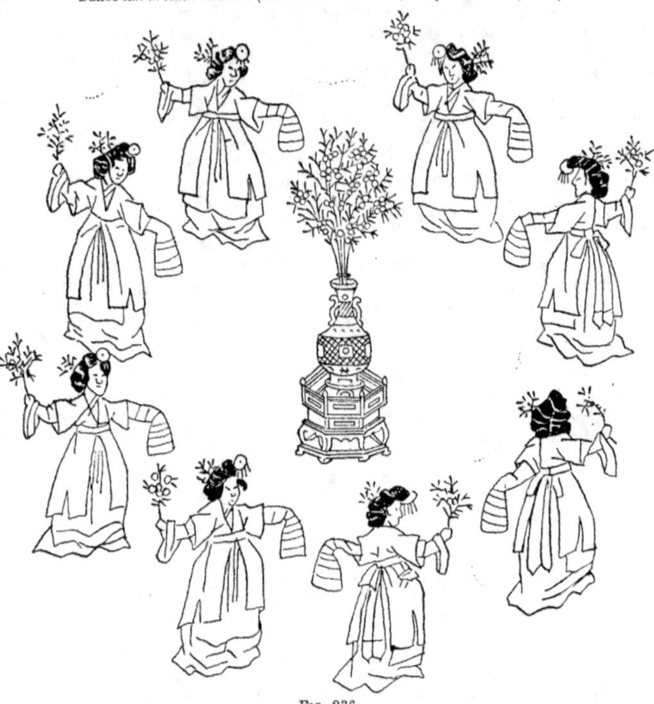

Fig. 236.

Plusieurs danses pantomimes, *tcheng tchai*, sont portées aux programmes de 1511, mais il en existe un grand nombre d'autres; la plupart ont un poème ou plusieurs poèmes d'accompagnement, un petit nombre seulement est privé de chant. Le *Mong keum tchhek*, rêve du pied d'or, et le *Sou po rok*, offrande de la corbeille précieuse, appartiennent à la même inspiration que le *Ryong pi e thyen kâ*; le premier de ces chants date de la période 1392-1418, le second du règne de Sei tchong (1418-1450); de nouveaux textes sont donnés par le *Âk hâk kouei pem*[6]. Thâi tcho, avant son avènement, vit en songe un esprit qui lui remit un pied (mesure) en or, symbole de vertu et signe d'élévation; à la même époque, des paysans qui avaient

en 1829 (?). A cette dernière date semblent se rapporter plusieurs danses inspirées des auteurs chinois : le *Hyâng pâl* et le *Hyâng ryeng*, imités des Thâng; le *Mou ko*, rappelant une danse du Korye et une des Hân (le *Pi woù*, p. 190); le *Kem keui mou*, danse des sabres, sans paroles, imitée du *Kîn woù* chinois (pp. 190, 197); le *Po sâng mou*, danse des signes précieux, exprimant une idée bouddhique; le *Kâi in tchen mou tân*, pivoines cueillies par de jolies femmes (p. 197), et le *Tchhoun aing tchen*, chant du loriot au printemps, où l'on a tenté de restituer un chœur des Thâng et un chœur des Sóng[8]. Peut-être récentes seraient aussi deux danses privées de chœur, *Koân tong mou*, danse du Koân-tong, et *Tchen you*

---

1. *Moun hen pi ko*, liv. 46, ff. 4, 5.
2. *Moun hen pi ko*, liv. 46, ff. 5, 6.
3. *Moun hen pi ko*, liv. 46, ff. 23, 24.
4. *Moun hen pi ko*, liv. 46, ff. 24 à 27.
5. *Moun hen pi ko*, liv. 46, ff. 7 à 23.
6. *Moun hen pi ko*, liv. 46, ff. 3 v°, 6 r°; liv. 48, f. 13; liv. 50, ff. 23 à

25. — *Tchin tchhân eui kouei*, liv. préliminaire, f. 15 v°; liv. 1, f. 18.
7. *Moun hen pi ko*, liv. 46, ff. 2, 4 r°, 6 v°, 7 v°; liv. 48, ff. 14 et 15. — *Tchin tchhân eui kouei*, liv. préliminaire, f. 22 v°; liv. 1, f. 18 v°.
8. *Moun hen pi ko*, liv. 50, ff. 35 à 37. — *Tchin tchhân eui kouei*, liv. 1, ff. 21, 22; liv. préliminaire, ff. 17, 18 r°, 19 r°, 20 v°, 22, 23 r°. — *Ko rye sa*, liv. 71, f. 32.

âk[1] ; l'une est une danse provinciale ; dans l'autre, qu'une tradition assez vague fait venir du Sillà, un bateau brillamment orné est disposé au milieu de la salle, et les danseuses forment des rondes tout autour. Dans le *Tchhoun aing tchen*, une seule danseuse prend des poses et exécute des pas au milieu d'une natte ; dans le *Mou ko*, huit danseuses tournent et frappent tour à tour ou ensemble sur une grosse caisse placée au milieu ; dans le *Kài in tchen mou tàn*, une gerbe de pivoines sert de motif central aux évolutions ; dans le *Kem keui mou*, les danseuses jonglent avec des sabres de manière très gracieuse. Le *Tchin tchhàn eui kouei* que j'ai cité en note, donne des figures de ces pantomimes ; mais ce que les dessins ne rendent pas, c'est le rhythme très vif et varié des différents chœurs.

Nées en Corée, ces danses sont en partie imitées ouvertement de danses chinoises. Plusieurs autres pantomimes exécutées encore récemment viennent en droite ligne de la Chine des Sóng ou des Thàng à travers le Korye. Le *Hen sen to*, introduit sous les Thàng, est un ballet rappelant la pêche de longévité offerte à l'Empereur par Sī-wàng-moù, selon la vieille légende chinoise[2]. Le *Sou yen tchàng*[3] aurait paru sous Seng tchong (981-997) et proviendrait de la cour de Té tsōng (779-804). Le *Pho kou âk*[4], dansé à la cour des Sóng, est mentionné par Chèn Kwŏ (n° 24), qui en conte l'origine : un lettré nommé Lì Chén-yèn vit en songe un palais aquatique où des femmes jouaient à la paume ; une poésie décrivant ce rêve donna naissance à la pantomime. Le *Ryen hoà tai*[5], terrasse des lotus, vient des Wéi du nord : deux enfants se cachent dans des fleurs de lotus qui s'ouvrent ensuite et les laissent reparaître ; plus tard, au Korye, oh ajouta deux danseuses déguisées en cigognes[6] ; sous le règne de Sei tchong, le ballet des cigognes et des fleurs de lotus a été joué à la fin de l'année à l'occasion des exorcismes *nà*, il s'entremêlait avec le *Tchheyong*[7] ; cette dernière danse, née au Sillà, dansée au Korye, était encore en usage au siècle dernier : les cinq danseuses portaient des masques grotesques de vieillard.

On voit la similitude de ces divertissements avec ceux de l'époque des Thàng et des Sóng. « Les ballets et les cérémonies de l'orchestre tàng âk sont tous des chœurs du Conservatoire et du Jardin des Poiriers des Thàng, lesquels ont été transmis au Korye. La dynastie régnante les a imités, augmentés, modifiés. » Ainsi s'exprime le *Âk hâk kouei pem*[8], reconnaissant l'observance en Corée de la tradition chinoise brisée par les Mongols ; aux yeux des Coréens, le théâtre chinois moderne n'a donc rien de commun avec le Jardin des Poiriers : c'est la conclusion déjà tirée de l'examen des documents chinois[9].

Le *Tài tyen heù thong*[10], à la date de 1469, fait connaître l'organisation des corps de musique et des orchestres ; les éditions suivantes du même ouvrage, non plus que le *Ryouk tyen tyo ryei*[11], n'indiquent aucun changement essentiel : l'orchestre rituel, 297 musiciens et 2 chefs, est dirigé par le bureau dit Tchà pàng et formé d'hommes libres ; l'orchestre vulgaire, 2 chefs, 518 musiciens et 10 chanteurs, est dirigé par le Ou pàng et recruté parmi les esclaves publics ; cette différence semble effacée par les nouvelles lois de 1801 au sujet de l'esclavage public[12]. Les danses étaient, en 1469, exécutées par les *nye ki* ou *ki saing*, choisies pour le Palais au nombre de 160 parmi les esclaves des districts et tenues de remplir leur office, chacune sous responsabilité de son mari. Déjà les danseuses officielles existaient en 1073 et 1077[13] ; elles donnaient des représentations à l'occasion des grandes fêtes bouddhiques. Les lettrés du xve siècle jugèrent cette coutume « digne des barbares » ; malgré la vivacité de leurs attaques, ils n'eurent pas gain de cause[14] ; leurs descendants voyaient encore il y a peu d'années les *ki saing* figurer aux fêtes du Palais[15] et ils ne dédaignaient pas de les appeler pour leur amusement privé. Le décret de 1801 n'ayant pas supprimé la servitude publique des femmes, le Palais et tous les yamens importants de province continuèrent d'entretenir des troupes de danseuses pour le service du Roi, des mandarins et de leurs hôtes ; les femmes et filles des condamnés pour crimes graves, les femmes coupables aussi, étaient réduites en servitude ; parmi elles et surtout parmi leurs filles, se recrutaient les *ki saing*, dont le métier était presque héréditaire.

BIBLIOGRAPHIE DU SECOND APPENDICE

Maurice Courant, *Bibliographie Coréenne*, 3 vol. grand in-8° et supplément, Paris, 1894-1896 et 1901.

Sàm kouk sa keui, mémoires historiques des Trois Royaumes (Sillà, Kokourye, Païktchei), par Kim Pou-sik, présentés en 1145 au roi In tchong. 10 vol. in-4°, 1394 ou 1454 (*Bibl. cor.*, n° 1835).

Ko rye sa ou *Ko rye pon sa*, histoire du Korye, par Tcheng Rintchi (1451). 70 vol. in-4°, manuscrits (*Bibl. cor.*, n° 1850).

Moun hen pi ko (*Tong kouk*), histoire méthodique de la Corée, composée par ordre royal et publiée en 1770. 40 vol. in-4° (*Bibl. cor.*, n° 2112).

Tài tyen heù thong, collection des statuts fondamentaux, édition de 1865. 5 vol. in-4° (*Bibl. cor.*, n° 1461). De nombreuses éditions de ce recueil ont paru à partir de 1394 (*Bibl. cor.*, n°s 1451 à 1461).

Ryouk tyen tyo ryei, règlements annexes aux six statuts (1866). 10 vol. grand in-8° (*Bibl. cor.*, n° 1462).

Âk hâk kouei pem, voir p. 217, note 4 (*Bibl. cor.*, n° 2570).

Ryàng keum sin po, méthode de hyen keum, par Ryàng. 1 plaquette grand in-8°, 27 feuillets manuscrits (*Bibl. cor.*, n° 2573).

O ryei eui se ryei, les cinq rites avec règlements annexes, ouvrage préparé par ordre du roi Sei tchong à partir de 1430, achevé en 1474. 8 vol. in-folio (*Bibl. cor.*, n° 1047).

Tchin tchhàn eui kouei, cérémonies du banquet royal. 4 vol. in-4°, 1848 (*Bibl. cor.*, n° 1305). Plusieurs ouvrages du même genre ont été publiés dans des circonstances semblables ; est cité aussi celui de 1887 (n° 1307).

---

1. *Tchin tchhàn eui kouei*, liv. 1, f. 22 ; liv. préliminaire, ff. 19 v°, 20 r°. Le Koàn-tong est la province du Kàng-ouen sur la mer du Japon.

2. *Moun hen pi ko*, liv. 48, ff. 2 à 4, 11 v° ; liv. 50, ff. 15, 16. — *Ko rye sa*, liv. 71, ff. 1 à 4. — *Tchin tchhàn eui kouei*, liv. préliminaire, f. 16 v° ; liv. 1, ff. 19, 20. A cette danse se rattacherait le système syēn lyù.

3. *Moun hen pi ko*, liv. 48, ff. 4, 12 ; liv. 50, ff. 16, 17. — *Ko rye sa*, liv. 71, ff. 4 à 5.

4. *Moun hen pi ko*, liv. 48, ff. 5, 6, 12, 13 ; liv. 50, ff. 19 à 22. — *Ko rye sa*, liv. 71, ff. 8 à 12. — *Tchin tchhàn eui kouei*, liv. préliminaire, f. 18 v° ; liv. 1, f. 20.

5. *Moun hen pi ko*, liv. 48, ff. 6, 13 ; liv. 50, ff. 22, 23.

6. *Hàk ryen hoà tai* : *Moun hen pi ko*, liv. 48, f. 16 ; liv. 50, f. 42, etc. — *Ko rye sa*, liv. 71, ff. 12, 13. — *Bibliographie coréenne*, n° 1307.

7. *Moun hen pi ko*, liv. 48, f. 16 ; liv. 50, f. 42, etc. — *Tchin tchhàn eui kouei*, liv. préliminaire, f. 21 r° ; liv. 1, f. 22. — *Ko rye sa*, liv. 71, f. 36. — Sur les exorcismes *nà* (*nô*), voir pp. 185, 201 ; *Tchhe yong*, voir p. 216.

8. *Moun hen pi ko*, liv. 50, f. 15 r°.

9. On a signalé (p. 199) que les Kīn avaient une sorte de théâtre. Le *Moun hen pi ko* (liv. 50, f. 7 v°) parle des chants, des chœurs et des *tchàp heui* (*tsà hí*) des Khí-tàn, imités en Corée en 1117.

10. Liv. 3, ff. 53, 54.

11. Liv. 5, ff. 74 à 78.

12. *Tài tyen heù thong*, liv. 5, ff. 32, 33. — *Ryouk tyen tyo ryei*, liv. 9, ff. 13, 14.

13. *Moun hen pi ko*, liv. 50, f. 7. En 1073, on venait d'introduire le *Pho kou àk* ; en 1077 on cite une danse qui se terminait par la représentation figurée de quatre caractères *thyen hà thài phyeng*, l'Empire est en paix. Voir pp. 141 et 195 la description de figures analogues. Les danseuses sont mentionnées sous les Thàng (p. 195), sous les Sóng (p. 197).

14. *Moun hen pi ko*, liv. 40, f. 36 ; liv. 41, ff. 3, 4, 8, 12, pour les dates de 1450, 1477, 1491, 1510, 1512.

15. *Tchin tchhàn eui kouei*, liv. 3, ff. 6 à 11. — Voir aussi William H. Wilkinson, *The Corean Government*, p. 27 (*Bibliographie coréenne*, n° 3402).

INDEX DES MOTS CHINOIS ET CORÉENS

A) MORCEAUX CHINOIS (VERS OU PROSE) DONT LA PARTIE MUSICALE EST TRANSCRITE DANS L'OUVRAGE.

a) voir p. 103, note 2. 大哉宣聖道德尊崇。維持王化斯民是宗。典祀有常精純垃隆。神其來格於昭聖容。

b) voir p. 111, note 1. 大哉孔子先覺先知。與天地參萬世之師。祥徵麟綏韻答金絲。日月既揭乾坤清夷。

c) voir p. 114, note 6. 慶源發祥世德惟崇。致我祖宗開基建功。京都之內親廟在東。惟我子孫永懷祖宗。氣體則同呼吸相通。來格來從皇靈顯融。

d) voir p. 123, note 12. 得道仙翁自在輕閒。月朗風清流水高山。……知音雖少琴能解憂。風清月朗山高水流。

e) voir p. 124, note 1. 非禮勿視非禮勿聽。非禮勿言非禮勿動。……敖不可長欲不可從。志不可滿樂不可極。

f) voir p. 124, note 3. 詩言志歌永言。聲依永律和聲。……毋不敬儼若思。安定辭安民哉。

g) voir p. 125, note 1. 滄浪之水清兮。之水清兮。可以濯我纓兮。

h) voir p. 125, note 3. 關關雎鳩在河之洲。窈窕淑女君子好逑。參差荇菜左右流之。窈窕淑女寤寐求之。求之不得寤寐思服。悠哉悠哉輾轉反側。參差荇菜左右采之窈窕淑女琴瑟友之。參差荇菜左右芼之。窈窕淑女鐘鼓樂之。

i) voir p. 129, note 2. 彼茁者葭壹發五豝。于嗟乎騶虞。彼茁者蓬壹發五豵。于嗟乎騶虞。

j) voir p. 129, note 3. 既醉以酒既飽以德。君子萬年介爾景福。既醉以酒爾殽既將。君子萬年介爾昭明。……其僕維何釐爾女士。釐爾女士從以孫子。

k) voir p. 130, note 1. 思皇先祖耀靈于天。源衍慶流絲高遷玄。玄孫受命追遠其先。明禋是崇億萬斯年。對越至親儼然如生。其氣昭明感格在庭。如見其形如聞其聲。愛而敬之發乎中情。惟前人功肇膺天曆。延及予小子爰受方國。欲報其德昊天罔極。愾慹三獻我心悅懌。

l) voir p. 134, note 3. 鬱鬯兮三申。羅籩簋分畢陳。儀卒度兮蕭明禋。神降福兮宜民宜人。

m) voir p. 135, note 1. 思文后稷克配彼天。立我烝民莫匪爾極。貽我來牟帝命率育。無此疆爾界陳常于時夏。

n) voir p. 136, note 1. 水火金木土穀惟修。正德利用厚生惟和。九功惟敍九敍惟歌。戒之用休董之用威勸之以九歌俾勿壞。

o) voir p. 136, note 2. 立我烝民莫匪爾極。不識不知順帝之則。日出而作日入而息。鑿井而飲耕田而食。何有帝力哉。

p) voir p. 135, note 7. 湘江郎調。一更裏月照湘江。俏佳人進我的般艙。快樂非常。同年的小妹忙把水呀水呀水烟裝。

25 chăng tyáo	57 Chèn Kwŏ	92 Chí tsōng	127 chwăng tyáo kyŏ tyáo
26 chăng yin	58 Chèn Tchōng	93 Chí tsoù	128 Chwĕ foū
27 cháng	59 Chèn Yeoù-tchī	94 Chí yuèn	129 Chwĕ yuèn
28 Cháng-hài	60 Chèn Yí-foù	95 Chī	130 chwèi
29 cháng kōng	61 Chèn Yŏ	96 Chī-fāng	131 Chwèi hwò
30 Cháng lin	62 chēng	97 Chī Hoù	132 Chwèi syēn
31 Cháng-tàng	63 chēng *103 à 111*	98 chĭ kyù kō	133 chwèi tchhī
32 Cháng tchī hwéi	64 chēng	99 Chì Lĕ	134 chwèi tyáo
33 cháng tchwàn	65 chēng chī	100 Chì ming	135 chwèn *3*
34 Cháng tí	66 Chēng lyŭ syào kí	101 Chĭ pàng tchhoú	136 chwên-yù *3*
35 Cháng yuèn yŏ	67 Chēng syào phoù	102 Chĭ-tchhèng	137 Chwén
36 Chào	68 chéng	103 Chĭ thàn	138 Chwén hwò
37 Chào woù kyeoù tchhèng yò poù	69 Chéng cheoú yŏ	104 choū	139 Chwén tyèn
38 cháo	70 Chéng ming yŏ	105 Choū hwŏ	140 c
39 cháo	71 chéng-pyén	106 Choū kīng	141 *Ek tchhù so*
40 cháo chăng	72 Chéng tĕ	107 Choū-nàn-thŏ	142 *eung*
41 Chào kōng	73 Chéng woù kwāng tchāo	108 choù	143 *eung ko*
42 Chào nàn	74 cheoù	109 Choù hwâi tsháo	144 eùl *44*
43 Ché	75 cheoù koù *39*	110 Choú cháng làng	415 Eùl yà
44 ché jèn	76 Cheoú hwò	111 choú jèn	146 eúl lĭyèn *138, 153*
45 ché-lí	77 Cheoú-yàng	112 choú khōng-heoù *121*	147 Eúl yí tchwéi tcháo thoù
46 ché-lí cheoú	78 chī	113 Choŭ	148 fă khyŭ
47 ché tsí	79 chī	114 Choŭ choū	149 Fa thàn
48 Ché tyáo hwéi hoŭ twéi	80 chī	115 Choŭ eùl	150 fă yì sàn
49 Ché yí	81 Chī-hwéi	116 choŭ kyén	151 Fă yŏ thòng tseù kí
50 Cheàn-sī	82 Chī kīng	117 Choŭ-pào	152 Făn poú hŏ tseoú
51 cheán	83 chì-si	118 Choŭ-swēn Thōng	153 Făn tseù yŏ
52 cheán foŭ	84 chi	119 chwāng	154 Fàn
53 chēn	85 Chì Chéng	120 chwāng hwâng	155 fàn
54 Chèn kōng phó tchén yŏ	86 Chì hwàng-tí	121 chwāng kwàn *198*	156 fàn
55 Chēn tsōng	87 Chì ki	122 chwāng kyáng	157 fàn chĕng
56 Chèn yŏ kwán	88 Chì kí phîng lìn	123 chwāng kyŏ *179*	158 Fàn Tchén
	89 chí	124 chwāng kyŏ tyáo	159 Fàn Yĕ
	90 Chí nìng	125 chwāng tshīng *136*	
	91 Chì tĕ	126 chwāng tyáo	

169. — 26. 商音 168 — 27. (voir 28) 113, 156, 157. — 28. 上海 211. — 29. 上宮 120. — 30. 上林 192. — 31. 上黨 82. — 32. 上之回 200. — 33. 上轉 138. — 34. 上帝 110. — 35. 上元樂 188. — 36. 韶 (招) 187. — 37. 韶舞九成樂補 78. — 38. 哨 158. — 39. (voir 40) 93. — 40. 少商 120. — 41. 召公 143. — 42. 召南 101. — 43. 社 110. — 44. 射人 184. — 45. (voir 46) 198. — 46. 舍利獸 198. — 47. 社稷 201. — 48. 射雕回鶻隊 197. — 49. 射義 101. — 50. 陝西 82. — 51. 禪 100. — 52. 膳夫 184. — 53. 申 79. — 54. 神功破陣樂 188. — 55. 神宗 84. — 56. 神樂觀 202. — 57. 沈括 209. — 58. 沈琯 191. — 59. 沈攸之 191. — 60. 沈義父 78. — 61. 沈約 189. — 62. 升 81. — 63. (voir 65) 114, 161, 164, 207, 211. — 64. (voir 66) 96, 102. — 65. 笙師 147. — 66. 聲律小記 211. — 67. 笙簫譜 211. — 68. (voir 69) 191. — 69. 聖壽樂 193. — 70. 聖明樂 194. — 71. 盛變 88. — 72. 盛德 187. — 73. 聖武光昭 202. — 74. 首 176. — 75. 手鼓 148. — 76. 壽和 100. — 77. 壽陽 82. — 78. 尸 184. — 79. 師 112. — 80. (voir 82) 123. — 81. 施惠 208. — 82. 詩經 209. — 83. 時息 88. — 84. 弛 139. — 85. 史盛 178. — 86. 始皇帝 80. — 87. (voir 88) 209. — 88. 史記評林 209. — 89. 士 139. — 90. 世寧 191. — 91. 世德 202. — 92. 世宗 83, 187. — 93. 世祖 194. — 94. 事原 209. — 95. 爽 143. — 96. 什邡 185. —

97. 石虎 82. — 98. 食舉歌 186. — 99. 石勒 82. — 100. 釋名 209. — 101. 什榜處 202. — 102. 石城 191. — 103. 釋談 170. — 104. (voir 105) 140. — 105. 舒和 100. — 106. 書經 209. — 107. 舒難陁 194. — 108. 銖 81. — 109. 抒懷操 211. — 110. 樹上郎 200. — 111. 庶人 139. — 112. 堅箜篌 176. — 113. (voir 114) 81. — 114. 蜀書 180. — 115. 遞而 142. — 116. 熟建 143. — 117. 叔寶 191. — 118. 叔孫通 189. — 119. (voir 120) 119. — 120. 雙簧 161. — 121. 雙管 140. — 122. 霜降 110. — 123. (voir 124) 200. — 124. 雙角調 117, XXIV; 118, LXXIII, LXXX. — 125. 雙清 178. — 126. (voir 127) 117, XXIII, XXX. — 127. 雙調角調 117, XXIV. — 128. 說郛 211. — 129. 說苑 174. — 130. (voir 131) 119. — 131. 水火 140. — 132. 水仙 165. — 133. 水尺 84. — 134. 水調 117, LI. — 135. (voir 136) 144. — 136. 錞于 144. — 137. (voir 139) 79. — 138. 順和 100. — 139. 舜典 209. — 140. 鼓 212. — 141. 憶吹簫 218. — 142 (voir 143) 212. — 143. 應鼓 212. — 144. 耳 149. — 145. 爾雅 209. — 146. 二絃 179, 182. — 147. 二佾綴兆圖 210. — 148. 法曲 196. — 149. 伐檀 189. — 150. 發以散 207. — 151. 法樂童子伎 196. — 152. 番部合奏 204. — 153. 番子樂 204. — 154. (voir 1375) 82. — 155. 凡 113, 156, 157. — 156. (voir 157) 123. — 157. 繁聲 123. — 158. 范鎮 84. — 159. 范曄 210. —

160. 范因 187. — 161. 梵 203. — 162. (voir 163) 167, 207. — 163. 泛聲 167. — 164. 泛龍舟 191. — 165. 方響 146. — 166. 方相氏 185. — 167. 方舞 192. — 168. 房庶 84. — 169. 房中樂 187. — 170. 放合 168. — 171. (voir 172) 112. — 172. 分否 88. — 173. 分動 89. — 174. 鼖(賁)鼓 149. — 175. 桴鼓 196. — 176. 茉莒 123. — 177. 缶 148. — 178. 封 100. — 179. 豐 110, 202. — 180. (voir 181) 184. — 181. 風雷引 170. — 182. 風囊 161. — 183. 風俗通義 209. — 184. 馮弘 193. — 185. 馮跋 193. — 186. 馮蕭 81. — 187. (voir 950) 194. — 188. 奉天門 204. — 189. 鳳笙 162. — 190. 鳳首箜篌 183. — 191. 鳳頟 164. — 192. 鳳簫 152. — 193. 鳳池 164. — 194. 鳳雛 192. — 195. 鳳將雛 191. — 196. 鳳陽 123. — 197. 苻(符) 82. — 198. 冕氏 144. — 199. 苻洪 82. — 200. 苻堅 82. — 201. 扶萁 183. — 202. 扶南 146. — 203. 冕掌 164. — 204. 拊 122, 148, 149. — 205. 賦 184, 189, 191. — 206. 撫安四夷 202. — 207. 拊(撫)搏 148, 149. — 208. 傅玄 189. — 209. 富樓 183. — 210. 覆手 176. — 211. 伏羲 161. — 212. 服虔 80. — 213. 伏覩勢 139. — 214. 帗舞 140, 141, 185. — 215. 拂舞 190. — 216. 服養曉 81. — 217. 拂霓裳隊 197. — 218. 奚琴 216. — 219. 荷皇恩 219. — 220. 賀聖明(朝) 219. — 221. 賀聖朝調 218. — 222. 下辛熱舞 216. — 223. 下調 216. — 224. 鶴蓮花臺 220. — 225. (voir 226) 216. — 226. 韓岐舞 216. — 227. 海鷗忘機 169. — 228. 海笛 160. — 229. 亥 79. — 230. 韓詩外傳 97. — 231. 寒露 110. — 232. 韓邦奇 210. — 233. 邯鄲 185. — 234. 函鐘 79. — 235. 韓嬰 97. — 236. (voir 238) 209. — 237. (voir 238) 209. — 238. 漢書評林 209. — 239. 漢宮愁 190. — 240. 漢廣 123. — 241. 旱籟 184. — 242. 漢志 79. — 243. 杭州 84. — 244. 號筒 157. — 245. 盧孔 213. — 246. 憲康王 216. — 247. 獻仙桃 220. — 248. 赫連勃勃 194. — 249. 赫連昌 194. — 250. 莖 182. — 251. 橫吹 155. — 252. 橫笛 155. — 253. 侯利蓮 96. — 254. (voir 255) 187. — 255. 後漢書 210. — 256. 侯氣 206. — 257. 後涼 82. — 258. 後趙 82. — 259. 後周 186. — 260. 後唐 165. — 261. 候提鼓 193. — 262. 后稷 102. — 263. 後燕 82. — 264. 行葦 218. — 265. 曦 110. — 266. (voir 267) 194. — 267. 奚琴 181. — 268. 喜起 202. — 269. (voir 270) 199. — 270. 戲曲 199. — 271. 戲劇 199. — 272. 行幸樂 204. — 273. 行鼓 150. — 274. 行露 123. — 275. 行葦 184. — 276. 興 184. — 277. 和 213. — 278. 火琴 218. — 279. (voir 280) 213. — 280. 棵外清 213. — 281. 棵上清 213. — 282. 黃鐘調 213. — 283. 塤 213. — 284. 河湟 197. — 285. 何人斯 154. — 286. 河間 101. — 287. (voir 288) 82. — 288. 河南府 83. — 289. 何彼穠矣 123. — 290. 河西 107. — 291. 何承天 90. — 292. 何瑭 210. — 293. 何妥

414 Hyên-thōng
415 hyên tseù *137*
416 Hyén wâng
417 Hyeoû hwô
418 Hyeoû tchhêng
419 *Hyou án*
420 Hyŏ ki
421 Hyòng Phêng-lài
422 hyòng phî *182*
423 Hyòng phî poú
424 Hyù Cheán-sīn
425 Hyù Hêng
426 hyuēn *101*
427 hyuēn koù *45, 51*
428 Hyuén tsōng
429 *In tchong*
430 Jeàn Mìn
431 jèn
432 jèn
433 jèn hoú yì tsĭ wêi tíng
434 Jên tsōng
435 Jên woù
436 Jèn Yèn
437 Jòng
438 Joù fên
439 joù yì
440 Joù-tchēn
441 joŭ
442 Joŭ kwăn
443 Joŭ sâi
444 jwēi-pīn
445 jwēi-pīn tchì tyáo
446 Jwéi tsōng
447 jwén yù phâo *107*

448 *ká 199*
449 *Ká mou*
450 *Kái in tchen mou tán*
451 *kál ko*
452 *Kál tám*
453 *kám*
454 *Kâng-ouen*
455 *Kârá*
456 *Káyá*
457 *káyá keum 200*
458 kái
459 Kái hyá
460 kái cháo
461 kái koù
462 kái phŏ
463 kái sān yīn lô
464 kái thàn chwāng yún
465 kái thàn hoù khīn
466 kái thàn hyèn tseù
467 kái thàn phî phà
468 Kān-soû
469 Kān-tcheoû
470 Kān thàng
471 Kàn woù
472 Kàn hwâng ngēn
473 kāng koù *180*
474 kāo
475 Kāo chăn
476 Kāo Hwān
477 Kāo-keoû-lī
478 kāo kōng tyáo
479 kāo koù *160*
480 Kāo-lī
481 Kāo-lī ki

482 Kāo Lyù
483 Kāo Seú-swēn
484 Kāo tsōng
485 Kāo tsoù
486 Kāo yàng
487 *Kem keui mou*
488 *ken ko*
489 Keui tcha
490 *keum*
491 *Keum káng seng*
492 *Keun thyen tyeng*
493 *kĕ*
494 kēng syāng wèi kōng
495 keoù
496 khāi-chī
497 Khāi-fōng
498 Khāi-hwâng
499 Khāi-pào
500 Khāi-yuēn
501 Khài kō
502 khài kō
503 Khài ngān
504 khài syuēn
505 Khài syuēn yŏ
506 Khài yŏ
507 Khài yông
508 khàn-heoû *114*
509 Khāng-hī
510 Khāng hī tseú tyèn
511 Khāng khyù yào
512 Khāng kwē
513 Khāng-kyū
514 kheoù khīn *26*

515 khì chēng
516 khì kōng
517 khì tyáo
518 khí khòng
519 Khí-tān
520 khīn *112*
521 Khīn chì
522 Khīn chī
523 Khīn khyŭ phoù loŭ
524 Khīn lyŭ chwŏ
525 Khīn phoù tá tshyuēn
526 Khīn tchí
527 Khīn thàn
528 Khīn tíng khyŭ phoù
529 Khīn tíng tsheû phoù
530 Khīn tsháo
531 Khīn yuēn
532 khing *23*
533 Khíng cheán
534 Khíng cheán yŏ
535 Khíng chēn hwān yŏ
536 khíng chi
537 Khíng lōng
538 Khíng yùn
539 khŏ-eùl-nái *143*
540 khōng-heoŭ *114*
541 Khòng tseù toŭ yí
542 Khoú-mŏ-hì
543 Khoŭ lêi tseù
544 Khwáng (chī Khwáng)
545 Khwêi
546 khwêi lêi
547 Khwŏ-eùl-khă

---

414. 咸通 197. — 415. 弦子 178. — 416. 獻王 101. — 417. 休和 101. — 418. 休成 189. — 419. 休安 219. — 420. 學記 122. — 421. 熊朋來 78. — 422. (voir 423) 201. — 423. 熊羆部 199. — 424. 許善心 95. — 425. 許衡 210. — 426. 塤(壎) 161. — 427. 縣鼓 149. — 428. 玄宗 210. — 429. 仁宗 220. — 430. 冉閎 82. — 431. 任 79. — 432. 儿 113. — 433. 人戶以籍爲定 201. — 434. 仁宗 84. — 435. 人舞 140, 141. — 436. 任偃 176. — 437. 戎 82. — 438. 汝墳 123. — 439. 如一 168. — 440. 女眞 84. — 441. (voir 442) 168. — 442. 入關 200. — 443. 入塞 200. — 444. 蕤賓(妥[綏]賓) 79, 108. — 445. 蕤賓徵調 117, XLVI; 118, LVI. — 446. 睿宗 198. — 447. 閏餘匏 161. — 448. (voir 449) 213. — 449. 笛舞 216. — 450. 佳人剪牡丹 219. — 451. 羯鼓 212. — 452. 葛覃 218. — 453. 監 246. — 454. 江原 220. — 455. 加羅 213. — 456. (voir 457) 213. — 457. 加耶(伽倻)琴 213. — 458. 陔 184. — 459. 祴夏 184. — 460. 丐哨 204. — 461. 丐鼓 204. — 462. 丐拍 204. — 463. 丐三音鑼 204. — 464. 丐彈雙韻 204. — 465. 丐彈胡琴 204. — 466. 丐彈絃子 204. — 467. 丐彈琵琶 204. — 468. 甘肅 82. — 469. 甘州 196. — 470. 甘棠 123. — 471. 干舞 141. — 472. 感皇恩 202. — 473. 栖鼓 200. — 474. (voir 475) 93, 156. — 475. 高山 172. — 476. 高歡 83. — 477. (voir 600) 193. — 478. 高宮調 117, VIII, XV; 118, XX, XXVII. — 479. 鼛鼓 184. — 480. (voir 481) 192.

— 481. 高麗伎 192. — 482. 高閭 81. — 483. 高似孫 211. — 484. 高宗 119, 203. — 485. 高祖 97, 141, 193. — 486. 羔羊 123. — 487. 劍器舞 219. — 488. 建鼓 212. — 489. 箕子 216. — 490. 琴 213. — 491. 金剛城 218. — 492. 觀天庭 219. — 493. 隔 178. — 494. 更相爲宮 93. — 495. 勾 113, 156, 157. — 496. 開時 88. — 497. 開封 185. — 498. 開皇 83. — 499. 開寶 197. — 500. 開元 86. — 501. 凱歌 205. — 502. 愷歌 185. — 503. 凱安 186. — 504. (voir 505) 201. — 505. 凱旋樂 204. — 506. 凱樂 185. — 507. 凱容 187. — 508. 坎侯 174. — 509. (voir 510) 110. — 510. 康熙字典 96. — 511. 康衢謠 136. — 512. 康國 192. — 513. 康居 194. — 514. 口琴 146. — 515. 起聲 120. — 516. 起宮 120. — 517. 起調 113, 120. — 518. 氣孔 162. — 519. 契丹 84. — 520. (voir 521) 163. — 521. 琴史 78. — 522. 琴式 163. — 523. 琴曲譜錄 165. — 524. 琴律說 209. — 525. 琴譜大全 211. — 526. 琴制 163. — 527. 琴談 211. — 528. 欽定曲譜 78. — 529. 欽定詞譜 78. — 530. 琴操 211. — 531. 琴原 166. — 532. (voir 536) 146. — 533. (voir 534) 188. — 534. 慶善樂 195. — 535. 慶神歡樂 203. — 536. 磬氏 146. — 537. 慶隆 147. — 538. 慶雲 188. — 539. 喀爾奈 180. — 540. 箜篌(空侯) 174. — 541. 孔子讀易 169. — 542. 庫莫奚 194. — 543. (voir 653) 199. — 544. 曠[師曠] 208. — 545. (voir 1294) 81, 97, 205. — 546. 傀儡 197. — 547. 廓爾喀 204. —

548 khyái koù *64*	582 Kīn-lìng	615 kōng	647 Kwāng chéng yŏ
549 Khyāng	583 Kīn mèn chí leoú	616 Kōng	648 Kwàng-phìng
550 Khyēn-lōng	584 kīn tchēng	617 kōng hyuèn	649 Kwĕ fōng
551 Khyēn nìng	585 Kīn-tchhwăn	618 kōng-koù-lì *28*	650 Kwĕ kí
552 Khyeoū Tchóng	586 Kīn woù	619 Kōng mŏ woù	651 Kwĕ tseù kyén
553 khyū nò	587 kìn	620 Kōng-swēn Tchhóng	652 Kwĕ yù
554 khyŭ-myĕ	588 kīng	621 Kōng tchhēng khìng cheăn yŏ	653 Kwèi lèi tseù
555 khyŭ	589 Kìng Fàng	622 Kōng tchhï phoù	654 kyā *90*
556 Khyŭ-feoù	590 Kīng hyá	623 kōng yīn	655 Kyā jèn tsyèn meoù tăn twéi
557 Khyŭ lì	591 Kīng tchhwăn pái pyēn	624 koū	656 kyā koù *167*
558 khyŭ tseoú	592 kīng tchï	625 koū-syèn	657 kyā kwàn *89*
559 khyuĕ	593 kìng	626 koū-syèn tchì tyáo	658 Kyā lŏ
560 *ki hoăn tchheng*	594 Kìng tí	627 koù	659 Kyā tchhwēi
561 *ki saing*	595 Kìng wàng	628 koù	660 Kyā tchi
562 *Kim Pou-sik*	596 Kìng-yeoú	629 koù jén	661 Kyā-tĕ mên
563 kī-leoù koù *70*	597 Kìng yeoú yŏ swèi sīn kīng	630 Koù khŏ yŏ	662 Kyā-tsíng
564 ki-tchi	598 Kìng Yùn	631 Koù kīn tchí phìng lyŏ	663 kyă-tchōng
565 kī-wăn-syĕ-khoū *15*	599 Kìng yùn yŏ	632 Koù kīn thoù choù tsi tchhēng	664 kyă-tchōng tchì tyáo
566 Kí	600 *Kokourye*	633 Koù tchhwēi	665 kyài
567 Kí-hoù	601 *Korye*	634 Koù tchhwēi choù	666 kyài-hìng
568 Kí khí	602 *Ko rye [pon] sa*	635 Koù yŏ	667 Kyái yà
569 Kí tswéi	603 *kodn*	636 koŭ yù	668 Kyāng
570 kī	604 *Kodn tche*	637 kwá	669 Kyāng-nân
571 Kĭ	605 *Kodn-tong*	638 kwāi yíng	670 Kyāng Pŏ-chì
572 kĭ	606 *Kodn tong mou*	639 kwāi yuĕ	671 Kyāng-soū
573 Kĭ jàng kŏ	607 *Koăng tchong*	640 kwān	672 Kyāng-toū
574 kĭ khìn *113*	608 *Kouen Tyei*	641 Kwăn-tchōng	673 Kyāng yeoù seù
575 kĭ-lyào (lyáo)	609 *koung tyo*	642 Kwăn tshyū	674 Kyāng-yuèn
576 kĭn	610 kŏ	643 kwàn *89*	675 Kyáng
577 Kīn *8*	611 Kŏ Wêi-khî	644 kwàn sĕ	676 kyáng
578 kĭn chēng	612 kŏ	645 kwàn tseù *89*	677 kyāo
579 Kīn chì	613 Kŏ thăn	646 kwăng	678 Kyāo hoù
580 kĭn kheoù kyŏ *94*	614 kōng		679 Kyāo thĕ chēng
581 Kīn koù nào kō			

548. 揩鼓 151. — 549. 羌 82. — 550. 乾隆 174. — 551. 乾寧 140. — 552. 丘仲 152. — 553. 驅儺 201. — 554. 去滅 88. — 555. (voir 556) 78, 114, 115. — 556. 曲阜 84. — 557. 曲禮 209. — 558. 曲奏 103. — 559. 闕 107. — 560. 歧樑清 213. — 561. 妓生 220. — 562. 金富軾 220. — 563. 雞婁鼓 151. — 564. 雞(稽)識 96. — 565. 稽灣斜枯 145. — 566. 季 142. — 567. 稽胡 104. — 568. 驥氣 165, 171. — 569. 既醉 123, 129. — 570. (voir 574) 122. — 571. 汲 79. — 572. (voir 271) 199. — 573. 擊壤歌 136. — 574. 擊琴 174. — 575. 吉了(料) 196. — 576. 斤 81. — 577. (voir 578) 84, 144, 210. — 578. 金聲 122. — 579. 金史 210. — 580. 金口角 159. — 581. 金鼓鐃歌 204. — 582. 金陵 192. — 583. 金門侍漏 165. — 584. 金鉦 195. — 585. 金川 203. — 586. 巾舞 190. — 587. 緊 156, 166. — 588. 經 92. — 589. 京房 80. — 590. 驚夏 184. — 591. 荊川稗編 209. — 592. 驚蟄 110. — 593. 頸 176. — 594. 景帝 101. — 595. 景王 92. — 596. (voir 597) 161. — 597. 景祐樂髓新經 84. — 598. (voir 599) 195. — 599. 景雲樂 195. — 600. 高句麗 193. — 601. (voir 602) 192. — 602. 高麗[本]史 220. — 603. 管 213. — 604. 關雎 218. — 605. (voir 606) 219. — 606. 關東舞 219. — 607. 光宗 247. — 608. 權踶 219. — 609. 宮調 216. — 610. 歌 102, 121. — 611. 柯維騏 210. — 612. 格 95. — 613. 葛覃 123. — 614. (voir 617) 92, 93, 112. —

615. (voir 622) 113, 117, 153, 156, 157. — 616. 恭 211. — 617. 宮縣 183. — 618. 公古哩 147. — 619. 公莫舞 190. — 620. 公孫崇 83. — 621. 功成慶善樂 188. — 622. 工尺譜 211. — 623. 宮音 169. — 624. 筬 159. — 625. 姑(沽)洗 79. — 626. 姑洗徵調 117, XXXII; 118, XLII. — 627. 股 146. — 628. (voir 629) 146. — 629. 鼓人 144. — 630. 估客樂 191. — 631. 古今治平略 209. — 632. 古今圖書集成 210. — 633. (voir 634) 200. — 634. 鼓吹署 200. — 635. 古樂 87. — 636. 穀雨 110. — 637. 卦 122. — 638. 乖應 95. — 639. 乖越 95. — 640. 觀 201. — 641. 關中 188. — 642. 關雎 123, 125. — 643. (voir 644) 158. — 644. 管色 157. — 645. 管子 158. — 646. (voir 647) 110. — 647. 光聖樂 195. — 648. 廣平 185. — 649. 國風 209. — 650. 國伎 192. — 651. 國子監 210. — 652. 國語 209. — 653. 魁礧子 199. — 654. 筬(箺) 159. — 655. 佳人剪牡丹隊 197. — 656. 加鼓 193. — 657. 筬管 159. — 658. 假樂 184. — 659. 筬吹 203. — 660. 嘉至 189. — 661. 嘉德門 101. — 662. 嘉靖 123. — 663. (voir 664) 79. — 664. 夾鐘徵調 117, XXV; 118, XXXV. — 665. (voir 666) 200. — 666. 解形 88. — 667. 介雅 198. — 668. (voir 669) 209. — 669. 江南 146. — 670. 姜白石 166. — 671. 江蘇 210. — 672. 江都 177. — 673. 江有汜 123. — 674. 姜嫄 102. — 675. 絳 208. — 676. 降 108. — 677. (voir 679) 186. — 678. 驍壺 192. — 679.

680 kyáo *102*	713 kyŏ tì	747 Lì Tsí	780 Lò Kōng-yuēn
681 Kyáo fāng	714 kyŏ tyáo	748 Lì Yèn-cheoú	781 Lŏ-yàng
682 Kyáo fāng seū	715 Kyū-yuĕ	749 Lì Yèn-nyèn	782 lŏng
683 Kyáo fāng seū nyù yŏ	716 kyú	750 Lì yŏng	783 lŏng cheoù phi-phà *126*
684 Kyĕ-chĭ	717 kyú	751 Lì yún	784 lŏng kheoù
685 Kyĕ-hoù	718 Kyuĕ tché tchī	752 lĭ	785 lŏng koù *56, 57*
686 kyĕ-kŏng	719 Kyuēn (chī Kyuēn)	753 lĭ hyá	786 lŏng mìng *176*
687 kyĕ koù *63*	720 Kyuèn eùl	754 Lĭ poú	787 lŏng-seū-mà-eùl tĕ-lĕ-wò *42*
688 Kyĕ koù loŭ	721 kyūn *205*	755 lĭ tchhwèn	788 lŏng tchhĭ
689 kyĕ-màng-nyĕ-teoŭ-poú *20*	722 kyūn lì	756 lĭ tōng	789 Lŏng tchhĭ yŏ
690 Kyēn	723 Kyūn mà hwàng	757 lĭ tshyeoú	790 lŏng theoŭ tí *81*
691 Kyēn	724 Kyūn tseù yàng yàng	758 Lĭ wò	791 lŏng tí *81*
692 kyēn	725 Kyūn yòng tchī	759 Lîn-hwâi	792 lŏng yîn
693 kyēn	726 lă-pă-poŭ *141*	760 Lìn-tchāng	793 Lòng
694 kyèn	727 lă-pă *88*	761 Lin tchī tchī	794 Lòng theoŭ
695 Kyén-khāng	728 Lài-yuèn	762 Lin tchì	795 Loù
696 Kyén khí twéi	729 Lân-tcheoŭ	763 lin-tchōng	796 Loù Pān
697 kyén koù *44*	730 Lâng-tchōng	764 lìn-tchōng chāng tyáo	797 Loù poú yŏ
698 Kyén-kwĕ mên	731 Lào tseù	765 lin-tchōng kyŏ tyáo	798 Loù sóng
699 Kyén nân sī tchhwān	732 lêi koù *157*	766 lìn-tchōng tchì tyáo	799 loú koù *159*
700 Kyén woù	733 lêi tá koù *157*	767 Lìn-tĕ tyén	800 Loŭ mìng
701 Kyeoŭ moŭ	734 Lèng Khyēn	768 Lìn Yù	801 Lwàn yì wéi
702 Kyeoŭ-tseŭ kí	735 Lì	769 ling *172*	802 lwèn
703 Kyeoù kŏng	736 Lì cheoù	770 Lìng kōng	803 Lwén yù
704 Kyeoù kŏng woù	737 Lì leoù	771 ling koù *158*	804 Lyàng
705 kyeoù yáo phào *108*	738 Lì	772 Lìng lwèn	805 Lyàng choŭ
706 kyeoù hoú	739 lì	773 Lìng sīng syào woù phoù	806 Lyàng hwéi wàng
707 Kyeoú thăng choŭ	740 Lì Chén-yèn	774 Lìng sīng tsheŭ	807 Lyàng-tcheoŭ
708 Kyeoú woù tái chì	741 Lì Kào	775 Lìng tí	808 Lyàng-tcheoŭ
709 *kyo páng ko 186*	742 Lì kí	776 Lìng Yì-tóng	809 lyàng
710 Kyŏ	743 Lì Lin-foù	777 Lìng-nàn	810 lyàng theoŭ tí *84*
711 kyŏ	744 Lì Lōng-kī	778 Líng-hoù Tĕ-fèn	811 Lyào
712 kyŏ chăo	745 Lì pĭ	779 lò *7*	
	746 Lì Pŏ-yŏ		

郊特牲 184. — 680. 叫 161. — 681. (voir 683) 86, 198. — 682. (voir 683) 202, 205. — 683. 敎坊司女樂 203. — 684. 羯室 82. — 685. 羯胡 82. — 686. 結躬 88. — 687. (voir 688) 151. — 688. 羯鼓錄 211. — 689. 結莽聶兜布 146. — 690. (voir 200) 82. — 691. (voir 2112) 83. — 692. 肩 152. — 693. 間 78. — 694. 繭 164. — 695. 建康 82. — 696. 劍器隊 197. — 697. 建鼓 149. — 698. 建國門 198. — 699. 劍南西川 194. — 700. 劍舞 190. — 701. 樛木 123. — 702. 龜茲伎 192. — 703. (voir 704) 186. — 704. 九功舞 188. — 705. 九曜匏 161. — 706. 救護 141. — 707. 舊唐書 210. — 708. 舊五代史 210. — 709. 敎坊鼓 212. — 710. (voir 2271) 83. — 711. (voir 712) 92, 93, 112. — 712. 角招 121. — 713. (voir 2088) 198. — 714. 角調 121. — 715. 居月 165. — 716. 虞 144. — 717. 叵 201. — 718. 掘柘枝 197. — 719. 涓[師涓] 208. — 720. 卷耳 123. — 721. 均 80, 95. — 722. 軍禮 201. — 723. 君馬黃 200. — 724. 君子陽陽 161. — 725. 鈞容直 197. — 726. 喇巴卜 179. — 727. 喇叭 158. — 728. 來遠 216. — 729. 蘭州 197. — 730. 閬中 187. — 731. 老子 119. — 732. 雷鼓 184. — 733. 雷大鼓 193. — 734. 冷謙 85. — 735. 黎 205. — 736. 貍首 101. — 737. 離婁 125. — 738. (voir 740) 80, 84, 192. — 739. 里 94. — 740. 李慎言 220. — 741. 李嵩 83. — 742. 禮記 209. — 743. 李林甫 210. — 744. 李隆基 196. — 745. 禮畢 194.

— 746. 李百藥 188. — 747. 李勣 192. — 748. 李延壽 210. — 749. 李延年 80. — 750. 禮容 187. — 751. 禮運 209. — 752. 歷 168. — 753. 立夏 110. — 754. 立部 195. — 755. 立春 110. — 756. 立冬 110. — 757. 立秋 110. — 758. 立我 136. — 759. 臨淮 185. — 760. 臨漳 82. — 761. 麟之趾 123. — 762. 麟趾 218. — 763. 林(箖)鐘 79, 108. — 764. 林鐘商調 117, LVIII; 118, LXV. — 765. 林鐘角調 117, XXIV, XXXI, LIX. — 766. 林鐘徵調 117, LIII; 118, LXIII. — 767. 麟德殿 194. — 768. 林宇 217. — 769. 鈴 194. — 770. 靈公 208. — 771. 靈鼓 184. — 772. 伶倫 87. — 773. 靈星小舞譜 210. — 774. 靈星祠 141. — 775. 靈帝 81. — 776. 凌以棟 209. — 777. 嶺南 196. — 778. 令狐德棻 83. — 779. 羅 144. — 780. 羅公遠 197. — 781. 洛陽 83. — 782. 隆 106. — 783. 龍首琵琶 177. — 784. 龍口 164. — 785. 龍鼓 150. — 786. 龍鳴 200. — 787. 龍思馬爾得勒窩 149. — 788. (voir 789) 164. — 789. 龍池樂 196. — 790. 龍頭笛 154. — 791. 龍笛 154. — 792. 龍齦 164. — 793. (voir 794) 200. — 794. 籠(隴)頭 200. — 795. (voir 796) 209. — 796. 魯班(般) 85. — 797. 鹵簿樂 204. — 798. 魯頌 142. — 799. 路鼓 184. — 800. 鹿鳴 123. — 801. 鑾儀衛 204. — 802. 綸 164. — 803. 論語 209. — 804. (voir 805) 84, 175, 192. — 805. 梁書 95. — 806. 梁惠王 121. — 807. 梁州 146. — 808. 涼州 82, 192, 193, 194, 196. — 809. (voir 810) 81. — 810. 兩頭笛 155. — 811. (voir 812) 84.

812 Lyào chì	845 Lyù hīng	880 Méng-tchhàng	913 mông-koù kyŏ 93
813 Lyào hô	846 Lyù Kwāng	881 Méng tseù	914 Mông-koù yŏ
814 Lyâo-tōng	847 Lyù Nàn	882 Méng Yuên-lào	915 Mông-swén
815 Lyĕ Hwŏ	848 Lyù Poŭ-wêi	883 Mi tchi mou	916 Mông Thyên
816 Lyĕ tseù	849 Lyù Tshâi	884 Mi-tchhên	917 Móng khī pī thân
817 Lyên hwă woù	850 lyŭ 163	885 mī-khyōng-tsòng 115	918 Moú-yòng
818 lyèn koù 175	851 Lyŭ hyŏ sīn chwĕ	886 Min lŏ chēng	919 Moú-yòng Hwàng
819 lyèn kyú	852 Lyŭ li yòng thōng	887 mìn	920 Moú-yòng Hwèi
820 Lyeoù	853 Lyŭ lyù sīn choù	888 Mìng	921 Moú-yòng Pào
821 Lyeoù Fä	854 Lyŭ lyù tchéng yí	889 Mìng chì	922 Moú-yòng Tchhwêi
822 Lyeoù Fāng	855 Lyŭ lyù tseú phoù	890 Mìng hwàng	923 Moú-yòng Tsyún
823 Lyeoù Hī	856 Lyŭ lyù tsīng yí	891 Mìng kyŏ	924 Moŭ-hán kahan Seú-kīn
824 Lyeoù Hīn	857 Lyŭ thōng	892 Mìng kyūn	925 Moŭ-toŭ tseù
825 Lyeoù Hyáng	858 mán-phà-sik	893 Mìng kyūn tá yà	926 Myào
826 Lyeoù Hyáo-swēn	859 Mán tài yep	894 Mìng tchhéng	927 myáo thīng
827 Lyeoù Hyù	860 Mà Fàng	895 Mìng tchī kyūn	928 Myeng-tchou
828 Lyeoù Ngān	861 Mà Twän-lìn	896 Mìng thàng	929 Myèn
829 Lyeoù Péi	862 Mà Yòng	897 Mìng thàng wéi	930 Myèn-tyén kwĕ yŏ
830 Lyeoù Tchēn	863 Mà Yuēn	898 Ming tí	931 myén
831 Lyeoù Tchŏ	864 mán	899 Míng syáo	932 myeoú
832 Lyeoù Té	865 mán	900 Mong keum tchhek	933 ná
833 Lyeoù Tshōng	866 mán kyŏ	901 mou	934 Ná-mil oâng
834 lyeoù	867 mán yò	902 Mou-ái	935 Nái-hai oâng
835 Lyeoù Chí-lōng	868 màng tchòng	903 mou hyen	936 Nái-mil oâng
836 Lyeoù Tseù-heoú	869 Mào	904 Mou ko 192	937 Nái-moul oâng
837 Lyeoù Yùn	870 Mào Chwàng	905 Mou ryel	938 Nám sàn you tai
838 lyeoù	871 Mào Hēng	906 mou-tchen	939 ná-kŏ-lä 41
839 lyeoù hyên 129	872 mào jèn	907 Moun hen pi ko	940 Nă hyá
840 Lyeoù tái syào woù phoù	873 Mào Tchhàng	908 moun hyen	941 Nài-mân
841 Lyù 163	874 Mào woù	909 Moun myeng	942 Nàn chān yeoù thài
842 lyù	875 mào-yuèn koù 67	910 Moun tek kok	943 Nàn chì
843 Lyù Cháng	876 mào	911 Mô-hō-teoú-lĕ	944 Nàn kāi
844 Lyù chí tchhwĕn tshyeoù	877 Mé-toŭ	912 Mŏ tchheoù	
	878 méi chī		
	879 Méng Khāng		

— 812. 遼史 210. — 813. 遼河 200. — 814. 遼東 83. — 815. 列和 81. — 816. 列子 136. — 817. 蓮花舞 197. — 818. 連鼓 196. — 819. 連句 124. — 820. (voir 821) 82. — 821. 劉發 140. — 822. 劉芳 83. — 823. 劉熙 209. — 824. 劉歆 81. — 825. 劉向 101. — 826. 劉孝孫 209. — 827. 劉昫 210. — 828. 劉安 87. — 829. 劉備 180. — 830. 劉臻 95. — 831. 劉焯 90. — 832. 劉德 101. — 833. 劉聰 82. — 834. (voir 835) 92. — 835. 柳世隆 174. — 836. 柳子厚 165. — 837. 柳惲 174. — 838. (voir 839) 156, 157. — 839. 六絃 177. — 840. 六代小舞譜 210. — 841. (voir 843) 78, 185, 193. — 842. 縷 182. — 843. 呂尙 143. — 844. 呂氏春秋 209. — 845. 呂刑 209. — 846. 呂光 82. — 847. 呂梣 123. — 848. 呂不韋 209. — 849. 呂才 188. — 850. (voir 851) 78, 185. — 851. 律學新說 210. — 852. 律曆融通 210. — 853. 律呂新書 210. — 854. 律呂正義 210. — 855. 律呂字譜 113. — 856. 律呂精義 210. — 857. 律通 90. — 858. 萬波息 213. — 859. 慢大葉 214. — 860. 馬防 94. — 861. 馬端臨 210. — 862. 馬融 209. — 863. 馬援 94. — 864. (voir 866) 166. — 865. (voir 867) 95, 122. — 866. 慢角 120. — 867. 縵樂 122. — 868. 芒種 110. — 869. (voir 870) 101. — 870. 毛爽 83. — 871. 毛亨 101. — 872. 旄人 184. — 873. 毛萇 101. — 874. 旄舞 141. — 875. 毛員鼓 154. — 876. 卯 79. — 877. 胃頓 82. — 878. 靺師 184. — 879. 孟康 79. — 880. 孟嘗 174. — 881. 孟子 209. — 882. 孟元老 209. — 883. 美知舞 216. — 884. 彌臣 194. — 885. 密筥總 174. — 886. 民樂生 202. — 887. 敏 92. — 888. (voir 889) 210. — 889. 明史 210. — 890. 明皇 199. — 891. 鳴角 204. — 892. (voir 893) 190. — 893. 明君大雅 190. — 894. 明成 140. — 895. 明之君 190. — 896. (voir 897) 209. — 897. 明堂位 209. — 898. 明帝 190, 190, 198. — 899. 命曠 192. — 900. 夢金尺 219. — 901. (voir 904) 216. — 902. 無㝵 217. — 903. 武絃 213, 216. — 904. 舞鼓 212, 218, 219. — 905. 武烈 217, 219. — 906. 無專 218. — 907. (voir 1850) 211. — 908. 文絃 213. — 909. 文明 219. — 910. 文德曲 219. — 911. 摩訶兜勒 200. — 912. 莫愁 192. — 913. 蒙古角 159. — 914. 蒙古樂 203. — 915. (voir 1993) 82. — 916. 蒙恬 176. — 917. 夢溪筆談 209. — 918. (voir 919) 82. — 919. 慕容皝 82. — 920. 慕容廆 82. — 921. 慕容寶 82. — 922. 慕容垂 82. — 923. 慕容儁 82. — 924. 木扞可汗俟斤 96. — 925. 牧犢子 165. — 926. 苗 142. — 927. 廟庭 186. — 928. 滇州 216. — 929. 緜 184. — 930. 緬甸國樂 204. — 931. 面 148. — 932. 繆(謬) 93. — 933. 儺 220. — 934. 那密王 216. — 935. 奈解王 216. — 936. 奈密王 216. — 937. 奈勿王 216. — 938. 南山有臺 218. — 939. 那葛嘋 148. — 940. 納夏 184. — 941. 乃蠻 201. — 942. 南山有臺 123. — 943. 南史 210. — 944.

945 nân-lyù
946 nân-lyù kōng tyáo
947 nân-lyù tchì tyáo
948 nân-lyù tyáo
949 Nân-tcháo
950 Nân tcháo fòng chéng yŏ
951 Nân Tchŏ
952 nân-tchōng
953 nân woû
954 Nân yeoù kyā yù
955 Nân-yué
956 nào
957 nào 16
958 Nào kō
959 Nào kō koù tchhwëi
960 Nào kō tá yŏ
961 Nào kō tshīng yŏ
962 nào koù 16
963 Néi kyáo fāng
964 Néi phìng wái tchhêng tchī woù
965 néi tchwàn
966 Néi tsĕ
967 Néi woú foù
968 ngāi kyā 93
969 ngān
970 Ngān chí
971 Ngān-hwēi
972 Ngān kwĕ kí
973 Ngān kwĕ seú
974 Ngān Loŭ-chān
975 Ngān-nàn kwĕ yŏ
976 Ngān-sī

977 Ngān tí
978 Ngān yŏ
979 Ngān yŏ wó
980 ngán
981 ngán chēng
982 Ngào hyá
983 Ngào nào
984 Ngeoû-yâng Syeoū
985 Ngeoû-yâng Tchī-syeoú
986 Ngŏ-chì-ná
987 Ngŏ tseù kī hwān wên
988 ngó khōng-heoû 114
989 ngŏ
990 ngŏ-eùl-tchă-khĕ 154
991 Nimoun
992 nìng
993 Nìng wàng
994 nô
995 nóng
996 Nyào kō wán swéi yŏ
997 nye ki
998 nyĕ-nyĕ-teoū-kyāng 99
999 nyĕ-teoū-kyāng 98
1000 Nyeoù Hông
1001 nyo
1002 Nyù-kwā
1003 nyù woù
1004 O koăn săn
1005 O ryei eui
1006 O ryei eui se ryei
1007 O yăng sen
1008 Okpoko

1009 ou
1010 Ou páng
1011 Oureuk
1012 ou tyo
1013 ouel keum
1014 ouel tyo
1015 paik
1016 paik heui
1017 Paikkyel
1018 Paiktchei
1019 păn-sep tyo
1020 păng en
1021 păng hyăng
1022 Păng teuny săn
1023 Pă
1024 pā-lă-màn 100
1025 pā-tà-lă 27
1026 Pā-tcheoū
1027 pā-wāng 142
1028 Pă yù
1029 Pă hòng thông kwèi yŏ
1030 Pă pàn
1031 pă yī
1032 Pái hài
1033 pān-chĕ
1034 pān-chĕ tyáo
1035 pān-cheán
1036 Pān Koú
1037 Pān-tchheàn
1038 Pān-tchheàn erdeni lama
1039 pàn 31

1040 pàn yèn
1041 pán fĕn
1042 Pán lyù khyŭ hìng loú
1043 păng koù 40
1044 páng-tchă 73
1045 Pào
1046 pào chí
1047 Pào-ning
1048 Pào-tchhâng
1049 Pào Yĕ
1050 Pep-heung oáng
1051 pĕ khōng-heoû 121
1052 pĕi-lì 89
1053 Pēi phân woù
1054 péi 86
1055 péi seú
1056 Pĕi chăn, tchhoù tsheù
1057 Pĕi chì
1058 Pĕi-lyăng
1059 Pĕi tshì choù
1060 Pĕi-yèn
1061 phâl koăn heù
1062 phâi kí
1063 phâi koù 58
1064 phâi syāo 75
1065 Phân woù
1066 phán hyuên
1067 Phāo khyeoù twéi
1068 phâo
1069 Phēi
1070 Phéi

南陔 123. — 945. (voir 946) 79. — 946. 南呂宮調 117, L; 118, LXII. — 947. 南呂徵調 118, LXVII, LXXVII. — 948. 南呂調 117, LIV. — 949. (voir 950) 194. — 950. 南詔奉聖樂 194. — 951. 南卓 211. — 952. 南中 88. — 953. 男巫 205. — 954. 南有嘉魚 123. — 955. 南越 174. — 956. 猱 168. — 957. (voir 959) 145. — 958. (voir 959) 204. — 959. 鐃歌鼓吹 204. — 960. 鐃歌大樂 204. — 961. 鐃歌清樂 204. — 962. 鐃鼓 200. — 963. 內教坊 196. — 964. 內平外成之舞 201. — 965. 內轉 138. — 966. 內則 209. — 967. 內務府 202. — 968. 裒箈 159. — 969. (voir 970) 189. — 970. 安世 187. — 971. 安徽 123. — 972. 安國伎 192. — 973. 安國寺 197. — 974. 安祿山 83. — 975. 安南國樂 204. — 976. 安西 192. — 977. 安帝 198. — 978. (voir 979) 195. — 979. 安樂窩 173. — 980. (voir 981) 207. — 981. 按聲 167. — 982. 鼇夏 184. — 983. 懊憹 191. — 984. 歐陽修 210. — 985. 歐陽之秀 84. — 986. 阿史那 96. — 987. 阿子及歡聞 191. — 988. 臥箜篌 174. — 989. 額 175. — 990. 哈爾札克 182. — 991. 泥文 213. — 992. (voir 993) 202. — 993. 寧王 199. — 994. 難(儺) 185, 201. — 995. 弄 123. — 996. 鳥歌萬歲樂 196. — 997. 女妓 220. — 998. 聶聶兜姜 160. — 999. (voir 998) 160. — 1000. 牛弘 83. — 1001. 鐃 211. — 1002. 女媧 161. — 1003. 女巫 205. — 1004. 五冠山 218. — 1005. (voir 1006) 213. —

1006. 五禮儀序例 220. — 1007. 五羊仙 218. — 1008. 玉寶高 213. — 1009. 竿 213. — 1010. 右坊 220. — 1011. 于勒 213. — 1012. 羽調 213. — 1013. 月琴 216. — 1014. 越調 213. — 1015. 拍 212. — 1016. 百戲 216. — 1017. 百結 216. — 1018. 百濟 192, 216. — 1019. 般涉調 213. — 1020. 方言 217. — 1021. 方響 211. — 1022. 方等山 216. — 1023. (voir 1024) 185. — 1024. 巴拉滿 160. — 1025. 巴打拉 147. — 1026. 巴州 185. — 1027. 巴汪 179. — 1028. 巴渝 187. — 1029. 八紘同軌樂 195. — 1030. 八板 163. — 1031. 八佾 112, 187. — 1032. 稗海 209. — 1033. (voir 1034) 120. — 1034. 般涉調 117, V, XII, XIX. — 1035. 般贍 96. — 1036. 班固 209. — 1037. (voir 1038) 204. — 1038. 班禪額爾德尼喇嘛 203. — 1039. (voir 1040) 122, 147. — 1040. 板眼 122. — 1041. 半分 112. — 1042. 伴侶曲行路 208. — 1043. 梆鼓 148. — 1044. 蚌扎 151. — 1045. (voir 921) 82. — 1046 保氏 184. — 1047. 保寧 185. — 1048. (voir 2014) 97. — 1049. 鮑鄴 94. — 1050. 法興王 216. — 1051. 擘箜篌 176. — 1052. 悲篥 159. — 1053. 杯桙舞 191. — 1054. 貝 157. — 1055. 倍四 191. — 1056. 北山楚炎 101. — 1057. 北史 210. — 1058. 北涼 82. — 1059. 北齊書 192. — 1060. 北燕 193. — 1061. 八關會 216. — 1062. 俳伎 198. — 1063. 俳鼓 150. — 1064. 排簫 152. — 1065. (voir 1053) 191. — 1066. 判縣 183. — 1067. 抛毬隊 197. — 1068. 匏 161. — 1069. 邳 97. — 1070. 沛 95, 187.

1071 phèng-tseù *183*	1103 pí-yèn	1135 Pŏ Mìng-tà	1167 pyén-yù
1072 *phil-ryoul*	1104 pï khyŭ	1136 Pŏ syú	1168 *Rai-ouen*
1073 phï pà	1105 Pí kī mán tchí	1137 Pŏ syuŏ	1169 *Rai ouen ki*
1074 phï *44, 62*	1106 pi-lï *89, 91*	1138 pŏ tchōng *1*	1170 *Ràk-tong kāng*
1075 phï koù	1107 Pí thyēn tshyeoù seú	1139 Pŏ tchoù khyù	1171 *Ràk yàng tchhoun*
1076 phï-phà *123*	1108 Pīn	1140 Pŏ tchoù woù	1172 *reù ko*
1077 Phï phà phoù	1109 pīn	1141 Pŏ theoù	1173 *reù to 189*
1078 phìn	1110 Pìn-meoù Kyà	1142 pŏ-tshyè-eùl *18*	1174 *ri e*
1079 phìng	1111 Pìn-tcheoù	1143 Pŏ-tsí	1175 *Rìn tchi*
1080 Phìng chà	1112 pīn yŏ *208*	1144 Pŏ-wàng heoù	1176 *ro ko*
1081 Phìng chà lŏ yén	1113 Pīng woù	1145 Pŏ woù	1177 *ro to 191*
1082 Phìng kōng	1114 pìng-chéng	1146 Pŏ-yà	1178 *Ryàng*
1083 Phìng tché	1115 píng	1147 pŏ yì	1179 *Ryàng keum sin po*
1084 phìng tï *81*	1116 Ping-tcheoù	1148 Poù pï thàn	1180 *Ryel moun*
1085 phìng tyào	1117 *Po sàng mou*	1149 poú	1181 *Ryen hoà tai*
1086 Phìng wàng	1118 *Po thài phyeng*	1150 Poú-ló-kí	1182 *ryeng ko*
1087 *Pho kou àk*	1119 *pong hoàng tyo*	1151 Poŭ	1183 *ryeng to 190*
1088 Phŏ-lŏ-mên twéi	1120 *Pong rai cui*	1152 Poŭ Chāng	1184 *Ryong pi e thyen ki*
1089 phŏ-thŏ-h	1121 *pou*	1153 poŭ-lèi *79*	1185 *Ryouk hoà tai*
1090 Phŏ tchén yŏ	1122 pó-ló-hwêi	1154 Pyào tchéng wàn pāng	1186 *Ryouk tyen tyo ryei*
1091 phŏ *31*	1123 pŏ	1155 Pyào yeoù mèi	1187 *Ryoung àn*
1092 phŏ pàn *31*	1124 pŏ	1156 Pyáo	1188 *Sa nai mou*
1093 Phoù-sà màn twéi	1125 pŏ	1157 pyēn khíng *24*	1189 *saing*
1094 *phyen kyeng*	1126 pŏ *17*	1158 pyēn tchōng *2*	1190 *sàk ko*
1095 *phyen tchong*	1127 Pŏ foù kyeoù woù	1159 pyén	1191 *Sàm kouk sa keui*
1096 *phyeng tyo*	1128 Pŏ foù woù	1160 Pyén	1192 *sàm tchouk*
1097 *Phyeng-yàng*	1129 pŏ foù *35, 49*	1161 Pyén-kīng	1193 *sàn àk*
1098 *pi*	1130 pŏ hí	1162 pyén kōng	1194 *sàng*
1099 *pi-phà*	1131 Pŏ hwà	1163 pyén kyŏ tyáo	1195 *Sàng sin yel mou*
1100 pì	1132 Pŏ koù thoù loŭ	1164 pyén lyŭ	1196 *sàng tyo*
1101 Pì cheán woù	1133 Pŏ kyeoù	1165 pyén tchì	1197 *sà-làng-tsi 155*
1102 Pì woù	1134 pŏ loú	1166 Pyén tyáo	1198 *sài-thŏ-eùl 140*
			1199 sàn hyên *137*

— 1071. 夆子 203. — 1072. (voir 1388) 213. — 1073. 批把 177. — 1074. 鼙(鞞) 149, 151. — 1075. 鼙鼓 183. — 1076. (voir 1077) 177. — 1077. 琵琶譜 211. — 1078. 品 176. — 1079. (voir 1081) 110. — 1080. (voir 1081) 172. — 1081. 平沙落雁 165, 172. — 1082. 平公 208. — 1083. 平折 192. — 1084. 平笛 154. — 1085. 平調 117, XL, XLVII, LIV; 192. — 1086. 平王 199. — 1087. 抛毬樂 220. — 1088. 婆羅門隊 197. — 1089. 婆施力 96. — 1090. (voir 1933) 188. — 1091. (voir 1092) 147. — 1092. 拍版 147. — 1093. 菩薩蠻隊 197. — 1094. 編磬 211. — 1095. 編鐘 211. — 1096. 平調 213. — 1097. 平壤 213. — 1098. 鼙 212. — 1099. (voir 373) 213. — 1100. 比 184. — 1101. 鞞扇舞 190. — 1102. 鞞舞 190. — 1103. 閉掩 88. — 1104. 畢曲 120. — 1105. 碧雞漫志 211. — 1106. 觱(篳)篥 158, 159. — 1107. 碧天秋思 165. — 1108. (voir 1112) 140. — 1109. (voir 1110) 183. — 1110. 賓牟賈 142. — 1111. 邠州 140. — 1112. 豳篇 140. — 1113. 兵舞 187. — 1114. 丙盛 88. — 1115. 柄 176. — 1116. 并州 165. — 1117. 寶相舞 219. — 1118. 保太平 218. — 1119. 鳳凰調 216. — 1120. 鳳來儀 219. — 1121. 缶 212. — 1122. 簸邏廻 194. — 1123. 博 122, col. 2. — 1124. 搏 122. — 1125. 撥 177. — 1126. 鈸(拔) 145, 193, 204, 205. — 1127. 白兔鳩舞 190. — 1128. 白符舞 190. — 1129. 搏拊 148, 149. — 1130. 百戲 199. — 1131. 白華 123. — 1132. (voir 1363) 144. — 1133. 白鳩 191. — 1134. 白露 110. — 1135. 白明達 193.

— 1136. 白緒 191. — 1137. 白雪 165, 191. — 1138. 鎛鐘 144. — 1139. 白紵曲 191. — 1140. 白紵舞 191. — 1141. 撥頭 198. — 1142. 柏旦爾 146. — 1143. (voir 1018) 192. — 1144. 博望侯 200. — 1145. 白舞 192. — 1146. (voir 2258) 165. — 1147. 博依 123. — 1148. 補筆談 209. — 1149. 步 139. — 1150. 部(步)落稽 194. — 1151. 濮 208. — 1152. 卜商 143. — 1153. 不壆 153. — 1154. 表正萬邦 202. — 1155. 摽有梅 123. — 1156. 驃 194. — 1157. 編磬 146. — 1158. 編鐘 144. — 1159. 徧(變) 89, 90, 107, 123, 139. — 1160. (voir 1161) 84. — 1161. 汴京 84. — 1162. 變宮 93, 112. — 1163. 變角調 118, LXXIII. — 1164. 變律 89. — 1165. 變徵 93, 112. — 1166. 辨調 117. — 1167. 變虞 88. — 1168. (voir 1169) 216. — 1169. 來遠歌 216. — 1170. 洛東江 213. — 1171. 洛陽春 218. — 1172. 雷鼓 212. — 1173. 雷鼗 212. — 1174. 俚語 217. — 1175. 麟趾 218. — 1176. 路鼓 212. — 1177. 路鼗 212. — 1178. (voir 1179) 220. — 1179. 梁琴新譜 220. — 1180. 烈文 218. — 1181. 蓮花臺 220. — 1182. 靈鼓 212. — 1183. 靈鼗 212. — 1184. 龍飛御天歌 219. — 1185. 六花隊 219. — 1186. 六典條例 220. — 1187. 隆安 219. — 1188. 思內舞 216. — 1189. 笙 213. — 1190. 朔鼓 212. — 1191. 三國史記 220. — 1192. 三竹 212. — 1193. 散樂 216. — 1194. 相 212. — 1195. 上辛熱舞 216.. — 1196. 上調 216. — 1197. 薩朗濟 182. — 1198. 塞他爾 179. — 1199.

1200 Sān kwĕ tchí	1233 Seú chì kŏ	1265 *so ko 188*	1296 Soū Lyĕ
1201 sān léi	1234 seú hwŏ *152*	1266 *So kyeny mou*	1297 Soū Tchhŏ
1202 sān myén koù *61*	1235 Seú hyá	1267 *So mou*	1298 Soū-tchi-phŏ
1203 Sān tcheoū	1236 Seú khoú tshyuēn choū tsòng moū	1268 *so tcham 197*	1299 Soū Tíng-fāng
1204 sān tshài	1237 seú-lí-chá	1269 *sok ăk*	1300 Soū Wēi
1205 sàn chĕng	1238 seú lìng	1270 *Song sản tcho*	1301 Soū hwŏ
1206 sàn yŏ	1239 Seú meoù	1271 *Sou myeng myeng*	1302 Soū-tcheoū
1207 *Se kyeng kok*	1240 Seú-tcheoū	1272 *Sou po rok*	1303 Soū tsōng
1208 *Sei tchong*	1241 Seú-tchhwān	1273 *Sou ryong cum*	1304 soū yŏ
1209 *Seng Kyen*	1242 seú wáng	1274 *Sou yen tchàng*	1305 Swán hyŏ sīn chwĕ
1210 *Seng tchong*	1243 si	1275 *soun*	1306 Swèi
1211 *Seng thaik*	1244 *Si-no*	1276 *soun tyo*	1307 Swèi choū
1212 *seul*	1245 *Sillà*	1277 sŏ-thŏ-lĭ	1308 Swēn Hào
1213 sĕ *116*	1246 *Sin kong*	1278 sŏ koù *45*	1309 Swēn tseù swán choū
1214 Sĕ lyŭ	1247 *Sin-moun oáng*	1279 Sŏ yìn	1310 swò-nā *96*
1215 Sĕ phoù	1248 *Sin Sin-tchai*	1280 Sŏng fŏng kŏ khĭn phoù	1311 Syāng kyáng
1216 Sĕ tyáo	1249 Si-hyá	1281 Sóng	1312 Syāng-ling Moŭ tseù
1217 sĕ-yŭ	1250 sī kyái	1282 sóng	1313 Syāng-yàng
1218 seū	1251 Si-lìng chí	1283 Sóng	1314 Syāng yàng wàng yŏ
1219 seū kān	1252 Si-lyàng	1284 Sóng chì	1315 syáng *164*
1220 Seū-mà Pyeoū	1253 Si-lyào	1285 Sóng chì sīn pyĕn	1316 syáng
1221 Seū-mà Syáng-joù	1254 Si-ngān	1286 Sóng choū	1317 syáo *77*
1222 Seū-mà Tchĕng	1255 Si-nìng	1287 Sóng joù tchoū hĭ lwén woù tá lyò	1318 Syāo chào
1223 Seū-mà Thào	1256 Sī syáng kí	1288 Sóng Khĭ	1319 Syāo chào poú
1224 Seū-mà Tshyēn	1257 Sī wàng moù	1289 Sóng Kīn-kāng	1320 syáo sĕ
1225 Seū pēi wōng	1258 Sī woū yé fèi	1290 Sóng Lyên	1321 syáo
1226 Seū tchāi	1259 Sī yŭ	1291 Sóng Yíng-sīng	1322 syáo chī
1227 Seū wèn	1260 sí	1292 Sóng Yŭ	1323 syáo chī
1228 seū woù	1261 Sī-lí-yì	1293 soū-eùl-nái *96*	1324 syáo chī kyŏ tyáo
1229 seú	1262 Sīn-lò	1294 Soū Khwèi	1325 syáo chī tyáo
1230 seú	1263 sīng *21*	1295 Soū-lĕ	1326 syáo choù
1231 Seú	1264 *so*		1327 syáo hàn
1232 Seú chì			

三絃 178. — 1200. 三國志 209. — 1201. 三類 184. — 1202. 三面鼓 150. — 1203. 三州 192. — 1204. 三才 188. — 1205. 散聲 167, 207. — 1206. 散樂 184. — 1207. 西京曲 216. — 1208. 世宗 217. — 1209. 成俔 217. — 1210. 成宗 220. — 1211. 聖澤 219. — 1212. 瑟 213. — 1213. (voir 1214) 174. — 1214. 瑟律 174. — 1215. 瑟譜 78. — 1216. 瑟調 192. — 1217. 色育 88. — 1218. 絲 112. — 1219. 司干 184. — 1220. 司馬彪 210. — 1221. 司馬相如 80. — 1222. 司馬貞 87. — 1223. 司馬紹 178. — 1224. 司馬遷 209. — 1225. 思悲翁 200. — 1226. 思齊 184. — 1227. 思文 123, 135. — 1228. 司巫 205. — 1229. (voir 1233) 117, 153, 156, 157. — 1230. 巳 79. — 1231. (voir 1240) 84. — 1232. (voir 1233) 187. — 1233. 四時歌 197. — 1234. 四和 182. — 1235. 肆夏 184. — 1236. 四庫全書總目 210. — 1237. 俟利蓬 96. — 1238. 四靈 106. — 1239. 四牡 123. — 1240. 泗州 185. — 1241. 四川 85. — 1242. 四望 102. — 1243. 匙 214. — 1244. 詩惱 216. — 1245. 新羅 192, 213. — 1246. 臣工 218. — 1247. 神文王 216. — 1248. 辛新材 216. — 1249. 西夏 84. — 1250. 西階 183. — 1251. 西陵氏 203. — 1252. 西涼 83. — 1253. 西遼 84. — 1254. 西安 82. — 1255. 西寧 197. — 1256. 西廟記 199. — 1257. 西王母 220. — 1258. 棲烏夜飛 192 — 1259. 西域 198. — 1260. 細 204. — 1261. 悉利移 194. — 1262. (voir 1245) 192. — 1263. 星 146. — 1264. 簫 212. — 1265. 小鼓 212. — 1266. 小京舞 216. — 1267. 昭武 218. — 1268. 小笒 212. — 1269. 俗樂 217. — 1270. 松山操 218. — 1271. 受明命 219. — 1272. 受寶籙 219. — 1273. 水龍吟 218. — 1274. 壽延長 220. — 1275. 鐼 211. — 1276. 俊調 21 — 1277. 娑施力 96. — 1278. 朔鼓 149. — 1279. 索隱 87. — 1280. 松風閣琴譜 211. — 1281. (voir 1285) 210, 210. — 1282. 送 139. — 1283. 頌 123, n. 2; 138, 184, 207, 209. — 1284. (voir 1285) 210. — 1285. 宋史新編 210. — 1286. 宋書 210. — 1287. 宋儒朱熹論舞大略 210. — 1288. 宋祁 84. — 1289. 宋金剛 201. — 1290. 宋濂 210. — 1291. 宋應星 143. — 1292. 宋玉 191. — 1293. 蘇爾奈 160. — 1294. 蘇夔 97. — 1295. 踈勒 192. — 1296. 蘇烈 201. — 1297. 蘇綽 83. — 1298. 蘇祇婆 96. — 1299. 蘇定方 201. — 1300. 蘇威 97. — 1301. 蕭和 100. — 1302. 蕭州 83. — 1303. 蕭宗 83. — 1304. 俗樂 192. — 1305. 算學新說 210. — 1306. (voir 1307) 210. — 1307. 隋書 210. — 1308. 孫皓 191. — 1309. 孫子算術 81. — 1310. 瑣哌 160. — 1311. 湘江 155. — 1312. 襄陵穆子 165. — 1313. (voir 1314) 192. — 1314. 襄陽王樂 191. — 1315. 相 143, 188. — 1316. 象 122, 176, 213. — 1317. (voir 1319) 152. — 1318. (voir 1319) 141. — 1319. 簫韶部 197. — 1320. 簫色 157. — 1321. (voir 1322) 119. — 1322. 小師 149. — 1323 小食 119. — 1324. 小食(石)角調 117, III, XXXVIII. — 1325. 小食(石)調 117, X, XXXVII, XLIV. — 1326. 小暑 110. — 1327.

1328 syào hwò pŏ 17	1360 syū	1388 tăng phil-ryoul	1421 tá syū
1329 syào koū 90	1361 Syŭ hán choū [pā tchi]	1389 tăng pi-phă	1422 tá syuĕ
1330 syào-lyù	1362 Syuēn-hwā	1390 tăng tyek	1423 tá tchhên
1331 syào màn	1363 Syuēn hwò pŏ koù thoù loū	1391 Tà khyeoū twéi	1424 Tá tchhêng yò phoù
1332 syào seū thoù	1364 Syuēn-hwò tyén	1392 tá	1425 Tá tchōng seú
1333 Syào sīng	1365 Syuēn tí	1393 Tá chào	1426 tá tchoŭ
1334 syào syū	1366 Syuēn tsōng	1394 Tá ché	1427 Tá tchwáng
1335 syào syué	1367 Syuēn wàng	1395 tá cheăn-yù	1428 tá thŏ kwàn
1336 syào tchī tyáo	1368 Syuēn woù	1396 Tá chéng yŏ	1429 Tá-thōng
1337 syào thōng kyŏ 88	1369 Syuēn-woù tí	1397 Tá chéng yŏ foù	1430 tá thōng kyŏ 87
1338 syào woù	1370 Syuèn kōng hŏ yŏ phoù	1398 tá chī	1431 Tá ting yŏ
1339 Syào woù hyāng yŏ phoù	1371 Syuên kōng pèn yi	1399 tá-chī	1432 Tá tshīng hwéi tyèn
1340 Syào yà	1372 syuèn syāng wèi kōng	1400 tá-chī kyŏ tyáo	1433 Tá tshīng hwéi tyèn chi lí
1341 Syé Cháng	1373 syuèn tchwàn syāng kyáo	1401 tá-chī tyáo	1434 Tá tshīng hwéi tyèn thoŭ
1342 Syé Tchwāng	1374 syuèn tyĕ wèi yún	1402 tá choù	1435 Tá tshīng lyŭ lì
1343 Syĕ Kyū-tchéng	1375 Syún Fàn	1403 tá hàn	1436 Tá tshīng lyŭ lì hwéi tsí pyén làn
1344 Syĕ Yòng	1376 Syūn Hyŭ	1404 Tá hàn pō	1437 tá tsōng pŏ
1345 Syēn chào yuén	1377 syùn	1405 tá hwò pŏ 17	1438 tá tyáo
1346 syēn jēn kyēn	1378 Tai [keum] ák	1406 tá koū 90	1439 Tá woù
1347 syēn-lyù	1379 tái hyen	1407 tá koù 52	1440 Tá yà
1348 syēn-lyù kōng tyáo	1380 tái ko 187	1408 Tá-kwān	1441 Tá-yĕ
1349 syēn-lyù kwàn	1381 tái tchaing	1409 Tá-lì	1442 Tá yŏ
1350 syēn-lyù tyáo	1382 tái tcham 193	1410 tá-lìn	1443 Tá yù moù
1351 Syēn-pī	1383 Tái-tong kàng	1411 tá-lyù	1444 Tá yú
1352 syēn pì	1384 Tái tong kàng kok	1412 tá-lyù tchì tyáo	1445 tá yún kwàn
1353 Syēn tshàn	1385 Tái tyen heú thong	1413 Tá mīng	1446 tă-lä 19
1354 syēn wōng	1386 tăng ák	1414 Tá-mīng foù	1447 tă-lä koù 64
1355 Syū-mì	1387 tăng keun	1415 Tá mīng hwéi tyèn	1448 tă-poú-lä 43
1356 Syū yà		1416 tá nŏ	1449 tă-poŭ 37
1357 Syù Chí-tsĭ		1417 tá phoŭ	1450 Tái
1358 Syù Khī		1418 tá seū mà	
1359 Syù-tcheoū		1419 tá seū thoù	
		1420 tá seū yŏ	

小寒 110. — 1328. 小和鈸 145. — 1329. 小箛 159. — 1330. 小呂 79. — 1331. 小滿 110. — 1332. 小司徒 144. — 1333. 小星 123. — 1334. 小胥 146. — 1335. 小雪 110. — 1336. 小植調 194. — 1337. 小銅角 158. — 1338. (voir 1339) 139. — 1339. 小舞鄉樂譜 210. — 1340. 小雅 209. — 1341. 謝尙 82. — 1342. 謝莊 189. — 1343. 薛居正 210. — 1344. 薛瑩 94. — 1345. 仙韶院 196. — 1346. 仙人肩 164. — 1347. (voir 1348) 119. — 1348. 仙呂宮調 117, LVII; 118, LXIV, LXIX, LXXVI. — 1349. 仙呂管 119. — 1350. 仙呂調 117, LXI; 118, LXVIII. — 1351. 鮮卑 194. — 1352. 先妣 102. — 1353. 先蠶 203. — 1354. 仙翁 123. — 1355. 須彌 198. — 1356. 需雅 198. — 1357. 徐世勣 192. — 1358. 徐祺 211. — 1359. 徐州 146. — 1360. 戍 79. — 1361. 續漢書[八志] 210. — 1362. 宣化 189. — 1363. 宣和博古圖錄 210. — 1364. 宣和殿 210. — 1365. 宣帝 198. — 1366. 宣宗 196. — 1367. 宣王 165. — 1368. 宣武 187. — 1369. 宣武帝 191. — 1370. 旋宮合樂譜 210. — 1371. 旋宮本義 117. — 1372. 旋相爲宮 93. — 1373. 旋轉相交 93. — 1374. 旋迭爲均 93. — 1375. 荀藩 82. — 1376. 荀勗 82. — 1377. 箕 144. — 1378. 磬(琴)樂 216. — 1379. 大絃 213. — 1380. 大鼓 212. — 1381. 大箏 213. — 1382. 大笒 212. — 1383. (voir 1384) 216. — 1384. 大同江曲 216. — 1385. 大典會通 220. — 1386. 唐樂 218. — 1387. 唐琴 213. — 1388. 唐觱篥 213. — 1389.

唐琵琶 215. — 1390. 唐笛 212. — 1391. 打毬隊 197. — 1392. (voir 1393) 119. — 1393. 大韶 187. — 1394. 大射 183. — 1395. 大單于 82. — 1396. (voir 1397) 197. — 1397. 大晟樂府 197. — 1398. 大師 184. — 1399. (voir 1400) 119. — 1400. 大食角調 117, III, X, XVII, LII, LIX; 118, LXVI. — 1401. 大食(石)調 117, II, IX, XVI, LII, LIX. — 1402. 大暑 110. — 1403. 大寒 110. — 1404. 大罕波 204. — 1405. 大和鈸 145. — 1406. 大箛 159. — 1407. 大鼓 119. — 1408. 大觀 198. — 1409. 大理 194. — 1410. 大林 108. — 1411. (voir 1442) 79. — 1412. 大呂徵調 117, XI; 118, XXI. — 1413. (voir 1414) 184, 190. — 1414. 大明府 208. — 1415. 大明會典 210. — 1416. 大儺 201. — 1417. 大僕 185. — 1418. 大司馬 144. — 1419. 大司徒 106. — 1420. 大司樂 184. — 1421. 大胥 184. — 1422. 大雪 110. — 1423. 大臣 202. — 1424. 大成樂譜 217. — 1425. 大鐘寺 144. — 1426. 大祝 206. — 1427. 大壯 187. — 1428. 大托管 119. — 1429. 大同 82. — 1430. 大銅角 157. — 1431. (voir 2185) 195. — 1432. (voir 1433) 210. — 1433. 大清會典事例 210. — 1434. 大清會典圖 210. — 1435. (voir 1436) 210. — 1436. 大清律例彙輯便覽 210. — 1437. 大宗伯 101. — 1438. 大調 115. — 1439. 大武 187. — 1440. 大雅 209. — 1441. 大業 192. — 1442. 大樂 205. — 1443. 大禹謨 209. — 1444. 大豫 187. — 1445. 大韻管 119. — 1446. 達拉 146. — 1447. 答臘鼓 151. — 1448. 達布拉 149. — 1449. 達卜 148. — 1450.

1451 Tái myén	1484 Tchăng Khyèn	1515 Tchào Yĕ-lí	1546 Tchéng Hyuèn
1452 Tái tsŏng	1485 Tchăng Khyèn-kwĕi	1516 *tchel ko*	1547 tchéng kŏng tyáo
1453 tăn pí	1486 Tchăng Ngŏ	1517 *Tchen hoă tchi*	1548 tchéng koù *68*
1454 Tăn pí tá yŏ	1487 Tchăng pĭn	1518 *Tchen you ăk*	1549 tchéng lyŭ
1455 Tăn pí yŏ	1488 Tchăng Tchhŏng-	1519 *tcheng*	1550 tchéng phĭng tyáo
1456 tăn-poú-lá *133*	hwà	1520 *Tcheng-myeng*	1551 tchéng tchì
1457 Tán	1489 Tchăng Thĭng-yŭ	1521 *Tcheng Rin-tchi*	1552 Tchéng tĕ
1458 Tán	1490 Tchăng tí	1522 *tcheng tchai*	1553 Tchéng Tshyào
1459 Tán kŏ	1491 Tchăng Tsái	1523 Tché tchĭ twéi	1554 Tchéng Yí
1460 tăn koù *165*	1492 Tchăng Tshăng	1524 Tchĕ-kyăng	1555 Tcheoŭ
1461 Tàng-hyáng	1493 Tchăng Wên-cheoŭ	1525 tchĕ syuĕn woù	1556 Tcheoŭ choŭ
1462 tàng tchéng	1494 Tchăng Yên	1526 Tchĕ yàng lyeoù	1557 Tcheoŭ kŏng
1463 táo	1495 tchàng chì	1527 tcheán tchén tchĭ	1558 Tcheoŭ kwăn
1464 táo	1496 Tchàng chì pyén	khyŭ	1559 Tcheoŭ Kyeoŭ
1465 táo chí	1497 Tchàng-swĕn Kĭ-	1528 Tcheán tchhĕng nàn	1560 Tcheoŭ lì
1466 táo tyáo	kwĕi	1529 tchĕn *117*	1561 Tcheoŭ Mí
1467 táo tyáo fă khyŭ	1498 Tchàng-swĕn Tchĭ	1530 tchĕn	1562 Tcheoŭ sóng
1468 táo tyáo kŏng tyáo	1499 Tchàng yĭ seŭ	1531 Tchĕn Tĕ-syeoù	1563 tcheoŭ syuĕn woù
1469 Táo-woù tí	1500 tcháng koù *59*	1532 tchĕn tseù	1564 Tcheoŭ yù
1470 táo ying koù *53*	1501 tcháo	1533 tchĕn	1565 Tcheoŭ yù
1471 Táo ying yŏ	1502 Tcháo hwò	1534 tchĕn tchhĭ	1566 Tcheoú
1472 tchăi	1503 Tcháo hyá	1535 tchĕn koù *59*	1567 *tchhăk*
1473 *Tcha hă tong*	1504 Tcháo kyŭn	1536 tchĕng *117, 118*	1568 tchhă cheoù tí *89*
1474 *tcha hyen*	1505 Tcháo phìng	1537 tchĕng *5, 11*	1569 Tchhă-ha-eùl
1475 *Tcha-pi oăng*	1506 Tcháo tĕ	1538 Tchĕng-kwăn	1570 tchhăng yeoŭ
1476 *Tchă păng*	1507 Tcháo tsŏng	1539 Tchĕng-yuèn	1571 tchhàng
1477 *Tchĭng hăn seng*	1508 Tcháo woù	1540 tchéng	1572 Tchhàng-chă
1478 *tchăng ko*	1509 Tcháo yí kyŭn	1541 Tchéng	1573 Tchhàng-cheoú
1479 *tchăp heui*	1510 Tcháo yòng	1542 Tchéng Cheán-tseù	1574 Tchhàng cheoú yŏ
1480 tchăng	1511 Tchào	1543 Tchéng-chì	1575 Tchhàng lin hwăn
1481 Tchăng Chĭ	1512 Tchào Chén-yèn	1544 Tchéng chì tseù chĭ	1576 Tchhàng-ngăn
1482 Tchăng Hwà	1513 Tchào Chĭ-lí	eúl tyáo	1577 Tchhàng ngăn khŏ
1483 Tchăng hyá	1514 Tchào Tseù-ngàng	1545 Tchéng hwò	hwă

(voir 1451) 82. — 1451. 代面 198. — 1452. 代宗 196. — 1453. (voir 1454) 203. — 1454. 丹陛大樂 203. — 1455. 丹陛樂 203. — 1456. 丹布拉 178. — 1457. 旦 96, 102. — 1458. 誕 191. — 1459. 但歌 191. — 1460. 擔鼓 193. — 1461. 党項 84. — 1462. 黨正 186. — 1463. 蹈 139. — 1464. (voir 1465) 119. — 1465. 道士 201. — 1466. (voir 1467) 117, L. — 1467. 道調法曲 196. — 1468. 道調宮調 117, XXXVI, XLIII; 118, XLVIII, LV. — 1469. 道武帝 82. — 1470. 導迎鼓 150. — 1471. 導迎樂 203. — 1472. 齋 184. — 1473. 紫霞洞 218. — 1474. 子絃 216. — 1475. 慈悲王 216. — 1476. 左坊 220. — 1477. 長漢城 216. — 1478. 杖鼓 212. — 1479. 雜戲 220. — 1480. (voir 1481) 139. — 1481. 張寔 193. — 1482. 張華 189. — 1483. 章夏 184. — 1484. 張騫 155. — 1485. 張乾龜 95. — 1486. 張鶚 110. — 1487. 章斌 187. — 1488. 張重華 193. — 1489. 張廷玉 210. — 1490. 章帝 79. — 1491. 張載 123. — 1492. 張蒼 80. — 1493. 張文收 100. — 1494. 張炎 210. — 1495. (voir 1496) 191. — 1496. 長史變 191. — 1497. 長孫晏歸 83. — 1498. 長孫稚 83. — 1499. 掌儀司 202. — 1500. 杖鼓 150. — 1501. 招 139. — 1502. 昭和 101. — 1503. 昭夏 184. — 1504. 昭君 190. — 1505. 昭平 111. — 1506. 昭德 187. — 1507. 昭宗 186. — 1508. 昭武 187. — 1509. 昭義軍 197. — 1510. 昭容 187. — 1511. (voir 1512) 185. — 1512. 趙慎言 101. — 1513. 趙師利 174. — 1514.

趙子昂 166. — 1515. 趙耶利 174. — 1516. 節鼓 212. — 1517. 轉花枝 218. — 1518. 船遊樂 219. — 1519. 鉦 211. — 1520. 政明 216. — 1521. 鄭麟趾 219. — 1522. 呈才 219. — 1523. 柘枝隊 197. — 1524. 浙江 210. — 1525. 折旋舞 136. — 1526. 折楊柳 200. — 1527. 戰陣之曲 200. — 1528. 戰城南 200. — 1529. 箏 176, 203, 204. — 1530. 筑 147. — 1531. 眞德秀 84. — 1532. 幀子 201. — 1533. (voir 1534) 164. — 1534. 紾池 164. — 1535. 震鼓 150. — 1536. 箏 176. — 1537. 鉦 144, 145, 195, 204. — 1538. 貞觀 174. — 1539. 貞元 194. — 1540. (voir 1543) 93, 93, 121, 123. — 1541. (voir 1542) 210. — 1542. 鄭善子 178. — 1543. 正始 94. — 1544. 鄭世子十二調 166. — 1545. 正和 101. — 1546. 正鼓 151. — 1547. 正宮調 117, I; 118, XIII. — 1548. 正鼓 151. — 1549. 正律 89. — 1550. 正平調 117, XL. — 1551. 正徵 97. — 1552. 正德 187. — 1553. 鄭樵 210. — 1554. 鄭譯 95. — 1555. (voir 1556) 83, 84, 209. — 1556. 周書 83. — 1557. 周公 102. — 1558. 周官 101. — 1559. 州鳩 92. — 1560. 周禮 209. — 1561. 周密 197. — 1562. 周頌 123. — 1563. 周旋舞 136. — 1564. 騶虞 123, 129. — 1565. 周語 108. — 1566. 紂 187. — 1567. 鐲 211. — 1568. 父手笛 158. — 1569. 察哈爾 203. — 1570. 倡優 184. — 1571. (voir 1572) 138. — 1572. 長沙 140. — 1573. (voir 1574) 196. — 1574. 長壽樂 196. — 1575. 常林歡 192. — 1576. (voir 1577) 82. — 1577. 長安

1578 tchhàng ti 77
1579 tchháng
1580 tchhǎng
1581 tchhào *106*
1582 tchhào chěng *106*
1583 Tchhào-syēn phâi
1584 *Tchheyong*
1585 *tchheng hyen*
1586 *tchheny kong*
1587 *Tchheú Tchhi-ouen*
1588 Tchhē kyá
1589 tchhèn
1590 Tchhèn
1591 Tchhèn Cheoú
1592 Tchhèn Chī-sī
1593 Tchhèn choū
1594 Tchhèn fōng
1595 Tchhèn Jèn-sī
1596 Tchhèn kōng
1597 Tchhèn Tchóng-joù
1598 Tchhèn Tseǔ-ngàng
1599 Tchhèn Yàng
1600 tchhèng
1601 Tchhèng
1602 Tchhèng hwò
1603 Tchhèng Hyông
1604 Tchhèng-kǒng Swěi
1605 Tchhèng thyēn yǒ
1606 Tchhèng ti
1607 Tchhèng-toū
1608 Tchhèng woù
1609 Tchhèng Yào-thyên
1610 Tchhèng Yùn-kī

1611 tchheoǔ phì-phâ *128*
1612 tchheoù
1613 *tchhil hyen tyo*
1614 Tchhī-yeoù
1615 tchhǐ *80*
1616 tchhǐ-néi
1617 tchhī
1618 tchhǐ pä 77
1619 Tchhǐ tchī yàng
1620 *tchhou*
1621 *tchhouk*
1622 *tchhoul tyo*
1623 *Tchhoun aing tchen*
1624 tchhông
1625 Tchhông
1626 Tchhòng-khíng
1627 Tchhòng khyeoū
1628 Tchhòng-tchéng tyén
1629 tchhông toǔ *32, 33*
1630 Tchhoù
1631 tchhoù choù
1632 Tchhoù Lyáng
1633 Tchhoù-nàn
1634 Tchhoù tsheù
1635 tchhoǔ
1636 Tchhoǔ kwān
1637 Tchhoǔ sái
1638 tchhoǔ yīn khòng
1639 *tchhǔ*
1640 tchhwàn khî
1641 tchhwàng syāo *207*
1642 tchhwēi pyén *90*
1643 tchhwēi yé *173*

1644 Tchhwēn chān thīng toú kyuēn
1645 tchhwēn fēn
1646 tchhwēn kwān
1647 Tchhwēn kyāng hwā yuě yé
1648 Tchhwēn tshyeoū
1649 *tchi*
1650 *Tchin-heuny oáng*
1651 *tchin ko*
1652 *Tchin tchhǎn eui kouci*
1653 tchī
1654 tchì
1655 tchì
1656 tchì chào
1657 Tchì kyué
1658 tchì tyáo
1659 tchì yīn
1660 Tchí
1661 Tchí khāng
1662 Tchí tchāo fěi
1663 tchī-chì
1664 Tchǐ-li
1665 tchí-mǒ
1666 *Tcho-sen*
1667 *tchou*
1668 *tchoung hyen*
1669 *tchoung tcham 196*
1670 *Tchoung tchong*
1671 tchǒ *6*
1672 tchōng

1673 tchōng
1674 tchōng *1*
1675 Tchōng-chān
1676 tchōng chī
1677 Tchōng-hwà mèn
1678 Tchōng hwǒ
1679 Tchōng-hwǒ chào yǒ
1680 Tchōng-hwǒ tyén
1681 Tchōng hwǒ woù
1682 tchōng kwàn *78*
1683 tchōng mìng *177*
1684 Tchōng seū
1685 Tchōng seú hǒ pyēn
1686 Tchōng Tseù-khî
1687 Tchōng wái hí fǎ tá kwán thoū chwē
1688 tchóng
1689 tchóng-lyù
1690 tchóng-lyù kōng tyáo
1691 tchóng-lyù tchì tyáo
1692 tchóng-lyù tyáo
1693 tchóng-lyù yù tyáo
1694 Tchoū Hī
1695 Tchoū Kyèn
1696 Tchoū Kyén
1697 tchoū-kǒ khîn *144*
1698 Tchoū-kǒ Lyáng
1699 Tchoū Tchhàng-wên
1700 Tchoū Tsái-yǔ
1701 tchoù
1702 tchoù tyáo
1703 tchoú

客話 209. — 1578. 長笛 152. — 1579. 倡 138. — 1580. 暢 123. — 1581. (voir 1582) 161. — 1582. 巢笙 161. — 1583. 朝鮮俳 204. — 1584. 處容 216. — 1585. 清絃 216. — 1586. 清孔 213. — 1587. 崔致遠 216. — 1588. 車駕 202. — 1589. 辰 79. — 1590. (voir 1591) 83, 95, 191, 192, 194, 208. — 1591. 陳壽 210. — 1592. 陳師錫 81. — 1593. 陳書 95. — 1594. 陳風 148. — 1595. 陳仁錫 210. — 1596. 臣工 218. — 1597. 陳仲儒 81. — 1598. 陳子昂 165. — 1599. 陳暘 210. — 1600. (voir 1604) 100, 107, 139, 140, 202. — 1601. (voir 1603) 123. — 1602. 承和 101. — 1603. 程雄 211. — 1604. 成公綏 189. — 1605. 承天樂 196. — 1606. 成帝 82. — 1607. 成都 211. — 1608. 城舞 195. — 1609. 程瑤田 211. — 1610. 程允基 211. — 1611. 搊琵琶 177. — 1612. 丑 79. — 1613. 七賢調 216. — 1614. 蚩尤 200. — 1615. 篪(籥) 153. — 1616. 遲內 88. — 1617 (voir 1618) 113, 156, 157. — 1618. 尺八 153. — 1619. 赤之陽(楊) 200. — 1620. 椎 212. — 1621. 柷 212. — 1622. 出調 213. — 1623. 春鶯囀 219. — 1624. (voir 1627) 106. — 1625. (voir 1626) 205. — 1626. 重慶 185. — 1627. 崇丘 123. — 1628. 崇政殿 197. — 1629. 春牘 147. — 1630. (voir 1633) 185. — 1631. 處暑 110. — 1632. 褚亮 188. — 1633. 楚南 165. — 1634. 楚辭 191. — 1635. (voir 1636) 168. — 1636. 出關 200. — 1637. 出塞 200. — 1638. 出音孔 152. — 1639. 觜 212. — 1640. 傳奇 199. — 1641. 幢簫 196. — 1642.

吹鞭 159. — 1643. 吹葉 196. — 1644. 春山聽杜鵑 171. — 1645. 春分 110. — 1646. 春官 184. — 1647. 春江花月夜 192. — 1648. 春秋 209. — 1649. 笻(籚) 212. — 1650. 眞興王 216. — 1651. 晉鼓 212. — 1652. 進饌儀軌 220. — 1653. 知 112. — 1654. (voir 1656) 92, 93, 112. — 1655. 止 148. — 1656. 徵招 121. — 1657. 指訣 168. — 1658. 徵調 121. — 1659. 徵音 169. — 1660. 制 80. — 1661. 治康 188. — 1662. 雉朝飛 165. — 1663. 執始 88. — 1664. 直隷 82. — 1665. 質末 89. — 1666. 朝鮮 219. — 1667. 柱 213. — 1668. 中絃 216. — 1669. 中笒 212. — 1670. 中宗 218. — 1671. 鐲 144. — 1672. (voir 1675) 78, 93. — 1673. 終 107. — 1674. 鐘(鍾) 79, 108, 128, 144. — 1675. 中山 82. — 1676. 鍾師 122. — 1677. 中華門 198. — 1678. (voir 1679) 202. — 1679. 中和韶樂 202. — 1680. 中和殿 202. — 1681. 中和舞 197. — 1682. 中管 119, 153. — 1683. 中鳴 200. — 1684. 螽斯 123. — 1685. 中祀合編 209. — 1686. 鍾子期 165. — 1687. 中外戲法大觀圖說 211. — 1688. 重 92. — 1689. 仲(中)呂 79. — 1690. 仲呂宮調 117, XXII, XXIX; 118, XXXIV, XLI. — 1691. 仲呂徵調 117, XXXIX; 118, XLIX. — 1692. 仲呂調 117, XXVI, XXXIII. — 1693. 仲呂羽調 117, XXVI. — 1694. 朱熹 209. — 1695. 朱橞 209. — 1696. 朱健 209. — 1697. 諸葛琴 180. — 1698. 諸葛亮 180. — 1699. 朱長文 78. — 1700. 朱載堉 211. — 1701. (voir 1702) 114, 183. — 1702. 主調 115. — 1703. 柱 175, 178, 179, 180, 181, 182.

1704 tchoú
1705 tchoú chēng kwàn
1706 tchoŭ *34*
1707 tchoŭ *119*
1708 Tchoŭ choŭ kì nyèn
1709 tchoŭ tsyé *30*
1710 Tchwän-hyŭ
1711 tchwàn
1712 tchwàn kwó chí
1713 tchwàn lyeoŭ chí
1714 tchwàn pán chí
1715 tchwàn tcheoŭ chí
1716 tchwàn tchhoŭ chí
1717 tchwàn tchōng chí
1718 tchwàn tíng chí
1719 tchwáng
1720 tchwéi tcháo
1721 tchwèn *204*
1722 Té chéng
1723 tĕ chéng koŭ *54*
1724 tĕ-lĕ-wó *38*
1725 tĕ-li *97*
1726 Té tsōng
1727 Tĕ-yàng tyén
1728 tĕ-yŏ-tsòng *150*
1729 tēng kŏ
1730 Téng Tsing
1731 Téng Yén-hài
1732 Téng Yuēn
1733 Teoŭ
1734 teoŭ
1735 Teoŭ Hyén
1736 Teoŭ Yèn

1737 *Thài phyeng nyen*
1738 *thài phyeng so*
1739 *Thài tcho*
1740 *Thài tchong*
1741 *thăk*
1742 *thăk (tchhăk)*
1743 thă
1744 Thă yào nyăng
1745 Thái chào
1746 Thái ché
1747 Thái-chì
1748 Thái hoŭ
1749 Thái hwò
1750 Thái hyá
1751 Thái hyèn
1752 Thái-khāng
1753 Thái-kĭ mén
1754 Thái-kōng-wáng
1755 Thái phìng yŏ
1756 Thái swéi
1757 thái-tsheoŭ
1758 thái-tsheoŭ tchì tyáo
1759 Thái tsĭ
1760 Thái tsōng
1761 Thái tsoù
1762 thái wéi
1763 Thái woù
1764 Thái-woù tí
1765 Thái yĭ *130*
1766 Thái yù yŏ
1767 Thái-yuèn
1768 Thàn tseù
1769 thán

1770 Thàng
1771 Thàng
1772 thàng
1773 Thàng chăn foŭ jèn
1774 Thàng choŭ
1775 Thàng Chwén-tchī
1776 Thàng hwéi yáo
1777 Thàng hyá yŏ
1778 Thàng lyeoŭ tyén
1779 Thàng thàng
1780 Thàng Tsäi-fōng
1781 Thàng Yi-mìng
1782 Thàng yŏ khyŭ phoù
1783 thǎo
1784 thǎo hŏ
1785 thǎo *44, 62*
1786 Thǎo Khyèn
1787 thǎo phĭ pi-li *170*
1788 Thǎo yào
1789 *theuk kyeng*
1790 *theuk tchong*
1791 thĕ hyuèn
1792 thĕ khíng *23*
1793 Theoŭ hoŭ
1794 theoŭ kwàn *89*
1795 thĭ khin *149, 151*
1796 thĭ koù *161*
1797 thing
1798 *tho ko 193*
1799 thŏ-lò koù *60*
1800 Thŏ
1801 Thŏ-pŏ

1802 Thŏ-thŏ
1803 thông *206*
1804 Thōng tchí
1805 Thōng tyèn
1806 thông
1807 thông chēng
1808 Thông hwò
1809 thông koù *9*
1810 thông phàn *17*
1811 thông pŏ *17*
1812 Thōng-tcheoŭ foù
1813 thông tsào phàn *17*
1814 thông tyèn *10*
1815 thoù koù *193*
1816 Thoù-yŭ-hwèn
1817 Thoŭ tsyĕ
1818 Thwàn cheăn kŏ
1819 thwéi
1820 Thwèn-hwàng
1821 *thyen hà thái phyeny*
1822 *thyào fà*
1823 thyĕ
1824 Thyēn-cheoŭ
1825 Thyēn-cheoŭ yŏ
1826 Thyēn-hing
1827 thyen hyá thái phing
1828 Thyēn kōng khài woŭ
1829 thyēn kyú
1830 Thyēn-pào *120*
1831 Thyēn-tchoŭ ki
1832 Thyēn wèn kŏ khin phoù

— 1704. 注 168. — 1705. 著聲管 119. — 1706. 梲 148. — 1707. 筑 176. — 1708. 竹書紀年 81. — 1709. 竹節 147. — 1710. 顓頊 205. — 1711. (voir 1712) 138. — 1712. 轉過勢 139. — 1713. 轉留勢 139. — 1714. 轉半勢 139. — 1715. 轉周勢 139. — 1716. 轉初勢 139. — 1717. 轉終勢 138. — 1718. 轉定勢 138. — 1719. 撞 168. — 1720. 綴兆 139. — 1721. 準 80. — 1722. 德勝 202. — 1723. 得勝鼓 150. — 1724. 得勒窩 148. — 1725. 得利 160. — 1726. 德宗 196. — 1727. 德陽殿 198. — 1728. 得約總 181. — 1729. 登歌 189. — 1730. 鄧靜 81. — 1731. 鄧彥海 82. — 1732. 鄧淵 82. — 1733. (voir 1735) 83, 101. — 1734. 逗 168. — 1735. 竇憲 194. — 1736. 竇儼 83. — 1737. 太平年 218. — 1738. 太平簫 213. — 1739. 太祖 219. — 1740. 太宗 219. — 1741. 鐸 211. — 1742. 鍚 211. — 1743. (voir 1744) 139. — 1744. 踏搖娘 198. — 1745. 大韶 141, 184. — 1746. 太社 110. — 1747. 泰始 190. — 1748. 大濩 141, 184. — 1749. 太和 83, 100, 189. — 1750. 大夏 141, 184. — 1751. 大咸 184. — 1752. 泰康 191. — 1753. 太極門 101. — 1754. 太公望 143. — 1755. 太平樂 195. — 1756. 太蔟 110. — 1757. (voir 1758) 79. — 1758. 太簇徵調 117, XVIII; 118, XXVIII. — 1759. 太稷 110. — 1760. 太宗 97, 187, 197, 203. — 1761. 太祖 203, 217. — 1762. 太尉 194. — 1763. 大武 141, 184. — 1764. 太武帝 82. — 1765. 太一 177, 189. — 1766. 大予樂 185. — 1767. 太元 82. — 1768. 罩子 200. — 1769. 歎 138. — 1770. 湯 141. — 1771. (voir 1773) 210. — 1772. (voir 1779) 183. — 1773. 唐山夫人 187. — 1774. 唐書 210. — 1775. 唐順之 209. — 1776. 唐會要 210. — 1777. 堂下樂 204. — 1778. 唐六典 210. — 1779. 堂堂 192. — 1780. 唐再豐 211. — 1781. 唐彝銘 211. — 1782. 唐樂曲譜 211. — 1783. (voir 1784) 168. — 1784. 搯合 168. — 1785. 鼗(鞀) 149, 151. — 1786. 陶謙 140. — 1787. 桃皮觱篥 158. — 1788. 桃天 123. — 1789. 特磬 211. — 1790. 特鐘 211. — 1791. 特縣 183. — 1792. 特磬 146. — 1793. 投壺 192. — 1794. 頭管 158. — 1795. 提琴 181, 182. — 1796. 提鼓 184. — 1797. 庭 183. — 1798. 土鼓 212. — 1799. 隋羅鼓 150. — 1800. (voir 1801) 197. — 1801. 拓跋 82. — 1802. 脫脫 210. — 1803. (voir 1804) 94. — 1804. 通志 210. — 1805. 通典 210. — 1806. (voir 1807) 78, 421. — 1807. 同聲 168. — 1808. 同和 197. — 1809. 銅鼓 144. — 1810. 銅盤 146. — 1811. 銅鈸 145. — 1812. 同州府 196. — 1813. 銅漢盤 146. — 1814. 銅點 145. — 1815. 土鼓 140. — 1816. 吐谷渾 194. — 1817. 兎置 123. — 1818. 團扇哥 191. — 1819. 退 139. — 1820. 敦煌 192. — 1821. 天下太平 220. — 1822. 調法 121. — 1823. 迭 92. — 1824. (voir 1825) 196. — 1825. 天授樂 196. — 1826. 天興 82. — 1827. 天下太平 141. — 1828. 天工開物 143. — 1829. 添句 125. — 1830. 天寶 176. — 1831. 天竺伎 192. — 1832. (voir 1833) 165. —

1833 Thyèn wèn kǒ khin phoù tsi tchhèng	1864 tóng syáo 76, 77	1896 Tshài lyèn twéi	1928 tshì sīng phào 109
1834 thyèn koù 45	1865 Tóng thyèn tchhwèn hyào	1897 Tshài phin	1929 Tshì tǒ
1835 ti-kyú chí	1866 toū-thàn koù 66	1898 Tshài sāng	1930 Tshin
1836 ti	1867 Toù Khwèi	1899 Tshài tsheū	1931 tshìn hān tseù 124
1837 Ti toú	1868 Toù Yeoú	1900 Tshài wèi	1932 Tshìn hán yǒ
1838 Ti wâng chí kì	1869 toū	1901 Tshài yùn syèn twéi	1933 Tshin wàng phó tchén yǒ
1839 Ti	1870 toū 33	1902 Tshái	1934 Tshīng
1840 ti 77, 81	1871 Toǔ hoú kō	1903 Tshái Yèn	1935 tshīng chāng
1841 ti	1872 Toǔ hwá tchāi tshòng choù	1904 Tshái Yōng	1936 Tshīng chāng choù
1842 Ti Lyàng-kōng	1873 Toǔ khyǔ kō	1905 Tshái Yuèn-tíng	1937 Tshīng chāng ki
1843 ti sé	1874 Toǔ-kyué	1906 Tshāng-làng	1938 tshīng chēng
1844 Ting Toú	1875 tsa hí	1907 tshāng-tshīng 14	1939 tshīng kōng
1845 Tíng hwèi lwén	1876 tsa ki	1908 tshào	1940 tshīng kyo
1846 Tíng kōng	1877 tsa ki tsheū	1909 Tshào Jeoù	1941 tshīng kyǒ chwāng tyáo
1847 Tíng-tcheoū	1878 tsa yǒ	1910 Tshào Jwèi	1942 tshīng mīng
1848 Tíng wàng	1879 Tsái-yǔ	1911 Tshào Myáo-tá	1943 tshīng tyáo
1849 tok	1880 Tsāng Tchī	1912 Tshào Phǒi	1944 Tshīng yo
1850 Tong kouk moun hen pi ko	1881 Tsāng Tsín-choǔ	1913 Tshào Phi	1945 Tshōng lìng sī khyǔ
1851 tong kyeng	1882 Tsēng tseù	1914 Tshào-tcheoù foù	1946 tshoū
1852 Tong kyeng kok	1883 tseoú	1915 Tshào Tshāo	1947 tshwǒ
1853 tong pál	1884 Tseū-fāng	1916 Tshào tchhòng	1948 Tshyàng
1854 tong so	1885 Tseū hyá	1917 tsháo	1949 Tshyèn khì
1855 tou sek	1886 tseù	1918 tsháo mán	1950 Tshyèn Lǒ-tchi
1856 tǒ 4	1887 Tseù-hyá	1919 Tsháo mán koù yǒ phoù	1951 Tshyèn-lyàng
1857 To woù	1888 Tseù-ki tyén	1920 tsheū	1952 Tshyèn poú tá yó
1858 Tōng hoù	1889 Tseù-tchhèn tyén	1921 Tsheū lyǔ	1953 Tshyèn-tchào
1859 Tōng hwà loù	1890 Tseù-yé	1922 Tsheù yuèn	1954 tshyeoū fēn
1860 Tōng kīng móng hwà loù	1891 Tseù yé kō	1923 Tshī	1955 Tshyeoū fōng
1861 tōng tchi	1892 Tseù-yeoú	1924 tshì koù 71	1956 Tshyǒ tchhào
1862 Tòng Tchǒ	1893 Tseú moù lwén	1925 tshí chì	1957 Tsí thòng
1863 Tòng Thing-làn	1894 Tshài fàn	1926 tshǐ hyèn 132	1958 Tsì
	1895 Tshài khi	1927 Tshǐ hyèn khin thoù	

1833. 天聞閣琴譜集成 211. — 1834. 田鼓 149. — 1835. 鞮鞻氏 184. — 1836. 底 148. — 1837. 杕杜 218. — 1838. 帝王世紀 136. — 1839. (voir 1842) 194. — 1840. (voir 1843) 154. — 1841. 翟 188. — 1842. 狄梁公 165. — 1843. 笛色 157. — 1844. 丁度 84. — 1845. 定徽論 164. — 1846. 定功 197. — 1847. 定州 82. — 1848. 定王 140. — 1849. 牘 212. — 1850. 東國文獻備考 220. — 1851. 銅磬 211. — 1852. 東京曲 216. — 1853. 銅鈸 211. — 1854. 洞簫 212. — 1855. 豆錫 211. — 1856. (voir 1857) 144. — 1857. 鐸舞 191. — 1858. 東胡 82. — 1859. 東華錄 203. — 1860. 東京夢華錄 209. — 1861. 冬至 110. — 1862. 董卓 81. — 1863. 蓬庭蘭 165. — 1864. 洞簫 152, 152. — 1865. 洞天春曉 169. — 1866. 都曇鼓 151. — 1867. 杜夔 81. — 1868. 杜佑 210. — 1869. 檳 152. — 1870. 牘 147. — 1871. 督護哥 191. — 1872. 讀畫齋叢書 211. — 1873. 讀曲哥 191. — 1874. 突厥 192. — 1875. 雜戲 199. — 1876. (voir 1877) 199. — 1877. 雜劇詞 200. — 1878. 雜樂 192. — 1879. (voir 1700) 210. — 1880. 臧質 191. — 1881. 臧吾叔 190. — 1882. 曾子 165. — 1883. 奏 100, 102. — 1884. 玆邡 185. — 1885. 齊夏 184. — 1886. (voir 1887) 79. — 1887. 子夏 143. — 1888. 紫極殿 198. — 1889. 紫宸殿 201. — 1890. (voir 1891) 191. — 1891. 子夜哥 191. — 1892. 子游 209. — 1893. 字母論 174. — 1894. 采蘩 123. — 1895. 采芑 144. — 1896. 探蓮隊 197. — 1897. 采蘋 123. — 1898. 采桑 192. — 1899. 采茨 101. — 1900. 采薇 218. — 1901. 彩雲仙隊 197. — 1902. (voir 1905) 84. — 1903. 蔡琰 165. — 1904. 蔡邕 211. — 1905. 蔡元定 210. — 1906. 滄浪 123. — 1907. 蒼清 145. — 1908. 槽 147. — 1909. 曹柔 174. — 1910. 曹睿 190. — 1911. 曹妙達 193. — 1912. 曹丕 190. — 1913. 曹毗 189. — 1914. 曹州府 83. — 1915. 曹操 190. — 1916. 草蟲 123. — 1917. (voir 1919) 123. — 1918. (voir 1919) 122. — 1919. 操縵古樂譜 210. — 1920. (voir 1921) 78. — 1921. 詞律 78. — 1922. 詞源 210. — 1923. (voir 1924) 83, 207. — 1924. 齊鼓 151. — 1925. 七始 92. — 1926. 七絃 178. — 1927. 七弦琴圖 166. — 1928. 七星匏 161. — 1929. 七德 188. — 1930. (voir 1931) 82, 189. — 1931. 秦漢子 177. — 1932. 秦漢樂 192. — 1933. 秦王破陣樂 188. — 1934. (voir 1936) 89, 210. — 1935. (voir 1936) 120. — 1936. 清商署 192. — 1937. 清商伎 192. — 1938. 清聲 89. — 1939. 清宮 97. — 1940. (voir 1941) 120. — 1941. 清角雙調 120. — 1942. 清明 110. — 1943. 清調 110, 192. — 1944. 清樂 203. — 1945. 葱嶺西曲 197. — 1946. 粗 204. — 1947. 撮 168. — 1948. (voir 2029) 190. — 1949. 前溪 191. — 1950. 錢樂之 89. — 1951. 前涼 193. — 1952. 前部大樂 204. — 1953. 前趙 82. — 1954. 秋分 110. — 1955. 秋風 169. — 1956. 鵲巢 123. — 1957. 祭統 209. — 1958.

1959 tsï ling	1992 Tsyū-khyû	2024 Wàng Ngáo	2056 Wèn khāng kí
1960 Tsïn tái pí choū	1993 Tsyū-khyû Mông-swēn	2025 Wàng Phŏ	2057 Wèn khāng yŏ
1961 Tsïn		2026 Wàng Phoù	2058 Wèn myáo li yŏ tchí
1962 tsïn	1994 Tsyún	2027 Wàng Syún	
1963 Tsïn choū	1995 Tsyún yà	2028 Wàng Tchŏ	2059 Wèn tchhēng khyū
1964 tsïn koù 47	1996 Twān mēn	2029 Wàng Tshyàng	2060 Wèn tí
1965 Tsò	1997 Twān syāo nâo kō yŏ	2030 Wàng Tsin-choŭ	2061 Wèn tsōng
1966 Tsò tchwán		2031 Wàng Yi-khíng	2062 Wèn wàng
1967 Tsò Yên-nyèn	1998 twán kyú	2032 wàng-lyàng	2063 Wèn wàng chí tseù
1968 tsōng	1999 Twán Ngān-tsyĕ	2033 Wáng hïng jèn	2064 Wèn woù
1969 tsòng-kào-kï 122	2000 Twán Yĕ	2034 Wàng yùn seú tshīn	2065 Wŏ kwā
1970 tsòng lwén	2001 twéi	2035 wèi cháng	2066 wŏ-thi koù 168
1971 Tsoù Hyáo-swēn	2002 Twéi woù	2036 Wèi heoú	2067 Woū-hwàn
1972 Tsoù Hyáo-tchēng	2003 twēn	2037 Wèi Kāo	2068 Woū-swēn
1973 Tsoù Yòng	2004 tyáo	2038 Wèi Tchāo	2069 Woū yé thī
1974 tsoú kyāi	2005 tyáo	2039 Wèi Wán-chī	2070 Woù
1975 tsoŭ	2006 Tyáo kān	2040 wèi	2071 Woù choū
1976 tsoŭ chī	2007 tyek 194	2041 wèi máo	2072 Woŭ Kīng
1977 Tsoŭ hyá	2008 Tyeng tái ep	2042 wèi yŏ 208	2073 woù tshì tshwó
1978 tsoŭ koù 48	2009 tyĕ mà	2043 wéi	2074 woù twàn kyú
1979 tswèi	2010 Wà-eùl-khŏ	2044 Wéi	2075 woù-yí
1980 Tswéi hoù thēng twéi	2011 Wà-eùl-khŏ yŏ	2045 Wéi	2076 woù-yí tchì tyáo
1981 Tswó poú	2012 wái tchwàn	2046 Wéi	2077 woù
1982 Tsyàng Lyàng-khī	2013 Wán Choū	2047 Wéi Cheoū	2078 woù
1983 Tsyàng Yi-khwèi	2014 Wán Pào-tchhâng	2048 Wéi choū	2079 woù
1984 tsyāo wèi	2015 wán swéi	2049 Wéi fōng	2080 woù chēng
1985 Tsyāo Yên-cheoú	2016 Wàng Chāo-tchī	2050 Wéi Tchēng	2081 woù chī
1986 tsyĕ 30	2017 Wàng fōng	2051 wéi tchwàn chī	2082 Woù chì
1987 tsyĕ koù 162	2018 Wàng Foù	2052 wèn	2083 Woù fang chī tseù woù
1988 tsyĕ-néi-thā-teoū-hoū 72	2019 Wàng Hīn	2053 Wèn chì	2084 Woù heoú
1989 tsyĕ tseoú	2020 Wàng hyá	2054 Wèn heoû	2085 Woù hïng
1990 tsyĕ-tsoū 22	2021 wàng koù 169	2055 Wèn hyén thōng khào	2086 woù hyèn 128
1991 tsyĕ tyáo	2022 Wàng Màng		
	2023 Wàng Mèng		

稷 110. — 1959. 脊棱 181. — 1960. 津逮秘書 211. — 1961. (voir 1963) 84, 210. — 1962. 進 139. — 1963. 晉書 210. — 1964. 晉鼓 149. — 1965. (voir 1966) 190, 209. — 1966. 左傳 209. — 1967. 左延年 190. — 1968. 宗 106. — 1969. 總稿機 176. — 1970. 總論 123. — 1971. 祖孝孫 83. — 1972. 祖孝徵 97. — 1973. 祖瑩 83. — 1974. 陛階 183. — 1975. 足 175. — 1976. 族師 185. — 1977. 族夏 184. — 1978. 足鼓 149. — 1979. 嘴 154, 158. — 1980. 醉胡騰隊 197. — 1981. 坐部 195. — 1982. 蔣兾騏 203. — 1983. 蔣一葵 209. — 1984. 焦尾 164. — 1985. 焦延壽 80. — 1986. (voir 1987) 108, 147. — 1987. 節鼓 192. — 1988. 接內塔兜呼 154. — 1989. 節奏 122. — 1990. 接足 146. — 1991. 接調 120. — 1992. (voir 1993) 192. — 1993. 沮渠蒙遜 82. — 1994. (voir 923) 82. — 1995. 俊雅 198. — 1996. 端門 198. — 1997. 短簫鐃歌樂 185. — 1998. 斷句 124. — 1999. 段安節 211. — 2000. 段業 82. — 2001. (voir 2002) 197. — 2002. 隊舞 203. — 2003. 錞 144. — 2004. 掉 168. — 2005. 調 96, 114, 117. — 2006. 釣竿 200. — 2007. 篴(笛) 212. — 2008. 定大業 218. — 2009. 蹀馬 196. — 2010. (voir 2011) 203. — 2011. 瓦爾喀樂 204. — 2012. 外轉 139. — 2013. 萬樹 78. — 2014. 萬寶常 97. — 2015. 萬歲 196. — 2016. 王韶之 189. — 2017. 王風 161. — 2018. 王鞴 210. — 2019. 王廞 191. — 2020. 王夏 184. — 2021. 王鼓 193. — 2022. 王莽 81. — 2023. 王猛 82. — 2024. 王鏊 210. — 2025. 王朴 81. — 2026. 王溥 210. — 2027. 王珣 189. — 2028. 王灼 211. — 2029. 王嬙 190. — 2030. 王晉叔 165. — 2031. 王義慶 165. — 2032. 罔兩, al. 方良, al. 蝄蜽, al. 魍魎 185. — 2033. 望行人 200. — 2034. 望雲思親 165. — 2035. 口上 157. — 2036. 韋后 196. — 2037. 韋皋 194. — 2038. 韋昭 200. — 2039. 韋萬石 188. — 2040. 尾 175. — 2041. 委貌 188. — 2042. 萎篇 140. — 2043. (voir 2051) 79. — 2044. 渭 82. — 2045. 衛 207, 208. — 2046. (voir 2047) 82, 210. — 2047. 魏收 210. — 2048. 魏書 210. — 2049. 魏風 165. — 2050. 魏徵 188. — 2051. 未轉勢 138. — 2052. (voir 2053) 102. — 2053. 文始 187. — 2054. 文侯 101. — 2055. 文獻通考 210. — 2056. 文康伎 192. — 2057. 文康樂 194. — 2058. 文廟禮樂志 209. — 2059. 文成曲 197. — 2060. 文帝 165, 187, 190. — 2061. 文宗 196. — 2062. (voir 2063) 165, 184. — 2063. 文王世子 209. — 2064. 文舞 188. — 2065. 倭國 192. — 2066. 倭提鼓 193. — 2067. 烏丸 200. — 2068. 烏孫 177. — 2069. 烏夜啼 165, 191. — 2070. (voir 2071) 190. — 2071. 吳書 94. — 2072. 吳兢 211. — 2073. 無齊撮 124. — 2074. 無射 79. — 2075. 無(亡)射 79. — 2076. 無射徵調 118, LXXIV, LXXXIV. — 2077. (voir 2080) 153, 156, 157, 158. — 2078. 午 79. — 2079. (voir 2081) 102, 192. — 2080. 五聲 92. — 2081. 舞師 206. — 2082. 武始 187. — 2083. 五方師子舞 193. — 2084. 武后 195. — 2085. 五行 187. — 2086. 五絃 177.

2087 woù kyāo
2088 woù pīng kyŏ tì
2089 Woù tái
2090 Woù tái chì
2091 Woù tái hwéi yáo
2092 Woù tchī tchái khìn phoù tà tchhèng
2093 Woù tŏ
2094 Woù tí
2095 Woù tsōng
2096 Woù wàng
2097 Woù woù
2098 woù yīn
2099 Y. l. t.
2100 *yăk*
2101 *yăng keum*
2102 yâ
2103 Yà *49, 50, 184*
2104 yà koù *50*
2105 Yà sóng yŏ
2106 Yá-lŏ-chān
2107 yà tchōng *145*
2108 yàng *12*
2109 yàng
2110 yàng khìn *144*
2111 Yàng Khìn-choŭ
2112 Yàng Kyēn
2113 Yàng lyĕ
2114 Yàng pán
2115 Yàng Pyào-tchéng
2116 Yàng-tcheoù
2117 yàng tcheăn chí
2118 Yàng tí
2119 yào
2120 yāo
2121 yāo koù *59, 65*
2122 Yào
2123 yào
2124 Yào Hīng
2125 Yào Seú-lyèn
2126 Yào Tchhă
2127 Yào Tchhàng
2128 *Yei tchony*
2129 *Yeng tcho*
2130 Yè yeoù seù kyūn
2131 Yé pán yŏ
2132 Yĕ
2133 Yen
2134 Yèn-kīng
2135 yèn
2136 Yèn [chī Yèn]
2137 Yèn Chī-koù
2138 Yèn Hīng-pāng
2139 Yèn-hwò tyén
2140 Yèn Tcheoù
2141 Yèn Tchī-thwēi
2142 Yèn Yèn-tchī
2143 Yèn Yèn
2144 Yèn yén yŏ
2145 Yèn yuĕn
2146 yèn
2147 Yèn-tcheoù
2148 Yén
2149 yén tchén
2150 Yén tseù
2151 yén tsoŭ
2152 Yén Yīng
2153 Yén yŏ
2154 Yeoù làn
2155 Yeoù kēng
2156 Yeoù yì
2157 yeoù
2158 yeoù tshì tshwŏ
2159 Yeoú chì
2160 Yeoú chì yŏ
2161 yì-hīng
2162 Yì hyún
2163 Yì làn
2164 Yì-tcheoù
2165 yì yué tyáo
2166 yì
2167 yì
2168 Yì chāng yù yī khyŭ
2169 yì-hán
2170 Yì lài pīn tchī khyŭ
2171 Yì lì
2172 yì phoù
2173 Yì-tchhwĕn yuén
2174 yì-tsĕ
2175 yì-tsĕ tchì tyáo
2176 yì
2177 yí
2178 Yí-meoù-syûn
2179 yì tswèi tì *171*
2180 Yì yŭ tchhào thyĕn twéi
2181 Yì
2182 yĭ
2183 yĭ
2184 Yĭ
2185 Yĭ jŏng tà tīng yŏ
2186 Yì kīng
2187 Yì tsì
2188 yìn
2189 Yìn
2190 yìn
2191 yìn
2192 Yìn khī lêi
2193 yìn yŏ *210*
2194 yìn
2195 yìn tseú
2196 yìn *45*
    yìn (doit être lu yín p. 123, col. 1 et note 2).
2197 Yìn Hoù
2198 Yìn lōng tchī
2199 Yìn Tshì
2200 Yìn Yĕ
2201 yín
2202 Yín yà
2203 Yìng Chào
2204 Yìng-tcheoù
2205 yìng tsáo tchhī
2206 yìng *46, 185*
2207 yíng hŏ
2208 yíng hwŏ
2209 yíng koù *46*
2210 ying phī *46*
2211 ying-tchōng
2212 ying - tchōng tchì tyáo
2213 yíng tyáo
2214 *you hyen*

— 2087. 五郊 186. — 2088. 五兵角觝 198. — 2089. (voir 2090) 210. — 2090. 五代史 81. — 2091. 五代會要 210. — 2092. 五知齋琴譜大成 211. — 2093. 武德 187. — 2094. 武帝 79, 94, 96, 101, 190, 191. — 2095. 武宗 196. — 2096. 武王 92. — 2097. 武舞 187. — 2098. 五音 92. — 2099. (voir 2233) 79. — 2100. 籥 212. — 2101. 洋琴 216. — 2102. 牙 175. — 2103. (voir 2104) 138, 143, 149, 189. — 2104. 雅鼓 149. — 2105. 雅頌樂 183. — 2106. 軋樂山 83. — 2107. 軋箏 181. — 2108. 錫 145. — 2109. 陽 78. — 2110. 洋琴 180. — 2111. 楊欽述 197. — 2112. 楊堅 83. — 2113. 揚烈 202. — 2114. 楊佯 192. — 2115. 楊表正 211. — 2116. 揚州 177. — 2117. 仰瞻勢 139. — 2118. 煬帝 95. — 2119. (voir 2121) 149, 150, 164. — 2120. 邀 139. — 2121. 腰鼓 150. — 2122. 堯 141. — 2123. 搖 139. — 2124. 姚興 194. — 2125. 姚思廉 95. — 2126. 姚察 95. — 2127. 姚莄 82. — 2128. 睿宗 217. — 2129. 英祖 219. — 2130. 野有死麕 123. — 2131. 夜半樂 196. — 2132. 鄴 82. — 2133. (voir 2134) 83, 84, 143, 194. — 2134. 燕京 84. — 2135. 嚴 183. — 2136. 延[師延] 208. — 2137. 顏師古 189. — 2138. 閻興邦 209. — 2139. 延和殿 197. — 2140. 顏籒 189. — 2141. 顏之推 192. — 2142. 顏延之 189. — 2143. 言偃 209. — 2144. 筵燕樂 203. — 2145. 顏淵 124. — 2146. 眼 122. — 2147. 兗州 84. — 2148. 燕 183. — 2149. 雁陣 175. — 2150. 晏子 92. — 2151. 雁足 164. — 2152. 晏嬰 92. — 2153. 燕(讌)樂 192. — 2154. 幽蘭 165. — 2155. 由庚 123. — 2156. 由儀 123. — 2157. 酉 79. — 2158. 有齊撮 124. — 2159. (voir 2160) 203. — 2160. 侑食樂 203. — 2161. 依行 88. — 2162. 伊訓 209. — 2163. 猗蘭 165, 170. — 2164. 伊州 196. — 2165. 伊越調 194. — 2166. 儀 122. — 2167. (voir 2169) 112. — 2168. 霓裳羽衣曲 197. — 2169. 夷汗 88. — 2170. 夷來賓之曲 192. — 2171. 儀禮 209. — 2172. 遺譜 78. — 2173. 宜春院 199. — 2174. (voir 2175) 79. — 2175. 夷則徵調 117, LX; 118, LXX. — 2176. 依 123. — 2177. 倚 123. — 2178. 異牟尋 194. — 2179. 義觜笛 193. — 2180. 異域朝天隊 197. — 2181. (voir 1554) 96, 97. — 2182. 乙(一) 117, 153, 156, 157. — 2183. 佾 139, 202. — 2184. 抑 218. — 2185. 一戎大定樂 195. — 2186. 易經 80. — 2187. 益稷 209. — 2188. 吟 168. — 2189. (voir 2192) 92, 97. — 2190. 陰 78. — 2191. (voir 2193) 93, 95, 96, 102, 114. — 2192. 殷其靁 123. — 2193. 音樂 204. — 2194. 寅 79. — 2195. 銀字 191. — 2196. 㦗 149. — 2197. 尹胡 81. — 2198. 引龍直 197. — 2199. 尹齊 81. — 2200. 尹曄 211. — 2201. 引 95, 123. — 2202. 胤雅 198. — 2203. 應劭 209. — 2204. 營州 83. — 2205. 營造尺 85. — 2206. (voir 2207) 121, 149, 212. — 2207. 應合 168. — 2208. 應和 96. — 2209. 應鼓 149. — 2210. 應鞞 149. — 2211. (voir 2212) 79. — 2212. 應鐘徵調 118, LXXXI, VII. — 2213. 應調 121. — 2214. 遊絲 213.

— 2215. 儒理王 216. — 2216. (voir 2221) 138, 142, 209. — 2217. (voir 2222) 152. — 2218. 龠 81. — 2219. 岳山 164. — 2220. 樂山隱 173. — 2221. 樂師 141, 142, 184, 185. — 2222. 籥師 142, 152. — 2223. 樂書 210. — 2224. (voir 2225) 78. — 2225. 樂府古題要解 211. — 2226. 樂府指迷 78, 210. — 2227. 樂府雜錄 211. — 2228. 樂學新說 210. — 2229. 樂器造法 152. — 2230. 樂記 209. — 2231. 樂律管見 210. — 2232. 樂律全書 210. — 2233. 樂律典 210. — 2234. 樂譜 157. — 2235. 樂部 202. — 2236. 樂章 123. — 2237. 篇章 141, 152. — 2238. 雍和 100. — 2239. 雍羌 194. — 2240. 雍門周 174. — 2241. 雍雅 198. — 2242. 容 106. — 2243. 鏞 128. — 2244. (voir 2245) 138. — 2245. 永和 100. — 2246. 永嘉 82. — 2247. 永安 189. — 2248. 永平 83, 185. — 2249. 永至 189. — 2250. 詠 138. — 2251. 俞 (渝) 185, 187. — 2252. 竽 161, 207. — 2253. 虞世基 95. — 2254. 虞世南 188. — 2255. 虞龢 190. — 2256. 漁歌 165. — 2257. 魚麗 123. — 2258. 俞伯牙 164. — 2259. 渝州 185. — 2260. 于闐佛舞 192. — 2261. 余載 78. — 2262. 敔 147. — 2263. (voir 2266) 141. — 2264. (voir 2268) 92, 93, 112. — 2265. 雨水 110. — 2266. 禹貢 209. — 2267. 庚亮 194. — 2268. 羽葆鼓 200. — 2269. 羽調 118, LXXV. — 2270. (voir 2271) 83. — 2271. 宇文覺 83. — 2272. 宇文泰 83. — 2273. 羽舞 141. — 2274. 羽音 168. — 2275. 豫和 100. — 2276. 豫州 146. — 2277. 御筵樂 203. — 2278. 玉樹後庭花 191. — 2279. 棫樸 184. — 2280. 玉振 122. — 2281. (voir 2283) 119, 175. — 2282. 月琴 178, 178. — 2283. 越角調 117, XXXVIII; 118, LXXIII. — 2284. 月朗風清 123. — 2285. 月令 209. — 2286. 悅般 194. — 2287. 月支 183. — 2288. 越調 117, XXXVIII, XLV; 118, LXXII, LXXIX. — 2289. (voir 1732) 82. — 2290. 宛丘 148. — 2291. 淵鑑齋御纂朱子全書 209. — 2292. (voir 2293) 210. — 2293. 元史 210. — 2294. 元和 94. — 2295. 元人雜劇百種 190. — 2296. 元氣 188. — 2297. 元曲選 209. — 2298. 元嘉 89. — 2299. 圜(員)鐘 79. — 2300. 元帝 80. — 2301. 阮咸 82, 178. — 2302. 苑洛志樂 210. — 2303. 阮元 109. — 2304. 院本 199. — 2305. 雲韶府 196. — 2306. 雲韶部 197. — 2307. 雲和琵琶 177. — 2308. 雲鑼 145. — 2309. 雲門[大卷] 141, 184. — 2310. 雲南 180. — 2311. 雲璈 145. — 2312. 雲簫 152. — 2313. 雲竹楊 165. — 2314. 雲頭琵琶 177. — 2315. 均(韻) 95, 114. — 2316. 輝人 149.

TABLE DES EXEMPLES MUSICAUX ET DES FIGURES

MAURICE COURANT, 1912.

Vu : Lyon, le 21 juillet 1908.

LE DOYEN DE LA FACULTÉ DES LETTRES DE L'UNIVERSITÉ DE LYON,

L. CLÉDAT.

Vu et permis d'imprimer :

Lyon, le 22 juillet 1908.

LE RECTEUR,

JOUBIN.